Administrativos

TURNO LIBRE

Temario 2

ADAMS Administración General del Estado

RE/C1/DG/6-21

ISBN: 978-84-1116-209-8
Depósito legal: M-14739-2022
Editado en junio de 2022
Imprime:Centro de Estudios Adams. Ediciones Valbuena, S.A.
Impreso en España. Printed in Spain

PRESENTACIÓN

Este **Temario 2** forma parte de la colección que ADAMS ha editado para la preparación de las pruebas selectivas de acceso al **Cuerpo General Administrativo de la Administración General del Estado**, mediante **turno libre.** En él se desarrolla el **bloque III de Derecho Administrativo General,** conforme al último programa oficial.

En la elaboración de los temas hemos pretendido facilitar al opositor no solo la comprensión de los conceptos básicos o más complejos, sino también la memorización de los mismos. Para conseguir tal objetivo, cada tema presenta la siguiente estructura:

— **Títulos o epígrafes** que lo integran.

— **Guion-resumen,** que proporciona una visión escueta del contenido del tema, a través de la enumeración de todos los apartados a desarrollar en la exposición del mismo.

— **Exposición del tema,** en la que se desarrolla y analiza el contenido del mismo.

Para una completa preparación de las diferentes pruebas, te recordamos que puedes adquirir junto con este **Temario 2**, los **Temarios 1, 3** y **4** y los volúmenes de **Cuestionarios** y **Supuestos Prácticos.**

En nuestra página web **(www.adams.es)**, podrás estar al día de todo en cuanto a información sobre oposiciones, productos y servicios relacionados se refiere, y a través de **adams@adams.es,** tendrás la posibilidad de dirigirnos cualquier consulta o sugerencia.

Además puedes acudir a la página web oficial del **Instituto Nacional de Administración Pública (www.inap.es)** para conocer los cambios legislativos, de procesos selectivos o de otro orden que se produzcan.

Esperando haber cumplido el objetivo propuesto, te expresamos nuestros mejores deseos de éxito en la tarea emprendida.

ADAMS

CONTENIDO

DERECHO ADMINISTRATIVO GENERAL

Tema 1. Las fuentes del derecho administrativo. La jerarquía de las fuentes. La ley. Las disposiciones del Ejecutivo con fuerza de ley: decreto-ley y decreto legislativo. El reglamento: concepto, clases y límites. Otras fuentes del derecho administrativo.

Tema 2. El acto administrativo: concepto, clases y elementos. Eficacia y validez de los actos administrativos. Su motivación y notificación. Revisión, anulación y revocación. El principio de legalidad en la actuación administrativa.

Tema 3. Las Leyes del Procedimiento Administrativo Común de las Administraciones Públicas y del Régimen Jurídico del Sector Público y su normativa de desarrollo. La iniciación, ordenación, instrucción y terminación del procedimiento administrativo. Medios de impugnación de la actuación administrativa. La revisión de oficio. Los recursos administrativos: concepto y clases. La jurisdicción contencioso-administrativa.

Tema 4. Los contratos del sector público: concepto y clases. Procedimiento de adjudicación. Su cumplimiento. La revisión de precios y otras alteraciones contractuales. Incumplimiento de los contratos del sector público.

Tema 5. Procedimientos y formas de la actividad administrativa. La actividad de limitación, arbitral, de servicio público y de fomento. Formas de gestión de los servicios públicos.

Tema 6. La responsabilidad patrimonial de las Administraciones públicas. Concepto y clases. Requisitos generales. Efectos.

Tema 7. Políticas de igualdad de género. La Ley Orgánica 3/2007, de 22 de marzo, para la igualdad efectiva de mujeres y hombres. Políticas contra la violencia de género. La Ley Orgánica 1/2004, de 28 de diciembre, de medidas de protección integral contra la violencia de género. Discapacidad y dependencia.

Tema 1

Las fuentes del derecho administrativo. La jerarquía de las fuentes. La ley. Las disposiciones del Ejecutivo con fuerza de ley: Decreto-Ley y Decreto Legislativo. El reglamento: concepto, clases y límites. Otras fuentes del derecho administrativo.

Referencias Legislativas

- *Constitución española de 1978.*
- *Ley Orgánica 6/1985, de 1 de julio, del Poder Judicial.*
- *Ley 39/2015, de 1 de octubre, del Procedimiento Administrativo Común de las Administraciones Públicas.*
- *Ley 40/2015, de 1 de octubre, de Régimen Jurídico del Sector Público.*

Guion-resumen

1. **Las fuentes del Derecho Administrativo. La jerarquía de las fuentes**
   1.1. Concepto de fuentes del derecho
   1.2. Clases de fuentes
   1.3. La jerarquía de las fuentes

2. **La Constitución**
   2.1. Concepto
   2.2. Caracteres
   2.3. Contenido
   2.4. Valor jurídico formal

3. **La Ley**
   3.1. Acepciones del término ley
   3.2. Requisitos
   3.3. Clases de leyes
   3.4. La reserva de ley
   3.5. Leyes orgánicas
   3.6. Leyes ordinarias
   3.7. Elaboración de las leyes

4. **Disposiciones normativas con fuerza de ley**
   4.1. Notas comunes a ambas categorías
   4.2. Notas diferenciales de ambas categorías
   4.3. Decretos Legislativos
   4.4. Decretos-leyes
   4.5. Mecanismo de control

5. **El reglamento**
   5.1. Concepto
   5.2. Naturaleza
   5.3. Clases de reglamentos
   5.4. La potestad reglamentaria
   5.5. Límites de la potestad reglamentaria
   5.6. Reglamentos ilegales: reacción frente los reglamentos ilegales

6. **Otras fuentes del Derecho Administrativo**
   6.1. La costumbre
   6.2. Los principios generales del Derecho
   6.3. Los Tratados Internacionales
   6.4. La Jurisprudencia del Tribunal Supremo
   6.5. La Jurisprudencia del Tribunal Constitucional
   6.6. La doctrina científica

7. **Referencia a la autonomía y al sistema de fuentes**
   7.1. Ideas generales
   7.2. Los Estatutos de Autonomía
   7.3. Leyes de las Comunidades Autónomas
   7.4. Relaciones entre los ordenamientos estatal y autonómico

1. Las fuentes del Derecho Administrativo. La jerarquía de las fuentes

1.1. Concepto de fuentes del derecho

El **concepto de fuente del Derecho** es fundamental para el estudio de este tema, y a estos efectos hay que diferenciar entre:

— Fuentes del Derecho en sentido **material**, que son aquellas fuerzas sociales o instituciones con facultad normativa creadora: las Cortes, las Comunidades Autónomas, los grupos sociales en tanto que generadores de costumbres, etc.

— Fuentes en sentido **formal**, que son las formas en que se manifiesta el Derecho: la Ley, el Reglamento, la costumbre, etc.

¿Tiene el **Derecho Administrativo** un sistema propio de fuentes, distinto del resto del ordenamiento? La respuesta ha de ser **negativa**: el art. 1.1 del Código Civil es bien claro *("Las fuentes del ordenamiento jurídico español son la Ley, la costumbre y los Principios Generales del Derecho")*. No hay más que un ordenamiento jurídico (entendido como el conjunto de normas vigentes) y lógicamente ha de regirse todo él por el mismo sistema de fuentes; otra cosa es que se hable del ordenamiento administrativo o del ordenamiento tributario (entendidos como grupos de normas sectoriales), así como del ordenamiento autonómico o local (entendido como ámbitos de competencias que corresponden a los distintos poderes territoriales del Estado).

1.2. Clases de fuentes

¿Cuáles son las **fuentes del ordenamiento jurídico**? Las recoge el art. 1 del Código Civil, dividido en seis números:

— **1.1.**: las fuentes del ordenamiento jurídico español son la Ley, la costumbre y los Principios Generales del Derecho.

— **1.2.**: carecen de validez las disposiciones que contradigan otra de rango superior (el art. 9.3 de la Constitución garantiza el principio de jerarquía normativa).

— **1.3.**: la costumbre solo rige en defecto de Ley aplicable, y solo si no es contraria a la moral o al orden público y resulta probada.

— **1.4.**: los Principios Generales del Derecho se aplican en defecto de Ley y de costumbre, sin perjuicio de su carácter informador del ordenamiento jurídico.

— **1.5.**: los tratados internacionales no serán de aplicación directa hasta que formen parte del ordenamiento mediante su publicación en el BOE.

— **1.6.**: la jurisprudencia complementa el ordenamiento con la doctrina que de modo reiterado establezca el Tribunal Supremo al interpretar la Ley, la costumbre y los Principios Generales del Derecho.

Por lo que respecta al ámbito del Derecho Administrativo, pueden diferenciarse las siguientes fuentes productoras del Derecho:

a) **Fuentes directas** (que son fuente del ordenamiento por contener en sí mismas las normas):

   — Escritas: la Constitución y las leyes, entendidas en sentido amplio, como norma escrita: leyes, reglamentos,...

   — No escritas: la costumbre y los principios generales del Derecho.

b) **Fuentes indirectas** (las que no contienen normas en sí mismas):

   Los Tratados internacionales no publicados en el BOE y la Jurisprudencia.

1.3. La jerarquía de las fuentes

Dos son los criterios que GARRIDO FALLA usa para establecer el orden jerárquico de aplicabilidad de las fuentes directas del Derecho Administrativo:

— El criterio de la primacía del Derecho escrito.

— El criterio de jerarquía del órgano del que emana la regla escrita de Derecho.

1.3.1. El criterio de la primacía del Derecho escrito

Por aplicación de este **criterio**, las fuentes no escritas van a quedar relegadas en el Derecho Administrativo a la categoría de fuentes subsidiarias.

Esto es, desde luego, rigurosamente cierto si se pone en contraste la Ley formal (constitucional u ordinaria) con la costumbre, pues aun dando por supuesta la solución positiva al problema de su existencia en Derecho Administrativo, únicamente será posible acudir a ella en defecto de regulación expresa legal, sin que, por lo demás, pueda admitirse una costumbre *contra legem*. Pero esta misma preeminencia debe reconocerse, frente a la costumbre, a cualquier disposición administrativa de carácter general dictada por órgano competente para ello (por ejemplo, un Reglamento).

Por lo que se refiere a los Principios Generales del Derecho, también debe decirse, en términos generales, que su aplicación es subsidiaria y que, por tanto, solo podrán ser invocados a falta de texto jurídico escrito aplicable a la cuestión comprometida.

En cualquier caso la importancia de los Principios Generales del Derecho en el Derecho Administrativo es capital.

1.3.2. Criterio de la jerarquía del órgano de que emana

El segundo criterio es el de la propia jerarquía del órgano que dicta las normas. A estos efectos, debe establecerse, en primer lugar, la subordinación de las disposiciones administrativas (fuentes de la Administración) respecto de las emanadas del Poder legislativo (fuentes para la Administración) señalándose que dentro de estas últimas la mayor jerarquía de la Constitución respecto a las leyes orgánicas y ordinarias. En segundo lugar, y dentro ya de las fuentes de la Administración: a mayor jerarquía del órgano que dicta la norma administrativa corresponde mayor valor de la norma dictada (así, un Reglamento aprobado por Decreto tiene mayor rango que una disposición reglamentaria dictada por una Orden Ministerial: esta no podrá nunca contradecir a aquel).

Por otra parte el artículo 24.1 de la Ley del Gobierno, establece la **forma** de las decisiones del Gobierno de la Nación y de sus miembros en los siguientes términos:

a) **Reales Decretos Legislativos y Reales Decretos-leyes**, las decisiones que aprueban respectivamente, las normas previstas en los arts. 82 y 86 de la Constitución.

b) **Reales Decretos del Presidente del Gobierno**, las disposiciones y actos cuya adopción venga atribuida al Presidente.

c) **Reales Decretos acordados en Consejo de Ministros**, las decisiones que aprueben normas reglamentarias de la competencia de este y las resoluciones que deban adoptar dicha forma jurídica.

d) **Acuerdos del Consejo de Ministros**, las decisiones de dicho órgano colegiado que no deben adoptar la forma de Real Decreto.

e) **Acuerdos adoptados en Comisiones Delegadas del Gobierno**, las disposiciones y resoluciones de tales órganos colegiados. Tales acuerdos revestirán la forma de Orden del Ministro competente o del Ministro de la Presidencia, (actualmente Ministro de la Presidencia, Relaciones con las Cortes y Memoria Democrática), cuando la competencia corresponda a distintos Ministros.

f) **Órdenes Ministeriales**, las disposiciones y resoluciones de los Ministros. Cuando la disposición o resolución afecte a varios Departamentos revestirá la forma de Orden del Ministro de la Presidencia, dictada a propuesta de los Ministros interesados.

El principio de jerarquía viene expresamente recogido, en el **art. 128** de la **Ley 39/2015, de 1 de octubre, del Procedimiento Administrativo Común de las Administraciones Públicas (en adelante, LPA)**:

2. Los reglamentos y disposiciones administrativas no podrán vulnerar la Constitución o las leyes ni regular aquellas materias que la Constitución o los Estatutos de Autonomía reconocen de la competencia de las Cortes Generales o de las Asambleas Legislativas de las Comunidades Autónomas. Sin perjuicio de su función de desarrollo o colaboración con respecto a la ley, no podrán tipificar delitos, faltas o infracciones administrativas, establecer penas o sanciones, así como tributos, exacciones parafiscales u otras cargas o prestaciones personales o patrimoniales de carácter público.

3. Las disposiciones administrativas se ajustarán al orden de jerarquía que establezcan las leyes. Ninguna disposición administrativa podrá vulnerar los preceptos de otra de rango superior.

La jerarquía de dichas normas queda, por tanto, establecida así:

Fuentes del Derecho

Fuentes del Derecho

- Materiales
  - Poder Legislativo.
  - Administración.
  - Pueblo.
- Formales
  - Directas
    - Principal-Ley (Norma escrita).
    - Subsidiarias
      - Costumbre.
      - Principios Grales. de Derecho.
  - Indirectas
    - Tratados Internacionales no publicados en el BOE.
    - Jurisprudencia.
    - Doctrina científica.

Jerarquía de las normas

Criterios aplicables

- Criterio de la primacía del Derecho escrito.
- Criterio de la jerarquía del órgano del que emana la norma.

Orden jerárquico fuentes directas

- Legislativas (leyes)
  - — Constitución.
  - — Leyes Orgánicas.
  - — Leyes Ordinarias, Decretos-leyes (por razones de urgente necesidad) y Decretos Legislativos (textos articulados o refundidos).
- Administrativas (Reglamentos)
  - — Reglamentos del Gobierno.
  - — Reglamentos Ministeriales.

Orden jerárquico fuentes subsidiarias

— La costumbre.

— Los principios generales del Derecho.

2. La Constitución

2.1. Concepto

No existe un concepto único y de general aceptación sobre lo que debe entenderse por Constitución. Nosotros vamos a examinar los sentidos principales en que puede entenderse.

— **En sentido material**, o sea, **por su contenido**, se entiende por Constitución la organización fundamental de un Estado, es decir, la estructura esencial jurídico-política del Estado, prescindiendo de que este orden fundamental se encuentre o no recogido en un texto escrito.

En este sentido, CARRO MARTÍNEZ la define como *"organización fundamental de las relaciones de poder del Estado"*, pero no de todas las relaciones de poder del Estado, sino solamente de aquellas de carácter fundamental, de las que están más cerca del poder soberano.

— **En sentido formal**, o sea, **por su jerarquía formal**, la Constitución es una super-ley, es decir, un texto escrito (una Constitución material puede no serlo), promulgado por el poder constituyente (que puede no ser el poder legislativo ordinario), con carácter de super-ley, es decir, con un rango superior al de las Leyes ordinarias que no pueden oponérsele.

Es esencial o consustancial a la Constitución el hecho de que sirve de límite al poder del Estado: toda la historia del constitucionalismo se circunscribe a la búsqueda de limitaciones del poder absoluto del Rey.

2.2. Caracteres

Generalmente las Constituciones tienen los siguientes caracteres:

— Es una norma dictada por el poder constituyente, que en la actualidad radica en el pueblo.

— Es una norma superior a las leyes ordinarias y orgánicas.

— Su finalidad es limitar el poder.

— Actualmente, salvo algunas excepciones, están escritas y codificadas (reunidas en un solo texto).

2.3. Contenido

Ya la Declaración de los Derechos del Hombre y del Ciudadano de la Revolución Francesa de 1789 estableció que *"todo país en el que la separación de poderes no esté establecida y los derechos de los ciudadanos no estén garantizados no tiene Constitución"*.

Se apunta aquí el contenido mínimo para que un texto pueda ser considerado Constitución en el sentido liberal del término. Posteriormente, se añaden otros contenidos a las Constituciones.

Esta idea ha sido completada por LOEWENSTEIN, que señala el siguiente contenido para las Constituciones:

— Diferenciación de funciones del Estado y la adscripción de cada una a órganos separados (poderes del Estado).

— Las relaciones entre los diferentes poderes del Estado.

— Un catálogo de derechos y libertades públicas de los ciudadanos tanto individuales como sociales.

— Un procedimiento de reforma que haga posible la adecuación de la Constitución a las necesidades de cada momento. Este procedimiento puede ser más o menos complejo o rígido.

Íntimamente relacionado con el contenido de la Constitución está el aspecto de cuáles son las partes que se pueden distinguir en ella, que pasamos a examinar a continuación.

En la mayoría de las Constituciones actuales se pueden distinguir las siguientes partes:

— **Un preámbulo**: en el que generalmente se contienen unos principios generalísimos y una referencia al poder constituyente, que actualmente es el pueblo en las Constituciones contemporáneas. En épocas anteriores lo tuvo el monarca, o este y el pueblo a la vez.

— **Parte dogmática**: se contienen las declaraciones de principios y se proclaman los derechos individuales. Modernamente, además de los derechos individuales (que representan un límite de la actuación del Estado) se incluyen los derechos económicos y sociales (que implican una actuación positiva del Estado). A los derechos individuales que afirman la libertad del hombre, los derechos sociales añaden la posibilidad de esa libertad, y así, el Estado liberal abstencionista del siglo XIX se convierte en el Estado intervencionista y empresario del XX, preocupado por el bienestar social.

— **Parte orgánica**: es la más importante, según la mayoría de los autores. Contiene la organización de los poderes públicos, sus competencias y sus relaciones. En las Constituciones clásicas, era un dogma el principio de la división de poderes en legislativo, ejecutivo y judicial que formuló MONTESQUIEU. Hoy este principio, aunque vigente en lo esencial, se entiende en un sentido más flexible.

— **Parte dedicada a reforma**: por último, puede existir en toda Constitución el procedimiento de reforma, que debe utilizarse para modificarla en el futuro, aunque existan Constituciones que no contienen la fórmula de revisión.

2.4. Valor jurídico formal

La Constitución marca, por así decirlo, las reglas de juego generales que debe observar todo el funcionamiento del Estado. La Constitución está integrada por una serie de normas y principios, organizatorios unos, directamente aplicables otros, que encuadran y ordenan toda la actividad pública. Las leyes constitucionales se caracterizan frente a las ordinarias, formalmente, por llevar aparejadas unas garantías especiales, unas formalidades más rigurosas y solemnes en cuanto a su promulgación y posibilidades de modificación. Se adoptan, pues, cautelas para que el legislador ordinario no pueda alterar los principios y las normas constitucionales si no es en virtud de un procedimiento generalmente complejo.

El texto constitucional prima así sobre las Leyes orgánicas y ordinarias, de manera que estas deben atemperarse a los mandatos del legislador constitucional. Las leyes que choquen con las normas constitucionales, se califican de anticonstitucionales, son contrarias a los principios básicos del ordenamiento. Para evitar estas desviaciones, en unos países se arbitran unos Tribunales especiales, los Tribunales constitucionales, como ocurre entre nosotros con el Tribunal Constitucional, que examinan las eventuales contradicciones de las leyes ordinarias frente a la Constitución, anulando, en su caso, tales Leyes. En otros, simplemente los Tribunales ordinarios pueden declarar la nulidad o inaplicación de una Ley ordinaria con base a su inconstitucionalidad.

En España la preeminencia de la Constitución se deriva del art. 9.1, que establece:

"La sumisión de los poderes públicos a la Constitución y al resto del ordenamiento jurídico".

De ello se derivan **dos consecuencias** fundamentales:

— Las leyes que contradigan la Constitución son declaradas inconstitucionales y anuladas por el Tribunal Constitucional (el poder legislativo, representante del pueblo y titular del máximo poder del Estado, queda así sujeto al texto constitucional).

— La Constitución reconoce derechos y garantiza su ejercicio directamente, sin necesidad de otra norma inferior (una ley) que lo desarrolle o precise (art. 53.1), estableciéndose un procedimiento judicial directo, preferente y sumario para su tutela ante los Tribunales ordinarios y ante el Tribunal Constitucional (art. 53.2).

La necesaria acomodación de las leyes a la Constitución, al tener esta el carácter de Ley de Leyes, se comprueba también en los arts. 161 y 164 de la misma, donde se hace referencia al recurso de inconstitucionalidad contra leyes y disposiciones normativas con fuerza de Ley.

A juicio de GARRIDO FALLA la palabra "resto" implica dos cosas:

— Que la Constitución forma parte del ordenamiento jurídico.

— Que dentro de él ocupa el lugar preeminente y que cabalmente no basta con hablar de ordenamiento jurídico.

En este sentido, el Tribunal Constitucional ha establecido en su Sentencia 16/1982 que la Constitución española de 1978 es una norma jurídica, la norma jurídica suprema de nuestro ordenamiento.

El art. 5.1 de la Ley Orgánica 6/1985, de 1 de julio, del Poder Judicial (en adelante, LOPJ), establece:

"La Constitución es la norma suprema del ordenamiento jurídico, y vincula a todos los Jueces y Tribunales, quienes interpretarán y aplicarán las leyes y los reglamentos según los preceptos y principios constitucionales, conforme a la interpretación de los mismos que resulte de las resoluciones dictadas por el Tribunal Constitucional en todo tipo de procesos".

3. La Ley

3.1. Acepciones del término ley

En sentido **material o amplio,** Ley equivale a norma jurídica general y obligatoria, incluyéndose los reglamentos y demás normas vinculantes. Es el sentido que habitualmente se emplea en el Código Civil.

En sentido **formal o técnico**, Ley es norma emanada del poder legislativo según un procedimiento establecido y solemne: de este modo, solo son leyes las que aprueban las Cortes y sanciona el Rey, y no lo son, pues, los reglamentos de la Administración. Es la acepción que se empleará en este tema, y en general en el estudio del Derecho Administrativo: en dicho ámbito, la Ley es únicamente la **norma jurídica de carácter general y obligatorio emanada del órgano estatal titular del poder legislativo**, definición que abarca tanto el aspecto material (norma jurídica general y obligatoria) como el aspecto formal (norma emanada del poder legislativo: las Cortes Generales).

3.2. Requisitos

Es clásica la distinción en la Teoría General del Derecho entre los requisitos intrínsecos y los requisitos extrínsecos de las leyes.

Como **requisitos intrínsecos** suelen señalarse:

- La racionalidad (en cuanto al contenido de la ley).
- La obligatoriedad (en cuanto que la ley ha de contener un mandato y una sanción).
- La universalidad o generalidad (en cuanto que, en principio, ha de ser establecida de modo permanente para un número determinado de actos o hechos).

Como **requisitos extrínsecos** suelen señalarse:

- La aprobación en forma legal.
- La sanción real.
- La promulgación.
- La publicación.

La doctrina más reciente se refiere con nueva terminología a los **requisitos de interna legitimidad** (observancia de los preceptos constitucionales) y **requisitos externos de solemnidad** (haber seguido el "iter" -tramitación parlamentaria- previsto para su elaboración, y la sanción, promulgación y publicación de la ley).

Además, entre los requisitos de la ley podemos hablar de su eficacia, de su vigencia temporal y del contenido que le está reservado en cuanto a las materias que han de llevarse a cabo necesariamente mediante ley (el principio de reserva de ley).

3.3. Clases de leyes

El ordenamiento constitucional reconoce una pluralidad de instrumentos normativos con valor y fuerza de ley, y dejando aparte las disposiciones del ejecutivo con rango de ley que son objeto de estudio más adelante, podemos distinguir las siguientes normas legales:

— **Leyes orgánicas.**

— **Leyes ordinarias**, distinguiendo entre ellas:

- Leyes de Pleno de las Cortes.
- Leyes de Comisiones de las Cortes.
- Leyes de armonización.
- Leyes marco.
- Leyes de las Comunidades Autónomas.

CLASES DE LEYES

1. Orgánicas
2. Ordinarias
    1. De Pleno.
    2. De Comisión.
    3. De armonización.
    4. Marco.
    5. De base.
    6. De las CCAA.

3.4. La reserva de ley

Se llama reserva de ley al establecimiento constitucional de ciertos límites al poder reglamentario de la Administración determinando a tal fin que la regulación de ciertas materias ha de hacerse necesariamente por medio de ley formal, por norma emanada del Parlamento.

Dentro de la reserva de ley que nuestra Constitución consagra hay que diferenciar dos tipos de reserva de ley: la reserva material y la reserva formal.

a) La **reserva material** se refiere a la necesidad de que solo por ley (orgánica u ordinaria) se regulen determinadas materias.

— **Reserva de ley orgánica**

Que se da en las materias establecidas en el artículo 81 de la Constitución española y en aquellos casos diseminados en la Constitución en que esta exige ley orgánica.

— **Reserva de ley ordinaria**

Que se da cuando la Constitución establece que una materia se regulará por ley, pero no exige que sea orgánica, bastando ley ordinaria en este caso.

b) La **reserva formal** se desdobla a su vez en los principios de jerarquía normativa y de congelación de rango.

— **Principio de jerarquía normativa**

El profesor GARCÍA DE ENTERRÍA afirma que de este principio se infiere que para dictar una norma nueva es necesario darle un rango normativo por lo menos igual al de la norma o normas que pretende sustituir o innovar, ya que para dejar sin efecto un acto jurídico se requiere un acto contrario de la misma solemnidad.

— **Principio de congelación de rango**

Regulada una determinada materia por la ley, el rango normativo queda congeladoy solo una ley podrá intervenir posteriormente en ese ámbito material.

RESERVA DE LEY

1. Material
   1. De Ley orgánica.
   2. De Ley ordinaria.
2. Formal
   1. Principio de jerarquía normativa.
   2. Principio de congelación de rango.

3.5. Leyes orgánicas

La Constitución de 1978 ha introducido un nuevo tipo de leyes en el ordenamiento: las leyes orgánicas, cuyo origen está en la Constitución francesa de 1958. Las leyes orgánicas suponen una limitación al Poder legislativo: las Cortes no pueden legislar como quieran, sino que, en ciertas materias, ha de seguir un procedimiento especial.

¿Qué materias son estas? El **art. 81** de la Constitución española (CE) es el que contiene los preceptos relativos a las leyes orgánicas. Dice así:

"1. Son leyes orgánicas las relativas al desarrollo de los derechos fundamentales y de las libertades públicas, las que aprueben los Estatutos de Autonomía y el régimen electoral general y las demás previstas en la Constitución.

2. La aprobación, modificación o derogación de las leyes orgánicas exigirá mayoría absoluta del Congreso, en una votación final sobre el conjunto del proyecto".

Así pues, las leyes orgánicas versan sobre materias determinadas y requieren formalidades especiales. Estudiemos estas dos diferencias:

Leyes Orgánicas

1. Concepto
   - 1. Materias específicas.
   - 2. Procedimiento de elaboración especial.
2. Rango normativo → De Ley.

3.5.1. Materias reservadas a la ley orgánica

— El desarrollo de los derechos fundamentales y libertades públicas (Sección 1ª del Capítulo II del Título I de la Constitución).

— Las leyes que aprueban los Estatutos de Autonomía.

— El régimen electoral general también debe ser regulado por Ley Orgánica (Ley Orgánica 5/1985, de 19 de junio).

Además la Constitución impone la expresa reserva de Ley Orgánica en los siguientes artículos:

— **Art. 8.2**: la Ley Orgánica reguladora de las Bases de la Organización Militar.

— **Art. 54**: el Defensor del Pueblo.

— **Art. 55.2**: suspensión individual de derechos para bandas armadas y elementos terroristas.

— **Art. 57.5**: *"Las abdicaciones y renuncias y cualquier duda de hecho o de derecho que ocurra en el orden de sucesión a la Corona se resolverá por una ley orgánica".*

— **Art. 87.3**: *"Una Ley Orgánica regulará las formas de ejercicio y requisitos de la iniciativa popular para la presentación de proposiciones de ley".*

— **Art. 92.3**: *"Una Ley Orgánica regulará las condiciones y el procedimiento de las distintas modalidades de referéndum previstas en esta Constitución".*

— **Art. 93**: *"Mediante Ley Orgánica se podrá autorizar la celebración de tratados por los que se atribuya a una organización o institución internacional el ejercicio de competencias derivadas de la Constitución".*

— **Art. 104.2**: *"Una Ley Orgánica determinará las funciones, principios básicos de actuación y estatutos de las Fuerzas y Cuerpos de Seguridad".*

— **Art. 107**: *"El Consejo de Estado es el supremo órgano consultivo del Gobierno. Una Ley Orgánica regulará su composición y competencia".*

— **Art. 116**: *"Una Ley Orgánica regulará los estados de alarma, de excepción y de sitio, y las competencias y limitaciones correspondientes".*

— **Art. 122.1**: *"La Ley Orgánica del Poder Judicial determinará la constitución, funcionamiento y gobierno de los Juzgados y Tribunales, así como el estatuto jurídico de los Jueces y Magistrados".*

— **Art. 136.4**: *"Una Ley Orgánica regulará la composición, organización y funciones del Tribunal de Cuentas".*

— **Art. 141.1**: *"Cualquier alteración de los límites provinciales habrá de ser aprobada por las Cortes Generales mediante Ley Orgánica".*

— **Art. 144**: *"Las Cortes Generales, mediante Ley Orgánica, podrán, por motivos de interés nacional:*

- *Autorizar la constitución de una Comunidad Autónoma cuando su ámbito territorial no supere el de una provincia y no reúna las condiciones del apartado 1 del art. 143.*
- *Autorizar o acordar, en su caso, un Estatuto de Autonomía para territorios que no estén integrados en la organización provincial.*
- *Sustituir la iniciativa de las Corporaciones Locales a que se refiere el apartado 2 del art. 143".*

— **Art. 147.3**: *"La reforma de los Estatutos se ajustará al procedimiento establecido en los mismos y requerirá, en todo caso, la aprobación por las Cortes Generales, mediante Ley Orgánica".*

— **Art. 148.1.22ª**: *"Las Comunidades Autónomas podrán asumir competencias sobre la coordinación y demás facultades en relación con las policías locales en los términos que establezca una Ley Orgánica".*

— **Art. 149.1.29ª**: *"Seguridad Pública, sin perjuicio de la posibilidad de creación de policías por las Comunidades Autónomas en la forma que se establezca en los respectivos Estatutos en el marco de lo que disponga una Ley Orgánica".*

— **Art. 150.2**: *"El Estado podrá transferir o delegar en las Comunidades Autónomas, mediante Ley Orgánica facultades correspondientes a materia de titularidad estatal que por su propia naturaleza sean susceptibles de transferencia o delegación".*

— **Art. 151.1**: *"No será preciso dejar transcurrir el plazo de cinco años, a que se refiere el apartado 2 del art. 148, cuando la iniciativa del proceso autonómico sea acordada dentro del plazo del art. 143.2, además de por las Diputaciones o los órganos interinsulares correspondientes, por las* *tres cuartas partes de los Municipios de cada una de las provincias afectadas que representen, al menos, la mayoría del censo electoral de cada una de ellas y dicha iniciativa sea ratificada mediante referéndum por el voto afirmativo de la mayoría absoluta de los electores de cada provincia en los términos que establezca una Ley Orgánica".*

— **Art. 157.3**: *"Mediante Ley Orgánica podrá regularse el ejercicio de las competencias financieras enumeradas en el precedente apartado 1, las normas para resolver los conflictos que pudieran surgir y las posibles formas de colaboración financiera entre las Comunidades Autónomas y el Estado".*

— **Art. 165**: *"Una Ley Orgánica regulará el funcionamiento del Tribunal Constitucional, el estatuto de sus miembros, el procedimiento ante el mismo y las condiciones para el ejercicio de las acciones".*

3.5.2. Procedimiento de aprobación

— Se necesita la mayoría absoluta del Congreso (en el Senado basta la mayoría simple) en una votación sobre la totalidad del proyecto.

— Su aprobación no puede hacerla una Comisión parlamentaria: deben aprobarla los plenos de ambas Cámaras.

3.5.3. Rango jerárquico de las leyes orgánicas

La principal cuestión que se ha planteado en relación con leyes orgánicas es la de su jerarquización con las leyes ordinarias.

— Para GARRIDO FALLA, ÓSCAR ALZAGA y SOSA WAGNER, las leyes orgánicas tienen el máximo vigor y ocupan el superior rango después de la norma básica constitucional. La Constitución ha establecido una distinción entre las Leyes emitidas por las Cortes, creando una nueva categoría de las mismas: son las Leyes Orgánicas, que por necesitar un procedimiento de aprobación más riguroso que el de las Leyes ordinarias, en el ámbito del Estado, solo pueden ser derogadas por otras adoptadas con los mismos requisitos, y no por las ordinarias, cuya mayor sencillez aprobatoria lo impide. De aquí podría deducirse que las Leyes Orgánicas tienen un mayor valor que las Leyes Ordinarias.

— GARCÍA DE ENTERRÍA, ENTRENA CUESTA y TOMÁS RAMÓN FERNÁNDEZ, piensan que ambas normas tienen igual grado jerárquico, distinguiéndose solo por la materia sobre la que recaen (art. 81.1) y por la mayoría que requieren (absoluta para las orgánicas, simple para las ordinarias) del Congreso de los Diputados.

— **Tribunal Constitucional**: en esta línea se sitúa también la Sentencia del Tribunal Constitucional de 13 de febrero de 1981, resolutoria del recurso de inconstitucionalidad promovido contra la Ley

Orgánica 5/1980, de 19 de junio, por la que se regula el Estatuto de Centros Escolares (actualmente derogada por la Ley Orgánica 8/1985, de 3 de julio, reguladora del derecho a la educación), en la que el Alto Tribunal dice, muy justamente, que:

"Cuando en la Constitución se contiene una reserva de Ley ha de entenderse que tal reserva lo es en favor de Ley Orgánica -y no una reserva de Ley ordinaria- solo en los supuestos que de modo expreso se contienen en la norma fundamental (art. 81 y conexos). La reserva de Ley Orgánica no puede interpretarse de forma tal que cualquier materia ajena a dicha reserva, por el hecho de estar incluida en una Ley Orgánica, haya de gozar definitivamente del efecto de congelación de rango y de la mayoría, de una mayoría cualificada, para su ulterior modificación (art. 81.2), pues tal efecto puede, y aún debe, ser excluido". Para los preceptos de aquella "que no participan de tal naturaleza", lo que obliga a afirmar -concluye la sentencia:

"que si es cierto que existen materias reservadas a Leyes Orgánicas (art. 81), también lo es que las Leyes Orgánicas están reservadas a estas materias y que, por tanto, sería disconforme con la Constitución la Ley Orgánica que invadiera materias a la Ley ordinaria".

La inconstitucionalidad de la Ley ordinaria (o del Decreto-ley, del Decreto Legislativo o de la Ley territorial, es decir, ley autonómica) no resulta, pues, de su presunta inferioridad de rango con respecto a la Ley Orgánica, es decir, de la infracción del principio de jerarquía normativa que establece el art. 9.3 de la Constitución (precepto que no citan, por ello, ni el art. 28 de la Ley Orgánica 2/1979, de 3 de octubre, del Tribunal Constitucional (en adelante, LOTC), ni la Sentencia constitucional de 13 de febrero de 1981), sino de la invasión de ámbitos competenciales reservados expresamente a la Ley Orgánica por el art. 81, esto es, de la vulneración del principio de competencia, que es el que regula las relaciones entre la Ley Orgánica y la Ley ordinaria, imponiendo a ambas un respeto recíproco, tal y como la Sentencia constitucional antes citada subraya nítidamente.

3.6. Leyes ordinarias

Las leyes ordinarias son el instrumento normal de realización de la función legislativa por parte de las Cortes y pueden referirse a cualquier materia que no esté reservada por la Constitución a otro tipo de norma, constituyendo la legislación habitual.

Las leyes ordinarias pueden ser:

3.6.1. Leyes de Pleno y Leyes de Comisiones

Juntamente con las leyes ordinarias aprobadas por el Pleno de las Cámaras existen las que podrían denominarse Leyes de Comisión caracterizadas porque suponen un traspaso interno de competencia del Pleno de la Cámara legislativa hacia órganos parlamentarios restringidos. Según el art. 75.2 CE *"las Cámaras podrán delegar en las Comisiones Legislativas Permanentes la aprobación de proyectos o proposiciones de ley".*

Conviene destacar en este momento: por una parte, y de acuerdo con las técnicas genéricas de la delegación, el órgano plenario puede en cualquier momento recabar el debate y la votación de los proyectos o proposiciones de ley que hayan sido objeto de delegación, cuestión perfectamente explicable si se piensa que este tipo de delegación es interna y no supone abandono alguno de la típica facultad parlamentaria; por otra parte, debe de ponerse de relieve, asimismo, que existen límites importantes para la utilización de esta fórmula. Así, **se exceptúan de la aprobación mediante Leyes de Comisión las cuestiones que se refieran a la reforma constitucional, asuntos internacionales, leyes orgánicas y de bases y Presupuestos Generales del Estado**.

Es obvio también apuntar, que el valor jurídico de las Leyes de Comisión, una vez perfeccionadas y puestas en vigor, es idéntico al del resto de las leyes ordinarias.

3.6.2. Leyes marco

El art. 150.1 CE determina que las Cortes Generales, en materias de competencia estatal, podrán atribuir a todas o a algunas de las Comunidades Autónomas la facultad de dictar para sí mismas normas legislativas en el marco de los principios, bases y directrices fijados por una ley estatal. Sin perjuicio de la competencia de los Tribunales, en cada ley marco se establecerá la modalidad del control de las Cortes Generales sobre estas normas legislativas de las Comunidades Autónomas.

3.6.3. Leyes de armonización de las disposiciones normativas de las Comunidades Autónomas

El art. 150.3 CE determina que el Estado podrá dictar leyes que establezcan los principios necesarios para armonizar las disposiciones normativas de las Comunidades Autónomas, aun en el caso de materias atribuidas a la competencia de estas, cuando así lo exija el interés general. Corresponde a las Cortes Generales, por mayoría absoluta de cada Cámara, la apreciación de esta necesidad.

3.6.4. Leyes de las Comunidades Autónomas

La posibilidad de que las Comunidades Autónomas realicen función legislativa ha sido considerada afirmativamente por la doctrina señalándose que del contenido de los arts. 149, 150.1, 152 y 153.a) CE, se desprende que las Comunidades Autónomas podrán realizar efectivamente dicha función normativa.

Ningún precepto constitucional consagra abierta y directamente la existencia de un poder legislativo propio de las Comunidades Autónomas, pues las escasas referencias expresas que el texto constitucional hace a las normas con fuerza de ley emanadas de aquellas no pasan de reconocer su mera posibilidad. Así ocurre con lo dispuesto en el art. 150.1, según el cual, *"las Cortes Generales en materias de competencia estatal, podrán atribuir a todas o a alguna de las Comunidades Autónomas la facultad de dictar, para sí mismas, normas legislativas en el marco de los principios, bases y directrices fijados por una ley estatal"*.

Es claro que el precepto citado expresa una posibilidad de delegación legislativa, pero la misma tiene claro carácter excepcional y nada obliga al Estado a realizarla.

El art. 153.a) no añade realmente nada a lo que resulta del análisis precedente, ya que dicho precepto se limita a encomendar al Tribunal Constitucional, el control de la constitucionalidad de las disposiciones normativas con la fuerza de la Ley de las Comunidades Autónomas, lo cual no significa, obviamente, una atribución de competencia legislativa, sino solo la previsión del mecanismo procesal de garantía aplicable en los supuestos en que tal competencia exista y se ejercite.

El art. 152 parece más concluyente al respecto, ya que dispone que las Comunidades Autónomas especiales (es decir, aquellas en las que por ser más fuertes los sentimientos autonomistas se elimine la fase inicial de rodaje que prevé el art. 148 para las de Derecho común) contarán en todo caso con una Asamblea Legislativa. La existencia de un órgano de esta clase presupone lógicamente el reconocimiento de una potestad legislativa, pero no prejuzga en absoluto la intensidad de esta, y se refiere únicamente a las Comunidades Autónomas que acceden por la vía del art. 151.

Actualmente, y en virtud de sus respectivos Estatutos, las Comunidades Autónomas de la vía común o normal (art. 143) también tienen Asamblea Legislativa.

El art. 149 atribuye como competencia exclusiva del Estado las bases o la legislación básica, de lo que se desprende que entre las facultades que pueden asumir las Comunidades Autónomas está el desarrollo de dicha legislación, no existe sin embargo precepto alguno que les obligue a dicha asunción.

En cuanto a las clases y valor normativo de las disposiciones normativas de la Comunidades Autónomas, del art. 153 CE se deduce que las Comunidades Autónomas pueden dictar normas con fuerza de ley y otras de carácter reglamentario que estarán subordinadas a aquellas.

En todo caso, ni las normas con fuerza de ley ni los reglamentos de las Comunidades Autónomas están jerarquizados con los del Estado, ya que deberán siempre tratar de distintas materias, con lo que si una norma Estatal chocase con otra de una Comunidad Autónoma (o viceversa), no debe deslindarse el conflicto a través de la primacía de la norma de mayor rango, de las dos, sino que en realidad lo que ha ocurrido es que una de las dos normas ha invadido las competencias que la Constitución reserva a la otra, y, el conflicto se produciría pues, no entre las dos normas consideradas sino entre una de estas y la Constitución con la lógica primacía de esta.

3.7. Elaboración de las leyes

La elaboración de las leyes es la competencia esencial de las Cortes Generales.

La **función legislativa** de las Cortes Generales se realiza a través de las actuaciones independientes, aunque coordinadas, de ambas Cámaras.

Todas las leyes requieren la aprobación de **ambas** Cámaras, salvo en el caso (muy improbable) de **veto** por parte del Senado (**artículo 90.2 CE**), en que la ley se aprobaría tan solo por el Congreso.

El proceso legislativo ordinario comprende el conjunto de procedimientos y trámites que impulsan y acompañan a la ley, desde la presentación del proyecto hasta la aprobación del texto definitivo.

El proceso legislativo puede dividirse en tres fases:

— Fase introductoria.

— Fase constitutiva.

— Fase integradora de la eficacia.

3.7.1. Fase introductoria

Designa el momento de la presentación del texto del proyecto ante las Cámaras o "**iniciativa legislativa**".

De acuerdo con la Constitución (**artículo 87.1**), los legitimados para iniciar el proceso legislativo son:

— El Gobierno.

— El Congreso.

— El Senado.

— Las Asambleas de las CCAA (art. 87.2 CE).

— El pueblo español (art. 87.3 CE).

Dependiendo entonces de dónde se origine el impulso tendremos **cuatro** formas de iniciativa legislativa.

A) Iniciativa gubernamental

Cuando el texto presentado tiene su origen en una resolución aprobada por el Consejo de Ministros se denominará "proyecto de ley" (**artículo 88**) y se introducirá, como regla general, a través del Congreso.

La iniciativa gubernamental goza de preferencia en la tramitación parlamentaria respecto de la iniciativa del resto de los titulares de la misma (**artículo 89.1**).

B) Iniciativa parlamentaria

Corresponde tanto al Senado como al Congreso y ha de ser presentada por un Grupo Parlamentario o por **15** Diputados o **25** Senadores.

En caso de iniciativa parlamentaria el texto presentado se denomina **proposición de ley**.

C) Iniciativa autonómica

Este procedimiento se recoge en el art. 87.2 CE y permite a las Asambleas de las Comunidades Autónomas una doble vía:

- Solicitar del Gobierno la adopción de un proyecto de ley.
- Remitir a la Mesa del Congreso una proposición de ley, delegando ante dicha Cámara un máximo de 3 miembros de la Asamblea Comunitaria para su defensa.

D) Iniciativa popular

Se encuentra contenida en el art. 87.3 CE y desarrollada en la **Ley Orgánica 3/1984, de 26 de marzo**, reguladora de la iniciativa legislativa popular.

El trámite exigido comprende la presentación por la **Comisión promotora** de la iniciativa de una proposición de ley ante el Congreso.

Una vez admitida por el Congreso, la **Comisión promotora** deberá obtener un mínimo de 500.000 firmas acreditadas que avalen la iniciativa, obtenidas en el plazo de nueve meses con posible prórroga de tres meses más si la Mesa del Congreso aprecia causa mayor.

La Constitución y la Ley Orgánica 3/1984, de 26 de marzo, reguladora de la iniciativa legislativa popular, excluyen de esta posibilidad:

- Materias propias de ley orgánica.
- Materias de naturaleza tributaria.
- Asuntos relativos a la prerrogativa de gracia.
- Materias de carácter internacional.
- Materias del art. 131 CE (planificación económica).
- Materias del art. 134.1 (cuestiones presupuestarias).
- La reforma de la Constitución.

3.7.2. Fase constitutiva

Es la fase que comprende los trámites en los que se desarrolla la elaboración y aprobación del texto presentado.

El procedimiento es esencialmente el mismo en ambas Cámaras y se compone de los siguientes trámites:

A) Presentación de enmiendas

Una vez presentado el proyecto de ley la Mesa de la Cámara abre un plazo para la presentación de enmiendas, es decir, para la presentación de modificaciones al texto original.

Las enmiendas pueden ser:

— **Enmiendas a la totalidad**: rechazan todo el Proyecto o presentan otro alternativo.

— **Enmiendas parciales**: que pueden ser de adición, de supresión o de modificación.

B) Debates a la totalidad en el Pleno

Las **enmiendas a la totalidad** se debatirán en el Pleno. Si estas enmiendas se rechazan, el proyecto original pasará a la Comisión para el debate de las enmiendas parciales.

Si alguna de las enmiendas a la totalidad es aprobada, el proyecto o proposición se devuelve al iniciador, aceptándose el **texto alternativo**, que se trasladará a la Comisión para su ulterior debate y tramitación.

C) Debates en Comisión

Tienen lugar una vez concluido el debate de totalidad en el Pleno.

La Comisión a la que corresponda el proyecto o proposición nombrará una **Ponencia**, que redactará un **informe** que servirá de base para el debate **en la Comisión.**

El **dictamen** final sobre el proyecto o proposición originario es lo que se devuelve a la Mesa del Congreso para el siguiente trámite.

D) Deliberación en el Pleno

Se inicia 48 horas después de recibir el **dictamen** de la Comisión.

Concluida la deliberación y **debate** del Pleno, el texto finalmente aprobado se remitirá al Senado. Esta Cámara repetirá todo el procedimiento descrito, pudiendo, al final, optar entre:

a) **Vetar** (rechazar), por mayoría absoluta, el proyecto de ley enviado.
En este caso, el Congreso podrá:

- **Ratificar** inmediatamente por mayoría absoluta el texto rechazado por el Senado.

- **Esperar** dos meses y volver a aprobar el texto rechazado por el Senado por mayoría simple.

b) **Enmendar** el proyecto enviado, en cuyo caso las enmiendas del Senado se debatirán en el Congreso y quedarán incorporadas al proyecto las que obtengan mayoría simple.

El plazo de que dispone el Senado para vetar o enmendar el texto es de dos meses, a partir del día de la recepción del texto. Este plazo se reducirá a 20 días naturales en los proyectos declarados urgentes por el Gobierno o por el Congreso de los Diputados.

3.7.3. Fase integradora de eficacia

La forman aquellos trámites que dotan de eficacia a la Ley aprobada por las Cortes Generales.

Estos trámites son:

- Sanción.

- Promulgación.

- Publicación.

A) Sanción, promulgación, publicación y entrada en vigor

Se trata de vestigios históricos: antiguamente el Rey tenía que dar su consentimiento a las leyes. Hoy no tiene ningún poder decisorio sino que se limita a firmarlas (sanción) y a proclamarlas como tales (promulgación). Implica, formalmente, la concesión de fuerza obligatoria. Pese a todo, son requisitos indispensables para la validez de una ley.

Una vez aprobadas las leyes por las Cortes Generales, **el Rey las sancionará en el plazo de 15 días** y las **promulgará y ordenará su inmediata publicación** (art. 91 Constitución) **en el BOE, comenzando a regir a los 20 días** de su completa publicación, **salvo que en la propia ley se disponga otra cosa** (art. 2.1 del Código Civil).

Según el **artículo 131 LPA**, las normas con rango de ley, los reglamentos y disposiciones administrativas habrán de publicarse en el diario oficial correspondiente para que entren en vigor y produzcan efectos jurídicos. Adicionalmente, y de manera facultativa, las Administraciones Públicas podrán establecer otros medios de publicidad complementarios.

La publicación de los diarios o boletines oficiales en las sedes electrónicas de la Administración, Órgano, Organismo público o Entidad competente tendrá, en las condiciones y con las garantías que cada Administración Pública determine, los mismos efectos que los atribuidos a su edición impresa.

La publicación del Boletín Oficial del Estado en la sede electrónica del Organismo competente tendrá carácter oficial y auténtico en las condiciones y con las garantías que se determinen reglamentariamente, derivándose de dicha publicación los efectos previstos en el título preliminar del Código Civil y en las restantes normas aplicables.

B) Publicación en lenguas cooficiales

Hay que hacer referencia al Real Decreto 489/1997, de 14 de abril, sobre publicación de las Leyes en las lenguas cooficiales de las Comunidades Autónomas, que establece que las Leyes, los Reales Decretos-leyes y los Reales Decretos Legislativos, una vez sancionados por el Rey serán publicados en castellano en el BOE (art. 2.1 Código Civil), derivándose de dicha publicación su plena eficacia.

Dichas disposiciones podrán ser también publicadas en las demás lenguas oficiales de las diferentes Comunidades Autónomas si así lo decidieran los órganos competentes de las mismas. Se podrán publicar en el BOE o en el Boletín propio de la Comunidad Autónoma.

3.7.4. Derogación y vigencia de las leyes

En cuanto a su vigencia, *"las leyes solo se derogan por otras disposiciones posteriores. La derogación tendrá el alcance que expresamente se disponga y se extenderá siempre a todo aquello que en la ley nueva, sobre la misma materia, sea incompatible con la anterior"* (art. 2.2 del Código Civil).

Las leyes estarán en vigor mientras no se deroguen, con la sola excepción de las leyes temporales que pierden su vigor cuando cese el plazo para el que se dictaron o cesen las condiciones que las motivaron.

LA ELABORACIÓN DE LAS LEYES

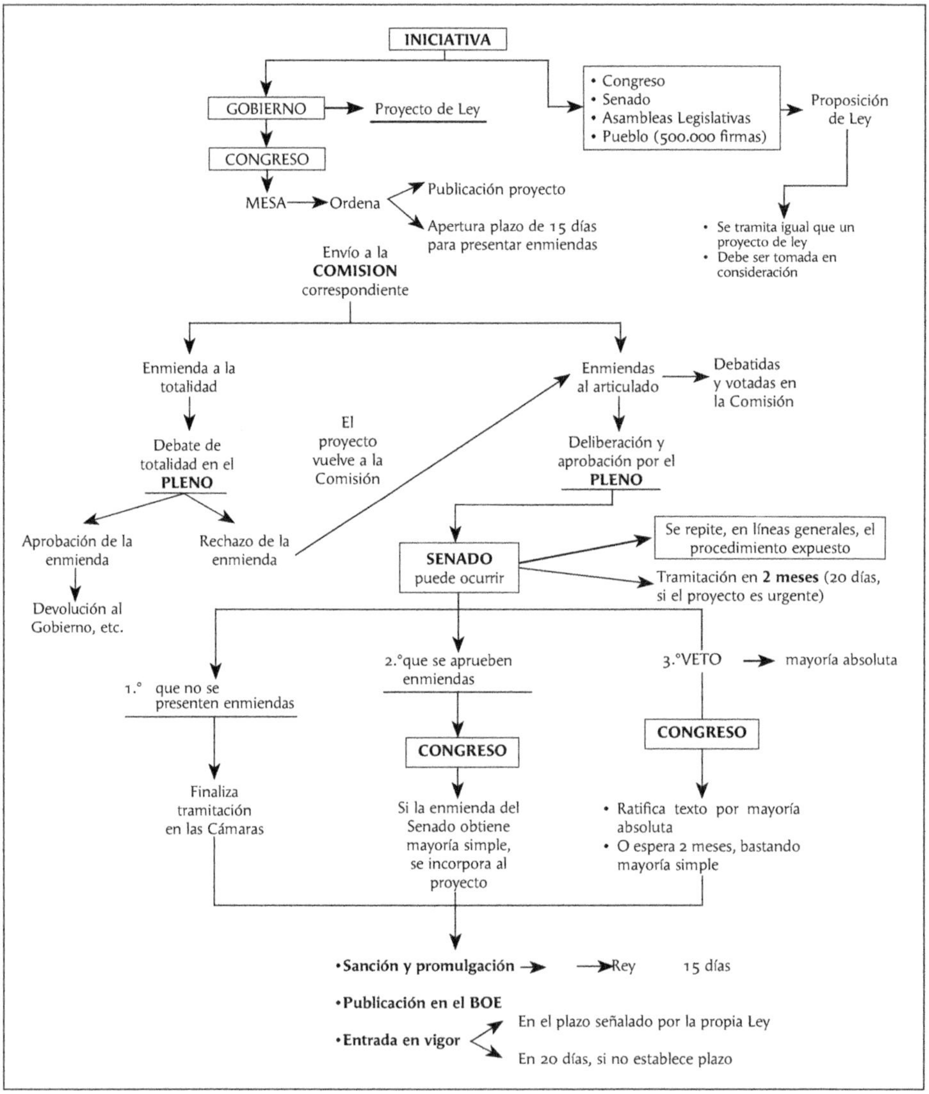

4. Disposiciones normativas con fuerza de ley

Existen dos casos en los que un órgano no titular del Poder legislativo (el Gobierno) puede emitir normas con rango de Ley. Se trata de que en estos dos casos excepcionales el Gobierno invade parcialmente aquel nivel de la jerarquía normativa que le está vedado.

¿Cómo se justifica el que el Gobierno dicte normas que se equiparan a la Ley? Se trata de supuestos muy concretos, que consisten en la necesidad de una intervención rápida o en que la materia es muy técnica y las Cortes entienden que es más eficaz y poco peligroso el cederla puntualmente al Gobierno.

Según el último apartado del **art. 127 de la Ley 39/2015** *"el Gobierno de la Nación podrá aprobar Reales Decretos-leyes y Reales Decretos Legislativos en los términos previstos en la Constitución. Los respectivos órganos de gobierno de las Comunidades Autónomas podrán aprobar normas equivalentes a aquellas en su ámbito territorial, de conformidad con lo establecido en la Constitución y en sus respectivos Estatutos de Autonomía".*

En razón de la gravedad del hecho (pues transgrede la previsión constitucional de que el Parlamento es el único titular del Poder legislativo), se rodea a los dos supuestos de amplias garantías. Veamos ya cuáles son estos supuestos:

— **Decretos Legislativos**. Son las disposiciones que dicta el Gobierno por expresa delegación del poder legislativo.

— **Decretos-leyes**. Son disposiciones dictadas por razones de extraordinaria y urgente necesidad, que no permiten separar la intervención del legislativo.

4.1. Notas comunes a ambas categorías

— Se trata siempre de normas que desde un punto de vista subjetivo emanan del ejecutivo.

— Desde el punto de vista formal unas y otras tienen el mismo valor que las leyes ordinarias dictadas por el legislativo.

4.2. Notas diferenciales de ambas categorías

— Mientras que en las leyes delegadas el Parlamento interviene dictando el acto de delegación que legitima la actuación legislativa del ejecutivo, en los Decretos-leyes la intervención del legislativo se realiza *a posteriori*.

— Su fundamento es distinto, pues mientras en el Decreto Legislativo se da al ejecutivo unas bases o Principios Generales y una autorización, los Decretos-leyes se dictan por razones de extraordinaria y urgente necesidad, sin que anteriormente haya intervenido el poder legislativo.

4.3. Decretos Legislativos

4.3.1. Definición

Los decretos legislativos son **normas con rango de Ley dictadas por el Gobierno en virtud de una delegación de las Cortes** (art. 82 CE). Es el Parlamento quien, a iniciativa propia, decide permitir que el Gobierno intervenga en materias que normalmente no le competen: es el Parlamento el que toma la iniciativa y establece un control a priori. Este mecanismo recibe el nombre genérico de "legislación delegada".

4.3.2. Fundamento

Las Cortes llaman al Gobierno a que colabore con ellas en la configuración del ordenamiento jurídico, en aquellas materias técnicas o complejas de las cuales la Administración tiene un conocimiento mayor.

DECRETOS LEGISLATIVOS

1. Texto refundido ⟶ Ley ordinaria.
2. Texto articulado ⟶ Ley de bases.

4.3.3. Clases

De lo que acabamos de indicar se desprende la existencia de dos grandes modalidades de Decreto Legislativo:

— **El texto refundido**. El texto refundido comporta la reducción de diversos textos legales a un único texto, en el cual se refunden (de aquí el nombre) los textos preexistentes. La técnica de fundido de textos normativos facilita el conocimiento de la legislación por parte de los ciudadanos y sirve, por tanto, al principio de seguridad jurídica. La refundición de textos puede circunscribirse a la mera formulación de un texto único o bien puede incluir la regularización, aclaración y armonización de los textos legales que hayan de ser refundidos (art. 82.5 CE). Se considera doctrinalmente que la actividad de refundición no es innovadora de legislación. Aun así, parece indudable que el texto refundido supone siempre un juicio de fuentes sobre la interpretación sistemática de las reglas refundidas.

— **El texto articulado**. Por medio de un texto articulado, el Gobierno desarrolla las bases previamente suministradas por el órgano legislativo. La articulación de un texto -a veces de gran extensión- a partir de las directrices emitidas por el Parlamento comporta una actividad que es claramente innovadora de legislación. Por su importancia, la Constitución delimita con fuerte precisión el acto de concesión de la delegación y su ejercicio.

4.3.4. Régimen jurídico de la delegación

El ejercicio de la facultad legislativa por delegación no es ilimitada. Podemos distinguir entre unos límites de tipo subjetivo y objetivo:

— **Límites subjetivos**. Son los que derivan del art. 82.1 CE: la delegación ha de otorgarse por las Cortes Generales y en favor exclusivamente del Gobierno. No se admite, por tanto, la delegación en favor de otros órganos del poder ejecutivo, ni tampoco la práctica de la subdelegación (art. 82.3 CE).

Se ha planteado si es admisible el recurso a la técnica de la delegación legislativa en el ámbito de las Comunidades Autónomas. El art. 153.a) CE parece entrever la posibilidad, que ulteriormente ha sido plenamente confirmada por el art. 27.2 LOTC y por las disposiciones de la mayoría de los Estatutos de Autonomía.

— **Límites objetivos**. La Constitución establece la pluralidad de límites objetivos a la delegación legislativa:

- En primer término, hay materias en las que no se admite delegación: las materias propias de ley orgánica (art. 82.1).
- En segundo término, se exige que haya siempre una ley habilitante: en el caso de formación de **textos articulados** ha de tratarse de una **ley de bases**, que delimitará con precisión el objeto y alcance de la delegación y los principios y criterios que han de seguirse en su ejercicio (art. 82.2 y 4); en el caso de formación de **textos refundidos** ha de tratarse de una **ley ordinaria** (en el sentido que no es necesario que contenga bases), que habrá de determinar el ámbito normativo a que se refiere el contenido de la delegación y el alcance sustantivo de la operación de refundido (art. 82.2 y 5).
- En tercer término, se dispone que en cualquier caso la delegación legislativa se otorgue de forma expresa, para materia concreta y con un término para su ejercicio, sin que se pueda entender concedida de manera implícita o por tiempo indeterminado. Asimismo, la delegación se agota por el uso que hace el Gobierno por medio de la publicación de la norma correspondiente (art. 82.3).
- Según la Ley Orgánica del Consejo de Estado, los Decretos Legislativos requieren la consulta no vinculante del Consejo de Estado.

— **Limitación general**. La Constitución, en el art. 84 señala que *"Cuando una proposición de ley o una enmienda fuere contraria a una delegación legislativa en vigor, el Gobierno está facultado para oponerse a su tramitación. En tal supuesto, podrá presentarse una proposición de ley para la derogación total o parcial de la ley de delegación"*.

4.4. Decretos-leyes

4.4.1. Definición

Los Decretos-leyes **son disposiciones legislativas provisionales que dicta el Gobierno en casos de extraordinaria y urgente necesidad** (art. 86 CE). En este caso quien toma la iniciativa es el Gobierno:

si considera que la situación lo requiere, por ser grave y en consecuencia hacerse necesaria su intervención, dicta un decreto en una materia normalmente reservada a la Ley (de ahí su nombre de Decreto-ley). De este modo no existe ningún control "a priori", ni el Gobierno obra por delegación.

4.4.2. Fundamento

El fundamento del Decreto-ley reside en que la vía parlamentaria (que es la que correspondería) no sería eficaz para hacer frente a la urgencia y la gravedad de la situación, ya que requiere bastante más tiempo (tramitación como Ley); de manera que es el Gobierno, que tiene una mayor y más rápida capacidad de respuesta, el que dicta la norma en el caso concreto.

4.4.3. Presupuesto habilitante

La actuación del Gobierno está supeditada a la existencia de un *"caso de extraordinaria y urgente necesidad"*: si no se da tal caso, no se puede utilizar la vía del Decreto-ley. Y, si se utiliza, su existencia la controla el Congreso.

4.4.4. Ámbito de aplicación

Los Decretos-leyes no pueden afectar a derechos y libertades de los ciudadanos, régimen de las Comunidades Autónomas, régimen electoral e instituciones básicas del Estado. Contrariamente al caso de los Decretos Legislativos, los gobiernos autonómicos no podrían, en un principio, dictar Decretos-leyes.

A pesar de que en un primer momento los gobiernos autonómicos no tenían reconocida la potestad de dictar Decretos-leyes, las últimas reformas estatutarias permiten tal posibilidad: art. 64 Estatuto de Autonomía de Cataluña; art. 44.4 Estatuto de Autonomía de la Comunidad Valenciana; art. 49 Estatuto de Illes Balears; art. 110 Estatuto de Autonomía de Andalucía; art. 44 Estatuto de Autonomía de Aragón; art. 25.4 Estatuto de Autonomía de Castilla y León y art. 33.4 Estatuto de Autonomía de Extremadura.

En la actualidad esta potestad está reconocida por el último apartado del artículo 127 de la Ley 39/2015, de 1 de octubre.

4.4.5. Revisión parlamentaria

Dado que el Parlamento no puede intervenir antes de la actuación del Gobierno, lo que hace es controlar después de la entrada en vigor del Decreto-ley si reunía los requisitos que lo legitimaban (si existía el presupuesto de hecho habilitante y si se ha respetado el ámbito de aplicación permitido). Así, pues, en los treinta días siguientes a la aprobación y entrada en vigor del Decreto-ley, este se somete a debate y votación en el Congreso (que no en las Cortes) para ser ratificado o derogado.

— **Si se ratifica**, el Decreto-ley no se convierte en Ley: formalmente sigue siendo un Decreto-ley, pero su rango normativo es el de una Ley.

— **Si se deroga**, por entenderse que no se justificaba el Decreto-ley o que se ha excedido en su ámbito de aplicación, los efectos que ha producido en sus treinta días de vida no se ven afectados por esta anulación.

Por último, insistir en dos notas acerca de estos dos tipos de norma emanada del Gobierno pero con rango de Ley:

— Se trata de alteraciones puntuales de las relaciones entre la Ley y el Reglamento, sin que el sistema constitucional de repartición de poderes entre Parlamento y el Gobierno quede afectado.

— Los Decretos Legislativos y los Decretos-leyes son reglamentos en sentido formal y leyes en sentido material, siendo esta distinción muy importante.

4.5. Mecanismo de control

4.5.1. El control de la legislación delegada

Tema de fundamental importancia y objeto de controversia doctrinal es el régimen jurídico de la legislación dictada en virtud de la delegación. Concretamente, se discuten qué medios de control existen ante una hipotética extralimitación por parte del Gobierno y cuáles son los efectos que la extralimitación puede producir sobre la norma afectada de este vicio.

En relación con este tema, dispone el artículo 82.6 CE que *"sin perjuicio de la competencia propia de los Tribunales, las leyes de delegación podrán establecer en cada caso fórmulas adicionales de control"*. A partir de este precepto, coinciden los autores en admitir la facultad de los Tribunales ordinarios del orden contencioso-administrativo para enjuiciar las eventuales extralimitaciones en que haya podido incurrir la Administración al dictar un Decreto Legislativo.

Ahora bien, ¿qué efecto produce sobre la norma afectada la constatación de esta extralimitación? Sobre la cuestión no hay unanimidad. La tesis mayoritaria (entre otros autores, GARCÍA DE ENTERRÍA y ENTRENA CUESTA), basada en alguna norma preconstitucional (art. 11 de la Ley General Tributaria de 1963), considera que las normas dictadas excediéndose del ámbito de la delegación pueden mantener su vigencia, si bien con rango reglamentario, en tanto que disposiciones provenientes de un órgano con potestad reglamentaria como es el Gobierno (y siempre respetando, naturalmente, el principio de jerarquía normativa). Una tesis minoritaria (SANTAMARÍA PASTOR) considera, en cambio, que la sanción por la extralimitación no puede ser otra que la nulidad.

Por su parte, el **artículo 1.1 de la Ley 29/1998, de 13 de julio, de la Jurisdicción Contencioso-administrativa** (en adelante, LJCA) atribuye a este orden jurisdiccional las pretensiones que se deduzcan en relación con los Decretos Legislativos cuando **excedan** los límites de la delegación, por considerarse que en este caso los preceptos correspondientes no tienen naturaleza legal sino reglamentaria.

4.5.2. El control de los Decretos-leyes

Ya se ha indicado que corresponde al Gobierno determinar la existencia del presupuesto habilitante de esta norma, pudiendo el Congreso con posterioridad incidir sobre ello. Y, en todo caso, dado que el Decreto-ley es norma con rango o fuerza de ley, la última palabra corresponderá al Tribunal Constitucional.

5. El reglamento

5.1. Concepto

Se define el Reglamento como *"disposición normativa de carácter general dictada por la Administración y con rango inferior a la Ley"*. Veamos sus notas características:

— **Disposición normativa**: significa que se integra en el ordenamiento jurídico (ya se dijo que el Reglamento era la fuente de la Administración por antonomasia).

— **Carácter general**: al igual que la Ley, se dirige a la colectividad, que está obligada en su conjunto a respetarlo (aunque no les afecte a todos **directamente**: el Reglamento de Instituciones Penitenciarias solo afecta a los reclusos); sus destinatarios no son determinables.

— **Dictada por la Administración**: únicamente la Administración (del Estado, autonómica, local, institucional) puede dictar Reglamentos, y además no cualquier órgano, como después veremos.

— **Rango inferior a la Ley**: en la pirámide normativa el Reglamento se somete siempre a la Ley. Y algo más: las materias que puede regular la Administración por medio de un reglamento están igualmente determinadas por la Ley.

Estos dos principios (**principio de jerarquía normativa y principio de legalidad**) son los fundamentos de las relaciones entre la Ley y el Reglamento.

5.2. Naturaleza

5.2.1. Diferencia Reglamento/acto administrativo

Tradicionalmente se les distinguía por su **generalidad** (el Reglamento) o su **concreción** (el acto); pero lo cierto es que existen Reglamentos con destinatarios concretos (Decreto de indulto) y actos administrativos con carácter general (convocatoria de oposiciones, declaración de día festivo por la alcaldía de un municipio). Si ya no cabe diferenciarlos por sus destinatarios, ¿cuál será el criterio por el que se haga?

Tal criterio es el siguiente: el Reglamento es un acto normativo y, por lo tanto, se integra en el ordenamiento jurídico; contiene disposiciones que modifican derechos y obligaciones y que derogan, modifican o aclaran otras normas; no se agota cuando se cumplen sus previsiones. En cambio el acto administrativo no es normativo ni se integra en el ordenamiento, agotándose en su cumplimiento.

El Reglamento invoca el Ordenamiento y se integra en él, siendo fuente del mismo: no se agota en su cumplimiento sino que es una previsión general de duración en principio indefinida y conserva su fuerza vinculante una vez que se cumple, a semejanza de la Ley (ni la Ley de Arrendamientos Urbanos ni el Reglamento de Espectáculos Taurinos pierden su vigencia cada vez que se aplican).

El acto administrativo aplica el ordenamiento y no es fuente del mismo: puede ser una previsión con pluralidad de destinatarios (convocatoria de unas oposiciones), pero una vez aplicado desaparece como tal previsión, puesto que **no** se ha integrado en el ordenamiento sino que era una mera aplicación de este.

DIFERENCIAS ENTRE REGLAMENTO Y ACTO ADMINISTRATIVO		
Aspecto	**Reglamento**	**Acto administrativo**
Función en el ordenamiento jurídico	Crea.	Aplica.
Destinatarios	Pluralidad de personas.	Individualizados.
Efectos	Permanentes.	Consuntivos.
Órgano competente	Órganos determinados de la Administración.	Cualquier órgano de una Administración.
Revocación	Sin límites legales.	Límites legales.
Ilegalidad	Nulidad absoluta.	Anulabilidad.
Impugnación	Vías diversas (no recurso administrativo).	Vías administrativa y judicial.

5.2.2. Diferencia Reglamentos/Decretos Legislativos y Decretos-leyes

Como antes quedó dicho, los Decretos Legislativos y los Decretos-leyes son formalmente Reglamentos y materialmente Leyes; lo que les distingue de los Reglamentos es que invaden competencias que no son propias del Gobierno sino que pertenece al Poder legislativo. Los Reglamentos, en cambio, son expresión de una competencia propia del Poder ejecutivo, que la Constitución le reconoce en el art. 97 *("El Gobierno... ejerce la función ejecutiva y la potestad reglamentaria de acuerdo con la Constitución y las leyes")*.

Así pues, el Reglamento limita por arriba con los Decretos Legislativos y los Decretos-leyes, y por abajo con los actos administrativos.

5.3. Clases de reglamentos

5.3.1. Según el órgano que los dicta

Los Reglamentos pueden provenir de la Administración central, autonómica, local o institucional. El art. 137 de la Constitución contiene la llamada *"garantía institucional"*, que asegura a municipios y provincias (Administración local) y a las Comunidades Autónomas (Administración autonómica) *"autonomía para la gestión de sus respectivos intereses"*.

5.3.2. Según su rango jerárquico

La categoría del Reglamento es una categoría general en la que caben distintos tipos de normas; estas normas, todas ellas reglamentarias, se ordenan jerárquicamente atendiendo al mayor o menor rango del órgano que las produce.

Esta jerarquía interna de los Reglamentos del Estado viene señalada en el art. 24.2 de la Ley del Gobierno que establece que los reglamentos se ajustarán a las siguientes normas de competencia y jerarquía:

- Disposiciones aprobadas por Real Decreto del Presidente del Gobierno o del Consejo de Ministros.
- Disposiciones aprobadas por Orden Ministerial.

5.3.3. Según su contenido

Es la clasificación más importante a efectos de la relación Administración/administrados. Se distingue entre:

- **Reglamentos internos o de organización**, que carecen de trascendencia directa sobre la esfera de los administrados y agotan su eficacia en la propia Administración.
- **Reglamentos externos o de relación**, que disciplinan las relaciones con los administrados o incluso inciden en el ejercicio de derechos (ejemplo: Reglamento de Actividades Molestas, Insalubres, Nocivas y Peligrosas).

5.3.4. Según su posición respecto a la Ley

- **Reglamentos ejecutivos**, que desarrollan disposiciones contenidas previamente en una Ley. El Reglamento se encarga de completar la regulación necesariamente general que contiene la Ley (ejemplo: Ley de Costas y Reglamento de Costas, Ley del Suelo y Reglamento de disciplina urbanística). Estos reglamentos necesitan el dictamen del Consejo de Estado.
- **Reglamentos independientes**, que se dictan en materias en las que no existe una Ley anterior. Se trata de una categoría

controvertida, que algunos autores admiten con carácter general, mientras que otros solo en algunos casos.

En efecto, el art. 103.1 CE dice que la Administración está plenamente sometida a la Ley y al Derecho, con lo cual no cabe reconocerle un poder independiente, de modo que no cabe admitir sin más el Reglamento independiente. ¿En qué casos cabe, pues, reconocer este tipo de Reglamento? Para la mayoría de la doctrina, únicamente en el ámbito organizativo interno que no afecte a derechos y obligaciones de los administrados, por cuanto que la Administración puede autoorganizarse, sin tener que justificarlo en una Ley, pero no puede crear Derecho para los demás sujetos sin una habilitación legal del Parlamento.

— **Reglamentos de necesidad**, se adoptan en materias propias de Ley formal, justificados por una necesidad de carácter extraordinario. Ejemplo de ellos es lo dispuesto en el art. 21.m) de la Ley de Bases de Régimen Local y las situaciones excepcionales previstas en el art. 116 CE.

Como puede apreciarse, las dos últimas clasificaciones están íntimamente ligadas: un Reglamento independiente solo puede ser de tipo interno o de organización.

Por último, haremos especial hincapié en la diversidad de normas y de efectos que se engloban en la categoría del Reglamento: un Decreto puede contener disposiciones tan dispares como una sanción a una empresa por contaminar un río, la aprobación de un nuevo Reglamento de Obras Públicas o el nombramiento de un Delegado del Gobierno en una Comunidad Autónoma; pese a la dificultad que entraña sistematizar estas distintas realidades jurídicas, todas ellas tienen un mayor o menor nivel de generalidad y se integran en el ordenamiento.

5.4. La potestad reglamentaria

Es la facultad que tienen el Gobierno y las Administraciones Públicas conferida por el ordenamiento jurídico como propia de los mismos para dictar normas jurídicas de rango inferior a la Ley, es decir, reglamentos.

La Constitución, en su art. 97, determina que es el Gobierno quien ejerce la potestad Reglamentaria de acuerdo con la Constitución y las Leyes.

Asimismo, la tienen los entes territoriales distintos del Estado y con personalidad jurídica propia como las Comunidades Autónomas, las provincias y los municipios. También, los entes no territoriales o institucionales en el ámbito de sus competencias (como las Universidades, etc.).

Como **razones que justifican la potestad reglamentaria** pueden aducirse las siguientes:

— La composición política y no técnica de las Cámaras legislativas, que determinan que estas no sean idóneas para la confección de los Reglamentos.

— La gran movilidad de las normas administrativas, que exige que estas no tengan el rango formal que la Ley comporta, lo que facilita su derogación y su sustitución por otras.

— La amplia esfera discrecional del poder ejecutivo, que determina la confianza de que la propia Administración se autolimite dictando reglamentos.

— La oportunidad de atribuir determinadas materias al Poder ejecutivo para que las reglamente, puesto que el legislador no puede preverlo todo.

Se han mantenido las siguientes posiciones doctrinales:

— **Teoría de la delegación**: la Administración, según esta tesis, no puede dictar Reglamentos si no existe una delegación expresa del poder legislativo.

— **Teoría de la discrecionalidad**: la potestad reglamentaria tiene su fundamento en el poder discrecional de la Administración.

— **Teoría de los poderes propios**: la Administración tiene una potestad reglamentaria propia y puede ejercerla sin necesidad de autorización expresa de la Ley. Esta es la tesis mayoritariamente mantenida. Ahora bien, ¿de dónde vienen esos poderes propios? En realidad proceden de una habilitación expresa o genérica que para dictar Reglamentos se concede a la Administración, habilitación que puede venir derivada directamente de la Ley o genéricamente de la Constitución y del ordenamiento jurídico en su conjunto. No es, pues, algo discrecional, ni algo delegado expresamente, sino una concesión de poderes propios en virtud del ordenamiento jurídico.

5.5. Límites de la potestad reglamentaria

5.5.1. Límites formales

Hacen referencia a los requisitos de carácter formal que ha de contener el Reglamento.

A) Competencia

¿Qué órganos pueden dictar Reglamentos? En otras palabras: ¿A quién atribuye la Constitución la potestad reglamentaria?

El art. 97 menciona al Gobierno, y los arts. 140, 141 y 152 hablan de autonomía para la gestión de sus intereses o de funciones ejecutivas para, respectivamente, municipios, provincias y Comunidades Autónomas, entendiéndose implícita la potestad reglamentaria.

Así pues, según la Constitución, un Ministro **no** tiene potestad reglamentaria, y **sí** el Gobierno en pleno (Consejo de Ministros). Sin embargo, el art. 4 de la Ley 50/1997, de 27 de noviembre, del Gobierno (en adelante, LG) señala que los Ministros ejercen la potestad reglamentaria *"en las materias propias de su Departamento"*. ¿Cómo se compaginan estos dos preceptos? Se ha dicho a estos efectos que el Ministro **no** tiene potestad reglamentaria general (reconocida en la Constitución solo al Consejo de Ministros), pero **sí** la tiene (según el art. 61 de la Ley 40/2015, y art. 4 de la Ley del Gobierno) *"en las materias propias de su Departamento"*. Se trata de una potestad doméstica, interna, organizativa, que no puede afectar directamente a la esfera de los administrados, potestad que coincide a la medida con el ámbito de los Reglamentos internos o de organización.

Al emitirse un reglamento han de adoptarse la vías procedimentales previstas para ello. La Administración no puede dictar reglamentos sin más; está obligada a crear las disposiciones a través de ciertas formalidades y con arreglo a determinados cauces. Viene obligada a publicarlos para su conocimiento general.

El incumplimiento de estos límites formales de la potestad reglamentaria, la omisión, por ejemplo, del dictamen preceptivo del Consejo de Estado, cuando se trata de reglamentos ejecutivos de las leyes, lleva aparejada la nulidad del reglamento correspondiente. Lo mismo sucede con la omisión del informe de las Secretarías Generales Técnicas de los Ministerios de que procedan los reglamentos.

B) La programación de la actividad reglamentaria: el Plan Anual Normativo

Una de las innovaciones introducidas por la LPA es la obligación de aprobar un Plan Anual Normativo[1] con una doble función:

a) **Planificación**: indicando las normas, legales o reglamentarias, que el Gobierno tiene la intención de modificar o aprobar, para garantizar una mayor seguridad jurídica y la predictibilidad del ordenamiento.

b) **Control**: las normas se justificarán en atención al logro de objetivos, anualmente se especificará aquellas que habrán de someterse a un análisis sobre los resultados de su aplicación, atendiendo fundamentalmente al coste que suponen para la Administración o los destinatarios y las cargas administrativas impuestas.

Según el art. 25 LG el Gobierno aprobará anualmente un Plan Normativo que contendrá las iniciativas legislativas o reglamentarias que vayan a ser elevadas para su aprobación en el año siguiente. Una vez aprobado se publicará en el Portal de la Transparencia de la Administración Pública.

Este Plan Anual Normativo estará coordinado por el Ministerio de la Presidencia, Relaciones con las Cortes y Memoria Democrática, quien elevará el Plan al Consejo de Ministros para su aprobación antes del 30 de abril. Los modelos que contengan la información a remitir sobre cada iniciativa normativa para su inclusión en el Plan serán aprobados por Orden del Ministro de la Presidencia, Relaciones con las Cortes y Memoria Democrática.

[1] Debe tenerse en cuenta que el art. 132 de la LPA, relativo a la planificación normativa, ha sido declarado contrario al orden constitucional de competencias por la STC 55/2018, de 24 de mayo, resultando por ello inaplicable a las Comunidades Autónomas.

En el caso de que se presente una propuesta normativa no contemplada en el Plan, será necesario justificar este hecho en la Memoria de Impacto Normativo.

C) Procedimiento de elaboración

El nuevo procedimiento de elaboración introducido por la Ley 40/2015, de 1 de octubre, de Régimen Jurídico del Sector Público (en adelante, LRJSP) desarrolla sobre todo dos aspectos, la participación ciudadana y la intervención de los órganos que deben dictaminar sobre las iniciativas.

La regulación se contiene en el art. 26 de la Ley 50/1997 y es de aplicación tanto a anteproyectos de ley y proyectos de Real Decreto Legislativo como a reglamentos. Según este artículo la elaboración se ajustará a las siguientes fases:

1. **Estudios y consultas previas**: el órgano directivo competente por razón de la materia elaborará los estudios y realizará las consultas previas que considere convenientes para garantizar el acierto y la legalidad del proyecto de reglamento, o, en su caso, del anteproyecto de ley.

2. **Consulta pública**: con el ánimo de incrementar la participación de los ciudadanos en el procedimiento de elaboración de normas, se establece la necesidad de recabar a través de la web del Ministerio, con carácter previo a la elaboración de la norma, la opinión de ciudadanos y organizaciones más representativas acerca de:

    a) Los problemas que se pretenden solucionar con la iniciativa.

    b) La necesidad y oportunidad de su aprobación.

    c) Los objetivos de la norma.

    d) Las posibles soluciones alternativas regulatorias y no regulatorias.

    La consulta deberá realizarse de tal forma que todos los potenciales destinatarios de la norma tengan la posibilidad de emitir su opinión, para lo cual deberá proporcionarse un tiempo suficiente, que en ningún caso será inferior a 15 días naturales.

    Se podrá prescindir de la consulta pública, justificándolo de manera motivada en la Memoria del Análisis de Impacto Normativo, en los siguientes casos:

    a) Normas presupuestarias u organizativas de la Administración General del Estado o sus organizaciones dependientes o vinculadas.

    b) Por razones graves de interés público que lo justifiquen.

    c) Cuando la propuesta no tenga un impacto significativo en la actividad económica, no imponga obligaciones relevantes a los destinatarios o regule aspectos parciales de una materia.

    d) En el caso de tramitación urgente.

3. **La Memoria del Análisis de Impacto Normativo (MAIN)**: El centro directivo competente, una vez redactado el proyecto de reglamento o el anteproyecto de ley, elaborará con carácter preceptivo una Memoria del Análisis de Impacto Normativo, que deberá contener:

   a) Oportunidad de la propuesta y alternativas de regulación estudiadas, incluyendo una justificación de la necesidad de la nueva norma frente a la alternativa de no aprobar ninguna regulación.

   b) Contenido y análisis jurídico, con referencia al Derecho nacional y de la Unión Europea, que incluirá el listado pormenorizado de las normas que quedarán derogadas como consecuencia de la entrada en vigor de la norma.

   c) Análisis sobre la adecuación de la norma propuesta al orden de distribución de competencias.

   d) Impacto económico y presupuestario, que evaluará las consecuencias de su aplicación sobre los sectores, colectivos o agentes afectados por la norma, incluido el efecto sobre la competencia, la unidad de mercado y la competitividad y su encaje con la legislación vigente en cada momento sobre estas materias. Este análisis incluirá la realización del test Pyme de acuerdo con la práctica de la Comisión Europea.

   e) Cargas administrativas que conlleva la propuesta, se cuantificará el coste de su cumplimiento para la Administración y para los obligados a soportarlas con especial referencia al impacto sobre las pequeñas y medianas empresas.

   f) Impacto por razón de género, que analizará y valorará los resultados que se puedan seguir de la aprobación de la norma desde la perspectiva de la eliminación de desigualdades y de su contribución a la consecución de los objetivos de igualdad de oportunidades y de trato entre mujeres y hombres, a partir de los indicadores de situación de partida, de previsión de resultados y de previsión de impacto.

   g) Un resumen de las principales aportaciones recibidas en el trámite de consulta pública.

   h) Impacto por razón de cambio climático , que deberá ser valorado en términos de mitigación y adaptación al mismo.

   La Memoria del Análisis de Impacto Normativo incluirá cualquier otro extremo que pudiera ser relevante a criterio del órgano proponente.

4. **Consultas, dictámenes e informes preceptivos y convenientes**: durante el procedimiento el centro directivo competente recabará, además de los informes y dictámenes que resulten preceptivos, cuantos estudios y consultas se estimen convenientes para garantizar el acierto y la legalidad del texto.

De acuerdo con la Ley del Gobierno se precisarán los siguientes informes:

a) Informe de la Secretaría General Técnica del Ministerio o Ministerios proponentes.

b) Informe previo del Ministerio competente en materia de Política Territorial cuando la norma afecte a la distribución de las competencias entre el Estado y las Comunidades Autónomas.

c) Aprobación previa del Ministerio competente en materia de Hacienda cuando la propuesta normativa afecte a:

   — La organización administrativa de la Administración General del Estado.

   — Su régimen de personal.

   — Los procedimientos y a la inspección de los servicios.

   Esta debe ser solicitada antes de ser sometida al órgano competente para promulgarlos. Si transcurridos 15 días desde la recepción de la solicitud de aprobación no se hubiera formulado ninguna objeción, se entenderá concedida la aprobación.

d) El plazo para la emisión de informes preceptivos, salvo disposición en contrario será de:

   — 10 días.

   — Un mes, cuando se solicite a otra Administración o a un Organismos dotado de especial independencia o autonomía.

   — En caso de solicitud motivada de urgencia los informes serán emitidos en un plazo no superior a la mitad de los plazos anteriores.

5. **Audiencia a los ciudadanos e información pública**: Una vez elaborado el proyecto de reglamento, y sin perjuicio de la consulta previa, hay un segundo momento para la participación ciudadana, cuando la norma afecte a los derechos e intereses legítimos de las personas.

   Para ello el centro directivo competente publicará el texto en el portal web correspondiente, con el objeto de dar audiencia a los ciudadanos afectados y obtener cuantas aportaciones adicionales puedan hacerse por otras personas o entidades. Asimismo, podrá recabarse directamente la opinión de las organizaciones o asociaciones reconocidas por ley que agrupen o representen a las personas cuyos derechos o intereses legítimos se vieren afectados por la norma y cuyos fines guarden relación directa con su objeto.

   El plazo mínimo de esta audiencia e información públicas será de 15 días hábiles, y podrá ser reducido hasta un mínimo de 7 días hábiles cuando:

a) Razones debidamente motivadas así lo justifiquen, dejando constancia en la Memoria de Análisis de Impacto Normativo.

b) Cuando se aplique la tramitación urgente.

Podrá omitirse este trámite cuando existan graves razones de interés público, justificadas en la MAIN.

No será necesario en las disposiciones presupuestarias o que regulen los órganos, cargos y autoridades del Gobierno o de las organizaciones dependientes o vinculadas a estas.

6. **Dictamen del Consejo de Estado**: Se recabará el dictamen del Consejo de Estado u órgano consultivo equivalente, cuando fuera preceptivo o se considere conveniente.

   Es preceptivo para reglamentos de desarrollo, y el órgano competente para su emisión es la Comisión Permanente del Consejo de Estado.

7. **Aprobación**: Cumplidos los trámites anteriores la propuesta se elevará al órgano competente para su aprobación:

   a) **El Ministro**: su aprobación se realizará mediante Orden del Ministro competente por razón de la materia. Si afectara a varios Departamentos se efectuará mediante Orden del Ministro competente en materia de Presidencia.

   b) **El Consejo de Ministros**: la propuesta se someterá a la Comisión General de Secretarios de Estado y Subsecretarios y se elevará al Consejo de Ministros para su aprobación mediante Real Decreto. Posteriormente se presentará al Rey para su expedición con el refrendo del Ministro competente.

El Ministerio de la Presidencia, (actualmente Ministerio de la Presidencia, Relaciones con las Cortes y Memoria Democrática) supervisará la correcta aplicación de este procedimiento. Con el objeto de asegurar la coordinación y la calidad de la actividad normativa del Gobierno analizará los siguientes aspectos:

a) La calidad técnica y el rango de la propuesta normativa.

b) La congruencia de la iniciativa con el resto del ordenamiento jurídico, nacional y de la Unión Europea, con otras que se estén elaborando en los distintos Ministerios o que vayan a hacerlo de acuerdo con el Plan Anual Normativo, así como con las que se estén tramitando en las Cortes Generales.

c) La necesidad de incluir la derogación expresa de otras normas, así como de refundir en la nueva otras existentes en el mismo ámbito.

d) El contenido preceptivo de la Memoria del Análisis de Impacto Normativo y, en particular, la inclusión de una sistemática de evaluación posterior de la aplicación de la norma cuando fuere preceptivo.

e) El cumplimiento de los principios y reglas establecidos en este Título.

f) El cumplimiento o congruencia de la iniciativa con los proyectos de reducción de cargas administrativas o buena regulación que se hayan aprobado en disposiciones o acuerdos de carácter general para la Administración General del Estado.

g) La posible extralimitación de la iniciativa normativa respecto del contenido de la norma comunitaria que se trasponga al derecho interno.

Se conservarán en el correspondiente expediente administrativo, en formato electrónico, la Memoria del Análisis de Impacto Normativo, los informes y dictámenes recabados para su tramitación, así como todos los estudios y consultas emitidas y demás actuaciones practicadas.

D) Tramitación de urgencia

Otra de las innovaciones introducidas por la reforma de octubre de 2016 es la regulación específica del procedimiento de urgencia. El Consejo de Ministros, a propuesta del titular del departamento, podrá acordar la tramitación urgente del procedimiento de elaboración y aprobación de anteproyectos de ley, Reales Decretos Legislativos y de Reales Decretos, en alguno de los siguientes casos:

a) Cuando fuere necesario para que la norma entre en vigor en el plazo exigido para la transposición de directivas comunitarias o el establecido en otras leyes o normas de Derecho de la Unión Europea.

b) Cuando concurran otras circunstancias extraordinarias que, no habiendo podido preverse con anterioridad, exijan la aprobación urgente de la norma.

La Memoria del Análisis de Impacto Normativo mencionará la existencia del acuerdo de tramitación urgente y las circunstancias que le sirven de fundamento.

La tramitación por vía de urgencia implicará que:

a) Los plazos previstos se reducirán a la mitad de su duración.

b) No será preciso el trámite de consulta pública previa, pero sí los trámites de audiencia pública o de información pública sobre el texto, cuyo plazo de realización será, como mínimo, de 7 días.

c) La falta de emisión de un dictamen o informe preceptivo en plazo no impedirá la continuación del procedimiento, sin perjuicio de su eventual incorporación y consideración cuando se reciba.

E) Publicación y entrada en vigor

El **art. 131 LPA** regula un doble sistema de publicación, la oficial, preceptiva, en el correspondiente diario oficial, consecuencia del mandato del art. 9.3 CE y la adicional, voluntaria, en la página web.

Las normas con rango de ley, los reglamentos y disposiciones administrativas habrán de publicarse en el diario oficial correspondiente para que entren en vigor y produzcan efectos jurídicos. Adicionalmente, y de manera facultativa, las Administraciones Públicas podrán establecer otros medios de publicidad complementarios.

La publicación de los diarios o boletines oficiales en las sedes electrónicas de la Administración, Órgano, Organismo público o Entidad competente tendrá, en las condiciones y con las garantías que cada Administración Pública determine, los mismos efectos que los atribuidos a su edición impresa.

La publicación del «Boletín Oficial del Estado» en la sede electrónica del Organismo competente tendrá carácter oficial y auténtico en las condiciones y con las garantías que se determinen reglamentariamente, derivándose de dicha publicación los efectos previstos en el título preliminar del Código Civil y en las restantes normas aplicables.

A partir de su publicación oficial se producirá su entrada en vigor. Una de las novedades más llamativas se contiene en el art. 23 de la Ley del Gobierno que prevé un momento temporal predeterminado para la entrada en vigor de ciertas normas.

Las disposiciones de entrada en vigor de las leyes o reglamentos, cuya aprobación o propuesta corresponda al Gobierno o a sus miembros, y que impongan nuevas obligaciones a las personas físicas o jurídicas que desempeñen una actividad económica o profesional como consecuencia del ejercicio de esta, preverán el comienzo de su vigencia el 2 de enero o el 1 de julio siguientes a su aprobación.

Esto sin perjuicio de lo dispuesto en el art. 2.1 del Código Civil, con lo cual, en caso de no disponer nada la vigencia se producirá a los **20 días de su publicación**.

Esta norma no será de aplicación a los Reales Decretos-leyes, ni cuando el cumplimiento del plazo de transposición de directivas europeas u otras razones justificadas así lo aconsejen, debiendo quedar este hecho debidamente acreditado en la respectiva Memoria.

5.5.2. Límites materiales

Se refieren al contenido del Reglamento.

A) Respeto a los Principios Generales del Derecho e interdicción de la arbitrariedad

El ordenamiento jurídico no está compuesto solo de normas escritas (leyes, reglamentos, etc.), sino que contiene además una serie de principios (los Principios Generales del Derecho a que hace referencia el art. 1.1 del Código Civil) igualmente vinculantes. El art. 103.1 CE lo refleja claramente cuando dice que la Administración actúa *"con sometimiento pleno a la Ley y al Derecho"*. De este modo queda constitucionalizada la vieja constatación de que **no todo el Derecho está en la ley**. Ejemplos de Principios Generales del Derecho comúnmente admitidos: principio de buena fe en las relaciones jurídicas, principio de igualdad ante la Ley, etc.

Por otra parte, el art. 9.3 CE garantiza la *"interdicción de la arbitrariedad de los poderes públicos"*, precepto destinado a impedir que la actuación administrativa se aleje de criterios de razonabilidad y de interés público.

B) La materia reglamentaria: reserva de ley y principio de legalidad

El principio de legalidad supone que **toda actuación de la Administración ha de estar cubierta por una ley**; ya se dijo antes que **no** es tarea de la Administración el crear derecho, el conformar las situaciones (derechos y obligaciones) de los demás sujetos, sino que simplemente ejecuta normas que le vienen dadas por el Poder legislativo.

Este principio de legalidad, fundamental para comprender la posición y la actuación administrativas, se concreta en distintas normas:

— **Art. 9.3 CE** (*"La Constitución garantiza el principio de legalidad..."*).

— **Art. 103.1 CE** que dispone el sometimiento a la ley y al Derecho de toda actuación administrativa.

— **Art. 34.2 LPA** *("El contenido de los actos se ajustará a lo dispuesto en el ordenamiento jurídico").*

— **Art. 70.2 de la Ley 29/1998, de 13 de julio, reguladora de la Jurisdicción Contencioso-administrativa** (en adelante, LJCA) *("La sentencia estimará el recurso contencioso-administrativo cuando la disposición, la actuación o el acto incurrieran en cualquier infracción del ordenamiento jurídico, incluso la desviación de poder").*

Además del principio de legalidad (toda actuación singular del poder debe estar justificada o amparada en una Ley previa), el ordenamiento contiene disposiciones concretas para acotar o delimitar la actuación administrativa: la reserva de ley.

La reserva legal como límite a la potestad reglamentaria se recoge expresamente en el **art. 128.2 LPA**, estableciendo que: *"Los reglamentos y disposiciones administrativas no podrán vulnerar la Constitución o las leyes ni regular aquellas materias que la Constitución o los Estatutos de Autonomía reconocen de la competencia de las Cortes Generales o de las Asambleas Legislativas de las Comunidades Autónomas. Sin perjuicio de su función de desarrollo o colaboración con respecto a la ley, no podrán tipificar delitos, faltas o infracciones administrativas, establecer penas o sanciones, así como tributos, exacciones parafiscales u otras cargas o prestaciones personales o patrimoniales de carácter público"*.

Sin embargo, ahora es necesario destacar que entre estas materias que le están vedadas al Poder ejecutivo se incluyen algunas que podrían denominarse domésticas o internas de la Administración: art. 103.3 CE *("La Ley regulará el estatuto de los funcionarios públicos, el acceso a la función pública... el sistema de incompatibilidades...")*. Y ello porque se trata de un derecho fundamental (derecho al acceso igualitario a funciones y cargos públicos recogido en el art. 23.2 CE), o de materias que pese a ser del ámbito interno de la Administración se consideran de especial trascendencia.

Así pues, retomando la distinción entre reglamentos ejecutivos e independientes, no cabe decir sin más que existe un poder reglamentario organizativo e interno sin cobertura legal: en ciertas materias como las contenidas en el art. 103.3 CE no podrá darse el Reglamento independiente, por afectar a derechos y libertades de los ciudadanos (en este caso de los funcionarios o aspirantes a serlo).

C) La jerarquía normativa

El **principio de jerarquía normativa**, contenido en el art. 9.3 CE *("La Constitución garantiza el principio de legalidad, la jerarquía normativa...")*, supone que la Administración no puede contradecir una Ley mediante una disposición con rango reglamentario: ya no se trata de que haya materias reservadas a la Ley, sino que el Reglamento se sitúa por debajo de la Ley en la pirámide normativa. Así lo dispone el art. 128.3 LPA que las disposiciones administrativas se ajustarán al orden de jerarquía que establezcan las leyes. Ninguna disposición administrativa podrá vulnerar los preceptos de otra de rango superior.

Para ilustrar perfectamente estos dos principios (de jerarquía y de reserva de Ley), citamos el art. 128 LPA:

"1. El ejercicio de la potestad reglamentaria corresponde al Gobierno de la Nación, a los órganos de Gobierno de las Comunidades Autónomas, de conformidad con lo establecido en sus respectivos Estatutos, y a los órganos de gobierno locales, de acuerdo con lo previsto en la Constitución, los Estatutos de Autonomía y la Ley 7/1985, de 2 de abril, reguladora de las Bases del Régimen Local.

2. Los reglamentos y disposiciones administrativas no podrán vulnerar la Constitución o las leyes ni regular aquellas materias que la Constitución o los Estatutos de Autonomía reconocen de la competencia de las Cortes Generales o de las Asambleas Legislativas de las Comunidades Autónomas. Sin perjuicio de su función de desarrollo o colaboración con respecto a la ley, no podrán tipificar delitos, faltas o infracciones administrativas, establecer penas o sanciones, así como tributos, exacciones parafiscales u otras cargas o prestaciones personales o patrimoniales de carácter público.

3. Las disposiciones administrativas se ajustarán al orden de jerarquía que establezcan las leyes. Ninguna disposición administrativa podrá vulnerar los preceptos de otra de rango superior".

El principio de la jerarquía normativa supone un límite, como ya hemos dicho anteriormente, en cuanto que la Administración no puede dictar disposiciones contrarias a las leyes. La primacía de rango de la Ley se impone a todos los reglamentos, sancionándose, también con nulidad, la infracción de tal principio. También dentro del ámbito propiamente administrativo debe respetarse la jerarquía reglamentaria. Los reglamentos de rango inferior que infrinjan lo dispuesto en un reglamento de rango superior son igualmente nulos.

D) Inderogabilidad singular de los Reglamentos

El **art. 37 LPA** establece expresamente que *"Las resoluciones administrativas de carácter particular no podrán vulnerar lo establecido en una disposición de carácter general, aunque aquellas procedan de un órgano de igual o superior jerarquía al que dictó la disposición general".*

Como sostiene GARCÍA DE ENTERRÍA, la Administración está sometida al principio de legalidad y, como un sujeto de derecho que es, se somete a todo el ordenamiento jurídico y, por lo tanto, también a sus reglamentos. Cuestión distinta es que el propio reglamento contenga la autorización de dispensa, es decir, de excepciones a las reglas por él establecidas, en cuyo caso el principio que debe presidir esta cuestión es el de igualdad que proscribe las discriminaciones infundadas (SANTAMARÍA PASTOR).

Un ejemplo de derogabilidad singular de un reglamento sería si el Ministro competente en materia de Educación dictara un reglamento sobre concesión de becas mediante Orden Ministerial, y después el Consejo de Ministros o el propio Ministro aprobara una *resolución* (mediante la correspondiente Orden Ministerial) vulnerando el contenido del referido reglamento.

E) Los principios de buena regulación

El **art. 129 LPA** regula una serie de principios a los que deberán ajustarse las Administraciones Públicas en el ejercicio tanto de la iniciativa legislativa como de la potestad reglamentaria. (No obstante, debe tenerse en cuenta que según sentencia del Tribunal Constitucional 55/2018, de 24 de mayo, este artículo ha sido declarado contrario al orden constitucional de competencias y, en consecuencia, no son aplicables sus principios a las iniciativas legislativas de las Comunidades Autónomas). En la exposición de motivos o en el preámbulo, según se trate, respectivamente, de anteproyectos de ley o de proyectos de reglamento, quedará suficientemente justificada su adecuación a los siguientes principios:

a) **Necesidad y eficacia**: la iniciativa normativa debe estar justificada por una razón de interés general, basarse en una identificación clara de los fines perseguidos y ser el instrumento más adecuado para garantizar su consecución.

b) **Proporcionalidad**: la iniciativa deberá contener la regulación imprescindible para atender la necesidad a cubrir con la norma, tras constatar que no existen otras medidas menos restrictivas de derechos, o que impongan menos obligaciones a los destinatarios.

c) **Seguridad jurídica**: la iniciativa se ejercerá de manera coherente con el resto del ordenamiento jurídico, nacional y de la Unión Europea, para generar un marco normativo estable, predecible, integrado, claro y de certidumbre, que facilite su conocimiento y comprensión y, en consecuencia, la actuación y toma de decisiones de las personas y empresas.

   Cuando la iniciativa normativa establezca trámites adicionales o distintos a los contemplados en la LPA, estos deberán ser justificados atendiendo a la singularidad de la materia o a los fines perseguidos por la propuesta.

Las habilitaciones para el desarrollo reglamentario de una ley serán conferidas, con carácter general, al Gobierno. La atribución directa a los titulares de los Departamentos ministeriales o a otros órganos dependientes o subordinados de ellos, tendrá carácter excepcional y deberá justificarse en la ley habilitante.

Las leyes podrán habilitar directamente a Autoridades Independientes u otros organismos que tengan atribuida esta potestad para aprobar normas en desarrollo o aplicación de las mismas, cuando la naturaleza de la materia así lo exija.

d) **Transparencia**: las Administraciones Públicas posibilitarán el acceso sencillo, universal y actualizado a la normativa en vigor y los documentos propios de su proceso de elaboración, en los términos establecidos en el artículo 7 de la Ley 19/2013, de 9 de diciembre, de transparencia, acceso a la información pública y buen gobierno; definirán claramente los objetivos de las iniciativas normativas y su justificación en el preámbulo o exposición de motivos; y posibilitarán que los potenciales destinatarios tengan una participación activa en la elaboración de las normas.

e) **Eficiencia**: la iniciativa normativa debe evitar cargas administrativas innecesarias o accesorias y racionalizar, en su aplicación, la gestión de los recursos públicos.

f) **Estabilidad presupuestaria y sostenibilidad financiera**: cuando la iniciativa afecte a los gastos o ingresos públicos presentes o futuros, se deberán cuantificar y valorar sus repercusiones y efectos, y supeditarse al cumplimiento de los principios de estabilidad presupuestaria y sostenibilidad financiera.

F) Evaluación normativa y adaptación de la normativa vigente a los principios de buena regulación[2]

La LPA también incluye la obligación de realizar un control y **evaluación periódica** de las normas en vigor con el fin de controlar la sujeción a los principios anteriores y comprobar la medida en que las normas en vigor han **conseguido los objetivos previstos y si estaba justificado y correctamente cuantificado el coste y las cargas impuestas** en ellas.

El resultado de la evaluación se plasmará en un **informe que se hará público**, con el detalle, periodicidad y por el órgano que determine la normativa reguladora de la Administración correspondiente.

Las Administraciones Públicas promoverán la aplicación de los principios de buena regulación y cooperarán para promocionar el análisis económico en la elaboración de las normas y, en particular, para evitar la introducción de restricciones injustificadas o desproporcionadas a la actividad económica.

2 Debe tenerse en cuenta que el art. 130 de la LPA, ha sido declarado contrario al orden constitucional de competencias por la STC 55/2018, de 24 de mayo, resultando por ello inaplicable a las Comunidades Autónomas.

5.6. Reglamentos ilegales: reacción frente los reglamentos ilegales

El ordenamiento ha de reaccionar necesariamente con medios enérgicos contra el grave ataque que frente a él supone el reglamento ilegal. Esta reacción será la nulidad de pleno derecho.

5.6.1. Inaplicación del reglamento ilegal (medios pasivos)

Ello obliga a que antes de la aplicación de un reglamento deba contrastarse con toda atención su conformidad a las leyes. Si de este contraste previo resultase que el reglamento contradice a las leyes, habrá que rechazar la aplicación del reglamento con objeto de hacer efectiva la aplicación prioritaria de la ley por él violada; habrá que rehusar, pura y simplemente, aplicar el reglamento ilegal o, en términos positivos, habrá que inaplicarlo.

El artículo 117.1 CE, al declarar a los Jueces y Tribunales *"sometidos únicamente al imperio de la ley"*, les obliga más enérgicamente a buscar el respaldo legal de todo reglamento antes de cualquier aplicación de los mismos.

Por su parte, el artículo 6 LOPJ establece que: *"Los Jueces y Tribunales no aplicarán los reglamentos o cualquier otra disposición contrarios a la Constitución, a la ley o al principio de jerarquía normativa"*.

5.6.2. Impugnación del reglamento ilegal (medios activos)

La inaplicación es la técnica por excelencia utilizada por el ordenamiento frente al reglamento ilegal. Un paso más del ordenamiento consiste en pasar de esa resistencia pasiva que es la inaplicación, a una resistencia activa y ofensiva, que persiga la eliminación tanto de la fuerza vinculante del reglamento ilegal, como de su aparición formal perturbadora. Son los remedios que estudiaremos seguidamente:

A) Impugnación en vía administrativa

Según el **artículo 112.3 LPA** contra las disposiciones administrativas de carácter general no cabrá recurso en vía administrativa. No obstante lo dicho, el mismo artículo 112.3 LPA, en su párrafo segundo, establece que: *"Los recursos contra un acto administrativo que se funden únicamente en la nulidad de alguna disposición administrativa de carácter general podrán interponerse directamente ante el órgano que dictó dicha resolución"* (posibilidad que algunos autores han denominado recurso de alzada indirecto contra reglamentos). Nótese, no obstante, que la estimación, en vía administrativa, de un recurso indirecto contra un reglamento da lugar a la anulación del acto administrativo de aplicación que se recurre, pero no del reglamento. En sede administrativa, la Administración que lo dictó puede derogarlo (mediante un reglamento posterior), o iniciar la vía de la revisión de oficio del artículo 106.2 LPA, a la que nos referimos a continuación.

De acuerdo con el citado art. 106.2 de la LPA, la revisión de oficio de disposiciones administrativas nulas (o reglamentos nulos) se regula de la siguiente manera:

"Asimismo, en cualquier momento, las Administraciones Públicas de oficio, y previo dictamen favorable del Consejo de Estado u órgano consultivo equivalente de la Comunidad Autónoma si lo hubiere, podrán declarar la nulidad de las disposiciones administrativas en los supuestos previstos en el artículo 47.2"..

Añade el apartado 4º del artículo 106:

"Las Administraciones Públicas, al declarar la nulidad de una disposición o acto, podrán establecer, en la misma resolución, las indemnizaciones que proceda reconocer a los interesados, si se dan las circunstancias previstas en los artículo 32.2 y 34.1 de la Ley 40/2015; sin perjuicio de que, tratándose de una disposición, subsistan los actos firmes dictados en aplicación de la misma".

B) Impugnación en vía contencioso-administrativa

El principal de los medios técnicos de reacción activa frente a los reglamentos ilegales viene constituido por los recursos contencioso-administrativos.

La LJCA, encomienda expresamente a los Tribunales de esa jurisdicción, el conocimiento de las pretensiones que se deduzcan en relación con los actos de la Administración Pública sujetos al Derecho Administrativo y con las disposiciones de categoría inferior a la ley. Esto quiere decir, en definitiva, que una de las funciones específicas de la Jurisdicción Contencioso-Administrativa es controlar la legalidad de los reglamentos y la de declarar, consecuentemente, la nulidad de los que estén afectados de algún vicio.

Así lo declara con mayor solemnidad el artículo 106.1 CE: *"Los Tribunales controlan la potestad reglamentaria .."*..

Desde el punto de vista de los particulares, esta forma técnica de control de los reglamentos ilegales es la más interesante, en la medida en que son ellos mismos quienes pueden adoptar la iniciativa, bien impugnando directamente el reglamento viciado (recurso directo), bien impugnando el acto concreto de aplicación de dicho reglamento en base, precisamente, a la ilegalidad de este último (recurso indirecto). Ambas posibilidades están claramente enunciadas en la LJCA.

C) Impugnación ante el Tribunal Constitucional

La LOTC, incluye dentro de las competencias de esta jurisdicción varios supuestos de control de reglamentos; en concreto los supuestos de conflicto de competencias entre Estado y Comunidades Autónomas o de estas entre sí, supuestos que determinarán el conocimiento por el Alto Tribunal de recursos contra los reglamentos por razón de conflictos de competencias entre el Estado y las CCAA o entre estas entre si (artículo 161.1.c) CE: *"El Tribunal Constitucional tiene jurisdicción en todo el territorio nacional y es competente para conocer: ... c) De los conflictos de competencias entre el Estado y las CCAA o de los de estas entre sí"*).

Debe señalarse que el Tribunal Constitucional no efectúa un enjuiciamiento del reglamento desde todos sus condicionantes de legalidad, sino exclusivamente desde el parámetro del respeto a la Constitución y los Estatutos de Autonomía, dentro del ámbito de delimitación respectiva de competencias.

Asimismo, la LOTC (arts. 41 a 58) regula el llamado "recurso de amparo", que protege a todos los ciudadanos frente a las violaciones de los derechos y libertades reconocidos en los arts. 14 a 29 CE (y derecho a la objeción de conciencia regulado en el art. 30.2º CE), originadas por disposiciones, actos jurídicos omisiones o simple vía de hecho de los Poderes Públicos del Estado, las Comunidades Autónomas y demás entes públicos.

Por tanto, el Tribunal Constitucional, puede conocer del recurso de amparo contra aquellos reglamentos que incurran en violación de los derechos antes mencionados originadas por normas reglamentarias. No obstante lo dicho, la interposición de este recurso de amparo exige que antes se agote la vía judicial procedente, que no es otra que la del recurso contencioso-administrativo previsto en la LJCA.

Dicho recurso podrá tramitarse siguiendo el procedimiento general previsto en la LJCA o, indistintamente, el procedimiento especial de protección de derechos fundamentales, regulado, actualmente, en los artículos 114 a 122 de la misma ley.

<table>
<tr><th colspan="4">LA POTESTAD REGLAMENTARIA</th></tr>
<tr><td>¿QUÉ MATERIAS ESTÁN PROHIBIDAS A LOS REGLAMENTOS?</td><td colspan="3">• Aquellas que sean reserva de Ley.
• Tipificación de delitos, faltas o infracciones administrativas.
• Establecimiento de penas o sanciones.
• Establecimiento de tributos, cánones u otras cargas o prestaciones personales o patrimoniales de carácter público.</td></tr>
<tr><td>POSICIÓN JERÁRQUICA DE LOS REGLAMENTOS</td><td colspan="3">• Se ajustarán a las siguientes normas de jerarquía y competencia:
1. Reales Decretos del Presidente del Gobierno o del Consejo de Ministros.
2. Órdenes Ministeriales emanadas de los Ministros.
• Los reglamentos no podrán infringir normas con rango de Ley.
• Ningún reglamento podrá vulnerar preceptos de otro de jerarquía superior.
• Son nulas las resoluciones administrativas que vulneren lo establecido en un reglamento, aunque hayan sido dictadas por órganos de igual o superior jerarquía.</td></tr>
<tr><td rowspan="7">PROCEDIMIENTO DE ELABORACIÓN DE LOS REGLAMENTOS</td><td>Iniciación</td><td colspan="2">El proyecto de reglamento se elaborará en el centro directivo competente.</td></tr>
<tr><td rowspan="6">Trámite de audiencia</td><td>¿Cuándo será necesario?</td><td>Cuando la disposición afecte a los derechos e intereses legítimos de los ciudadanos, publicándolo en el portal web correspondiente.</td></tr>
<tr><td>¿A quién se oirá?</td><td>• A los ciudadanos.
• A las organizaciones y asociaciones pertinentes, reconocidas por la ley.</td></tr>
<tr><td>Procedimiento</td><td>El que motivadamente acuerde el órgano que haya acordado la apertura del trámite.</td></tr>
<tr><td>Plazo</td><td>• No inferior a 15 días hábiles.
• Mínimo de 7 días hábiles, si existen razones motivadas para abreviarlo.</td></tr>
<tr><td>Omisión del trámite</td><td>Por graves razones de interés público, justificados en la MAIN.</td></tr>
<tr><td>No será necesario</td><td>• A las disposiciones presupuestarias.
• A las disposiciones que regulan los órganos, cargos y autoridades del Gobierno.
• A las disposiciones de las organizaciones dependientes o adscritas a ellas.</td></tr>
<tr><td rowspan="3">PROCEDIMIENTO DE ELABORACIÓN DE LOS REGLAMENTOS</td><td>Tramite de información pública</td><td colspan="2">• Cuando la naturaleza de la disposición lo aconseje.
• En los mismos plazos establecidos para el trámite de audiencia.</td></tr>
<tr><td>Informes que deben acompañar al proyecto de reglamento</td><td colspan="2">• Informe sobre su necesidad y oportunidad.
• Memoria económica.
• Informe sobre el impacto por razón de género.
• Informe de la Secretaría General Técnica del Departamento.
• Dictamen del Consejo de Estado (cuando legalmente se determine).
• Informe previo del Ministerio competente en Política Territorial (cuando la norma pueda afectar a la distribución de competencias entre el Estado y las CCAA).</td></tr>
<tr><td colspan="3">Publicación en el BOE y entrada en vigor.</td></tr>
</table>

LÍMITES DE LOS REGLAMENTOS

- 1. Formales
  1. Competencia para dictarlo.
  2. Procedimiento.
- 2. Materiales
  1. Principios generales del Derecho.
  2. Principio de jerarquía normativa.
  3. Principio de reserva de ley.
  4. Irretroactividad de las disposiciones sancionadoras no favorables o restrictivas de derechos individuales.
  5. Inderogabilidad singular de los reglamentos.

6. Otras fuentes del Derecho Administrativo

6.1. La costumbre

6.1.1. Concepto

Es una norma jurídica no escrita generada por un uso social constante y uniforme producido en el seno de una comunidad o grupo social y como expresión de una convicción jurídica.

6.1.2. Posición de la costumbre en Derecho Administrativo

La costumbre en el ámbito del Derecho administrativo ocupa un lugar muy subordinado.

El valor de la costumbre se deriva de la ley estatal que la reconoce en determinadas circunstancias. Por supuesto que ha de ser costumbre *secundum legem,* no cabe costumbre contra la ley.

La remisión expresa a la costumbre solo puede darse en aquellas parcelas del Derecho administrativo en que dominan formas de vida corporativa o comunitaria clásica y tradicionales; así hay una remisión expresa a la costumbre en materia de aprovechamientos comunes de pastos y montes; aprovechamientos de bienes de las corporaciones locales, el Régimen de Concejo Abierto (art. 29.3 Ley Reguladora de las Bases del Régimen Local), etc.

6.1.3. Requisitos de la costumbre

El Código Civil, art. 1.3 establece que la costumbre solo regirá en defecto de ley aplicable, siempre que no sea contraria ni a la moral ni al orden público y que resulte probada.

El juego de la costumbre en Derecho Administrativo implica un condicionante de legalidad, esto es, para que pueda operar la costumbre en el ámbito del Derecho Administrativo es necesario que la norma así lo admita, pues no olvidemos que este derecho es eminentemente legalista y escrito. Ejemplo de lo anterior lo tenemos en las resoluciones del Tribunal de Aguas de Valencia que aplica la costumbre local. Costumbre que no debe confundirse con la figura del precedente administrativo que supone que una serie de decisiones administrativas sobre un mismo supuesto de hecho puedan vincular decisiones de casos posteriores, postura que no es pacífica en la doctrina.

6.1.4. Las prácticas administrativas. El precedente

La consideración de las prácticas administrativas, o el precedente administrativo, como fuente subsidiaria del Derecho administrativo ha sido mantenida por un sector doctrinal.

GARCÍA OVIEDO considera que: "hay casos en los cuales determinados asuntos se resuelven según tradiciones o procedimientos de índole burocrática que no proceden del pueblo-costumbre sino de los funcionarios. El derecho consuetudinario es sustituido por las prácticas administrativas y el imperio de los precedentes.

GARCÍA DE ENTERRÍA, considera que el precedente, aunque en términos abstractos no puede ser calificado de costumbre, de hecho tiene una fuerza práctica enorme.

Los precedentes no son normativamente vinculantes; pero por vía indirecta puede llegarse prácticamente a la afirmación de que los particulares pueden acogerse a los precedentes administrativos para forzar a la Administración a actuar en un determinado sentido; siempre, claro está, que se trate de los mismos presupuestos.

La Administración no puede actuar arbitrariamente; de aquí que la Administración tenga prohibido apartarse del precedente cuando ello signifique una arbitraria discriminación con un particular; en este caso parece que la Administración está vinculada por el precedente. Sin embargo, el argumento normativo de esta regla no se encuentra en la validez del precedente como fuente del derecho; sino en el principio de igualdad ante la ley que la Administración debe respetar en todas las actuaciones. Por todo esto GARCÍA DE ENTERRÍA niega al precedente el carácter de fuente subsidiaria del Derecho administrativo.

Así, el artículo 35.1 c) de la Ley 39/2015, de 1 de octubre, del Procedimiento Administrativo Común de las Administraciones Públicas (LPA) establece que:

"Serán motivados, con sucinta referencia de hechos y fundamentos de derecho: Los actos que se separen del criterio seguido en actuaciones precedentes o del dictamen de órganos consultivos".

6.2. Los principios generales del Derecho

Se puede definir los principios generales del Derecho, como: "Las ideas fundamentales que informan nuestro derecho positivo contenido en leyes y costumbres y, en última instancia aquellas directrices que se derivan de la justicia tal como se entiende por nuestro ordenamiento jurídico".

Estos principios se aplican desde luego a través de la ley o la costumbre; pero a ellos remite el art. 1º del Código Civil, para que, en último término, se apliquen directamente a los casos en que la falta de estos dejaría sin regulación. En este sentido son la tercera y última fuente directa del Derecho.

Dice el **art. 1.1 CE**:

"España se constituye en un Estado social y democrático de Derecho, que propugna como valores superiores de su ordenamiento jurídico la libertad, la justicia, la igualdad y el pluralismo político".

Por su parte, el **art. 53.3** señala que:

"El reconocimiento, el respeto y la protección de los principios reconocidos en el Capítulo III (que lleva por título "De los principios rectores de la política social y económica") informarán la legislación positiva, la práctica judicial y la actuación de los poderes públicos. Solo podrán ser alegados ante la Jurisdicción ordinaria de acuerdo con lo que dispongan las leyes que los desarrollen".

El respeto a los principios generales del Derecho es un instrumento capital para controlar la actividad discrecional de la Administración.

6.3. Los Tratados Internacionales

6.3.1. Concepto

Los Tratados Internacionales son convenios celebrados entre dos o más Estados o entre Estados y organizaciones supranacionales dirigidos a disciplinar sus relaciones en determinadas materias. Los Tratados Internacionales son la fuente primera y fundamental del Derecho Internacional.

6.3.2. Regulación legal y constitucional: posición en el sistema de fuentes

De acuerdo con el **art. 1.5 del Código Civil**:

"Las normas jurídicas contenidas en los Tratados Internacionales no serán de aplicación directa en España en tanto no hayan pasado a formar parte del ordenamiento interno mediante su publicación en el Boletín Oficial del Estado".

En base a esta afirmación debe tenerse en cuenta que los Tratados cuando no están publicados en el Boletín Oficial del Estado son mera fuente indirecta (no son verdaderas normas jurídicas); en cambio, cuando son publicados íntegramente en el Boletín Oficial del Estado, son fuentes de aplicación directa y normas eficaces (fuentes directas), pasando a formar parte del ordenamiento jurídico interno.

Por tanto, una vez publicadas en el Boletín Oficial del Estado, los Tratados Internacionales tienen rango de Ley.

Según el **art. 96.1 CE**:

"Los Tratados Internacionales válidamente celebrados, una vez publicados oficialmente en España, formarán parte del ordenamiento interno. Sus disposiciones solo podrán ser derogadas, modificadas o suspendidas en la forma prevista en los propios Tratados o de acuerdo con las normas generales del Derecho Internacional".

Y por el **art. 95** de la misma:

"1. La celebración de un Tratado Internacional que contenga estipulaciones contrarias a la Constitución exigirá la previa revisión constitucional.

2. El Gobierno o cualquiera de las Cámaras puede requerir al Tribunal Constitucional para que declare si existe o no esa contradicción".

6.4. La Jurisprudencia del Tribunal Supremo

Se puede definir la jurisprudencia como el criterio constante y uniforme de aplicar el Derecho mostrado por el Tribunal Supremo.

De acuerdo con el **art. 1.6 del Código Civil**:

"La jurisprudencia complementará el ordenamiento jurídico con la doctrina que, de modo reiterado, establezca el Tribunal Supremo al interpretar y aplicar la Ley, la costumbre y los principios generales del Derecho".

No se trata aquí, como en otros ordenamientos, de innovar el Derecho, por obra del juez. Así como el ordenamiento anglosajón es fundamentalmente jurisprudencial y está hecho sobre decisiones judiciales, la mayor estabilidad del Derecho continental hace que el juez sea únicamente un aplicador de la Ley; por tanto, lo único que puede aportar es su versión concreta de lo que ha intentado ordenar el legislador en el caso de resolver.

La jurisprudencia asume, como fuente indirecta del ordenamiento jurídico administrativo, una instancia superior a la alcanzada en otros órdenes del derecho, ello, explicado por Entrena Cuesta, basándose en el origen histórico de este sector del ordenamiento jurídico.

En efecto, el Derecho administrativo nace recientemente y nace en Francia, debido al establecimiento de una dualidad de jurisdicción. Los tribunales, por ello, tuvieron que afanarse en la búsqueda de los rasgos esenciales, y al filo de sus resoluciones se fue construyendo la sistemática de esta rama del Derecho.

6.5. La Jurisprudencia del Tribunal Constitucional

Las sentencias del Tribunal Constitucional tienen valor de cosa juzgada sobre las que no es posible recurso alguno. Producen efectos desde su publicación en el Boletín Oficial del Estado.

Pero se plantea la siguiente cuestión: ¿Qué lugar ocupan las sentencias del Tribunal Constitucional dentro de las fuentes del Derecho y en particular del Derecho administrativo? Es un tema en el que la doctrina no es unánime:

— ARAGÓN REYES, piensa que la jurisprudencia del Tribunal Constitucional debe ser incluida en el grupo de fuentes del Derecho reguladas en el art. 1.6 del Código Civil; esto es colocarla en el mismo lugar que la jurisprudencia del Tribunal Supremo.

— RUBIO LLORENTE cree que debe ser incluida en el párrafo 1º del art. 1 del Código Civil; esto es, al mismo nivel que la ley.

— JORGE DE ESTEBAN y PÉREZ ROYO, la colocan por encima de todas las normas jurídicas, incluida la ley, pero subordinada a la Constitución.

Los efectos jurídicos de las sentencias del Tribunal Constitucional se recogen en el **art. 164.1 CE**, así:

"Las Sentencias del Tribunal Constitucional se publicarán en el Boletín Oficial del Estado con los votos particulares, si los hubiere. Tienen el valor de cosa juzgada a partir del día siguiente de su publicación y no cabe recurso alguno contra ellas. Las que declaren la inconstitucionalidad de una ley o de una norma con fuerza de ley y todas las que no se limiten a la estimación subjetiva de un derecho, tienen plenos efectos frente a todos".

Estas sentencias suponen que se convierten en fuentes de derecho y en fuentes privilegiadas, situándose detrás de la Constitución debido a los siguientes argumentos:

— El Tribunal Constitucional no está vinculado por la Ley, a excepción lógicamente de la propia Constitución y de su Ley orgánica, sin embargo, el poder legislativo sí está vinculado por las sentencias del Tribunal Constitucional.

— El Tribunal Constitucional, según el art. 1 de la LOTC, es el supremo intérprete de la Constitución y es el encargado de velar que el legislativo no infrinja la Constitución.

El art. 5 de la Ley Orgánica del Poder Judicial resalta la importancia de las resoluciones del Tribunal Constitucional, que gozan de un especial valor en nuestro ordenamiento jurídico.

Así, el **art. 38.1 LOTC** establece que:

"Las sentencias recaídas en procedimientos de incostitucionalidad tendrán el valor de cosa juzgada, vincularán a todos los poderes públicos y producirán efectos generales desde la fecha de su publicación en el Boletín oficial del Estado".

Es decir, tienen eficacia erga omnes. Por lo que respecta a las cuestiones de inconstitucionalidad del art. **38.3 LOTC** dice:

"Si se tratare de sentencias recaídas en cuestiones de inconstitucionalidad, el Tribunal Constitucional lo comunicará inmediatamente al órgano judicial competente para la mente del proceso. Dicho órgano notificará la sentencia constitucional a las partes. El Juez o Tribunal quedará vinculado desde que tuviere conocimiento de la sentencia constitucional y las partes desde el momento en que sean notificadas".

Es decir, tienen fuerza vinculante para el órgano judicial y para las partes en el proceso.

6.6. La doctrina científica

La doctrina científica o doctrina a secas es la mantenida por los tratadistas o estudiosos del Derecho. No es en sí una fuente del Derecho; sino una fuente de su conocimiento.

La doctrina no tiene más valor que el que le proporcionan los argumentos en que se apoya o el prestigio científico de su autor.

Sin embargo, y como en el caso de la jurisprudencia, tiene una gran importancia en el cuadro de fuentes indirectas del Derecho Administrativo a tenor de los comentarios realizados en las resoluciones dictadas por los Tribunales, que fueron edificando la sistemática del Derecho Administrativo.

7. Referencia a la autonomía y al sistema de fuentes

7.1. Ideas generales

La **descentralización política** operada por la Constitución de 1978 dota a las Comunidades Autónomas de parte del Poder legislativo del Estado, y sus leyes se sitúan en pie de igualdad respecto de las leyes estatales, rigiéndose sus relaciones por el principio de competencia y no por el de jerarquía.

El problema que aquí se trata es el de las consecuencias técnico-jurídicas de esta repartición política del poder: **ya no hay un solo ordenamiento jurídico, sino una pluralidad de ordenamientos** (puesto que a cada centro de poder corresponde un conjunto de materias que va a regular autónomamente). Recuérdese que dijimos que no hay más que un ordenamiento, entendido como conjunto de normas vigentes; pues bien, lo que ocurre es que aquí **ordenamiento** lo tomamos como parcela de poderes o competencias que se otorgan a entidades territoriales con autonomía, para dictar normas.

Por ejemplo: el art. 148.1.2 establece que las Comunidades Autónomas tienen competencias en materia de régimen local; en consecuencia, podremos encontrar junto a la Ley de Régimen Local (ley estatal), una Ley de Régimen Local catalana, una gallega, etc. Este es el sentido de la expresión "**pluralidad de ordenamientos**": una misma materia la regulan 18 centros de poder distintos (el Estado y las 17 Comunidades Autónomas).

De este modo, el sistema de **fuentes** que establece el art. 1.1 del Código Civil, aún siguiendo vigente, se ha modificado profundamente en su composición tras la Constitución de 1978, puesto que otorga **poder normativo** (poder de producción de **fuentes**) a las Comunidades Autónomas.

7.2. Los Estatutos de Autonomía

El art. 147.1 CE señala que son *"la norma institucional básica de cada Comunidad Autónoma, y el Estado los reconocerá y amparará como parte integrante de su ordenamiento jurídico"*.

Desde el punto de vista interno de la Comunidad Autónoma son una especie de mini Constitución que regula las instituciones y la vida política autonómica.

Desde el punto de vista del Derecho estatal (aspecto formal de los Estatutos), son leyes orgánicas con un procedimiento especial de tramitación, aprobación (por referéndum en la Comunidad Autónoma de que se trate) y reforma.

Por lo tanto, los Estatutos de autonomía son la máxima norma del ordenamiento de cada Comunidad Autónoma, a la vez que parte integrante del ordenamiento jurídico general.

7.3. Leyes de las Comunidades Autónomas

Como es evidente, constituyen la gran novedad de la Constitución de 1978 en lo que a las fuentes se refiere. Nos remitimos a lo dicho en el epígrafe 3.6, no sin insistir en que se trata de leyes exactamente iguales a las del Estado: solo se diferencian por su ámbito competencial.

7.4. Relaciones entre los ordenamientos estatal y autonómico

España es un Estado unitario con descentralización política; esta unidad exige que los poderes central y autonómico, si bien independientes, estén **coordinados** y haya mecanismos de cooperación, no solo en aras de la unidad nacional, sino sobre todo en aras de la eficacia política y económica del sistema (si hay 18 políticas de empleo juvenil, han de estar coordinadas para que no se produzcan disfunciones ni se anulen unas a otras).

Veamos los distintos tipos de relación que podemos encontrar, aunque son bastante heterogéneos:

7.4.1. La competencia compartida o concurrente

A lo largo del extenso art. 149.1 CE se establece que el Estado dictará las *"bases"*, los principios o la legislación básica en ciertas materias. ¿Qué quiere esto decir? Pues que se trata de una competencia compartida, a resultas de la cual el Estado establece el marco legislativo de una materia y la Comunidad

Autónoma lo desarrolla: dos centros de poder tienen competencias sobre una misma materia. Ejemplo: el art. 149.1.16.ª menciona entre las competencias estatales las *"bases y coordinación general de la sanidad"*.

7.4.2. Relación entre ordenamientos propiamente dicha

El art. 149.3 CE sienta tres principios muy importantes para el desarrollo de las relaciones entre ordenamientos:

— En tanto una competencia no sea asumida expresamente por cualquiera de los Estatutos de autonomía, pertenece al Estado: de este modo asume las **competencias residuales.**

— En todo lo no atribuido a la competencia exclusiva de las Comunidades Autónomas **prevalecerá el Derecho estatal**: es decir, en las competencias compartidas o concurrentes.

— **El Derecho estatal es supletorio del autonómico**, consecuencia lógica de considerar a los ordenamientos autonómicos como parte integrante del ordenamiento jurídico general o del Estado.

7.4.3. Órgano fiscalizador

Al tener igual valor las leyes estatales y las autonómicas, la única instancia superior que puede vigilar las relaciones entre ambos ordenamientos es el Tribunal Constitucional, único Tribunal facultado para enjuiciar la constitucionalidad de las leyes; pero, además, en tanto que árbitro del sistema de competencias, le compete resolver los conflictos de competencias que se le planteen, tanto por parte del Estado como por parte de las Comunidades Autónomas.

Tema 2

El acto administrativo: concepto, clases y elementos. Eficacia y validez de los actos administrativos. Su motivación y notificación. Revisión, anulación y revocación. El principio de legalidad en la actuación administrativa.

Referencias Legislativas

- *Ley 39/2015, de 1 de octubre, del Procedimiento Administrativo Común de las Administraciones Públicas.*
- *Ley 40/2015, de 1 de octubre, de Régimen Jurídico del Sector Público.*

Guion-resumen

1. El acto administrativo: concepto, clases y elementos

1.1. Concepto y características

1.2. Clases

1.3. Elementos

2. Eficacia y validez de los actos administrativos

2.1. Eficacia

2.2. Validez de los actos administrativos

3. Motivación, notificación, publicación y revisión de los actos

3.1. Motivación

3.2. Notificación

3.3. Publicación

3.4. Revisión y anulación de los actos administrativos: la revisión de oficio

3.5. Revocación de los actos administrativos y rectificación de errores

4. El principio de legalidad en la actuación administrativa

4.1. Concepto

4.2. Manifestaciones en nuestro derecho positivo

1. El acto administrativo: concepto, clases y elementos

1.1. Concepto y características

GARCÍA DE ENTERRÍA define el acto administrativo como: *"declaración de voluntad, de juicio, de conocimiento o de deseo, realizada por la Administración, en ejercicio de una potestad administrativa, distinta de la potestad reglamentaria"*.

De forma más sencilla, con ENTRENA CUESTA, el acto administrativo puede definirse como: *"acto jurídico realizado por la Administración Pública, con arreglo al Derecho Administrativo"*.

Analizando ambas definiciones, se pueden establecer como características del acto administrativo las siguientes:

a) **Para que un acto sea administrativo es necesario que el acto sea jurídico.**

El acto administrativo entraña una declaración intelectual, por tanto, no serán actos administrativos los actos materiales o de pura ejecución de la Administración. Así, por ejemplo, cuando un Ayuntamiento, a través de sus operarios, efectúa la demolición de un edificio en estado ruinoso, eso no es un acto administrativo, si bien se encuentra respaldado por la existencia de un acto administrativo previo: el acuerdo corporativo sobre dicha construcción declarándola en estado ruinoso.

Por otra parte, el acto administrativo como declaración intelectual que es, puede consistir, a su vez, en una declaración de voluntad (por ejemplo una resolución final de un procedimiento), de juicio (por ejemplo los actos de fiscalización o de intervención financiera), de conocimiento (un informe, un dictamen, o cualquier acto de los órganos de la llamada Administración Consultiva) o de deseo (una propuesta, por ejemplo).

b) **El acto ha de ser realizado por una Administración Pública.**

Esta nota característica excluye de la noción de acto los siguientes:

- Los actos políticos del Gobierno.
- Los actos materialmente administrativos producidos por otros órganos públicos no encuadrados en la Administración (Poder Judicial o Legislativo).
- Los actos de los administrados, aunque produzcan efectos jurídicos conforme al Derecho Administrativo.

La mayor parte de la doctrina considera además, que el acto administrativo es, esencialmente, unilateral (artículo 34 LPA: "Los actos administrativos que dicten las Administraciones Públicas se producirán por el órgano competente..."), nota que permite distinguir al acto de los contratos administrativos o convenios, en cuanto son fruto de varias voluntades y no solo de una Administración.

c) **Para que un acto jurídico de la Administración tenga naturaleza administrativa deberá estar regulado por el Derecho Administrativo.**

Esta afirmación debe ser destacada, porque los actos de la Administración Pública pueden clasificarse en dos grupos:

— Actos de la Administración sometidos al Derecho Común, en cuyo caso la Administración no actúa en el ejercicio de una potestad pública, o *"imperium"* y sus actos no son, por tanto, administrativos, sino actos privados de la Administración.

— Actos de la Administración sometidos al Derecho Administrativo, que son los auténticos actos administrativos.

d) **El acto ha de proceder de la Administración como consecuencia del ejercicio de una potestad distinta de la potestad reglamentaria.**

1.2. Clases

No es posible establecer una clasificación completa y exhaustiva de los actos administrativos: podrían hallarse casi tantas clasificaciones como posibles actos. Las que aquí se proponen engloban las categorías más importantes de actos.

1.2.1. Por los órganos de los que emana el acto

— **Acto simple**: si el acto procede de un solo órgano administrativo; si dicho órgano es un órgano colegiado (compuesto por una pluralidad de personas), se rige por normas distintas a si fuera unipersonal o monocrático (compuesto por una sola persona).

— **Acto complejo**: si en su producción intervienen dos o más órganos administrativos.

1.2.2. Por la extensión de sus efectos a los destinatarios

— **Generales**: son aquellos que van dirigidos a una pluralidad indeterminada de personas (resolución de convocatoria de oposiciones, por ejemplo).

— **Singulares o especiales**: destinados a una o varias personas determinadas o determinables (resolución mencionando al funcionario o resolución por la que el Secretario de Estado competente en materia de función pública, nombra a diez personas como funcionarios del Cuerpo General Administrativo).

1.2.3. Por los efectos jurídicos de su contenido

— **Actos constitutivos**: son los que crean, modifican o extinguen relaciones o situaciones jurídicas. Pueden ser favorables, si amplían la esfera jurídica del destinatario (concesión de una licencia, de una plaza en un concurso, etc.), o de gravamen, si restringen tal esfera jurídica (órdenes, expropiaciones, confiscaciones, sanciones).

— **Actos declarativos**: son los que acreditan un hecho o una situación jurídica sin incidir sobre su contenido (certificación o notificación, p.e.).

1.2.4. Por su lugar en el procedimiento administrativo

— **Acto de trámite:** es aquel que no decide el fondo de la cuestión ni da lugar a la terminación del expediente, sino que se limita a preparar la decisión final. (Ejemplo: providencia para que pase el expediente a otro órgano).

— **Acto definitivo**: si decide las cuestiones planteadas en el expediente, poniendo normalmente fin a este. Por ello, contienen la voluntad del órgano y en general han de ser notificados a los interesados. (Ejemplo: denegación de una licencia urbanística). Contra estos actos caben recursos.

1.2.5. Por la posibilidad de ser recurridos en vía contencioso-administrativa

— **Acto impugnable:** es aquel que pone término a la vía administrativa, que la agota, no quedando otro recurso planteable. Se dice que "causa estado" y ya únicamente puede ser objeto de recurso ante el Juez o Tribunal de lo contencioso-administrativo.

El art. 25.1 LJCA, dice textualmente que "el recurso contencioso-administrativo es admisible en relación con las disposiciones de carácter general y con los actos expresos y presuntos de la Administración Pública que pongan fín a la vía administrativa, ya sean definitivos o de trámite, si estos últimos deciden directa o indirectamente el fondo del asunto, determinan la imposibilidad de continuar el procedimiento, producen indefensión o perjuicio irreparable a derechos o intereses legítimos".

Son impugnables los actos:

- Definitivos.
- De trámite que decidan directa o indirectamente sobre el fondo del asunto, o causen indefensión.
- En todo caso, tales actos deben poner término a la vía administrativa.

De acuerdo con el art. 114 LPA, ponen fin a la vía administrativa:

a) Las resoluciones de los recursos de alzada.

b) Las resoluciones de los procedimientos a que se refiere el artículo 112.2.

c) Las resoluciones de los órganos administrativos que carezcan de superior jerárquico, salvo que una Ley establezca lo contrario.

d) Los acuerdos, pactos, convenios o contratos que tengan la consideración de finalizadores del procedimiento.

e) La resolución administrativa de los procedimientos de responsabilidad patrimonial, cualquiera que fuese el tipo de relación, pública o privada, de que derive.

f) La resolución de los procedimientos complementarios en materia sancionadora a los que se refiere el artículo 90.4.

g) Las demás resoluciones de órganos administrativos cuando una disposición legal o reglamentaria así lo establezca.

Además de lo previsto en el apartado anterior, en el ámbito estatal ponen fin a la vía administrativa los actos y resoluciones siguientes:

a) Los actos administrativos de los miembros y órganos del Gobierno.

b) Los emanados de los Ministros y los Secretarios de Estado en el ejercicio de las competencias que tienen atribuidas los órganos de los que son titulares.

c) Los emanados de los órganos directivos con nivel de Director general o superior, en relación con las competencias que tengan atribuidas en materia de personal.

d) En los Organismos públicos y entidades derecho público vinculados o dependientes de la Administración General del Estado, los emanados de los máximos órganos de dirección unipersonales o colegiados, de acuerdo con lo que establezcan sus estatutos, salvo que por ley se establezca otra cosa.

— **Acto no impugnable**: si no cabe recurso ante la Jurisdicción Contencioso-administrativa, por existir aún la posibilidad de un recurso ante la propia Administración.

También son actos no impugnables:

- Los actos firmes.
- Los que sean reproducción de otros anteriores que sean definitivos y firmes.
- Los confirmatorios de acuerdos no recurridos en tiempo y forma.

1.2.6. Por la potestad ejercitada al dictarlo

— **Acto reglado**, cuando todos sus elementos vienen predeterminados por el ordenamiento; la Administración no puede optar entre varias decisiones, sino que tiene que atenerse a una determinada, actúa sin juicio subjetivo posible, automáticamente. (Ejemplo: jubilación de un funcionario al llegar a la edad prevista, admisión a las pruebas de una oposición si se reúnen los requisitos señalados en la convocatoria.) Se ejercita una **potestad reglada**.

— **Acto discrecional**, cuando alguno de sus elementos no está especificado por el ordenamiento, quedando a la libre apreciación de la Administración respetando en todo caso los límites establecidos por la norma habilitante. Esta no actúa automáticamente, sino que puede optar entre varias alternativas. (Ejemplo: otorgar una subvención o no otorgarla, u otorgarla en una cuantía inferior de la solicitada, construir una autopista Madrid-Málaga o no construirla, o hacerlo pasando por Granada o pasando por Córdoba). Se ejercita entonces una **potestad discrecional**.

1.2.7. Por el modo de exteriorizarse

— **Acto expreso**, si consiste en una manifestación de voluntad expresada por la Administración, normalmente en forma escrita; es decir, se trata de un acto administrativo tal como se deduce de la definición antes dada.

— **Acto presunto**, cuando no se admite resolución alguna y entra en juego el silencio administrativo.

CLASES DE ACTOS ADMINISTRATIVOS

POR LOS ÓRGANOS DE LOS QUE EMANA	–Acto simple:	El acto procede de un solo órgano administrativo.
	–Acto complejo:	En su producción intervienen dos o más órganos administrativos.
POR SUS EFECTOS	–Generales:	Los que van dirigidos a una pluralidad indeterminada de sujetos.
	–Especiales:	Destinados a una o varias personas determinadas o determinables.
POR SU CONTENIDO	–Constitutivos:	Crean, modifican o extinguen relaciones o situaciones jurídicas.
	–Declarativos:	Acreditan un hecho o una situación jurídica sin incidir sobre su contenido.
POR SU LUGAR EN EL PROCEDIMIENTO	–Definitivos:	Ponen fin al procedimiento (resoluciones).
	–De trámite:	Impulsan el procedimiento (informes, propuestas...).
POR LA POSIBILIDAD DE RECURRIRLOS EN VÍA CONTENCIOSA	–Impugnables:	Pueden ser recurridos en dicha vía. Como regla general, debe tratarse de actos que agoten la vía administrativa.
	–Inimpugnables:	No admiten tal recurso. Un acto es firme cuando ha sido impugnado mediante todos los recursos que establece el Derecho positivo o cuando, notificado en legal forma, se han dejado transcurrir los plazos de presentación de tales recursos.
POR LA POTESTAD EJERCITADA AL DICTARLOS	–Reglados:	Las normas regulan todos los aspectos y momentos de su producción.
	–Discrecionales:	Ejercitan una potestad cuyas condiciones de actuación no están totalmente delimitadas por las normas.
POR LA FORMA DE EXTERIORIZACIÓN	–Expresos:	Existe una clara e inequívoca exteriorización de la voluntad administrativa.
	–Presuntos:	No existe tal exteriorización, pero el ordenamiento jurídico permite suponer aceptada o denegada la solicitud, transcurrido el plazo de resolución (silencio positivo y negativo).

1.3. Elementos

Los autores discrepan a la hora de enumerar los elementos que deben concurrir para que un acto administrativo sea válido. No obstante, suelen señalar como tales el elemento subjetivo, el objetivo, el teleológico o final, el causal y el formal.

Antes de iniciar el análisis de cada uno de ellos, conviene destacar que no todos revisten la misma importancia: mientras que el subjetivo y el objetivo deberán concurrir en todo acto administrativo, la exigencia de los restantes dependerá de lo que en cada caso disponga el Derecho positivo.

1.3.1. Elemento subjetivo

El acto administrativo, tal como se ha especificado, solo puede ser producido por una Administración Pública. Ahora bien, las entidades administrativas se estructuran y actúan a través de órganos (Ministro, Director General, Alcalde, etc.). De ahí que el acto administrativo haya de ser dictado por aquel órgano al que el ordenamiento jurídico le atribuya competencia para ello (por ejemplo, la persona titular del Ministerio de Hacienda y Función Pública será el órgano competente para imponer la sanción de suspensión a un funcionario destinado en su Ministerio, por estipularlo así la normativa aplicable al respecto). Por último, el titular del órgano ha de contar con la correspondiente legitimación y hallarse en una situación abstracta de imparcialidad.

De todas estas cuestiones se trata seguidamente, con una referencia especial a los distintos preceptos de la LRJSP que regulan tales materias.

A) Órganos de las Administraciones Públicas

Los órganos administrativos son las distintas unidades en que se descompone la organización de un ente público. A ellos se refiere el Capítulo II del Título Preliminar (arts. 15 y 55) de la LRJSP.

Entre los distintos tipos de órganos a los que se suele aludir desde un punto de vista doctrinal -representativos y no representativos, centrales y periféricos, activos y consultivos, generales y especiales, unipersonales y colegiados-, la citada Ley solo establece la regulación de ciertos aspectos estructurales de los órganos colegiados:

- El órgano colegiado se caracteriza porque su **titularidad** corresponde a varias personas físicas, entre las que destaca el Presidente.
- Los órganos colegiados tendrán un **Secretario** que podrá ser un miembro del propio órgano o una persona al servicio de la Administración Pública correspondiente.
- Para la válida constitución del órgano, a efectos de la celebración de sesiones, deliberaciones y toma de acuerdos, se requerirá la **asistencia, presencial o a distancia, del Presidente y Secretario** o, en su caso, de quienes le sustituyan y la de la mitad al menos, de sus miembros.

— No podrá ser objeto de deliberación o acuerdo ningún asunto que no figure incluido en el orden del día, salvo que estén presentes todos los miembros del órgano colegiado y sea declarada la urgencia del asunto por el voto favorable de la mayoría.

— Los acuerdos serán adoptados por **mayoría de votos**.

— De cada sesión que celebre el órgano colegiado se levantará **acta por el Secretario**, que especificará necesariamente los asistentes, el orden del día de la reunión, las circunstancias del lugar y tiempo en que se ha celebrado, los puntos principales de las deliberaciones, así como el contenido de los acuerdos adoptados.

— Cuando los miembros del órgano voten en contra o se abstengan, quedarán **exentos** de la responsabilidad que, en su caso, pueda derivarse de los acuerdos.

— Quienes acrediten la **titularidad de un interés legítimo** podrán dirigirse al Secretario de un órgano colegiado para que les sea expedida certificación de sus acuerdos.

B) La competencia (arts. 8 a 14 LRJSP)

La competencia es el conjunto de funciones y potestades que el ordenamiento jurídico atribuye a cada órgano.

La **competencia es irrenunciable** y se ejercerá precisamente por los órganos administrativos que la tengan atribuida como propia, salvo los casos de delegación o avocación.

La titularidad y el ejercicio de las competencias atribuidas a los órganos administrativos podrán ser desconcentradas en otros jerárquicamente dependientes de aquellos en los términos y con los requisitos que prevean las propias normas de atribución de competencias.

Si alguna disposición atribuye competencia a una Administración, sin especificar el órgano que debe ejercerla, se entenderá que la facultad de instruir y resolver los expedientes corresponde a los órganos inferiores competentes por razón de la materia y del territorio, y, de existir varios de éstos, al superior jerárquico común.

La delegación de competencias, la encomienda de gestión, la delegación de firma y la suplencia no suponen alteración de la titularidad de la competencia, aunque sí de los elementos determinantes de su ejercicio que en cada caso se prevén.

a) Delegación de competencias (art. 9 LRJSP)

— En cada Administración Pública se podrá acordar la **delegación** del ejercicio de competencias atribuidas a sus órganos administrativos en otros órganos, aunque no sean jerárquicamente dependientes, o en los organismos públicos o entidades de derecho público vinculados o dependientes de aquellas.

— **En ningún caso** podrán ser objeto de delegación las competencias relativas a:

- Los asuntos que se refieran a relaciones con la Jefatura del Estado, Presidencia del Gobierno de la Nación, Cortes Generales, Presidencias de los Consejos de Gobierno de las Comunidades Autónomas y Asambleas Legislativas de las Comunidades Autónomas.
- La adopción de disposiciones de carácter general.
- La resolución de recursos en los órganos administrativos que hayan dictado los actos objeto de recurso.
- Las materias en que así se determine por norma con rango de Ley.

— Las delegaciones de competencias y su revocación deberán publicarse en el **Boletín Oficial del Estado**, en el de la **Comunidad Autónoma** o en el de la **provincia**, según la Administración a que pertenezca el órgano delegante, y el ámbito territorial de competencia de este.

— Las resoluciones administrativas que se adopten por **delegación** indicarán expresamente esta circunstancia y se considerarán dictadas por el órgano delegante.

— **Salvo autorización expresa de una ley**, no podrán delegarse las competencias que se ejerzan por delegación.

— No constituye impedimento para que pueda delegarse la competencia para resolver un procedimiento la circunstancia de que la norma reguladora del mismo prevea, como trámite preceptivo, la emisión de un dictamen o informe; no obstante, no podrá delegarse la competencia para resolver un procedimiento una vez que en el correspondiente procedimiento se haya emitido un dictamen o informe preceptivo acerca del mismo.

— La delegación será **revocable** en cualquier momento por el órgano que la haya conferido.

— La delegación de competencias atribuidas a **órganos colegiados**, para cuyo ejercicio ordinario se requiera un quórum especial, deberá adoptarse observando, en todo caso, dicho quórum.

El segundo párrafo del art. 9.1 de la LRJSP establece que la delegación de competencias entre órganos deberá ser previamente aprobada en la Administración General del Estado por el órgano ministerial de quien dependa el órgano delegante y en los Organismos Públicos por el órgano máximo de dirección, de acuerdo con lo establecido en sus normas de creación.

Cuando se trate de órganos no relacionados jerárquicamente, será necesaria la previa aprobación del órgano superior común si ambos pertenecieren al mismo Ministerio, o del órgano superior del que dependa el órgano delegado, si el órgano delegante y el delegado pertenecen a diferentes Ministerios.

b) **Avocación (art. 10 LRJSP)**

Los órganos superiores podrán avocar para sí el conocimiento de un asunto o varios cuya resolución corresponda ordinariamente o por delegación a sus órganos administrativos dependientes, cuando circunstancias de índole técnica, económica, social, jurídica o territorial lo hagan conveniente.

En los supuestos de delegación de competencias en órganos no jerárquicamente dependientes, el conocimiento de un asunto podrá ser avocado únicamente por el órgano delegante.

En todo caso, la avocación se realizará mediante acuerdo motivado que deberá ser notificado a los interesados en el procedimiento, si los hubiere, con anterioridad o simultáneamente a la resolución final que se dicte.

Contra el acuerdo de avocación no cabrá recurso, aunque podrá impugnarse en el recurso que, en su caso, se interponga contra la resolución del procedimiento.

c) **Encomiendas de gestión (art. 11 LRJSP)**

La realización de actividades de carácter material o técnico o de servicios de la competencia de los órganos administrativos o de las Entidades de Derecho público podrá ser encomendado a otros órganos o Entidades de derecho público de la misma o de distinta Administración, siempre que entre sus competencias estén esas actividades por razones de eficacia o cuando no se posean los medios técnicos idóneos para su desempeño.

La encomienda de gestión no supone cesión de titularidad de la competencia.

Cuando la encomienda de gestión se realice entre órganos y Entidades de derecho público de distintas Administraciones se formalizará, como regla general, mediante firma del correspondiente convenio entre ellas.

Las encomiendas de gestión no podrán tener por objeto prestaciones propias de los contratos regulados en la legislación de contratos del sector público. En tal caso, su naturaleza y régimen jurídico se ajustará a lo previsto en la misma.

d) **Delegación de firma y suplencia (arts. 12 y 13 LRJSP)**

Los titulares de los órganos administrativos podrán, en materia de su propia competencia, que ostenten, bien por atribución, bien por delegación de competencias, **delegar la firma** de sus resoluciones y actos administrativos a los titulares de los órganos o unidades administrativas que de ellos dependan, dentro de los límites del art. 9.

La delegación de firma no alterará la competencia del órgano delegante y para su validez no será necesaria su publicación.

En las resoluciones y actos que se firmen por delegación se hará constar esta circunstancia y la autoridad de procedencia.

Los titulares de los órganos administrativos podrán **ser suplidos** temporalmente en los supuestos de vacante, ausencia o enfermedad, así como en los casos en que haya sido declarada su abstención o recusación.

Si no se designa suplente, la competencia del órgano administrativo se ejercerá por quien designe el órgano administrativo inmediato superior de quien dependa.

La suplencia no implicará alteración de la competencia y para su validez no es necesaria su publicación.

Las reglas relativas a la competencia, expuestas en los párrafos precedentes, se resumen en el siguiente gráfico:

Competencias		
	Concepto	**Forma y características**
Delegación	Implica conferir el ejercicio de competencias a otros órganos de la misma Administración, aunque no sean jerárquicamente dependientes.	• Publicación en el Diario Oficial que corresponda. • Revocable en cualquier momento. • No se puede delegar la adopción de reglamentos ni la resolución de recursos en órganos que hayan dictado el acto recurrido.
Avocación	Asumir el conocimiento de un asunto cuya resolución corresponda, ordinariamente o por delegación, a órganos dependientes.	• Mediante acuerdo motivado. • No cabe recurso contra tal acuerdo.
Encomienda de Gestión	Supone encomendar la realización de ciertas actividades a otros órganos o entidades de la misma o distinta Administración, por razones técnicas o de eficacia.	Debe formalizarse, generalmente, mediante acuerdo o convenio.
Delegación de Firma	Atribución de la firma de actos administrativos a órganos o a unidades inferiores.	• No necesita publicación. • No altera competencia del delegante. • No procede en los mismos supuestos que la delegación.
Suplencia	Sustitución temporal en caso de vacante, ausencia o enfermedad por quien designe el órgano competente para nombrar al sustituido.	No implica alteración de la competencia.

e) **Decisiones sobre competencia (art. 14 LRJSP)**

El órgano administrativo que se estime incompetente para la resolución de un asunto remitirá directamente las actuaciones al órgano que considere competente, debiendo notificar esta circunstancia a los interesados.

Los interesados que sean parte en el procedimiento podrán dirigirse al órgano que se encuentre conociendo de un asunto para que decline su competencia y remita las actuaciones al órgano competente.

Asimismo, podrán dirigirse al órgano que estimen competente para que requiera de inhibición al que esté conociendo del asunto.

Los conflictos de atribuciones solo podrán suscitarse entre órganos de una Administración no relacionados jerárquicamente, y respecto a asuntos sobre los que no haya finalizado el procedimiento administrativo.

C) Legitimación e imparcialidad de la persona física que actúa como titular del órgano

La competencia de cada órgano es ejercida por la persona o personas físicas titulares del mismo: la voluntad de este vale como voluntad de aquel. Para que este efecto se produzca, el titular del órgano ha de contar con la legitimación correspondiente, la cual derivará de un nombramiento válido y eficaz.

Además, tal como ya se ha dicho, debe hallarse en una situación abstracta de imparcialidad. Nuestro ordenamiento jurídico intenta conseguirla, fundamentalmente, a través de dos mecanismos: el régimen de incompatibilidades, y el establecimiento de unas causas de abstención, las cuales podrán dar lugar, en su caso, a la recusación.

a) **Causas de abstención**

Son motivos de abstención, según el **art. 23 LRJSP**, los siguientes:

— Tener **interés personal** en el asunto de que se trate o en otro en cuya resolución pudiera influir la de aquel; ser administrador de sociedad o entidad interesada, o tener cuestión litigiosa pendiente con algún interesado.

— Tener un vínculo matrimonial o situación de hecho asimilable y el **parentesco** de consanguinidad dentro del cuarto grado o de afinidad dentro del segundo, con cualquiera de los interesados, con los administradores de entidades o sociedades interesadas y también con los asesores, representantes legales o mandatarios que intervengan en el procedimiento, así como compartir despacho profesional o estar asociado con éstos para el asesoramiento, la representación o el mandato.

— Tener **amistad íntima** o **enemistad manifiesta** con alguna de las personas mencionadas en el apartado anterior.

— Haber tenido **intervención como perito o como testigo** en el procedimiento de que se trate.

— Tener **relación de servicio** con persona natural o jurídica interesada directamente en el asunto, o haberle prestado en los dos últimos años servicios profesionales de cualquier tipo y en cualquier circunstancia o lugar.

Es evidente, por ejemplo, que la instrucción de un expediente sancionador no puede encomendarse a un funcionario que sea padre, amigo, empleado, etc., del expedientado.

Por ello, las autoridades y el personal al servicio de las Administraciones en quienes se den algunas de las circunstancias señaladas se abstendrán de intervenir en el procedimiento y lo comunicarán a su superior inmediato, quien resolverá lo procedente.

Los órganos jerárquicamente superiores podrán ordenar a las personas en quienes se dé alguna de las circunstancias señaladas que se abstengan de toda intervención en el expediente.

La actuación de autoridades y personal al servicio de las Administraciones Públicas en los que concurran motivos de abstención no implicará, necesariamente, la invalidez de los actos en que hayan intervenido.

La no abstención en los casos en que proceda dará lugar a responsabilidad.

b) **Recusación**

Es evidente que, si la autoridad o funcionario afectado por alguna de las citadas causas no se abstiene de intervenir, el interesado, en cualquier momento de la tramitación del procedimiento, podrá promover recusación que se sustanciará de la siguiente forma, según el **art. 24 LRJSP**:

— La recusación se planteará por escrito en el que se expresará la causa o causas en que se funda.

— En el día siguiente el recusado manifestará a su inmediato superior si se da o no en él la causa alegada. En el primer caso, el superior podrá acordar su sustitución acto seguido.

— Si el recusado niega la causa de recusación, el superior resolverá en el plazo de tres días, previos los informes y comprobaciones que considere oportunos.

— Contra las resoluciones adoptadas en esta materia no cabrá recurso, sin perjuicio de la posibilidad de alegar la recusación al interponer el recurso que proceda contra el acto que termine el procedimiento.

1.3.2. Elementos objetivos

La teoría reitera, en este punto, los tres requisitos ya clásicos: el acto ha de referirse a un objeto **posible, lícito y determinado**.

Por lo que respecta al contenido del propio acto, basta recordar que puede consistir en una declaración de voluntad, conocimiento, deseo o juicio.

1.3.3. Elemento final

El elemento final o teleológico pretende dar respuesta a la siguiente pregunta: ¿para qué se ha dictado el acto?

Pues bien, partiendo de lo estipulado en el art. 103 CE –*"la Administración Pública sirve con objetividad los intereses generales"*–, es obvio que todo acto administrativo debe tender a la satisfacción del interés público; en caso contrario incurrirá en *"desviación de poder"* y será anulable. El art. 70 LJCA define la desviación de poder como *"el ejercicio de potestades administrativas para fines distintos de los fijados por el ordenamiento jurídico"*.

1.3.4. Elemento causal

La causa del acto administrativo constituye el "porqué" del propio acto; es decir, la razón justificadora de cada uno de ellos, la circunstancia que justifica en cada caso que un acto administrativo se dicta.

Es evidente que la resolución convocando un concurso para la provisión de una plaza que no está vacante adolece de un defecto que acarreará su anulabilidad: falta el presupuesto –la plaza vacante– que da soporte al propio acto.

1.3.5. Elemento formal

En un sentido estricto, la forma hace referencia al medio de exteriorización de la voluntad manifestada en el acto.

A dicha cuestión se refiere el art. 36 LPA, indicando que *"los actos administrativos se producirán por escrito a través de medios electrónicos a menos que su naturaleza exija otra forma más adecuada de expresión y constancia"*.

De ello se deduce que los actos expresos pueden ser escritos -forma habitual- orales o, incluso, mímicos.

"En los casos en que los órganos administrativos ejerzan su competencia de forma verbal, la constancia escrita del acto, cuando sea necesaria, se efectuará y firmará por el titular del órgano inferior o funcionario que la reciba oralmente, expresando en la comunicación del mismo la autoridad de la que procede. Si se tratara de resoluciones, el titular de la competencia deberá autorizar una relación de las que haya dictado de forma verbal, con expresión de su contenido".

Un ejemplo de competencia ejercida en forma verbal es el acuerdo adoptado, mediante votación, por un órgano colegiado.

"Cuando deba dictarse una serie de actos administrativos de la misma naturaleza tales como nombramientos, concesiones o licencias, podrán refundirse en un único acto, acordado por el órgano competente, que especificará las personas u otras circunstancias que individualicen los efectos del acto para cada interesado".

Sería absurdo, por ejemplo, dictar cien resoluciones para nombrar a cien funcionarios del Cuerpo General Administrativo.

<table>
<tr><th colspan="4">ELEMENTOS DEL ACTO ADMINISTRATIVO</th></tr>
<tr><td rowspan="5">SUBJETIVO</td><td>Planteamiento general</td><td colspan="2">La Administración, única autora posible de los actos, actúa a través de órganos que deben ser competentes. Además, el titular del órgano ha de contar con la correspondiente legitimación y hallarse en situación abstracta de imparcialidad.</td></tr>
<tr><td>Competencia</td><td colspan="2">- Es irrenunciable y se ejercerá por los órganos administrativos que la tengan atribuida, salvo casos de delegación y avocación.
- Delegación: implica conferir el ejercicio de la competencia a otros órganos administrativos, aunque no sean dependientes jerárquicos.
- Avocación: se produce cuando el órgano superior asuma el conocimiento de un asunto que corresponde a órganos dependientes.</td></tr>
<tr><td>Legitimación</td><td colspan="2">El titular debe reunir los requisitos necesarios (nombramientos, toma de posesión, etc.) para actuar en nombre de la Administración.</td></tr>
<tr><td rowspan="2">Imparcialidad</td><td>Causas de abstención (art. 23 LRJSP)</td><td>- Interés personal en el asunto; ser administrador de entidad interesada o tener cuestión litigiosa con un interesado.
- Parentesco de consanguinidad dentro del cuarto grado o de afinidad dentro del segundo con cualquiera de los interesados [...]
- Amistad íntima o enemistad manifiesta.
- Haber tenido intervención como perito o testigo en el procedimiento de que se trate.
- Tener relación de servicio (o haberla tenido en los dos últimos años) con persona interesada.</td></tr>
<tr><td>Recusación (art. 24 LRJSP)</td><td>- Se planteará en cualquier momento del procedimiento, por escrito.
- En el día siguiente, el recusado manifestará si se da o no la causa alegada.
- En el 1er caso, el superior podrá sustituirle acto seguido.
- Si niega la causa, el superior resolverá en el plazo de tres días.
- No cabe recurso contra tal resolución.</td></tr>
<tr><td>OBJETIVO</td><td colspan="3">- El acto ha de referirse a un objeto posible, lícito y determinado.
- Su contenido podrá estar integrado por una declaración de voluntad, conocimiento, deseo o juicio.</td></tr>
<tr><td>FINAL</td><td colspan="3">El acto debe tender a la satisfacción del interés general, de lo contrario incurrirá en desviación de poder.</td></tr>
<tr><td>CAUSAL</td><td colspan="3">Es la razón justificadora de cada acto; la circunstancia que justifica en cada caso que un acto se dicte.</td></tr>
<tr><td>FORMAL</td><td colspan="3">- Los actos se producirán por escrito a través de medios electrónicos, a menos que su naturaleza exija otra forma más adecuada de expresión y constancia.
- Si la competencia se ejerce de forma verbal, el funcionario que la reciba oralmente efectuará y firmará la constancia escrita del acto.
- Los actos administrativos de una misma naturaleza (nombramientos, p.e.) podrán refundirse en un único acto).</td></tr>
</table>

2. Eficacia y validez de los actos administrativos

2.1. Eficacia

El análisis de la eficacia de los actos administrativos debe dar respuesta a las siguientes cuestiones:

— ¿En qué momento comienzan a producir efectos los actos administrativos?

— ¿De qué prerrogativas dispone la Administración en orden a la realización de tales actos?

2.1.1. Momento en que el acto administrativo comienza a producir efectos

Según el art. 39.1 LPA, *"los actos de las Administraciones Públicas sujetos al Derecho Administrativo se presumirán válidos y producirán* ***efectos desde la fecha en que se dicten, salvo que en ellos se disponga otra cosa****"*.

Se da por supuesto que los actos administrativos son válidos. Sin embargo, dicha presunción de legitimidad tiene los siguientes caracteres y límites:

— **Aparece establecida en la Ley**. Es el propio legislador quien dispensa a la Administración de la necesidad de demostrar la validez de sus actos con carácter previo a la aplicación de los mismos.

— **Es una presunción *iuris tantum***. El particular es el que debe recurrir frente al acto que, en principio, se supone válido. Si se demuestra vulneración del ordenamiento jurídico, el acto será anulado en vía administrativa o judicial, tal como se verá en los temas relativos a los recursos.

El citado precepto estipula, además, que, como regla general, el acto producirá efectos de forma inmediata (dictada la resolución, por ejemplo, se podrá llevar a cabo lo acordado en ella). No obstante, dicha regla general presenta **excepciones**: en unos casos la eficacia queda demorada mientras no se cumplan ciertos requisitos y, en otros, el acto produce efectos retroactivos -extiende sus consecuencias a un momento anterior a aquel en que se ha dictado-.

Según el art. 39.2 LPA, la **eficacia** quedará **demorada**:

— Cuando así lo exija el contenido del acto (condición, término, modo).

— Cuando sea preceptiva la aprobación superior.

— Cuando el acto haya de notificarse o publicarse.

El nombramiento, p.e., no acarrea inmediatamente la condición de funcionario. La persona nombrada solo adquirirá tal condición cuando realice un acto expreso de aceptación de tal nombramiento, que se concreta en la toma de posesión.

Por otra parte, resulta obvio que no se puede ejecutar una sanción si no se le ha notificado la resolución sancionadora al interesado.

Por último, el art. 39.3 LPA establece que excepcionalmente, podrá otorgarse eficacia **retroactiva** a los actos:

— Cuando se dicten en sustitución de actos anulados.

— Cuando produzcan efectos favorables al interesado, siempre que los supuestos de hecho necesarios existieran ya en la fecha a que se retrotraiga la eficacia del acto y esta no lesione derechos o intereses legítimos de otras personas.

Se trata de una manifestación del art. 9.3 CE, que caracteriza la irretroactividad de las disposiciones sancionadoras no favorables o restrictivas de derechos individuales, y, "a sensu contrario", la posibilidad de otorgar eficacia retroactiva a las que sean favorables para el interesado.

2.1.2. La ejecución de los actos: prerrogativas de la Administración

La Administración, cuando actúa sometida al Derecho Administrativo ostenta el privilegio de que sus "decisiones" son ejecutivas, esto es, que deben cumplirse. En esto consiste, precisamente, la denominada ejecutividad de los actos administrativos.

Además, sin necesidad de acudir a los Tribunales, los entes públicos pueden ejecutar coactivamente sus actos administrativos: es la denominada ejecución forzosa de los mismos, también conocida con el nombre de acción de oficio.

A todas estas cuestiones se refieren los artículos 38 y 97 a 105 LPA, en los términos que se reflejan seguidamente.

A) Requisitos previos

Los actos de las Administraciones Públicas sujetos al Derecho Administrativo serán ejecutivos con arreglo a lo dispuesto en esta Ley (art. 38).

La Ley establece una garantía a favor de los particulares, al disponer en el art. 97 que:

— Las Administraciones Públicas no iniciarán ninguna actuación material de ejecución de resoluciones que limite derechos de los particulares sin que previamente haya sido adoptada la resolución que le sirva de fundamento jurídico.

— El órgano que ordene un acto de ejecución material de resoluciones estará obligado a notificar al particular interesado la resolución que autorice la actuación administrativa.

B) Ejecutoriedad inmediata

De lo anteriormente expuesto se deduce que, producida y notificada la resolución, se podrá aplicar sin más dilaciones. Lo confirma el art. 98 en los siguientes términos:

"Los actos de las Administraciones Públicas sujetos al Derecho Administrativo serán inmediatamente ejecutivos, salvo que:

a) Se produzca la suspensión de la ejecución del acto.

b) Se trate de una resolución de un procedimiento de naturaleza sancionadora contra la que quepa algún recurso en vía administrativa, incluido el potestativo de reposición.

c) Una disposición establezca lo contrario.

d) Se necesite aprobación o autorización superior.

Cuando de una resolución administrativa, o de cualquier otra forma de finalización del procedimiento administrativo prevista en esta ley, nazca una obligación de pago derivada de una sanción pecuniaria, multa o cualquier otro derecho que haya de abonarse a la Hacienda pública, este se efectuará preferentemente, salvo que se justifique la imposibilidad de hacerlo, utilizando alguno de los medios electrónicos siguientes:

a) Tarjeta de crédito y débito.

b) Transferencia bancaria.

c) Domiciliación bancaria.

d) Cualesquiera otros que se autoricen por el órgano competente en materia de Hacienda Pública".

Por otra parte, el **art. 117 LPA**, al que también se refiere el precepto anterior, responde a la siguiente pregunta: ¿la impugnación de un acto suspende su ejecución?

La respuesta es negativa: *"La interposición de cualquier recurso, excepto en los casos en que una disposición establezca lo contrario, no suspenderá la ejecución del acto impugnado".*

Si una resolución ordena el derribo de un inmueble, el posible recurso interpuesto por el titular no es causa suficiente para evitar la demolición del mismo.

Sin embargo, la enunciada regla general presenta excepciones:

El órgano a quien competa resolver el recurso, previa ponderación, suficientemente razonada, entre el perjuicio que causaría al interés público o a terceros la suspensión y el perjuicio que se causa al recurrente como consecuencia de la eficacia inmediata del acto recurrido, podrá suspender, de oficio o a solicitud del recurrente, la **ejecución del acto impugnado** cuando concurran alguna de las siguientes circunstancias:

— Que la ejecución pudiera causar perjuicios de imposible o difícil reparación.

— Que la impugnación se fundamente en alguna de las causas de nulidad de pleno derecho previstas en el artículo 47.1 de la LPA.

Por otra parte, si el recurrente solicita la suspensión de la ejecución y, en un mes, el órgano competente no decide nada al respecto, aquella se producirá por imperativo legal: *"la ejecución del acto impugnado se entenderá suspendida si, transcurrido un mes desde que la solicitud de suspensión haya tenido entrada en el registro electrónico* ***de la Administración u Organismo*** *competente para decidir sobre la misma,* ***el órgano a quien competa resolver el recurso*** *no ha dictado y notificado resolución expresa al respecto"* (art. 117.3).

Por último, el mencionado art. 117 establece las siguientes reglas relativas a la suspensión de la ejecución del acto como consecuencia de un recurso:

— Al dictar el acuerdo de suspensión podrán adoptarse las medidas cautelares que sean necesarias para asegurar la protección del interés público o de terceros y la eficacia de la resolución o el acto impugnado.

— Cuando de la suspensión puedan derivarse perjuicios de cualquier naturaleza, aquella solo producirá efectos previa prestación de caución o garantía suficiente para responder de ellos, en los términos establecidos reglamentariamente.

— La suspensión se prolongará después de agotada la vía administrativa cuando, habiéndolo solicitado previamente el interesado, exista medida cautelar y los efectos de esta se extiendan a la vía contencioso-administrativa. Si el interesado interpusiera recurso contencioso-administrativo, solicitando la suspensión del acto objeto del proceso, se mantendrá la suspensión hasta que se produzca el correspondiente pronunciamiento judicial sobre la solicitud.

— Cuando el recurso tenga por objeto la impugnación de un acto administrativo que afecte a una pluralidad indeterminada de personas, la suspensión de su eficacia habrá de ser publicada en el periódico oficial en que aquel se insertó.

EXCEPCIONES A LA EJECUTIVIDAD INMEDIATA

1. Por suspensión del acto por interposición de recurso cuando:
   1. La ejecución pueda causar perjuicios de imposible o difícil reparación.
   2. La impugnación se fundamenta en la nulidad del acto.
2. Supuesto de una resolución sancionadora contra la que cabe recurso en vía administrativa, incluido el de reposición.
3. Cuando lo establezca una norma.
4. Cuando el acto necesite aprobación o autorización superior.
5. Cuando la Ley o la Constitución exijan la intervención de los Tribunales.

C) La ejecución forzosa

"Las Administraciones Públicas, a través de sus órganos competentes en cada caso, podrán proceder, previo apercibimiento, a la ejecución forzosa de los actos administrativos, salvo en los supuestos en que se suspenda la ejecución de acuerdo con la ley, o cuando la Constitución o la ley exijan la intervención de un órgano judicial". (art. 99).

La ejecución forzosa por las Administraciones Públicas se efectuará, respetando siempre el principio de proporcionalidad, por los siguientes medios, a los que alude el art. 100:

— Apremio sobre el patrimonio.

— Ejecución subsidiaria.

— Multa coercitiva.

— Compulsión sobre las personas.

A continuación se analiza cada uno de ellos, pero teniendo en cuenta que, si fueran varios los admisibles, se elegirá el menos restrictivo de la libertad individual.

Además, si fuese necesario entrar en el domicilio del afectado o en los restantes lugares que requieran la autorización de su titular, las Administraciones Públicas deberán obtener el consentimiento del mismo o, en su defecto, la oportuna autorización judicial.

a) Apremio sobre el patrimonio

"Si en virtud de acto administrativo hubiera de satisfacerse cantidad líquida, se seguirá el procedimiento previsto en las normas reguladoras del procedimiento de apremio.

En cualquier caso, no podrá imponerse a los administrados una obligación pecuniaria que no estuviese establecida con arreglo a una norma de rango legal" (art. 101).

El apremio es el medio ordinario de ejecución forzosa administrativa. La titularidad del poder administrativo de apremio pertenece, como regla general, a las Administraciones territoriales (Estado, Comunidad Autónoma, Municipio, etc.). No obstante, los créditos de la Seguridad Social son objeto de apremio y recaudación por la propia Tesorería General.

b) Ejecución subsidiaria

Consiste en la realización de lo dispuesto en el acto administrativo por sujeto distinto del obligado y por cuenta de este.

Viene autorizada, con carácter general, por el art. 102 en los términos siguientes:

— Habrá lugar a la ejecución subsidiaria cuando se trate de actos que por no ser personalísimos puedan ser realizados por sujeto distinto del obligado.

— En este caso, las Administraciones Públicas realizarán el acto, por sí o a través de las personas que determinen, a costa del obligado.

— El importe de los gastos, daños y perjuicios se exigirá conforme a lo dispuesto en el artículo anterior.

— Dicho importe podrá liquidarse de forma provisional y realizarse antes de la ejecución, a reserva de la liquidación definitiva.

c) **Multa coercitiva**

Cuando así lo autoricen las leyes, y en la forma y cuantía que estas determinen, las Administraciones Públicas pueden, para la ejecución de determinados actos, imponer multas coercitivas, reiteradas por lapsos de tiempo que sean suficientes para cumplir lo ordenado, en los siguientes supuestos:

— Actos personalísimos en que no proceda la compulsión directa sobre la persona del obligado.

— Actos en que, procediendo la compulsión, la Administración no la estimara conveniente.

— Actos cuya ejecución pueda el obligado encargar a otra persona.

La multa coercitiva es independiente de las sanciones que puedan imponerse con tal carácter y compatible con ellas. Por tanto, la multa coercitiva no debe confundirse con las multas-sanción: su finalidad no es el castigo del infractor, sino la presión sobre este para que cumpla la obligación que deriva del acto; precisamente por ello puede ser reiterada "por lapsos de tiempo suficientes para cumplir lo ordenado".

d) **Compulsión sobre las personas**

Como medida extrema, la Administración puede llegar al empleo de la fuerza sobre las personas. Deben concurrir, sin embargo, los siguientes requisitos:

— Que se trate de actos administrativos que impongan una obligación personalísima de no hacer o soportar. En otro tipo de obligaciones, su cumplimiento se puede garantizar por otros medios.

— Que la ley lo autorice expresamente.

— Que se respete la dignidad de la persona y los derechos reconocidos en la Constitución.

"Si, tratándose de obligaciones personalísimas de hacer, no se realizase la prestación, el obligado deberá resarcir los daños y perjuicios, a cuya liquidación y cobro se procederá en vía administrativa" (art. 104.2).

Como una variedad de la compulsión directa podemos citar el denominado "desahucio administrativo", consistente en el lanzamiento por los propios agentes de la Administración de quienes ocupan, sin título bastante, bienes de dominio público.

Finalmente, no se admitirán a trámite acciones posesorias contra las actuaciones de los órganos administrativos realizadas en materia de su competencia y de acuerdo con el procedimiento legalmente establecido (art. 105).

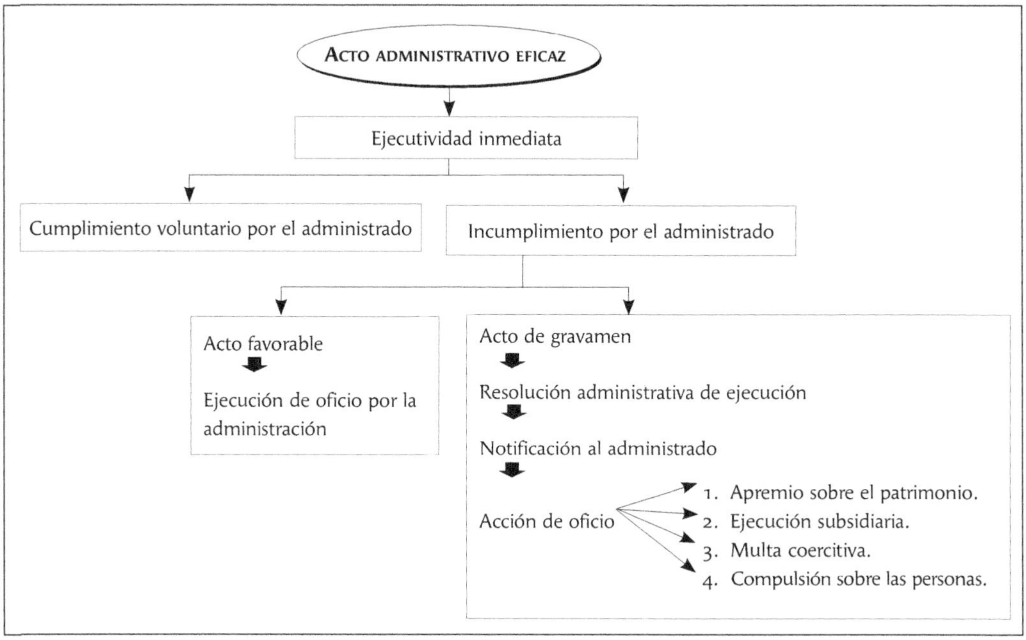

EJECUCIÓN DE LOS ACTOS ADMINISTRATIVOS

Arts. 97 a 105

REGLAS GENERALES

- Los actos administrativos serán inmediatamente ejecutivos, previo apercibimiento.
- No se iniciará ninguna acción ejecutiva sin resolución previa que la fundamente.
- La interposición de un recurso no suspende la ejecución del acto impugnado, salvo que esta pudiese causar perjuicios de imposible o difícil reparación o se fundamente en causa de nulidad.
- No se admitirán acciones posesorias contra las actuaciones de los órganos administrativos.

APREMIO SOBRE EL PATRIMONIO

- Se utilizará cuando, en virtud de acto administrativo, hubiese de satisfacerse cantidad líquida.
- No podrá imponerse obligación pecuniaria que no estuviere establecida con rango de ley.

MULTA COERCITIVA

- Se impondrán en la forma y cuantía que las Leyes determinen.
- Pueden reiterarse por lapsos de tiempo suficientes para cumplir lo ordenado.
- Es independiente de las sanciones que procedan y compatible con ellas.
- Procede:
  - En actos personalísimos, si no cabe o no se cree conveniente la compulsión directa.
  - En actos cuya ejecución pueda el obligado encargar a otro.

EJECUCIÓN SUBSIDIARIA

- Debe tratarse de actos no personalísimos que puedan ser realizados por sujeto distinto del obligado.
- La Administración podrá realizar el acto por sí o a través de las personas que se determine, a costa del obligado.
- El importe podrá liquidarse provisionalmente y antes de la ejecución.

COMPULSIÓN SOBRE LAS PERSONAS

- Debe autorizarse por la Ley.
- Se respetará la dignidad de la persona y los derechos establecidos en la Constitución.
- Procede cuando se trate de actos personalísimos de no hacer o soportar.
- Si el responsable de una obligación personalísima de hacer no la ejecuta, resarcirá daños y perjuicios.

2.2. Validez de los actos administrativos

La validez del acto supone la concurrencia en el mismo de todos los elementos que deben integrarlo. La falta de alguno de ellos arrastrará su calificación como nulo o anulable, salvo que se trate de una irregularidad no invalidante.

La distinción entre nulidad (o nulidad absoluta o de pleno derecho) y anulabilidad parte de un criterio de "gravedad": la primera se produce en los supuestos en los que la transgresión de la legalidad es más grande.

- ACTO
  - válido
    - nulidad (art. 47 LPA).
    - anulabilidad (art. 48 LPA).
  - eficaz
    - publicación (art. 45 LPA).
    - notificación (arts. 40 a 44 LPA).

2.2.1. La nulidad de pleno derecho

A) Nulidad de actos administrativos

Los actos de las Administraciones Públicas son nulos de pleno derecho en los casos siguientes, enumerados en el **art. 47 LPA**:

— Los que lesionen los derechos y libertades susceptibles de amparo constitucional.

— Los dictados por órgano manifiestamente incompetente por razón de la materia o del territorio.

— Los que tengan un contenido imposible.

— Los que sean constitutivos de infracción penal o se dicten como consecuencia de esta.

— Los dictados prescindiendo total y absolutamente del procedimiento legalmente establecido o de las normas que contienen las reglas esenciales para la formación de la voluntad de los órganos colegiados.

— Los actos expresos o presuntos contrarios al ordenamiento jurídico por los que se adquieren facultades o derechos cuando se carezca de los requisitos esenciales para su adquisición.

— Cualquier otro que se establezca expresamente en una disposición de rango legal.

De lo indicado en el precepto anterior se deduce que la nulidad puede deberse, en primer lugar, a razones de incompetencia. El órgano debe ser *"manifiestamente"* incompetente. Según la jurisprudencia, la infracción de las reglas de la competencia ha de ser *"clara y terminante"* o *"notoria, evidente y grave"*. En cualquier caso, es meramente anulable -y, por ello, convalidable- el dictado por un órgano jerárquicamente subordinado al que tiene atribuida la competencia para ello.

En segundo término, la nulidad puede tener su origen en una infracción del procedimiento. La ley no exige necesariamente que se prescinda de todo trámite, sino que es suficiente no haber seguido el procedimiento legalmente establecido (adjudicación de una obra mediante procedimiento negociado, p.e., en el supuesto de que hubiere procedido celebrar subasta en procedimiento abierto); en el supuesto del ejemplo se habría seguido un procedimiento, pero prescindiendo *"total y absolutamente"* del establecido por la ley.

Por último, los restantes supuestos de nulidad derivan del contenido del propio acto: imposible, constitutivo de delito -o dictado como consecuencia del mismo-, contrario a los derechos y libertades, etc.

- **Consecuencias de la nulidad**

Son las siguientes:

— El acto no produce efectos. Es como si nunca se hubiera dictado.

— Esta ineficacia del acto se produce por sí misma, sin necesidad que la declare el Juez. Si tiene lugar tal declaración, sus efectos se producirán desde la fecha en que el acto se realizó.

— La nulidad del acto es susceptible de alegarse o ser tenida en cuenta por los interesados.

— El acto nulo no puede convalidarse por transcurso del tiempo ni por voluntad de la Administración.

B) Nulidad de las disposiciones administrativas (reglamentos)

También serán nulas de pleno derecho las disposiciones administrativas que:

— Vulneren la Constitución, las leyes u otras disposiciones administrativas de rango superior.

— Regulen materias reservadas a la Ley.

— Establezcan la retroactividad de disposiciones sancionadoras no favorables o restrictivas de derechos individuales.

2.2.2. La anulabilidad

La LPA ha tomado como punto de partida la catalogación exhaustiva de los supuestos de nulidad absoluta, concibiendo de modo residual la anulabilidad. Serán anulables, por tanto, los actos que incurran en cualquier infracción distinta de las enumeradas en el art. 47.

Dicho con las palabras del art. 48, *"son anulables los actos de la Administración que incurran en cualquier infracción del ordenamiento jurídico, incluso la desviación de poder"*.

Tal como se indicó al tratar del fin del acto administrativo, la desviación de poder consiste en el ejercicio de potestades administrativas para fines distintos de los fijados por el ordenamiento jurídico (art. 70 LJCA).

No obstante, cuando la infracción contenida en un acto no afecte a un elemento esencial, ni siquiera se produce la anulabilidad, sino una mera irregularidad que no afecta a la validez del mismo. Así:

- El defecto de forma solo determinará la anulabilidad cuando el acto carezca de los requisitos formales indispensables para alcanzar su fin o dé lugar a la indefensión de los interesados.

- La realización de actuaciones administrativas fuera del tiempo establecido para ellas solo implicará la anulabilidad del acto cuando así lo imponga la naturaleza del término o plazo.

Las citadas irregularidades no invalidantes -de las que constituyen supuesto típico las actuaciones realizadas fuera de plazo- pueden dar lugar a consecuencias distintas de la nulidad: responsabilidad del funcionario causante de la demora, valoración positiva o negativa de la actividad (silencio administrativo), etc.

- **Consecuencias**

La anulabilidad se caracteriza por las siguientes notas:

- El acto produce efectos mientras no sea expresamente anulado.

- La anulabilidad del acto solo afecta a los interesados: solo ellos pueden alegarla, tenerla en cuenta o pedir la anulación del acto administrativo.

- El acto anulable puede ser convalidado, por el mero transcurso del tiempo si los interesados no piden que se anule, o por voluntad de la Administración.

2.2.3. El principio de conservación del acto administrativo

Tal como ya se ha indicado, *"los actos de las Administraciones Públicas sujetos al Derecho Administrativo se presumirán válidos y producirán efectos desde la fecha en que se dicten, salvo que en ellos se disponga otra cosa"* (art. 39.1).

Pues bien, GARCÍA DE ENTERRÍA, entiende que la citada presunción de validez se traduce en un principio favorable a la conservación de los actos administrativos, que da lugar a una serie de técnicas concretas a las que la LPA ha dado una configuración positiva.

Tales figuras son: de transmisibilidad, conversión, conservación y convalidación reguladas en los arts. 49 a 52 LPA dentro del Capítulo III dedicado a la "Nulidad y Anulabilidad".

A) Transmisibilidad

Según el art. 49 LPA:

- La nulidad o anulabilidad de un acto no implicará la de los sucesivos en el procedimiento que sean independientes del primero.

— La nulidad o anulabilidad en parte del acto administrativo no implicará la de las partes del mismo independientes de aquella salvo que la parte viciada sea de tal importancia que sin ella el acto administrativo no hubiera sido dictado.

Se trata, por parte de la Ley, de proteger todos aquellos actos que forman parte del procedimiento y que sean válidos, con independencia de que otros puedan ser nulos o anulables.

B) La conversión

"Los actos nulos o anulables que, sin embargo, contengan los elementos constitutivos de otro distinto producirán los efectos de este" (art. 50).

El efecto específico de la conversión es, precisamente, la transformación de un acto inválido en otro válido, aunque distinto.

C) Conservación de actos y trámites

"El órgano que declare la nulidad o anule las actuaciones dispondrá siempre la conservación de aquellos actos y trámites cuyo contenido se hubiera mantenido igual de no haberse cometido la infracción" (art. 51).

La anulación del procedimiento lleva consigo un retraso de la decisión sobre el fondo. Por ello, un elemental principio de economía procesal hace que, cuando es previsible que, de retornar las actuaciones al momento en que se cometió la falta, se volvería a obtener el mismo resultado, no es procedente llegar a la repetida nulidad de actuaciones.

D) Convalidación

La Administración podrá convalidar los actos anulables, subsanando los vicios de que adolezcan.

El acto de convalidación producirá efecto desde su fecha, salvo lo dispuesto en el art. 39.3 para la retroactividad de los actos administrativos.

Si el vicio consistiera en incompetencia no determinante de nulidad, la convalidación podrá realizarse por el órgano competente cuando sea superior jerárquico del que dictó el acto viciado.

Si el vicio consistiese en la falta de alguna autorización, podrá ser convalidado el acto mediante el otorgamiento de la misma por el órgano competente (art. 52).

3. Motivación, notificación, publicación y revisión de los actos

3.1. Motivación

La motivación consiste en la exteriorización de las razones que han llevado a la Administración a tomar una decisión, a dictar un acto determinado. En terminología legal es *"la sucinta referencia de hechos y fundamentos de Derecho"* que originan un acto concreto.

Como norma general, en nuestro Derecho, los actos no han de ser motivados. Por ello, cuando se exterioricen por escrito, bastará que las resoluciones contengan la decisión en que consisten (art. 88). Existe un importante sector doctrinal que entiende que la situación debería ser la contraria: la motivación como regla y la omisión de la misma en casos concretos.

En cualquier caso, solo los actos enumerados en el **art. 35 LPA** deben cumplir el requisito de referencia. Según tal artículo, serán motivados, con sucinta referencia de hechos y fundamentos de derecho:

a) Los actos que limiten derechos subjetivos o intereses legítimos.

b) Los actos que resuelvan procedimientos de revisión de oficio de disposiciones o actos administrativos, recursos administrativos y procedimientos de arbitraje y los que declaren su inadmisión.

c) Los actos que se separen del criterio seguido en actuaciones precedentes o del dictamen de órganos consultivos.

d) Los acuerdos de suspensión de actos, cualquiera que sea el motivo de esta, así como la adopción de medidas provisionales previstas en el artículo 56.

e) Los acuerdos de aplicación de la tramitación de urgencia, de ampliación de plazos y de realización de actuaciones complementarias.

f) Los actos que rechacen pruebas propuestas por los interesados.

g) Los actos que acuerden la terminación del procedimiento por la imposibilidad material de continuarlo por causas sobrevenidas, así como los que acuerden el desistimiento por la Administración en procedimientos iniciados de oficio.

h) Las propuestas de resolución en los procedimientos de carácter sancionador, así como los actos que resuelvan procedimientos de carácter sancionador o de responsabilidad patrimonial.

i) Los actos que se dicten en el ejercicio de potestades discrecionales, así como los que deban serlo en virtud de disposición legal o reglamentaria expresa.

La motivación de los actos que pongan fin a los procedimientos selectivos y de concurrencia competitiva se realizará de conformidad con lo que dispongan las normas que regulen sus convocatorias, debiendo, en todo caso, quedar acreditados en el procedimiento los fundamentos de la resolución que se adopte.

3.2. Notificación

La notificación, como medio de comunicación entre el órgano administrativo que dicta el acto y su destinatario, cumple tres objetivos:

— Poner en conocimiento del administrado la voluntad del órgano.

— Constituir una condición para la eficacia de los actos administrativos.

— Actuar como presupuesto para que comiencen a computarse los plazos de los que el administrado dispone para recurrir.

La LPA se refiere a la notificación y publicación de los actos en los artículos 40 a 44, en los términos que se indican seguidamente.

3.2.1. Actos que deben ser notificados

El órgano que dicte las resoluciones y actos administrativos los notificará a los interesados cuyos derechos e intereses sean afectados por aquellos, en los términos previstos en los artículos siguientes (art. 40.1 LPA).

3.2.2. Plazo y contenido

La notificación deberá ser cursada en el **plazo** de diez días a partir de la fecha en que el acto se haya dictado, y deberá **contener** el texto íntegro de la resolución, con indicación de si pone fin o no a la vía administrativa (esto es, si agota o no la vía administrativa), la expresión de los recursos que procedan, en su caso, en vía administrativa y judicial, el órgano ante el que hubieran de presentarse y plazo para interponerlos, sin perjuicio de que los interesados puedan ejercitar, en su caso, cualquier otro que estimen procedente (art. 40.2 LPA).

Las notificaciones que no contengan los requisitos señalados no producirán sus efectos propios y una de las consecuencias que de ello se derivan es que no comienzan a correr los plazos de interposición de los recursos administrativos o judiciales que cupieran contra el acto. No obstante, la LPA contempla la subsanación de estas notificaciones defectuosas en los siguientes términos: *"Las notificaciones que, conteniendo el texto íntegro del acto, omitiesen alguno de los demás requisitos previstos en el apartado anterior surtirán efecto a partir de la fecha en que el interesado realice actuaciones que supongan el conocimiento del contenido y alcance de la resolución o acto objeto de la notificación o resolución, o interponga cualquier recurso que proceda"* (art. 40.3 LPA).

Sin perjuicio de lo acabado de exponer, *"y a los solos efectos de entender cumplida la obligación de notificar dentro del plazo máximo de duración de los procedimientos, será suficiente la notificación que contenga cuando menos el texto íntegro de la resolución, así como el intento de notificación debidamente acreditado"* (art. 40.4 LPA).

Las Administraciones Públicas podrán adoptar las medidas que consideren necesarias para la protección de los datos personales que consten en las resoluciones y actos administrativos, cuando éstos tengan por destinatarios a más de un interesado.

NOTIFICACIÓN

1. OBJETIVOS

1. Comunicar al administrado la voluntad del órgano.
2. Condición para la eficacia del acto.
3. Presupuesto para el comienzo del cómputo de los plazos para recurrir.

2. CONTENIDO

1. Texto íntegro de la resolución.
2. Expresión de si el acto es definitivo en vía administrativa.
3. Indicación de los recursos que proceden.
4. Órgano ante el que se puede recurrir y plazo.

3. PLAZO

Diez días a partir de que el acto fue dictado.

3.2.3. Condiciones generales para la práctica de las notificaciones[1]

Se encuentran reguladas en el art. 41 LPA en los siguientes términos:

Las notificaciones se practicarán **preferentemente por medios electrónicos** y, en todo caso, cuando el interesado resulte obligado a recibirlas por esta vía.

No obstante lo anterior, las Administraciones podrán practicar las notificaciones por **medios no electrónicos** en los siguientes supuestos:

— Cuando la notificación se realice con ocasión de la comparecencia espontánea del interesado o su representante en las oficinas de asistencia en materia de registro y solicite la comunicación o notificación personal en ese momento.

— Cuando para asegurar la eficacia de la actuación administrativa resulte necesario practicar la notificación por entrega directa de un empleado público de la Administración notificante.

Con independencia del medio utilizado, las notificaciones serán válidas siempre que permitan tener constancia de su envío o puesta a disposición, de la recepción o acceso por el interesado o su representante, de sus fechas y horas, del contenido íntegro, y de la identidad fidedigna del remitente y destinatario de la misma. La acreditación de la notificación efectuada se incorporará al expediente.

Los interesados que no estén obligados a recibir notificaciones electrónicas, podrán decidir y comunicar en cualquier momento a la Administración Pública, mediante los

[1] Se debe tener en cuenta que el funcionamiento del sector público electrónico se desarrolla en el tema 3 del "Bloque II: Organización de oficinas públicas" de esta oposición, y que dicha materia ha sido desarrollada recientemente a través del Real Decreto 203/2021, de 21 de marzo, por el que se aprueba el Reglamento de actuación y funcionamiento del sector público por medios electrónicos".

modelos normalizados que se establezcan al efecto, que las notificaciones sucesivas se practiquen o dejen de practicarse por medios electrónicos.

Reglamentariamente, las Administraciones podrán establecer la obligación de practicar electrónicamente las notificaciones para determinados procedimientos y para ciertos colectivos de personas físicas que por razón de su capacidad económica, técnica, dedicación profesional u otros motivos quede acreditado que tienen acceso y disponibilidad de los medios electrónicos necesarios.

Adicionalmente, el interesado podrá identificar un dispositivo electrónico y/o una dirección de correo electrónico que servirán para el envío de los avisos regulados en este artículo, pero no para la práctica de notificaciones.

En ningún caso se efectuarán por medios electrónicos las siguientes notificaciones:

— Aquellas en las que el acto a notificar vaya acompañado de elementos que no sean susceptibles de conversión en formato electrónico.

— Las que contengan medios de pago a favor de los obligados, tales como cheques.

En los **procedimientos iniciados a solicitud del interesado**, la notificación se practicará por el medio señalado al efecto por aquel. Esta notificación será electrónica en los casos en los que exista obligación de relacionarse de esta forma con la Administración.

Cuando no fuera posible realizar la notificación de acuerdo con lo señalado en la solicitud, se practicará en cualquier lugar adecuado a tal fin, y por cualquier medio que permita tener constancia de la recepción por el interesado o su representante, así como de la fecha, la identidad y el contenido del acto notificado.

En los **procedimientos iniciados de oficio**, a los solos efectos de su iniciación, las Administraciones Públicas podrán recabar, mediante consulta a las bases de datos del Instituto Nacional de Estadística, los datos sobre el domicilio del interesado recogidos en el Padrón Municipal, remitidos por las Entidades Locales en aplicación de lo previsto en la Ley 7/1985, de 2 de abril, reguladora de las Bases del Régimen Local.

Cuando el interesado o su **representante rechace la notificación** de una actuación administrativa, se hará constar en el expediente, especificándose las circunstancias del intento de notificación y el medio, dando por efectuado el trámite y siguiéndose el procedimiento.

Con independencia de que la notificación se realice en papel o por medios electrónicos, las Administraciones Públicas enviarán un **aviso al dispositivo electrónico y/o a la dirección de correo electrónico** del interesado que este haya comunicado, informándole de la puesta a disposición de una notificación en la sede electrónica de la Administración u Organismo correspondiente o en la dirección electrónica habilitada única. La falta de práctica de este aviso no impedirá que la notificación sea considerada plenamente válida.

Cuando el interesado fuera notificado por distintos cauces, se tomará como fecha de notificación la de aquella que se hubiera producido en primer lugar.

3.2.4. Práctica de las notificaciones en papel

Según el art. 42 LPA, todas las notificaciones que se practiquen en papel deberán ser puestas a disposición del interesado en la **sede electrónica** de la Administración u organismo actuante para que pueda acceder al contenido de las mismas de forma voluntaria.

Cuando la notificación se practique en el **domicilio del interesado**, de no hallarse presente este en el momento de entregarse la notificación, podrá hacerse cargo de la misma cualquier persona mayor de catorce años que se encuentre en el domicilio y haga constar su identidad. Si nadie se hiciera cargo de la notificación, se hará constar esta circunstancia en el expediente, junto con el día y la hora en que se intentó la notificación, intento que se repetirá por una sola vez y en una hora distinta dentro de los tres días siguientes. En caso de que el primer intento de notificación se haya realizado antes de las quince horas, el segundo intento deberá realizarse después de las quince horas y viceversa, dejando en todo caso al menos un margen de diferencia de tres horas entre ambos intentos de notificación. Si el segundo intento también resultara infructuoso, se procederá en la forma prevista en el art. 44 para las notificaciones infructuosas.

Cuando el interesado accediera al contenido de la notificación en sede electrónica, se le ofrecerá la posibilidad de que el resto de notificaciones se puedan realizar a través de medios electrónicos.

3.2.5. Práctica de las notificaciones a través de medios electrónicos

Las notificaciones por medios electrónicos se practicarán mediante comparecencia en la **sede electrónica** de la Administración u organismo actuante, a través de la dirección electrónica habilitada única o mediante ambos sistemas, según disponga cada Administración u organismo.

A estos efectos, se entiende por comparecencia en la sede electrónica, el acceso por el interesado o su representante debidamente identificado al contenido de la notificación.

Las notificaciones por medios electrónicos se entenderán practicadas en el momento en que se produzca el acceso a su contenido.

Cuando la notificación por medios electrónicos sea de carácter obligatorio, o haya sido expresamente elegida por el interesado, se entenderá rechazada cuando hayan transcurrido **diez días naturales** desde la puesta a disposición de la notificación sin que se acceda a su contenido.

Se entenderá cumplida la obligación de notificar dentro del plazo máximo de duración de los procedimientos con la puesta a disposición de la notificación en la sede electrónica de la Administración u organismo actuante o en la dirección electrónica habilitada única.

Los interesados podrán acceder a las notificaciones desde el **Punto de Acceso General electrónico de la Administración**, que funcionará como un portal de acceso.

3.2.6. Notificación infructuosa

Cuando los interesados en un procedimiento sean desconocidos, se ignore el lugar de la notificación o bien, intentada esta, no se hubiese podido practicar, la notificación se hará por medio de un anuncio publicado en el Boletín Oficial del Estado.

Asimismo, previamente y con carácter facultativo, las Administraciones podrán publicar un anuncio en el boletín oficial de la Comunidad Autónoma o de la Provincia, en el tablón de edictos del Ayuntamiento del último domicilio del interesado o del Consulado o Sección Consular de la Embajada correspondiente.

Las Administraciones Públicas podrán establecer otras formas de notificación complementarias a través de los restantes medios de difusión, que no excluirán la obligación de publicar el correspondiente anuncio en el Boletín Oficial del Estado.

3.3. Publicación

Según el art. 45 LPA, los actos administrativos serán objeto de publicación cuando así lo establezcan las normas reguladoras de cada procedimiento o cuando lo aconsejen razones de interés público apreciadas por el órgano competente.

En todo caso, los actos administrativos **serán objeto de publicación**, surtiendo esta los efectos de la notificación, en los siguientes casos:

— Cuando el acto tenga por destinatario a una pluralidad indeterminada de personas o cuando la Administración estime que la notificación efectuada a un solo interesado es insuficiente para garantizar la notificación a todos, siendo, en este último caso, adicional a la individualmente realizada.

— Cuando se trate de actos integrantes de un procedimiento selectivo o de concurrencia competitiva de cualquier tipo. En este caso, la convocatoria del procedimiento deberá indicar el medio donde se efectuarán las sucesivas publicaciones, careciendo de validez las que se lleven a cabo en lugares distintos.

La publicación de un acto deberá contener los mismos elementos exigidos para las notificaciones en el art. 40.2. Será también aplicable a la publicación lo establecido en el apartado 3 del mismo artículo[2].

En los supuestos de publicaciones de actos que contengan elementos comunes, podrán publicarse de forma conjunta los aspectos coincidentes, especificándose solamente los aspectos individuales de cada acto.

2 "Las notificaciones que, conteniendo el texto íntegro del acto, omitiesen alguno de los demás requisitos previstos en el apartado anterior, surtirán efecto a partir de la fecha en que el interesado realice actuaciones que supongan el conocimiento del contenido y alcance de la resolución o acto objeto de la notificación, o interponga cualquier recurso que proceda".

La publicación de los actos se realizará en el diario oficial que corresponda, según cual sea la Administración de la que proceda el acto a notificar.

Sin perjuicio de lo dispuesto para las notificaciones infructuosas, la publicación de actos y comunicaciones que, por disposición legal o reglamentaria deba practicarse en tablón de anuncios o edictos, se entenderá cumplida por su publicación en el Diario oficial correspondiente.

Si el órgano competente apreciase que la notificación por medio de anuncios o la publicación de un acto lesiona derechos o intereses legítimos, se limitará a publicar en el Diario oficial que corresponda una somera indicación del contenido del acto y del lugar donde los interesados podrán comparecer, en el plazo que se establezca, para conocimiento del contenido íntegro del mencionado acto y constancia de tal conocimiento.

Adicionalmente y de manera facultativa, las Administraciones podrán establecer otras formas de notificación complementarias a través de los restantes medios de difusión que no excluirán la obligación de publicar en el correspondiente Diario oficial.

3.4. Revisión y anulación de los actos administrativos: la revisión de oficio

En términos generales, la revisión de un acto administrativo supone la modificación del contenido o de los efectos de un acto preexistente, sin hacer alusión con ello a los motivos de tal alteración. Bajo esta rúbrica se englobarán, la revisión de oficio y la que tiene lugar por la vía de recurso, a la que denominaremos revisión rogada. En el primer caso, la modificación se introduce por iniciativa del propio órgano que dictó el acto en tanto que en el segundo se lleva a cabo a instancia de su eventual destinatario (que normalmente será un particular, aunque también puede serlo otra Administración Pública diferente).

De momento, tan solo vamos a ocuparnos de la denominada "revisión de oficio" dejando para el tema 3 el estudio de la revisión rogada (recursos administrativos).

3.4.1. Revisión de disposiciones y actos nulos

El **art. 106 LPA** regula esta materia en los siguientes términos:

A) Revisión de actos nulos

Las Administraciones Públicas, en cualquier momento, por iniciativa propia o a solicitud del interesado, y previo dictamen favorable del Consejo de Estado u órgano consultivo equivalente de la Comunidad Autónoma, si lo hubiere, declararán de oficio la **nulidad de los actos administrativos** que hayan puesto fin a la vía administrativa o que no hayan sido recurridos en plazo, en los supuestos previstos en el art. 47.1 (supuestos de nulidad de pleno derecho de los actos).

B) Revisión de disposiciones

Asimismo, en cualquier momento, las Administraciones Públicas de oficio, y previo dictamen favorable del Consejo de Estado u órgano consultivo equivalente de la Comunidad Autónoma si lo hubiere, podrán declarar la nulidad de las disposiciones administrativas en los supuestos previstos en el artículo 47.2 (supuestos de nulidad de los reglamentos).

C) Inadmisión a trámite

El órgano competente para la revisión de oficio podrá acordar motivadamente la **inadmisión a trámite** de las solicitudes formuladas por los interesados, sin necesidad de recabar dictamen del Consejo de Estado u órgano consultivo de la Comunidad Autónoma, cuando las mismas no se basen en alguna de las causas de nulidad del artículo 47.1 o carezcan manifiestamente de fundamento, así como en el supuesto de que se hubieran desestimado en cuanto al fondo otras solicitudes sustancialmente iguales.

D) Indemnizaciones, plazo de resolución y efectos

Las Administraciones Públicas, al declarar la nulidad de un acto podrán establecer, en la misma resolución por la que se declara esa nulidad, **las indemnizaciones** que proceda reconocer a los interesados, sin perjuicio de que, tratándose de una disposición, subsistan los actos firmes dictados en aplicación de la misma.

Cuando el procedimiento se hubiera iniciado de oficio, el transcurso del plazo de **seis meses** desde su inicio sin dictarse resolución producirá la **caducidad** del mismo. Si el procedimiento se hubiera iniciado a solicitud del interesado, se podrá entender la misma desestimada por **silencio** administrativo.

E) Competencia para la revisión de disposiciones y actos nulos y anulables

El **art. 111 LPA** establece que, en el ámbito estatal, de disposiciones y de actos nulos y anulables, **serán competentes para la revisión de oficio de las disposiciones y de los actos administrativos nulos y anulables**:

- El **Consejo de Ministros**, respecto de sus propios actos y de los dictados por los Ministros.
- En la Administración General del Estado:
  - Los **Ministros**, respecto de los actos y disposiciones de los Secretarios de Estado y de los dictados por órganos directivos de su Departamento no dependientes de una Secretaría de Estado.
  - Los **Secretarios de Estado**, respecto de los actos y disposiciones dictados por los órganos directivos de ellos dependientes.

- En los Organismos públicos adscritos a la Administración General del Estado:
  - Los órganos a los que estén adscritos los Organismos Públicos y entidades de derecho público, respecto de los actos y disposiciones dictados por el máximo órgano rector de éstos.
  - Los máximos órganos rectores de los Organismos Públicos y entidades de derecho público, respecto de los actos y disposiciones dictados por los órganos de ellos dependientes.

3.4.2. Declaración de lesividad de actos anulables

Un acto desfavorable o de gravamen, que sea anulable, podrá ser retirado por la Administración de la vida jurídica, sin más.

Ahora bien, si el acto favorece al particular -concesión de una licencia, una beca, adjudicación a una empresa de una obra, etc.-, la Administración no puede anularlo por sí misma: debe recurrir ante la Jurisdicción Contencioso-administrativa, impugnando su propio acto, previa declaración de lesividad para los intereses públicos. Los órganos judiciales serán, pues, los únicos competentes para decidir acerca de tal nulidad.

Se encuentra regulada en el **art. 107 LPA**:

A) Actos afectados

Las Administraciones Públicas podrán impugnar ante el orden jurisdiccional contencioso-administrativo los actos favorables para los interesados que sean anulables conforme a lo dispuesto en el art. 48, previa su declaración de lesividad para el interés público.

B) Plazo máximo para comenzar el procedimiento

La declaración de lesividad no podrá adoptarse una vez transcurridos **cuatro años** desde que se dictó el acto administrativo y exigirá la previa audiencia de cuantos aparezcan como interesados en el mismo.

Sin perjuicio de su examen como presupuesto procesal de admisibilidad de la acción en el proceso judicial correspondiente, la declaración de lesividad no será susceptible de recurso, si bien podrá notificarse a los interesados a los meros efectos informativos.

C) Plazo máximo para declarar la lesividad

Transcurrido el plazo de **seis meses** desde la iniciación del procedimiento sin que se hubiera declarado la lesividad, se producirá la caducidad del mismo.

D) Competencia para declararla

Si el acto proviniera de la Administración General del Estado o de las Comunidades Autónomas, la declaración de lesividad se adoptará por el órgano de cada Administración competente en la materia.

Si el acto proviniera de las Entidades que integran la Administración Local, la declaración de lesividad se adoptará por el Pleno de la Corporación o, en defecto de este, por el órgano colegiado superior de la Entidad.

3.4.3. Límites de la revisión

"Las facultades de revisión no podrán ser ejercitadas cuando por prescripción de acciones, por el tiempo transcurrido o por otras circunstancias, su ejercicio resulte contrario a la equidad, a la buena fe, al derecho de los particulares o a las leyes" (art. 110).

Además, *"iniciado el procedimiento de revisión de oficio, el órgano competente para declarar la nulidad o lesividad podrá suspender la ejecución del acto, cuando esta pudiera causar perjuicios de imposible o difícil reparación"* (art. 108).

3.5. Revocación de los actos administrativos y rectificación de errores

3.5.1. Revocación de actos

La revocación, en sentido estricto, es un cambio unilateral de la voluntad de la Administración, el mal acarrea la extinción de un acto administrativo anterior, válido, pero cuya subsistencia es contraria a los intereses públicos.

La revocación ha encontrado su oposición y límite en la teoría de los derechos adquiridos. Por ello, el art. 109 estipula que *"las Administraciones Públicas podrán revocar, mientras no haya transcurrido el plazo de prescripción sus actos de gravamen o desfavorables, siempre que tal revocación no constituya dispensa o exención no permitida por las leyes, ni sea contraria al principio de igualdad, al interés público o al ordenamiento jurídico"*.

3.5.2. Rectificación de errores

"Las Administraciones Públicas podrán, asimismo, rectificar en cualquier momento, de oficio o a instancia de los interesados, los errores materiales, de hecho o aritméticos existentes en sus actos" (art. 109.2).

La pura rectificación material de errores de hecho o aritméticos no implica una revocación del acto en términos jurídicos. El acto materialmente rectificado sigue teniendo el mismo contenido después de la rectificación, cuya única finalidad es eliminar los errores de transcripción o de simple cuenta con el fin de evitar cualquier posible equívoco.

Este carácter estrictamente material, y en absoluto jurídico, de la misma justifica que para llevarla a cabo no se requiera sujetarse a solemnidad ni límite temporal alguno. La rectificación de errores materiales puede hacerse en cualquier momento, tanto de oficio, como a instancia del administrado.

REVISIÓN DE OFICIO DE LOS ACTOS ADMINISTRATIVOS

ACTOS NULOS

Las Administraciones Públicas pueden anularlos:
- En cualquier momento.
- Por iniciativa propia o a instancia del interesado.
- Previo dictamen favorable del Consejo de Estado u órgano equivalente de la Comunidad Autónoma.
- Debe tratarse de actos nulos (art. 47.1) que agoten la vía administrativa o no recurridos en plazo.
- Procedimientos iniciados de oficio ← 6 meses → caducidad
- Procedimientos a instancia de parte ← sin resolver → silencio negativo

DISPOSICIONES NULAS

Las Administraciones Públicas pueden anularlas:
- En cualquier momento.
- De oficio.
- Previos dictámenes arriba citados.

ACTOS ANULABLES

- Las Administraciones Públicas pueden declararlos lesivos e impugnarlos ante los órganos judiciales, los cuales decidirán acerca de su validez.
- Debe tratarse de actos favorables para el interesado.
- No pueden haber pasado más de cuatro años desde que se dictó el acto.
- Transcurridos seis meses desde iniciación → caducidad.

REVOCACIÓN DE DATOS

La Administración puede revocar:
- Mientras no haya transcurrido el plazo de prescripción.
- Actos de gravamen o desfavorables.
- Si ello no es contrario al principio de igualdad, al interés público o al ordenamiento jurídico.

RECTIFICACIÓN DE ERRORES

La Administración puede rectificar:
- En cualquier momento.
- De oficio o a instancia de los interesados.
- Errores materiales, de hecho o aritméticos.

4. El principio de legalidad en la actuación administrativa

4.1. Concepto

El principio de legalidad, en el ámbito de la actuación administrativa, implica que toda acción singular del poder debe estar justificada en una ley previa.

Dicha exigencia se fundamenta en dos motivos:

- La legitimidad del poder procede de la voluntad comunitaria, y la expresión típica de esta última es la ley.

- El principio técnico de la división de poderes quebraría si el Ejecutivo no se encargase precisamente de "ejecutar la ley", aplicarla a casos concretos. En definitiva, el poder Legislativo prima sobre el Ejecutivo: este último debe actuar en el marco previo de las decisiones de aquel (las leyes).

4.2. Manifestaciones en nuestro derecho positivo

La idea expuesta, que hoy puede resultar obvia, supuso una novedad histórica de primer orden generada por la Revolución francesa, y que encuentra su reflejo en diversos preceptos del Ordenamiento Jurídico español:

- *"Los ciudadanos y los poderes públicos están sujetos a la Constitución y al resto del ordenamiento jurídico"* (art. 9.1 CE).

- *"La Administración sirve con objetividad los intereses generales y actúa... con sometimiento pleno a la Ley y al Derecho"* (art. 103.1 CE). Este precepto, recogido literalmente en el art. 3.1 LRJSP, alude a la necesidad de una conformidad total a las normas.

- *"El contenido de los actos se ajustará a lo dispuesto por el ordenamiento jurídico y será determinado y adecuado a los fines de aquellos"* (art. 34.2 LPA). Por ello, afirma GARCÍA DE ENTERRÍA que *"puede concluirse fácilmente que no hay acto sin norma específica que lo autorice y lo prevea, que el acto administrativo, por diferencia sustancial con el negocio jurídico privado, es esencialmente típico..., nominado, no obediente a ningún genérico principio de autonomía de la voluntad, sino, exclusivamente, a la previsión de la Ley"*.

- *"Son anulables los actos de la Administración que incurran en cualquier infracción del ordenamiento jurídico"* (art. 48, ya citado).

- *"Las resoluciones administrativas de carácter particular no podrán vulnerar lo establecido en una disposición de carácter general, aunque aquellas tengan igual o superior rango a estas"* (art. 37.1 LPA). Alude este precepto al principio de **inderogabilidad singular de los reglamentos**, que prohíbe a la Administración alterar mediante actos singulares lo establecido en disposiciones que ella misma haya dictado, incluso cuando estas procedan de un órgano inferior al que dicte aquellos (una resolución del Consejo de Ministros, no será válida si vulnera lo establecido en una orden ministerial).

En conclusión, el principio de legalidad en la actuación administrativa está plenamente recogido en el vigente Derecho español; no existe ningún espacio en que la Administración pueda actuar con un poder jurídico. Por ello, para decidir acerca de invalidez de un acto administrativo no hay que buscar necesariamente una norma que la prohíba: es suficiente la inexistencia de un precepto jurídico que lo admita.

A modo de resumen, reflejamos en el siguiente gráfico los datos básicos relativos al acto administrativo:

ACTOS ADMINISTRATIVOS

FORMA

Se producirán por escrito a través de medios electrónicos, a menos que su naturaleza exija otra forma (verbal, mímica,...) más adecuada de expresión y constancia.

MOTIVADOS

- Los actos que limiten derechos subjetivos o intereses legítimos.
- Los actos que resuelvan procedimientos de revisión de oficio de disposiciones o actos administrativos, recursos administrativos y procedimientos de arbitraje y los que declaren su inadmisión.
- Los actos que se separen del criterio seguido en actuaciones precedentes o del dictamen de órganos consultivos.
- Los acuerdos de suspensión de actos, cualquiera que sea el motivo de esta, así como la adopción de medidas provisionales previstas en el artículo 56.
- Los acuerdos de aplicación de la tramitación de urgencia, de ampliación de plazos y de realización de actuaciones complementarias.
- Los actos que rechacen pruebas propuestas por los interesados.
- Los actos que acuerden la terminación del procedimiento por la imposibilidad material de continuarlo por causas sobrevenidas, así como los que acuerden el desistimiento por la Administración en procedimientos iniciados de oficio.
- Las propuestas de resolución en los procedimientos de carácter sancionador, así como los actos que resuelvan procedimientos de carácter sancionador o de responsabilidad patrimonial.
- Los actos que se dicten en el ejercicio de potestades discrecionales, así como los que deban serlo en virtud de disposición legal o reglamentaria expresa.

EFICACIA

- REGLA GENERAL
  - Desde la fecha en que se dicte.
- EXCEPCIONES
  - **Demorada:**
    - Si lo exige el contenido del acto.
    - Cuando deba ser publicado, notificado...
  - **Retroactiva:**
    - Si sustituye a otro anulado.
    - Si produce efectos favorables, en determinados casos.

EJECUCIÓN

- Apremio sobre el patrimonio.
- Ejecución subsidiaria.
- Multa coercitiva.
- Compulsión sobre las personas.

INVALIDEZ

- NULOS
  - Los que lesionen los derechos y libertades susceptibles de amparo constitucional.
  - Dictados por órgano manifiestamente incompetente.
  - De contenido imposible.
  - Constitutivos o consecuencia de infracción penal.
  - Dictados prescindiendo totalmente del procedimiento.
  - Los contrarios al ordenamiento jurídico por los cuales se adquieran indebidamente derechos o facultades.
  - Cualquier otro que se establezca expresamente en una disposición de rango legal.
- ANULABLES
  - Los que incurran en cualquier otra infracción del ordenamiento jurídico, incluso la desviación de poder.

IRREGULARES

- Defectos no esenciales de forma.
- Actuaciones fuera de plazo.

Anexo

Esquema-resumen. Actos administrativos.

Acto administrativo

CONCEPTO	Acto dictado por la Administración con arreglo al Derecho Administrativo.	
CLASES	**POR LOS ÓRGANOS DE LOS QUE EMANA**	**Simple:** El acto procede de un solo órgano administrativo. **Complejo:** En su producción intervienen dos a más órganos administrativos.
	POR SUS EFECTOS	**Generales:** Los que van dirigidos a una pluralidad indeterminada de sujetos. **Especiales:** Los destinados a una o varias personas determinadas o determinables.
	POR SU CONTENIDO	**Constitutivos:** Los que crean, modifican o extinguen relaciones o situaciones jurídicas. **Declarativos:** Los que acreditan un hecho o una situación jurídica sin incidir sobre su contenido.
	POR SU LUGAR EN EL PROCEDIMIENTO	**Definitivos:** Los que ponen fin al procedimiento. **De trámite:** El que no da lugar a la terminación del procedimiento.
	POR LA POSIBILIDAD DE RECURRIRLOS EN VÍA CONTENCIOSA	**Impugnables:** Los que ponen fin a la vía administrativa. *Según el art. 114 LPA. son entre otros:* • *Las resoluciones de los recursos de alzada.* • *Las resoluciones de los procedimientos de impugnación del art. 112.2 LPA.* • *Las resoluciones de los órganos administrativos que carezcan de superior jerárquico, salvo que una ley establezca lo contrario.* • *Los acuerdos, pactos, convenios o contratos que tengan la consideración de finalizadores del procedimiento.* **Inimpugnables:** Los que no ponen fin a la vía administrativa o ya se han convertido en actos firmes. *Tampoco lo son:* • *Los que sean reproducción de otros anteriores que sean definitivos y firmes.* • *Los confirmatorios de acuerdos no recurridos en tiempo y forma.*
	POR LA POTESTAD EJERCITADA AL DICTARLOS	**Reglados:** Las normas regulan todos los aspectos y momentos de su producción. **Discrecionales:** Ejercitan una potestad cuyas condiciones de actuación no están totalmente delimitadas por las normas.
	POR LA FORMA DE EXTERIORIZACIÓN	**Expresos:** Existe clara e inequívoca exteriorización de la voluntad administrativa. **Presuntos:** No existe tal exteriorización.

NOTA. Según el art. 114.2 de la Ley 39/2015, ponen fin a la vía administrativa los actos y resoluciones siguientes:

- Los actos administrativos de los miembros y órganos del Gobierno.
- Los emanados de los Ministros y Secretarios de Estado en el ejercicio de las competencias que tienen atribuidas los órganos de los que son titulares.
- Los emanados de los órganos directivos con nivel de Director General o superior (Subsecretarios, Secretarios Generales, Directores Generales y Secretarios Generales Técnicos), en relación con las competencias que tengan atribuidas en materia de personal.
- En los organismos públicos adscritos a la Administración General del Estado, los emanados de los máximos órganos de dirección unipersonales o colegiados, de acuerdo con lo que establezcan sus estatutos, salvo que por Ley se establezca otra cosa.

ELEMENTOS DEL ACTO ADMINISTRATIVO	**Subjetivo**	La Administración actúa a través de órganos que deben ser competentes. *(La competencia es irrenunciable y se ejercerá por los órganos que la tengan atribuida, salvo los casos de delegación o avocación).* Además, el titular del órgano ha de contar con la correspondiente legitimación, la cual derivará de un nombramiento válido y eficaz, y hallarse en situación abstracta de imparcialidad. Nuestro ordenamiento jurídico intenta conseguir la imparcialidad, fundamentalmente, a través de dos mecanismos: el régimen de incompatibilidades y el establecimiento de unas causas de abstención, las cuales podrán dar lugar, en su caso, a la recusación. *Son causas de abstención según el art. 23 LRJSP:* • *Tener interés personal en el asunto.* • *Vínculo matrimonial o situación de hecho asimilable.* • *Parentesco de consanguinidad dentro del cuarto grado o de afinidad dentro del segundo con cualquiera de los interesados.* • *Tener amistad íntima o enemistad manifiesta.* • *Haber intervenido como perito o como testigo en el procedimiento.* • *Tener relación de servicio con persona interesada (o haberla tenido en los dos últimos años).*
	Objetivo	Se refiere al contenido del acto, que debe ser: • Lícito. • Posible. • Determinado. • Adecuado a su fin.
	Causal	Es la circunstancia que justifica en cada caso que un acto administrativo se dicte. Son los hechos determinantes de la actuación administrativa.
	Teleológico o final	La satisfacción del interés público, en caso contrario, la Administración incurrirá en *"desviación de poder"* y el acto será anulable.
	Formal	Hace referencia a: • *El procedimiento:* - Su ausencia determina la nulidad. - Si solo tiene defectos, la anulabilidad. • *Su manifestación:* - Por escrito a través de medios electrónicos. - Por otras formas más adecuadas de expresión y constancia. • *Su comunicación:* - La notificación. - La publicación.

NOTA: según el art. 35 LPA tienen que ser motivados, con sucinta referencia de hechos y fundamentos de derecho:

a) Los actos que limiten derechos subjetivos o intereses legítimos.

b) Los actos que resuelvan procedimientos de revisión de oficio de disposiciones o actos administrativos, recursos administrativos y procedimientos de arbitraje y los que declaren su inadmisión.

c) Los actos que se separen del criterio seguido en actuaciones precedentes o del dictamen de órganos consultivos.

d) Los acuerdos de suspensión de actos, cualquiera que sea el motivo de ésta, así como la adopción de medidas provisionales previstas en el artículo 56.

e) Los acuerdos de aplicación de la tramitación de urgencia, de ampliación de plazos y de realización de actuaciones complementarias.

f) Los actos que rechacen pruebas propuestas por los interesados.

g) Los actos que acuerden la terminación del procedimiento por la imposibilidad material de continuarlo por causas sobrevenidas, así como los que acuerden el desistimiento por la Administración en procedimientos iniciados de oficio.

h) Las propuestas de resolución en los procedimientos de carácter sancionador, así como los actos que resuelvan procedimientos de carácter sancionador o de responsabilidad patrimonial.

i) Los actos que se dicten en el ejercicio de potestades discrecionales, así como los que deban serlo en virtud de disposición legal o reglamentaria expresa.

<table>
<tr><td rowspan="4">Eficacia de los actos administrativos</td><td>Regla general</td><td>Desde la fecha en que se dicten, salvo que en ellos se disponga lo contrario</td></tr>
<tr><td>Eficacia demorada</td><td>• Cuando lo exija el contenido del acto.
• Cuando requiera notificación o publicación.
• Cuando requiera aprobación superior.</td></tr>
<tr><td>Eficacia retroactiva</td><td>• Cuando se dicten en sustitución de actos anulados.
• Cuando produzcan efectos favorables al interesado, siempre que los supuestos de hecho ya existieran en la fecha a que se retrotraiga la eficacia del acto y ésta no lesione derechos o intereses legítimos de otras personas.</td></tr>
<tr><td>Suspensión de la eficacia</td><td>• ¿Quién?: El órgano que resuelve el recurso.
• ¿Cómo?: De oficio o a instancia de parte.
• Causa:
- Daños de difícil o imposible reparación.
- Actos nulos de pleno derecho.
• Plazo: un mes.
• Silencio: Positivo.</td></tr>
</table>

<table>
<tr><td rowspan="4">VALIDEZ DE LOS ACTOS ADMINISTRATIVOS</td><td>NULIDAD ABSOLUTA O DE PLENO DERECHO</td><td>Causas:
• Vulneración de derechos y libertades susceptibles de amparo constitucional.
• Contenido imposible.
• Manifiesta incompetencia territorial o material.
• Prescindir totalmente del procedimiento o de las reglas esenciales de formación de la voluntad de los órganos colegiados.
• Actos constitutivos de infracción penal o que se dicten como consecuencia de ella.
• Adquisición de beneficios careciendo de los requisitos para ello.
• Otras establecidas por disposición de rango legal.
Efectos:
• Se puede pedir en cualquier momento, no prescribe la acción para hacer valer la infracción determinante de la nulidad.
• No admite convalidación.
• Eficacia ex tunc. La declaración de nulidad priva de efectos al acto desde el momento en que se produjo.</td></tr>
<tr><td>ANULABILIDAD O NULIDAD RELATIVA</td><td>Causas:
• Cualquier otra infracción del ordenamiento jurídico que no sea nulidad.
• Desviación de poder.
• Defecto de forma esencial (impide alcanzar el fin o genera indefensión).
• Infracción de plazos determinantes de la validez del acto.
Efectos:
• 4 años para la declaración de la anulabilidad.
• Si admite convalidación.
• Efectos ex nunc. La anulación produce efectos desde que se produce.</td></tr>
<tr><td>IRREGULARIDAD NO INVALIDANTE</td><td>Causas:
• Defectos de forma no esenciales.
• Infracción de plazos no determinantes de la validez del acto.
Efectos:
• No invalida el acto ni sus efectos.</td></tr>
<tr><td>ELEMENTOS COMUNES A LA NULIDAD Y LA ANULABILIDAD</td><td>• Conversión (producir los efectos del otro acto que contiene sus elementos).
• Conservación (mantener los actos no viciados).
• Transmisibilidad o intransmisibilidad (las partes no viciadas no se ven afectadas por las viciadas).</td></tr>
</table>

Notificación y publicación

NOTIFICACIÓN (ARTS. 40 A 44)	
El órgano que dicte las resoluciones y actos administrativos los notificará a los interesados cuyos derechos e intereses sean afectados por aquéllos, en los términos señalados a continuación.	
PLAZO Y CONTENIDO	• Plazo: - En el plazo de diez días a partir de la fecha en que el acto se haya dictado. • Contenido: - Texto íntegro de la resolución, con indicación de si es o no definitivo en vía administrativa. - Expresión de los recursos que procedan, en su caso, en vía administrativa y judicial, el órgano ante el que hubiera de presentarse y plazo para interponerlos. • Las notificaciones que, conteniendo el texto íntegro del acto, omitiesen alguno de los demás requisitos previstos en el apartado anterior, surtirán efecto a partir de la fecha en que el interesado realice actuaciones que supongan el conocimiento del contenido y alcance de la resolución o acto objeto de la notificación, o interponga cualquier recurso que proceda. • A los solos efectos de entender cumplida la obligación de notificar dentro del plazo máximo de duración de los procedimientos, será suficiente la notificación que contenga cuando menos el texto íntegro de la resolución, así como el intento.
CONDICIONES GENERALES	• Se practicarán **preferentemente por medios electrónicos** y, en todo caso, cuando el interesado resulte obligado a recibirlas por esta vía. • Se podrán practicar por medios no electrónicos: - Cuando la notificación se realice con ocasión de la comparecencia espontánea del interesado o su representante en las oficinas de asistencia en materia de registro. - Cuando para asegurar la eficacia, resulte necesario practicar la notificación por entrega directa de un empleado público. • Las notificaciones serán válidas siempre que permitan tener constancia de su envío o puesta a disposición, de la recepción o acceso por el interesado o su representante, de sus fechas y horas, del contenido íntegro, y de la identidad fidedigna del remitente y destinatario. • **Procedimientos iniciados a solicitud del interesado:** la notificación se practicará por el medio señalado al efecto por aquel. Esta notificación será electrónica en los casos en los que exista obligación de relacionarse de esta forma con la Administración. • **Procedimientos iniciados de oficio:** a los solos efectos de su iniciación, las Administraciones Públicas podrán recabar, mediante consulta a las bases de datos del Instituto Nacional de Estadística, los datos sobre el domicilio del interesado recogidos en el Padrón Municipal. • Cuando el interesado o su representante rechace la notificación, se hará constar en el expediente, especificándose las circunstancias del intento de notificación y el medio, dando por efectuado el trámite y siguiéndose el procedimiento.

Notificaciones en papel	• Deberán ser puestas a disposición del interesado en la sede electrónica de la Administración u Organismo actuante para que pueda acceder al contenido de las mismas de forma voluntaria. • Si se practica en el domicilio del interesado, de no hallarse presente éste en el momento de entregarse la notificación, podrá hacerse cargo de la misma cualquier persona mayor de 14 años que se encuentre en el domicilio y haga constar su identidad. • Si nadie se hiciera cargo de la notificación, se hará constar esta circunstancia en el expediente, junto con el día y la hora en que se intentó la notificación, intento que se repetirá por una sola vez y en una hora distinta dentro de los tres días siguientes. • Si el segundo intento también resultara infructuoso, se procederá en la forma prevista para las notificaciones infructuosas.
Notificaciones a través de medios electrónicos	• Mediante comparecencia en la sede electrónica de la Administración u Organismo actuante, a través de la dirección electrónica habilitada única o mediante ambos sistemas. • Las notificaciones se entenderán practicadas en el momento en que se produzca el acceso a su contenido. • Cuando la notificación por medios electrónicos sea obligatorio, o haya sido expresamente elegida por el interesado, se entenderá rechazada cuando hayan transcurrido 10 días naturales desde la puesta a disposición de la notificación sin que se acceda a su contenido. • Se entenderá cumplida la obligación de notificar dentro del plazo máximo de duración de los procedimientos con la puesta a disposición de la notificación en la sede electrónica de la Administración u organismo actuante o en la dirección electrónica habilitada única. • Los interesados podrán acceder a las notificaciones desde el Punto de Acceso General electrónico de la Administración, que funcionará como un portal de acceso.

Revisión de los actos en vía administrativa

Revisión de actos nulos	**Actos**	• De oficio o a solicitud del interesado. • Si transcurren seis meses y no se ha dictado resolución se producen los siguientes efectos: - Iniciado de oficio: caducidad. - Iniciado por solicitud: silencio negativo.
	Disposiciones administrativas	• De oficio. • Subsistencia de los actos firmes dictados en aplicación de las mismas. • Si transcurren seis meses y no se ha dictado resolución se produce la caducidad.
	Elementos comunes	• La revisión se puede hacer en cualquier momento. • Exige dictamen previo y favorable del Consejo de Estado u órgano consultivo equivalente de la Comunidad Autónoma, si lo hubiere. • Al declarar la nulidad, las Administraciones Públicas podrán establecer indemnizaciones si procede.

DECLARACIÓN DE LESIVIDAD	**ACTOS ANULABLES QUE SEAN FAVORABLES PARA LOS INTERESADOS**	• Requisito indispensable para la legitimación activa de la administración, en los casos en que se proponga actuar como parte demandante en recursos contencioso-administrativos dirigidos contra sus propios actos declarativos de derechos. • Plazo: 4 años desde que se dictó. • Procedimiento de declaración de lesividad previo al contencioso-administrativo: - Iniciación de oficio. - Exige como trámite preceptivo audiencia de cuantos aparezcan como interesados. - Si transcurren seis meses y no se ha dictado resolución se produce la caducidad.
REVOCACIÓN DE ACTOS	**ACTOS DE GRAVAMEN**	• Mientras no haya transcurrido el plazo de prescripción. • Límites: que no constituya dispensa o exención no permitida por las leyes, o sea contraria al principio de igualdad, al interés público o al ordenamiento jurídico.
OTRAS CUESTIONES	**RECTIFICACIÓN DE ERRORES**	• En cualquier momento. • De oficio o a instancia de los interesados. • Errores materiales, de hecho o aritméticos.
	SUSPENSIÓN DE LA EJECUCIÓN	• Iniciado el procedimiento de revisión de oficio. • Órgano competente: el que resuelve la revisión. • Causa: Perjuicios de imposible o difícil reparación.
	LÍMITES DE LA REVISIÓN	• Motivos: prescripción de acciones, tiempo transcurrido u otras circunstancias. • Que su ejercicio no sea contrario a la equidad, a la buena fe, al derecho de los particulares o a las leyes.

NOTA: el art. 111 de la Ley 39/2015 respecto a la Administración General del Estado establece que la competencia para la revisión de oficio de actos nulos y anulables le corresponde a los siguientes órganos:

- El Consejo de Ministros: sus propios actos y los dictados por los Ministros.
- En la Administración General del Estado:
  - Los Ministros: los actos de los Secretarios de Estado y de los dictados por órganos directivos de su Departamento no dependientes de una Secretaría de Estado.
  - Los Secretarios de Estado: los actos dictados por los órganos de ellos dependientes.
- En los Organismos públicos adscritos a la Administración General del Estado:
  - Los órganos a los que estén adscritos los Organismos: los actos y disposiciones dictados por el máximo órgano rector de estos.
  - Los máximos órganos rectores de los Organismos: los actos y disposiciones dictados por los órganos de ellos dependientes.

Tema 3

Las Leyes del Procedimiento Administrativo Común de las Administraciones Públicas y del Régimen Jurídico del Sector Público y su normativa de desarrollo. La iniciación, ordenación, instrucción y terminación del procedimiento administrativo. Medios de impugnación de la actuación administrativa. La revisión de oficio. Los recursos administrativos: concepto y clases. La jurisdicción Contencioso-administrativa.

Referencias Legislativas

- *Ley 29/1998, de 13 de julio, reguladora de la Jurisdicción Contencioso-administrativa.*
- *Ley 39/2015, de 1 de octubre, del Procedimiento Administrativo Común de las Administraciones Públicas.*
- *Ley 40/2015, de 1 de octubre, de Régimen Jurídico del Sector Público.*
- *Real Decreto 203/2021, de 30 de marzo, por el que se aprueba el Reglamento de actuación y funcionamiento del sector público por medios electrónicos.*

Guion-resumen

1. Procedimiento Administrativo Común de las Administraciones Públicas

1.1. Introducción

1.2. Estructura y contenido

1.3. Ámbito de aplicación

2. La Ley 40/2015, de 1 de octubre, de Régimen Jurídico del Sector Público

2.1. Objeto

2.2. Estructura y contenido

2.3. Ámbito de aplicación

2.4. Las relaciones entre Administraciones Públicas

3. El procedimiento administrativo

3.1. Concepto

3.2. Naturaleza: el procedimiento como garantía jurídica

3.3. La iniciación, ordenación, instrucción y terminación del procedimiento administrativo

3.4. Instrucción del procedimiento

3.5. Finalización del procedimiento

3.6. Especial referencia al silencio administrativo

4. Medios de impugnación de la actuación administrativa. La revisión de oficio

5. Los recursos administrativos: concepto y clases

5.1. Concepto de recurso

5.2. Características generales de los recursos administrativos

5.3. Significado de los recursos administrativos

5.4. Objeto

5.5. Reglas generales de tramitación de los recursos administrativos

5.6. Clases de recursos

6. La Jurisdicción Contencioso-administrativa

6.1. Introducción

6.2. Concepto y significado del recurso Contencioso-administrativo

6.3. Régimen jurídico actual

6.4. Ámbito y extensión

6.5. Organización jurisdiccional

6.6. Las partes: capacidad, legitimación y representación

6.7. Actos impugnables objeto del recurso

6.8. Fases del proceso Contencioso-administrativo

6.9. Especial referencia al procedimiento abreviado

6.10. Impugnación de las resoluciones judiciales

Anexo

1. La Ley 39/2015, de 1 de octubre, del Procedimiento Administrativo Común de las Administraciones Públicas

La Ley 39/2015, de 1 de octubre, del Procedimiento Administrativo Común de las Administraciones Públicas deroga la Ley 30/1992, de 26 de noviembre, con efectos de 2 de octubre de 2016.

1.1. Introducción

Con independencia de la Ley de 19 de octubre de 1889, la primera y única regulación del régimen jurídico y del procedimiento administrativo de la Administración Pública, en nuestro ordenamiento, es la contenida en los artículos 22 y siguientes de la Ley de Régimen Jurídico de la Administración del Estado, de 26 de julio de 1957 y en la Ley de Procedimiento Administrativo, de 17 de julio de 1958. Ambas constituyen, ciertamente, una aportación relevante en la configuración de nuestro Derecho Administrativo, en particular esta última.

La vigente Constitución española, además de garantizar el sometimiento de las Administraciones Públicas al principio de legalidad encomienda al Estado (art. 149.1.18ª) la competencia exclusiva sobre:

- *"Las bases del régimen jurídico de las Administraciones Públicas..., que, en todo caso, garantizarán a los administrados un tratamiento común ante ellos".*
- *"El procedimiento administrativo común, sin perjuicio de las especialidades derivadas de la organización de las Comunidades Autónomas".*

A este concepto respondía la LRJ-PAC. En efecto, la delimitación del régimen jurídico de las Administraciones Públicas se englobaba en el esquema *"bases más desarrollo"*, que permitía a las Comunidades Autónomas dictar sus propias normas siempre que se ajustaran a las bases estatales.

Además, la Ley regulaba el procedimiento administrativo común, de aplicación general a todas las Administraciones Públicas y fijaba las garantías mínimas de los ciudadanos respecto de la actividad administrativa. Esta regulación no agotaba las competencias estatales o autonómicas de establecer procedimientos específicos *ratione materiae* que deberán respetar, en todo caso, estas garantías.

No debe olvidarse, por último, que las Comunidades Autónomas pueden establecer las especialidades derivadas de su organización propia. Pero, como ha señalado la jurisprudencia constitucional, no se puede disociar la norma sustantiva de la norma de procedimiento, por lo que también ha de ser posible que las Comunidades Autónomas dicten las normas de procedimiento necesarias para la aplicación de su derecho sustantivo, pues lo reservado al Estado no es todo procedimiento sino solo aquel que deba ser común y haya sido establecido como tal. La regulación de los procedimientos propios de las Comunidades Autónomas habrán de respetar, como ya se ha dicho, las reglas de procedimiento que, por ser competencia exclusiva del Estado, integra el concepto de procedimiento administrativo común.

1.2. Estructura y contenido

1.2.1. Estructura

La Ley se estructura en un Título Preliminar, 6 Títulos numerados, 6 Disposiciones Adicionales, 5 Disposiciones Transitorias, 1 Disposición Derogatoria y 7 Disposiciones Finales. Comprende 133 artículos.

El esquema de su contenido es el siguiente:

Ley 39/2015, de 1 de octubre, del Procedimiento Administrativo Común de las Administraciones Públicas
TÍTULO PRELIMINAR. Disposiciones generales (arts. 1 y 2). **TÍTULO I**. De los interesados en el procedimiento. - Capítulo I. La capacidad de obrar y el concepto de interesado (arts. 3 al 8). - Capítulo II. Identificación y firma de los interesados en el procedimiento administrativo (arts. 9 al 12). **TÍTULO II**. De la actividad de las Administraciones Públicas. - Capítulo I. Normas generales de actuación (arts. 13 al 28). - Capítulo II. Términos y plazos (art. 29 al 33). **TÍTULO III**. De los actos administrativos. - Capítulo I. Requisitos de los actos administrativos (art. 34 al 36). - Capítulo II. Eficacia de los actos (art. 37 al 46). - Capítulo III. Nulidad y anulabilidad (art. 47 al 52). **TÍTULO IV**. De las disposiciones sobre el procedimiento administrativo común. - Capítulo I. Garantías del procedimiento (art. 53). - Capítulo II. Iniciación del procedimiento. • Sección 1ª. Disposiciones generales (arts. 54 al 57). • Sección 2ª. Iniciación del procedimiento de oficio por la Administración (arts. 58 al 65). • Sección 3ª. Inicio del procedimiento a solicitud del interesado (arts. 66 al 69). - Capítulo III. Ordenación del procedimiento (arts. 70 al 74). - Capítulo IV. Instrucción del procedimiento. • Sección 1ª. Disposiciones generales (arts. 75 y 76). • Sección 2ª. Prueba (arts. 77 y 78). • Sección 3ª. Informes (arts. 79 al 81). • Sección 4ª. Participación de los interesados (arts. 82 y 83). - Capítulo V. Finalización del procedimiento. • Sección 1ª. Disposiciones generales (arts. 84 al 86). • Sección 2ª. Resolución (arts. 87 al 92). • Sección 3ª. Desistimiento y renuncia (arts. 93 y 94). • Sección 4ª. Caducidad (art. 95). - Capítulo VI. De la tramitación simplificada del procedimiento administrativo común (art. 96). - Capítulo VII. Ejecución (arts. 97 al 105).

TÍTULO V. De la revisión de los actos en vía administrativa.
- Capítulo I. Revisión de oficio (arts. 106 al 111).
- Capítulo II. Recursos administrativos.
  - Sección 1ª. Principios generales (arts. 112 al 120).
  - Sección 2ª. Recurso de alzada (arts. 121 y 122).
  - Sección 3ª. Recurso potestativo de reposición (arts. 123 y 124).
  - Sección 4ª. Recurso extraordinario de revisión (arts. 125 y 126).

TÍTULO VI. De la iniciativa legislativa y de la potestad para dictar reglamentos y otras disposiciones (arts. 127 al 133).

DISPOSICIONES ADICIONALES
- Disposición Adicional primera. Especialidades por razón de materia.
- Disposición Adicional segunda. Adhesión de las Comunidades Autónomas y Entidades Locales a las plataformas y registros de la Administración General del Estado.
- Disposición Adicional tercera. Notificación por medio de anuncio publicado en el «Boletín Oficial del Estado».
- Disposición Adicional cuarta. Oficinas de asistencia en materia de registros.
- Disposición Adicional quinta. Actuación administrativa de los órganos constitucionales del Estado y de los órganos legislativos y de control autonómicos.
- Disposición Adicional sexta. Sistemas de identificación y firma previstos en los artículos 9.2.c) y 10.2.c).

DISPOSICIONES TRANSITORIAS
- Disposición Transitoria primera. Archivo de documentos.
- Disposición Transitoria segunda. Registro electrónico y archivo electrónico único.
- Disposición Transitoria tercera. Régimen transitorio de los procedimientos.
- Disposición Transitoria cuarta. Régimen transitorio de los archivos, registros y punto de acceso general.
- Disposición Transitoria quinta. Procedimientos de responsabilidad patrimonial derivados de la declaración de inconstitucionalidad de una norma o su carácter contrario al Derecho de la Unión Europea.

DISPOSICIONES DEROGATORIAS
- Disposición Derogatoria única. Derogación normativa.

DISPOSICIONES FINALES
- Disposición Final primera. Título competencial.
- Disposición Final segunda. Modificación de la Ley 59/2003, de 19 de diciembre, de firma electrónica.
- Disposición Final tercera. Modificación de la Ley 36/2011, de 10 de octubre, reguladora de la jurisdicción social.
- Disposición Final cuarta. Referencias normativas.
- Disposición Final quinta. Adaptación normativa.
- Disposición Final sexta. Desarrollo normativo de la Ley.
- Disposición Final séptima. Entrada en vigor.

1.2.2. Los derechos de las personas en sus relaciones con las Administraciones Públicas

Los derechos de los ciudadanos de la antigua Ley 30/1992, se desglosan en la LPA, en "derechos de las personas en sus relaciones con las Administraciones Públicas", regulados en el art. 13, y "derechos del interesado en el procedimiento administrativo", regulados en el art. 53.

A) Derechos del interesado en el procedimiento administrativo

El art. 53 LPA contiene una trascendente formulación de los derechos de los interesados en los procedimientos administrativos:

"*a) A conocer, en cualquier momento, el estado de la tramitación de los procedimientos en los que tengan la condición de interesados; el sentido del silencio administrativo que corresponda, en caso de que la Administración no dicte ni notifique resolución expresa en plazo; el órgano competente para su instrucción, en su caso, y resolución; y los actos de trámite dictados. Asimismo, también tendrán derecho a acceder y a obtener copia de los documentos contenidos en los citados procedimientos.*

Quienes se relacionen con las Administraciones Públicas a través de medios electrónicos, tendrán derecho a consultar la información a la que se refiere el párrafo anterior, en el Punto de Acceso General electrónico de la Administración que funcionará como un portal de acceso. Se entenderá cumplida la obligación de la Administración de facilitar copias de los documentos contenidos en los procedimientos mediante la puesta a disposición de las mismas en el Punto de Acceso General electrónico de la Administración competente o en las sedes electrónicas que correspondan.

b) A identificar a las autoridades y al personal al servicio de las Administraciones Públicas bajo cuya responsabilidad se tramiten los procedimientos.

c) A no presentar documentos originales salvo que, de manera excepcional, la normativa reguladora aplicable establezca lo contrario. En caso de que, excepcionalmente, deban presentar un documento original, tendrán derecho a obtener una copia autenticada de este.

d) A no presentar datos y documentos no exigidos por las normas aplicables al procedimiento de que se trate, que ya se encuentren en poder de las Administraciones Públicas o que hayan sido elaborados por estas.

e) A formular alegaciones, utilizar los medios de defensa admitidos por el Ordenamiento Jurídico, y a aportar documentos en cualquier fase del procedimiento anterior al trámite de audiencia, que deberán ser tenidos en cuenta por el órgano competente al redactar la propuesta de resolución.

f) A obtener información y orientación acerca de los requisitos jurídicos o técnicos que las disposiciones vigentes impongan a los proyectos, actuaciones o solicitudes que se propongan realizar.

g) A actuar asistidos de asesor cuando lo consideren conveniente en defensa de sus intereses.

h) A cumplir las obligaciones de pago a través de los medios electrónicos previstos en el artículo 98.2.

i) Cualesquiera otros que les reconozcan la Constitución y las leyes.

Además de los derechos previstos en el apartado anterior, en el caso de procedimientos administrativos de naturaleza sancionadora, los presuntos responsables tendrán los siguientes derechos:

a) A ser notificado de los hechos que se le imputen, de las infracciones que tales hechos puedan constituir y de las sanciones que, en su caso, se les pudieran imponer, así como de la identidad del instructor, de la autoridad competente para imponer la sanción y de la norma que atribuya tal competencia.

b) A la presunción de no existencia de responsabilidad administrativa mientras no se demuestre lo contrario".

B) Derechos de las personas en sus relaciones con las Administraciones Públicas

Quienes de conformidad con el art. 3, tienen capacidad de obrar ante las Administraciones Públicas, son titulares, en sus relaciones con ellas, de los siguientes derechos (**art. 13 LPA**):

a) A comunicarse con las Administraciones Públicas a través de un Punto de Acceso General electrónico de la Administración.

b) A ser asistidos en el uso de medios electrónicos en sus relaciones con las Administraciones Públicas.

c) A utilizar las lenguas oficiales en el territorio de su Comunidad Autónoma, de acuerdo con lo previsto en esta Ley y en el resto del ordenamiento jurídico.

d) Al acceso a la información pública, archivos y registros, de acuerdo con lo previsto en la Ley 19/2013, de 9 de diciembre, de transparencia, acceso a la información pública y buen gobierno y el resto del Ordenamiento Jurídico.

e) A ser tratados con respeto y deferencia por las autoridades y empleados públicos, que habrán de facilitarles el ejercicio de sus derechos y el cumplimiento de sus obligaciones.

f) A exigir las responsabilidades de las Administraciones Públicas y autoridades, cuando así corresponda legalmente.

g) A la obtención y utilización de los medios de identificación y firma electrónica contemplados en esta Ley.

h) A la protección de datos de carácter personal, y en particular a la seguridad y confidencialidad de los datos que figuren en los ficheros, sistemas y aplicaciones de las Administraciones Públicas.

i) Cualesquiera otros que les reconozcan la Constitución y las leyes.

Estos derechos se entienden sin perjuicio de los reconocidos en el artículo 53 referidos a los interesados en el procedimiento administrativo antes mencionados.

C) Derecho y obligación de relacionarse electrónicamente con las Administraciones Públicas

Las personas físicas podrán elegir en todo momento si se comunican con las Administraciones Públicas para el ejercicio de sus derechos y obligaciones a través de medios electrónicos o no, salvo que estén obligadas a relacionarse a través de medios electrónicos con las Administraciones Públicas. El medio elegido por la persona para comunicarse con las Administraciones Públicas podrá ser modificado por aquella en cualquier momento.

En todo caso, estarán obligados a relacionarse a través de medios electrónicos con las Administraciones Públicas para la realización de cualquier trámite de un procedimiento administrativo, al menos, los siguientes sujetos:

a) Las personas jurídicas.

b) Las entidades sin personalidad jurídica.

c) Quienes ejerzan una actividad profesional para la que se requiera colegiación obligatoria, para los trámites y actuaciones que realicen con las Administraciones Públicas en ejercicio de dicha actividad profesional. En todo caso, dentro de este colectivo se entenderán incluidos los notarios y registradores de la propiedad y mercantiles.

d) Quienes representen a un interesado que esté obligado a relacionarse electrónicamente con la Administración.

e) Los empleados de las Administraciones Públicas para los trámites y actuaciones que realicen con ellas por razón de su condición de empleado público, en la forma en que se determine reglamentariamente por cada Administración.

Reglamentariamente, las Administraciones podrán establecer la obligación de relacionarse con ellas a través de medios electrónicos para determinados procedimientos y para ciertos colectivos de personas físicas que por razón de su capacidad económica, técnica, dedicación profesional u otros motivos quede acreditado que tienen acceso y disponibilidad de los medios electrónicos necesarios.

Según establece el Real Decreto 203/2021, de 30 de marzo, por el que se aprueba el Reglamento de actuación y funcionamiento del Sector Público por medios electrónicos: *"A tal efecto, en el ámbito estatal la mencionada obligatoriedad de relacionarse por medios electrónicos con sus órganos, organismos y entidades de derecho público podrá ser establecida por real decreto acordado en Consejo de Ministros o por orden de la persona titular del Departamento competente respecto de los procedimientos de que se trate que afecten al ámbito competencial de uno o varios Ministerios cuya regulación no requiera de norma con rango de real decreto. Asimismo, se publicará en el Punto de Acceso General electrónico (PAGe) de la Administración General del Estado y en la sede electrónica o sede asociada que corresponda".*

D) El uso de las lenguas oficiales

El art. 15 de la LPA establece que:

— La lengua de los procedimientos tramitados por la Administración General del Estado será el castellano.

  No obstante lo anterior, los interesados que se dirijan a los órganos de la Administración General del Estado con sede en el territorio de una Comunidad Autónoma podrán utilizar también la lengua que sea cooficial en ella.

  En este caso, el procedimiento se tramitará en la lengua elegida por el interesado. Si concurrieran varios interesados en el procedimiento, y existiera discrepancia en cuanto a la lengua, el procedimiento se tramitará en castellano, si bien los documentos o testimonios que requieran los interesados se expedirán en la lengua elegida por los mismos.

— En los procedimientos tramitados por las Administraciones de las Comunidades Autónomas y de las Entidades Locales, el uso de la lengua se ajustará a lo previsto en la legislación autonómica correspondiente.

— La Administración Pública instructora deberá traducir al castellano los documentos, expedientes o partes de los mismos que deban surtir efecto fuera del territorio de la Comunidad Autónoma y los documentos dirigidos a los interesados que así lo soliciten expresamente.

  Si debieran surtir efectos en el territorio de una Comunidad Autónoma donde sea cooficial esa misma lengua distinta del castellano, no será precisa su traducción.

E) Acceso a los registros y archivos

El fundamento de este derecho lo encontramos en el art. 105.b) CE, que remite a la Ley la regulación del acceso a los archivos y registros administrativos, salvo en lo que afecte a la seguridad y defensa del Estado, la averiguación de los delitos y la intimidad de las personas.

Es uno de los derechos recogidos en el art. 13.d) LPA, que remite a la Ley 19/2013, de 9 de diciembre, de transparencia, acceso a la información pública y buen gobierno, norma por la que pasa a regularse el ejercicio de este derecho.

En el art. 14 de esta norma se recogen los límites a este acceso, cuando la información suponga un perjuicio para:

a) La seguridad nacional.

b) La defensa.

c) Las relaciones exteriores.

d) La seguridad pública.

e) La prevención, investigación y sanción de los ilícitos penales, administrativos o disciplinarios.

f) La igualdad de las partes en los procesos judiciales y la tutela judicial efectiva.

g) Las funciones administrativas de vigilancia, inspección y control.

h) Los intereses económicos y comerciales.

i) La política económica y monetaria.

j) El secreto profesional y la propiedad intelectual e industrial.

k) La garantía de la confidencialidad o el secreto requerido en procesos de toma de decisión.

l) La protección del medio ambiente.

Derechos de los interesados en el procedimiento administrativo	• A conocer, en cualquier momento, el estado de la tramitación de los procedimientos en los que tengan la condición de interesados; el sentido del silencio administrativo que corresponda; el órgano competente para su instrucción y resolución; y los actos de trámite dictados. • A acceder y a obtener copia de los documentos contenidos en los citados procedimientos, en la Carpeta Ciudadana accesible a través de la sede electrónica del PAGe. • A identificar a las autoridades y al personal al servicio de las Administraciones Públicas bajo cuya responsabilidad se tramiten los procedimientos. • A no presentar documentos originales salvo que, de manera excepcional, la normativa aplicable establezca lo contrario. • A obtener una copia autenticada de los documentos originales cuando, excepcionalmente, deban presentarse. • A no presentar datos y documentos no exigidos por las normas aplicables al procedimiento, que ya se encuentren en poder de las Administraciones Públicas o que hayan sido elaborados por estas. • A formular alegaciones, utilizar los medios de defensa admitidos por el ordenamiento jurídico, y a aportar documentos en cualquier fase del procedimiento anterior al trámite de audiencia. • A obtener información y orientación acerca de los requisitos jurídicos o técnicos que las disposiciones vigentes impongan a los proyectos, actuaciones o solicitudes que se propongan realizar. • A actuar asistidos de asesor cuando lo consideren conveniente en defensa de sus intereses. • A cumplir las obligaciones de pago a través de medios electrónicos.

Derechos de las personas en sus relaciones con las Administraciones Públicas	• A comunicarse con las Administraciones Públicas a través de un Punto de Acceso General electrónico de la Administración. • A ser asistidos en el uso de medios electrónicos en sus relaciones con las Administraciones Públicas. • A utilizar las lenguas oficiales en el territorio de su Comunidad Autónoma, de acuerdo con lo previsto en la Ley 39/2015 y en el resto del ordenamiento jurídico. • Al acceso a la información pública, archivos y registros, de acuerdo con lo previsto en la Ley 19/2013 y el resto del ordenamiento jurídico. • A ser tratados con respeto y deferencia por las autoridades y empleados públicos. • A exigir las responsabilidades de las Administraciones Públicas y autoridades, cuando así corresponda legalmente. • A la obtención y utilización de los medios de identificación y firma electrónica. • A la protección de datos de carácter personal, y en particular a la seguridad y confidencialidad de los datos que figuren en los ficheros, sistemas y aplicaciones de las Administraciones Públicas.
Deberes de las personas	• **Colaboración de las personas:** —Las personas colaborarán con la Administración en los términos previstos en la ley que en cada caso resulte aplicable, y a falta de previsión expresa, facilitarán a la Administración los informes, inspecciones y otros actos de investigación que requieran para el ejercicio de sus competencias, salvo excepciones. —Los interesados en un procedimiento que conozcan datos que permitan identificar a otros interesados que no hayan comparecido en él tienen el deber de proporcionárselos a la Administración actuante. • **Comparecencia de las personas:** —La comparecencia de las personas ante las oficinas públicas, ya sea presencialmente o por medios electrónicos, **solo será obligatoria cuando así esté previsto en una norma con rango de ley**. —Cuando proceda la comparecencia, **la citación** hará constar expresamente el lugar, fecha, hora, los medios disponibles y objeto de la comparecencia, así como los efectos de no atenderla. —Las Administraciones Públicas entregarán al interesado certificación acreditativa de la comparecencia cuando así lo solicite.

1.2.3. Principios informadores del procedimiento administrativo

A lo largo del articulado de la LPA se pueden encontrar una serie de principios que informan la regulación vigente del procedimiento administrativo que sistematizamos del siguiente modo:

A) Simplificación de los trámites y economía procesal

A estos principios se refiere el art. 20.1 LPA, constituyendo no una simple declaración de propósitos, sino que tiene por objetivo que los interesados obtengan respuesta de las solicitudes formuladas y sobre todo que la obtengan en el plazo establecido. Hay que recordar también que el art. 103.1 de la Constitución se refiere al principio de la eficacia con que ha de actuar la Administración Pública.

Según el citado art. 20.1, *"los titulares de las unidades administrativas [...] adoptarán las medidas oportunas para remover los obstáculos que impidan, dificulten o retrasen el ejercicio pleno de los derechos de los interesados o el respeto a sus intereses legítimos, disponiendo lo necesario para evitar y eliminar toda anormalidad en la tramitación de los procedimientos".*

B) Colaboración de los interesados

Este principio queda plasmado principalmente en el derecho a la información y a la participación en el procedimiento administrativo.

Respecto al derecho a la información hay que tener en cuenta la formulación amplia, y no referida estrictamente al procedimiento administrativo, recogida en el art. 105.b) de la Constitución cuando dice que *"la ley regulará: b) el acceso de los ciudadanos a los archivos y registros administrativos salvo en lo que afecte a la seguridad y defensa del Estado, la averiguación de los delitos y la intimidad de las personas"*.

Este precepto constitucional ha sido recogido en la LPA en su art. 13, en el cual se establecen los derechos de las personas en sus relaciones con las Administraciones Públicas. En concreto, en el apartado d) dispone que tienen derecho *"al acceso a la información pública, archivos y registros, de acuerdo con lo previsto en la Ley 19/2013, de 9 de diciembre, de Transparencia, Acceso a la Información Pública y Buen Gobierno y el resto del ordenamiento jurídico"*.

Por lo que se refiere a la participación en el procedimiento administrativo, ha de tenerse presente el ya citado art. 105.a) CE cuando establece que *"la ley regulará: a) la audiencia de los ciudadanos, directamente o a través de las organizaciones y asociaciones reconocidas por la ley, en el procedimiento de elaboración de las disposiciones administrativas que les afecten"*.

Esta formulación general, no afecta al procedimiento en sentido estricto, como procedimiento tipo, ya que la participación de los interesados en un procedimiento concreto se traduce en otras instancias, como por ejemplo la audiencia, el derecho a informarse del estado del expediente, participar en los actos de instrucción y prueba, etc. En cuanto a las organizaciones y asociaciones, según el art. 4.2 LPA, las asociaciones y organizaciones representativas de intereses económicos y sociales serán titulares de intereses legítimos colectivos en los términos que la Ley reconozca.

Por otra parte, el art. 18.1 LPA establece que *"las personas colaborarán con la Administración en los términos previstos en la Ley que en cada caso resulte aplicable, y a falta de previsión expresa, facilitarán a la Administración los informes, inspecciones y otros actos de investigación que requieran para el ejercicio de sus competencias, salvo que la revelación de la información solicitada por la Administración atentara contra el honor, la intimidad personal o familiar o supusieran la comunicación de datos confidenciales de terceros de los que tengan conocimiento por la prestación de servicios profesionales de diagnóstico, asesoramiento o defensa, sin perjuicio de lo dispuesto en la legislación en materia de blanqueo de capitales y financiación de actividades terroristas"*.

C) Flexibilidad del procedimiento

Este principio hace referencia a la idea del alejamiento de la ley de todo carácter de rigidez formalista y que se manifiesta en algunos aspectos como los siguientes:

— Posibilidad de subsanar los defectos, según los arts. 68.1 y 73.2, este último establece que, cuando en cualquier momento se considere que algunos de los actos de los interesados no reúne los requisitos necesarios, la Administración lo pondrá en conocimiento de su autor, concediéndole un plazo de 10 días para cumplimentarlo.

— Posibilidad de efectuar alegaciones en cualquier momento del procedimiento, ya que según el art. 76 *"los interesados podrán, en cualquier momento del procedimiento anterior al trámite de audiencia, aducir alegaciones, y aportar documentos y otros elementos de juicio. Unos y otros serán tenidos en cuenta por el órgano competente al redactar la correspondiente propuesta de resolución".*

— Posibilidad de utilizar cualquier medio de prueba admisible en Derecho, como permite el art. 77.

— Intrascendencia de los errores en la calificación de los recursos, pues el art. 115.2 dispone que *"el error o la ausencia en la calificación del recurso por parte del recurrente no será obstáculo para su tramitación, siempre que se deduzca su verdadero carácter."*

D) El carácter contradictorio del procedimiento administrativo

Aunque, según el art. 54 LPA, el procedimiento puede iniciarse de oficio o a instancia de persona interesada, es consustancial a todo procedimiento su carácter contradictorio. La LPA consigna sin reserva alguna este principio, en cuanto que el art. 4 garantiza la llamada al procedimiento, antes de adoptar la decisión, de todas las personas que no habiéndolo iniciado ostenten derechos que puedan resultar afectados por la misma. Los interesados en el procedimiento, se encuentran investidos de una serie de derechos que sirven a esta finalidad de dar carácter contradictorio a todo procedimiento, es decir, a que puedan ser adecuadamente confrontados en presencia de los respectivos titulares los intereses en juego antes de adoptar la decisión definitiva.

La Ley recoge diversas técnicas en virtud de las cuales se garantiza que las partes pueden hacer valer sus propios intereses, pudiendo "contradecir" lo que afirma la parte contraria. Ejemplos de este principio los encontramos en la posibilidad de formular alegaciones (art. 76), en la posibilidad de proponer pruebas (art. 77), en la posibilidad de acordar un período de información pública (art. 83), etc.

E) El principio *in dubio pro actione*

Este principio del procedimiento se establece en favor de la mayor garantía del interesado y de la interpretación más favorable al ejercicio del derecho de acción, de la continuación del procedimiento, de forma que, si existe duda, deberá resolverse en el sentido más favorable a la continuación del procedimiento hasta su conclusión. Esto explica la existencia del ya citado art. 115.2 (error en la calificación del recurso), del art. 95.1 (que obliga a la Administración a prevenir al interesado de la posibilidad de caducidad del procedimiento), etc.

F) El principio de oficialidad

Se recoge en el art. 71.1 LPA al señalar que *"el procedimiento sometido al criterio de celeridad, se impulsará de oficio en todos sus trámites"*, lo que obliga a la Administración y, en concreto a los titulares de las unidades administrativas y al personal al servicio de las Administraciones Públicas, a realizar cuantos actos sean necesarios para llegar a la decisión final, sin necesidad de una intervención rogatoria de los particulares. En este sentido se encuentra el art. 20.1, que establece que *"los titulares de las unidades administrativas y el personal al servicio de las Administraciones Públicas que tuviesen a su cargo la resolución o el despacho de los asuntos, serán responsables directos de su tramitación y adoptarán las medidas oportunas para remover los obstáculos que impidan, dificulten o retrasen el ejercicio pleno de los derechos de los interesados o el respeto a sus intereses legítimos, disponiendo lo necesario para evitar y eliminar toda anormalidad en la tramitación de procedimientos".*

Además, el art. 75 dispone que:

"Los actos de instrucción necesarios para la determinación, conocimiento y comprobación de los datos en virtud de los cuales deba pronunciarse la resolución, se realizarán de oficio y a través de medios electrónicos, por el órgano que tramite el procedimiento, sin perjuicio del derecho de los interesados a proponer aquellas actuaciones que requieran su intervención o constituyan trámites legal o reglamentariamente establecidos".

G) Exigencia de legitimación

Salvo en casos excepcionales, la participación en un procedimiento concreto precisa de una cualificación específica que, según el art. 4 de la Ley se concreta en la titularidad, por lo menos, de un interés directo, personal y legítimo que pueda resultar afectado por la resolución que se dicte.

H) La imparcialidad en el procedimiento administrativo

Se trata de que, sin obviar que en el procedimiento administrativo la Administración Pública actúa como juez y parte, la Ley, mediante las técnicas de abstención y recusación, reguladas en los arts. 23 y 24 LRJSP, respectivamente, garantiza un mínimo de imparcialidad. Por otra parte, la constitucionalización de este principio de imparcialidad refuerza el sentido del mismo al disponerse que la Administración sirve con objetividad los intereses generales, y al requerir que la ley garantice la imparcialidad de los funcionarios en el ejercicio de sus funciones (art. 103 CE).

I) La publicidad del procedimiento administrativo

Se debate la tensión entre la publicidad misma y el secreto del procedimiento. En este sentido, hay que aludir a lo dispuesto en el art. 83 en cuanto dispone que:

"El órgano al que corresponda la resolución del procedimiento, cuando la naturaleza de este lo requiera, podrá acordar un período de información pública.

A tal efecto, se publicará un anuncio en el Diario oficial correspondiente a fin de que cualquier persona física o jurídica pueda examinar el expediente, o la parte del mismo que se acuerde.

El anuncio señalará el lugar de exhibición, debiendo estar en todo caso a disposición de las personas que lo soliciten a través de medios electrónicos en la sede electrónica correspondiente, y determinará el plazo para formular alegaciones, que en ningún caso podrá ser inferior a veinte días".

Por su parte, el art. 45.1 establece que los actos administrativos serán objeto de publicación cuando lo establezcan las normas reguladoras de cada procedimiento o cuando así lo aconsejen razones de interés público apreciadas por el órgano competente. El contenido de esta publicación será el mismo que el de las notificaciones.

Si el órgano competente apreciase que la notificación por medio de anuncios o la publicación de un acto lesione derechos o intereses legítimos, se limitará a publicar en el diario oficial que corresponda una somera indicación del contenido del acto y del lugar donde los interesados podrán comparecer, en el plazo que se establezca, para conocimiento del contenido íntegro del mencionado acto y constancia de tal conocimiento tal y como indica el art. 46, referente a la indicación de notificaciones y publicaciones.

1.3. Ámbito de aplicación

1.3.1. Ámbito objetivo de la ley

Según el art. 1.1, la LPA tiene por objeto regular:

- Los requisitos de validez y eficacia de los actos administrativos.
- El procedimiento administrativo común a todas las Administraciones Públicas, incluyendo el sancionador y el de reclamación de responsabilidad de las Administraciones Públicas.
- Los principios a los que se ha de ajustar el ejercicio de la iniciativa legislativa y la potestad reglamentaria.

Las dos primeras materias ya eran objeto de la anterior Ley 30/1992, mientras que la tercera supone establecer por primera vez en una ley las bases con arreglo a las cuales se ha de desenvolver la iniciativa legislativa y la potestad reglamentaria de las Administraciones Públicas con el objeto de asegurar su ejercicio de acuerdo con los principios de buena regulación, garantizar de modo adecuado la audiencia y participación de los ciudadanos en la elaboración de las normas y lograr la predictibilidad y evaluación pública del ordenamiento jurídico, como consecuencia imprescindible del derecho constitucional a la seguridad jurídica.

Según el apartado 2 del citado art. 1, **solo mediante ley y de manera motivada podrán incluirse trámites adicionales o distintos** a los contemplados en la Ley 39/2015, siempre que resulte eficaz, proporcionado y necesario para la consecución de los fines propios del procedimiento.

No obstante, **reglamentariamente podrán establecerse especialidades** del procedimiento referidas a:

- Los órganos competentes.
- Plazos propios del concreto procedimiento por razón de la materia.
- Formas de iniciación y terminación.
- Publicación.
- E informes a recabar.

En cuanto a los **procedimientos administrativos regulados en leyes especiales por razón de la materia** que no exijan alguno de los trámites previstos en la LPA o regulen trámites adicionales o distintos se regirán, respecto a estos, por lo dispuesto en dichas leyes especiales (Disposición Adicional primera).

Las siguientes actuaciones y procedimientos se regirán por su normativa específica y supletoriamente por lo dispuesto en la LPA:

- Las actuaciones y procedimientos de aplicación de los tributos en materia tributaria y aduanera, así como su revisión en vía administrativa.
- Las actuaciones y procedimientos de gestión, inspección, liquidación, recaudación, impugnación y revisión en materia de Seguridad Social y Desempleo.
- Las actuaciones y procedimientos sancionadores en materia tributaria y aduanera, en el orden social, en materia de tráfico y seguridad vial y en materia de extranjería.
- Las actuaciones y procedimientos en materia de extranjería y asilo.

1.3.2. Ámbito subjetivo de la Ley

Por lo que se refiere al ámbito subjetivo de la Ley, coincide con el de la LRJSP.

Con relación a la Ley 30/1992, se produce una ampliación de su esfera de aplicación, que pasa de referirse únicamente a las Administraciones Públicas a extenderse a todo el sector público. En este sentido, se entiende por **sector público** (art. 2.1):

1. La **Administración General del Estado.**
2. Las **Administraciones de las Comunidades Autónomas.**
3. Las Entidades que integran la **Administración Local.**
4. El **sector público institucional**, integrado por:

a) Cualesquiera organismos públicos y entidades de Derecho público vinculados o dependientes de las Administraciones Públicas.

b) Las entidades de Derecho privado vinculadas o dependientes de las Administraciones Públicas, que quedarán sujetas a lo dispuesto en las normas de la LPA que específicamente se refieran a las mismas, y en todo caso, cuando ejerzan potestades administrativas.

c) Las **universidades públicas**, que se regirán por su normativa específica y supletoriamente por las previsiones de la LPA.

De los sujetos mencionados, tienen la consideración de Administraciones Públicas:

— La Administración General del Estado.

— Las Administraciones de las Comunidades Autónomas.

— Las Entidades que integran la Administración Local.

— Cualesquiera organismos públicos y entidades de Derecho público vinculados o dependientes de las Administraciones Públicas.

En cuanto a las **corporaciones de Derecho público**, se regirán por su normativa específica en el ejercicio de las funciones públicas que les hayan sido atribuidas por Ley o delegadas por una Administración Pública, y supletoriamente por la LPA.

Conforme a la Disposición Adicional quinta, la actuación administrativa de los órganos competentes del Congreso de los Diputados, del Senado, del Consejo General del Poder Judicial, del Tribunal Constitucional, del Tribunal de Cuentas, del Defensor del Pueblo, de las Asambleas Legislativas de las Comunidades Autónomas y de las instituciones autonómicas análogas al Tribunal de Cuentas y al Defensor del Pueblo, se regirá por lo previsto en su normativa específica, en el marco de los principios que inspiran la actuación administrativa de acuerdo con la LPA.

1.3.3. Ámbito temporal

La LPA entró en vigor al año de su publicación en el Boletín Oficial del Estado, es decir, el 2 de octubre de 2016.

La LPA deroga todas las normas de igual o inferior rango en lo que la contradigan o se opongan a la misma y expresamente las siguientes disposiciones, entre otras:

— La Ley 30/1992, de 26 de noviembre, de Régimen Jurídico de las Administraciones Públicas y del Procedimiento Administrativo Común.

— La Ley 11/2007, de 22 de junio, de Acceso Electrónico de los Ciudadanos a los Servicios Públicos.

— El Real Decreto 429/1993, de 26 de marzo, por el que se aprueba el Reglamento de los Procedimientos de las Administraciones Públicas en Materia de Responsabilidad Patrimonial.

— El Real Decreto 1398/1993, de 4 de agosto, por el que se aprueba el Reglamento del Procedimiento para el Ejercicio de la Potestad Sancionadora.

2. La Ley 40/2015, de 1 de octubre, de Régimen Jurídico del Sector Público

2.1. Objeto

Junto con la ordenación de las relaciones "ad extra" de las Administraciones con los ciudadanos y empresas, llevada a cabo por la ya estudiada Ley 39/2015 de 1 de octubre, la Ley 40/2015, de 1 de octubre, de Régimen Jurídico del Sector Público, aborda la regulación "ad intra" del funcionamiento interno de cada Administración y de las relaciones entre ellas.

De este modo, la Ley 40/2015, abarca, por un lado, la legislación básica sobre el régimen jurídico administrativo, aplicable a todas las Administraciones Públicas, y por otro, el régimen jurídico específico de la Administración General del Estado, donde se incluye tanto la llamada Administración institucional, como la Administración periférica del Estado.

La Ley 40/2015 contiene también la regulación sistemática de las relaciones internas entre las Administraciones, estableciendo los principios generales de actuación y las técnicas de relación entre los distintos sujetos públicos.

2.2. Estructura y contenido

2.2.1. Estructura

La Ley se estructura en 158 artículos, distribuidos en un Título preliminar y 3 Títulos numerados, 29 Disposiciones Adicionales, 4 Disposiciones Transitorias, 1 Disposición Derogatoria y 18 Disposiciones Finales.

Estructura

PREÁMBULO

TÍTULO PRELIMINAR. Disposiciones generales, principios de actuación y funcionamiento del sector público

- Capítulo I. Disposiciones generales (arts. 1 a 4)
- Capítulo II. De los órganos de las Administraciones Públicas
  - Sección 1ª. De los órganos administrativos (arts. 5 a 7)
  - Sección 2ª. Competencia (arts. 8 a 14)
  - Sección 3ª. Órganos colegiados de las distintas Administraciones Públicas
    - * Subsección 1. Funcionamiento (arts. 15 a 18)
    - * Subsección 2. De los órganos colegiados en la Administración General del Estado (arts. 19 a 22)
  - Sección 4ª. Abstención y recusación (arts. 23 y 24)
- Capítulo III. Principios de la potestad sancionadora (arts. 25 a 31)
- Capítulo IV. De la responsabilidad patrimonial de las Administraciones Públicas
  - Sección 1ª. Responsabilidad patrimonial de las Administraciones Públicas (arts. 32 a 35)
  - Sección 2ª. Responsabilidad de las autoridades y personal al servicio de las Administraciones Públicas (arts. 36 y 37)
- Capítulo V. Funcionamiento electrónico del sector público (arts. 38 a 46)
- Capítulo VI. De los convenios (arts. 47 a 53)

TÍTULO I. Administración General del Estado

- Capítulo I. Organización administrativa (arts. 54 a 56)
- Capítulo II. Los Ministerios y su estructura interna (arts. 57 a 68)
- Capítulo III. Órganos territoriales
  - Sección 1ª. La organización territorial de la Administración General del Estado (arts. 69 a 71)
  - Sección 2ª. Los Delegados del Gobierno en las Comunidades Autónomas (arts. 72 y 73)
  - Sección 3ª. Los Subdelegados del Gobierno en las provincias (arts. 74 y 75)
  - Sección 4ª. La estructura de las Delegaciones del Gobierno (arts. 76 y 77)
  - Sección 5ª. Órganos colegiados (arts. 78 y 79)
- Capítulo IV. De la Administración General del Estado en el exterior (art. 80)

TÍTULO II. Organización y funcionamiento del sector público institucional
- Capítulo I. Del sector público institucional (arts. 81 a 83)
- Capítulo II. Organización y funcionamiento del sector público institucional estatal (arts. 84 a 87)
- Capítulo III. De los organismos públicos estatales
  - Sección 1ª. Disposiciones generales (arts. 88 a 97)
  - Sección 2ª. Organismos autónomos estatales (arts. 98 a 102)
  - Sección 3ª. Las entidades públicas empresariales de ámbito estatal (arts. 103 a 108)
- Capítulo IV. Las autoridades administrativas independientes de ámbito estatal (arts. 109 y 110)
- Capítulo V. De las sociedades mercantiles estatales (arts. 111 a 117)
- Capítulo VI. De los consorcios (arts. 118 a 127)
- Capítulo VII. De las fundaciones del sector público estatal (arts. 128 a 136)
- Capítulo VIII. De los fondos carentes de personalidad jurídica del sector público estatal (arts. 137 a 139)

TÍTULO III. Relaciones Interadministrativas
- Capítulo I. Principios generales de las relaciones interadministrativas (art. 140)
- Capítulo II. Deber de colaboración (arts. 141 y 142)
- Capítulo III. Relaciones de cooperación
  - Sección 1ª. Técnicas de cooperación (arts. 143 y 144)
  - Sección 2ª. Técnicas orgánicas de cooperación (arts. 145 a 154)
- Capítulo IV. Relaciones electrónicas entre las Administraciones (arts. 155 a 158)

29 DISPOSICIONES ADICIONALES

4 DISPOSICIONES TRANSITORIAS

DISPOSICIÓN DEROGATORIA ÚNICA. Derogación normativa

18 DISPOSICIONES FINALES

En cuanto al contenido de la Ley 40/2015, podemos destacar como novedades más importantes las siguientes:

— Incorporación en los principios generales de actuación de las Administraciones Públicas de los principios de transparencia y planificación y dirección por objetivos.

— Incorporación y adaptación de las normas relativas al funcionamiento electrónico del sector público, hasta ahora contenidas en la Ley 11/2007.

— Creación de un inventario único y público de todos los organismos y entidades vinculados o dependientes de todas las Administraciones.

— Creación de un nuevo registro estatal en el que constará todo el listado de órganos de cooperación en los que participa la Administración General de Estado.

— Simplificación del sector público institucional.

— Se crean nuevos controles sobre las entidades y organismos del sector público y se hace más exigente la creación de nuevos organismos y entidades estatales para justificar su injustificada proliferación.

— Finalmente, se incluyen medidas específicas para mejorar el funcionamiento de la Administración General del Estado.

2.2.2. El régimen de las Administraciones Públicas

A) Principios de actuación de las Administraciones Públicas

La Ley 30/1992, de 26 de noviembre, establecía una serie de principios generales y de principios relativos a las relaciones entre las Administraciones Públicas que ya no se recogen en la LPA, sino que han pasado a formar parte del contenido de la nueva **Ley 40/2015, de 1 de octubre, de Régimen Jurídico del Sector Público (LRJSP)**.

La LRJSP comienza estableciendo, en sus disposiciones generales, los principios de actuación y de funcionamiento del sector público español. Entre los principios generales, que deberán respetar todas las Administraciones Públicas en su actuación y en sus relaciones recíprocas, además de encontrarse los establecidos en la Constitución española de eficacia, jerarquía, descentralización, desconcentración, coordinación, y sometimiento pleno a la Ley y al Derecho, destaca la incorporación de los de trasparencia y de planificación y dirección por objetivos, como exponentes de los nuevos criterios que han de guiar la actuación de todas las unidades administrativas.

En efecto, el **art. 3 LRJSP**, establece los principios generales reproduciendo literalmente el art. 103.1 de la Constitución al disponer que las Administraciones Públicas sirven con objetividad los intereses generales y actúan de acuerdo con los principios de eficacia, jerarquía, descentralización, desconcentración y coordinación, con sometimiento pleno a la Constitución, a la Ley y al Derecho.

Asimismo, deberán respetar en su actuación y relaciones los siguientes **principios**:

— Servicio efectivo a los ciudadanos.

— Simplicidad, claridad y proximidad a los ciudadanos.

— Participación, objetividad y transparencia de la actuación administrativa.

— Racionalización y agilidad de los procedimientos administrativos y de las actividades materiales de gestión.

— Buena fe, confianza legítima y lealtad institucional.

— Responsabilidad por la gestión pública.

— Planificación y dirección por objetivos y control de la gestión y evaluación de los resultados de las políticas públicas.

— Eficacia en el cumplimiento de los objetivos fijados.

— Economía, suficiencia y adecuación estricta de los medios a los fines institucionales.

— Eficiencia en la asignación y utilización de los recursos públicos.

— Cooperación, colaboración y coordinación entre las Administraciones Públicas.

Destaca aquí la incorporación de los principios de trasparencia y de planificación y dirección por objetivos, como exponentes de los nuevos criterios que han de guiar la actuación de todas las unidades administrativas.

Las Administraciones Públicas se relacionarán entre sí y con sus órganos, organismos públicos y entidades vinculadas o dependientes **a través de medios electrónicos**, que aseguren la interoperabilidad y seguridad de los sistemas y soluciones adoptadas por cada una de ellas, garantizarán la protección de los datos de carácter personal, y facilitarán preferentemente la prestación conjunta de servicios a los interesados.

La LRJSP recoge aquí las normas hasta ahora contenidas en la Ley 11/2007, de 22 de junio, en lo relativo al funcionamiento electrónico del sector público.

Bajo la dirección del Gobierno de la Nación, de los órganos de gobierno de las Comunidades Autónomas y de los correspondientes de las Entidades Locales, la actuación de la Administración Pública respectiva se desarrolla para alcanzar los objetivos que establecen las leyes y el resto del ordenamiento jurídico.

Cada una de las Administraciones Públicas actúa para el cumplimiento de sus fines con **personalidad jurídica única**.

B) Principios de intervención de las Administraciones Públicas para el desarrollo de una actividad

Según el art. 4 LRJSP, las Administraciones Públicas que, en el ejercicio de sus respectivas competencias, establezcan medidas que limiten el ejercicio de derechos individuales o colectivos o exijan el cumplimiento de requisitos para el desarrollo de una actividad, deberán aplicar el principio de proporcionalidad y elegir la medida menos restrictiva, motivar su necesidad para la protección del interés público así como justificar su adecuación para lograr los fines que se persiguen, sin que en ningún caso se produzcan diferencias de trato discriminatorias. Asimismo, deberán evaluar periódicamente los efectos y resultados obtenidos.

Las Administraciones Públicas velarán por el cumplimiento de los requisitos previstos en la legislación que resulte aplicable, para lo cual podrán, en el ámbito de sus respectivas competencias y con los límites establecidos en la legislación de protección de datos de carácter personal, comprobar, verificar, investigar e inspeccionar los hechos, actos, elementos, actividades, estimaciones y demás circunstancias que fueran necesarias.

2.2.3. Especial referencia a la responsabilidad de las Administraciones Públicas y del personal a su servicio

La LRJSP regula la responsabilidad patrimonial de las Administraciones Públicas y del personal a su servicio, en los artículos 32 a 37. Se hace así realidad la previsión contenida en el artículo 149.1.18ª de la Constitución sobre el establecimiento de un *"sistema de responsabilidad de todas las Administraciones Públicas"*.

A) Principios generales

Los particulares tendrán derecho a ser indemnizados por las Administraciones Públicas correspondientes, de toda lesión que sufran en cualquiera de sus bienes y derechos, siempre que la lesión sea consecuencia del funcionamiento normal o anormal de los servicios públicos salvo en los casos de fuerza mayor o de daños que el particular tenga el deber jurídico de soportar de acuerdo con la Ley.

La anulación en vía administrativa o por el orden jurisdiccional contencioso administrativo de los actos o disposiciones administrativas no presupone, por sí misma, derecho a la indemnización.

En todo caso, el daño alegado habrá de ser efectivo, evaluable económicamente e individualizado con relación a una persona o grupo de personas.

Asimismo, los particulares tendrán derecho a ser indemnizados por las Administraciones Públicas de toda lesión que sufran en sus bienes y derechos como consecuencia de la aplicación de actos legislativos de naturaleza no expropiatoria de derechos que no tengan el deber jurídico de soportar cuando así se establezca en los propios actos legislativos y en los términos que en ellos se especifiquen.

La responsabilidad del Estado legislador podrá surgir también en los siguientes supuestos, siempre que concurran los requisitos previstos en los apartados anteriores:

a) Cuando los daños deriven de la aplicación de una norma con rango de ley declarada inconstitucional, siempre que concurran los requisitos del apartado 4 del art. 32 LRJSP.

b) Cuando los daños deriven de la aplicación de una norma contraria al Derecho de la Unión Europea, de acuerdo con lo dispuesto en el apartado 5 del mencionado artículo.

Si la lesión es consecuencia de la aplicación de una norma con rango de ley declarada inconstitucional, procederá su indemnización cuando el particular haya obtenido, en cualquier instancia, sentencia firme desestimatoria de un recurso contra la actuación administrativa que ocasionó el daño, siempre que se hubiera alegado la inconstitucionalidad posteriormente declarada.

Si la lesión es consecuencia de la aplicación de una norma declarada contraria al Derecho de la Unión Europea, procederá su indemnización cuando el particular haya obtenido, en cualquier instancia, sentencia firme desestimatoria de un recurso contra la actuación administrativa que ocasionó el daño, siempre que se hubiera alegado la infracción del Derecho de la Unión Europea posteriormente declarada. Asimismo, deberán cumplirse todos los requisitos siguientes:

a) La norma ha de tener por objeto conferir derechos a los particulares.

b) El incumplimiento ha de estar suficientemente caracterizado.

c) Ha de existir una relación de causalidad directa entre el incumplimiento de la obligación impuesta a la Administración responsable por el Derecho de la Unión Europea y el daño sufrido por los particulares.

La sentencia que declare la inconstitucionalidad de la norma con rango de ley o declare el carácter de norma contraria al Derecho de la Unión Europea producirá efectos desde la fecha de su publicación en el «Boletín Oficial del Estado» o en el «Diario Oficial de la Unión Europea», según el caso, salvo que en ella se establezca otra cosa.

La responsabilidad patrimonial del Estado por el funcionamiento de la Administración de Justicia se regirá por la Ley Orgánica 6/1985, de 1 de julio, del Poder Judicial.

El Consejo de Ministros fijará el importe de las indemnizaciones que proceda abonar cuando el Tribunal Constitucional haya declarado, a instancia de parte interesada, la existencia de un funcionamiento anormal en la tramitación de los recursos de amparo o de las cuestiones de inconstitucionalidad.

El procedimiento para fijar el importe de las indemnizaciones se tramitará por el Ministerio de Justicia, con audiencia al Consejo de Estado.

Se seguirá el procedimiento previsto en la Ley de Procedimiento Administrativo Común de las Administraciones Públicas para determinar la responsabilidad de las Administraciones Públicas por los daños y perjuicios causados a terceros durante la ejecución de contratos cuando sean consecuencia de una orden inmediata y directa de la Administración o de los vicios del proyecto elaborado por ella misma sin perjuicio de las especialidades que, en su caso establezca la Ley 9/2017, de 8 de noviembre de Contratos del Sector Público.

B) Indemnización

Solo serán indemnizables las lesiones producidas al particular provenientes de daños que este no tenga el deber jurídico de soportar de acuerdo con la Ley. No serán indemnizables los daños que se deriven de hechos o circunstancias que no se hubiesen podido prever o evitar según el estado de los conocimientos de la ciencia o de la técnica existentes en el momento de producción de aquéllos, todo ello sin perjuicio de las prestaciones asistenciales o económicas que las leyes puedan establecer para estos casos.

En los casos de responsabilidad patrimonial a los que se refiere los apartados 4 y 5 del artículo 32 LRJSP, serán indemnizables los daños producidos en el plazo de los cinco años anteriores a la fecha de la publicación de la sentencia que declare la inconstitucionalidad de la norma con rango de ley o el carácter de norma contraria al Derecho de la Unión Europea, salvo que la sentencia disponga otra cosa.

La indemnización se calculará con arreglo a los criterios de valoración establecidos en la legislación de expropiación forzosa, legislación fiscal y demás normas aplicables, ponderándose en su caso, las valoraciones predominantes en el mercado. En los casos de muerte o lesiones corporales se podrá tomar como referencia la valoración incluida en los baremos de la normativa vigente en materia de seguros obligatorios y de la Seguridad Social.

La cuantía de la indemnización se calculará con referencia al día en que la lesión efectivamente se produjo, sin perjuicio de su actualización a la fecha en que se ponga fin al procedimiento de responsabilidad con arreglo al Índice de Garantía de Competitividad fijado por el INE, y de los intereses que procedan por demora en el pago de la indemnización fijada, los cuales se exigirán con arreglo a lo establecido en la Ley General Presupuestaria.

La indemnización procedente podrá sustituirse por una compensación en especie o ser abonada mediante pagos periódicos, cuando resulte más adecuado para lograr la reparación debida y convenga al interés público, siempre que exista acuerdo con el interesado.

C) Responsabilidad de las autoridades y personal al servicio de la Administración

Dicha responsabilidad aparece regulada en el art. 36 LRJSP:

— Para hacer efectiva la responsabilidad patrimonial a que se refiere esta Ley, los particulares exigirán directamente a la Administración Pública correspondiente las indemnizaciones por los daños y perjuicios causados por las autoridades y personal a su servicio.

— La Administración correspondiente, cuando hubiere indemnizado a los lesionados, exigirá de oficio en vía administrativa de sus autoridades y demás personal a su servicio la responsabilidad en que hubieran incurrido por dolo, o culpa o negligencia graves, previa instrucción del correspondiente procedimiento.
Para la exigencia de dicha responsabilidad y, en su caso, para su cuantificación, se ponderarán, entre otros, los siguientes criterios: el resultado dañoso producido, el grado de culpabilidad, la responsabilidad profesional del personal al servicio de las Administraciones Públicas y su relación con la producción del resultado dañoso.

— Asimismo, la Administración instruirá igual procedimiento a las autoridades y demás personal a su servicio por los daños y perjuicios causados en sus bienes o derechos cuando hubiera concurrido dolo, o culpa o negligencia graves.

— El procedimiento para la exigencia de la responsabilidad al que se refieren los apartados 2 y 3, se sustanciará conforme a lo dispuesto en la Ley de Procedimiento Administrativo Común de las Administraciones Públicas y se iniciará por acuerdo del órgano competente que se notificará a los interesados y que constará, al menos, de los siguientes trámites:

a) Alegaciones durante un plazo de quince días.

b) Práctica de las pruebas admitidas y cualesquiera otras que el órgano competente estime oportunas durante un plazo de quince días.

c) Audiencia durante un plazo de diez días.

d) Formulación de la propuesta de resolución en un plazo de cinco días a contar desde la finalización del trámite de audiencia.

e) Resolución por el órgano competente en el plazo de cinco días.

— La resolución declaratoria de responsabilidad pondrá fin a la vía administrativa.

— Lo dispuesto en los apartados anteriores, se entenderá sin perjuicio de pasar, si procede, el tanto de culpa a los Tribunales competentes.

2.3. Ámbito de aplicación

2.3.1. Ámbito objetivo

Según el art. 1, la LRJSP establece y regula:

— Las bases del régimen jurídico de las Administraciones Públicas.

— Los principios del sistema de responsabilidad de las Administraciones Públicas y de la potestad sancionadora.

— La organización y funcionamiento de la Administración General del Estado y de su sector público institucional para el desarrollo de sus actividades.

2.3.2. Ámbito subjetivo

Al igual que la Ley 39/2015, de 1 de octubre, del Procedimiento Administrativo Común de las Administraciones Públicas, la LRJSP se aplica al **sector público**, que comprende (art. 2.1):

1. La **Administración General del Estado**.

2. Las **Administraciones de las Comunidades Autónomas**.

3. Las Entidades que integran la **Administración Local**.

4. El **sector público institucional**, integrado por:

a) Cualesquiera organismos públicos y entidades de Derecho público vinculados o dependientes de las Administraciones Públicas.

b) Las entidades de Derecho privado vinculadas o dependientes de las Administraciones Públicas, que quedarán sujetas a lo dispuesto en las normas de la LRJSP que específicamente se refieran a las mismas, en particular a los principios previstos en el art. 3, y en todo caso, cuando ejerzan potestades administrativas.

c) Las **universidades públicas**, que se regirán por su normativa específica y supletoriamente por las previsiones de la LRJSP.

De los sujetos mencionados, tienen la consideración de Administraciones Públicas:

— La Administración General del Estado.

— Las Administraciones de las Comunidades Autónomas.

— Las Entidades que integran la Administración Local.

— Cualesquiera organismos públicos y entidades de Derecho público vinculados o dependientes de las Administraciones Públicas.

Sector público

1. Administración General del Estado.
2. Administraciones de las Comunidades Autónomas.
3. Entidades que integran la Administración Local.
4. El sector público institucional, integrado por:
   a) Organismos públicos y entidades de derecho público vinculados o dependientes de las Administraciones Públicasde la presente Ley.
   b) Entidades de derecho privado vinculadas o dependientes de las Administraciones Públicas que quedarán sujetas a lo dispuesto en las normas de la LRJSP que específicamente se refieran a las mismas, en particular a los principios previstos en el art. 3, y en todo caso, cuando ejerzan potestades administrativas.
   c) Universidades públicas que se regirán por su normativa específica y supletoriamente por las previsiones.

▷ **Administraciones Públicas**

2.4. Las relaciones entre Administraciones Públicas

2.4.1. Consideraciones generales

El Título III de la Ley 40/2015, de 1 de octubre, establece un régimen completo de las relaciones entre las distintas Administraciones Públicas, que deberán sujetarse a nuevos principios rectores cuya última ratio se halla en los arts. 2, 14 y 138 de la Constitución, como la adecuación al sistema de distribución de competencias, la solidaridad interterritorial, la programación y evaluación de resultados y el respeto a la igualdad de derechos de todos los ciudadanos.

Siguiendo la jurisprudencia constitucional, se definen y diferencian **dos principios clave de las relaciones entre Administraciones**: la **cooperación**, que es voluntaria y la **coordinación**, que es obligatoria. Sobre esta base se regulan los diferentes órganos y formas de cooperar y coordinar.

Se desarrollan ampliamente las técnicas de cooperación y en especial, las de naturaleza orgánica, entre las que destaca la Conferencia de Presidentes, que se regula por primera vez, las Conferencias Sectoriales y las Comisiones Bilaterales de Cooperación. Dentro de las funciones de las Conferencias Sectoriales destaca como novedad la de ser informadas sobre anteproyectos de leyes y los proyectos de reglamentos del Gobierno de la Nación o de los Consejos de Gobierno de las Comunidades Autónomas, cuando afecten de manera directa al ámbito competencial de las otras Administraciones Públicas o cuando así esté previsto en la normativa sectorial aplicable. Con ello se pretende potenciar la planificación conjunta y evitar la aparición de duplicidades.

Se prevé el posible funcionamiento electrónico de estos órganos, lo que favorecerá las convocatorias de las Conferencias Sectoriales, que podrán ser más frecuentes, ahorrando costes de desplazamiento.

Dentro del deber de colaboración se acotan los supuestos en los que la asistencia y cooperación puede negarse por parte de la Administración requerida, y se concretan las técnicas de colaboración: la creación y mantenimiento de sistemas integrados de información; el deber de asistencia y auxilio para atender las solicitudes formuladas por otras Administraciones para el mejor ejercicio de sus competencias y cualquier otra prevista en la Ley. No obstante, el deber de colaboración al que están sometidas las Administraciones Públicas se ejercerá con sometimiento a lo establecido en la normativa específica aplicable.

Se crea un Registro Electrónico estatal de Órganos e Instrumentos de Cooperación, con efecto constitutivo, de forma que pueda ser de general conocimiento, de forma fiable, la información relativa a los órganos de cooperación y coordinación en los que participa la Administración General del Estado y sus organismos públicos y entidades vinculados o dependientes, y qué convenios hay en vigor en cada momento.

Se da también respuesta legal a las interrelaciones competenciales que se han venido desarrollando durante los últimos años, propiciando la creación voluntaria de servicios integrados o complementarios, en los que cada Administración tenga en cuenta las competencias de otras Administraciones Públicas y conozca sus proyectos de actuación para mejorar la eficacia de todo el sistema administrativo.

También se potencia la disponibilidad de sistemas electrónicos de información mutua, cada vez más integrados, tal como se ha puesto de relieve con la Ley 20/2013, de 9 de diciembre, de garantía de la unidad de mercado.

2.4.2. Los principios de las relaciones interadministrativas

Las diferentes Administraciones Públicas actúan y se relacionan con otras Administraciones y entidades u organismos vinculados o dependientes de estas de acuerdo con los siguientes **principios** (art. 140 LRJSP):

— **Lealtad institucional.**

— **Adecuación al orden de distribución de competencias** establecido en la Constitución y en los Estatutos de Autonomía y en la normativa del régimen local.

— **Colaboración**, entendido como el deber de actuar con el resto de Administraciones Públicas para el logro de fines comunes.

— **Cooperación**, cuando dos o más Administraciones Públicas, de manera voluntaria y en ejercicio de sus competencias, asumen compromisos específicos en aras de una acción común.

— **Coordinación**, en virtud del cual una Administración Pública y, singularmente, la Administración General del Estado, tiene la obligación de garantizar la coherencia de las actuaciones de las diferentes Administraciones Públicas afectadas por una misma materia para la consecución de un resultado común, cuando así lo prevé la Constitución y el resto del ordenamiento jurídico.

— **Eficiencia** en la gestión de los recursos públicos, compartiendo el uso de recursos comunes, salvo que no resulte posible o se justifique en términos de su mejor aprovechamiento.

— **Responsabilidad** de cada Administración Pública en el cumplimiento de sus obligaciones y compromisos.

— **Garantía e igualdad en el ejercicio de los derechos** de todos los ciudadanos en sus relaciones con las diferentes Administraciones.

— **Solidaridad interterritorial** de acuerdo con la Constitución.

2.4.3. El deber de colaboración entre las Administraciones Públicas

A) El deber de colaboración

De los principios anteriores, el art. 141 LRJSP desarrolla el de colaboración, como se ha dicho, entendido como el deber de actuar con el resto de Administraciones Públicas para el logro de fines comunes. El principio de colaboración tiene como consecuencia que las Administraciones Públicas deberán:

— Respetar el ejercicio legítimo por las otras Administraciones de sus competencias.

— Ponderar, en el ejercicio de las competencias propias, la totalidad de los intereses públicos implicados y, en concreto, aquellos cuya gestión esté encomendada a las otras Administraciones.

— Facilitar a las otras Administraciones la información que precisen sobre la actividad que desarrollen en el ejercicio de sus propias competencias o que sea necesaria para que los ciudadanos puedan acceder de forma integral a la información relativa a una materia.

— Prestar, en el ámbito propio, la asistencia que las otras Administraciones pudieran solicitar para el eficaz ejercicio de sus competencias.

— Cumplir con las obligaciones concretas derivadas del deber de colaboración y las restantes que se establezcan normativamente.

La asistencia y colaboración requerida solo podrá negarse cuando el organismo público o la entidad del que se solicita no esté facultado para prestarla de acuerdo con lo previsto en su normativa específica, no disponga de medios suficientes para ello o cuando, de hacerlo, causara un perjuicio grave a los intereses cuya tutela tiene encomendada o al cumplimiento de sus propias funciones o cuando la información solicitada tenga carácter confidencial o reservado. La negativa a prestar la asistencia se comunicará motivadamente a la Administración solicitante.

La Administración General del Estado, las de las Comunidades Autónomas y las de las Entidades Locales deberán colaborar y auxiliarse para la ejecución de sus actos que hayan de realizarse o tengan efectos fuera de sus respectivos ámbitos territoriales. Los posibles costes que pueda generar el deber de colaboración podrán ser repercutidos cuando así se acuerde.

B) Técnicas de colaboración

Las obligaciones que se derivan del deber de colaboración se harán efectivas a través de las siguientes técnicas (art. 142 LRJSP):

— El suministro de información, datos, documentos o medios probatorios que se hallen a disposición del organismo público o la entidad al que se dirige la solicitud y que la Administración solicitante precise disponer para el ejercicio de sus competencias.

— La creación y mantenimiento de sistemas integrados de información administrativa con el fin de disponer de datos actualizados, completos y permanentes referentes a los diferentes ámbitos de actividad administrativa en todo el territorio nacional.

— El deber de asistencia y auxilio, para atender las solicitudes formuladas por otras Administraciones para el mejor ejercicio de sus competencias, en especial cuando los efectos de su actividad administrativa se extiendan fuera de su ámbito territorial.

— Cualquier otra prevista en una Ley.

2.4.4. Las relaciones de cooperación

Las Administraciones cooperarán al servicio del interés general y podrán acordar de manera voluntaria la forma de ejercer sus respectivas competencias que mejor sirva a este principio.

La formalización de relaciones de cooperación requerirá la aceptación expresa de las partes, formulada en acuerdos de órganos de cooperación o en convenios.

A) Técnicas de cooperación

Se podrá dar cumplimiento al principio de cooperación de acuerdo con las técnicas que las Administraciones interesadas estimen más adecuadas, como pueden ser (art. 144 LRJSP):

- La participación en órganos de cooperación, con el fin de deliberar y, en su caso, acordar medidas en materias sobre las que tengan competencias diferentes Administraciones Públicas.
- La participación en órganos consultivos de otras Administraciones Públicas.
- La participación de una Administración Pública en organismos públicos o entidades dependientes o vinculados a otra Administración diferente.
- La prestación de medios materiales, económicos o personales a otras Administraciones Públicas.
- La cooperación interadministrativa para la aplicación coordinada de la normativa reguladora de una determinada materia.
- La emisión de informes no preceptivos con el fin de que las diferentes Administraciones expresen su criterio sobre propuestas o actuaciones que incidan en sus competencias.
- Las actuaciones de cooperación en materia patrimonial, incluidos los cambios de titularidad y la cesión de bienes, previstas en la legislación patrimonial.
- Cualquier otra prevista en la Ley.

En los convenios y acuerdos en los que se formalice la cooperación se preverán las condiciones y compromisos que asumen las partes que los suscriben.

Cada Administración Pública mantendrá actualizado un registro electrónico de los órganos de cooperación en los que participe y de convenios que haya suscrito.

B) Técnicas orgánicas de cooperación

Según el art. 145 LRJSP, los **órganos de cooperación** son órganos de composición multilateral o bilateral, de ámbito general o especial, constituidos por representantes de la Administración General del Estado, de las Administraciones de las Comunidades o Ciudades de Ceuta y Melilla o, en su caso, de las

Entidades Locales, para acordar voluntariamente actuaciones que mejoren el ejercicio de las competencias que cada Administración Pública tiene.

Los órganos de cooperación se regirán por lo dispuesto en la Ley 40/2015 y por las disposiciones específicas que les sean de aplicación.

Los órganos de cooperación entre distintas Administraciones Públicas en los que participe la Administración General del Estado, deberán inscribirse en el Registro estatal de Órganos e Instrumentos de Cooperación para que resulte válida su sesión constitutiva.

Los órganos de cooperación, salvo oposición por alguna de las partes, podrán adoptar acuerdos a través de un procedimiento simplificado y por suscripción sucesiva de las partes, por cualquiera de las formas admitidas en Derecho, en los términos que se establezcan de común acuerdo.

La Ley 40/2015 regula los siguientes órganos de cooperación:

— La Conferencia de Presidentes.

— Las Conferencias Sectoriales.

— Las Comisiones Bilaterales de Cooperación.

— Las Comisiones Territoriales de Coordinación.

- **Conferencia de Presidentes**

La Conferencia de Presidentes es un órgano de cooperación multilateral entre el Gobierno de la Nación y los respectivos Gobiernos de las Comunidades Autónomas y está formada por el Presidente del Gobierno, que la preside, y por los Presidentes de las Comunidades Autónomas y de las Ciudades de Ceuta y Melilla.

La Conferencia de Presidentes tiene por objeto la deliberación de asuntos y la adopción de acuerdos de interés para el Estado y las Comunidades Autónomas, estando asistida para la preparación de sus reuniones por un Comité preparatorio del que forman parte un Ministro del Gobierno, que lo preside, y un Consejero de cada Comunidad Autónoma.

- **Conferencias Sectoriales**

Se trata de un órgano de cooperación, de composición multilateral y ámbito sectorial determinado, que reúne, como Presidente, al miembro del Gobierno que, en representación de la Administración General del Estado, resulte competente por razón de la materia, y a los correspondientes miembros de los Consejos de Gobierno, en representación de las Comunidades Autónomas y de las Ciudades de Ceuta y Melilla.

Las Conferencias Sectoriales, u órganos sometidos a su régimen jurídico con otra denominación, habrán de inscribirse en el Registro Electrónico estatal de Órganos e Instrumentos de Cooperación para su válida constitución, disponiendo cada Conferencia de un reglamento de organización y funcionamiento interno aprobado por sus miembros.

Las Conferencias Sectoriales pueden ejercer funciones consultivas, decisorias o de coordinación orientadas a alcanzar acuerdos sobre materias comunes. En particular, entre otras, las siguientes funciones:

— Ser informadas sobre los anteproyectos de leyes y los proyectos de reglamentos del Gobierno de la Nación o de los Consejos de Gobierno de las Comunidades Autónomas cuando afecten de manera directa al ámbito competencial de las otras Administraciones Públicas o cuando así esté previsto en la normativa sectorial aplicable, bien a través de su pleno o bien a través de la comisión o el grupo de trabajo mandatado al efecto.

— Establecer planes específicos de cooperación entre Comunidades Autónomas en la materia sectorial correspondiente, procurando la supresión de duplicidades, y la consecución de una mejor eficiencia de los servicios públicos.

— Intercambiar información sobre las actuaciones programadas por las distintas Administraciones Públicas, en ejercicio de sus competencias, y que puedan afectar a las otras Administraciones.

— Establecer mecanismos de intercambio de información, especialmente de contenido estadístico.

— Acordar la organización interna de la Conferencia Sectorial y de su método de trabajo.

— Fijar los criterios objetivos que sirvan de base para la distribución territorial de los créditos presupuestarios, así como su distribución al comienzo del ejercicio económico.

Corresponde al Ministro que presida la Conferencia Sectorial acordar la convocatoria de las reuniones por iniciativa propia, al menos una vez al año, o cuando lo soliciten, al menos, la tercera parte de sus miembros. En este último caso, la solicitud deberá incluir la propuesta de orden del día.

Cada Conferencia Sectorial tendrá un secretario que será designado por el Presidente de la Conferencia Sectorial, correspondiéndole, al menos, preparar las reuniones y asistir a ellas con voz pero sin voto, efectuar la convocatoria por orden del Presidente, recibir los actos de comunicación de los miembros, redactar y autorizar las actas de las sesiones y expedir certificaciones de las consultas, recomendaciones y acuerdos aprobados y custodiar la documentación generada con motivo de la celebración de sus reuniones.

Las **decisiones** que adopte la Conferencia Sectorial podrán revestir la forma de:

— **Acuerdo**: supone un compromiso de actuación en el ejercicio de las respectivas competencias. Son de obligado cumplimiento y directamente exigibles de acuerdo con lo previsto en la Ley

29/1998, de 13 de julio, reguladora de la Jurisdicción Contencioso-administrativa, salvo para quienes hayan votado en contra mientras no decidan suscribirlos con posterioridad. El acuerdo será certificado en acta.

Cuando la Administración General del Estado ejerza funciones de coordinación, de acuerdo con el orden constitucional de distribución de competencias del ámbito material respectivo, el acuerdo que se adopte en la Conferencia Sectorial, y en el que se incluirán los votos particulares que se hayan formulado, será de obligado cumplimiento para todas las Administraciones Públicas integrantes de la Conferencia Sectorial, con independencia del sentido de su voto, siendo exigibles conforme a lo establecido en la Ley 29/1998, de 13 de julio. El acuerdo será certificado en acta.

Las Conferencias Sectoriales podrán adoptar planes conjuntos, de carácter multilateral, entre la Administración General del Estado y la de las Comunidades Autónomas, para comprometer actuaciones conjuntas para la consecución de los objetivos comunes, que tendrán la naturaleza de Acuerdo de la conferencia sectorial y se publicarán en el Boletín Oficial del Estado.

— **Recomendación**: tiene como finalidad expresar la opinión de la Conferencia Sectorial sobre un asunto que se somete a su consulta. Los miembros de la Conferencia Sectorial se comprometen a orientar su actuación en esa materia de conformidad con lo previsto en la recomendación salvo quienes hayan votado en contra mientras no decidan suscribirla con posterioridad. Si algún miembro se aparta de la recomendación, deberá motivarlo e incorporar dicha justificación en el correspondiente expediente.

El órgano de trabajo y apoyo de carácter general de la Conferencia Sectorial es la **Comisión Sectorial**, constituida por el Secretario de Estado u órgano superior de la Administración General del Estado designado al efecto por el Ministro correspondiente, que la presidirá, y un representante de cada Comunidad Autónoma, así como un representante de la Ciudad de Ceuta y de la Ciudad Melilla. El ejercicio de las funciones propias de la secretaría de la Comisión Sectorial corresponderá a un funcionario del Ministerio correspondiente.

Además, las Conferencias Sectoriales podrán crear **Grupos de trabajo**, de carácter permanente o temporal, formados por Directores Generales, Subdirectores Generales o equivalentes de las diferentes Administraciones Públicas que formen parte de dicha Conferencia, para llevar a cabo las tareas técnicas que les asigne la Conferencia Sectorial o la Comisión Sectorial. A estos grupos de trabajo podrán ser invitados expertos de reconocido prestigio en la materia a tratar.

- **Comisiones Bilaterales de Cooperación**

El art. 153 LRJSP define las Comisiones Bilaterales de Cooperación como órganos de cooperación de composición bilateral que reúnen, por un número igual de representantes, a miembros del Gobierno, en representación de la Administración General del Estado, y miembros del Consejo de

Gobierno de la Comunidad Autónoma o representantes de la Ciudad de Ceuta o de la Ciudad de Melilla.

Estas Comisiones ejercen funciones de consulta y adopción de acuerdos que tengan por objeto la mejora de la coordinación entre las respectivas Administraciones en asuntos que afecten de forma singular a la Comunidad Autónoma, a la Ciudad de Ceuta o a la Ciudad de Melilla.

Para el desarrollo de su actividad podrán crear Grupos de trabajo y podrán convocarse y adoptar acuerdos por videoconferencia o por medios electrónicos.

Las decisiones adoptadas revestirán la forma de acuerdos y serán de obligado cumplimiento, cuando así se prevea expresamente, para las dos Administraciones que lo suscriban y en ese caso serán exigibles conforme a lo establecido en la Ley 29/1998, de 13 de julio. El acuerdo será certificado en acta.

- **Comisiones Territoriales de Coordinación**

Cuando la proximidad territorial o la concurrencia de funciones administrativas así lo requiera, podrán crearse Comisiones Territoriales de Coordinación, de composición multilateral, entre Administraciones cuyos territorios sean coincidentes o limítrofes, para mejorar la coordinación de la prestación de servicios, prevenir duplicidades y mejorar la eficiencia y calidad de los servicios (art. 154 LRJSP).

En función de las Administraciones afectadas por razón de la materia, estas Comisiones podrán estar formadas por representantes de la Administración General del Estado y representantes de las Entidades Locales; representantes de las Comunidades Autónomas y representantes de las Entidades locales o representantes de la Administración General del Estado, representantes de las Comunidades Autónomas y representantes de las Entidades Locales.

La decisiones adoptadas por estas Comisiones revestirán la forma de Acuerdos, que serán certificados en acta y serán de obligado cumplimiento para las Administraciones que lo suscriban y exigibles conforme a lo establecido en la Ley 29/1998, de 13 de julio.

El régimen de las convocatorias y la secretaría será el mismo que el establecido para las Conferencias Sectoriales, salvo la regla sobre quién debe ejercer las funciones de secretario, que se designará según su reglamento interno de funcionamiento.

Órganos de cooperación entre Administraciones Públicas

	Conferencia de Presidentes	Conferencias Sectoriales	Comisiones Bilaterales de Cooperación	Comisiones Territoriales de Coordinación
Naturaleza	Órgano de cooperación multilateral entre el Gobierno de la Nación y los respectivos Gobiernos de las Comunidades Autónomas.	Órgano de cooperación, de composición multilateral y ámbito sectorial determinado.	Órganos de cooperación de composición bilateral.	Se crean cuando la proximidad territorial o la concurrencia de funciones administrativas así lo requiera.
Composición	- Presidente: el Presidente del Gobierno. - Presidentes de las Comunidades Autónomas y de las Ciudades de Ceuta y Melilla.	- Presidente: el miembro del Gobierno que, en representación de la AGE, resulte competente por razón de la materia. - Miembros de los Consejos de Gobierno, en representación de las Comunidades Autónomas y de las Ciudades de Ceuta y Melilla.	Igual número de representantes miembros del Gobierno, en representación de la AGE, y miembros del Consejo de Gobierno de la Comunidad Autónoma o representantes de la Ciudad de Ceuta o de la Ciudad de Melilla.	Composición multilateral, entre Administraciones cuyos territorios sean coincidentes o limítrofes.
Funciones	Deliberación de asuntos y la adopción de acuerdos de interés para el Estado y las Comunidades Autónomas.	Pueden ejercer funciones consultivas, decisorias o de coordinación orientadas a alcanzar acuerdos sobre materias comunes.	Consulta y adopción de acuerdos que tengan por objeto la mejora de la coordinación entre las respectivas Administraciones en asuntos que afecten de forma singular a la Comunidad Autónoma, a la Ciudad de Ceuta o a la Ciudad de Melilla.	Mejorar la coordinación de la prestación de servicios, prevenir duplicidades y mejorar la eficiencia y calidad de los servicios.
Órganos de asistencia	Un Comité preparatorio para la preparación de sus reuniones, del que forman parte un Ministro del Gobierno, que lo preside, y un Consejero de cada Comunidad Autónoma.	- Secretario, designado por el Presidente de la Conferencia Sectorial. - Comisión Sectorial, órgano de trabajo y apoyo de carácter general. - Grupos de trabajo, permanentes o temporales, para llevar a cabo las tareas técnicas que les asigne la Conferencia Sectorial o la Comisión sectorial.	Pueden crear Grupos de trabajo y podrán convocarse y adoptar acuerdos por videoconferencia o por medios electrónicos.	Secretario, designado según su reglamento interno de funcionamiento.

2.4.5. Los convenios

Los convenios administrativos se regulan en el Título Preliminar de la Ley 40/2015, de 1 de octubre, en la línea prevista en el Dictamen 878 del Tribunal de Cuentas, de 30 de noviembre, de 2010, que recomendaba sistematizar su marco legal y tipología, establecer los requisitos para su validez, e imponer la obligación de remitirlos al propio Tribunal. De este modo, en los arts. 47 al 53 se desarrolla un régimen completo de los convenios, que fija su contenido mínimo, clases, duración, y extinción y asegura su control por el Tribunal de Cuentas.

A) Definición y tipos de convenios

Son convenios los acuerdos con efectos jurídicos adoptados por las Administraciones Públicas, los organismos públicos y entidades de Derecho público vinculados o dependientes o las universidades públicas entre sí o con sujetos de Derecho privado para un fin común.

No tienen la consideración de convenios, los protocolos generales de actuación o instrumentos similares que comporten meras declaraciones de intención de contenido general o que expresen la voluntad de las Administraciones y partes suscriptoras para actuar con un objetivo común, siempre que no supongan la formalización de compromisos jurídicos concretos y exigibles.

Los convenios no podrán tener por objeto prestaciones propias de los contratos. En tal caso, su naturaleza y régimen jurídico se ajustará a lo previsto en la legislación de contratos del sector público.

Los convenios que suscriban las Administraciones Públicas, los organismos públicos y las entidades de Derecho público vinculados o dependientes y las universidades públicas, deberán corresponder a alguno de los siguientes **tipos**:

— Convenios interadministrativos firmados entre dos o más Administraciones Públicas, o bien entre dos o más organismos públicos o entidades de Derecho público vinculados o dependientes de distintas Administraciones Públicas, y que podrán incluir la utilización de medios, servicios y recursos de otra Administración Pública, organismo público o entidad de Derecho Público vinculado o dependiente, para el ejercicio de competencias propias o delegadas.

  Quedan excluidos los convenios interadministrativos suscritos entre dos o más Comunidades Autónomas para la gestión y prestación de servicios propios de las mismas, que se regirán en cuanto a sus supuestos, requisitos y términos por lo previsto en sus respectivos Estatutos de Autonomía.

— Convenios intradministrativos firmados entre organismos públicos y entidades de Derecho público vinculados o dependientes de una misma Administración Pública.

— Convenios firmados entre una Administración Pública u organismo o entidad de Derecho público y un sujeto de Derecho privado.

— Convenios no constitutivos ni de Tratado internacional, ni de Acuerdo internacional administrativo, ni de Acuerdo internacional no normativo, firmados entre las Administraciones Públicas y los órganos, organismos públicos o entes de un sujeto de Derecho internacional, que estarán sometidos al ordenamiento jurídico interno que determinen las partes.

B) Requisitos de validez y eficacia de los convenios

Las Administraciones Públicas, sus organismos públicos y entidades de Derecho público vinculados o dependientes y las universidades públicas, en el ámbito de sus respectivas competencias, podrán suscribir convenios con sujetos de Derecho público y privado, sin que ello pueda suponer cesión de la titularidad de la competencia.

En el ámbito de la Administración General del Estado y sus organismos públicos y entidades de Derecho público vinculados o dependientes, podrán celebrar convenios los titulares de los Departamentos Ministeriales y los Presidentes o Directores de las dichas entidades y organismos públicos.

La suscripción de convenios deberá mejorar la eficiencia de la gestión pública, facilitar la utilización conjunta de medios y servicios públicos, contribuir a la realización de actividades de utilidad pública y cumplir con la legislación de estabilidad presupuestaria y sostenibilidad financiera.

La gestión, justificación y resto de actuaciones relacionadas con los gastos derivados de los convenios que incluyan compromisos financieros para la Administración Pública o cualquiera de sus organismos públicos o entidades de Derecho público vinculados o dependientes que lo suscriban, así como con los fondos comprometidos en virtud de dichos convenios, se ajustarán a lo dispuesto en la legislación presupuestaria.

Los convenios que incluyan compromisos financieros deberán ser financieramente sostenibles, debiendo quienes los suscriban tener capacidad para financiar los asumidos durante la vigencia del convenio.

Las aportaciones financieras que se comprometan a realizar los firmantes no podrán ser superiores a los gastos derivados de la ejecución del convenio.

Cuando el convenio instrumente una subvención deberá cumplir con lo previsto en la Ley 38/2003, de 17 de noviembre, General de Subvenciones y en la normativa autonómica de desarrollo que, en su caso, resulte aplicable.

Asimismo, cuando el convenio tenga por objeto la delegación de competencias en una Entidad Local, deberá cumplir con lo dispuesto en Ley 7/1985, de 2 de abril, Reguladora de las Bases del Régimen Local.

Los convenios **se perfeccionan por la prestación del consentimiento de las partes.**

Los convenios suscritos por la Administración General del Estado o alguno de sus organismos públicos o entidades de Derecho público vinculados o dependientes resultarán eficaces una vez inscritos, en el plazo de 5 días hábiles desde su formalización, en el Registro Electrónico estatal de Órganos e Instrumentos de Cooperación del sector público estatal. Asimismo, serán publicados en el plazo de 10 días hábiles desde su formalización en el BOE, sin perjuicio de su publicación facultativa en el boletín oficial de la Comunidad Autónoma o de la provincia que corresponda a la otra Administración firmante.

Estas normas no serán de aplicación a las encomiendas de gestión y los acuerdos de terminación convencional de los procedimientos administrativos.

C) Contenido de los convenios

Los convenios de las Administraciones Públicas, sus organismos públicos y entidades de Derecho público vinculados o dependientes y las universidades públicas con sujetos de Derecho público y privado deberán incluir, al menos, las **siguientes materias**:

- Sujetos que suscriben el convenio y la capacidad jurídica con que actúa cada una de las partes.
- La competencia en la que se fundamenta la actuación de la Administración Pública, de los organismos públicos y las entidades de Derecho público vinculados o dependientes de ella o de las universidades públicas.
- Objeto del convenio y actuaciones a realizar por cada sujeto para su cumplimiento, indicando, en su caso, la titularidad de los resultados obtenidos.
- Obligaciones y compromisos económicos asumidos por cada una de las partes, si los hubiera, indicando su distribución temporal por anualidades y su imputación concreta al presupuesto correspondiente de acuerdo con lo previsto en la legislación presupuestaria.
- Consecuencias aplicables en caso de incumplimiento de las obligaciones y compromisos asumidos por cada una de las partes y, en su caso, los criterios para determinar la posible indemnización por el incumplimiento.
- Mecanismos de seguimiento, vigilancia y control de la ejecución del convenio y de los compromisos adquiridos por los firmantes. Este mecanismo resolverá los problemas de interpretación y cumplimiento que puedan plantearse respecto de los convenios.
- El régimen de modificación del convenio. A falta de regulación expresa la modificación del contenido del convenio requerirá acuerdo unánime de los firmantes.

— Plazo de vigencia del convenio teniendo en cuenta las siguientes reglas:

1º. Los convenios deberán tener una duración determinada, que no podrá ser superior a cuatro años, salvo que normativamente se prevea un plazo superior.

2º. En cualquier momento antes de la finalización de dicho plazo, los firmantes del convenio podrán acordar unánimemente su prórroga por un periodo de hasta cuatro años adicionales o su extinción.

En el caso de convenios suscritos por la Administración General del Estado o alguno de sus organismos públicos y entidades de Derecho público vinculados o dependientes, esta prórroga deberá ser comunicada al Registro Electrónico estatal de Órganos e Instrumentos de Cooperación.

D) Trámites preceptivos para la suscripción de convenios

Sin perjuicio de las especialidades que la legislación autonómica pueda prever, será necesario que el convenio se acompañe de una **memoria justificativa** donde se analice su necesidad y oportunidad, su impacto económico, el carácter no contractual de la actividad en cuestión, así como el cumplimiento de lo previsto en la Ley 40/2015.

Los convenios que suscriba la Administración General del Estado o sus organismos públicos y entidades de Derecho público vinculados o dependientes se acompañarán además de:

— El informe de su servicio jurídico, que deberá emitirse en un plazo máximo de siete días hábiles desde su solicitud, transcurridos los cuales se continuará la tramitación. En todo/ caso, dicho informe deberá emitirse e incorporarse al expediente antes de proceder al perfeccionamiento del convenio. No será necesario solicitar este informe cuando el convenio se ajuste a un modelo normalizado informado previamente por el servicio jurídico que corresponda.

— Cualquier otro informe preceptivo que establezca la normativa aplicable, que deberá emitirse en un plazo máximo de siete días hábiles desde su solicitud, transcurridos los cuales se continuará la tramitación. En cualquier caso, deberán emitirse e incorporarse al expediente todos los informes preceptivos antes de proceder al perfeccionamiento del convenio.

— La autorización previa del Ministerio competente en materia de Función Pública para su firma, modificación, prórroga y resolución por mutuo acuerdo entre las partes, que deberá emitirse en un plazo máximo de siete días hábiles desde la solicitud, transcurridos los cuales se continuará la tramitación. En todo caso dicha autorización deberá emitirse e incorporarse al expediente antes de proceder al perfeccionamiento del convenio. Cuando el convenio esté excepcionado de esta autorización, también lo estará del informe del Ministerio competente en Política Territorial.

No obstante, en todo caso, será preceptivo el informe del Ministerio competente en Política Territorial, respecto de los convenios que se suscriban entre la Administración General del Estado y sus organismos públicos y entidades de derecho público vinculados o dependientes, con las Comunidades Autónomas o con Entidades Locales o con sus organismos públicos y entidades de derecho público vinculados o dependientes, en convenios cuyo objeto sea la cesión o adquisición de la titularidad de infraestructuras por la Administración General del Estado, y/o que tengan por objeto la creación de consorcios.

— Cuando los convenios plurianuales suscritos entre Administraciones Públicas incluyan aportaciones de fondos por parte del Estado para financiar actuaciones a ejecutar exclusivamente por parte de otra Administración Pública y el Estado asuma, en el ámbito de sus competencias, los compromisos frente a terceros, la aportación del Estado de anualidades futuras estará condicionada a la existencia de crédito en los correspondientes presupuestos.

— Los convenios interadministrativos suscritos con las Comunidades Autónomas, serán remitidos al Senado por el Ministerio competente en Política Territorial.

E) Extinción de los convenios

Los convenios se extinguen por el cumplimiento de las actuaciones que constituyen su objeto o por incurrir en causa de resolución. Son **causas de resolución**:

— El **transcurso del plazo de vigencia** del convenio sin haberse acordado la prórroga del mismo.

— El **acuerdo unánime** de todos los firmantes.

— El **incumplimiento de las obligaciones y compromisos** asumidos por parte de alguno de los firmantes.

En este caso, cualquiera de las partes podrá notificar a la parte incumplidora un requerimiento para que cumpla en un determinado plazo con las obligaciones o compromisos que se consideran incumplidos. Este requerimiento será comunicado al responsable del mecanismo de seguimiento, vigilancia y control de la ejecución del convenio y a las demás partes firmantes.

Si trascurrido el plazo indicado en el requerimiento persistiera el incumplimiento, la parte que lo dirigió notificará a las partes firmantes la concurrencia de la causa de resolución y se entenderá resuelto el convenio. La resolución del convenio por esta causa podrá conllevar la indemnización de los perjuicios causados si así se hubiera previsto.

— Por **decisión judicial** declaratoria de la nulidad del convenio.

— Por **cualquier otra causa distinta** de las anteriores prevista en el convenio o en otras leyes.

El cumplimiento y la resolución de los convenios dará lugar a la liquidación de los mismos con el objeto de determinar las obligaciones y compromisos de cada una de las partes.

En el supuesto de convenios de los que deriven compromisos financieros, se entenderán cumplidos cuando su objeto se haya realizado en los términos y a satisfacción de ambas partes, de acuerdo con sus respectivas competencias, teniendo en cuenta las siguientes reglas:

— Si de la liquidación resultara que el importe de las actuaciones ejecutadas por alguna de las partes fuera inferior a los fondos que la misma hubiera recibido del resto de partes del convenio para financiar dicha ejecución, aquella deberá reintegrar a estas el exceso que corresponda a cada una, **en el plazo máximo de un mes desde que se hubiera aprobado la liquidación**.

  Transcurrido el plazo máximo de un mes, mencionado en el párrafo anterior, sin que se haya producido el reintegro, se deberá abonar a dichas partes, también en el plazo de un mes a contar desde ese momento, el interés de demora aplicable al citado reintegro, que será en todo caso el que resulte de las disposiciones de carácter general reguladoras del gasto público y de la actividad económico-financiera del sector público.

— Si fuera superior, el resto de partes del convenio, **en el plazo de un mes desde la aprobación de la liquidación**, deberá abonar a la parte de que se trate la diferencia que corresponda a cada una de ellas, con el límite máximo de las cantidades que cada una de ellas se hubiera comprometido a aportar en virtud del convenio. En ningún caso las partes del convenio tendrán derecho a exigir al resto cuantía alguna que supere los citados límites máximos.

Nota: *los incisos señalados en negrita, han sido declarados contrarios al orden constitucional de competencias por la STC 132/2018, de 13 de diciembre, y en consecuencia, no son aplicables a los convenios suscritos por las Administraciones de las CA, las corporaciones locales y las entidades vinculadas a unas y otras.*

No obstante lo anterior, si cuando concurra cualquiera de las causas de resolución del convenio existen actuaciones en curso de ejecución, las partes, a propuesta de la comisión de seguimiento, vigilancia y control del convenio o, en su defecto, del responsable del mecanismo de seguimiento, vigilancia y control de la ejecución del convenio, podrán acordar la continuación y finalización de las actuaciones en curso que consideren oportunas, estableciendo un plazo improrrogable para su finalización, transcurrido el cual deberá realizarse la liquidación de las mismas en los términos ya expuestos.

F) Remisión de convenios al Tribunal de Cuentas

Dentro de los tres meses siguientes a la suscripción de cualquier convenio cuyos compromisos económicos asumidos superen los 600.000 euros, estos deberán remitirse electrónicamente al Tribunal de Cuentas u órgano externo de fiscalización de la Comunidad Autónoma, según corresponda.

Igualmente se comunicarán al Tribunal de Cuentas u órgano externo de fiscalización de la Comunidad Autónoma, según corresponda, las modificaciones, prórrogas o variaciones de plazos, alteración de los importes de los compromisos económicos asumidos y la extinción de los convenios indicados.

Todo ello se entenderá sin perjuicio de las facultades del Tribunal de Cuentas o, en su caso, de los correspondientes órganos de fiscalización externos de las Comunidades Autónomas, para reclamar cuantos datos, documentos y antecedentes estime pertinentes con relación a los contratos de cualquier naturaleza y cuantía.

2.5. Principios de la potestad sancionadora

Se encuentran recogidos en la LRJSP, que analizaremos en los siguientes epígrafes.

2.5.1. Principio de legalidad

A tenor del art. 25 LRJSP, la potestad sancionadora de las Administraciones Públicas, reconocida por la Constitución, se ejercerá cuando haya sido expresamente atribuida por una norma con rango de Ley, con aplicación del procedimiento previsto para su ejercicio y de acuerdo con lo establecido con lo establecido en la LRJSP y en la LPA y cuando se trate de Entidades Locales, de conformidad con lo dispuesto en el Título XI, de la Ley 7/1985, de 2 de abril, reguladora de las Bases del Régimen Local.

El ejercicio de la potestad sancionadora corresponderá a los órganos administrativos que la tengan expresamente atribuida, por disposición de rango legal o reglamentario.

Las disposiciones de la LRJSP en esta materia serán extensivas al ejercicio por las Administraciones Públicas de su potestad disciplinaria respecto del personal a su servicio, cualquiera que sea la naturaleza jurídica de la relación de empleo.

Por el contrario, no serán de aplicación al ejercicio por las Administraciones Públicas de la potestad sancionadora respecto de quienes estén vinculados a ellas por relaciones reguladas por la legislación de contratos del sector público o por la legislación patrimonial de las Administraciones Públicas.

2.5.2. Principio de irretroactividad

Es consecuencia del art. 9.3 de la Constitución, cuando dice que "la Constitución garantiza[...]la irretroactividad de las disposiciones sancionadoras no favorables o restrictivas de los derechos individuales...".

El art. 26 LRJSP establece:

"1. Serán de aplicación las disposiciones sancionadoras vigentes en el momento de producirse los hechos que constituyan infracción administrativa.

2. *Las disposiciones sancionadoras producirán efecto retroactivo en cuanto favorezcan al presunto infractor o al infractor, tanto en lo referido a la tipificación de la infracción como a la sanción y a sus plazos de prescripción, incluso respecto de las sanciones pendientes de cumplimiento al entrar en vigor la nueva disposición".*

2.5.3. Principio de tipicidad

Es una aplicación del principio de legalidad. Dice el art. 27 LRJSP:

"1. *Solo constituyen infracciones administrativas las vulneraciones del ordenamiento jurídico previstas como tales infracciones por una ley sin perjuicios de lo dispuesto para la Administración Local en el Título XI de la Ley 7/1985, de 2 de abril, reguladora de las Bases del Régimen Local.*

Las infracciones administrativas se clasificarán por la Ley en leves, graves y muy graves.

2. *Únicamente por la comisión de infracciones administrativas podrán imponerse sanciones que, en todo caso, estarán delimitadas por la Ley.*

3. *Las disposiciones reglamentarias de desarrollo podrán introducir especificaciones o graduaciones al cuadro de las infracciones o sanciones establecidas legalmente que, sin constituir nuevas infracciones o sanciones, ni alterar la naturaleza o límites de las que la Ley contempla, contribuyan a la más correcta identificación de las conductas o a la más precisa determinación de las sanciones correspondientes.*

4. *Las normas definidoras de infracciones y sanciones no serán susceptibles de aplicación analógica".*

2.5.4. Principio de responsabilidad

Establece el art. 28 LRJSP que:

"1. *Solo podrán ser sancionadas por hechos constitutivos de infracción administrativa las personas físicas y jurídicas, así como, cuando una Ley les reconozca capacidad de obrar, los grupos de afectados, las uniones y entidades sin personalidad jurídica y los patrimonios independientes o autónomos, que resulten responsables de los mismos a título de dolo o culpa".*

De esta forma, se determina la norma general de que cualquier persona puede ser sancionada no solo por cometer una infracción sino también por no realizar aquello que la norma determine.

"2. *Las responsabilidades administrativas que se deriven del procedimiento sancionador serán compatibles con la exigencia al infractor de la reposición de la situación alterada por el mismo a su estado originario, así como con la indemnización por los daños y perjuicios causados que que será determinada y exigida por el órgano al que corresponda el ejercicio de la potestad sancionadora. De no satisfacerse la indemnización en el plazo que al efecto se determine en función de su cuantía, se procederá en la forma prevista en el artículo 101 de la Ley del Procedimiento Administrativo Común de las Administraciones Públicas.*

3. *Cuando el cumplimiento de una obligación establecida por una norma con rango de Ley corresponda a varias personas conjuntamente, responderán de forma solidaria de las infracciones que, en su caso, se cometan y de las sanciones que se impongan. No obstante, cuando la sanción sea pecuniaria y sea posible se individualizará en la resolución en función del grado de participación de cada responsable.*

4. *Las leyes reguladoras de los distintos regímenes sancionadores podrán tipificar como infracción el incumplimiento de la obligación de prevenir la comisión de infracciones administrativas por quienes se hallen sujetos a una relación de dependencia o vinculación. Asimismo, podrán prever los supuestos en que determinadas personas responderán del pago de las sanciones pecuniarias impuestas a quienes de ellas dependan o estén vinculadas".*

2.5.5. Principio de proporcionalidad

El art. 29 LRJSP dice:

"1. *Las sanciones administrativas, sean o no de naturaleza pecuniaria, en ningún caso podrán implicar, directa o subsidiariamente, privación de libertad". (Solamente podrá implicar la privación de libertad una sanción de carácter penal, impuesta por un Juez o Tribunal).*

2. *El establecimiento de sanciones pecuniarias deberá prever que la comisión de las infracciones tipificadas no resulte más beneficioso para el infractor que el cumplimiento de las normas infringidas.*

3. *En la determinación normativa del régimen sancionador, así como en la imposición de sanciones por las Administraciones Públicas se deberá observar la debida idoneidad y necesidad de la sanción a imponer y su adecuación a la gravedad del hecho constitutivo de la infracción. La graduación de la sanción considerará especialmente los siguientes criterios:*

   a) El grado de culpabilidad o la existencia de intencionalidad.

   b) La continuidad o persistencia en la conducta infractora.

   c) La naturaleza de los perjuicios causados.

   d) La reincidencia, por comisión en el término de un año, de más de una infracción de la misma naturaleza cuando así haya sido declarado por resolución firme en vía administrativa.

4. *Cuando lo justifique la debida adecuación entre la sanción que deba aplicarse con la gravedad del hecho constitutivo de la infracción y las circunstancias concurrentes, el órgano competente para resolver podrá imponer la sanción en el grado inferior.*

5. *Cuando de la comisión de una infracción derive necesariamente la comisión de otra u otras, se deberá imponer únicamente la sanción correspondiente a la infracción más grave cometida.*

6. *Será sancionable, como infracción continuada, la realización de una pluralidad de acciones u omisiones que infrinjan el mismo o semejantes preceptos administrativos, en ejecución de un plan preconcebido o aprovechando idéntica ocasión".*

2.5.6. Prescripción

Viene regulada en el art. 30 LRJSP, que hace una distinción entre infracciones y sanciones, sometiendo su prescripción a "lo dispuesto en las leyes que las establezcan". No obstante, si las citadas leyes no fijaran los plazos de prescripción, la LRJSP señala los siguientes:

A) Infracciones

— **3 años** para las **muy graves.**

— **2 años** para las **graves.**

— **6 meses** para las **leves.**

El plazo de prescripción comenzará a contarse desde el día en que la infracción se hubiere cometido. No obstante, la iniciación del procedimiento sancionador, con conocimiento del interesado, interrumpirá la prescripción, cuyo plazo se reanudará en caso de que el expediente sancionador estuviera paralizado más de un mes por causa no imputable al presunto responsable (art. 30.2).

B) Sanciones

Los plazos de prescripción de sanciones que establece la LRJSP son:

— **3 años** para las sanciones por **faltas muy graves.**

— **2 años** por faltas **graves.**

— **1 año** por faltas **leves.**

En este caso, el plazo de prescripción comenzará a contarse desde el día siguiente a aquel en que adquiera firmeza la resolución por la que se impone la sanción. La iniciación del procedimiento de ejecución, con conocimiento del interesado, interrumpe la prescripción, volviendo a transcurrir el plazo si aquel está paralizado durante más de un mes por causa no imputable al infractor (art. 30.3).

PRESCRIPCIÓN

1. INFRACCIONES	1. Muy graves	3 años
	2. Graves	2 años
	3. Leves	6 meses
2. SANCIONES	1. Muy graves	3 años
	2. Graves	2 años
	3. Leves	1 año

2.5.7. Concurrencia de sanciones

Dice el art. 31 LRJSP que:

"No podrán sancionarse los hechos que lo hayan sido penal o administrativamente, en los casos en que se aprecie identidad del sujeto, hecho y fundamento. Cuando un órgano de la Unión Europea hubiera impuesto una sanción por los mismos hechos, y siempre que no concurra la identidad de sujeto y fundamento, el órgano competente para resolver deberá tenerla en cuenta a efectos de graduar la que, en su caso, deba imponer, pudiendo minorarla, sin perjuicio de declarar la comisión de la infracción".

3. El procedimiento administrativo

3.1. Concepto

La Exposición de motivos de la Ley de Procedimiento Administrativo de 17 de julio de 1958, definía el procedimiento como *"el cauce formal de la serie de actos en que se concreta la actuación administrativa para la realización de un fin"*. Esta definición ya clásica, siguió siendo plenamente válida después de la publicación de la **Ley 30/1992, de Régimen Jurídico de las Administraciones Públicas y del Procedimiento Administrativo común**.

En esta misma línea, la **Ley 39/2015, de 1 de octubre**, en su Exposición de Motivos define el procedimiento administrativo, como el conjunto ordenado de trámites y actuaciones formalmente realizadas, según el cauce legalmente previsto, para dictar un acto administrativo o expresar la voluntad de la Administración.

El procedimiento, por tanto, puede considerarse como el modo en que deben producirse los actos administrativos. Es un complejo de actos que, normalmente, concluye con la producción de un acto final.

Debe distinguirse el concepto de procedimiento del de **expediente administrativo**. Este último es la materialización del primero. Es el *"conjunto ordenado de documentos y actuaciones que sirven de antecedente y fundamento a la resolución administrativa, así como las diligencias encaminadas a ejecutarla"*; y se forma mediante *"la agregación sucesiva de cuantos documentos, pruebas, dictámenes, resoluciones, notificaciones y demás diligencias deban integrarlos"*.

El art. 70 LPA define el **expediente administrativo** como el conjunto ordenado de documentos y actuaciones que sirven de antecedente y fundamento a la resolución administrativa, así como las diligencias encaminadas a ejecutarla.

Los expedientes tendrán formato electrónico y se formarán mediante la agregación ordenada de cuantos documentos, pruebas, dictámenes, informes, acuerdos, notificaciones y demás diligencias deban integrarlos, así como un índice numerado de todos los documentos que contenga cuando se remita. Asimismo, deberá constar en el expediente copia electrónica certificada de la resolución adoptada.

Cuando en virtud de una norma sea preciso remitir el expediente electrónico, se hará de acuerdo con lo previsto en el Esquema Nacional de Interoperabilidad y en las correspondientes Normas Técnicas de Interoperabilidad, y se enviará completo, foliado, autentificado y acompañado de un índice, asimismo autentificado, de los documentos que contenga. La autenticación del citado índice garantizará la integridad e inmutabilidad del expediente electrónico generado desde el momento de su firma y permitirá su recuperación siempre que sea preciso, siendo admisible que un mismo documento forme parte de distintos expedientes electrónicos.

No formará parte del expediente administrativo la información que tenga carácter auxiliar o de apoyo, como la contenida en aplicaciones, ficheros y bases de datos informáticas, notas, borradores, opiniones, resúmenes, comunicaciones e informes internos o entre órganos o entidades administrativas, así como los juicios de valor emitidos por las Administraciones Públicas, salvo que se trate de informes, preceptivos y facultativos, solicitados antes de la resolución administrativa que ponga fin al procedimiento.

3.2. Naturaleza: el procedimiento como garantía jurídica

El procedimiento administrativo puede ser abordado desde la perspectiva conceptual de alguno de los siguientes principios:

— El de **garantía** que el ordenamiento jurídico otorga a los afectados por la decisión administrativa que se adopte.

— El de **participación** de los ciudadanos y de los grupos sociales en las decisiones de la Administración.

— El de **eficacia** en la adopción y ejecución de tales decisiones, que exige la mejor gestión de los intereses generales.

Pues bien, la concepción del procedimiento administrativo como una garantía es la dominante; incluso la doctrina del siglo XIX ya lo definía, desde esta perspectiva, como *"una ritualidad indispensable para que los particulares soliciten y el Estado conceda cierta clase de derechos"*.

La idea expuesta aparece implícita en la redacción del art. 105.c) de la Constitución, según el cual la Ley *"regulará el procedimiento a través del cual deben producirse los actos administrativos, garantizando, cuando proceda, la audiencia del interesado"*.

En definitiva, y tal como se expuso al final del tema precedente, la gestión administrativa ha de realizarse siguiendo el cauce señalado por la norma. Dicho cauce (el procedimiento) se configura como una garantía para el particular: este tiene derecho a que el acto que afecte a sus derechos o intereses se dicte de acuerdo con el procedimiento establecido. Recordemos que, si se prescinde totalmente de tal procedimiento, el acto será nulo de pleno derecho [art. 47.1 e) LPA].

3.3. La iniciación, ordenación, instrucción y terminación del procedimiento administrativo

3.3.1. Introducción

El procedimiento es un requisito de la producción del acto administrativo; el camino que debe seguir la Administración para tomar una decisión.

Pues bien, la estructura general del procedimiento que ha de seguirse para la realización de la actividad jurídica de los entes públicos aparece regulada en el Título IV de la LPA (arts. 54 y ss.). Al tratarse de reglas generales, se aplicarán tanto a la tramitación de la jubilación de un funcionario, por ejemplo, como a los procedimientos surgidos a raíz de la solicitud de una licencia de obras, de una prestación por desempleo, etc.

En la tramitación del procedimiento pueden distinguirse tres fases:

— **La iniciación**: podrá producirse de oficio (procedimientos sancionadores, por ejemplo), o a instancia de parte (solicitud previa del particular interesado). Se encuentra regulada en el Capítulo II.

— **La instrucción**: en esta fase, regulada en el Capítulo IV, se incluyen las diversas actuaciones de desarrollo del procedimiento (alegaciones, pruebas, informes, etc.). Solo los expedientes más complejos estarán integrados por todas ellas; algunos únicamente contarán con la solicitud, acompañada de los documentos pertinentes, y la ulterior resolución.

— **La terminación**: el procedimiento suele finalizar mediante una resolución. No obstante, los arts. 86 y 93 a 95 -tal como se verá más adelante-, regulan otras posibles formas de terminación.

Además de los tres citados momentos del procedimiento, el Capítulo III del Título IV se refiere, en sus arts. 70 a 74, a la **ordenación** del mismo. Esta no es propiamente una fase del procedimiento: cuando la LPA habla de "ordenación" se definen una serie de reglas que rigen durante toda la tramitación y no en un concreto momento.

No obstante, aunque la mayoría de la doctrina prefiere hablar de tres fases por considerar a la ordenación no como una fase sino como una serie de reglas que se proyectan sobre el procedimiento administrativo en su conjunto, la exposición de motivos de la LPA alude expresamente a las fases de iniciación, ordenación, instrucción y finalización del procedimiento administrativo.

Antes de iniciar el análisis de las cuestiones planteadas es imprescindible tratar algunos temas previos: ¿es posible la incorporación de las nuevas tecnologías al procedimiento?, ¿cómo se computa el tiempo en las tramitaciones administrativas?, ¿cuáles son los sujetos del procedimiento?

3.3.2. Incorporación de técnicas electrónicas, informáticas y telemáticas

La LPA contiene una decidida apuesta por la abierta incorporación de las técnicas citadas, optando, consecuentemente, por la tecnificación de la actuación administrativa frente a las tendencias burocráticas formalistas, terminando así con un evidente fenómeno de disociación entre normativa y realidad: la falta de reconocimiento formal de la validez de las técnicas automatizadas hacía que estos tuvieren solo un valor instrumental e interno.

A) Uso de medios de identificación y firma en el procedimiento administrativo

Con carácter general, para realizar cualquier actuación prevista en el procedimiento administrativo, será suficiente con que los interesados acrediten previamente su identidad a través de cualquiera de los medios de identificación previstos en esta Ley.

Las Administraciones Públicas solo requerirán a los interesados el uso obligatorio de firma para:

a) Formular solicitudes.

b) Presentar declaraciones responsables o comunicaciones.

c) Interponer recursos.

d) Desistir de acciones.

e) Renunciar a derechos.

Según el art. 26 del Real Decreto 203/2021, de 30 de marzo:

"De acuerdo con lo previsto en la Ley 39/2015, de 1 de octubre, los interesados podrán identificarse electrónicamente ante las Administraciones Públicas a través de cualquier sistema que cuente con un registro previo como usuario que permita garantizar su identidad".

En particular, de acuerdo con lo previsto en la LPAC, serán admitidos los siguientes sistemas de identificación electrónica:

a) Sistemas basados en certificados electrónicos cualificados de firma electrónica expedidos por prestadores incluidos en la "Lista de confianza de prestadores cualificados de servicios de confianza".

b) Sistemas basados en certificados electrónicos cualificados de sello electrónico expedidos por prestadores incluidos en la "Lista de confianza de prestadores cualificados de servicios de confianza".

c) Sistemas de clave concertada y cualquier otro sistema que las Administraciones Públicas consideren válido, en los términos y condiciones que se establezca, siempre que cuenten con un registro previo como usuario que permita garantizar su identidad, previa autorización por parte de la Secretaría General de Administración Digital del Ministerio de Asuntos Económicos y Transformación Digital, que solo podrá ser denegada por motivos de seguridad pública, previo informe vinculante de la Secretaría de Estado de Seguridad del Ministerio del Interior.

B) Asistencia en el uso de medios electrónicos a los interesados

Las Administraciones Públicas deberán garantizar que los interesados pueden relacionarse con la Administración a través de medios electrónicos, para lo que pondrán a su disposición los canales de acceso que sean necesarios así como los sistemas y aplicaciones que en cada caso se determinen.

Estos canales, regulados por el Real Decreto 203/2021, de 30 de marzo, son:

a) Presencial, a través de las oficinas de asistencia que se determinen.

b) Portales de internet y sedes electrónicas.

c) Redes sociales.

d) Telefónico.

e) Correo electrónico.

f) Cualquier otro canal que pueda establecerse de acuerdo con lo previsto en el artículo 12 de la LPAC.

Las Administraciones Públicas asistirán en el uso de medios electrónicos a los interesados no incluidos en los apartados 2 y 3 del artículo 14 que así lo soliciten, especialmente en lo referente a la identificación y firma electrónica, presentación de solicitudes a través del registro electrónico general y obtención de copias auténticas.

Asimismo, si alguno de estos interesados no dispone de los medios electrónicos necesarios, su identificación o firma electrónica en el procedimiento administrativo podrá ser válidamente realizada por un funcionario público mediante el uso del sistema de firma electrónica del que esté dotado para ello. En este caso, será necesario que el interesado que carezca de los medios electrónicos necesarios se identifique ante el funcionario y preste su consentimiento expreso para esta actuación, de lo que deberá quedar constancia para los casos de discrepancia o litigio.

Según establece el art. 30 del Real Decreto 203/2021, de 30 de marzo, el funcionario habilitado entregará al interesado toda la documentación acreditativa del trámite realizado, así como una copia del documento de consentimiento expreso cumplimentado y firmado, cuyo formulario estará disponible en el Punto de Acceso General Electrónico de la respectiva Administración

La Administración General del Estado, las Comunidades Autónomas y las Entidades Locales mantendrán actualizado un registro, u otro sistema equivalente, donde constarán los funcionarios habilitados para la identificación o firma regulada en este artículo. Estos registros o sistemas deberán ser plenamente interoperables y estar interconectados con los de las restantes Administraciones Públicas, a los efectos de comprobar la validez de las citadas habilitaciones.

En este registro o sistema equivalente, al menos, constarán los funcionarios que presten servicios en las oficinas de asistencia en materia de registros.

C) Sistemas de identificación y de firma

- **Sistemas de identificación de los interesados en el procedimiento**

Las Administraciones Públicas están obligadas a verificar la identidad de los interesados en el procedimiento administrativo.

Los interesados podrán identificarse electrónicamente ante las Administraciones Públicas a través de los sistemas siguientes:

— Sistemas basados en **certificados electrónicos cualificados de firma electrónica**.

— Sistemas basados en **certificados electrónicos cualificados de sello electrónico**.

Las Administraciones Públicas deberán garantizar que la utilización de uno de estos dos sistemas, que deberán ser expedidos por prestadores incluidos en la Lista de confianza de prestadores de servicios de certificación, sea posible para todo procedimiento, aun cuando se admita para ese mismo el siguiente:

— Sistemas de **clave concertada** y cualquier otro sistema, que las Administraciones consideren válido en los términos y condiciones que se establezca, siempre que cuenten con un registro previo como usuario que permita garantizar su identidad. En relación con estos sistemas de identificación, será obligatorio que los recursos técnicos necesarios para la recogida, almacenamiento, tratamiento y gestión de dichos sistemas se encuentren situados en territorio de la Unión Europea, y en caso de tratarse de categorías especiales de datos a los que se refiere el art. 9 del Reglamento (UE) 2016/679, que se encuentren situados en territorio español.

En todo caso, la aceptación de alguno de estos sistemas por la Administración General del Estado servirá para acreditar frente a todas las

Administraciones Públicas, salvo prueba en contrario, la identificación electrónica de los interesados en el procedimiento administrativo.

- **Sistemas de firma admitidos por las administraciones públicas**

Los interesados podrán firmar a través de cualquier medio que permita acreditar la autenticidad de la expresión de su voluntad y consentimiento, así como la integridad e inalterabilidad del documento.

En el caso de que los interesados optaran por relacionarse con las Administraciones Públicas a través de medios electrónicos, se considerarán válidos a efectos de firma:

— Sistemas de firma electrónica **cualificada y avanzada** basados en certificados electrónicos cualificados de firma electrónica.

— Sistemas de sello electrónico **cualificado** y de sello electrónico **avanzado** basados en certificados electrónicos cualificados de sello electrónico.

Las Administraciones Públicas deberán garantizar que la utilización de uno de estos dos sistemas, que deberán ser expedidos por prestador incluido en la Lista de confianza de prestadores de servicios de certificación, sea posible para todos los procedimientos en todos sus trámites, aun cuando adicionalmente se permita alguno de los siguientes:

— Cualquier otro sistema que las Administraciones Públicas consideren válido en los términos y condiciones que se establezca, siempre que cuenten con un registro previo como usuario que permita garantizar su identidad. En relación con estos sistemas de firma se establece la obligatoriedad de que los recursos técnicos necesarios para la recogida, almacenamiento, tratamiento y gestión de dichos sistemas se encuentren situados en territorio de la Unión Europea, y en caso de tratarse de categorías especiales de datos a los que se refiere el art. 9 del Reglamento (UE) 2016/679, en territorio español.

Cuando los interesados utilicen un sistema de firma de los previstos en los párrafos anteriores, su identidad se entenderá ya acreditada mediante el propio acto de la firma.

3.3.3. El tiempo en el procedimiento

El Capítulo II del Título II de la LPA establece las reglas para el cómputo de términos y plazos, la ampliación de los mismos y la tramitación de urgencia. Como principal novedad, destaca la introducción del cómputo de plazos por horas y la declaración de los sábados como días inhábiles, unificando de este modo el cómputo de plazos en el ámbito judicial y el administrativo.

Según el **art. 29**, los términos y plazos establecidos en la LPA o en otras leyes obligan a las autoridades y personal al servicio de las Administraciones Públicas competentes para la tramitación de los asuntos, así como a los interesados en los mismos.

A) Cómputo de plazos

Salvo que por Ley o en el Derecho de la Unión Europea se disponga otro cómputo, **cuando los plazos se señalen por horas, se entiende que estas son hábiles**. Son hábiles todas las horas del día que formen parte de un día hábil.

Los plazos expresados por horas se contarán **de hora en hora y de minuto en minuto** desde la hora y minuto en que tenga lugar la notificación o publicación del acto de que se trate y no **podrán tener una duración superior a veinticuatro horas**, en cuyo caso se expresarán en días.

Siempre que por Ley o en el Derecho de la Unión Europea no se exprese otro cómputo, **cuando los plazos se señalen por días, se entiende que estos son hábiles**, excluyéndose del cómputo los sábados, los domingos y los declarados festivos.

Cuando los plazos se hayan señalado por días naturales por declararlo así una ley o por el Derecho de la Unión Europea, se hará constar esta circunstancia en las correspondientes notificaciones.

Los plazos expresados en días **se contarán a partir del día siguiente** a aquel en que tenga lugar la notificación o publicación del acto de que se trate, o desde el siguiente a aquel en que se produzca la estimación o la desestimación por silencio administrativo.

Si el plazo se fija en meses o años, estos se computarán a partir del día siguiente a aquel en que tenga lugar la notificación o publicación del acto de que se trate, o desde el siguiente a aquel en que se produzca la estimación o desestimación por silencio administrativo.

El plazo concluirá el mismo día en que se produjo la notificación, publicación o silencio administrativo en el mes o el año de vencimiento. Si en el mes de vencimiento no hubiera día equivalente a aquel en que comienza el cómputo, se entenderá que el plazo expira el último día del mes.

Cuando el último día del plazo sea inhábil, se entenderá prorrogado al primer día hábil siguiente.

Cuando un día fuese hábil en el municipio o Comunidad Autónoma en que residiese el interesado, e inhábil en la sede del órgano administrativo, o a la inversa, se considerará inhábil en todo caso.

La Administración General del Estado y las Administraciones de las Comunidades Autónomas, con sujeción al calendario laboral oficial, fijarán, en su respectivo ámbito, el calendario de días inhábiles a efectos de cómputos de plazos. El calendario aprobado por las Comunidades Autónomas comprenderá los días inhábiles de las Entidades Locales correspondientes a su ámbito territorial, a las que será de aplicación.

Dicho calendario deberá publicarse antes del comienzo de cada año en el diario oficial que corresponda, así como en otros medios de difusión que garanticen su conocimiento generalizado.

La declaración de un día como hábil o inhábil a efectos de cómputo de plazos no determina por sí sola el funcionamiento de los centros de trabajo de las Administraciones Públicas, la organización del tiempo de trabajo o el régimen de jornada y horarios de las mismas.

<table>
<tr><th colspan="3">Términos y plazos (arts. 29 a 33)</th></tr>
<tr><td>Obligatoriedad</td><td colspan="2">Obligan a las autoridades y personal al servicio de la Administraciones Públicas competentes para la tramitación de los asuntos, así como a los interesados en los mismos.</td></tr>
<tr><td rowspan="4">Cómputo</td><td>• Horas</td><td>- Se entiende que son hábiles, salvo que por Ley o en el Derecho de la UE se establezca otra cosa.
- Son hábiles todas las horas de un día hábil.
- No pueden tener una duración superior a 24 horas.
- Se cuentan de hora en hora y de minuto en minuto desde la hora y minuto de la notificación o publicación.</td></tr>
<tr><td>• Días</td><td>- Se entiende que son hábiles, excluyéndose sábados, domingos y festivos, salvo que por Ley o en el Derecho de la UE se establezca otra cosa.
- Si son días naturales por declararlo una ley o el Derecho de la UE, se hará constar en las notificaciones.
- Cómputo: desde el día siguiente a la notificación, publicación fecha en que se produzca el silencio administrativo.</td></tr>
<tr><td>• Meses o años</td><td>- Cómputo desde el día siguiente a la notificación, publicación o silencio administrativo.
- Concluye el mismo día en que se produjo la notificación, publicación o silencio administrativo en el mes o el año de vencimiento.</td></tr>
<tr><td colspan="2">- Si el último día del plazo es inhábil, se entiende prorrogado al primer día hábil siguiente.
- Si un día fuese hábil en el Municipio o Comunidad Autónoma en que resida el interesado, e inhábil en la sede del órgano administrativo, o a la inversa, se considerará inhábil en todo caso.</td></tr>
</table>

Términos y plazos (arts. 29 a 33)	
Plazos en los registros	- A efectos del cómputo de plazos se rige por la fecha y hora oficial de la sede electrónica de acceso. - Permite la presentación de documentos todos los días del año durante las 24 horas. - Cumplimiento de plazos por los interesados: a efectos del cómputo de plazos en días hábiles, la presentación en un día inhábil se entiende realizada en la primera hora del primer día hábil siguiente salvo que una norma permita expresamente la recepción en día inhábil. - Inicio del cómputo de plazos a cumplir por las Administraciones Públicas: viene determinado por la fecha y hora de presentación en el registro electrónico de cada Administración u organismo. - Los documentos se consideran presentados por el orden de hora efectiva en el que lo fueron en el día inhábil.
Ampliación	- Se puede conceder de oficio o a petición de los interesados, siempre antes del vencimiento del plazo. - Si las circunstancias lo aconsejan y no se perjudican derechos de terceros. - El acuerdo de ampliación deberá ser notificado a los interesados, no siendo susceptible de recurso. - La ampliación de plazos no puede exceder de la mitad de los mismos.
Tramitación de urgencia	- De oficio o a petición del interesado, por razones de interés público. - No cabe recurso alguno contra el acuerdo. - Se reducen a la mitad los plazos establecidos para el procedimiento ordinario, salvo los relativos a la presentación de solicitudes y recursos.

B) Cómputo de plazos en los registros

Cada Administración Pública publicará los días y el horario en el que deban permanecer abiertas las oficinas que prestarán asistencia para la presentación electrónica de documentos, garantizando el derecho de los interesados a ser asistidos en el uso de medios electrónicos.

El registro electrónico de cada Administración u organismo se regirá a efectos de cómputo de los plazos, por la **fecha y hora oficial de la sede electrónica de acceso**, que deberá contar con las medidas de seguridad necesarias para garantizar su integridad y figurar de modo accesible y visible.

El funcionamiento del registro electrónico se regirá por las siguientes **reglas**:

— Permitirá la presentación de documentos todos los días del año durante las veinticuatro horas.

— A los efectos del cómputo de plazo fijado en días hábiles, y en lo que se refiere al cumplimiento de plazos por los interesados, la presentación en un día inhábil se entenderá realizada en la primera hora del primer día hábil siguiente salvo que una norma permita expresamente la recepción en día inhábil.

— Los documentos se considerarán presentados por el orden de hora efectiva en el que lo fueron en el día inhábil. Los documentos presentados en el día inhábil se reputarán anteriores, según el mismo orden, a los que lo fueran el primer día hábil posterior.

— El inicio del cómputo de los plazos que hayan de cumplir las Administraciones Públicas vendrá determinado por la fecha y hora de presentación en el registro electrónico de cada Administración u organismo. En todo caso, la fecha y hora efectiva de inicio del cómputo de plazos deberá ser comunicada a quien presentó el documento.

La sede electrónica del registro de cada Administración Pública u organismo, determinará, atendiendo al ámbito territorial en el que ejerce sus competencias el titular de aquella y al calendario de días inhábiles a efectos de cómputos de plazos, los días que se considerarán inhábiles a los efectos expuestos. Este será el único calendario de días inhábiles que se aplicará a efectos del cómputo de plazos en los registros electrónicos, sin que resulte de aplicación a los mismos lo dispuesto en el art. 30.6[1].

C) Ampliación de plazos

La Administración, salvo precepto en contrario, podrá conceder de oficio o a petición de los interesados, una **ampliación de los plazos establecidos, que no exceda de la mitad de los mismos**, si las circunstancias lo aconsejan y con ello no se perjudican derechos de tercero. El acuerdo de ampliación deberá ser notificado a los interesados (art. 32).

La ampliación de los plazos por el tiempo máximo permitido se aplicará en todo caso a los procedimientos tramitados por las misiones diplomáticas y oficinas consulares, así como a aquellos que, sustanciándose en el interior, exijan cumplimentar algún trámite en el extranjero o en los que intervengan interesados residentes fuera de España.

Tanto la petición de los interesados como la decisión sobre la ampliación deberán producirse, en todo caso, **antes del vencimiento del plazo** de que se trate. En ningún caso podrá ser objeto de ampliación un plazo ya vencido. Los acuerdos sobre ampliación de plazos o sobre su denegación **no serán susceptibles de recurso**, sin perjuicio del procedente contra la resolución que ponga fin al procedimiento.

Cuando una incidencia técnica haya imposibilitado el funcionamiento ordinario del sistema o aplicación que corresponda, y hasta que se solucione el problema, la Administración podrá determinar una ampliación de los plazos no vencidos, debiendo publicar en la sede electrónica tanto la incidencia técnica acontecida como la ampliación concreta del plazo no vencido.

[1] Art. 30.6. Cuando un día fuese hábil en el municipio o Comunidad Autónoma en que residiese el interesado, e inhábil en la sede del órgano administrativo, o a la inversa, se considerará inhábil en todo caso.

D) Tramitación de urgencia

Cuando **razones de interés público** lo aconsejen, se podrá acordar, de oficio o a petición del interesado, la aplicación al procedimiento de la tramitación de urgencia, por la cual **se reducirán a la mitad los plazos** establecidos para el procedimiento ordinario, salvo los relativos a la presentación de solicitudes y recursos.

No cabrá recurso alguno contra el acuerdo que declare la aplicación de la tramitación de urgencia al procedimiento, sin perjuicio del procedente contra la resolución que ponga fin al procedimiento.

3.3.4. Responsables de la tramitación y colaboración del ciudadano

Los titulares de las unidades administrativas y el personal al servicio de las Administraciones Públicas que tuviesen a su cargo la resolución o el despacho de los asuntos, serán responsables directos de su tramitación y adoptarán las medidas oportunas para remover los obstáculos que impidan, dificulten o retrasen el ejercicio pleno de los derechos de los interesados o el respeto a sus intereses legítimos, disponiendo lo necesario para evitar y eliminar toda anormalidad en la tramitación de procedimientos.

Los interesados podrán solicitar la exigencia de esa responsabilidad a la Administración Pública de que dependa el personal afectado (art. 20).

A) Colaboración de las personas

Las personas colaborarán con la Administración en los términos previstos en la Ley que en cada caso resulte aplicable, y a falta de previsión expresa, facilitarán a la Administración los informes, inspecciones y otros actos de investigación que requieran para el ejercicio de sus competencias, salvo que la revelación de la información solicitada por la Administración atentara contra el honor, la intimidad personal o familiar o supusieran la comunicación de datos confidenciales de terceros de los que tengan conocimiento por la prestación de servicios profesionales de diagnóstico, asesoramiento o defensa, sin perjuicio de lo dispuesto en la legislación en materia de blanqueo de capitales y financiación de actividades terroristas.

Los interesados en un procedimiento que conozcan datos que permitan identificar a otros interesados que no hayan comparecido en él tienen el deber de proporcionárselos a la Administración actuante.

Cuando las inspecciones requieran la entrada en el domicilio del afectado o en los restantes lugares que requieran autorización del titular, se estará a lo dispuesto en el art. 100.

B) Comparecencia de las personas

La comparecencia de las personas ante las oficinas públicas, ya sea presencialmente o por medios electrónicos, solo será obligatoria cuando así esté previsto en una norma con rango de ley.

En los casos en que proceda la comparecencia, la correspondiente citación hará constar expresamente el lugar, fecha, hora, los medios disponibles y objeto de la comparecencia, así como los efectos de no atenderla.

Las Administraciones Públicas entregarán al interesado certificación acreditativa de la comparecencia cuando así lo solicite.

C) Principio de intervención mínima

El art. 4 LRJSP, establece, para el desarrollo de una actividad:

"Las Administraciones Públicas que, en el ejercicio de sus respectivas competencias, establezcan medidas que limiten el ejercicio de derechos individuales o colectivos o exijan el cumplimiento de requisitos para el desarrollo de una actividad, deberán aplicar el principio de proporcionalidad y elegir la medida menos restrictiva, motivar su necesidad para la protección del interés público así como justificar su adecuación para lograr los fines que se persiguen, sin que en ningún caso se produzcan diferencias de trato discriminatorias. Asimismo deberán evaluar periódicamente los efectos y resultados obtenidos.

Las Administraciones Públicas velarán por el cumplimiento de los requisitos previstos en la legislación que resulte aplicable, para lo cual podrán, en el ámbito de sus respectivas competencias y con los límites establecidos en la legislación de protección de datos de carácter personal, comprobar, verificar, investigar e inspeccionar los hechos, actos, elementos, actividades, estimaciones y demás circunstancias que fueran necesarias".

3.3.5. Los sujetos del procedimiento

En el procedimiento de producción de actos intervienen dos sujetos, al menos: por un lado la Administración Pública a quien le será imputado el acto y, por otro, los particulares interesados y destinatarios del acto cuando concluya el procedimiento.

A) La Administración Pública

La Administración Pública actuará a través de sus órganos, auténticos centros de imputación en el ámbito de las competencias que tengan atribuidas; por tanto, el primer requisito subjetivo del procedimiento se referirá a la constatación de una competencia suficiente para producir el acto en cuestión.

Baste recordar aquí que en el tema anterior se analizaron, no solo las reglas relativas a la **competencia** y su posible alteración, sino también la legitimación e imparcialidad del titular del órgano actuante, haciendo especial hincapié en la **abstención** y **recusación**.

B) Los interesados

El interesado en el procedimiento administrativo se caracteriza como el portador o titular de una situación jurídica que pueda quedar afectada por la resolución que se dicte.

En cualquier caso, para que un particular pueda promover o intervenir en un procedimiento debe contar con capacidad suficiente y estar legitimado. Todo ello sin perjuicio de que pueda **actuar mediante representante**.

- **Capacidad**

A los efectos previstos en la LPA, tendrán capacidad de obrar ante las Administraciones Públicas:

"a) *Las personas físicas o jurídicas que ostenten capacidad de obrar con arreglo a las normas civiles.*

b) *Los menores de edad para el ejercicio y defensa de aquellos de sus derechos e intereses cuya actuación esté permitida por el ordenamiento jurídico sin la asistencia de la persona que ejerza la patria potestad, tutela o curatela. Se exceptúa el supuesto de los menores incapacitados, cuando la extensión de la incapacitación afecte al ejercicio y defensa de los derechos o intereses de que se trate.*

c) *Cuando la Ley así lo declare expresamente, los grupos de afectados, las uniones y entidades sin personalidad jurídica y los patrimonios independientes o autónomos".*

- **Legitimación**

Puede entenderse como la relación existente entre un sujeto y el objeto de un proceso o procedimiento; tal relación debe poner de manifiesto la existencia de un interés legítimo o de un derecho que pueda resultar afectado, de tal forma que justifique la presencia del particular en un procedimiento concreto y le confiera, por tanto, la condición de interesado en dicho procedimiento.

El art. 4 de la LPA considera interesados en el procedimiento administrativo:

— Quienes lo promuevan como titulares de derechos o intereses legítimos individuales o colectivos.

— Los que, sin haber iniciado el procedimiento, tengan derechos que puedan resultar afectados por la decisión que en el mismo se adopte.

— Aquellos cuyos intereses legítimos, individuales o colectivos, puedan resultar afectados por la resolución y se personen en el procedimiento en tanto no haya recaído resolución definitiva.

El precepto alude reiteradamente a derechos y a intereses legítimos. Pues bien, la distinción básica entre derecho subjetivo e interés legítimo deriva de que este último es una categoría complementaria del primero: (ej. el Sr. X es dueño de una librería; ostenta el derecho de propiedad sobre la misma. Con respecto a los clientes el Sr. X no ostenta derecho alguno, pero tal establecimiento tendrá un valor económico distinto si son pocos o muchos. El Sr. X tiene interés en que sean muchos...).

Concluye el citado art. 4 estableciendo que:

— Las asociaciones y organizaciones representativas de intereses económicos y sociales, serán titulares de intereses legítimos colectivos en los términos que la Ley reconozca.

— Cuando la condición de interesado derivase de alguna relación jurídica transmisible, el derechohabiente sucederá en tal condición cualquiera que sea el estado del procedimiento.

- **Representación**

En materia de representación, se incluyen nuevos medios para acreditarla en el ámbito exclusivo de las Administraciones Públicas, como son el apoderamiento apud acta, presencial o electrónico, o la acreditación de su inscripción en el registro electrónico de apoderamientos de la Administración Pública u organismo competente.

Igualmente, se dispone la obligación de cada Administración Pública de contar con un **registro electrónico de apoderamientos**, pudiendo las Administraciones territoriales adherirse al del Estado.

Según el art. 5 LPA, los interesados con capacidad de obrar podrán actuar por medio de representante, entendiéndose con este las actuaciones administrativas, salvo manifestación expresa en contra del interesado.

Las personas físicas con capacidad de obrar y las personas jurídicas, siempre que ello esté previsto en sus Estatutos, podrán actuar en representación de otras ante las Administraciones Públicas.

Deberá acreditarse la representación para:

— Formular solicitudes.

— Presentar declaraciones responsables o comunicaciones.

— Interponer recursos.

— Desistir de acciones y renunciar a derechos en nombre de otra persona.

Para los actos y gestiones de mero trámite se presumirá la representación.

La representación podrá acreditarse mediante cualquier medio válido en Derecho que deje constancia fidedigna de su existencia.

A estos efectos, se entenderá acreditada la representación realizada mediante **apoderamiento apud acta** efectuado por **comparecencia personal o comparecencia electrónica** en la correspondiente sede electrónica, o a través de la acreditación de su inscripción en el registro electrónico de apoderamientos de la Administración Pública competente. Según el Real Decreto 203/2021, de 30 de marzo, también se puede acreditar mediante un certificado electrónico cualificado de representante, o mediante documento público cuya matriz conste en un archivo notarial o de una inscripción practicada en un registro mercantil.

El órgano competente para la tramitación del procedimiento deberá incorporar al expediente administrativo acreditación de la condición de representante y de los poderes que tiene reconocidos en dicho momento. El documento electrónico que acredite el resultado de la consulta al registro electrónico de apoderamientos correspondiente tendrá la condición de acreditación a estos efectos.

La falta o insuficiente acreditación de la representación no impedirá que se tenga por realizado el acto de que se trate, siempre que se aporte aquella o se subsane el defecto dentro del plazo de diez días que deberá conceder al efecto el órgano administrativo, o de un plazo superior cuando las circunstancias del caso así lo requieran.

Las Administraciones Públicas podrán habilitar con carácter general o específico a personas físicas o jurídicas autorizadas para la **realización de determinadas transacciones electrónicas en representación de los interesados**. Dicha habilitación deberá especificar las condiciones y obligaciones a las que se comprometen los que así adquieran la condición de representantes, y determinará la presunción de validez de la representación salvo que la normativa de aplicación prevea otra cosa. Las Administraciones Públicas podrán requerir, en cualquier momento, la acreditación de dicha representación. No obstante, siempre podrá comparecer el interesado por sí mismo en el procedimiento.

- **Registros electrónicos de apoderamientos**

La Administración General del Estado, las Comunidades Autónomas y las Entidades Locales dispondrán de un registro electrónico general de apoderamientos, en el que deberán inscribirse, al menos, los de carácter general otorgados *apud acta*, presencial o electrónicamente, por quien ostente la condición de interesado en un procedimiento administrativo a favor de representante, para actuar en su nombre ante las Administraciones Públicas. También deberá constar el bastanteo realizado del poder (art. 6 LPA).

En el ámbito estatal, este registro será el **Registro Electrónico de Apoderamientos de la Administración General del Estado**.

Según el Real Decreto 203/2021, de 30 de marzo, el Registro Electrónico de Apoderamientos de la Administración General del Estado será gestionado por el Ministerio competente en Política Territorial con la colaboración del Ministerio competente en Asuntos Económicos y Transformación Digital, y será accesible desde la sede electrónica del PAGe de la Administración General del Estado así como desde las sedes y sedes electrónicas asociadas de la Administración General del Estado y de los organismos públicos o entidades de derecho público vinculados o dependientes.

Los registros generales de apoderamientos no impedirán la existencia de registros particulares en cada organismo donde se inscriban los poderes otorgados para la realización de trámites específicos en el mismo. Cada organismo podrá disponer de su propio registro electrónico de apoderamientos.

Los registros electrónicos generales y particulares de apoderamientos pertenecientes a todas y cada una de las Administraciones:

— Deberán ser **plenamente interoperables** entre sí (y no tienen carácter público, por lo que el interesado solo podrá acceder a la información de los apoderamientos de los que sea poderdante o apoderado), de modo que se garantice su interconexión, compatibilidad informática, así como la transmisión telemática de las solicitudes, escritos y comunicaciones que se incorporen a los mismos.

— Permitirán comprobar válidamente la representación de quienes actúen ante las Administraciones Públicas en nombre de un tercero, mediante la consulta a otros registros administrativos similares, al registro mercantil, de la propiedad, y a los protocolos notariales.

Los registros mercantiles, de la propiedad, y de los protocolos notariales serán interoperables con los registros electrónicos generales y particulares de apoderamientos.

Los asientos que se realicen en los registros electrónicos generales y particulares de apoderamientos deberán contener, al menos, la siguiente **información**:

— Nombre y apellidos o la denominación o razón social, documento nacional de identidad, número de identificación fiscal o documento equivalente del poderdante.

— Nombre y apellidos o la denominación o razón social, documento nacional de identidad, número de identificación fiscal o documento equivalente del apoderado.

— Fecha de inscripción.

— Período de tiempo por el cual se otorga el poder.

— Tipo de poder según las facultades que otorgue.

Los poderes que se inscriban en los registros electrónicos generales y particulares de apoderamientos deberán corresponder a alguna de las siguientes **tipologías**:

— Un poder general para que el apoderado pueda actuar en nombre del poderdante en cualquier actuación administrativa y ante cualquier Administración.

— Un poder para que el apoderado pueda actuar en nombre del poderdante en cualquier actuación administrativa ante una Administración u organismo concreto.

— Un poder para que el apoderado pueda actuar en nombre del poderdante únicamente para la realización de determinados trámites especificados en el poder.

Cada Comunidad Autónoma aprobará los modelos de poderes inscribibles en el registro cuando se circunscriba a actuaciones ante su respectiva Administración.

El apoderamiento apud acta se otorgará **mediante comparecencia electrónica en la correspondiente sede electrónica** haciendo uso de los sistemas de firma electrónica previstos en esta Ley, o bien mediante comparecencia personal en las oficinas de asistencia en materia de registros.

Los poderes inscritos en el registro tendrán una **validez determinada máxima de cinco años** a contar desde la fecha de inscripción. En todo caso, en cualquier momento antes de la finalización de dicho plazo el poderdante podrá revocar o prorrogar el poder. Las prórrogas otorgadas por el poderdante al registro tendrán una validez determinada máxima de cinco años a contar desde la fecha de inscripción.

Las solicitudes de inscripción del poder, de revocación, de prórroga o de denuncia del mismo podrán dirigirse a cualquier registro, debiendo quedar inscrita esta circunstancia en el registro de la Administración u organismo ante la que tenga efectos el poder y surtiendo efectos desde la fecha en la que se produzca dicha inscripción.

En diciembre de 2021 tuvo lugar la publicación de órdenes destinadas a regular los registros electrónicos, y en concreto, la **Orden PCM/1384/2021, de 9 de diciembre,** por la que se regula el Registro Electrónico General de apoderamientos en el ámbito de la Administración General del Estado (REA-AGE). Se inscribirán los apoderamientos del art. 3 otorgados apud acta, y se podrá acceder desde la sede electrónica del PAGe o la de cualquiera asociada a la AGE u organismos públicos o entidades de Derecho público vinculados o dependientes.

Además, la Orden aprueba los modelos de inscripción: apud acta, revocación del poderdante, prórroga del poder, aceptación de la persona apoderada y renuncia por parte de la misma.

- **Pluralidad de interesados e identificación de los mismos**

Cuando en una solicitud, escrito o comunicación figuren varios interesados, las actuaciones a que den lugar se efectuarán con el representante o el interesado que expresamente hayan señalado y, en su defecto, con el que figure en primer término (art. 7).

Si durante la instrucción de un procedimiento que no haya tenido publicidad, se advierte la existencia de personas que sean titulares de derechos o intereses legítimos y directos, cuya identificación resulte del expediente y que puedan resultar afectados por la resolución que se dicte, se comunicará a dichas personas la tramitación del procedimiento (art. 8).

<table>
<tr><th colspan="3">INTERESADOS</th></tr>
<tr><td colspan="2">Capacidad de obrar
(art. 3)</td><td>• Personas físicas o jurídicas que la ostenten con arreglo a las normas civiles.
• Menores de edad no incapacitados para el ejercicio y defensa de sus derechos e intereses cuya actuación esté permitida por el ordenamiento jurídico sin la asistencia de sus representantes legales.
• Grupos de afectados, uniones y entidades sin personalidad jurídica y patrimonios independientes o autónomos, cuando la Ley lo declare expresamente.</td></tr>
<tr><td colspan="2" rowspan="3">Concepto de interesados
(art. 4)</td><td>Quienes lo promuevan como titulares de derechos o intereses legítimos individuales o colectivos.</td></tr>
<tr><td>Los que, sin haber iniciado el procedimiento, tengan derechos que puedan resultar afectados por la decisión que en el mismo se adopte.</td></tr>
<tr><td>Aquellos cuyos intereses legítimos, individuales o colectivos, puedan resultar afectados por la resolución y se personen en el procedimiento en tanto no haya recaído resolución definitiva.</td></tr>
<tr><td rowspan="3">Representación
(art. 5)</td><td>Requisitos del representante</td><td>Personas físicas con capacidad de obrar y personas jurídicas, siempre que ello esté previsto en sus estatutos.</td></tr>
<tr><td>Acreditación necesaria para:</td><td>• Formular solicitudes.
• Presentar declaraciones responsables o comunicaciones.
• Interponer recursos.
• Desistir de acciones y renunciar a derechos en nombre de otra persona.</td></tr>
<tr><td>Medios</td><td>• Cualquier medio válido en Derecho que deje constancia fidedigna.
• Apoderamiento apud acta por comparecencia personal o electrónica.
• Acreditación de su inscripción en el registro electrónico de apoderamientos de la Administración Pública competente.</td></tr>
<tr><td colspan="2">Identificación electrónica
(art. 9)</td><td>• Sistemas basados en certificados electrónicos cualificados de firma electrónica.
• Sistemas basados en certificados electrónicos cualificados de sello electrónico.
• Sistemas de clave concertada u otros que las Administraciones Públicas consideren válido.</td></tr>
<tr><td colspan="2">Firma electrónica
(art. 10)</td><td>• Sistemas de firma electrónica cualificada y avanzada basados en certificados electrónicos cualificados.
• Sistemas de sello electrónico cualificado y de sello electrónico avanzado.
• Cualquier otro sistema que las Administraciones Públicas consideren válido.</td></tr>
</table>

3.3.6. Iniciación del procedimiento

Tal como ya se ha dicho, para la opinión doctrinal mayoritaria, el procedimiento administrativo se estructura en tres fases: iniciación, instrucción y terminación. No solo se analizará cada una por separado, sino que también se hará una referencia a las reglas relativas a la ordenación del citado procedimiento.

A) Formas de iniciación

Según el art. 54 LPA, *"los procedimientos podrán iniciarse de oficio o a solicitud de persona interesada".*

- **Periodo de información o actuaciones previas**

Con anterioridad al inicio del procedimiento, el órgano competente podrá abrir un **período de información o actuaciones previas** con el fin de conocer las circunstancias del caso concreto y la conveniencia o no de iniciar el procedimiento.

En el caso de procedimientos de naturaleza sancionadora las actuaciones previas se orientarán a determinar, con la mayor precisión posible, los hechos susceptibles de motivar la incoación del procedimiento, la identificación de la persona o personas que pudieran resultar responsables y las circunstancias relevantes que concurran en unos y otros.

Las actuaciones previas serán realizadas por los órganos que tengan atribuidas funciones de investigación, averiguación e inspección en la materia y, en defecto de estos, por la persona u órgano administrativo que se determine por el órgano competente para la iniciación o resolución del procedimiento (art. 55 LPA).

- **Medidas provisionales**

Iniciado el procedimiento, según el art. 56 LPA, el órgano administrativo competente para resolver, podrá adoptar, de oficio o a instancia de parte y de forma motivada, las **medidas provisionales** que estime oportunas para asegurar la eficacia de la resolución que pudiera recaer, si existiesen elementos de juicio suficientes para ello, de acuerdo con los principios de proporcionalidad, efectividad y menor onerosidad.

Antes de la iniciación del procedimiento administrativo, el órgano competente para iniciar o instruir el procedimiento, de oficio o a instancia de parte, en los casos de urgencia inaplazable y para la protección provisional de los intereses implicados, podrá adoptar de forma motivada las medidas provisionales que resulten necesarias y proporcionadas. Las medidas provisionales deberán ser confirmadas, modificadas o levantadas en el acuerdo de iniciación del procedimiento, que deberá efectuarse dentro de los quince días siguientes a su adopción, el cual podrá ser objeto del recurso que proceda.

En todo caso, dichas medidas quedarán sin efecto si no se inicia el procedimiento en dicho plazo o cuando el acuerdo de iniciación no contenga un pronunciamiento expreso acerca de las mismas.

Conforme a los dos párrafos anteriores, podrán acordarse las siguientes **medidas provisionales**, en los términos previstos en la Ley 1/2000, de 7 de enero, de Enjuiciamiento Civil:

— Suspensión temporal de actividades.

— Prestación de fianzas.

— Retirada o intervención de bienes productivos o suspensión temporal de servicios por razones de sanidad, higiene o seguridad, el cierre temporal del establecimiento por estas u otras causas previstas en la normativa reguladora aplicable.

— Embargo preventivo de bienes, rentas y cosas fungibles computables en metálico por aplicación de precios ciertos.

— El depósito, retención o inmovilización de cosa mueble.

— La intervención y depósito de ingresos obtenidos mediante una actividad que se considere ilícita y cuya prohibición o cesación se pretenda.

— Consignación o constitución de depósito de las cantidades que se reclamen.

— La retención de ingresos a cuenta que deban abonar las Administraciones Públicas.

— Aquellas otras medidas que, para la protección de los derechos de los interesados, prevean expresamente las leyes, o que se estimen necesarias para asegurar la efectividad de la resolución.

No se podrán adoptar medidas provisionales que puedan causar perjuicio de difícil o imposible reparación a los interesados o que impliquen violación de derechos amparados por las leyes.

Las medidas provisionales podrán ser alzadas o modificadas durante la tramitación del procedimiento, de oficio o a instancia de parte, en virtud de circunstancias sobrevenidas o que no pudieron ser tenidas en cuenta en el momento de su adopción.

En todo caso, se extinguirán cuando surta efectos la resolución administrativa que ponga fin al procedimiento correspondiente.

- **Acumulación**

El órgano administrativo que inicie o tramite un procedimiento, cualquiera que haya sido la forma de su iniciación, podrá disponer, de oficio o a instancia de parte, su **acumulación a otros con los que guarde identidad sustancial o íntima conexión**, siempre que sea el mismo órgano quien deba tramitar y resolver el procedimiento. Contra el acuerdo de acumulación no procederá recurso alguno.

- **Iniciación del procedimiento de oficio por la Administración**

Se desarrolla en los **arts. 58 a 65 LPA.**

Los procedimientos se iniciarán de oficio por acuerdo del órgano competente, distinguiéndose las cuatro siguientes **modalidades**:

— **Por propia iniciativa.** Se entiende por propia iniciativa, la actuación derivada del conocimiento directo o indirecto de las circunstancias, conductas o hechos objeto del procedimiento por el órgano que tiene atribuida la competencia de iniciación.

— **Como consecuencia de orden superior**. Se entiende por orden superior, la emitida por un órgano administrativo superior jerárquico del competente para la iniciación del procedimiento.

En los procedimientos de naturaleza sancionadora, la orden expresará, en la medida de lo posible, la persona o personas presuntamente responsables; las conductas o hechos que pudieran constituir infracción administrativa y su tipificación; así como el lugar, la fecha, fechas o período de tiempo continuado en que los hechos se produjeron.

— **A petición razonada de otros órganos**. Se entiende por petición razonada, la propuesta de iniciación del procedimiento formulada por cualquier órgano administrativo que no tiene competencia para iniciar el mismo y que ha tenido conocimiento de las circunstancias, conductas o hechos objeto del procedimiento, bien ocasionalmente o bien por tener atribuidas funciones de inspección, averiguación o investigación.

La petición no vincula al órgano competente para iniciar el procedimiento, si bien deberá comunicar al órgano que la hubiera formulado los motivos por los que, en su caso, no procede la iniciación.

En los procedimientos de naturaleza sancionadora, las peticiones deberán especificar, en la medida de lo posible, la persona o personas presuntamente responsables; las conductas o hechos que pudieran constituir infracción administrativa y su tipificación; así como el lugar, la fecha, fechas o período de tiempo continuado en que los hechos se produjeron.

En los procedimientos de responsabilidad patrimonial, la petición deberá individualizar la lesión producida en una persona o grupo de personas, su relación de causalidad con el funcionamiento del servicio público, su evaluación económica si fuera posible, y el momento en que la lesión efectivamente se produjo.

— **Por denuncia**. Se entiende por denuncia, el acto por el que cualquier persona, en cumplimiento o no de una obligación legal, pone en conocimiento de un órgano administrativo la existencia de un determinado hecho que pudiera justificar la iniciación de oficio de un procedimiento administrativo.

Las denuncias deberán expresar la identidad de la persona o personas que las presentan y el relato de los hechos que se ponen en conocimiento de la Administración. Cuando dichos hechos pudieran constituir una infracción administrativa, recogerán la fecha de su comisión y, cuando sea posible, la identificación de los presuntos responsables.

Cuando la denuncia invocara un perjuicio en el patrimonio de las Administraciones Públicas la no iniciación del procedimiento deberá ser motivada y se notificará a los denunciantes la decisión de si se ha iniciado o no el procedimiento.

Cuando el denunciante haya participado en la comisión de una infracción de esta naturaleza y existan otros infractores, el órgano competente para resolver el procedimiento deberá eximir al denunciante del pago de la multa que le correspondería u otro tipo de sanción de carácter no pecuniario, cuando sea el primero en aportar elementos de prueba que permitan iniciar el procedimiento o comprobar la infracción, siempre y cuando en el momento de aportarse aquellos no se disponga de elementos suficientes para ordenar la misma y se repare el perjuicio causado.

Asimismo, el órgano competente para resolver deberá reducir el importe del pago de la multa que le correspondería o, en su caso, la sanción de carácter no pecuniario, cuando no cumpliéndose alguna de las condiciones anteriores, el denunciante facilite elementos de prueba que aporten un valor añadido significativo respecto de aquellos de los que se disponga.

En ambos casos será necesario que el denunciante cese en la participación de la infracción y no haya destruido elementos de prueba relacionados con el objeto de la denuncia.

La presentación de una denuncia no confiere, por sí sola, la condición de interesado en el procedimiento.

- **Inicio del procedimiento a solicitud del interesado**

  Se desarrolla en los **arts. 66 a 69 LPA.**

  Las solicitudes que se formulen **deberán contener**:

  — Nombre y apellidos del interesado y, en su caso, de la persona que lo represente.

  — Identificación del medio electrónico, o en su defecto, lugar físico en que desea que se practique la notificación. Adicionalmente, los interesados podrán aportar su dirección de correo electrónico y/o dispositivo electrónico con el fin de que las Administraciones Públicas les avisen del envío o puesta a disposición de la notificación.

  — Hechos, razones y petición en que se concrete, con toda claridad, la solicitud.

  — Lugar y fecha.

  — Firma del solicitante o acreditación de la autenticidad de su voluntad expresada por cualquier medio.

  — Órgano, centro o unidad administrativa a la que se dirige y su correspondiente código de identificación.

Las oficinas de asistencia en materia de registros estarán obligadas a facilitar a los interesados el código de identificación si el interesado lo desconoce. Asimismo, las Administraciones Públicas deberán mantener y actualizar en la sede electrónica correspondiente un listado con los códigos de identificación vigentes.

Cuando las pretensiones correspondientes a una pluralidad de personas tengan un contenido y fundamento idéntico o sustancialmente similar, podrán ser formuladas en una única solicitud, salvo que las normas reguladoras de los procedimientos específicos dispongan otra cosa.

De las solicitudes, comunicaciones y escritos que presenten los interesados electrónicamente o en las oficinas de asistencia en materia de registros de la Administración, podrán estos exigir el correspondiente recibo que acredite la fecha y hora de presentación.

Las Administraciones Públicas deberán establecer modelos y sistemas de presentación masiva que permitan a los interesados presentar simultáneamente varias solicitudes. Estos modelos, de uso voluntario, estarán a disposición de los interesados en las correspondientes sedes electrónicas y en las oficinas de asistencia en materia de registros de las Administraciones Públicas.

Los solicitantes podrán acompañar los elementos que estimen convenientes para precisar o completar los datos del modelo, los cuales deberán ser admitidos y tenidos en cuenta por el órgano al que se dirijan.

Los sistemas normalizados de solicitud podrán incluir comprobaciones automáticas de la información aportada respecto de datos almacenados en sistemas propios o pertenecientes a otras Administraciones u ofrecer el formulario cumplimentado, en todo o en parte, con objeto de que el interesado verifique la información y, en su caso, la modifique y complete.

Cuando la Administración en un procedimiento concreto establezca expresamente modelos específicos de presentación de solicitudes, estos serán de uso obligatorio por los interesados.

— **Lugares de presentación**

Los documentos que los interesados dirijan a los órganos de las Administraciones Públicas podrán presentarse:

a) En el registro electrónico de la Administración u Organismo al que se dirijan, así como en los restantes registros electrónicos de cualquiera de los sujetos a los que se refiere el artículo 2.1.

b) En las oficinas de Correos, en la forma que reglamentariamente se establezca.

c) En las representaciones diplomáticas u oficinas consulares de España en el extranjero.

d) En las oficinas de asistencia en materia de registros.

e) En cualquier otro que establezcan las disposiciones vigentes.

Los registros electrónicos de todas y cada una de las Administraciones, deberán ser plenamente interoperables, de modo que se garantice su compatibilidad informática e interconexión, así como la transmisión telemática de los asientos registrales y de los documentos que se presenten en cualquiera de los registros.

Los documentos presentados de manera presencial ante las Administraciones Públicas, deberán ser digitalizados, de acuerdo con lo previsto en el artículo 27 y demás normativa aplicable, por la oficina de asistencia en materia de registros en la que hayan sido presentados para su incorporación al expediente administrativo electrónico, devolviéndose los originales al interesado, sin perjuicio de aquellos supuestos en que la norma determine la custodia por la Administración de los documentos presentados o resulte obligatoria la presentación de objetos o de documentos en un soporte específico no susceptibles de digitalización.

Reglamentariamente, las Administraciones podrán establecer la obligación de presentar determinados documentos por medios electrónicos para ciertos procedimientos y colectivos de personas físicas que, por razón de su capacidad económica, técnica, dedicación profesional u otros motivos quede acreditado que tienen acceso y disponibilidad de los medios electrónicos necesarios.

Dispondrán de registros electrónicos para la recepción y remisión de solicitudes, escritos y comunicaciones, que deberán ser plenamente interoperables de manera que se garantice su compatibilidad informática e interconexión en los términos previstos en la LPAC y el Real Decreto 20/2021, de 30 de marzo.

Las Administraciones Públicas podrán determinar los formatos y estándares a los que deberán ajustarse los documentos presentados por las personas interesadas en el registro siempre que cumplan con lo previsto en el Esquema Nacional de Interoperabilidad y normativa correspondiente.

Podrán hacerse efectivos mediante transferencia dirigida a la oficina pública correspondiente cualesquiera cantidades que haya que satisfacer en el momento de la presentación de documentos a las Administraciones Públicas, sin perjuicio de la posibilidad de su abono por otros medios.

Las Administraciones Públicas deberán hacer pública y mantener actualizada una relación de las oficinas en las que se prestará asistencia para la presentación electrónica de documentos.

No se tendrán por presentados en el registro aquellos documentos e información cuyo régimen especial establezca otra forma de presentación.

— **Subsanación de errores y mejora de la solicitud**

Si la solicitud de iniciación no reúne los requisitos señalados u otros exigidos por la legislación específica aplicable, se requerirá al interesado para que, en un plazo de **diez días**, subsane la falta o acompañe los documentos preceptivos, con indicación de que, si así no lo hiciera, se le tendrá por desistido de su petición, previa resolución en la que se declarará tal circunstancia, con indicación de los hechos producidos y las normas aplicables.

Siempre que no se trate de procedimientos selectivos o de concurrencia competitiva, este plazo **podrá ser ampliado prudencialmente, hasta cinco días**, a petición del interesado o a iniciativa del órgano, cuando la aportación de los documentos requeridos presente dificultades especiales.

En los procedimientos iniciados a solicitud de los interesados, el órgano competente podrá recabar del solicitante la modificación o mejora voluntarias de los términos de aquella. De ello se levantará acta sucinta, que se incorporará al procedimiento.

Si alguno de los sujetos obligados a relacionarse a través de medios electrónicos con las Administraciones Públicas para la realización de cualquier trámite de un procedimiento administrativo presenta su solicitud presencialmente, las Administraciones Públicas requerirán al interesado para que la subsane a través de su presentación electrónica. A estos efectos, se considerará como fecha de presentación de la solicitud aquella en la que haya sido realizada la subsanación.

Este régimen de subsanación será asimismo aplicable a las personas físicas no obligadas a relacionarse a través de medios electrónicos con las Administraciones Públicas que hayan ejercitado su derecho a relacionarse electrónicamente con la Administración Pública de que se trate.

— **Declaración responsable y comunicación**

Según el art. 69.1 LPA, se entiende por **declaración responsable** el documento suscrito por un interesado en el que este manifiesta, bajo su responsabilidad, que cumple con los requisitos establecidos en la normativa vigente para obtener el reconocimiento de un derecho o facultad o para su ejercicio, que dispone de la documentación que así lo acredita, que la pondrá a disposición de la Administración cuando le sea requerida, y que se compromete a mantener el cumplimiento de las anteriores obligaciones durante el período de tiempo inherente a dicho reconocimiento o ejercicio.

Los requisitos anteriores deberán estar recogidos de manera expresa, clara y precisa en la correspondiente declaración responsable. Las Administraciones podrán requerir en cualquier momento que se aporte la documentación que acredite el cumplimiento de los mencionados requisitos y el interesado deberá aportarla.

Según el art. 69.2 LPA, se entiende por **comunicación** aquel documento mediante el que los interesados ponen en conocimiento de la Administración Pública competente sus datos identificativos o cualquier otro dato relevante para el inicio de una actividad o el ejercicio de un derecho.

Las declaraciones responsables y las comunicaciones permitirán, el reconocimiento o ejercicio de un derecho o bien el inicio de una actividad, desde el día de su presentación, sin perjuicio de las facultades de comprobación, control e inspección que tengan atribuidas las Administraciones Públicas. No obstante, la comunicación podrá presentarse dentro de un plazo posterior al inicio de la actividad cuando la legislación correspondiente lo prevea expresamente.

La inexactitud, falsedad u omisión, de carácter esencial, de cualquier dato o información que se incorpore a una declaración responsable o a una comunicación, o la no presentación ante la Administración competente de la declaración responsable, la documentación que sea en su caso requerida para acreditar el cumplimiento de lo declarado, o la comunicación, determinará la imposibilidad de continuar con el ejercicio del derecho o actividad afectada desde el momento en que se tenga constancia de tales hechos, sin perjuicio de las responsabilidades penales, civiles o administrativas a que hubiera lugar.

Asimismo, la resolución de la Administración Pública que declare tales circunstancias podrá determinar la obligación del interesado de restituir la situación jurídica al momento previo al reconocimiento o al ejercicio del derecho o al inicio de la actividad correspondiente, así como la imposibilidad de instar un nuevo procedimiento con el mismo objeto durante un período de tiempo determinado por la ley, todo ello conforme a los términos establecidos en las normas sectoriales de aplicación.

Las Administraciones Públicas tendrán permanentemente publicados y actualizados **modelos de declaración responsable y de comunicación**, fácilmente accesibles a los interesados.

Únicamente será exigible, bien una declaración responsable, bien una comunicación para iniciar una misma actividad u obtener el reconocimiento de un mismo derecho o facultad para su ejercicio, sin que sea posible la exigencia de ambas acumulativamente.

Iniciación del procedimiento		
De Oficio	**Acuerdo**	– Dictado por iniciativa del órgano competente. – O como consecuencia de orden superior. – A petición razonada de otros órganos. – O por denuncia.
Mediante Instancia	**Contenido**	– Nombre y apellidos del interesado. - Identificación del medio electrónico, o en su defecto, lugar físico en que desea que se practique la notificación. – Hechos, razones y petición. – Lugar y fecha. – Firma del solicitante o acreditación de la autenticidad de su voluntad expresada por cualquier medio. - Órgano al que se dirige.
	Modelos normalizados	– Debe establecerlos la Administración en procedimientos que impliquen resolución de numerosas solicitudes. – Los solicitantes podrán completar los datos del modelo.
	Errores	– La Administración requerirá al interesado para que los subsane en 10 días, plazo que podrá ser ampliado hasta cinco días. – Si no corrige defectos, se le tendrá por desistido de su petición, previa resolución.
	Lugares de presentación	– Registro electrónico de la Administración u organismo al que se dirijan. – Resto de registros electrónicos de cualquier sujeto del sector público. – Oficinas de Correos. – Representaciones diplomáticas u oficinas consulares de España en el extranjero. – En cualquier otro que establezcan las disposiciones vigentes.
Medidas Provisionales	– Pueden adoptarse, de oficio o a instancia de parte, por el órgano competente. – Su finalidad es asegurar la eficacia de la futura resolución. – Se adoptarán una vez iniciado el procedimiento -regla general- o antes de su iniciación. – No pueden causar perjuicios de imposible o difícil separación o que impliquen violación de leyes.	

3.3.7. Ordenación del procedimiento

El Capítulo III del Título IV (arts. 70 a 74), bajo el epígrafe "ordenación del procedimiento", recoge los criterios, reglas o principios que deben regir la tramitación del mismo. La finalidad básica de tales reglas es agilizar los trámites administrativos y doctrinalmente, tal como hemos indicado más atrás, no suele considerarse una fase propiamente dicha del procedimiento administrativo.

A) Expediente administrativo

La LPA introduce como novedad la definición de **expediente administrativo**, entendido como el conjunto ordenado de documentos y actuaciones que sirven de antecedente y fundamento a la resolución administrativa, así como las diligencias encaminadas a ejecutarla.

Los expedientes **tendrán formato electrónico** y se formarán mediante la agregación ordenada de cuantos documentos, pruebas, dictámenes, informes, acuerdos, notificaciones y demás diligencias deban integrarlos, así como un índice numerado de todos los documentos que contenga cuando se remita. Asimismo, deberá constar en el expediente copia electrónica certificada de la resolución adoptada.

Cuando en virtud de una norma sea preciso remitir el expediente electrónico, se hará de acuerdo con lo previsto en el Esquema Nacional de Interoperabilidad y en las correspondientes Normas Técnicas de Interoperabilidad, y se enviará completo, foliado, autentificado y acompañado de un índice, asimismo autentificado, de los documentos que contenga. La autenticación del citado índice garantizará la integridad e inmutabilidad del expediente electrónico generado desde el momento de su firma y permitirá su recuperación siempre que sea preciso, siendo admisible que un mismo documento forme parte de distintos expedientes electrónicos.

No formará parte del expediente administrativo la información que tenga carácter auxiliar o de apoyo, como la contenida en aplicaciones, ficheros y bases de datos informáticas, notas, borradores, opiniones, resúmenes, comunicaciones e informes internos o entre órganos o entidades administrativas, así como los juicios de valor emitidos por las Administraciones Públicas, salvo que se trate de informes, preceptivos y facultativos, solicitados antes de la resolución administrativa que ponga fin al procedimiento.

B) Impulso

El procedimiento, sometido al principio de celeridad, **se impulsará de oficio en todos sus trámites y a través de medios electrónicos**, respetando los principios de transparencia y publicidad.

En el despacho de los expedientes se guardará el orden riguroso de incoación en asuntos de homogénea naturaleza, salvo que por el titular de la unidad administrativa se dé orden motivada en contrario, de la que quede constancia. El incumplimiento de lo anterior dará lugar a la exigencia de responsabilidad disciplinaria del infractor y, en su caso, será causa de remoción del puesto de trabajo.

Las personas designadas como órgano instructor o, en su caso, los titulares de las unidades administrativas que tengan atribuida tal función serán responsables directos de la tramitación del procedimiento y, en especial, del cumplimiento de los plazos establecidos.

C) Concentración de trámites

De acuerdo con el principio de simplificación administrativa, se acordarán **en un solo acto** todos los trámites que, por su naturaleza, admitan un impulso simultáneo y no sea obligado su cumplimiento sucesivo.

Al solicitar los trámites que deban ser cumplidos por otros órganos, deberá consignarse en la comunicación cursada el plazo legal establecido al efecto.

D) Cumplimiento de trámites

Los trámites que deban ser cumplimentados por los interesados deberán realizarse en el plazo de **diez días** a partir del siguiente al de la notificación del correspondiente acto, salvo en el caso de que en la norma correspondiente se fije plazo distinto.

En cualquier momento del procedimiento, cuando la Administración considere que alguno de los actos de los interesados no reúne los requisitos necesarios, lo pondrá en conocimiento de su autor, concediéndole un plazo de diez días para cumplimentarlo.

A los interesados que no cumplan lo dispuesto en los apartados anteriores, se les podrá declarar decaídos en su derecho al trámite correspondiente. No obstante, se admitirá la actuación del interesado y producirá sus efectos legales, si se produjera antes o dentro del día que se notifique la resolución en la que se tenga por transcurrido el plazo.

E) Cuestiones incidentales

Las cuestiones incidentales que se susciten en el procedimiento, incluso las que se refieran a la nulidad de actuaciones, **no suspenderán la tramitación** del mismo, **salvo la recusación**.

3.4. Instrucción del procedimiento

Se desarrolla en los **arts. 75 a 83 LPA.**

3.4.1. Actos de instrucción

Los actos de instrucción necesarios para la determinación, conocimiento y comprobación de los hechos en virtud de los cuales deba pronunciarse la resolución, se realizarán de oficio y a través de medios electrónicos, por el órgano que tramite el procedimiento, sin perjuicio del derecho de los interesados a proponer aquellas actuaciones que requieran su intervención o constituyan trámites legal o reglamentariamente establecidos.

Las aplicaciones y sistemas de información utilizados para la instrucción de los procedimientos deberán garantizar el control de los tiempos y plazos, la identificación de los órganos responsables y la tramitación ordenada de los expedientes, así como facilitar la simplificación y la publicidad de los procedimientos.

Los actos de instrucción que requieran la intervención de los interesados habrán de practicarse en la forma que resulte más conveniente para ellos y sea compatible, en la medida de lo posible, con sus obligaciones laborales o profesionales.

En cualquier caso, el órgano instructor adoptará las medidas necesarias para lograr el pleno respeto a los principios de contradicción y de igualdad de los interesados en el procedimiento.

3.4.2. Alegaciones

Los interesados podrán, en cualquier momento del procedimiento anterior al trámite de audiencia, aducir alegaciones y aportar documentos u otros elementos de juicio. Unos y otros serán tenidos en cuenta por el órgano competente al redactar la correspondiente propuesta de resolución.

En todo momento podrán los interesados alegar los defectos de tramitación y, en especial, los que supongan paralización, infracción de los plazos preceptivamente señalados o la omisión de trámites que pueden ser subsanados antes de la resolución definitiva del asunto. Dichas alegaciones podrán dar lugar, si hubiere razones para ello, a la exigencia de la correspondiente responsabilidad disciplinaria.

3.4.3. Prueba

Los hechos relevantes para la decisión de un procedimiento podrán acreditarse por cualquier medio de prueba admisible en Derecho, cuya valoración se realizará de acuerdo con los criterios establecidos en la Ley 1/2000, de 7 de enero, de Enjuiciamiento Civil.

Cuando la Administración no tenga por ciertos los hechos alegados por los interesados o la naturaleza del procedimiento lo exija, el instructor del mismo acordará la apertura de un período de prueba por un **plazo no superior a treinta días ni inferior a diez**, a fin de que puedan practicarse cuantas juzgue pertinentes. Asimismo, cuando lo considere necesario, el instructor, a petición de los interesados, podrá decidir la apertura de un **período extraordinario de prueba** por un plazo no superior a diez días.

El instructor del procedimiento solo podrá rechazar las pruebas propuestas por los interesados cuando sean manifiestamente improcedentes o innecesarias, mediante resolución motivada.

En los procedimientos de carácter sancionador, los hechos declarados probados por resoluciones judiciales penales firmes vincularán a las Administraciones Públicas respecto de los procedimientos sancionadores que substancien.

Los documentos formalizados por los funcionarios a los que se reconoce la condición de autoridad y en los que, observándose los requisitos legales correspondientes se recojan los hechos constatados por aquéllos harán prueba de estos salvo que se acredite lo contrario.

Cuando la prueba consista en la emisión de un informe de un órgano administrativo, organismo público o entidad de Derecho público, se entenderá que este tiene carácter preceptivo.

Cuando la valoración de las pruebas practicadas pueda constituir el fundamento básico de la decisión que se adopte en el procedimiento, por ser pieza imprescindible para la correcta evaluación de los hechos, deberá incluirse en la propuesta de resolución.

La Administración comunicará a los interesados, con antelación suficiente, el inicio de las actuaciones necesarias para la realización de las pruebas que hayan sido admitidas. En la notificación se consignará el lugar, fecha y hora en que se practicará la prueba, con la advertencia, en su caso, de que el interesado puede nombrar técnicos para que le asistan.

En los casos en que, a petición del interesado, deban efectuarse pruebas cuya realización implique gastos que no deba soportar la Administración, esta podrá exigir el anticipo de los mismos, a reserva de la liquidación definitiva, una vez practicada la prueba. La liquidación de los gastos se practicará uniendo los comprobantes que acrediten la realidad y cuantía de los mismos.

3.4.4. Informes

A efectos de la resolución del procedimiento, se solicitarán aquellos informes que sean preceptivos por las disposiciones legales, y los que se juzguen necesarios para resolver, citándose el precepto que los exija o fundamentando, en su caso, la conveniencia de reclamarlos. En la petición de informe se concretará el extremo o extremos acerca de los que se solicita.

Salvo disposición expresa en contrario, **los informes serán facultativos y no vinculantes.**

Los informes serán emitidos a través de medios electrónicos y de acuerdo con los requisitos señalados para la emisión de documentos por las Administraciones Públicas en el art. 26 en el **plazo de diez días**, salvo que una disposición o el cumplimiento del resto de los plazos del procedimiento permita o exija otro plazo mayor o menor.

De no emitirse el informe en el plazo señalado, y sin perjuicio de la responsabilidad en que incurra el responsable de la demora, se podrán proseguir las actuaciones salvo cuando se trate de un informe preceptivo, en cuyo caso se podrá suspender el transcurso del plazo máximo legal para resolver el procedimiento.

Si el informe debiera ser emitido por una Administración Pública distinta de la que tramita el procedimiento en orden a expresar el punto de vista correspondiente a sus competencias respectivas, y transcurriera el plazo sin que aquél se hubiera emitido, se podrán proseguir las actuaciones.

El informe emitido fuera de plazo podrá no ser tenido en cuenta al adoptar la correspondiente resolución.

3.4.5. Trámite de audiencia

Instruidos los procedimientos, e inmediatamente antes de redactar la propuesta de resolución, se pondrán de manifiesto a los interesados o, en su caso, a sus representantes, para lo que se tendrán en cuenta las limitaciones previstas en su caso en la Ley 19/2013, de 9 de diciembre, de Transparencia, Acceso a la Información Pública y Buen Gobierno.

La audiencia a los interesados será anterior a la solicitud del informe del órgano competente para el asesoramiento jurídico o a la solicitud del dictamen del Consejo de Estado u órgano consultivo equivalente de la Comunidad Autónoma, en el caso que estos formaran parte del procedimiento.

Los interesados, en un **plazo no inferior a diez días ni superior a quince**, podrán alegar y presentar los documentos y justificaciones que estimen pertinentes.

Si antes del vencimiento del plazo los interesados manifiestan su decisión de no efectuar alegaciones ni aportar nuevos documentos o justificaciones, se tendrá por realizado el trámite.

Se podrá **prescindir del trámite de audiencia** cuando no figuren en el procedimiento ni sean tenidos en cuenta en la resolución otros hechos ni otras alegaciones y pruebas que las aducidas por el interesado.

En los procedimientos de responsabilidad patrimonial de las Administraciones Públicas por los daños y perjuicios causados a terceros durante la ejecución de contratos cuando sean consecuencia de una orden inmediata y directa de la Administración o de los vicios del proyecto elaborado por ella misma, será necesario en todo caso dar audiencia al contratista, notificándole cuantas actuaciones se realicen en el procedimiento, al efecto de que se persone en el mismo, exponga lo que a su derecho convenga y proponga cuantos medios de prueba estime necesarios.

3.4.6. Información pública

El órgano al que corresponda la resolución del procedimiento, cuando la naturaleza de este lo requiera, podrá acordar un período de información pública.

A tal efecto, se publicará un anuncio en el Diario oficial correspondiente a fin de que cualquier persona física o jurídica pueda examinar el expediente, o la parte del mismo que se acuerde. El anuncio señalará el lugar de exhibición, debiendo estar en todo caso a disposición de las personas que lo soliciten a través de medios electrónicos en la sede electrónica correspondiente, y determinará el plazo para formular alegaciones, que en ningún caso podrá ser inferior a veinte días.

La incomparecencia en este trámite no impedirá a los interesados interponer los recursos procedentes contra la resolución definitiva del procedimiento.

La comparecencia en el trámite de información pública no otorga, por sí misma, la condición de interesado. No obstante, quienes presenten alegaciones u observaciones en este trámite tienen derecho a obtener de la Administración una respuesta razonada, que podrá ser común para todas aquellas alegaciones que planteen cuestiones sustancialmente iguales.

Conforme a lo dispuesto en las leyes, las Administraciones Públicas podrán establecer otras formas, medios y cauces de participación de las personas, directamente o a través de las organizaciones y asociaciones reconocidas por la ley en el procedimiento en el que se dictan los actos administrativos.

Instrucción del procedimiento (arts. 75 a 83)	
Fase del procedimiento constituida por las actuaciones tendentes a comprobar los datos en que se basará la resolución final.	
Alegaciones	– Los interesados pueden presentarlas -también pueden aportar documentos y otros elementos de juicio- en cualquier momento del procedimiento anterior al trámite de audiencia. – Unas y otros serán tenidos en cuenta en la propuesta de resolución. – Además, podrán alegar en cualquier momento defectos de tramitación –infracción de plazos u omisión de trámites–, lo cual dará lugar, en su caso, a responsabilidad disciplinaria.
Pruebas	– Se abrirá período de prueba cuando la Administración no tenga por ciertos los hechos alegados o lo exija la naturaleza del procedimiento. – Su duración no será superior a 30 días ni inferior a 10. – Puede utilizarse cualquier medio de prueba admitido en Derecho. – El instructor podrá rechazar, mediante resolución motivada, las improcedentes o innecesarias. – Si implican gastos que no deba soportar la Administración, esta puede exigir el pago por adelantado de los mismos, a reserva de liquidación definitiva.
Informes	– Se solicitarán los que sean preceptivos, por establecerlo así una norma, y los que se juzguen necesarios, concretando los aspectos sobre los que se pide dictamen. – Serán facultativos y no vinculantes, salvo que una norma diga lo contrario. – Deberán emitirse en 10 días, si una norma o el resto de los plazos del procedimiento no permiten o exigen uno más largo o más corto. – Cuando no se emitan dentro de plazo, podrán continuarse las actuaciones si no se trata de informes preceptivos, en cuyo caso se podrá suspender el plazo máximo legal para resolver el procedimiento.
Audiencia	– Consiste en dar a conocer al interesado la documentación obrante en el expediente, para que pueda presentar alegaciones y aportar los documentos justificativos que estime pertinentes. – Se efectuará una vez instruido el expediente y antes de redactar la propuesta de resolución, por un plazo no inferior a 10 días ni superior a 15. – Solo se podrá prescindir de dicho trámite cuando no figuren en el expediente hechos, alegaciones o pruebas distintos de los aportados por el interesado.
Información pública	– Trámite consistente en publicar el procedimiento en los diarios oficiales para que cualquier persona pueda examinar el expediente. – El anuncio debe indicar el lugar de exhibición de tal expediente y el plazo para formular alegaciones, que no será inferior a 20 días. – La comparecencia en dicho trámite no otorga por sí misma la condición de persona interesada.

3.5. Finalización del procedimiento

Se desarrolla en los **arts. 84 a 95 LPA.** Pondrán fin al procedimiento:

— La resolución.

— El desistimiento.

— La renuncia al derecho en que se funde la solicitud, cuando tal renuncia no esté prohibida por el ordenamiento jurídico.

— La declaración de caducidad.

— La terminación del procedimiento la imposibilidad material de continuarlo por causas sobrevenidas. La resolución que se dicte deberá ser motivada en todo caso.

— La terminación convencional.

3.5.1. Resolución

El art. 87 LPA introduce las **actuaciones complementarias** indispensables para resolver el procedimiento. Antes de dictar resolución, el órgano competente para resolver podrá decidir, mediante acuerdo motivado, la realización de las actuaciones complementarias indispensables para resolver el procedimiento.

No tendrán la consideración de actuaciones complementarias los informes que preceden inmediatamente a la resolución final del procedimiento.

El acuerdo de realización de actuaciones complementarias se notificará a los interesados, concediéndoseles un plazo de siete días para formular las alegaciones que tengan por pertinentes tras la finalización de las mismas. Las actuaciones complementarias deberán practicarse en un plazo no superior a quince días. El plazo para resolver el procedimiento quedará suspendido hasta la terminación de las actuaciones complementarias.

La resolución que ponga fin al procedimiento decidirá todas las cuestiones planteadas por los interesados y aquellas otras derivadas del mismo.

Cuando se trate de cuestiones conexas que no hubieran sido planteadas por los interesados, el órgano competente podrá pronunciarse sobre las mismas, poniéndolo antes de manifiesto a aquéllos por un plazo no superior a quince días, para que formulen las alegaciones que estimen pertinentes y aporten, en su caso, los medios de prueba.

En los procedimientos tramitados a solicitud del interesado, la resolución será **congruente** con las peticiones formuladas por este, sin que en ningún caso pueda agravar su situación inicial y sin perjuicio de la potestad de la Administración de incoar de oficio un nuevo procedimiento, si procede.

Las resoluciones contendrán la decisión, que será motivada en los casos del art. 35. Expresarán, además, los recursos que contra la misma procedan, órgano administrativo o judicial ante el que hubieran de presentarse y plazo para interponerlos, sin perjuicio de que los interesados puedan ejercitar cualquier otro que estimen oportuno.

Sin perjuicio de la forma y lugar señalados por el interesado para la práctica de las notificaciones, la resolución del procedimiento **se dictará electrónicamente** y garantizará la identidad del órgano competente, así como la autenticidad e integridad del documento que se formalice mediante el empleo de alguno de los instrumentos previstos en la LPA.

En ningún caso podrá la Administración abstenerse de resolver so pretexto de silencio, oscuridad o insuficiencia de los preceptos legales aplicables al caso, aunque podrá acordarse la inadmisión de las solicitudes de reconocimiento de derechos no previstos en el ordenamiento jurídico o manifiestamente carentes de fundamento, sin perjuicio del derecho de petición previsto por el art. 29 de la Constitución.

La aceptación de informes o dictámenes servirá de motivación a la resolución cuando se incorporen al texto de la misma.

Cuando la competencia para instruir y resolver un procedimiento no recaiga en un mismo órgano, será necesario que el instructor eleve al órgano competente para resolver una propuesta de resolución.

3.5.2. Terminación convencional

Las Administraciones Públicas podrán celebrar **acuerdos, pactos, convenios o contratos** con personas tanto de Derecho público como privado, siempre que no sean contrarios al ordenamiento jurídico ni versen sobre materias no susceptibles de transacción y tengan por objeto satisfacer el interés público que tienen encomendado, con el alcance, efectos y régimen jurídico específico que, en su caso, prevea la disposición que lo regule, pudiendo tales actos tener la consideración de finalizadores de los procedimientos administrativos o insertarse en los mismos con carácter previo, vinculante o no, a la resolución que les ponga fin.

Los citados instrumentos deberán establecer como contenido mínimo la identificación de las partes intervinientes, el ámbito personal, funcional y territorial, y el plazo de vigencia, debiendo publicarse o no según su naturaleza y las personas a las que estuvieran destinados.

Requerirán en todo caso la aprobación expresa del Consejo de Ministros u órgano equivalente de las Comunidades Autónomas, los acuerdos que versen sobre materias de la competencia directa de dicho órgano.

Los acuerdos que se suscriban no supondrán alteración de las competencias atribuidas a los órganos administrativos, ni de las responsabilidades que correspondan a las autoridades y funcionarios, relativas al funcionamiento de los servicios públicos.

3.5.3. Desistimiento y renuncia

Hasta ahora, el desistimiento como forma de terminación del procedimiento solo estaba previsto para los interesados. Según la LPA, en los procedimientos iniciados de oficio, **la Administración podrá desistir**, motivadamente, en los supuestos y con los requisitos previstos en las Leyes.

En cuanto a los interesados, todo interesado podrá desistir de su solicitud o, cuando ello no esté prohibido por el ordenamiento jurídico, renunciar a sus derechos.

Si el escrito de iniciación se hubiera formulado por dos o más interesados, el desistimiento o la renuncia solo afectará a aquellos que la hubiesen formulado.

Tanto el desistimiento como la renuncia podrán hacerse por cualquier medio que permita su constancia, siempre que incorpore las firmas que correspondan de acuerdo con lo previsto en la normativa aplicable.

La Administración aceptará de plano el desistimiento o la renuncia, y declarará concluso el procedimiento salvo que, habiéndose personado en el mismo terceros interesados, instasen estos su continuación en el plazo de diez días desde que fueron notificados del desistimiento o renuncia.

Si la cuestión suscitada por la incoación del procedimiento entrañase interés general o fuera conveniente sustanciarla para su definición y esclarecimiento, la Administración podrá limitar los efectos del desistimiento o la renuncia al interesado y seguirá el procedimiento.

3.5.4. Caducidad

En los procedimientos iniciados a solicitud del interesado, cuando se produzca su paralización por causa imputable al mismo, la Administración le advertirá que, **transcurridos tres meses, se producirá la caducidad del procedimiento**. Consumido este plazo sin que el particular requerido realice las actividades necesarias para reanudar la tramitación, la Administración acordará el **archivo de las actuaciones**, notificándoselo al interesado. Contra la resolución que declare la caducidad procederán los recursos pertinentes.

No podrá acordarse la caducidad por la simple inactividad del interesado en la cumplimentación de trámites, siempre que no sean indispensables para dictar resolución. Dicha inactividad no tendrá otro efecto que la pérdida de su derecho al referido trámite.

La caducidad no producirá por sí sola la prescripción de las acciones del particular o de la Administración, pero los procedimientos caducados no interrumpirán el plazo de prescripción.

En los casos en los que sea posible la iniciación de un nuevo procedimiento por no haberse producido la prescripción, podrán incorporarse a este los actos y trámites cuyo contenido se hubiera mantenido igual de no haberse producido la caducidad. En todo caso, en el nuevo procedimiento deberán cumplimentarse los trámites de alegaciones, proposición de prueba y audiencia al interesado.

Podrá no ser aplicable la caducidad en el supuesto de que la cuestión suscitada afecte al interés general, o fuera conveniente sustanciarla para su definición y esclarecimiento.

3.5.5. Tramitación simplificada del procedimiento administrativo común

El art. 96 LPA incorpora como novedad la **tramitación simplificada** del procedimiento administrativo común, estableciendo su ámbito objetivo de aplicación, el plazo máximo de resolución, que será de treinta días, y los trámites de que consta. No obstante, es preciso tener en cuenta que la tramitación simplificada ya se contemplaba en la Ley 30/1992 para los procedimientos en materia de responsabilidad patrimonial de las Administraciones Públicas y para los procedimientos sancionadores.

Cuando razones de interés público o la falta de complejidad del procedimiento así lo aconsejen, las Administraciones Públicas podrán acordar, de oficio o a solicitud del interesado, la tramitación simplificada del procedimiento.

En cualquier momento del procedimiento anterior a su resolución, el órgano competente para su tramitación podrá acordar continuar con arreglo a la tramitación ordinaria.

Cuando la Administración acuerde de oficio la tramitación simplificada del procedimiento deberá notificarlo a los interesados. Si alguno de ellos manifestara su oposición expresa, la Administración deberá seguir la tramitación ordinaria.

Los interesados podrán solicitar la tramitación simplificada del procedimiento. Si el órgano competente para la tramitación aprecia que no concurre alguna de las razones que lo aconsejan, podrá desestimar dicha solicitud, en el plazo de cinco días desde su presentación, sin que exista posibilidad de recurso por parte del interesado. Transcurrido el mencionado plazo de cinco días se entenderá desestimada la solicitud.

Salvo que reste menos para su tramitación ordinaria, los procedimientos administrativos tramitados de manera simplificada **deberán ser resueltos en treinta días**, a contar desde el siguiente al que se notifique al interesado el acuerdo de tramitación simplificada del procedimiento, y constarán únicamente de los siguientes **trámites**:

1. Inicio del procedimiento de oficio o a solicitud del interesado.

2. Subsanación de la solicitud presentada, en su caso.

3. Alegaciones formuladas al inicio del procedimiento durante el plazo de cinco días.

4. Trámite de audiencia, únicamente cuando la resolución vaya a ser desfavorable para el interesado.

5. Informe del servicio jurídico, cuando este sea preceptivo.

6. Informe del Consejo General del Poder Judicial, cuando este sea preceptivo.

7. Dictamen del Consejo de Estado u órgano consultivo equivalente de la Comunidad Autónoma en los casos en que sea preceptivo. Desde que se solicite el Dictamen al Consejo de Estado, u órgano equivalente, hasta que este sea emitido, se producirá la suspensión automática del plazo para resolver.

   El órgano competente solicitará la emisión del dictamen en un plazo tal que permita cumplir el plazo de resolución del procedimiento. El dictamen podrá ser emitido en el plazo de quince días si así lo solicita el órgano competente.

   En todo caso, en el expediente que se remita al Consejo de Estado u órgano consultivo equivalente, se incluirá una propuesta de resolución. Cuando el dictamen sea contrario al fondo de la propuesta de resolución, con independencia de que se atienda o no este criterio, el órgano competente para resolver acordará continuar el procedimiento con arreglo a la tramitación ordinaria, lo que se notificará a los interesados.

   En este caso, se entenderán convalidadas todas las actuaciones que se hubieran realizado durante la tramitación simplificada del procedimiento, a excepción del dictamen del Consejo de Estado u órgano consultivo equivalente.

8. Resolución.

En el caso que un procedimiento exigiera la realización de un trámite no previsto entre los relacionados, deberá ser tramitado de manera ordinaria.

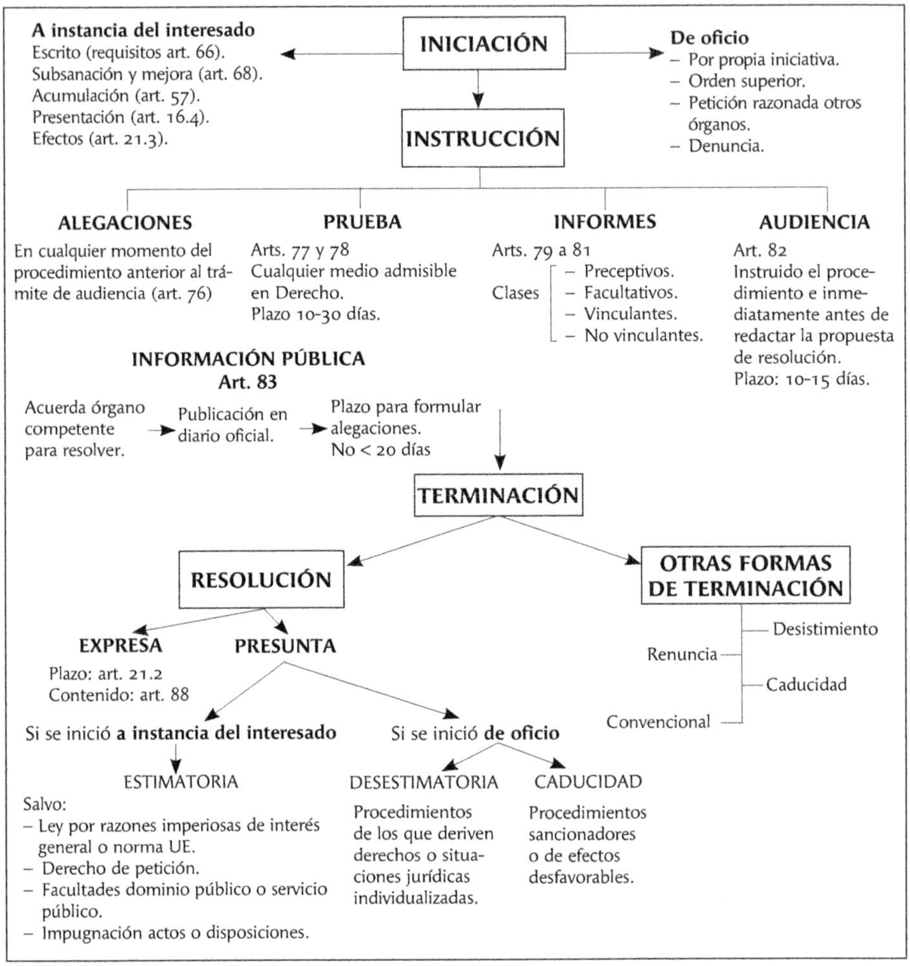

3.6. Especial referencia al silencio administrativo

3.6.1. Obligación de resolver y notificar

La regulación del silencio administrativo, positivo o negativo, es la garantía que impide que los derechos de los particulares se vacíen de contenido por la inactividad de la Administración. Tal garantía actúa cuando los ciudadanos no obtienen respuesta expresa de la Administración dentro de plazo.

En primer lugar, se establece en el art. 21.1 con carácter general la **obligación para la Administración de dictar resolución expresa** en todos los procedimientos y de notificarla, cualquiera que sea su forma de iniciación, estableciéndose como únicas excepciones los supuestos de terminación convencional y los procedimientos relativos al ejercicio de derechos sometidos únicamente al deber de declaración responsable o comunicación a la Administración.

En los casos de prescripción, renuncia del derecho, caducidad del procedimiento, desistimiento de la solicitud y desaparición sobrevenida del objeto del procedimiento, también la Administración tiene el deber de dictar resolución expresa, aunque en estos supuestos, lógicamente, la misma consistirá en una declaración de la circunstancia que concurra en cada caso, con indicación de los hechos producidos y las normas aplicables.

Esa obligación de resolver se impone incluso aunque no haya llegado el término del plazo establecido. Así, el art. 88.5 LPA dispone que "en ningún caso podrá la Administración abstenerse de resolver so pretexto de silencio, oscuridad o insuficiencia de los preceptos aplicables al caso, aunque podrá resolver la inadmisión de las solicitudes de reconocimiento de derechos no previstos en el ordenamiento jurídico o manifiestamente carentes de fundamento, sin perjuicio del derecho de petición previsto por el art. 29 CE".

El plazo máximo en el que debe notificarse la resolución expresa será el fijado por la norma reguladora del correspondiente procedimiento. Este plazo no podrá exceder de seis meses salvo que una norma con rango de Ley establezca uno mayor o así venga previsto en el Derecho de la Unión Europea.

Cuando las normas reguladoras de los procedimientos no fijen el plazo máximo, este será de tres meses. Este plazo y los del párrafo anterior se contarán:

— En los procedimientos iniciados de oficio, desde la fecha del acuerdo de iniciación.

— En los iniciados a solicitud del interesado, desde la fecha en que la solicitud haya tenido entrada en el registro electrónico de la Administración u organismo competente para su tramitación.

Las Administraciones Públicas deben publicar y mantener actualizadas en el portal web, a efectos informativos, las relaciones de procedimientos de su competencia, con indicación de los plazos máximos de duración de los mismos, así como de los efectos que produzca el silencio administrativo.

En todo caso, las Administraciones Públicas **informarán a los interesados del plazo máximo** establecido para la resolución de los procedimientos y para la notificación de los actos que les pongan término, así como de los efectos que pueda producir el silencio administrativo. Dicha mención se incluirá en la notificación o publicación del acuerdo de iniciación de oficio, o en la comunicación que se dirigirá al efecto al interesado dentro de los diez días siguientes a la recepción de la solicitud iniciadora del procedimiento en el registro electrónico de la Administración u organismo competente para su tramitación. En este último caso, la comunicación indicará además la fecha en que la solicitud ha sido recibida por el órgano competente.

Cuando el número de las solicitudes formuladas o las personas afectadas pudieran suponer un incumplimiento del plazo máximo de resolución, el órgano competente para resolver, a propuesta razonada del órgano instructor, o el superior jerárquico del órgano competente para resolver, a propuesta de este, podrán habilitar los medios personales y materiales para cumplir con el despacho adecuado y en plazo.

El personal al servicio de las Administraciones Públicas que tenga a su cargo el despacho de los asuntos, así como los titulares de los órganos administrativos competentes para instruir y resolver son directamente responsables, en el ámbito de sus competencias del cumplimiento de la obligación legal de dictar resolución expresa en plazo.

El incumplimiento de dicha obligación dará lugar a la exigencia de responsabilidad disciplinaria, sin perjuicio de la que hubiere lugar de acuerdo con la normativa aplicable.

3.6.2. Suspensión y ampliación del plazo máximo para resolver

El **art. 22.2 LPA** distingue entre los casos en que **se podrá suspender** el plazo máximo para resolver y aquellos supuestos en que dicho plazo **directamente se suspenderá**.

El transcurso del plazo máximo legal para resolver un procedimiento y notificar la resolución **se podrá suspender en los siguientes casos** (art. 22.1):

- Cuando deba requerirse a cualquier interesado para la subsanación de deficiencias o la aportación de documentos y otros elementos de juicio necesarios, por el tiempo que medie entre la notificación del requerimiento y su efectivo cumplimiento por el destinatario, o, en su defecto, por el del plazo concedido, todo ello sin perjuicio de lo previsto para la subsanación y mejora de las solicitudes.
- Cuando deba obtenerse un pronunciamiento previo y preceptivo de un órgano de la Unión Europea, por el tiempo que medie entre la petición, que habrá de comunicarse a los interesados, y la notificación del pronunciamiento a la Administración instructora, que también deberá serles comunicada.
- Cuando exista un procedimiento no finalizado en el ámbito de la Unión Europea que condicione directamente el contenido de la resolución de que se trate, desde que se tenga constancia de su existencia, lo que deberá ser comunicado a los interesados, hasta que se resuelva, lo que también habrá de ser notificado.
- Cuando se soliciten informes preceptivos a un órgano de la misma o distinta Administración, por el tiempo que medie entre la petición, que deberá comunicarse a los interesados, y la recepción del informe, que igualmente deberá ser comunicada a los mismos. Este plazo de suspensión no podrá exceder en ningún caso de tres meses. En caso de no recibirse el informe en el plazo indicado, proseguirá el procedimiento.
- Cuando deban realizarse pruebas técnicas o análisis contradictorios o dirimentes propuestos por los interesados, durante el tiempo necesario para la incorporación de los resultados al expediente.
- Cuando se inicien negociaciones con vistas a la conclusión de un pacto o convenio en los términos previstos en el art. 86 LPA, desde la declaración formal al respecto y hasta la conclusión sin efecto, en su caso, de las referidas negociaciones, que se constatará mediante declaración formulada por la Administración o los interesados.

— Cuando para la resolución del procedimiento sea indispensable la obtención de un previo pronunciamiento por parte de un órgano jurisdiccional, desde el momento en que se solicita, lo que habrá de comunicarse a los interesados, hasta que la Administración tenga constancia del mismo, lo que también deberá serles comunicado.

El transcurso del plazo máximo legal para resolver un procedimiento y notificar la resolución **se suspenderá en los siguientes casos** (art. 22.2):

— Cuando una Administración Pública requiera a otra para que anule o revise un acto que entienda que es ilegal y que constituya la base para el que la primera haya de dictar en el ámbito de sus competencias, en el supuesto del art. 39.5 LPA, desde que se realiza el requerimiento hasta que se atienda o, en su caso, se resuelva el recurso interpuesto ante la jurisdicción contencioso administrativa. Deberá ser comunicado a los interesados tanto la realización del requerimiento, como su cumplimiento o, en su caso, la resolución del correspondiente recurso Contencioso-administrativo.

— Cuando el órgano competente para resolver decida realizar alguna actuación complementaria de las previstas en el art. 87, desde el momento en que se notifique a los interesados el acuerdo motivado del inicio de las actuaciones hasta que se produzca su terminación.

— Cuando los interesados promuevan la recusación en cualquier momento de la tramitación de un procedimiento, desde que esta se plantee hasta que sea resuelta por el superior jerárquico del recusado.

Excepcionalmente, cuando se hayan agotado los medios personales y materiales disponibles para cumplir con el despacho adecuado y en plazo, el órgano competente para resolver, a propuesta, en su caso, del órgano instructor o el superior jerárquico del órgano competente para resolver, podrá acordar de manera motivada la ampliación del plazo máximo de resolución y notificación, no pudiendo ser este superior al establecido para la tramitación del procedimiento.

Contra el acuerdo que resuelva sobre la ampliación de plazos, que deberá ser notificado a los interesados, no cabrá recurso alguno.

3.6.3. Silencio administrativo en procedimientos iniciados a solicitud del interesado

En los procedimientos iniciados a solicitud del interesado, el vencimiento del plazo máximo sin haberse notificado resolución expresa, legitima al interesado o interesados para entenderla **estimada** por silencio administrativo, excepto en los supuestos en los que una norma con rango de ley o una norma de Derecho de la Unión Europea o de Derecho internacional aplicable en España establezcan lo contrario. Cuando el procedimiento tenga por objeto el acceso a actividades o su ejercicio, la ley que disponga el carácter desestimatorio del silencio deberá fundarse en la concurrencia de razones imperiosas de interés general.

El silencio tendrá **efecto desestimatorio** en los siguientes procedimientos, como se recoge en el apartado 1 del art. 24 LPA:

— Los relativos al ejercicio del derecho de petición del art. 29 de la Constitución.

— Aquellos cuya estimación tuviera como consecuencia que se transfirieran al solicitante o a terceros facultades relativas al dominio público o al servicio público.

— Aquellos que impliquen el ejercicio de actividades que puedan dañar el medio ambiente.

— Procedimientos de responsabilidad patrimonial de las Administraciones Públicas.

— Procedimientos de impugnación de actos y disposiciones y en los de revisión de oficio iniciados a solicitud de los interesados. No obstante, cuando el recurso de alzada se haya interpuesto contra la desestimación por silencio administrativo de una solicitud por el transcurso del plazo, se entenderá estimado el mismo si, llegado el plazo de resolución, el órgano administrativo competente no dictase y notificase resolución expresa, siempre que no se refiera a las materias anteriores enumeradas en este apartado.

La estimación por silencio administrativo tiene a todos los efectos la consideración de acto administrativo finalizador del procedimiento. La desestimación por silencio administrativo tiene los solos efectos de permitir a los interesados la interposición del recurso administrativo o Contencioso-administrativo que resulte procedente.

Además, teniendo en cuenta que la obligación por parte de la Administración de resolver y notificar persiste aun cuando se hayan producido los efectos del silencio administrativo, el art. 24.3 dispone que la aludida obligación por parte de la Administración de dictar resolución expresa, se sujetará en dichos supuestos al siguiente régimen:

— En los casos de estimación por silencio administrativo, la resolución expresa posterior a la producción del acto solo podrá dictarse de ser confirmatoria del mismo.

— En los casos de desestimación por silencio administrativo, la resolución expresa posterior al vencimiento del plazo se adoptará por la Administración sin vinculación alguna al sentido del silencio.

Los actos administrativos producidos por silencio administrativo se podrán hacer valer tanto ante la Administración como ante cualquier persona física o jurídica, pública o privada, produciendo efectos desde el vencimiento del plazo máximo en el que debe dictarse y notificarse la resolución expresa sin que la misma se haya expedido, y su existencia puede ser acreditada por cualquier medio de prueba admitido en Derecho, incluido el certificado acreditativo del silencio producido. Este certificado se expedirá de oficio por el órgano competente para resolver en el plazo de **quince días** desde que expire el plazo máximo para resolver el procedimiento. Sin perjuicio de lo anterior, el interesado podrá pedirlo en cualquier momento, computándose el plazo indicado anteriormente desde el día siguiente a aquél en que la petición tuviese entrada en el registro electrónico de la Administración u organismo competente para resolver.

3.6.4. Falta de resolución expresa en procedimientos iniciados de oficio

En los procedimientos iniciados de oficio, el vencimiento del plazo máximo establecido sin que se haya dictado y notificado resolución expresa no exime a la Administración del cumplimiento de la obligación legal de resolver, produciendo los siguientes efectos:

— En el caso de procedimientos de los que pudiera derivarse el reconocimiento o, en su caso, la constitución de derechos u otras situaciones jurídicas favorables, los interesados que hubieren comparecido podrán entender desestimadas sus pretensiones por silencio administrativo.

— En los procedimientos en que la Administración ejercite potestades sancionadoras o, en general, de intervención, susceptibles de producir efectos desfavorables o de gravamen, se producirá la caducidad. En estos casos, la resolución que declare la caducidad ordenará el archivo de las actuaciones.

En los supuestos en los que el procedimiento se hubiera paralizado por causa imputable al interesado, se interrumpirá el cómputo del plazo para resolver y notificar la resolución.

La regulación básica de las formas de terminación del procedimiento se refleja en el siguiente gráfico:

TERMINACIÓN DEL PROCEDIMIENTO		
RESOLUCIÓN	**Expresa**	– Resolverá las cuestiones planteadas por los interesados y las que se deriven del expediente. – Debe ser congruente con la petición formulada, y no puede agravar la situación inicial del interesado. – Contendrá la decisión, que será motivada, en su caso, y expresará los recursos que procedan y el plazo de presentación de los mismos. – La Administración no se negará a resolver alegando silencio o insuficiencia de preceptos legales, aunque podrá no admitir solicitudes de reconocimiento de derechos no previstos en el ordenamiento jurídico o carentes de fundamento.
	Presunta	**Silencio ESTIMATORIO:** – Es la regla general: solo será negativo en los casos previstos expresamente. – Tiene consideración de acto finalizador del procedimiento. – Puede acreditarse por cualquier medio, incluido certificado, el cual deberá emitirse en el plazo máx. de 15 días. – Procede efectos desde el vencimiento del plazo en que debió dictarse y notificarse la resolución. – La resolución expresa posterior, en su caso, será siempre confirmatoria. **Silencio DESESTIMATORIO:** – Es la excepción en los procedimientos juciador a solicitud de interesados. – Solo se producirá: 1) Cuando lo establezca una norma con rango de ley, por razones imperiosas de interes general o de Derecho de la Unión Europea. 2) Si se ejercita el derecho de petición (art. 29 de la Constitución). 3) Si la estimación acarrease transferencia de facultades relativas al dominio o al servicio público. 4) En los procedimientos de impugnación de actos y disposiciones (regla general). 5) Cuando se trate de procedimientos iniciados de oficio de los que pudiesen derivar derechos para los interesados. Es la regla general en los procedimientos iniciados de oficio, de los que pudiera derivarse el reconocimiento o, en su caso, la constitución de derechos u otras situaciones jurídicas individualizadas. 6) Si implican el ejercicio de actividades que puedan dañar el medio ambiente. 7) Procedimientos de responsabilidad patrimonial. – Permite interponer el recurso que proceda. – Acreditación y momento de producción de efectos: igual que en el silencio estimatorio. – La resolución expresa posterior, en su caso, podrá confirmar o no la denegación.

Terminación del procedimiento	
Desistimiento y Renuncia	– El desistimiento implica abandono de la solicitud, mientras que la renuncia acarrea pérdida del derecho. – Pueden realizarse por cualquier medio que permita su constancia. – La Administración aceptará el desistimiento o la renuncia y declarará la finalización del procedimiento. – Si la cuestión suscitada afectase al interés general, la Administración puede continuar la tramitación, limitando los efectos de la renuncia o del desistimiento a la persona interesada.
Caducidad	Se producirá en los procedimientos iniciados de oficio, en que la Administración ejercite potestades sancionadoras o, en general, de intervención, susceptibles de producir efectos desfavorables o de gravamen. En los procedimientos iniciados a solicitud del interesado: – Si se paraliza la tramitación por culpa del interesado, la Administración le advertirá de que, transcurridos tres meses, se producirá la caducidad. – Consumada esta, se acordará el archivo de las actuaciones y se comunicará al interesado. – No genera por sí sola la prescripción de acciones. – Los procedimientos caducados no interrumpen el plazo de prescripción. – No cabe la caducidad cuando se susciten cuestiones relativas al interés general.

4. Medios de impugnación de la actuación administrativa. La revisión de oficio

Como sabemos, los artículos 9.1 y 103.1 CE establecen la sujeción de la actuación de las Administraciones Públicas a la Ley y al Derecho, reservando a los Tribunales el control de la legalidad de sus actos y acuerdos conforme a lo establecido en los artículos 106.1 y 117.1 de la misma. Pues bien, la actuación de las Administraciones Públicas sujeta al Derecho Administrativo puede ser objeto de impugnación y revisión a través de una doble vía:

— En sede administrativa (recursos administrativos y revisión de oficio).

— En sede jurisdiccional, ante la Jurisdicción Contencioso-administrativa (recurso Contencioso-administrativo).

La Ley 39/2015, de 1 de octubre, dedica su Título V a la revisión de los actos en vía administrativa distinguiendo, como ya lo hacía la legislación anterior, entre la revisión de oficio por un lado y los recursos administrativos por otro.

Respecto de la revisión de oficio, nos remitimos a lo ya expuesto en el epígrafe 3.4. del tema anterior pasando a estudiar a continuación las distintas clases de recursos administrativos previstos en la LPA y el recurso Contencioso-administrativo.

5. Los recursos administrativos: concepto y clases

5.1. Concepto de recurso

Con GARCÍA DE ENTERRÍA podemos definir los recursos administrativos como *"actos del administrado mediante los que este pide a la propia Administración la revocación o reforma de un acto suyo, o de una disposición de carácter general de rango inferior a la Ley, en base a un título jurídico específico"*.

Siguiendo a GONZÁLEZ PÉREZ, los recursos administrativos son *"actos de impugnación de un acto administrativo anterior ante un órgano de este carácter, que dan lugar a un procedimiento de revisión"*.

Por su naturaleza impugnatoria los recursos administrativos deben distinguirse de las **peticiones**, cuyo objetivo es forzar la producción de un acto nuevo; de las **quejas**, que no persiguen la revocación de un acto administrativo, sino que se corrijan defectos de tramitación de un procedimiento en curso; de las **reclamaciones**, que se producen contra resoluciones provisionales, y que por lo tanto, no constituyen una auténtica impugnación y de **otros medios de impugnación** como son los establecidos en el art. 112.2 de la LPA (procedimientos de conciliación, mediación y arbitraje).

Del mismo modo, hay que distinguir el recurso en vía administrativa del recurso en vía jurisdiccional, ya que en el primero la Administración adopta la posición de juez y parte, y además, el recurso en vía administrativa no tiene por razón esencial la de definir el derecho, sino que coadyuva a que la Administración pueda dar una pronta y eficaz satisfacción a los intereses generales que tiene confiados.

Nota: *con la entrada en vigor de la LPA, debe señalarse la desaparición de las reclamaciones previas a la vía judicial civil y laboral en el procedimiento administrativo común.*

5.2. Características generales de los recursos administrativos

Para VILLAR PALASÍ y VILLAR EZCURRA, tales características generales comunes a todo tipo de recursos, pueden enumerarse de la siguiente manera:

a) En los recursos la Administración actúa en régimen de autotutela; por lo tanto, al ser juez y parte, no pueden considerarse propiamente como una forma de control de la actuación administrativa.

b) No rige en los recursos el principio de congruencia con la misma rigidez que en el ordenamiento procesal, como luego veremos al analizar el art. 119 de la LPA.

c) La pretensión deducida en el recurso consiste en solicitar la revocación o modificación de un acto definitivo, basado en cualquier infracción del ordenamiento jurídico.

d) El recurrente ha de tener capacidad de obrar y legitimación en los mismos términos que se estudiaron para el procedimiento administrativo. El órgano decisor del recurso puede ser el mismo que dictó el acto (recursos horizontales), o el superior jerárquico (recursos verticales), u otro diferente (recurso económico-administrativo).

e) Los plazos para la interposición del recurso son preclusivos, y transcurridos se produce la imposibilidad de proceder a la interposición extemporánea, debido a la doctrina de los actos confirmatorios, o consentidos.

5.3. Significado de los recursos administrativos

La doctrina suele destacar el significado de los recursos administrativos sobre un doble aspecto: como garantía de los particulares y como presupuesto de la impugnación jurisdiccional. Brevemente, los comentamos a continuación.

5.3.1. Los recursos administrativos como garantía

GARCÍA DE ENTERRÍA destaca que los recursos administrativos constituyen una garantía para los administrados en la medida en que a los afectados por las resoluciones definitivas de la Administración les proporciona una garantía, consistente en la posibilidad de reaccionar contra ellas y, eventualmente, de eliminar el perjuicio que comporten. Además es una garantía de carácter universal, puesto que alcanza a toda clase de actos administrativos.

No obstante, esta garantía tiene un alcance limitado por lo que se ha indicado ya sobre que la Administración actúa al resolverlos como juez y parte y sobre que no tienen por finalidad esencial definir el derecho. En suma, aunque los recursos pueden fundarse en cualquier clase de infracción del ordenamiento, no se impide que, junto a los motivos de estricta legalidad, aparezcan de alguna manera razones de simple oportunidad, que puedan ser consideradas por la Administración; de todas formas hay que reconocer, según el mismo autor, que la Administración actúa en vía de recursos mucho más vinculada al Derecho que cuando desarrolla la actividad de gestión.

5.3.2. Los recursos administrativos como presupuesto de la impugnación jurisdiccional

El mismo autor recuerda que la vía administrativa de recurso está configurada tradicionalmente con carácter obligatorio para poder acceder a la vía jurisdiccional que, en definitiva, es la única efectiva. Es decir, resulta preciso agotar la vía administrativa con carácter previo a la interposición del recurso Contencioso-administrativo que, en otro caso, resulta inadmisible. Conviene indicar aquí que este es un criterio general que está empezando a sufrir alguna quiebra; así, la Ley de Protección Jurisdiccional de los Derechos Fundamentales, de 26 de diciembre de 1978, cuando se refería a la protección de tales derechos en el orden Contencioso-administrativo, establecía el carácter facultativo del recurso administrativo previo, al igual que la LJCA de 1998.

Precisamente este carácter facultativo de la vía administrativa es una de las demandas de la doctrina, en punto a la necesidad de una revisión del sistema de recursos administrativos. Efectivamente, la obligatoriedad de acudir a la vía administrativa previamente a la contenciosa, el hecho de que el recurso no sirva por sí mismo para frenar la inmediata eficacia de los actos administrativos, y la desorbitada duración que en algunos casos alcanza la vía gubernativa previa hace que, en realidad, los recursos administrativos parezcan establecidos más en favor y privilegio de la Administración que en garantía de los administrados.

5.4. Objeto

5.4.1. Actos susceptibles de recurso administrativo

La LPA dispone en su art. 112.1:

"Contra las resoluciones y los actos de trámite, si estos últimos deciden directa o indirectamente el fondo del asunto, determinan la imposibilidad de continuar el procedimiento, producen indefensión o perjuicio irreparable a derechos e intereses legítimos, podrán interponerse por los interesados los recursos de alzada y potestativo de reposición, que cabrá fundar en cualquiera de los motivos de nulidad o anulabilidad previstos en los arts. 47 y 48 de esta Ley.

La oposición a los restantes actos de trámite podrá alegarse por los interesados para su consideración en la resolución que ponga fin al procedimiento".

Por su parte el art. 113, establece que:

"Contra los actos firmes en vía administrativa solo procederá el ***recurso extraordinario de revisión****, cuando concurra alguna de las circunstancias previstas en el art. 125.1".*

Como vemos, la interposición de los distintos recursos dependerá de que las resoluciones pongan fin o no a la vía administrativa, en este sentido establece el art. 114.1:

"Ponen fin a la vía administrativa:

a) *Las resoluciones de los recursos de alzada.*

b) *Las resoluciones de los procedimientos a que se refiere el artículo 112.2.*

c) *Las resoluciones de los órganos administrativos que carezcan de superior jerárquico, salvo que una Ley establezca lo contrario.*

d) *Los acuerdos, pactos, convenios o contratos que tengan la consideración de finalizadores del procedimiento.*

e) *La resolución administrativa de los procedimientos de responsabilidad patrimonial, cualquiera que fuese el tipo de relación, pública o privada, de que derive.*

f) *La resolución de los procedimientos complementarios en materia sancionadora a los que se refiere el artículo 90.4.*

g) *Las demás resoluciones de órganos administrativos cuando una disposición legal o reglamentaria así lo establezca.*

Además de lo previsto en el apartado anterior, en el ámbito estatal ponen fin a la vía administrativa los actos y resoluciones siguientes:

a) *Los actos administrativos de los miembros y órganos del Gobierno.*

b) *Los emanados de los Ministros y los Secretarios de Estado en el ejercicio de las competencias que tienen atribuidas los órganos de los que son titulares.*

c) *Los emanados de los órganos directivos con nivel de Director general o superior, en relación con las competencias que tengan atribuidas en materia de personal.*

d) *En los Organismos públicos y entidades derecho público vinculados o dependientes de la Administración General del Estado, los emanados de los máximos órganos de dirección unipersonales o colegiados, de acuerdo con lo que establezcan sus estatutos, salvo que por ley se establezca otra cosa".*

5.4.2. Disposiciones generales y actos administrativos impugnables directamente en sede jurisdiccional

La Ley concede al particular otras vías o cauces para obtener la anulación de la disposición u acto por el que se encuentra perjudicado, como es el acceso a los órganos jurisdiccionales en los supuestos en que no caben o han sido ya agotados los recursos administrativos. En este sentido disponen los apartados 3 y 4 del art. 112 de la LPA que:

"3. *Contra las disposiciones administrativas de carácter general no cabrá recurso en vía administrativa.*

Los recursos contra un acto administrativo que se funden únicamente en la nulidad de alguna disposición administrativa de carácter general podrán interponerse directamente ante el órgano que dictó dicha disposición.

4. *Las reclamaciones económico-administrativas se ajustarán a los procedimientos establecidos por su legislación específica".*

Actuación administrativa susceptible de recurso (Art. 112 LPA)		
Actos	**Resolutorios**	- Definitivos. - Que no agotan la vía administrativa (no, en el recurso de reposición).
	De trámite	- Si deciden directa o indirectamente sobre el fondo del asunto. - Si impiden continuar el procedimiento. - Si producen indefensión o perjuicio irreparable a derechos o intereses legítimos.
Disposiciones	- No admiten recurso administrativo directamente.	

5.5. Reglas generales de tramitación de los recursos administrativos

VILLAR PALASÍ y VILLAR EZCURRA, distinguen las fases de preparación, interposición, admisión, instrucción y resolución. A ellos vamos a seguir en la exposición de las líneas generales.

5.5.1. Preparación

Constituye un trámite típicamente procesal, que raramente se presenta en la tipología general de los recursos administrativos. Tiene como finalidad solicitar que se pongan de manifiesto al interesado las actuaciones que integran el expediente administrativo, al objeto de proporcionarle los antecedentes necesarios para la interposición del recurso.

5.5.2. Interposición

El procedimiento se inicia siempre a instancia de parte mediante el escrito de interposición, en el que se hará constar, según el art. 115.1:

a) El nombre y apellidos del recurrente, así como la identificación personal del mismo.

b) El acto que se recurre y la razón de su impugnación.

c) Lugar, fecha, firma del recurrente, identificación del medio y, en su caso, del lugar que se señale a efectos de notificaciones.

d) Órgano, centro o unidad administrativa al que se dirige y su correspondiente código de identificación.

e) Las demás particularidades exigidas en su caso por las disposiciones específicas.

El **error** o la ausencia en la calificación del recurso por parte del recurrente no será obstáculo para su tramitación, siempre que se deduzca su verdadero carácter.

Los **vicios** y **defectos** que hagan anulable un acto no podrán ser alegados por quienes los hubieren causado.

Según el art. 116 LPA, serán **causas de inadmisión** las siguientes:

a) Ser incompetente el órgano administrativo, cuando el competente perteneciera a otra Administración Pública. El recurso deberá remitirse al órgano competente, de acuerdo con lo establecido en el artículo 14.1 de la Ley de Régimen Jurídico del Sector Público.

b) Carecer de legitimación el recurrente.

c) Tratarse de un acto no susceptible de recurso.

d) Haber transcurrido el plazo para la interposición del recurso.

e) Carecer el recurso manifiestamente de fundamento.

5.5.3. Efectos de la interposición del recurso

La interposición del recurso trae como efecto inmediato la **obligatoriedad de resolver**, y ello no solo por la naturaleza del propio recurso, sino también por el principio establecido en el art. 21 de la LPA.

Debemos tener en cuenta también lo establecido en el art. 9.2.c) LRJSP en el sentido de que:

"En ningún caso podrán ser objeto de ***delegación*** *las competencias relativas a:*

c) La resolución de recursos en los órganos administrativos que hayan dictado los actos objeto de recurso".

Otro de los efectos o regla general de los recursos es que su interposición **no suspenderá la ejecución** del acto impugnado, no obstante, el art. 117 LPA, que regula la suspensión, establece que:

"1. La interposición de cualquier recurso, excepto en los casos en que una disposición establezca lo contrario, ***no suspenderá*** *la ejecución del acto impugnado.*

2. No obstante lo dispuesto en el apartado anterior, el órgano a quien competa resolver el recurso, previa ponderación, suficientemente razonada, entre el perjuicio que causaría al interés público o a terceros la suspensión y el perjuicio que se causa al recurrente como consecuencia de la eficacia inmediata del acto recurrido, podrá suspender, de oficio o a solicitud del recurrente, la ejecución del acto impugnado cuando concurran alguna de las siguientes ***circunstancias****:*

a) Que la ejecución pudiera causar perjuicios de imposible o difícil reparación.

b) Que la impugnación se fundamente en alguna de las causas de nulidad de pleno derecho previstas en el art. 47.1 de esta Ley.

3. *La ejecución del acto impugnado se entenderá suspendida si transcurridos* ***un mes*** *desde que la solicitud de suspensión haya tenido entrada en el registro electrónico de la Administración u Organismo competente para decidir sobre la misma, este no ha dictado y notificado resolución expresa al respecto. En estos casos no será de aplicación lo establecido en el art. 21.4, segundo párrafo, de esta Ley.*

4. *Al dictar el acuerdo de suspensión podrán adoptarse las medidas cautelares que sean necesarias para asegurar la protección del interés público o de terceros y la eficacia de la resolución o el acto impugnado.*

   Cuando de la suspensión puedan derivarse perjuicios de cualquier naturaleza, aquella solo producirá efectos previa prestación de caución o garantía suficiente para responder de ellos, en los términos establecidos reglamentariamente.

   La suspensión se prolongará después de agotada la vía administrativa cuando, habiendo solicitado previamente el interesado, exista medida cautelar y los efectos de esta se extiendan a la vía Contencioso-administrativa. Si el interesado interpusiera recurso Contencioso-administrativo, solicitando la suspensión del acto objeto del proceso, se mantendrá la suspensión hasta que se produzca el correspondiente pronunciamiento judicial sobre la solicitud.

5. *Cuando el recurso tenga por objeto la impugnación de un acto administrativo que afecte a una pluralidad indeterminada de personas, la suspensión de su eficacia habrá de ser publicada en el periódico oficial en que aquel se insertó."*

<table>
<tr><th colspan="4">Fases del recurso</th></tr>
<tr><td>Preparación</td><td colspan="3">Notificación al interesado del expediente administrativo.</td></tr>
<tr><td rowspan="6">Interposición</td><td>Órgano competente</td><td colspan="2">– El que dictó el acto.
– El competente para resolver el acto.</td></tr>
<tr><td rowspan="2">Recurrente</td><td>Requisitos</td><td>– Capacidad jurídica y de obrar.
– Representación.
– Legitimación.</td></tr>
<tr><td>Legitimación</td><td>– Titular de un derecho subjetivo o de un interés directo, personal y legítimo.
– Acción popular.</td></tr>
<tr><td>Escrito de interposición</td><td colspan="2">– Nombre y apellidos.
– Lugar de notificaciones.
– Acto recurrido y motivo.
– Lugar y fecha.
– Órgano al que se dirige.
– Las demás peculiaridades establecidas por disposiciones específicas.</td></tr>
<tr><td>Efectos</td><td colspan="2">– Obligación de resolver por la Administración.
– No suspensivos del acto con las excepciones previstas en el art. 117.</td></tr>
<tr><td>Instrucción y Ordenación</td><td colspan="3">– Trámite de audiencia en caso de nuevos hechos o documentos.
– Traslado del recurso a otros interesados.</td></tr>
</table>

5.5.4. Instrucción y ordenación del procedimiento de recurso

Las normas generales en cuanto a la instrucción y ordenación del procedimiento administrativo son aplicables, en principio, al procedimiento en vía de recurso.

Especial referencia hay que hacer al trámite de audiencia, teniendo en cuenta lo que se dispone, por expresa remisión al mismo, en el art. 118 de la LPA, cuando dice:

> "1. *Cuando hayan de tenerse en cuenta nuevos hechos o documentos no recogidos en el expediente originario, se pondrán de manifiesto a los interesados para que, en un plazo* ***no inferior a diez días ni superior a quince****, formulen las alegaciones y presenten los documentos y justificantes que estimen procedentes.*
>
> *No se tendrán en cuenta en la resolución de los recursos, los hechos, documentos o alegaciones del recurrente cuando habiendo podido aportarlos en el trámite de alegaciones no lo haya hecho. Tampoco podrá solicitarse la práctica de pruebas cuando su falta de realización en el procedimiento en el que se dictó la resolución recurrida fuera imputable al interesado.*

2. *Si hubiera otros interesados se les dará, en todo caso,* ***traslado del recurso*** *para que en el plazo antes citado aleguen cuanto estimen procedente.*

3. *El recurso, los informes y las propuestas no tienen el carácter de documentos nuevos a los efectos de este artículo. Tampoco lo tendrán aquéllos que los interesados hayan aportado al expediente antes de recaer la resolución impugnada".*

5.5.5. Resolución del recurso

A) Resolución expresa

La resolución del recurso puede ser, naturalmente, estimatoria o desestimatoria. Así, el art. 119 establece que:

"1. *La resolución del recurso estimará en todo o en parte o desestimará las* ***pretensiones*** *formuladas en el mismo o declarará* ***su inadmisión****.*

2. *Cuando existiendo vicio de forma no se estime procedente resolver sobre el fondo se ordenará la retroacción del procedimiento al momento en el que el vicio fue cometido, sin perjuicio de que eventualmente pueda acordarse la convalidación de actuaciones por el órgano competente para ello, de acuerdo con lo dispuesto en el artículo 52".*

Además, la terminación del recurso puede tener lugar por las mismas causas que todo procedimiento administrativo, es decir, el desistimiento, la renuncia y la caducidad.

En el procedimiento administrativo el principio de congruencia entre el "petitum" del recurso y la resolución no guarda la misma rigidez que en el ordenamiento procesal. El art. 119.3 dispone a estos efectos:

"3. *El órgano que resuelva el recurso decidirá cuantas cuestiones, tanto de forma como de fondo, plantee el procedimiento, hayan sido o no alegadas por los interesados. En este último caso se les oirá previamente. No obstante, la resolución será congruente con las peticiones formuladas por el recurrente, sin que en ningún caso pueda agravarse su situación inicial"* ***(prohibición de la "reformatio in peius)"****.*

B) Pluralidad de recursos administrativos

Según el art. 120 LPA, cuando deban resolverse una pluralidad de recursos administrativos que traigan causa de un mismo acto administrativo y se hubiera interpuesto un recurso judicial contra una resolución administrativa o bien contra el correspondiente acto presunto desestimatorio, el órgano administrativo podrá acordar la suspensión del plazo para resolver hasta que recaiga pronunciamiento judicial.

El acuerdo de suspensión deberá ser notificado a los interesados, quienes podrán recurrirlo.

La interposición del correspondiente recurso por un interesado, no afectará a los restantes procedimientos de recurso que se encuentren suspendidos por traer causa del mismo acto administrativo.

Recaído el pronunciamiento judicial, será comunicado a los interesados y el órgano administrativo competente para resolver podrá dictar resolución sin necesidad de realizar ningún trámite adicional, salvo el de audiencia, cuando proceda.

C) Resolución por silencio

En el supuesto de que la Administración no resuelva el recurso planteado, a tenor de lo dispuesto en el nuevo art. 24.1, podrá entenderse desestimado el mismo.

Ahora bien, cuando el **recurso de alzada** se haya interpuesto contra la desestimación por silencio administrativo de una solicitud por el transcurso del plazo, se entenderá estimado el recurso si llegado el plazo de resolución de este órgano administrativo competente no dictase resolución expresa sobre el mismo (párrafo 3º del art. 24.1).

Resolución de los recursos administrativos	
Expresa	Contenido: 1. Estimatoria (– En todo. – En parte.); 2. Desestimatoria (– En todo. – En parte.) Congruencia: 1. Flexibilización del principio. 2. En caso de resolver cuestiones no alegadas: necesidad de oír a los interesados. 3. Prohibición de "reformatio in peius".
Presunta	Contenido: 1. Estimatoria. 2. Desestimatoria. Régimen del silencio administrativo.
Conciliación, mediación y arbitraje	Previstos legalmente en sustitución del recurso ordinario. Órgano competente: 1. Órganos colegiados. 2. Comisiones específicas.
Otras formas de terminación del procedimiento	– Desistimiento. – Renuncia. – Caducidad.

5.6. Clases de recursos

Según lo dispuesto en los arts. 121 a 126 LPA, el sistema de recursos que los interesados pueden interponer ante la Administración:

- **Recurso de alzada**: procede, en principio, contra cualquier clase de actos que no pongan fin a la vía administrativa, salvo exclusión legal expresa, y puede fundarse en cualquier infracción del ordenamiento jurídico.
- **Recurso potestativo de reposición**.
- **Recurso extraordinario de revisión**: solo procede en los supuestos concretos expresamente previstos por el legislador y ha de fundarse necesariamente en motivos tasados por la ley.

5.6.1. Recurso de alzada

A) Concepto y regulación legal

Este recurso va a suponer el medio habitual para apurar la vía administrativa, y de llegar a una resolución que, por causar estado en dicha vía, esto es, por llegar al extremo de la línea jerárquica, deje expedita la jurisdiccional Contencioso-administrativa.

El recurso de alzada **es un acto del interesado mediante el cual se solicita del órgano superior al que dictó el acto recurrido, la modificación total o parcial del mismo**.

Su regulación aparece en la Sección Segunda del Capítulo II del Título V, que comprende los arts. 121 y 122, que estudiamos a continuación.

B) Objeto e interposición

Aparece en el art. 121 LPA, que establece:

"1. *Las resoluciones y actos a que se refiere el art. 112.1, cuando* ***no pongan fin*** *a la vía administrativa, podrán ser recurridos en alzada ante el órgano superior jerárquico del que los dictó. A estos efectos, los tribunales y órganos de selección del personal al servicio de las Administraciones Públicas y cualesquiera otros que, en el seno de estas, actúen con autonomía funcional, se considerarán dependientes del órgano al que estén adscritos o, en su defecto, del que haya nombrado al Presidente de los mismos.*

2. *El recurso podrá* ***interponerse*** *ante el órgano que dictó el acto que se impugna o ante el competente para resolverlo.*

Si el recurso se hubiera interpuesto ante el órgano que dictó el acto impugnado, este deberá remitirlo al competente en el plazo de diez días, con su informe y con una copia completa y ordenada del expediente. El titular del órgano que dictó el acto recurrido será responsable directo del cumplimiento de lo previsto en el párrafo anterior".

C) Plazos

El art. 122 establece:

*"1. El plazo para la **interposición** del recurso de alzada será de **un mes**, si el acto fuera **expreso**. Transcurrido dicho plazo sin haberse interpuesto el recurso, la resolución será firme a todos los efectos.*

Si el acto no fuera expreso el solicitante y otros posibles interesados podrán interponer recurso de alzada en cualquier momento a partir del día siguiente a aquel en que, de acuerdo con su normativa específica, se produzcan los efectos del silencio administrativo.

*2. **El plazo máximo para dictar y notificar la resolución será de tres meses.** Transcurrido este plazo sin que recaiga resolución, se podrá entender desestimado el recurso, salvo en el supuesto previsto en el artículo 24.1, tercer párrafo.*

3. Contra la resolución de un recurso de alzada no cabrá ningún otro recurso administrativo, salvo el recurso extraordinario de revisión, en los casos establecidos en el artículo 125.1".

Recurso de Alzada	
Regulación positiva	Arts. 121 y 122 LPA
Objeto	1º Resoluciones 2º Actos de trámite cuando: – Decidan directa o indirectamente el fondo del asunto. – Determinen la imposibilidad de continuarlo. – Produzcan indefensión. – Causen un perjuicio irreparable a los intereses legítimos. PERO QUE NO PONGAN FIN A LA VÍA ADMINISTRATIVA
Motivos	Motivos de nulidad o anulabilidad. Arts. 47 y 48 LPA
Ante quién se recurre	Superior jerárquico de quien dictó el acto administrativo.
Ante quién se interpone	1º Ante el órgano que dictó el acto que se impugna. 2º Ante el competente para resolverlo.
Plazo para interponer	Si es expreso = 1 mes. Si es presunto = en cualquier momento a partir del día siguiente a que se produzcan los efectos del silencio administrativo.
Plazo para resolver	3 meses (si transcurre dicho plazo se entiende desestimado quedando abierta la vía jurisdiccional).

5.6.2. Recurso potestativo de reposición

A) Regulación legal

Se regula en la Sección Tercera del Capítulo II del Título V de la LPA, que comprende los arts. 123 y 124.

B) Objeto y naturaleza

Los actos administrativos que **pongan fin a la vía administrativa** podrán ser recurridos potestativamente en reposición ante el mismo órgano que los hubiera dictado o ser impugnados directamente ante el orden jurisdiccional Contencioso-administrativo.

No se podrá interponer recurso Contencioso-administrativo hasta que sea resuelto expresamente o se haya producido la desestimación presunta del recurso de reposición interpuesto (art. 123).

C) Plazos

Los plazos de interposición y resolución del recurso de reposición aparecen regulados en el art. 124, que establece:

"1. *El plazo para la* ***interposición*** *del recurso de reposición será de* ***un mes****, si el acto fuera* ***expreso****. Transcurrido dicho plazo, únicamente podrá interponerse recurso Contencioso-administrativo, sin perjuicio, en su caso, de la procedencia del recurso extraordinario de revisión.*

Si el acto no fuera expreso, el solicitante y otros posibles interesados podrán interponer recurso de reposición en cualquier momento a partir del día siguiente a aquel en que, de acuerdo con su normativa específica, se produzca el acto presunto.

2. *El plazo máximo para dictar y notificar la* ***resolución*** *del recurso será de* ***un mes****.*

3. *Contra la resolución de un recurso de reposición no podrá interponerse de nuevo dicho recurso".*

Recurso Potestativo de Reposición	
Regulación positiva	Arts. 123 y 124 LPA
Objeto	Los mismos actos recurso de alzada QUE PONGAN FIN A LA VÍA ADMINISTRATIVA
Motivos	Motivos de nulidad o anulabilidad. Arts. 47 y 48 LPA
Ante quién se recurre	Ante el mismo órgano que los haya dictado.
Ante quién se interpone	Ante el mismo órgano que haya dictado.
Plazo para interponer	Si es expreso = 1 mes. Si es presunto = en cualquier momento a partir del día siguiente a que se produzcan el acto presunto.
Plazo para resolver	1 mes

5.6.3. Recurso extraordinario de revisión

A) Concepto, naturaleza, justificación y regulación legal

El recurso de revisión es de carácter extraordinario o excepcional, de manera que solo puede ser interpuesto por las causas especiales que se señalan en el art. 125 LPA o en leyes especiales.

Se ha dicho que este recurso constituye, más que un recurso propiamente dicho, un remedio excepcional frente a ciertos actos que han ganado firmeza, pero de cuya legalidad se duda en base a datos o acaecimientos sobrevenidos con posterioridad al momento en que fueren dictados. En definitiva, estos recursos afectan a la llamada autoridad de la cosa juzgada formal.

A su regulación destina la Ley dos artículos, el 125 y el 126 (Sección Cuarta del Capítulo II del Título V), que estudiaremos a continuación sistemáticamente.

B) Casos en que procede

Según el art. 125:

"1. *Contra los **actos firmes** en vía administrativa, podrá interponerse el recurso extraordinario de revisión ante el órgano administrativo que los dictó, que también será el competente para su resolución, cuando concurra alguna de las circunstancias siguientes:*

1ª. *Que al dictarlos se hubiera incurrido en **error de hecho**, que resulte de los propios documentos incorporados al expediente.*

2ª. *Que aparezcan **documentos de valor esencial** para la resolución del asunto que, aunque sean posteriores, evidencien el error de la resolución recurrida.*

3ª. *Que en la resolución hayan influido esencialmente **documentos o testimonios** declarados **falsos** por sentencia judicial firme, anterior o posterior a aquella resolución.*

4ª. *Que la resolución se hubiese dictado como consecuencia de **prevaricación, cohecho, violencia, maquinación fraudulenta u otra conducta punible** y se haya declarado así en virtud de sentencia judicial firme".*

C) Plazo de interposición

Según el art. 125 de la Ley:

"2. *El recurso extraordinario de revisión se interpondrá cuando se trate de la **causa primera**, dentro de los **cuatro años** siguientes a la fecha de la notificación de la resolución impugnada. En los **demás casos** el plazo será de **tres meses**, a contar desde el conocimiento de los documentos o desde que la sentencia judicial quedó firme".*

El art. 125.3 establece:

"3. *Lo establecido en el presente artículo no perjudica el derecho de los interesados a formular la solicitud y la instancia a que se refieren los arts. 106 y 109.2 de la presente Ley ni su derecho a que las mismas se sustancien y resuelvan".*

D) Órganos competentes

Según el art. 125.1 LPA, será competente para conocer del recurso extraordinario de revisión el órgano administrativo que haya dictado el acto objeto de recurso.

E) Resolución

De acuerdo con el art. 126:

"1. *El órgano competente para la resolución del recurso podrá acordar motivadamente la inadmisión a trámite, sin necesidad de recabar dictamen del Consejo de Estado u órgano consultivo de la Comunidad Autónoma, cuando el mismo no se funde en alguna de las causas previstas en el apartado primero del artículo anterior o en el supuesto de que se hubiesen desestimado en cuanto al fondo otros recursos sustancialmente iguales.*

2. *El órgano al que corresponde conocer del recurso extraordinario de revisión debe pronunciarse no solo sobre la procedencia del recurso, sino también, en su caso, sobre el fondo de la cuestión resuelta por el acto recurrido.*

3. *Transcurrido el plazo de **tres meses** desde la interposición del recurso extraordinario de revisión sin haberse dictado y notificado la resolución, se entenderá desestimado, quedando expedita la vía jurisdiccional Contencioso-administrativa".*

Recurso Extraordinario de Revisión	
Regulación positiva	Arts. 125 y 126 LPA
Objeto	Actos firmes en vía administrativa
Motivos	1º. Que al dictarlo se hubiera incurrido en error de hecho. 2º. Que aparezcan documentos de valor esencial para la resolución aunque sean posteriores. 3º. Que en la resolución hayan influido documentos o testimonios declarados falsos por sentencia judicial. 4º. Que resolución se haya dictado como consecuencia prevaricación, cohecho, violencia o maquinación fraudulenta.
Ante quién se recurre	Ante el órgano administrativo que los dictó.
Ante quién se interpone	Ante el órgano administrativo que los dictó.
Plazo para interponer	Causa 1ª: 4 años desde notificación. Causa 2ª, 3ª, 4ª: desde los tres meses de aparición de documentos o desde sentencia judicial firme.
Plazo para resolver	3 meses

Recursos administrativos			
	Objeto	**Interposición**	**Resolución**
ALZADA	• Resoluciones. • Actos de trámite que: – Decidan el fondo del asunto. – Impidan continuar el procedimiento. – Produzcan indefensión o perjuicio irreparable. • Que no pongan fin a la vía administrativa. • Que, supuestamente, incurran en cualquier motivo de nulidad o de anulabilidad.	• Ante el superior jerárquico o ante el propio órgano que dictó el acto, el cual lo remitirá a aquél en 10 días. • Plazo: – 1 mes, si el acto recurrido fuese expreso. – En cualquier momento a partir del día siguiente a que se produzca el silencio administrativo, si es presunto.	• Competencia: órgano superior del que dictó el acto. • Plazo: 3 meses. • Contra tal resolución procederá recurso contencioso-administrativo y, en su caso, el extraordinario de revisión.
REPOSICIÓN	• Actos que pongan fin a la vía administrativa. • En lo demás, se aplican las mismas reglas que en alzada.	• Ante el propio órgano. • Potestativa: los actos que agotan vía administrativa pueden ser directamente impugnados en vía contenciosa. • Plazo: igual que alzada. Transcurridos los mismos, puede interponerse el recurso contencioso y, en su caso, el de revisión.	• Competencia: el mismo órgano que dictó el acto. • Plazo: 1 mes. • Contra la resolución no procederá nuevo recurso de reposición, pero sí recurso contencioso-administrativo y, en su caso, el extraordinario de revisión.
REVISIÓN	• Actos firmes. • Motivos: 1º Error de hecho. 2º Aparición de documentos de valor esencial para la resolución. 3º Documentos o testimonios declarados falsos por sentencia firme. 4º Prevaricación, cohecho, violencia, etc., declarados por sentencia firme.	• Ante el propio órgano. • Plazo: – 4 años siguientes a la fecha de la notificación, en el 1er supuesto. – 3 meses desde el conocimiento de los documentos o desde sentencia firme, en los demás casos.	• Competencia: el mismo órgano que dictó el acto. • Plazo: 3 meses. • Procederá recurso contencioso-administrativo.

6. La Jurisdicción Contencioso-administrativa

6.1. Introducción

Antes de definir la Jurisdicción Contencioso-administrativa, debe ubicarse esta en su ámbito exacto, con la finalidad de establecer el porqué de su existencia y de su modo de funcionar.

Dicha jurisdicción está integrada por un conjunto de órganos judiciales, encuadrados en el poder judicial, que ejercen competencias especializadas en materia Contencioso-administrativa, conociendo de los recursos que se interpongan por los particulares, o por los propios entes del sector público, contra la actividad presuntamente ilícita de las diversas Administraciones Públicas (estatal, autonómica, local e institucional).

El recurso contencioso, en su modalidad tradicional, se interpone contra actos administrativos –habitualmente resoluciones– expresos o presuntos. En tal supuesto, será necesario agotar previamente la vía administrativa, interponiendo, en su caso, el recurso de alzada regulado en la LPA.

Junto a dicha modalidad tradicional, la legislación vigente admite la posibilidad de plantear tal recurso contra disposiciones de carácter general –reglamentos y, en ciertos supuestos, Reales Decretos Legislativos–, contra la inactividad de la Administración y contra actuaciones materiales constitutivas de vía de hecho. Todo ello en los términos que se expondrán en los epígrafes siguientes.

6.2. Concepto y significado del recurso Contencioso-administrativo

Lo anteriormente expuesto induce a concluir que la Jurisdicción Contencioso-administrativa constituye un mecanismo de fiscalización o control de la legalidad de la actuación administrativa, por parte de los órganos judiciales.

El origen de dicha potestad jurisdiccional deriva del propio texto constitucional. En efecto, la vigente Constitución española de 1978 dedica a la cuestión analizada, entre otros, los siguientes preceptos:

— Los Tribunales controlan la potestad reglamentaria y la legalidad de la actuación administrativa, así como el sometimiento de esta a los fines que la justifican (art. 106.1).

— El control de la actividad de los órganos de las Comunidades Autónomas se ejercerá: ... por la Jurisdicción Contencioso-administrativa, el de la administración autónoma y sus normas reglamentarias (art. 153.c)).

En consonancia con lo estipulado en dichos preceptos, el art. 9.4 LOPJ, establece que los Tribunales y Juzgados "del orden Contencioso-administrativo conocerán de las pretensiones que se deduzcan en relación con los actos de la Administración Pública sujetos al Derecho administrativo y con las disposiciones reglamentarias".

Teniendo en cuenta tales preceptos, así como el art. 1 LJCA, el recurso Contencioso-administrativo es un auténtico procedimiento jurisdiccional, que se ejercita ante los Juzgados y Tribunales de dicho orden judicial, en relación con la actuación de las Administraciones Públicas sujeta al Derecho administrativo, con las disposiciones generales de rango inferior a la ley y con los Decretos Legislativos cuando excedan los límites de la delegación.

6.3. Régimen jurídico actual

Además de los principios derivados de la Constitución, debe tenerse en cuenta la LOPJ, modificada, en lo que atañe al ámbito Contencioso-administrativo, en varias ocasiones.

No obstante, la actual regulación específica de esta materia está constituida por los preceptos de la **Ley 29/1998, de 13 de julio, reguladora de la Jurisdicción Contencioso-administrativa (LJCA).**

6.4. Ámbito y extensión

El texto legal comienza definiendo el alcance y los límites de la Jurisdicción Contencioso-administrativa en los siguientes términos:

6.4.1. Objeto del recurso Contencioso-administrativo: planteamiento general

Los Juzgados y Tribunales del orden Contencioso-administrativo conocerán de las pretensiones que se deduzcan en relación con la actuación de las Administraciones Públicas sujeta al Derecho Administrativo, con las disposiciones generales de rango inferior a la Ley y con los Decretos legislativos cuando excedan los límites de la delegación.

Se entenderá a estos efectos por Administraciones Públicas:

— La Administración **General del Estado.**

— Las Administraciones de las **Comunidades Autónomas.**

— Las Entidades que integran la **Administración Local.**

— Las **Entidades de Derecho público que sean dependientes** o estén **vinculadas al Estado**, las **Comunidades Autónomas** o las **Entidades Locales.**

En resumen, el recurso contencioso se puede plantear contra un acto o contra un reglamento de cualquier Administración Pública.

Además, ciertas resoluciones de instituciones no encuadradas en el poder ejecutivo podrán ser recurridas ante los órganos judiciales de lo contencioso. En efecto, dichos órganos, **conocerán también de las pretensiones que se deduzcan en relación con:**

— Los actos y disposiciones en materia de personal, administración y gestión patrimonial sujetos al Derecho público adoptados por los órganos competentes del Congreso de los Diputados, del Senado, del Tribunal Constitucional, del Tribunal de Cuentas y del Defensor del Pueblo, así como de las Asambleas Legislativas de las Comunidades Autónomas y de las instituciones autonómicas análogas al Tribunal de Cuentas y al Defensor del Pueblo.

— Los actos y disposiciones del Consejo General del Poder Judicial.

— La actuación de la Administración electoral.

— La protección jurisdiccional de los derechos fundamentales.

— Los contratos administrativos y los actos de preparación y adjudición de los demás contratos sujetos a la legislación de contratación de las Administraciones Públicas (Ley 9/2017, de 8 de noviembre, de Contratos del Sector Público).

— La responsabilidad patrimonial de las Administraciones Públicas.

6.4.2. Materias excluidas del ámbito Contencioso-administrativo

No corresponden al orden jurisdiccional Contencioso-administrativo, según el art. 3:

— Las cuestiones expresamente atribuidas a los órdenes jurisdiccionales, civil, penal y social, aunque estén relacionados con la actividad de la Administración Pública.

— El recurso contencioso-disciplinario militar.

— Los conflictos de jurisdicción entre los Juzgados y Tribunales y la Administración Pública y los conflictos de atribuciones entre órganos de una misma Administración.

— Los recursos directos o indirectos que se interpongan contra las Normas Forales fiscales de las Juntas Generales de los Territorios Históricos de Álava, Guipúzcoa y Vizcaya, que corresponderán, en exclusiva, al Tribunal Constitucional en los términos establecidos por la disposición adicional quinta de su Ley Orgánica.

6.5. Organización jurisdiccional

Analizado el objeto del recurso Contencioso-administrativo –las demandas planteadas, generalmente, por particulares contra decisiones administrativas–, veremos ahora cuáles son los Juzgados y Tribunales que resuelven los juicios iniciados a raíz de tales demandas.

6.5.1. Órganos de la Jurisdicción Contencioso-administrativa

El art. 6 de la LJCA establece que *"El orden jurisdiccional Contencioso-administrativo se halla integrado por los siguientes órganos:*

— *Juzgados de lo Contencioso-administrativo.*

— *Juzgados Centrales de lo Contencioso-administrativo.*

— *Salas de lo Contencioso-administrativo de los Tribunales Superiores de Justicia.*

— *Sala de lo Contencioso-administrativo de la Audiencia Nacional.*

— *Sala de lo Contencioso-administrativo del Tribunal Supremo".*

Por tanto, la actual organización judicial en el ámbito contencioso es la reflejada en el siguiente gráfico:

La LJCA considera prioritaria la adecuación de los aspectos organizativos de la Jurisdicción Contencioso-administrativa a las demandas sociales y al gravísimo problema planteado por la avalancha de recursos.

Una de las novedades más importantes en este capítulo consiste en la regulación de las competencias de los Juzgados de lo Contencioso-administrativo, creados por la Ley Orgánica del Poder Judicial en su redacción originaria de 1985. Se regulan, además, las competencias de los Juzgados Centrales de lo Contencioso-administrativo, creados, en 1998, para contribuir a paliar la sobrecarga de trabajo de órganos jurisdiccionales muy saturados.

6.5.2. Competencias

Una vez enumerados los órganos de la Jurisdicción Contencioso-administrativa, deben analizarse las competencias atribuidas a cada uno de ellos.

A) Los Juzgados de lo Contencioso-administrativo

Según la LOPJ, en cada provincia, con jurisdicción, en toda ella y sede en su capital, habrá uno o más Juzgados de lo Contencioso-administrativo. No obstante, cuando el volumen de asuntos lo requiera, se podrán establecer uno o más de tales Juzgados en las poblaciones que por ley se determine.

Las competencias de los mismos se pueden agrupar en tres bloques, siguiendo lo estipulado en el art. 8 de la LJCA.

a) Recursos contra actos de las entidades locales

Los Juzgados de lo Contencioso-administrativo conocerán, en única o primera instancia según lo dispuesto en la LJCA, de los recursos que se deduzcan frente a los actos de las entidades locales o de las entidades y corporaciones dependientes o vinculadas a las mismas, excluidas las impugnaciones de cualquier clase de instrumentos de planeamiento urbanístico.

b) Recursos contra actos de las Comunidades Autónomas

Los Juzgados de lo Contencioso-administrativo conocerán, asimismo, en única o primera instancia de los recursos que se deduzcan frente a los actos administrativos de la Administración de las Comunidades Autónomas, salvo cuando procedan del respectivo Consejo de Gobierno, cuando tengan por objeto:

— Cuestiones de personal, salvo que se refieran al nacimiento o extinción de la relación de servicio de funcionarios públicos de carrera.

— Las sanciones administrativas que consistan en multas no superiores a 60.000 euros y en ceses de actividades o privación de ejercicio de derechos que no excedan de seis meses.

— Las reclamaciones por responsabilidad patrimonial cuya cuantía no exceda de 30.050 euros.

c) Recursos contra actos de órganos cuya competencia no se extiende a todo el territorio nacional

Los Juzgados de lo Contencioso-administrativo conocerán en única o primera instancia de los recursos que se deduzcan frente a disposiciones y actos de la Administración periférica del Estado y de las Comunidades Autónomas, contra los actos de los organismos, entes, entidades o corporaciones de derecho público, cuya competencia no se extienda a todo el territorio nacional y contra las resoluciones de los órganos superiores cuando confirme íntegramente los dictados por aquéllos en vía de recurso, fiscalización o tutela.

Se exceptúan los actos de cuantía superior a 60.000 euros dictados por la Administración periférica del Estado y los organismos públicos estatales cuya competencia no se extienda a todo el territorio nacional, o cuando se dicten en ejercicio de sus competencias sobre dominio público, obras públicas del Estado, expropiación forzosa y propiedades especiales.

Conocerán, igualmente, de todas las resoluciones que se dicten en materia de extranjería por la Administración periférica del Estado o por los órganos competentes de las Comunidades Autónomas.

d) **Recursos contra actos de las Juntas Electorales**

Les corresponde conocer a los Juzgados de lo Contencioso-administrativo de las impugnaciones contra actos de las Juntas Electorales de Zona y de las formuladas en materia de proclamación de candidaturas y candidatos efectuada por cualquiera de las Juntas Electorales, en los términos previstos en la legislación electoral.

e) **Autorización de medidas restrictivas de derechos fundamentales**

Conocerán también los Juzgados de lo Contencioso-administrativo de las autorizaciones para la entrada en domicilios y restantes lugares cuyo acceso requiera el consentimiento de su titular, siempre que ello proceda para la ejecución forzosa de actos de la Administración Pública salvo que se trate de la ejecución de medidas de protección de menores acordadas por la Entidad Pública competente en la materia.

Asimismo, corresponderá a los Juzgados de lo Contencioso-administrativo la autorización o ratificación judicial de las medidas que las autoridades sanitarias consideren urgentes y necesarias para la salud pública e impliquen privación o restricción de la libertad o de otro derecho fundamental.

Además, los Juzgados de lo Contencioso-administrativo conocerán de las autorizaciones para la entrada e inspección de domicilios, locales, terrenos y medios de transporte que haya sido acordada por la Comisión Nacional de los Mercados y de la Competencia, cuando, requiriendo dicho acceso e inspección el consentimiento de su titular, este se oponga a ello o exista riesgo de tal oposición.

Los Juzgados de lo Contencioso-administrativo conocerán también de las autorizaciones para la entrada en domicilios y otros lugares constitucionalmente protegidos, que haya sido acordada por la Administración Tributaria en el marco de una actuación o procedimiento de aplicación de los tributos aún con carácter previo a su inicio formal cuando, requiriendo dicho acceso el consentimiento de su titular, este se oponga a ello o exista riesgo de tal oposición.

B) Los Juzgados Centrales de lo Contencioso-administrativo

A tenor de lo estipulado en la LOPJ, en la Villa de Madrid, con jurisdicción en toda España habrá Juzgados Centrales de lo Contencioso-administrativo, que conocerán, en primera o única instancia, de los recursos contra disposiciones y actos emanados de autoridades, órganos y entidades públicas con competencia en todo el territorio nacional.

Los Juzgados Centrales de lo Contencioso-administrativo, según el art. 9 de la LJCA, conocerán de los recursos que se deduzcan frente a los actos administrativos que tengan por objeto:

1. En primera o única instancia en las materias de personal cuando se trate de actos dictados por Ministros y Secretarios de Estado, salvo que confirmen en vía de recurso, fiscalización o tutela, actos dictados por órganos inferiores, o se refieran al nacimiento o extinción de la relación de servicio de funcionarios de carrera, o a las materias sobre personal militar de competencia de la Audiencia Nacional.

2. En única o primera instancia contra los actos de los órganos centrales de la Administración General del Estado en los supuestos de sanciones administrativas que consistan en multas no superiores a 60.000 euros y en ceses de actividades o privación de ejercicio de derechos que no excedan de seis meses.

3. En primera o única instancia de los recursos Contencioso-administrativos que se interpongan contra las disposiciones generales y contra los actos emanados de los organismos públicos con personalidad jurídica propia y entidades pertenecientes al sector público estatal con competencia en todo el territorio nacional, sin perjuicio de lo dispuesto sobre las competencias de los Tribunales Superiores de Justicia.

4. En primera o única instancia, de los recursos contra las resoluciones dictadas por los Ministros y Secretarios de Estado en materia de responsabilidad patrimonial cuando lo reclamado no exceda de 30.050 euros.

5. En primera instancia, de las resoluciones que acuerden la inadmisión de las peticiones de asilo político.

6. En única o primera instancia, de las resoluciones que, en vía de fiscalización, sean dictadas por el Tribunal Administrativo del Deporte, en materia de disciplina deportiva.

Corresponderá a los Juzgados Centrales de lo Contencioso-administrativo, la autorización a que se refiere el art. 8.2 de la Ley 34/2002 así como autorizar la ejecución de los actos adoptados por la Sección Segunda de la Comisión de Propiedad Intelectual para que se interrumpa la prestación de servicios de la sociedad de la información o para que se retiren contenidos que vulneren la propiedad intelectual, en aplicación de la Ley 34/2002, de 11 de julio, de Servicios de la Sociedad de la información y de Comercio Electrónico.

Igualmente, estos Juzgados conocerán del procedimiento previsto en el art. 12 bis de la Ley Orgánica 6/2002, de 27 de junio, de Partidos Políticos.

C) Las Salas de lo Contencioso-administrativo de los Tribunales Superiores de Justicia

El Tribunal Superior de Justicia de cada Comunidad Autónoma culminará la organización judicial en el ámbito territorial de aquella, sin perjuicio de la jurisdicción que corresponda al Tribunal Supremo. Tomará el nombre de la Comunidad Autónoma y extenderá su jurisdicción al ámbito territorial de esta.

Las **atribuciones** de las Salas de lo Contencioso de los Tribunales Superiores de Justicia, reguladas en el art. 10 de la LJCA, son:

a) **En única instancia**. Tales salas conocerán en única instancia -sin posibilidad de posterior apelación- de los recursos que se deduzcan en relación con:

- **Los actos de las Entidades locales** y de las **Administraciones de las Comunidades Autónomas**, cuyo conocimiento no esté atribuido a los Juzgados de lo Contencioso-administrativo.
- Las **disposiciones** generales **emanadas de las Comunidades Autónomas y de las Entidades locales**.
- Los actos y disposiciones de los órganos de gobierno de las Asambleas Legislativas de las Comunidades Autónomas, y de las instituciones autonómicas análogas al Tribunal de Cuentas y al Defensor del Pueblo, en materia de personal, administración y gestión patrimonial.
- Los actos y resoluciones dictados por los **Tribunales Económico-administrativos regionales y locales** que pongan fin a la vía económico-administrativa.
- Las resoluciones dictadas por el **Tribunal Económico-administrativo Central** en materia de tributos cedidos.
- Los actos y disposiciones de las Juntas Electorales Provinciales y de Comunidades Autónomas, así como los recursos contencioso-electorales contra acuerdos de las Juntas Electorales sobre proclamación de electos y elección y proclamación de Presidentes de Corporaciones locales, en los términos de la legislación electoral.
- Los convenios entre Administraciones Públicas cuyas competencias se ejerzan en el ámbito territorial de la correspondiente Comunidad Autónoma.
- La prohibición o la propuesta de modificación de reuniones previstas en la Ley Orgánica reguladora del Derecho de reunión.
- Los actos y resoluciones dictados por órganos de la **Administración General del Estado** cuya competencia se extienda a todo el territorio nacional y cuyo nivel orgánico sea inferior

al de Ministro o Secretario de Estado en materias de personal, propiedades especiales y expropiación forzosa.

— Los actos y resoluciones de los órganos de las Comunidades Autónomas competentes para la aplicación de la Ley de Defensa de la Competencia.

— Las resoluciones dictadas por los órganos competentes para la resolución de recursos en materia de contratación previstos en los arts. 45 a 47 de la Ley 9/2017, de 8 de noviembre, de Contratos del Sector Público, en relación con los contratos incluidos en el ámbito competencial de las Comunidades Autónomas o de las Corporaciones locales.

— Las resoluciones dictadas por los Tribunales Administrativos Territoriales de Recursos Contractuales.

— Cualesquiera otras actuaciones administrativas no atribuidas expresamente a la competencia de otros órganos de este orden jurisdiccional.

b) **En vía de recurso**:

— **Apelación**. Conocerán, en segunda instancia, de las apelaciones promovidas contra sentencias y autos dictados por los Juzgados de lo Contencioso-administrativo.

— **Revisión**. Conocerán del recurso de revisión contra sentencias firmes de los citados Juzgados.

— **Casación**. Conocerán, además, del recurso de casación para la unificación de doctrina y de casación en interés de ley en determinados supuestos.

Asimismo, conoceran de la solicitud de autorización judicial de conformidad de una decisión de la Comisión Europea en materia de transferencia internacional de datos, cuando sea formulada por la autoridad de protección de datos de la CA respectiva.

Finalmente, cabe resaltar que también resuelven las **cuestiones de competencia** suscitadas entre los Juzgados de lo Contencioso con sede en la Comunidad Autónoma.

Conocerán de la autorización o ratificación judicial de las medidas adoptadas con arreglo a la legislación sanitaria que las autoridades sanitarias de ámbito distinto al estatal consideren urgentes y necesarias para la salud pública e impliquen la limitación o restricción de derechos fundamentales cuando sus destinatarios no estén identificados individualmente.

D) La Sala de lo Contencioso-administrativo de la Audiencia Nacional

La Audiencia Nacional, con sede en la villa de Madrid, tiene jurisdicción en toda España.

Las **competencias** más relevantes de dicha Sala de lo Contencioso (art. 11 LJCA) son:

a) **En única instancia**, conocerá:

- De los recursos que se deduzcan en relación con las disposiciones generales y los actos de los **Ministros y de los Secretarios de Estado en general** y en materia de personal cuando se refieran al nacimiento o extinción de la relación de servicio de funcionarios de carrera. Asimismo conocerá de los recursos contra los actos de cualesquiera órganos centrales del Ministerio de Defensa referidos a ascensos, orden y antigüedad en el escalafonamiento y destinos.
- De los recursos contra los actos de los **Ministros y Secretarios de Estado** cuando rectifiquen en vía de recurso o en procedimiento de fiscalización o de tutela los dictados por órganos o entes distintos con competencia en todo el territorio nacional.
- De los recursos en relación con los convenios entre Administraciones Públicas no atribuidos a los Tribunales Superiores de Justicia.
- De los actos de naturaleza económico-administrativa dictados por el **Ministro de Hacienda** y por el **Tribunal Económico-administrativo Central**, salvo si se trata de tributos cedidos a las Comunidades.
- De los recursos contra los actos dictados por la Comisión de Vigilancia de Actividades de Financiación del Terrorismo y de la autorización de prórroga de los plazos de las medidas de dicha Comisión, conforme a lo previsto en la Ley de Bloqueo de la Financiación del Terrorismo.
- Las resoluciones dictadas por el Tribunal Administrativo Central de Recursos Contractuales, con excepción de lo dispuesto en el artículo 10.1.k) de la LJCA.
- De los recursos contra los actos del Banco de España, de la Comisión Nacional del Mercado de Valores y del FROB adoptados conforme a lo previsto en la Ley 11/2015, de 18 de junio, de recuperación y resolución de entidades de crédito y empresas de servicios de inversión.
- De los recursos interpuestos por la Comisión Nacional de los Mercados y de la Competencia en defensa de la unidad de mercado.
- De la autorización o ratificación judicial de las medidas adoptadas con arreglo a la legislación sanitaria que la autoridad sanitaria estatal considere urgentes y necesarias para la salud pública e impliquen la limitación o restricción de derechos fundamentales, cuando sus destinatarios no estén identificados individualmente.

b) **En vía de recurso**:

- **Apelación**. Conocerá, en segunda instancia, de las apelaciones contra autos y sentencias dictadas por los Juzgados Centrales de lo Contencioso-administrativo.

- **Revisión**. Conocerá de los recursos de revisión contra sentencias firmes dictadas por tales Juzgados.

Asimismo, conocerá de la solicitud de autorización judicial de conformidad de una decisión de la Comisión Europea en materia de transferencia internacional de datos, cuando sea formulada por la Agencia Española de Protección de Datos.

Por último, debe tenerse en cuenta que dicha Sala también resuelve las **cuestiones de competencia** suscitadas entre los Juzgados Centrales de lo Contencioso.

E) La Sala de lo Contencioso-administrativo del Tribunal Supremo

El Tribunal Supremo, con sede en la villa de Madrid, es el órgano jurisdiccional superior en todos los órdenes, salvo lo dispuesto en materia de garantías constitucionales y tiene jurisdicción en toda España.

Entre las **competencias** de su Sala Tercera, cabe destacar, según el art. 12 de la LJCA, las siguientes:

a) **En única instancia**, conocerá de los recursos que se deduzcan en relación con:

- Los **actos** y **disposiciones** del **Consejo de Ministros** y de las **Comisiones Delegadas del Gobierno.**
- Los **actos** y **disposiciones** del **Consejo General del Poder Judicial**.
- Los actos y disposiciones en materia de personal, administración y gestión patrimonial adoptados por los órganos competentes del Congreso de los Diputados, del Senado, del Tribunal Constitucional, del Tribunal de Cuentas y del Defensor del Pueblo.

b) **Recurso de casación y revisión**: conocerá también de:

- Los **recursos de casación de cualquier modalidad**.
- Los **recursos de casación y revisión** contra las resoluciones dictadas por el Tribunal de Cuentas, con arreglo a lo establecido en su Ley de Funcionamiento.
- Los **recursos de revisión** contra sentencias firmes dictadas por las Salas de lo Contencioso-administrativo de los Tribunales Superiores de Justicia, de la Audiencia Nacional y del Tribunal Supremo, salvo lo dispuesto en el art. 61.1.1º LOPJ.

Asimismo, conocerá de la solicitud de autorización judicial de conformidad de una decisión de la Comisión Europea en materia de transferencia internacional de datos, cuando sea formulada por el Consejo General del Poder Judicial.

Finalmente, con ánimo de simplificar el análisis y estudio de dicha distribución de competencias, se recogen las más relevantes en el siguiente gráfico:

DISTRIBUCIÓN DE COMPETENCIAS ENTRE LOS ÓRGANOS DE LA JURISDICCIÓN CONTENCIOSO-ADMINISTRATIVA	
JUZGADOS DE LO CONTENCIOSO	• Recursos contra actos de Entidades Locales, salvo impugnaciones de instrumentos de planeamiento urbanístico. • Recursos contra actos de la Administración Autonómica, en: – Cuestiones de personal, salvo que afecten al nacimiento o extinción de la relación funcionarial. – Multas de no más de 60.000 euros, y ceses de actividades o privación de ejercicio de derechos que no excedan de seis meses. – Reclamaciones por responsabilidad patrimonial cuya cuantía no exceda de 30.050 euros. • Recursos contra disposiones y actos de la Administración Periférica del Estado, salvo si su cuantía supera los 60.000 euros, y de las Comunidades Autónomas.
JUZGADOS CENTRALES DE LO CONTENCIOSO	• Recursos contra actos dictados por Ministros y Secretarios de Estado en materia de personal, salvo que afecten al nacimiento o extinción de la relación funcionarial. • Recursos contra actos de los órganos centrales del Estado que: – Impongan multas de no + de 60.000 euros. – Impongan sanciones de no + de 6 meses de privación del ejercicio de derechos. • Recursos contra resoluciones de Ministros y Secretarios de Estado en materia de responsabilidad patrimonial cuando no exceda de 30.050 euros. • Resoluciones que acuerden la inadmisión de las peticiones de asilo político. En única o primera instancia, de las resoluciones que, en vía de fiscalización, sean dictadas por el Tribunal Administrativo del Deporte en materia de disciplina deportiva.

Distribución de competencias entre los órganos de la Jurisdicción Contencioso-Administrativa	
Salas de lo Contencioso de los Tribunales Superiores de Justicia	• En única instancia contra actos de las Entidades Locales y de las Comunidades Autónomas no atribuidos a los Juzgados de lo Contencioso. • En única instancia contra disposiciones generales de las citadas Administraciones. • Los actos y disposiciones de los órganos de gobierno de las Asambleas legislativas de las Comunidades Autónomas, y de las instituciones autonómicas análogas al Tribunal de Cuentas y al Defensor del Pueblo, en materia de personal, administración y gestión patrimonial. • Los actos y resoluciones dictados por los Tribunales Económico-Administrativos Regionales y Locales que pongan fin a la vía económico-administrativa. • Las resoluciones dictadas por el Tribunal Económico-administrativo Central en materia de tributos de cedidos. • Los actos y disposiciones de las Juntas Electorales Provinciales y de Comunidades Autónomas, así como los recursos contencioso-electorales contra acuerdos de las Juntas Electorales sobre proclamación de electos y elección y proclamación de Presidentes de Corporaciones locales en los términos de la legislación electoral. • Los convenios entre Administraciones Públicas cuyas competencias se ejerzan en el ámbito territorial de la correspondiente Comunidad Autónoma. • La prohibición o propuesta de modificación de reuniones previstas en la Ley Orgánica reguladora del Derecho de Reunión. • Los actos y resoluciones dictados por órganos de la Administración General del Estado, cuya competencia se extienda a todo el territorio nacional, y cuyo nivel orgánico sea inferior a Ministro o Secretario de Estado en materias de personal, propiedades especiales y expropiación forzosa. • Los actos y resoluciones de los órganos de las Comunidades Autónomas competentes para la aplicación de la Ley de Defensa de la Competencia. • Las resoluciones dictadas por el órgano competente para la resolución de recursos en materia de contratación previstos en el art. 46 Ley 9/2017, en relación con los contratos incluidos en el ámbito competencial de las Comunidades Autónomas o de las Corporaciones locales. • Las resoluciones dictadas por los Tribunales Administrativos Territoriales de Recursos Contractuales. • Cualesquiera otras actuaciones administrativas no atribuidas expresamente a la competencia de otros órganos de este orden jurisdiccional. • Apelación contra sentencias de los Juzgados de lo Contencioso. • Recurso de revisión contra sentencias firmes de los citados Juzgados. • Cuestiones de competencia entre tales Juzgados.

Distribución de competencias entre los órganos de la Jurisdicción Contencioso-Administrativa	
Salas de lo Contencioso de los Tribunales Superiores de Justicia	• Solicitud de autorización al amparo del art. 122 ter LJCA cuando sea formulada por la autoridad de protección de datos de la Comunidad Autónoma respectiva. • Autorización o ratificación judicial de las medidas adoptadas que las autoridades sanitarias de ámbito distinto al estatal consideren urgentes y necesarias para la salud pública e impliquen limitación o restricción de derechos fundamentales cuando sus destinatarios no estén identificados individualmente.
Sala de lo Cont.-Admvo. de la Audiencia Nacional	• Recursos contra actos y disposiciones generales de Ministros y Secretarios de Estado, en general. También en personal, cuando afecten al nacimiento o extinción de la relación funcionarial. • Apelación contra autos y sentencias de los Juzgados Centrales de lo Contencioso. • Cuestiones de competencia entre los mismos. • Recurso de revisión contra sentencias firmes de tales Juzgados. • Las resoluciones dictadas por el Tribunal Administrativo Central de Recursos Contractuales, con excepción de lo dispuesto en el art. 10.1.k). • Recursos contra los actos del Banco de España, de la CNMV y del FROB. • Recursos interpuestos por la Comisión Nacional de los Mercados y de la Competencia en defensa de la unidad de mercado. • Solicitud de autorización al amparo del art. 122 ter LJCA cuando sea formulada por la Agencia Española de Protección de Datos. • Autorización o ratificación judicial de las medidas adoptadas que la autoridad sanitaria estatal considere urgentes y necesarias para la salud pública e impliquen limitación o restricción de derechos fundamentales, cuando sus destinatarios no estén identificados individualmente.
Sala 3ª del Tribunal Supremo	• Recursos contra actos y disposiciones del Consejo de Ministros y de las Comisiones Delegadas del Gobierno. • Recursos de casación de cualquier modalidad. • Recurso de revisión contra sentencias firmes dictadas por las Salas de lo Contencioso de los TSJ, Audiencia Nacional y del Tribunal Supremo, salvo lo dispuesto en el art. 61.1.1º de la LOPJ. • Solicitud de autorización al amparo del art. 122 ter LJCA cuando sea formulada por el Consejo General del Poder Judicial.

6.6. Las partes: capacidad, legitimación y representación

6.6.1. Dualidad de partes

El proceso Contencioso-administrativo se fundamenta en el principio de dualidad de partes y de igualdad entre las mismas.

En efecto, dos son las partes procesales mínimas que configuran la relación jurídico-procesal que surge a raíz de dicho recurso. Normalmente, en la parte activa –actuando como demandante– interviene el ciudadano o administrado, mientras que en la pasiva –actuando como demandada– aparece la Administración. Todo ello sin perjuicio de que, en determinados procesos, la Administración pretenda la anulación de sus propios actos, constituyéndose en demandante o, incluso, que una Administración demande a otra.

En cualquier caso, la Administración Pública será siempre parte necesaria en este proceso.

6.6.2. Capacidad procesal

La capacidad procesal es la aptitud necesaria para poder intervenir activa o pasivamente en la tramitación de un proceso.

El art. 18 de la LJCA estipula al respecto que tendrán capacidad procesal ante el orden Contencioso-administrativo las personas que la ostenten con arreglo a la Ley de Enjuiciamiento Civil. Pues bien, según dicha Ley *"solo podrán comparecer en juicio los que estén en el* ***pleno ejercicio de sus derechos civiles****. Las personas físicas que no se hallen en el caso anterior habrán de comparecer mediante la representación o con la asistencia, la autorización, la habilitación o el defensor exigidos por la Ley"* (art. 7 LEC).

Además, los **menores de edad** también tendrán capacidad para la defensa de aquellos de sus derechos e intereses legítimos cuya actuación les esté permitida por el ordenamiento jurídico sin necesidad de asistencia de las personas que ejerza la patria potestad, tutela o curatela.

Por último, los grupos de afectados, uniones sin personalidad o patrimonios independientes o autónomos, también tendrán capacidad procesal ante el orden jurisdiccional Contencioso-administrativo cuando la Ley así lo declare expresamente.

6.6.3. Legitimación

A) Concepto

La legitimación es la relación que existe entre la persona que demanda y el objeto del proceso (legitimación activa), o entre dicho objeto del proceso y la persona que es demandada (legitimación pasiva).

B) Clases de legitimación

a) Legitimación activa:

Están legitimados ante el orden jurisdiccional Contencioso-administrativo, según el art. 19 LJCA:

- Las **personas físicas o jurídicas** que ostente un derecho o interés legítimo.
- Las corporaciones, asociaciones, sindicatos y grupos y entidades que resulten afectados o estén legalmente habilitados para la defensa de los derechos e intereses legítimos colectivos.
- **La Administración del Estado**, cuando ostente un derecho o interés legítimo, para impugnar los actos y disposiciones de la Administración de las Comunidades Autónomas y de los Organismos públicos vinculados a estas, así como los de las Entidades locales.
- **La Administración de las Comunidades Autónomas**, para impugnar los actos y disposiciones que afecten al ámbito de su autonomía, emanados de la Administración del Estado y de cualquier otra Administración u Organismo público, así como los de las Entidades locales.
- **Las Entidades locales territoriales**, para impugnar los actos y disposiciones que afecten al ámbito de su autonomía, emanados de las Administraciones del Estado y de las Comunidades Autónomas, así como los de Organismos públicos con personalidad jurídica propia vinculados a una y otras o los de otras Entidades locales.
- **El Ministerio Fiscal**, para intervenir en los procesos que determine la Ley.
- **Las Entidades de Derecho público** con personalidad jurídica propia vinculadas o dependientes de cualquiera de las Administraciones Públicas, para impugnar los actos o disposiciones que afecten al ámbito de sus fines.
- Cualquier ciudadano, en ejercicio de la **acción popular**, en los casos expresamente previstos por las leyes.
- Para la defensa del derecho de **igualdad de trato** entre mujeres y hombres, además de los afectados y siempre con su autorización, estarán también legitimados los sindicatos y las asociaciones legalmente constituidas cuyo fin primordial sea la defensa de la igualdad de trato entre mujeres y hombres, respecto de sus afiliados y asociados, respectivamente.

Cuando los afectados sean una pluralidad de personas indeterminada o de difícil determinación, la legitimación para demandar en juicio la defensa de estos intereses difusos corresponderá exclusivamente a los organismos públicos con competencia en la materia, a los sindicatos más representativos y a las asociaciones de ámbito estatal cuyo fin primordial sea la igualdad entre mujeres y hombres, sin perjuicio, si los afectados estuvieran determinados, de su propia legitimación procesal.

La persona acosada será la única legitimada en los litigios sobre acoso por razón de sexo.

— Las Administraciones Públicas y los particulares podrán interponer recurso Contencioso-administrativo contra las decisiones adoptadas por los órganos administrativos a los que corresponde resolver los recursos especiales y las reclamaciones en materia de contratación a que se refiere la legislación de contratos del sector público sin necesidad, en el primer caso, de declaración de lesividad.

— Tendrán legitimación para recurrir ante el orden jurisdiccional Contencioso-administrativo las resoluciones del Tribunal Administrativo del Deporte que se dicten en asuntos de disciplina deportiva en materia de dopaje, todas las personas mencionadas en el artículo 40.4 de la Ley Orgánica de Protección de la Salud del Deportista y Lucha contra el Dopaje en la Actividad Deportiva.

Finalmente, es muy importante resaltar que la Administración autora de un acto está legitimada para impugnarlo ante este orden jurisdiccional, previa su declaración de lesividad para el interés público en los términos establecidos por la Ley, de los que se tratará más adelante.

Por otra parte, y desde un punto de vista negativo, el art. 20 estipula que no pueden interponer recurso Contencioso-administrativo contra la actividad de una Administración Pública:

— Los órganos de la misma y los miembros de sus órganos colegiados, salvo que una ley lo autorice expresamente.

— Los particulares cuando obren por delegación o como meros agentes o mandatarios de ella.

— Las Entidades de Derecho público que sean dependientes o estén vinculadas al Estado, las Comunidades Autónomas o las Entidades locales, respecto de la actividad de la Administración de la que dependan. Se exceptúan aquellos a los que por ley se haya dotado de un estatuto específico de autonomía respecto de dicha Administración.

b) **Legitimación pasiva:**

Se considera parte demandada:

— Las Administraciones Públicas o cualesquiera de los órganos mencionados en el art. 1.3 LJCA, contra cuya actividad se dirija el recurso.

— Las personas o entidades cuyos derechos o intereses legítimos pudieran quedar afectados por la estimación de las pretensiones del demandante.

— Las aseguradoras de las Administraciones Públicas, que siempre serán parte codemandada con la Administración a quien aseguren.

— Personas o Administraciones favorecidas por el acto objeto del recurso especial en materia de contratación.

En los recursos contra las decisiones adoptadas por los órganos administrativos a los que corresponde resolver los recursos especiales y las reclamaciones en materia de contratación a que se refiere la legislación de Contratos del Sector Público los citados órganos no tendrán la consideración de parte demandada, siéndolo las personas o Administraciones favorecidas por el acto objeto del recurso, o que se personen en tal concepto, conforme a lo dispuesto en el artículo 49.

Si el demandante fundara sus pretensiones en la ilegalidad de una disposición general, se considerará también parte demandada a la Administración autora de la misma, aunque no proceda de ella la actuación recurrida.

De lo anteriormente expuesto se deduce que la legislación actual no establece ninguna diferencia entre la legitimación por derecho subjetivo y por interés legítimo, desapareciendo, por ello, en nuestro Derecho la figura del coadyuvante.

6.6.4. Representación y defensa de las partes

A) Representación y defensa de los particulares

En cuanto a la representación y defensa, se distingue entre órganos colegiados -las Salas- y unipersonales -los Juzgados-. En los primeros, procurador y abogado son obligatorios; en los segundos, el procurador es potestativo y el abogado obligatorio.

Todo ello lo expone el art. 23 en los siguientes términos:

"1. *En sus actuaciones ante órganos unipersonales, las partes podrán conferir su representación a un Procurador y serán asistidas, en todo caso, por Abogado.*

Cuando las partes confieran su representación al Abogado, será a este a quien se notifiquen las actuaciones.

2. *En sus actuaciones ante órganos colegiados, las partes deberán conferir su representación a un Procurador y ser asistidas por Abogado.*

3. *Podrán, no obstante, comparecer por sí mismos los funcionarios públicos en defensa de sus derechos estatutarios, cuando se refieran a cuestiones de personal que no impliquen separación de empleados públicos inamovibles".*

B) Representación y defensa de la Administración

La representación y defensa del Estado y demás entes públicos constituye ahora, tras la modificación introducida en la LOPJ por Ley Orgánica

19/2003, el Título IV del Libro VII de esta norma básica, integrando exclusivamente el artículo 551.

Según este, la representación y defensa del Estado y de sus organismos autónomos, así como la de los órganos constitucionales cuyas normas internas no establezcan un régimen especial propio, corresponderá a los Abogados del Estado integrados en el servicio jurídico del Estado. Estos mismos podrán representar también a los restantes organismos y entidades públicos, sociedades mercantiles estatales y fundaciones con participación estatal, en los términos de la Ley de Asistencia Jurídica al Estado e Instituciones Públicas. Sin embargo, la representación y defensa de las entidades gestoras y de la Tesorería General de la Seguridad Social corresponderá a los Letrados de la Administración de la Seguridad Social, sin perjuicio de que se pueda encomendar a abogado colegiado. Del mismo modo, la representación y defensa de las Cortes Generales, del Congreso de los Diputados, del Senado, de la Junta Electoral Central y de los órganos e instituciones vinculados o dependientes de aquellas corresponderá a los Letrados de las Cortes Generales integrados en las secretarías generales respectivas. Por su parte, la representación y defensa de las Comunidades Autónomas y las de los entes locales corresponderán a los letrados que sirvan en los servicios jurídicos de dichas administraciones, salvo que designen abogado colegiado o la soliciten de la Abogacía del Estado en los términos de la Ley de Asistencia Jurídica al Estado e Instituciones Públicas.

6.7. Actos impugnables objeto del recurso

La LJCA trata de superar la tradicional y restringida concepción del recurso Contencioso-administrativo como una revisión judicial de actos administrativos previos y de abrir definitivamente las puertas para obtener justicia frente a cualquier comportamiento ilícito de la Administración.

Este planteamiento implica que, en razón de su objeto, se establezcan cuatro modalidades del recurso:

- Recurso **contra actos** administrativos, ya sean expresos o presuntos.
- Recurso **contra disposiciones generales**, el cual, de manera directa o indirecta, versa sobre la legalidad de las mismas.
- Recurso **contra la inactividad** de la Administración.
- Recurso **contra actuaciones materiales** constitutivas de vía de hecho.

6.7.1. Recurso contra actos administrativos

A) Actos impugnables

El recurso Contencioso-administrativo es admisible en relación con los actos **expresos y presuntos** de la Administración Pública que pongan fin a la vía administrativa, ya sean **definitivos** o **de trámite**, si estos últimos deciden directa o indirectamente el fondo del asunto, determinan la imposibilidad de continuar el procedimiento, producen indefensión o perjuicio irreparable a derechos o intereses legítimos (art. 25.1).

Tal como se puede apreciar, son impugnables tanto los actos expresos y presuntos como los definitivos –resoluciones– y los de trámite, siempre que estos últimos cumplan los requisitos citados.

En cualquier caso, para que un acto sea recurrible en vía contenciosa, se exige que ponga fin a la vía administrativa (anteriormente ya se han explicado los actos que cumplen dicho requisito). En caso contrario deberá interponerse el recurso de alzada, también analizado en el tema precedente. Una vez resuelto este, de forma expresa o presunta, quedará expedita la vía contenciosa.

B) Actos inimpugnables

Según el art. 28, no es admisible el recurso Contencioso-administrativo respecto de:

- Los actos que sean reproducción de otros anteriores definitivos y firmes.
- Los actos confirmatorios de otros consentidos por no haber sido recurridos en tiempo y forma.

6.7.2. Recurso contra disposiciones de carácter general

Son recurribles (art. 1) las disposiciones generales de rango inferior a la ley –los reglamentos– y los Decretos Legislativos cuando excedan los límites de la delegación.

En cualquier caso, según el art. 112.3 LPA, *"contra las disposiciones administrativas de carácter general no cabrá recurso en vía administrativa"*.

La LJCA en sus arts. 26 y 27 establece que demás de la **impugnación** directa de las disposiciones de carácter general, también es admisible la **de los actos que se produzcan en aplicación de las mismas**, fundada en que tales disposiciones no son conformes a Derecho.

La falta de impugnación directa de una disposición general o la desestimación del recurso que frente a ella se hubiera interpuesto no impiden la impugnación de los actos de aplicación con fundamento en lo dispuesto en el apartado anterior.

Cuando un Juez o Tribunal de lo Contencioso-administrativo hubiere dictado sentencia firme estimatoria por considerar ilegal el contenido de la disposición general aplicada, deberá plantear la cuestión de ilegalidad ante el Tribunal competente para conocer del recurso directo contra la disposición, salvo lo dispuesto en los dos apartados siguientes.

Cuando el Juez o Tribunal competente para conocer de un recurso contra un acto fundado en la invalidez de una disposición general lo fuere también para conocer del recurso directo contra esta, la sentencia declarará la validez o nulidad de la disposición general.

Sin necesidad de plantear cuestión de ilegalidad, el Tribunal Supremo anulará cualquier disposición general cuando, en cualquier grado, conozca de un recurso contra un acto fundado en la ilegalidad de aquella norma.

6.7.3. Recurso contra la inactividad administrativa y contra actuaciones en vía de hecho

Largamente reclamado por la doctrina jurídica, la Ley crea un recurso contra la inactividad de la Administración, que tiene precedentes en otros ordenamientos europeos. El recurso se dirige a obtener de la Administración, mediante la correspondiente sentencia de condena, una prestación material debida o la adopción de un acto expreso en procedimientos iniciados de oficio, allí donde no juega el mecanismo del silencio administrativo. De esta manera se otorga un instrumento jurídico al ciudadano para combatir la pasividad y las dilaciones administrativas.

"También es admisible el recurso contra la inactividad de la Administración y contra sus actuaciones materiales que constituyan vía de hecho, en los términos establecidos en esta Ley" (art. 25.2).

Cuando la Administración, en virtud de una disposición general que no precise de actos de aplicación o en virtud de un acto, contrato o convenio administrativo, esté obligada a realizar una prestación concreta en favor de una o varias personas determinadas, quienes tuvieran derecho a ella pueden reclamar de la Administración el cumplimiento de dicha obligación.

Si en el plazo de tres meses desde la fecha de la reclamación, la Administración no hubiera dado cumplimiento a lo solicitado o no hubiera llegado a un acuerdo con los interesados, estos pueden deducir recurso Contencioso-administrativo contra la inactividad de la Administración.

Cuando la Administración no ejecute sus actos firmes podrán los afectados solicitar su ejecución, y si esta no se produce en el plazo de un mes desde tal petición, podrán los solicitantes formular recurso Contencioso-administrativo, que se tramitará por el procedimiento abreviado (art. 29.2), al que se hará referencia más adelante.

En caso de **vía de hecho**, el interesado podrá formular **requerimiento** a la Administración actuante, intimando su cesación. Si dicha intimación no hubiere sido formulada o no fuere atendida dentro de los diez días siguientes a la prestación del requerimiento, podrá deducir directamente recurso Contencioso-administrativo (art. 30).

El siguiente gráfico resume las distintas actuaciones administrativas -o ausencia de ellas, en un caso- que pueden originar un recurso Contencioso-administrativo.

<table>
<tr><th colspan="3">Objeto del recurso</th></tr>
<tr><td rowspan="5">Actos administrativos</td><td colspan="2">• Expresos o presuntos</td></tr>
<tr><td colspan="2">• Definitivos</td></tr>
<tr><td>• De trámite</td><td>– Que deciden directa o indirectamente el fondo del asunto.
– Que determinan imposibilidad de continuar el procedimiento.
– Que causan indefensión o perjuicio irreparable.</td></tr>
<tr><td>• Que pongan fin a la vía administrativa</td><td>– Resolución del recurso de alzada.
– Actos administrativos de los miembros y órganos del Gobierno.
– Actos de Ministros y Secretarios de Estado.
– Actos de Directores Generales u órganos superiores, en materia de personal.
– Actos de los máximos órganos directivos de Organismos públicos estatales, como regla general.</td></tr>
<tr><td>• Inimpugnables</td><td>– Actos que reproduzcan otros anteriores definitivos y firmes.
– Actos confirmatorios de otros consentidos por no haber sido recurridos en tiempo y forma.</td></tr>
<tr><td>Disposiciones generales</td><td colspan="2">• Impugnación directa de reglamentos y Decretos Legislativos, cuando estos últimos excedan los límites de la delegación.
• Impugnación indirecta, recurriendo los actos que se produzcan en aplicación de tales disposiciones generales.
• No son susceptibles de recurso en vía administrativa.</td></tr>
<tr><td>Inactividad administrativa</td><td colspan="2">• Obligación administrativa de realizar una prestación concreta en favor de una o varias personas y en virtud de:
– Disposición general que no precise de actos de aplicación.
– Acto, contrato o convenio administrativo.
• Reclamación previa de tal cumplimiento por el interesado.
• Transcurso de tres meses sin que sea atendido la reclamación → Recurso contencioso.</td></tr>
<tr><td>Actuaciones en vía de hecho</td><td colspan="2">• Actuaciones materiales de la Administración que carecen de la necesaria cobertura jurídica y lesionan derechos o intereses legítimos del administrado.
• Requerimiento del interesado intimando la cesación de tal actuación (potestativo).
• No atención del requerimiento en diez días → Recurso contencioso.
• Posible impugnación directa, sin requerimiento previo.</td></tr>
</table>

6.8. Fases del proceso Contencioso-administrativo

6.8.1. Diligencias preliminares

La LJCA, en sus arts. 43 y 44, menciona bajo el calificativo de "diligencias preliminares" la **declaración previa de lesividad** y el potestativo **requerimiento previo** en el supuesto de que una Administración demande a otra.

Concretamente establece que *"cuando la propia Administración autora de algún acto pretenda demandar su anulación ante la Jurisdicción Contencioso-administrativa deberá, previamente, declararlo lesivo para el interés público"* (art. 43).

Dicha cuestión está regulada en el art. 107 de la LPA, basta añadir ahora qué órgano es competente para efectuar tal declaración de lesividad:

— Si el acto proviniera de la Administración Local, lo será el Pleno o, en defecto de este el órgano colegiado superior de la entidad (art. 107.5 LPA).

— Si el acto proviniera de la Administración del Estado, lo será el Ministro correspondiente.

— Si el acto procediese de una Comunidad Autónoma, la competencia corresponderá al órgano previsto en la legislación autonómica.

Por lo que respecta al requerimiento previo entre Administraciones, el art. 44 de la LJCA lo regula en los siguientes términos:

En los **litigios entre Administraciones Públicas** no cabrá interponer recurso en vía administrativa. No obstante, cuando una Administración interponga recurso Contencioso-administrativo contra otra, **podrá requerirla previamente** para que derogue la disposición, anule o revoque el acto, haga cesar o modifique la actuación material, o inicia la actividad a que esté obligada.

Cuando la Administración contratante, el contratista o terceros pretendan recurrir las decisiones adoptadas por los órganos administrativos a los que corresponde resolver los recursos especiales y las reclamaciones en materia de contratación a que se refiere la legislación de Contratos del Sector Público interpondrán el recurso directamente y sin necesidad de previo requerimiento o recurso administrativo.

El requerimiento deberá dirigirse al órgano competente mediante escrito razonado que concretará la disposición, acto, actuación o inactividad, y deberá producirse en el plazo de dos meses contados desde la publicación de la norma o desde que la Administración requirente hubiera conocido o podido conocer el acto, actuación o inactividad.

El requerimiento se entenderá rechazado si, dentro del mes siguiente a su recepción, el requerido no lo contestara.

Queda a salvo lo dispuesto sobre esta materia en la legislación de régimen local.

Por último, es importante insistir que el planteamiento del recurso contencioso requiere, según los casos, la realización de los siguientes trámites previos:

— La interposición y resolución expresa o presunta del recurso de alzada, cuando se trate de actos que no pongan fin a la vía administrativa.

— Reclamación previa, cuando se recurra contra la inactividad administrativa.

— Requerimiento previo del interesado -con carácter potestativo-, cuando se impugnen actuaciones administrativas en vía de hecho.

6.8.2. Interposición del recurso y reclamación del expediente

A) Escrito de interposición

El recurso Contencioso-administrativo, se iniciará por un **escrito** reducido a citar la disposición, acto, inactividad o actuación constitutiva de vía de hecho que se impugne y a solicitar que se tenga por interpuesto el recurso, salvo cuando esta Ley disponga otra cosa (art. 45).

Dicho escrito deberá ir acompañado de la documentación pertinente.

No obstante, **el recurso de lesividad se iniciará por demanda** que fijará con precisión la persona o personas demandadas y su sede o domicilio si constara. A esta demanda se acompañarán en todo caso la declaración de lesividad y el expediente administrativo.

Por último, el recurso dirigido contra una disposición general, acto, inactividad o vía de hecho en que no existan terceros interesados podrá iniciarse también mediante demanda en que se concretará la disposición, acto o conducta impugnados y se razonará su disconformidad a Derecho. Con la demanda se acompañarán los documentos que procedan de los previstos en el apartado 2 del art. 45 LJCA.

B) Plazos para interponer el recurso

a) **Regla general**: el plazo para interponer el recurso Contencioso-administrativo será de **dos meses** contados desde el día siguiente al de la publicación de la disposición impugnada o al de la notificación o publicación del acto que ponga fin a la vía administrativa, si fuera expreso. Si no lo fuera, el plazo será de **seis meses** y se contará, para el solicitante y otros posibles interesados, a partir del día siguiente a aquél en que, de acuerdo con su normativa específica, se produzca el acto presunto.

b) **Recurso contra actuaciones en vía de hecho**: si el recurso Contencioso-administrativo se dirigiera contra una actuación en vía de hecho, el plazo para interponer el recurso será de **diez días** a contar desde el día siguiente a la terminación del plazo de diez días siguientes a la presentación del requerimiento. Si no hubiere requerimiento, el plazo será de **veinte días** desde el día en que se inició la actuación administrativa en vía de hecho.

c) **Recurso de lesividad**: el plazo para interponer recurso de lesividad será de **dos meses** a contar desde el día siguiente a la fecha de la declaración de lesividad.

d) **Litigios entre Administraciones**: en los litigios entre Administraciones, el plazo para interponer recurso Contencioso-administrativo será de **dos meses**, salvo que por Ley se establezca otra cosa. Cuando hubiera precedido requerimiento, el plazo se contará desde el día siguiente a aquel en que se reciba la comunicación del acuerdo expreso o se entienda presuntamente rechazado.

e) **Inactividad de la Administración**: según lo previsto en el art. 46.2, el plazo será de **dos meses** que se contarán a partir del día siguiente al vencimiento de los plazos señalados en el art. 29, es decir, tres meses o un mes, según el supuesto de que se trate.

C) Publicación del anuncio de interposición

El Letrado de la Administración de Justicia en el siguiente día hábil acordará, si lo solicita el recurrente, que se anuncie la interposición del recurso y remitirá el oficio para su publicación por el órgano competente, sin perjuicio de que sea costeada por el recurrente, en el periódico oficial que proceda atendiendo al ámbito territorial de competencia del órgano autor de la actividad administrativa recurrida. El Letrado de la Administración de Justicia podrá también acordar de oficio la publicación, si lo estima conveniente.

D) Requerimiento del expediente a la Administración

El Letrado de la Administración de Justicia requerirá a la Administración que le remita el expediente administrativo ordenándole que practique los emplazamientos previstos en el art. 49. El expediente se reclamará al órgano autor de la disposición o acto impugnado o a aquél al que se impute la inactividad o vía de hecho.

El expediente deberá ser remitido en el plazo improrrogable de **veinte días**, a contar desde que la comunicación judicial tenga entrada en el registro general del órgano requerido. La entrada se pondrá en conocimiento del órgano jurisdiccional.

Transcurrido el plazo de remisión del expediente sin haberse recibido completo, se reiterará la reclamación, y si no se enviara al término de 10 días, se impondrá una multa coercitiva de 300 a 1.200 euros a la autoridad o empleado responsable. La multa será reiterada cada veinte días, hasta el cumplimiento de lo requerido.

6.8.3. Emplazamiento de las partes y admisión del recurso

La resolución por la que se acuerde remitir el expediente se notificará en los cinco días siguientes a su adopción, a cuantos aparezcan como interesados en él, emplazándoles para que puedan personarse como demandados en el plazo de nueve días. La notificación se practicará con arreglo a lo dispuesto en la Ley que regule el procedimiento administrativo común.

En los recursos contra las decisiones adoptadas por los órganos administrativos a los que corresponde resolver los recursos especiales y las reclamaciones en materia de contratación a que se refiere la legislación de Contratos del Sector Público se emplazará como parte demandada a las personas, distintas del recurrente, que hubieren comparecido en el recurso administrativo, para que puedan personarse como demandados en el plazo de nueve días.

Hechas las notificaciones, se enviará el expediente al Juzgado o Tribunal, incorporando la justificación del emplazamiento o emplazamientos efectuados, salvo que no hubieran podido practicarse dentro del plazo fijado para la remisión del expediente, en cuyo caso este se enviará sin demora, y la justificación de los emplazamientos una vez se ultimen.

Recibido el expediente, el Letrado de la Administración de Justicia, a la vista del resultado de las actuaciones administrativas y del contenido del escrito de interposición y documentos anejos, comprobará que se han efectuado las debidas notificaciones para emplazamiento y, si advirtiere que son incompletas, ordenará a la Administración que se practiquen las necesarias para asegurar la defensa de los interesados que sean identificables.

Cuando no hubiera sido posible emplazar a algún interesado en el domicilio que conste, el Letrado de la Administración de Justicia mandará insertar el correspondiente edicto en el periódico oficial que proceda atendiendo al ámbito territorial de competencia del órgano autor de la actividad administrativa recurrida. Los emplazados por edictos podrán personarse hasta el momento en que hubiere de dárseles traslado para contestar a la demanda.

El emplazamiento de los demandados en el recurso de lesividad se efectuará personalmente por plazo de nueve días.

El emplazamiento de la Administración se entenderá efectuado por la reclamación del expediente.

Las Administraciones Públicas se entenderán personadas por el envío del expediente.

El Juzgado o Sala, tras el examen del expediente administrativo, declarará **no haber lugar a la admisión del recurso** cuando constare de modo inequívoco y manifiesto:

— La falta de jurisdicción o la incompetencia del Juzgado o Tribunal.

— La falta de legitimación del recurrente.

— Haberse interpuesto el recurso contra actividad no susceptible de impugnación.

— Haber caducado el plazo de interposición del recurso.

6.8.4. Demanda y contestación

Recibido el expediente administrativo en el Juzgado o Tribunal y comprobados, y en su caso completados, los emplazamientos, por el Letrado de la Administración de Justicia se acordará que se entregue al recurrente para que se deduzca la demanda en el plazo de veinte días, salvo que concurra alguno de los supuestos del art. 51, en cuyo caso dará cuenta al Tribunal para que resuelva lo que proceda. Cuando los recurrentes fuesen varios, y aunque no actuasen bajo una misma dirección, la demanda se formulará simultáneamente por todos ellos. La entrega del expediente se efectuará en original o copia.

Si la demanda no se hubiere presentado dentro del plazo, el Juzgado o Sala, de oficio, declarará por auto la caducidad del recurso. No obstante, se admitirá el escrito de demanda, y producirá sus efectos legales, si se presentare dentro del día en que se notifique el auto.

Presentada la demanda, el Letrado de la Administración de Justicia dará traslado de la misma, con entrega del expediente administrativo, a las partes demandadas que hubieran comparecido, para que la contesten en el plazo de veinte días. Si la demanda se hubiere formalizado sin haberse recibido el expediente administrativo, emplazará a la Administración demandada para contestar, apercibiéndola de que no se admitirá la contestación si no va acompañada de dicho expediente.

Si el defensor de la Administración demandada estima que la disposición o actuación administrativa recurrida pudiera no ajustarse a Derecho, podrá solicitar la suspensión del procedimiento por un plazo de veinte días para comunicar su parecer razonado a aquella. El Letrado de la Administración de Justicia, previa audiencia del demandante, acordará lo procedente.

La contestación se formulará primero por la Administración demandada. Cuando hubieren de hacerlo, además de la Administración, otros demandados, y aunque no actuaren bajo una misma dirección, la contestación se formulará simultáneamente por todos ellos. En este caso no habrá lugar a la entrega del expediente administrativo, que será puesto de manifiesto en la Oficina judicial, pero sí de la copia del mismo, con los gastos a cargo de estos demandados.

Si la Administración demandada fuere una entidad local y no se hubiere personado en el proceso pese a haber sido emplazada, se le dará no obstante traslado de la demanda para que, en el plazo de veinte días, pueda designar representante en juicio o comunicar al órgano judicial, por escrito, los fundamentos por los que estimare improcedente la pretensión del actor.

6.8.5. Prueba

Solamente se podrá pedir el recibimiento del proceso a prueba por medio de otrosí, en los escritos de demanda y contestación y en los de alegaciones complementarias. En dichos escritos deberán expresarse en forma ordenada los puntos de hecho sobre los que haya de versar la prueba y los medios de prueba que se propongan.

Si de la contestación a la demanda resultaran nuevos hechos de trascendencia para la resolución del pleito, el recurrente podrá pedir el recibimiento a prueba y expresar los medios de prueba que se propongan dentro de los cinco días siguientes a aquel en que se haya dado traslado de la misma, sin perjuicio de que pueda hacer uso de su derecho a aportar documentos.

Se recibirá el proceso a prueba cuando exista disconformidad en los hechos y estos fueran de trascendencia, a juicio del órgano jurisdiccional, para la resolución del pleito. Si el objeto del recurso fuera una sanción administrativa o disciplinaria, el proceso se recibirá siempre a prueba cuando exista disconformidad en los hechos.

La prueba se desarrollará con arreglo a las normas generales establecidas para el proceso civil, siendo el plazo para practicarla de treinta días. No obstante, se podrán aportar al proceso las pruebas practicadas fuera de este plazo por causas no imputables a la parte que las propuso.

Las Salas podrán delegar en uno de sus Magistrados o en un Juzgado de lo Contencioso-administrativo la práctica de todas o algunas de las diligencias probatorias, y el representante en autos de la Administración podrá, a su vez, delegar en un funcionario público de la misma la facultad de intervenir en la práctica de pruebas.

En el acto de emisión de la prueba pericial, el Juez otorgará, a petición de cualquiera de las partes, un plazo no superior a cinco días para que las partes puedan solicitar aclaraciones al dictamen emitido.

De acuerdo con las leyes procesales, en aquellos procedimientos en los que las alegaciones de la parte actora se fundamenten en actuaciones discriminatorias por razón del sexo, corresponderá al demandado probar la ausencia de discriminación en las medidas adoptadas y su proporcionalidad.

A los efectos de lo dispuesto en el párrafo anterior, el órgano judicial, a instancia de parte, podrá recabar, si lo estimase útil y pertinente, informe o dictamen de los organismos públicos competentes.

El Juez o Tribunal podrá acordar de oficio el recibimiento a prueba y disponer la práctica de cuantas estime pertinentes para la más acertada decisión del asunto.

Finalizado el período de prueba, y hasta que el pleito sea declarado concluso para sentencia, el órgano jurisdiccional podrá también acordar la práctica de cualquier diligencia de prueba que estimare necesaria.

Las partes tendrán intervención en las pruebas que se practiquen al amparo de lo previsto en los dos apartados anteriores.

6.8.6. Vista o escrito de conclusiones

A) Solicitud

De acuerdo con el art. 62 LJCA, salvo que en esta Ley se disponga otra cosa, las partes podrán **solicitar que se celebre vista**, que se **presenten conclusiones** o **que el pleito sea declarado concluso, sin más trámites**, para sentencia.

Dicha solicitud habrá de formularse por medio de otro sí en los escritos de demanda o contestación o por escrito presentado en el plazo de cinco días contados desde que se notifique la diligencia de ordenación declarando concluso el período de prueba.

El Letrado de la Administración de Justicia proveerá según lo que coincidentemente hayan solicitado las partes. En otro caso, solo acordará la celebración de vista o la formulación de conclusiones escritas cuando lo solicite el demandante o cuando, habiéndose practicado prueba, lo solicite cualquiera de las partes.

Si las partes no hubieran formulado solicitud alguna el Juez o Tribunal, excepcionalmente, atendida la índole del asunto, podrá acordar la celebración de vista o la formulación de conclusiones escritas.

B) Celebración de la vista

En el acto de la vista, se dará la palabra a las partes por su orden para que de forma sucinta expongan sus alegaciones. El Juez o el Presidente de la Sala, por sí o a través del Magistrado ponente, podrá invitar a los defensores de las partes, antes o después de los informes orales, a que concreten los hechos y puntualicen, aclaren o rectifiquen cuanto sea preciso para delimitar el objeto del debate.

C) Presentación del escrito de conclusiones

Cuando se acuerde el trámite de conclusiones, las partes presentarán unas alegaciones sucintas acerca de los hechos, la prueba practicada y los fundamentos jurídicos en que apoyen sus pretensiones.

El plazo para formular el escrito será de diez días sucesivos para los demandantes y demandados, siendo simultáneo para cada uno de estos grupos de partes si en alguno de ellos hubiere comparecido más de una persona y no actuaran unidos bajo una misma representación.

Celebrada la vista o presentadas las conclusiones, el Juez o Tribunal declarará que el **pleito ha quedado concluso para sentencia**, salvo que acuerde la práctica de nuevas diligencias, cuyo caso dicha declaración se hará inmediatamente después de que finalice la práctica de la diligencia o diligencias de prueba acordadas.

En el acto de la vista o en el escrito de conclusiones no podrán plantearse cuestiones que no hayan sido suscitadas en los escritos de demanda y contestación.

6.8.7. Terminación del proceso

La **sentencia** es el medio normal de resolución del recurso Contencioso-administrativo, sin embargo, no es el único, puesto que, como se verá más adelante, el proceso también puede concluir por **desistimiento, allanamiento, reconocimiento en vía administrativa de las pretensiones del demandante** y por **acuerdo entre las partes.**

A) La sentencia

La sentencia se dictará en el **plazo de diez días** desde que el pleito haya sido declarado concluso y decidirá todas las cuestiones controvertidas en el proceso.

Cuando el Juez o Tribunal apreciase que la sentencia no podrá dictarse dentro del plazo indicado, lo razonará debidamente y señalará una fecha posterior concreta en la que se dictará la misma, notificándolo a las partes.

La sentencia podrá declarar la **inadmisibilidad** del recurso o la estimación o desestimación del mismo. También se pronunciará respecto de las costas.

La sentencia **desestimará** el recurso cuando se ajusten a Derecho la disposición, acto o actuación impugnados.

La sentencia **estimará** el recurso Contencioso-administrativo cuando la disposición, la actuación o el acto incurrieran en cualquier infracción del ordenamiento jurídico, incluso la desviación de poder.

Se entiende por **desviación de poder** el ejercicio de potestades administrativas para fines distintos de los fijados por el ordenamiento jurídico.

Cuando la sentencia estimase el recurso Contencioso-administrativo:

- Declarará no ser conforme a Derecho y, en su caso, anulará total o parcialmente la disposición o acto recurrido o dispondrá que cese o se modifique la actuación impugnada.
- Si se hubiese pretendido el reconocimiento y restablecimiento de una situación jurídica individualizada, reconocerá dicha situación jurídica y adoptará cuantas medidas sean necesarias para el pleno restablecimiento de la misma.
- Si la medida consistiera en la emisión de un acto o en la práctica de una actuación jurídicamente obligatoria, la sentencia podrá establecer plazo para que se cumpla el fallo.
- Si fuera estimada una pretensión de resarcir daños y perjuicios, se declarará en todo caso el derecho a la reparación, señalando

asimismo quién viene obligado a indemnizar. La sentencia fijará también la cuantía de la indemnización cuando lo pida expresamente el demandante y consten probados en autos elementos suficientes para ello. En otro caso, se establecerán las bases para la determinación de la cuantía, cuya definitiva concreción quedará diferida al período de ejecución de sentencia.

B) El desistimiento

El recurrente podrá desistir del recurso en cualquier momento anterior a la sentencia.

Para que el desistimiento del representante en juicio produzca efectos será necesario que lo ratifique el recurrente o que esté autorizado para ello. Si desistiere la Administración pública, habrá de presentarse testimonio del acuerdo adoptado por el órgano competente con arreglo a los requisitos exigidos por las leyes o reglamentos respectivos.

El Letrado de la Administración de Justicia dará traslado a las demás partes, y en los supuestos de acción popular al Ministerio Fiscal, por plazo común de cinco días. Si prestaren su conformidad al desistimiento o no se opusieren a él, dictará decreto en el que declarará terminado el procedimiento, ordenando el archivo de los autos y la devolución del expediente administrativo a la oficina de procedencia.

En otro caso, o cuando apreciare daño para el interés público, dará cuenta al Juez o Tribunal para que resuelva lo que proceda.

Si fueren varios los recurrentes, el procedimiento continuará respecto de aquellos que no hubieren desistido.

El desistimiento no implicará necesariamente la condena en costas.

Cuando se hubiera desistido del recurso porque la Administración demandada hubiera reconocido totalmente en vía administrativa las pretensiones del demandante, y después la Administración dictase un nuevo acto total o parcialmente revocatorio del reconocimiento, el actor podrá pedir que continúe el procedimiento en el estado en que se encontrase, extendiéndose al acto revocatorio. Si el Juez o Tribunal lo estimase conveniente, concederá a las partes un plazo común de diez días para que formulen por escrito alegaciones complementarias sobre la revocación.

Desistido un recurso de apelación o de casación, el Letrado de la Administración de Justicia sin más trámites declarará terminado el procedimiento por decreto, ordenando el archivo de los autos y la devolución de las actuaciones recibidas al órgano jurisdiccional de procedencia.

C) El allanamiento

El allanamiento lo puede realizar el demandado o demandados. Si tal posición la ocupa la Administración –supuesto habitual–, habrá de presentarse testimonio en los términos del epígrafe anterior.

Producido el allanamiento, el Juez o Tribunal, sin más trámites, dictará **sentencia de conformidad con las pretensiones del demandante**, salvo si ello supusiere infracción manifiesta del ordenamiento jurídico, en cuyo caso el órgano jurisdiccional comunicará a las partes los motivos que pudieran oponerse a la estimación de las pretensiones y las oirá por plazo común de diez días, dictando luego la sentencia que estime ajustada a Derecho.

Si fueren varios los demandados, el procedimiento seguirá respecto de aquellos que no se hubiesen allanado.

D) Reconocimiento en vía administrativa de las pretensiones del demandante

Si, interpuesto recurso Contencioso-administrativo, la Administración demandada reconociese totalmente en vía administrativa las pretensiones del demandante, cualquiera de las partes podrá ponerlo en conocimiento del Juez o Tribunal, cuando la Administración no lo hiciera.

El Letrado de la Administración de Justicia mandará oír a las partes por plazo común de cinco días y, previa comprobación de lo alegado, el Juez o Tribunal dictará auto en el que declarará terminado el procedimiento y ordenará el archivo del recurso y la devolución del expediente administrativo, si el reconocimiento no infringiera manifiestamente el ordenamiento jurídico. En este último acto dictará sentencia ajustada a Derecho.

E) Acuerdo entre las partes

En los procedimientos en primera o única instancia, el Juez o Tribunal, de oficio o a solicitud de parte, una vez formuladas la demanda y la contestación, podrá someter a la consideración de las partes el reconocimiento de hechos o documentos, así como la posibilidad de alcanzar un acuerdo que ponga fin a la controversia, cuando el juicio se promueva sobre materias susceptibles de transacción y, en particular, cuando verse sobre estimación de cantidad.

Los representantes de las Administraciones Públicas demandadas necesitarán la autorización oportuna para llevar a efecto la transacción, con arreglo a las normas que regulan la disposición de la acción por parte de los mismos.

El intento de conciliación no suspenderá el curso de las actuaciones salvo que todas las partes personadas lo solicitasen y podrá producirse en cualquier momento anterior al día en que el pleito haya sido declarado concluso para sentencia.

Si las partes llegaran a un acuerdo que implique la desaparición de la controversia, el Juez o Tribunal dictará auto declarando terminado el procedimiento, siempre que lo acordado no fuera manifiestamente contrario al ordenamiento jurídico ni lesivo del interés público o de terceros.

Finalmente, y para facilitar el estudio de los datos esenciales relativos a la tramitación del proceso, se resumen tales datos en el siguiente gráfico.

Trámites — El recurso contencioso-administrativo

Ley 29/1998

Requisitos previos

- Agotar la vía administrativa. Recurso de alzada en su caso.
- Declaración previa de lesividad, si la Administración pretende la anulación de un acto.
- Reclamación previa, si se recurre frente a la inactividad administrativa.

Escrito de interposición

- Se citará la disposición, acto, inactividad o actuación constitutiva de vía de hecho que se impugne.
- Se solicitará que se tenga por interpuesto el recurso.
- Plazo:
  - Dos meses, como regla general.
  - 10 días, si se impugna actuación en vía de hecho con requerimiento previo desatendido.
  - 20 días, desde que se inició en vía de hecho, si no ha habido requerimiento previo.
  - 6 meses, si el acto es presunto.
- Publicación:
  - Si lo solicita el recurrente o de oficio.
  - En el periódico oficial que proceda, según el ámbito del órgano admvo. cuya actividad se recurra.

Remisión expediente

- El Letrado de la Administración de Justicia reclama el expediente al órgano administrativo.
- Remisión en el improrrogable plazo de 20 días. Si se reitera reclamación y no se envía en 10 días: multa de 300 a 1.200 euros.

Emplazamientos

- De la Administración: se entiende efectuado por la reclamación del expediente.
- De los interesados: se efectuará por la propia Administración para que comparezcan como demandados en 9 días.
- Demandados en lesividad → se efectuará personalmente por plazo de 9 días.

Demanda y contestación

- Recibido el expediente, se entregará al demandante para que deduzca la demanda.
- Plazo: 20 días, si no se presenta en plazo se declarará por auto la caducidad del recurso.
- Se da traslado de la demanda, con el expediente administrativo, a las partes demandadas para que contesten en 20 días.

Prueba

- Se puede pedir el recibimiento del pleito a prueba en los escritos de demanda, contestación y de alegaciones complementarias.
- Se desarrollará con arreglo a las normas del proceso civil.
- Plazo de 30 días.

Vista y conclusiones

- Se celebrará vista si lo solicitan ambas partes.
- En otro caso, solo se acordará la celebración de la vista o la formulación de conclusiones escritas cuando lo solicite el demandante o cuando, practicadas pruebas, lo solicite cualquier parte.
- Excepcionalmente, sin solicitud de las partes, se puede acordar celebración de vista o formulación de conclusiones.
- En el acto de la vista, las partes tomarán la palabra para exponer sucintamente sus conclusiones.
- Si se acuerda el trámite de conclusiones, las partes, en 10 días sucesivos cada una, presentarán por escrito alegaciones sucintas acerca de hechos, pruebas y fundamentos jurídicos.

Terminación

- **Sentencia**
  - Plazo → 10 días desde que el pleito se haya declarado concluso.
  - Pronunciamiento → Inadmisibilidad / Estimación / Desestimación del recurso
- **Desistimiento** del recurrente en cualquier momento anterior a la sentencia → Decreto del Letrado de la Administración de Justicia.
- **Allanamiento** del demandado → Sentencia de conformidad con pretensiones del demandante.
- **Reconocimiento en vía administrativa** de las pretensiones del demandante → auto.
- **Acuerdo entre las partes** → auto del Juez.

6.8.8. Ejecución de las sentencias

La Ley ha realizado un importante esfuerzo para incrementar las garantías de ejecución de las sentencias, desde siempre una de las zonas grises de nuestro sistema Contencioso-administrativo.

En efecto, establece que la potestad de hacer ejecutar las sentencias y demás resoluciones judiciales corresponde exclusivamente a los Juzgados y Tribunales de este orden jurisdiccional, y su ejercicio compete al que haya conocido del asunto en primera o única instancia.

Las partes están obligadas a cumplir las sentencias en la forma y términos que en estas se consignen.

Luego que sea firme una sentencia, el Letrado de la Administración de Justicia lo comunicará en el plazo de diez días al órgano que hubiera realizado la actividad objeto del recurso, a fin de que, recibida la comunicación, la lleve a puro y debido efecto y practique lo que exija el cumplimiento de las declaraciones contenidas en el fallo y en el mismo plazo indique el órgano responsable del cumplimiento de aquel.

Transcurridos dos meses a partir de la comunicación de la sentencia o el plazo fijado en esta para el cumplimiento del fallo, cualquiera de las partes y personas afectadas podrá instar su ejecución forzosa.

No podrá suspenderse el cumplimiento ni declararse la inejecución total o parcial del fallo.

Cuando la Administración **fuere condenada al pago de cantidad líquida**, el órgano encargado de su cumplimiento acordará el pago con cargo al crédito correspondiente de su presupuesto que tendrá siempre la consideración de ampliable. Si para el pago fuese necesario realizar una modificación presupuestaria, deberá concluirse el procedimiento correspondiente dentro de los tres meses siguientes al día de notificación de la resolución judicial.

A la cantidad a que se refiere el apartado anterior se añadirá el interés legal del dinero, calculado desde la fecha de notificación de la sentencia dictada en única o primera instancia.

Si la sentencia firme anulase total o parcialmente el acto impugnado, el Letrado de la Administración de Justicia dispondrá, a instancia de parte, la inscripción del fallo en los registros públicos a que hubiere tenido acceso el acto anulado, así como su publicación en los periódicos oficiales o privados, si concurriere causa bastante para ello, a costa de la parte ejecutada. Cuando la publicación sea en periódicos privados, se deberá acreditar ante el órgano jurisdiccional un interés público que lo justifique.

6.9. Especial referencia al procedimiento abreviado

Los Juzgados de lo Contencioso-administrativo y, en su caso, los Juzgados Centrales de lo Contencioso-administrativo de este orden jurisdiccional conocen, por el procedimiento abreviado, de los asuntos de su competencia que se susciten sobre cuestiones de personal al servicio de las Administraciones Públicas, sobre extranjería y sobre inadmisión de peticiones de asilo político, asuntos de disciplina deportiva en materia de dopaje, así como todas aquellas cuya cuantía no supere los 30.000 euros.

- **Tramitación**

— **Iniciación**

El recurso se iniciará por demanda, a la que se acompañará el documento o documentos en que el actor funde su derecho y aquellos previstos en el art. 45.2.

Presentada la demanda, el Letrado de la Administración de Justicia, apreciada la jurisdicción y competencia objetiva del Tribunal, admitirá la demanda. En otro caso, dará cuenta a este para que resuelva lo que proceda.

Admitida la demanda, el Letrado de la Administración de Justicia acordará su traslado al demandado, citando a las partes para la celebración de vista, con indicación de día y hora, y requerirá a la Administración demandada que remita el expediente administrativo con al menos quince días de antelación del término señalado para la vista. En el señalamiento de las vistas atenderá a los criterios establecidos en el art. 182 LEC.

No obstante, si el actor pide por otrosí en su demanda que el recurso se falle sin necesidad de recibimiento a prueba ni tampoco de vista, el Letrado de la Administración de Justicia dará traslado de la misma a las partes demandadas para que la contesten en el plazo de veinte días, con el apercibimiento a que se refiere el apartado primero del artículo 54. Las partes demandadas podrán, dentro de los diez primeros días del plazo para contestar a la demanda, solicitar la celebración de la vista. En dicho caso el Letrado de la Administración de Justicia citará a las partes al acto conforme a lo previsto en el párrafo anterior. En caso contrario, el Letrado de la Administración de Justicia procederá de acuerdo con lo dispuesto en el art. 57, declarando concluso el pleito sin más trámite una vez contestada la demanda, salvo que el Juez haga uso de la facultad que le atribuye el art. 61.

Recibido el expediente administrativo, el Letrado de la Administración de Justicia lo remitirá al actor y a los interesados que se hubieren personado para que puedan hacer alegaciones en el acto de la vista.

— **Celebración de la vista**

- Comparecidas las partes, o alguna de ellas, el Juez declarará abierta la vista.
- **Si las partes no comparecieren o lo hiciere solo el demandado**, el Juez o Tribunal tendrá al actor por desistido del recurso y le condenará en costas.

- **Si compareciere solo el actor**, acordará que prosiga la vista en ausencia del demandado.

La vista comenzará con exposición por el demandante de los fundamentos de lo que pida o ratificación de los expuestos en la demanda.

Acto seguido, el demandado podrá formular las alegaciones que a su derecho convengan, comenzando, en su caso, por las cuestiones relativas a la jurisdicción, a la competencia objetiva y territorial y a cualquier otro hecho o circunstancia que pueda obstar a la válida prosecución y término del proceso mediante sentencia sobre el fondo.

Oído el demandante sobre estas cuestiones, el Juez resolverá lo que proceda, y si mandase proseguir el juicio, el demandado podrá pedir que conste en acta su disconformidad. Lo mismo podrá hacer el demandante si el Juez, al resolver sobre alguna de dichas cuestiones, declinara el conocimiento del asunto en favor de otro Juzgado o Tribunal o entendiese que debe declarar la inadmisibilidad del recurso.

Si en sus alegaciones el demandado hubiese impugnado la adecuación del procedimiento por razón de la cuantía, el Juez, antes de practicarse la prueba o, en su caso, las conclusiones, exhortará a las partes a ponerse de acuerdo sobre tal extremo. Si no se alcanzare el acuerdo, decidirá el Juez, que dará al proceso el curso procedimental que corresponda según la cuantía que él determine. Frente a la decisión del Juez no se dará recurso alguno.

Si no se suscitasen las cuestiones procesales a que se refieren los apartados anteriores o si, habiéndose suscitado, se resolviese por el Juez la continuación del juicio, se dará la palabra a las partes para fijar con claridad los hechos en que fundamenten sus pretensiones. Si no hubiere conformidad sobre ellos, se propondrán las pruebas y, una vez admitidas las que no sean impertinentes o inútiles, se practicarán seguidamente.

Cuando de las alegaciones de las partes se desprenda la conformidad de todos los demandados con las pretensiones del actor, el carácter meramente jurídico de la controversia, la ausencia de proposición de la prueba o la inadmisibilidad de toda la prueba propuesta, y las partes no deseasen formular conclusiones, el Juez apreciará tal circunstancia en el acto y, si ninguna parte se opusiere, dictará sentencia sin más dilación.

Formulada oposición, el Juez resolverá estimándola, en cuyo caso proseguirá la vista conforme a lo reglado en los apartados siguientes, o desestimándola en la misma sentencia que dicte conforme a lo previsto en el párrafo anterior, antes de resolver sobre el fondo, como especial pronunciamiento.

Los medios de prueba se practicarán en los juicios abreviados, en cuanto no sea incompatible con sus trámites, del modo previsto para el juicio ordinario.

Las preguntas para la prueba de interrogatorio de parte se propondrán verbalmente, sin admisión de pliegos.

No se admitirán escritos de preguntas y repreguntas para la prueba testifical. Cuando el número de testigos fuese excesivo y, a criterio del órgano judicial, sus manifestaciones pudieran constituir inútil reiteración del testimonio sobre hechos suficientemente esclarecidos, aquél podrá limitarlos discrecionalmente.

Los testigos no podrán ser tachados y, únicamente en conclusiones, las partes podrán hacer las observaciones que sean oportunas respecto de sus circunstancias personales y de la veracidad de sus manifestaciones.

En la práctica de la prueba pericial no serán de aplicación las reglas generales sobre insaculación de peritos.

Contra las resoluciones del Juez sobre denegación de pruebas o sobre admisión de las que se denunciaran como obtenidas con violación de derechos fundamentales, las partes podrán interponer en el acto recurso de reposición, que se sustanciará y resolverá seguidamente.

(Nota: si bien la LJCA se refiere al "recurso de súplica, la referencia debe entenderse hecha al "recurso de reposición", de acuerdo con la disposición adicional octava de la LJCA).

Si el Juez estimase que alguna prueba relevante no puede practicarse en la vista, sin mala fe por parte de quien tuviera la carga de aportarla, la suspenderá, señalando el Letrado de la Administración de Justicia competente, en el acto y sin necesidad de nueva notificación, el lugar, día y hora en que deba reanudarse.

Tras la práctica de la prueba, si la hubiere, y, en su caso, de las conclusiones, oídos los Letrados, las personas que sean parte en los asuntos podrán, con la venia del Juez, exponer de palabra lo que crean oportuno para su defensa a la conclusión de la vista, antes de darla por terminada.

— **Sentencia**

El Juez dictará sentencia en el plazo de diez días desde la celebración de la vista.

— **Documentación de la vista**

La vista se documentará en la forma establecida en los apartados 3 y 4 del art. 63.

Si los mecanismos de garantía previstos en el apartado anterior no se pudiesen utilizar deberán consignarse en el acta los siguientes extremos: número y clase de procedimiento; lugar y fecha de celebración; tiempo de duración, asistentes al acto; alegaciones de las partes; resoluciones que adopte el Juez o Tribunal; así como las circunstancias e incidencias que no pudieran constar en aquel soporte. A este acta se incorporarán los soportes de la grabación de las sesiones.

Cuando no se pudiesen utilizar los medios de registro por cualquier causa, el Letrado de la Administración de Justicia extenderá acta de cada sesión, en la que se hará constar:

a) Lugar, fecha, Juez que preside el acto, partes comparecientes, representantes, en su caso, y defensores que las asisten.

b) Breve resumen de las alegaciones de las partes, medios de prueba propuestos por ellas, declaración expresa de su pertinencia o impertinencia, razones de la denegación y protesta, en su caso.

c) En cuanto a las pruebas admitidas y practicadas:

1º Resumen suficiente de las de interrogatorio de parte y testifical.

2º Relación circunstanciada de los documentos presentados, o datos suficientes que permitan identificarlos, en el caso de que su excesivo número haga desaconsejable la citada relación.

3º Relación de las incidencias planteadas en el juicio respecto a la prueba documental.

4º Resumen suficiente de los informes periciales, así como también de la resolución del Juez en torno a las propuestas de recusación de los peritos.

5º Resumen de las declaraciones realizadas en la vista.

d) Conclusiones y peticiones concretas formuladas por las partes; en caso de que fueran de condena a cantidad, esta deberá recogerse en el acta.

e) Declaración hecha por el Juez de conclusión de los autos, mandando traerlos a la vista para sentencia.

Las actas previstas en este apartado se extenderán por procedimientos informáticos, sin que puedan ser manuscritas más que en las ocasiones en que la sala en que se esté celebrando la actuación careciera de medios informáticos. En estos casos, al terminar la sesión el Letrado de la Administración de Justicia leerá el acta, haciendo en ella las rectificaciones que las partes reclamen, si las estima procedentes. Este acta se firmará por el Letrado de la Administración de Justicia tras el Juez o Presidente, las partes, sus representantes o defensores y los peritos, en su caso.

El procedimiento abreviado, en lo no dispuesto en sus normas específicas, se regirá por las normas generales de la LJCA.

Terminado el plazo de personación y alegaciones, el Letrado de la Administración de Justicia declarará concluso el procedimiento. La sentencia se dictará en los diez días siguientes a dicha declaración. No obstante, podrá el Tribunal rechazar, en trámite de admisión, mediante auto y sin necesidad de audiencia de las partes, la cuestión de ilegalidad cuando faltaren las condiciones procesales.

El plazo para dictar sentencia quedará interrumpido si, para mejor proveer, el Tribunal acordara reclamar el expediente de elaboración de la disposición cuestionada o practicar alguna prueba de oficio. En estos casos el Letrado de la Administración de Justicia acordará oír a las partes por plazo común de cinco días sobre el expediente o el resultado de la prueba.

Se aplicará a la cuestión de ilegalidad lo dispuesto para el recurso directo en la propia LJCA. Se publicarán también las sentencias firmes que desestimen la cuestión.

Firme la sentencia que resuelva la cuestión de ilegalidad, por el Letrado de la Administración de Justicia se comunicará al Juez o Tribunal que la planteó.

Cuando la cuestión de ilegalidad sea de especial trascendencia para el desarrollo de otros procedimientos, será objeto de tramitación y resolución preferente.

La sentencia que resuelva la cuestión de ilegalidad no afectará a la situación jurídica concreta derivada de la sentencia dictada por el Juez o Tribunal que planteó aquella.

6.10. Impugnación de las resoluciones judiciales

Teniendo en cuenta que contra las providencias procede recurso de reposición y que contra los autos puede interponerse, según los casos, el citado recurso de reposición o el de apelación, analizaremos la impugnación de las sentencias.

Las sentencias dictadas por los órganos de la Jurisdicción Contencioso-administrativa pueden ser impugnadas, según los arts. 81 a 102 de la LJCA, a través de los siguientes recursos:

— Apelación.

— Casación.

— Revisión.

6.10.1. Recurso ordinario de apelación

Las sentencias de los **Juzgados de lo Contencioso-administrativo** y de los **Juzgados Centrales de lo Contencioso-administrativo** serán susceptibles de recurso de apelación, salvo que se hubieran dictado en los asuntos siguientes:

— Aquellos cuya cuantía no exceda de 30.000 euros.

— Los relativos a materia electoral comprendidos en el artículo 8.4.

Serán siempre susceptibles de apelación las sentencias siguientes:

— Las que declaren la inadmisibilidad del recurso en los asuntos de cuantía inferior a 30.000 euros.

— Las dictadas en el procedimiento para la protección de los derechos fundamentales de la persona.

— Las que resuelvan litigios entre Administraciones Públicas.

— Las que resuelvan impugnaciones indirectas de disposiciones generales.

El recurso de apelación podrá interponerse por quienes se hallen legitimados como parte demandante o demandada.

Se interpondrá ante el Juzgado que hubiere dictado la sentencia que se apele, dentro de los quince días siguientes al de su notificación.

El Juzgado, después de la tramitación pertinente, elevará los autos y el expediente administrativo a la Sala de lo Contencioso-administrativo competente -la del respectivo **Tribunal Superior de Justicia** o la de la **Audiencia Nacional**, según que la sentencia recurrida hubiese sido dictada por un Juzgado de lo Contencioso o por un Juzgado Central-.

Celebrada la vista o presentadas las conclusiones, el Letrado de la Administración de Justicia declarará el pleito concluso, dictando sentencia la Sala en el plazo de diez días desde tal declaración.

6.10.2. Recurso de casación

A) Sentencias impugnables

Las sentencias dictadas en **única instancia por los Juzgados de lo Contencioso-administrativo y las dictadas en única instancia o en apelación por la Sala de lo Contencioso-administrativo de la Audiencia Nacional y por las Salas de lo Contencioso-administrativo de los Tribunales Superiores de Justicia** -estas últimas solo en el caso de que el recurso se funde en infracción del Derecho estatal o comunitario- serán susceptibles de recurso de casación ante la Sala de lo Contencioso-administrativo del Tribunal Supremo.

En el caso de sentencias dictadas en única instancia por los Juzgados de lo Contencioso-administrativo, únicamente serán susceptibles de recurso las sentencias que contengan doctrina que se reputa gravemente dañosa para los intereses generales y sean susceptibles de extensión de efectos.

Se exceptúan de lo establecido en el apartado anterior:

— Las dictadas en el procedimiento para la protección del derecho fundamental de reunión.

— Las dictadas en procesos contencioso-electorales.

B) Motivos de admisión del recurso

El recurso de casación podrá ser admitido a trámite cuando, invocada una concreta infracción del ordenamiento jurídico, tanto procesal como sustantiva, o de la jurisprudencia, la Sala de lo Contencioso-administrativo del Tribunal Supremo estime que el recurso presenta interés casacional objetivo para la formación de jurisprudencia.

El Tribunal de casación podrá apreciar que existe interés casacional objetivo, motivándolo expresamente en el auto de admisión, cuando, entre otras circunstancias, la resolución que se impugna:

a) Fije, ante cuestiones sustancialmente iguales, una interpretación de las normas de Derecho estatal o de la Unión Europea en las que se fundamenta el fallo contradictoria con la que otros órganos jurisdiccionales hayan establecido.

b) Siente una doctrina sobre dichas normas que pueda ser gravemente dañosa para los intereses generales.

c) Afecte a un gran número de situaciones, bien en sí misma o por trascender del caso objeto del proceso.

d) Resuelva un debate que haya versado sobre la validez constitucional de una norma con rango de ley, sin que la improcedencia de plantear la pertinente cuestión de inconstitucionalidad aparezca suficientemente esclarecida.

e) Interprete y aplique aparentemente con error y como fundamento de su decisión una doctrina constitucional.

f) Interprete y aplique el Derecho de la Unión Europea en contradicción aparente con la jurisprudencia del Tribunal de Justicia o en supuestos en que aun pueda ser exigible la intervención de este a título prejudicial.

g) Resuelva un proceso en que se impugnó, directa o indirectamente, una disposición de carácter general.

h) Resuelva un proceso en que lo impugnado fue un convenio celebrado entre Administraciones Públicas.

i) Haya sido dictada en el procedimiento especial de protección de derechos fundamentales.

Se presumirá que existe interés casacional objetivo:

a) Cuando en la resolución impugnada se hayan aplicado normas en las que se sustente la razón de decidir sobre las que no exista jurisprudencia.

b) Cuando dicha resolución se aparte deliberadamente de la jurisprudencia existente al considerarla errónea.

c) Cuando la sentencia recurrida declare nula una disposición de carácter general, salvo que esta, con toda evidencia, carezca de trascendencia suficiente.

d) Cuando resuelva recursos contra actos o disposiciones de los organismos reguladores o de supervisión o agencias estatales cuyo enjuiciamiento corresponde a la Sala de lo Contencioso-administrativo de la Audiencia Nacional.

e) Cuando resuelva recursos contra actos o disposiciones de los Gobiernos o Consejos de Gobierno de las Comunidades Autónomas.

No obstante, en los supuestos referidos en las letras a), d) y e) el recurso podrá inadmitirse por auto motivado cuando el Tribunal aprecie que el asunto carece manifiestamente de interés casacional objetivo para la formación de jurisprudencia.

C) Trámites básicos

El recurso de casación se preparará ante la Sala de Instancia en el plazo de treinta días, contados desde el siguiente al de la notificación de aquella, mediante escrito en el que deberá manifestarse la intención de interponer el recurso, con sucinta exposición de la concurrencia de los requisitos de forma exigidos. Dicha Sala emplazará a las partes para que comparezcan e interpongan el recurso dentro del plazo de 30 días ante la Sala tercera del Tribunal Supremo, la cual, previos los trámites oportunos (arts. 92 a 94), dictará sentencia en el plazo de 10 días desde la celebración de la vista o la declaración de que el pleito está concluso para sentencia.

6.10.3. Recurso de revisión

Habrá lugar a la revisión de una sentencia firme:

— Si después de pronunciada se recobraren documentos decisivos, no aportados por causa de fuerza mayor o por obra de la parte en cuyo favor se hubiere dictado.

— Si hubiere recaído en virtud de documentos que, al tiempo de dictarse aquella, ignoraba una de las partes haber sido reconocidos y declarados falsos o cuya falsedad se reconociese o declarase después.

— Si habiéndose dictado en virtud de prueba testifical, los testigos hubieren sido condenados por falso testimonio dado en las declaraciones que sirvieron de fundamento a la sentencia.

— Si se hubiere dictado sentencia en virtud de cohecho, prevaricación, violencia u otra maquinación fraudulenta.

En lo referente a plazos, procedimiento y efectos de las sentencias dictadas en este recurso, regirán las disposiciones de la Ley de Enjuiciamiento Civil. No obstante, solo habrá lugar a la celebración de vista cuando lo pidan todas las partes o la Sala lo estime necesario.

La revisión en materia de responsabilidad contable procederá en los casos establecidos en la Ley de Funcionamiento del Tribunal de Cuentas.

Debido a la relativa complejidad de esta materia, se sintetizan los datos básicos en el gráfico siguiente:

Recursos contra sentencias del orden contencioso-administrativo			
Recurso	**Sentencias impugnables**	**Requisitos**	**Resolución**
Apelación	Las de los Juzgados de lo Contencioso-administrativo y de los Juzgados Centrales de lo Contencioso.	• Que el objeto del pleito: – Tenga cuantía superior a 30.000 euros (salvo casos siguientes). – Sea la protección de derechos fundamentales. – Implique litigio entre Administraciones. – Sea la impugnación indirecta de disposiciones generales. • Plazo: 15 días a notificación de sentencia.	• Por TSJ o Audiencia Nacional, según que la sentencia recurrida hubiese sido dictada por un Juzgado de lo Contencioso o Central de lo Contencioso. • Plazo: 10 días desde declaración del juicio concluso para sentencia.
Casación	Las dictadas en única instancia por los Juzgados de lo contencioso-administrativo y las dictadas en única instancia o en apelación por la Audiencia Nacional y por los Tribunales Superiores de Justicia.	• Que el objeto del pleito: – Tenga cuantía superior a 600.000 euros (salvo casos siguientes). – Sea la protección de derechos fundamentales. – No se refiera a cuestiones de personal, salvo que afecte al nacimiento o extinción de la relación funcionarial. • Plazos: – Preparación → 30 días. – Interposición → 30 días.	• Por la Sala de lo Contencioso del Tribunal Supremo. • Plazo: 10 días desde declaración del juicio concluso para sentencia.
Revisión	Cualquier sentencia firme.	Que la sentencia hubiese sido dictada en base a documentos falsos, falso testimonio, cohecho, prevaricación, etc.	Por el TSJ (sentencias dictadas por Jueces de lo Contencioso), Audiencia Nacional (dictadas por Jueces Centrales) o Tribunal Supremo (dictada por TSJ, Audiencia Nacional o Tribunal Supremo.

***Nota:** para profundizar en la materia, la Ley 29/1998, de 13 de julio, reguladora de la Jurisdicción Contencioso-administrativa, en sus Títulos V y VI desarrolla respectivamente los Procedimientos especiales y las Disposiciones comunes a los Títulos IV y V.*

Anexo

Esquema-resumen.
Procedimiento administrativo.
Recursos administrativos.
Jurisdicción Contencioso-
Administrativa.

Procedimiento administrativo

<table>
<tr><td>Objeto</td><td colspan="2">Dictada en desarrollo del art. 149.1.18 de la Constitución, regula:
• Bases del régimen jurídico de las Administraciones Públicas.
• Procedimiento Administrativo Común.
• Principios a los que se ha de ajustar el ejercicio de la iniciativa legislativa y la potestad reglamentaria.</td></tr>
<tr><td rowspan="2">Ámbito de aplicación</td><td>Subjetivo</td><td>1. Administración territorial: La Administración General del Estado.
• Las Administraciones de las Comunidades Autónomas.
• Las Entidades que integran la Administración Local.
2. Sector Público institucional, integrado por:
• Organismos públicos y entidades de derecho público vinculados o dependientes de las AAPP.
• Entidades de derecho privado vinculadas o dependientes de las AAPP, que quedarán sujetas a las normas de esta ley que específicamente se refieran a ellas, y en todo caso, cuando ejerzan potestades administrativas.
• Las universidades públicas, que se regirán por su normativa específica y supletoriamente por esta ley.</td></tr>
<tr><td>Objetivo</td><td>1. Supuestos excluidos de aplicación:
• Los procedimientos regulados en leyes especiales por razón de la materia.
2. Supuestos de aplicación supletoria:
• Las actuaciones y procedimientos de aplicación de los tributos en materia tributaria y aduanera, así como su revisión en vía administrativa.
• Las actuaciones y procedimientos de gestión, inspección, liquidación, recaudación, impugnación y revisión en materia de Seguridad Social y Desempleo.
• Las actuaciones y procedimientos sancionadores en materia tributaria y aduanera, en el orden social, en materia de tráfico y seguridad vial y en materia de extranjería.
• Las actuaciones y procedimientos en materia de extranjería y asilo.</td></tr>
<tr><td rowspan="2">Procedimiento</td><td>Finalidad</td><td>• Servir de cauce para la eficaz satisfacción de los intereses generales.
• Servir de cauce de participación de los interesados en la elaboración de las decisiones administrativas.
• Actuar como garantía de los derechos de los particulares.</td></tr>
<tr><td>Fases</td><td>• Iniciación: a través de esta fase se plantea el objeto de la tramitación, bien por la Administración en el acuerdo de incoación, bien por el interesado en su solicitud.
• Instrucción: esta fase se orienta al esclarecimiento, comprobación y determinación de los datos y hechos relevantes para poder dictar la decisión final, es decir, la resolución.
• Finalización: la resolución es la forma normal de conclusión del procedimiento, aunque con ella coexisten otras formas de terminación como el desistimiento, la renuncia, la caducidad, etc.</td></tr>
</table>

<table>
<tr><td rowspan="4">Interesados</td><td>Capacidad de obrar</td><td>• Los que la tengan de acuerdo con las normas civiles.
• Los menores no incapacitados para la defensa de sus derechos donde no se requiere la actuación de sus representantes legales.</td></tr>
<tr><td>Legitimación</td><td>• Quienes lo promueven como titulares de derechos o intereses legítimos individuales o colectivos.
• Los que, sin haber iniciado el procedimiento, tengan derechos que puedan resultar afectados por la decisión que se adopte.
• Los que acrediten un interés legítimo y se personen antes de la finalización.
• Si se trata de una relación jurídica transmisible, el derechohabiente se subroga en la posición del causante.</td></tr>
<tr><td>Pluralidad de interesados</td><td>En este caso el procedimiento se tramitará con:
• El representante.
• El interesado que hayan señalado al efecto.
• El que figure en primer lugar en la solicitud.</td></tr>
<tr><td>Representación</td><td>• El representante debe disponer de capacidad de obrar.
• Se presume para actos y gestiones de mero trámite.
• Es necesaria la acreditación:
- Cuándo: Formular solicitudes, presentar declaraciones responsables y comunicaciones, entablar recursos, desistir de acciones y renunciar a derechos.
- Medios: Por cualquier medio válido en derecho que deje constancia fidedigna, o por comparecencia personal o electrónica.
- Plazo: 10 días u otro superior cuando las circunstancias del caso lo requieran.</td></tr>
</table>

TÉRMINOS Y PLAZOS	OBLIGATORIEDAD	Según el art. 29 LPA, obligan a las autoridades, al personal al servicio de la Administración y a los interesados.
	CÓMPUTO	• Todos los plazos se computarán a partir del día siguiente a aquel en que tenga lugar la notificación o publicación del acto o se haya producido el silencio administrativo. • Si el plazo se señala por días, se entiende que son hábiles, salvo que por ley o normativa comunitaria se diga otra cosa, y se excluyen del cómputo los sábados, domingos y festivos. • Si en el mes del vencimiento no hay día equivalente a aquel en que comienza el cómputo, el plazo expira el último día del mes. • Si el último día del plazo es inhábil, se prorroga al primer día hábil siguiente. • Si el órgano administrativo y el interesado residen en diferentes municipios, siendo un día inhábil en uno de ellos, ese día es inhábil en todo caso. • El calendario de días inhábiles será fijado por el Estado y las Comunidades Autónomas, en su respectivo ámbito.
	AMPLIACIÓN	• Puede producirse de oficio o a instancia de parte. • Como regla general, la ampliación no excederá de la mitad del plazo legalmente establecido. • El acuerdo motivado sobre ampliación no es recurrible. • La ampliación por el tiempo máximo permitido se aplicará en los siguientes casos: - Realización de trámites en el extranjero. - Intervención de interesados residentes en el extranjero. - Procedimientos tramitados por las representaciones diplomáticas españolas.
	REDUCCIÓN	• Se puede acordar de oficio o a instancia de parte. • Causa: razones de interés público. • Implica reducir los plazos a la mitad, salvo para presentar solicitudes y recursos. • Contra el acuerdo que declare la tramitación de urgencia no cabe recurso alguno.

Iniciación, ordenación, instrucción y terminación

Iniciación	**De oficio**	Acuerdo del órgano competente, motivado por: - Propia iniciativa. - Como consecuencia de orden superior. - A petición razonada de otros órganos. - Por denuncia. (El acuerdo puede ir precedido de un periodo de información previa).
	Por solicitud del interesado	Contenido de la solicitud: - Nombre y apellidos del interesado. - Identificación del medio preferente o del lugar que señale para notificaciones. - Hechos, razones y petición. - Lugar y fecha. - Firma del solicitante o acreditación por otros medios. - Órgano al que se dirige.
		Lugares de presentación: - Registro electrónico de la Administración u organismo al que se dirijan. - Oficinas de correos. - Representaciones diplomáticas u oficinas consulares de España en el extranjero. - Oficinas de asistencia en materia de registros.
		Modelos normalizados y resguardo de la solicitud: - Debe establecerlos la Administración cuando se trate de procedimientos que impliquen la resolución numerosa de una serie de procedimientos. - Los interesados pueden exigir recibo que acredite la fecha de presentación, admitiéndose como tal una copia con la fecha de presentación.

		Subsanación:
		• Si la solicitud tiene defectos la Administración requerirá al interesado para que los subsane en el plazo de 10 días, que podrá ser ampliado hasta 5 para presentar documentos, salvo que se trate de:
		  - Procedimientos selectivos.
		  - Procedimientos de concurrencia competitiva.

		Mejora: - A requerimiento de la Administración. - Se deja constancia a través de acta.
		Declaración responsable: • Documento suscrito por un interesado en el que manifiesta, bajo su responsabilidad, que cumple con los requisitos establecidos en la normativa vigente para acceder al reconocimiento de un derecho o facultad o para su ejercicio, que dispone de la documentación que así lo acredita y que se compromete a mantener su cumplimiento durante el período de tiempo inherente a dicho reconocimiento o ejercicio.
		Comunicación previa: • Documento mediante el que los interesados ponen en conocimiento de la Administración Pública competente sus datos identificativos y demás requisitos exigibles para el ejercicio de un derecho o el inicio de una actividad.

<table>
<tr><td rowspan="3">Iniciación
(continuación)</td><td rowspan="2">Medidas provisionales</td><td>• Pueden adoptarse de oficio o a instancia de parte, por el órgano competente.
• Tienen como finalidad asegurar la eficacia de la futura resolución.
• No pueden causar perjuicios de imposible o difícil reparación o que impliquen violación de leyes.</td></tr>
<tr><td>Momento en el que se pueden adoptar:
• Antes de la iniciación: El órgano competente puede adoptarlas, en los casos que señale la ley, por:
- Razones de urgencia.
- Para la protección provisional de intereses implicados.
(Estas medidas tienen que ser confirmadas, modificadas o levantadas en el acuerdo de iniciación, que deberá efectuarse dentro de los 15 días siguientes a su adopción).
• Con la iniciación: Pueden ser adoptadas por el órgano competente para resolver.</td></tr>
<tr><td>Acumulación</td><td>• Órgano competente: El que inicie o tramite el procedimiento.
• Motivo: Que exista identidad sustancial o intima conexión.
• Posibilidad: En los procedimientos cualquiera que sea la forma de iniciación.</td></tr>
<tr><td>Ordenación</td><td colspan="2">Se refiere a los criterios, reglas o principios que deben regir la tramitación del procedimiento.
Finalidad: Agilizar los trámites administrativos.
Principios:
• Oficialidad: Impulso por la Administración.
• Igualdad: Respetar el orden de incoación, que puede ser alterado por el titular de la unidad administrativa.
• Concentración de trámite: Actuación en unidad de acto.
• Cumplimiento de trámites:
- En el plazo que fije la norma correspondiente.
- Si la norma no fija plazo, este será de 10 días.
- Si alguno de los actos de los interesados no reúne los requisitos necesarios, se le concede un plazo de 10 días para subsanación.
• Cuestiones incidentales que se planteen en el procedimiento, incluso las que se refieran a la nulidad de actuaciones, no suspenden la tramitación del mismo, salvo la recusación.</td></tr>
<tr><td rowspan="2">Instrucción</td><td>Concepto</td><td>Son los actos necesarios para la determinación, conocimiento y comprobación de los datos, en virtud de los cuales deba pronunciarse la resolución.</td></tr>
<tr><td>Alegaciones</td><td>• Los interesados pueden presentarlas en cualquier momento del procedimiento anterior al trámite de audiencia. También pueden aportar documentos y otros elementos de juicio (son alegaciones de fondo).
• Unas y otros serán tenidos en cuenta en la propuesta de resolución.
• También existen otras alegaciones de forma, consistentes en poder alegar en cualquier momento defectos de tramitación, como puede ser –infracción de plazos u omisión de trámites-. Esto puede dar lugar, en su caso, a responsabilidad disciplinaria.</td></tr>
</table>

Instrucción *(continuación)*	**Pruebas**	• Los hechos relevantes para la decisión del procedimiento se pueden acreditar por cualquier medio de prueba en Derecho. • Se abrirá un periodo de prueba cuando la Administración no tenga por ciertos los hechos alegados por los interesados o la naturaleza del procedimiento lo exija. • **Plazo:** No será superior a 30 días ni inferior a 10. • Las que el instructor considere improcedentes o innecesarias, las puede rechazar, mediante resolución motivada. • La Administración comunicará con antelación suficiente el inicio de las mismas. • Si implican gastos que no deba soportar la Administración, ésta puede exigir el pago por adelantado de los mismos, a reserva de la liquidación definitiva.
	Informes	• Son declaraciones de juicio, emitidas por órganos especialmente cualificados en materias determinadas, llamadas a ilustrar al órgano decididor y proporcionarle los elementos de juicio necesarios para dictar su resolución. • Son facultativos y no vinculantes, salvo que una norma diga lo contrario. • Plazo de emisión: 10 días, salvo que una disposición o el cumplimiento del resto de los plazos permita o exija otro plazo mayor o menor. • Cuando no se emitan dentro de plazo, podrán continuarse las actuaciones si no se trata de informes preceptivos para la resolución.
	Trámite de audiencia	• Consiste en poner de manifiesto al interesado todo el expediente, salvo los datos protegidos a través de la Ley 19/2013, para que pueda hacer alegaciones y aportar documentos. • Tiene lugar una vez instruido el expediente y antes de la propuesta de resolución. • Plazo: no inferior a 10 días ni superior a 15. • Es un trámite preceptivo en el procedimiento, salvo que no consten o no se tengan en cuenta más datos que los aportados por el interesado.
	Información pública	Es un trámite de alegaciones especial que permite la participación de los ciudadanos, y que consiste en publicar el procedimiento en diarios oficiales para que cualquier persona pueda examinar el expediente. • El anuncio debe indicar el lugar de exhibición del expediente y el plazo para formular alegaciones, que en ningún caso podrá ser inferior a 20 días. • Efectos: - La comparecencia no otorga por sí misma la condición de interesado. - Si se presentan alegaciones, se tiene derecho a una respuesta razonada. - La incomparecencia en este trámite no impedirá a los interesados interponer los recursos procedentes contra la resolución definitiva del procedimiento.

Terminación	**Resolución expresa**	**Obligación:** La Administración está obligada a dictar resolución expresa en todo caso, salvo en los casos de: • Terminación convencional. • Ejercicio de derechos sometidos únicamente al deber de comunicación.
		Contenido: • Contendrá la decisión, que será motivada en los supuestos del art. 35. • Tiene que indicar los recursos que proceden, plazo para interponerlos y órgano ante el que interponerlo. • Debe ser congruente con la petición formulada, y no puede agravar la situación inicial.
		Plazo: El fijado en la norma reguladora del procedimiento, sin que pueda exceder de 6 meses salvo que una norma con rango de ley establezca uno mayor o así venga previsto en la normativa comunitaria europea. • Si la norma no fija plazo, este será de 3 meses. Inicio del cómputo: - En los procedimientos iniciados de oficio: desde la fecha del acuerdo de la iniciación. - En los iniciados a solicitud del interesado: Desde la fecha en que la solicitud haya tenido entrada en el registro del órgano competente para su tramitación.
		Suspensión: el transcurso del plazo máximo legal para resolver un procedimiento y notificar la resolución se podrá suspender en los siguientes casos: a) Subsanación de deficiencias y aportación de documentos. b) Consultas previas y preceptivas a órganos de la Unión Europea. c) Existencia de un procedimiento no finalizado en el ámbito de la UE que condicione directamente el contenido de la resolución. d) Informes preceptivos y determinantes a órgano de la misma o distinta Administración (máximo 3 meses). e) Pruebas técnicas solicitadas por los interesados. f) Inicio de negociaciones con vista a la conclusión de un pacto o convenio. g) Pronunciamiento previo de un órgano jurisdiccional indispensable.
		Y el transcurso del plazo máximo legal se suspenderá cuando: • Una Administración Pública requiera a otra para que anule o revise un acto que entienda que es ilegal y que constituya la base para el que la primera haya de dictar en el ámbito de sus competencias. • El órgano competente para resolver decida realizar alguna actuación complementaria de las previstas en el art. 87 LPA. • Los interesados promuevan la recusación en cualquier momento de la tramitación de un procedimiento. **Ampliación:** Cuando el número de solicitudes o las personas afectadas puedan suponer un incumplimiento del plazo máximo de resolución. • Requisito previo es la habilitación de medios materiales y personales. • Duración: por otro plazo igual al inicial.
		Incumplimiento: El incumplimiento de la obligación de resolver dará lugar a la exigencia de responsabilidad disciplinaria, sin perjuicio a la que hubiere lugar de acuerdo con la normativa vigente.

TERMINACIÓN *(continuación)*	**Resolución presunta**	**Silencio positivo:** Es la regla general. • Tiene la consideración de acto finalizado del procedimiento. • Produce efectos desde el vencimiento del plazo en el que debió dictarse y notificarse la resolución. • La resolución expresa posterior, en su caso, será siempre confirmatoria.
		Silencio negativo: Es la excepción y lo será en los siguientes casos: • Que lo señale una norma con rango de ley por razones imperiosas de interés general o una norma de Derecho de la Unión Europea. • Ejercicio del derecho de petición del art. 29 de la Constitución. • Transferencia de facultades de dominio público o de servicio público. • Procedimientos de impugnación de actos y disposiciones (salvo el recurso de alzada contra la desestimación presunta de una solicitud). • Cuando la Administración inicia un procedimiento favorable para el interesado. • La resolución expresa posterior, en su caso, se adoptará sin vinculación alguna al sentido del silencio.
		Acreditación: Por cualquier medio de prueba admitido en Derecho, incluido el certificado acreditativo del silencio que pudiera solicitarse del órgano competente para resolver. Solicitado el certificado, deberá emitirse en el plazo máximo de 15 días.
	Desistimiento y renuncia	**Desistimiento:** • Solo afecta a la petición, por lo tanto implica abandono de la solicitud, de modo que la pretensión puede ser ejercitada en otro procedimiento, siempre que haya plazo para ello.
		Renuncia: • Afecta al derecho mismo, no pudiendo plantearse de nuevo pretensión alguna sobre el derecho renunciado (hay determinados derechos que tienen la consideración de irrenunciables). • Puede estar prohibida por el ordenamiento jurídico, en cuyo caso no podría ser aceptada por la Administración.
		Equivalencias: • Se pueden efectuar por cualquier medio que permita su constancia. • Si se realiza por medio de representante, la representación necesita ser acreditada. • Si se han personado terceros interesados, pueden instar su continuación en 10 días. • Si la cuestión suscitada afecta al interés general, la Administración puede proseguir el procedimiento. • Si el escrito de iniciación se ha formulado por varios interesados, solo afectará a aquellos que la hubiesen formulado.

Terminación *(continuación)*	**Caducidad**	Se refiere a la paralización de la tramitación de un procedimiento, iniciado a **solicitud del interesado**, por causa imputable al mismo. Si esto ocurre, la Administración le advertirá de que, transcurridos tres meses desde el requerimiento, se producirá la caducidad, con archivo de las actuaciones. • No puede tratarse de un acto de mera gestión. • No genera por si sola la prescripción de acciones. • Los procedimientos caducados no interrumpen el plazo de prescripción. • Podrá no ser aplicable cuando la cuestión suscitada afecte al interés general. • La resolución es recurrible. (La falta de resolución expresa en los procedimientos **iniciados de oficio** susceptibles de producir efectos desfavorables, también genera la caducidad).
	Terminación convencional	• Son los acuerdos, pactos, convenios o contratos que pueden celebrar las Administraciones Públicas con personas tanto de derecho público como privado, siempre que no sean contrarios al Ordenamiento Jurídico ni versen sobre materias no susceptibles de transacción. • **Fin:** Satisfacer el interés general. • **Tipos:** - Finalizador del procedimiento (agota la vía administrativa). - Previo a la resolución que les ponga fin (vinculante o no). • **Contenido:** Identificación de las partes intervinientes, ámbito personal, funcional y territorial, y el plazo de vigencia. • **Límites:** No supondrán alteración de la competencia, ni de las responsabilidades contraídas por los responsables de los servicios públicos. • **Publicación:** No es preceptiva, dependerá de la trascendencia del acuerdo o de la pluralidad de destinatarios y afectados.

Recursos administrativos

DISPOSICIONES COMUNES A TODOS LOS RECURSOS ADMINISTRATIVOS		
ACTOS RECURRIBLES	**De trámite (Cualificado)**	• Si deciden directa o indirectamente sobre el fondo del asunto. • Determinan la imposibilidad de continuar el procedimiento. • Producen indefensión. • Causan perjuicio irreparable a derechos o intereses legítimos.
	Resolutorios	Tienen que ser: • Definitivos. • Hayan o no puesto fin a la vía administrativa.
	(Los vicios o defectos que hagan anulable un acto no podrán ser alegados por quienes los hayan causado).	
DISPOSICIONES	• No admiten recurso administrativo directamente, si es posible en vía judicial a través del recurso contencioso-administrativo "directo". • Si son impugnables los actos de aplicación, al establecer la Ley que: - Si la causa de la impugnación es la nulidad de alguna disposición administrativa de carácter general pueden ser recurridos ante el órgano que dictó dicha disposición.	
ERROR EN LA CALIFICACIÓN DEL RECURSO	Ese error no es obstáculo para su tramitación, si del escrito se deduce su verdadero carácter.	
CONTENIDO DEL RECURSO	• Nombre y apellidos del recurrente, así como su identificación personal. • Acto recurrido y razón de la impugnación. Lugar y fecha. • Firma del recurrente. • Lugar de notificaciones. • Órgano, centro o unidad a la que se dirige. • Las demás peculiaridades establecidas por disposiciones específicas.	
EFECTOS DE LA INTERPOSICIÓN	• Obligación de resolver por la Administración. • No suspensión del acto, salvo excepciones.	
SUSPENSIÓN DEL ACTO RECURRIDO	• Es posible previa ponderación de los intereses implicados. • Se puede exigir al recurrente caución o garantía si se irrogan daños. • **Órgano competente:** el que resuelve el recurso. • **Declaración:** de oficio o a instancia de parte. • **Causas:** - Daños de difícil o imposible reparación. - Actos nulos de pleno derecho. • **Plazo:** un mes. • **Silencio:** positivo.	

Instrucción del procedimiento	Trámite de audiencia. • Cuando haya documentos nuevos (no tienen esta consideración las propuestas, los informes, el recurso y los que ya constan en el expediente). • **Plazo:** no inferior a 10 días ni superior a 15. • Traslado a otros interesados, si los hubiera, para que en el mismo plazo aleguen cuanto estimen procedente.
Resolución	• **Contenido:** - Estimación total o parcial. - Desestimación. - Declaración de inadmisión. • **Principios:** - Congruencia. - En caso de resolver cuestiones no alegadas, es necesario oír a los interesados. - Prohibición de la reformatio in peius.

Recurso de alzada

Regulación	Artículos 121 y 122 LPA.
Objeto	Resoluciones o actos de trámite recurribles que no pongan fin a la vía administrativa.
Motivos	Cualquiera de los motivos de nulidad o anulabilidad de la LPA.
Órgano competente para resolver	El superior jerárquico del que dictó el acto. (Los Tribunales y órganos de selección del personal al servicio de las Administraciones Públicas, se consideran dependientes del órgano al que estén adscritos o, en su defecto, del que haya nombrado al presidente de los mismos).
Interposición	• **Plazos:** - 1 mes, si el acto es expreso, computado a partir del día siguiente a la notificación. - En cualquier momento, si es presunto, computado a partir del día siguiente al que se produzcan los efectos del silencio administrativo. • **Órgano ante el que se interpone:** - Ante el órgano que dictó el acto que se impugna, el cual tendrá que remitir el recurso, con su informe y una copia del mismo al competente para resolverlo, en el plazo de 10 días. - Ante el competente para resolverlo. • **Efectos de la no interposición:** - Transcurridos los plazos de interposición sin haberse interpuesto, la resolución será firme a todos los efectos.
Resolución	• **Plazo:** 3 meses desde su interposición. • **Silencio:** si transcurre este plazo y no ha recaído resolución, el silencio es negativo, salvo que se recurra un acto presunto desestimatorio, en cuyo caso será positivo. • **Efectos:** - Pone fin a la vía administrativa. - No cabe contra la resolución recurso de reposición. - Se puede recurrir en vía contencioso-administrativa o a través del recurso extraordinario de revisión si se dan los motivos del art. 125 LPA.
Sustitución del recurso	• Por ley se puede sustituir este recurso para ámbitos sectoriales determinados, y cuando la especificidad de la materia lo justifique. • Por otros procedimientos de impugnación, reclamación, conciliación, mediación y arbitraje y ante órganos no sometidos a instrucciones jerárquicas. • Respetando siempre los principios, garantías y plazos que la Ley reconoce a los ciudadanos y a los interesados en todo el procedimiento administrativo.

Recurso de reposición

Regulación	Artículos 123 y 124 LPA.
Carácter	Potestativo, ya que se puede interponer recurso contencioso administrativo directamente, pero no ambos simultáneamente. (No se puede interponer recurso contencioso-administrativo hasta que sea resuelto expresamente o se haya producido la desestimación presunta del recurso de reposición interpuesto).
Objeto	Actos administrativos que pongan fin a la vía administrativa.
Órgano competente	El mismo órgano que dictó el acto.
Motivos	Cualquier motivo de nulidad o anulabilidad de los artículos 47 y 48 LPA.
Interposición	• **Plazos:** - 1 mes, si el acto es expreso, y se computa a partir del día siguiente a la notificación. - En cualquier momento, si el acto es presunto, computado a partir del día siguiente al que se produzcan los efectos del silencio administrativo, de acuerdo con su normativa específica.
Resolución	• **Plazo:** 1 mes desde la interposición. • **Silencio:** si transcurre el plazo y no se ha dictado resolución, el silencio es negativo. • **Efectos:** - No puede interponerse de nuevo el recurso de reposición. - Si se puede interponer el recurso contencioso-administrativo o el extraordinario de revisión si se dan las causas del art. 125 LPA.
Sustitución del recurso	Sí es posible y en los mismos supuestos que para el recurso de alzada.

Recurso extraordinario de revisión

Regulación	Artículos 125 y 126 LPA.
Objeto	Contra actos firmes en vía administrativa.
Órgano competente	El mismo órgano que lo dictó.
Motivos y plazos de interposición	• Error de hecho que resulte de los propios documentos incorporados al expediente. - **Plazo:** 4 años siguientes a la fecha de notificación de la resolución. • Que aparezcan documentos que evidencien el error de la resolución. - **Plazo:** 3 meses desde el conocimiento de los documentos. • Que hayan influido esencialmente documentos o testimonios declarados falsos por sentencia judicial firme. - **Plazo:** 3 meses desde que la sentencia judicial quedó firme. • Resolución dictada como consecuencia de prevaricación, cohecho, violencia, maquinación fraudulenta u otra conducta punible y se haya declarado así en virtud de sentencia judicial firme. - **Plazo:** 3 meses desde que la sentencia judicial quedó firme.
Resolución	• **Plazo:** 3 meses desde su interposición. • **Silencio:** transcurrido el plazo sin que se haya dictado y notificado la resolución, se entenderá desestimado. • Deberá contener el dictamen del Consejo de Estado en el supuesto de admisión del recurso. No obstante, no será necesario este Dictamen, si el órgano competente acuerda motivadamente la inadmisión, porque no se den las causas del art. 125.1 o por haber desestimado otros recursos sustancialmente iguales. • Se puede interponer recurso contencioso-administrativo.
Sustitución del recurso	A diferencia del recurso de alzada y de reposición, no está prevista en la Ley la sustitución de este recurso por otros procedimientos de impugnación.

Recurso contencioso-administrativo

<table>
<tr><td>Regulación</td><td colspan="2">Ley 29/1998, de 13 de julio, de la Jurisdicción Contencioso-administrativa.</td></tr>
<tr><td>Ámbito</td><td colspan="2">• Pretensiones en relación con la actuación de las Administraciones Públicas sujeta al Derecho Administrativo.
• Disposiciones generales de rango inferior a la ley.
• Decretos Legislativos cuando excedan los límites de la delegación.</td></tr>
<tr><td rowspan="3">Las partes</td><td>Capacidad procesal</td><td>Pueden comparecer en juicio:
• Los que estén en el pleno ejercicio de sus derechos civiles.
• Los menores para la defensa de sus derechos e intereses cuya actuación esté permitida, sin la asistencia de sus representantes legales.
• Los grupos de afectados, uniones sin personalidad o patrimonios independientes o autónomos, cuando así lo declare la Ley expresamente.</td></tr>
<tr><td>Legitimación</td><td>• Activa (persona que demanda), la tienen:
- Las personas físicas o jurídicas que tengan un derecho o interés legítimo.
- Las corporaciones, asociaciones... habilitadas para la defensa de los derechos e intereses legítimos colectivos. Para la defensa del derecho de igualdad entre hombres y mujeres, los sindicatos y asociaciones cuando sea este su fin primordial, de sus afiliados y asociados.
- Las diferentes Administraciones Públicas para impugnar los actos y disposiciones de las otras Administraciones.
- El Ministerio Fiscal en los procesos que determine la Ley.
- Cualquier ciudadano, en el ejercicio de la acción popular.
- La persona acosada en litigios sobre acoso sexual y acoso por razón de sexo.
- La Administración autora del acto, previa declaración de su lesividad.
- Las Administraciones Públicas y los particulares contra decisiones adoptadas por los órganos administrativos a los que corresponde resolver los recursos especiales y las reclamaciones en materia de contratación.
- Las personas del art. 40.4 de la Ley Orgánica de Protección de la Salud del Deportista y Lucha contra el Dopaje en la Actividad Deportiva, en relación con las resoluciones del Tribunal Administrativo del Deporte que se dicten en asuntos de disciplina deportiva en materia de dopaje.
• Pasiva (parte demandada):
- Las Administraciones Públicas contra cuya actividad se dirija el recurso.
- Las personas cuyos derechos pudiera quedar afectados por la estimación del recurso.
- Las aseguradoras de las Administraciones Públicas.
- Si la impugnación se basa en la ilegalidad de una disposición general, la Administración autora de la misma.
- Personas o Administraciones favorecidas por el acto objeto del recurso especial en materia de contratación.</td></tr>
<tr><td>Representación y defensa</td><td>• En relación con los particulares la ley distingue entre órganos unipersonales y colegiados:
- Ante órganos unipersonales, el Procurador es potestativo y el Abogado obligatorio.
- Ante órganos colegiados, son obligatorios Procurador y Abogado.
• En relación con la Administración:
- La representación y defensa del Estado y de sus organismos autónomos, así como de los órganos constitucionales sin un régimen especial propio, corresponderá a los Abogados del Estado.</td></tr>
</table>

OBJETO DEL RECURSO	**ACTOS ADMINISTRATIVOS**	• Actos que sean expresos o presuntos. • Definitivos. • De trámite, si estos: - Deciden directa o indirectamente el fondo del asunto. - Determinan la imposibilidad de continuar el procedimiento. - Causan indefensión o perjuicio irreparable. • Que pongan fin a la vía administrativa (en caso contrario deberá interponerse previamente el recurso de alzada).
	DISPOSICIONES GENERALES	• Contra ellas no cabe recurso en vía administrativa. • Es posible la impugnación directa de la disposición. • También es posible la impugnación indirecta, recurriendo los actos que se produzcan en aplicación de dichas disposiciones generales.
	INACTIVIDAD ADMINISTRATIVA	**Finalidad:** Que el ciudadano pueda combatir la pasividad y dilaciones administrativas. • Obligación de la Administración de realizar una prestación a favor de una o varias personas, en virtud: - De una disposición general que no precise actos de aplicación. - De un acto, contrato o convenio. (El interesado puede reclamar a la Administración el cumplimiento de dicha obligación y, si en el plazo de **3 meses** la Administración no resuelve, se puede plantear el recurso contencioso-administrativo). • No ejecución por la Administración de sus actos firmes: - Los afectados pueden solicitar su ejecución. - Si no se produce respuesta en el plazo de **1 mes**, se puede plantear el recurso contencioso-administrativo, que se tramitará por el procedimiento abreviado.
	ACTUACIONES EN VÍA DE HECHO	• Actuaciones materiales de la Administración sin la necesaria cobertura jurídica. • Requerimiento a la Administración intimando su cesación. *(Este requerimiento tiene carácter potestativo).* • Si el requerimiento no es atendido dentro de los **10 días** siguientes, podrá plantearse el recurso contencioso-administrativo.

Procedimiento contencioso-administrativo en primera o única instancia

Requisitos previos	• Agotar la vía administrativa. • Declaración previa de lesividad, si la administración pretende la anulación de un acto. • Reclamación previa, si se recurre frente a la inactividad administrativa.
Iniciación	• Por escrito de interposición: - Se reduce a citar la disposición o acto impugnado, solicitando que se tenga por interpuesto el recurso. - Acompañamiento de documentación necesaria. • Por demanda en los siguientes casos: - Recurso de lesividad (se acompaña expediente administrativo). - Recurso sin terceros interesados (demanda potestativa).
	• **Defectos:** - Concesión de plazo de 10 días para subsanar defectos. - Falta de subsanación: archivo del recurso.
	• **Plazo:** - 2 meses, regla general. - 6 meses, si el acto es presunto. - 10 días si se impugna una actuación en vía de hecho con requerimiento previo desatendido. - 20 días si se impugna una actuación en vía de hecho sin requerimiento previo.
	• **Anuncio del recurso:** en el periódico oficial que proceda (según ámbito territorial del órgano administrativo): - **Potestativo:** a instancia y a costa del recurrente. - **De oficio:** si el tribunal lo estima conveniente. - **Obligatorio:** si se inicia el recurso por demanda.
Reclamación del expediente (plazo de remisión: 20 días)	• Se requiere a la Administración para que **remita** el expediente administrativo y para que emplace a los interesados: - No se reclama el expediente si el recurso se inició por demanda (aunque puede recabarse de oficio o a petición del actor). • Si el **expediente no se remite completo**: - Reiteración de reclamación (remisión en 10 días). - Multas coercitiva a la autoridad o empleado responsable de 300 a 1.200 € (reiterables cada 20 días).
Emplazamiento	• **De la Administración:** se entiende efectuado por la reclamación del expediente. • **De los interesados:** se efectúa por la propia Administración para que comparezca como demandados en el plazo de 9 días. • **Por edictos:** hasta momento de dar traslado para contestar demanda.
Personación	• La Administración se entiende personada por el envío del expediente. • Los demandados se tienen que personar en el plazo concedido (si no se personan continúa el procedimiento sin volver a practicar notificación de ninguna clase).

Admisión del recurso	Recibido el recurso y previo examen del mismo cabe: • La **admisión** del mismo. • La **inadmisión** cuando conste alguna de las siguientes causas: - Falta de jurisdicción, competencia o legitimación. - Actividad no impugnable. - Caducidad del plazo de interposición. (en estos casos habrá que dar traslado previo a las partes del motivo de inadmisión para alegaciones por plazo de 10 días).
Demanda	• Entrega del expediente al recurrente para que deduzca demanda en el **plazo de 20 días**, si no se presenta en plazo se declarará por Auto la caducidad del recurso. • Si hay varios demandantes (aunque no actúen bajo una misma dirección), la demanda se formulará simultáneamente por todos ellos.
Contestación	• Traslado de la demanda y expediente administrativo a los demandados por el Letrado de la Administración de Justicia, para que contesten en 20 días. • Si hubiera varios demandados (aunque no actúen bajo una misma dirección): 1. Contesta la Administración demandada. 2. Contestarán simultáneamente los demás demandados. • Dentro de los 5 primeros días del plazo para contestar, los demandados podrán alegar: - Falta de jurisdicción o competencia del Tribunal. - Inadmisibilidad del recurso. • Si el Juez desestima las alegaciones continúa la tramitación del recurso y se deberá contestar a la demanda en el plazo que reste.
Prueba	• **Petición por medio de otrosí** en los escritos de demanda y contestación. • **Se recibirá el proceso a prueba** (de oficio o a instancia de parte) cuando exista disconformidad en los hechos y estos fueran de trascendencia para resolver el pleito. • **Plazo:** 30 días.
Conclusiones	• Las partes pueden solicitar: - Celebración de vista o presentación de conclusiones. - Que el pleito quede concluso para sentencia sin más trámites. • **Vista:** audiencia de las partes en vista pública y su señalamiento se hará por riguroso orden de antigüedad en los asuntos. • **Escritos de conclusiones:** se formulan en le plazo de 10 días sucesivos (y simultáneo si hay más de un demandante o demandado bajo representación diferente).
Sentencia	• **Plazo:** 10 días desde que el pleito se haya declarado concluso. • **Posibles pronunciamientos:** - Inadmisibilidad del recurso. - Estimación del recurso (actuación administrativa infringe el ordenamiento jurídico). - Desestimación del recurso (actuación administrativa ajustada a derecho).
Otros modos de terminación	• Desistimiento del recurrente en cualquier momento anterior a la sentencia. • Allanamiento del ademandado. • Reconocimiento en vía administrativa de las pretensiones del demandante. • Acuerdo entre las partes.

Tema 4

Los contratos del sector público: concepto y clases. Procedimiento de adjudicación. Su cumplimiento. La revisión de precios y otras alteraciones contractuales. Incumplimiento de los contratos del sector público.

Referencias Legislativas

- *Ley 9/2017, de 8 de noviembre, de Contratos del Sector Público, por la que se transponen al ordenamiento jurídico español las Directivas del Parlamento Europeo y del Consejo 2014/23/UE y 2014/24/UE, de 26 de febrero de 2014.*

Guion-resumen

1. Los contratos del sector público: concepto y clases
2. Órganos de contratación
3. Preparación de los contratos
4. Procedimientos y formas de adjudicación de los contratos administrativos
5. Cumplimiento, recepción del objeto del contrato y pago
6. La revisión de precios y otras alteraciones contractuales
7. Ejecución de los contratos. Incumplimiento de los contratos del sector público
8. Aspectos generales de los contratos

Anexo

1. Los contratos del sector público: concepto y clases

1.1. Introducción

La Constitución española establece en su artículo 149.1.18ª que el Estado tiene competencia exclusiva para regular la legislación básica sobre contratos y concesiones administrativas.

En la actualidad, nos encontramos ante un panorama legislativo marcado por la denominada Estrategia Europa 2020, dentro de la cual, la contratación pública desempeña un papel clave, puesto que se configura como uno de los instrumentos basados en el mercado interior que deben ser utilizados para conseguir un crecimiento inteligente, sostenible e integrador, garantizando al mismo tiempo una mayor racionalidad económica en la utilización de los fondos públicos.

Con esta finalidad aparecen tres Directivas de la Unión Europea como son la Directiva 2014/24/UE, de 26 de febrero, sobre contratación pública, la Directiva 2014/25/UE, de 26 de febrero, relativa a la contratación por entidades que operan en los sectores del agua, la energía, los transportes y los servicios postales y la más novedosa, ya que carece de precedente en la normativa comunitaria, la Directiva 2014/23/UE, de 26 de febrero, relativa a la adjudicación de contratos de concesión.

De este modo, se aprobó la Ley 9/2017, de 8 de noviembre, de Contratos del Sector Público (en adelante LCSP), por la que se transponen al ordenamiento jurídico español las mencionadas Directivas del Parlamento Europeo y del Consejo 2014/23/UE y 2014/24/UE y que entró en vigor a los 4 meses de su publicación en el BOE, esto es, el 9 de marzo de 2018[1].

La LCSP contiene 347 artículos, distribuidos en 4 Libros, 55 Disposiciones Adicionales, 5 Disposiciones Transitorias, 1 Disposición Derogatoria, 16 Disposiciones Finales y 6 Anexos. La estructura de la LCSP es la siguiente:

- **Título Preliminar:** Disposiciones generales.
- **Libro primero:** Configuración general de la contratación del sector público y elementos estructurantes de los contratos.
- **Libro segundo:** De los contratos de las Administraciones Públicas.
- **Libro tercero:** De los Contratos de otros entes de sector Público.
- **Libro cuarto:** Organización administrativa para la gestión de la contratación.

[1] Excepto los arts. 328 a 334 (órganos consultivos) y la Disposición Final 10ª que entraron en vigor al día siguiente de su publicación el BOE, la letra a) del apartado 4 del art. 159 y la letra d) del apartado 2 del art. 32 que entraron en vigor a los diez meses de la referida publicación y el tercer párrafo del apartado 1 del art. 150 que lo hará en el mismo momento en que lo haga la disposición reglamentaria a que se refiere el mismo.

1.2. Objeto y principios de la LCSP

La LCSP ha sido necesaria para adaptarse a las Directivas de la Unión Europea 2014/23/UE y 2014/24/UE y tiene por objeto regular la contratación del sector público, a fin de garantizar que se ajusta a los principios de:

— Libertad de acceso a las licitaciones.

— Publicidad y transparencia de los procedimientos.

— No discriminación e igualdad de trato entre los licitadores.

— Asegurar, en conexión con el objetivo de estabilidad presupuestaria y control del gasto y el principio de integridad, una eficiente utilización de los fondos destinados a la contratación pública mediante la exigencia de la definición previa de las necesidades a satisfacer, la salvaguarda de la libre competencia y la selección de la oferta económicamente más ventajosa.

La LCSP establece que en toda contratación pública se incorporarán de manera transversal y preceptiva criterios sociales y medioambientales en relación con el objeto del contrato, para una mejor relación calidad-precio en la prestación contractual, y una mayor y mejor eficiencia en la utilización de los fondos públicos. Igualmente se facilitará el acceso a la contratación pública de las pequeñas y medianas empresas, y las de economía social.

Por último, es necesario destacar la novedad relativa a que los órganos de contratación deberán tomar las medidas adecuadas para luchar contra el fraude, el favoritismo y la corrupción, y prevenir, detectar y solucionar de modo efectivo los conflictos de intereses que puedan surgir en los procedimientos de licitación con el fin de evitar cualquier distorsión de la competencia y garantizar la transparencia en el procedimiento y la igualdad de trato a todos los candidatos y licitadores.

El concepto de conflicto de intereses abarcará, al menos, cualquier situación en la que el personal al servicio del órgano de contratación, que además participe en el desarrollo del procedimiento de licitación o pueda influir en el resultado del mismo, tenga directa o indirectamente un interés financiero, económico o personal que pudiera parecer que compromete su imparcialidad e independencia en el contexto del procedimiento de licitación.

Aquellas personas o entidades que tengan conocimiento de un posible conflicto de interés deberán ponerlo inmediatamente en conocimiento del órgano de contratación.

1.3. Ámbito de aplicación

1.3.1. Objetivo

La LCSP se aplica a los contratos onerosos del Sector Público, es decir, aquellos en los que el contratista obtenga algún tipo de beneficio económico, ya sea de forma directa o indirecta, y a los contratos subvencionados por entidades que tengan la consideración de poderes adjudicadores que celebren otras personas físicas o jurídicas en los términos que la Ley establece.

1.3.2. Subjetivo

La Ley mantiene los tres niveles de aplicabilidad de la misma respecto de las Entidades del Sector Público que configuran su ámbito, (**Sector Público, Administraciones Públicas y Poderes Adjudicadores**) y asimismo se mantiene la tradicional configuración negativa o de exclusión de los contratos y negocios no regulados en la misma.

Para la LCSP forman parte del **Sector Público:**

a) La Administración General del Estado, las Administraciones de las Comunidades Autónomas, las Ciudades Autónomas de Ceuta y Melilla y las Entidades que integran la Administración Local.

b) Las Entidades Gestoras y los Servicios Comunes de la Seguridad Social.

c) Los Organismos Autónomos, las Universidades Públicas y las autoridades administrativas independientes.

d) Los consorcios dotados de personalidad jurídica propia a los que se refiere la LRJSP, y la legislación de régimen local, así como los consorcios regulados por la legislación aduanera.

e) Las fundaciones públicas. que reúnan alguno de los siguientes requisitos:

 1.º Que se constituyan de forma inicial, -o reciban después- con una aportación mayoritaria, directa o indirecta, de una o varias entidades integradas en el sector público

 2.º Que el patrimonio de la fundación esté integrado en más de un 50 por ciento por bienes o derechos aportados o cedidos por sujetos integrantes del sector público con carácter permanente.

 3.º Que la mayoría de derechos de voto en su patronato corresponda a representantes del sector público.

f) Las Mutuas colaboradoras con la Seguridad Social.

g) Las Entidades Públicas Empresariales a las que se refiere la LRJSP, y cualesquiera entidades de derecho público con personalidad jurídica propia vinculadas a un sujeto que pertenezca al sector público o dependientes del mismo.

h) Las sociedades mercantiles en cuyo capital social la participación, directa o indirecta, de entidades de las mencionadas en las letras a), b), c), d), e), g) y h) sea superior al 50 por 100, o en los casos en que sin superar ese porcentaje, se encuentren en el supuesto previsto de control de la Ley del Mercado de Valores.

i) Los fondos sin personalidad jurídica.

j) Cualesquiera entidades con personalidad jurídica propia, que hayan sido creadas específicamente para satisfacer necesidades de interés general que no tengan carácter industrial o mercantil, siempre que uno o varios sujetos pertenecientes al sector público financien mayoritariamente su actividad, controlen su gestión, o nombren a más de la mitad de los miembros de su órgano de administración, dirección o vigilancia.

k) Las asociaciones constituidas por las entidades mencionadas en las letras anteriores.

l) A los efectos de esta Ley, se entiende que también forman parte del sector público las Diputaciones Forales y las Juntas Generales de los Territorios Históricos del País Vasco en lo que respecta a su actividad de contratación.

Dentro del sector público, **tendrán la consideración de Administraciones Públicas** las siguientes entidades:

- Las mencionadas en las letras a), b), c), y l) del apartado anterior.
- Los consorcios y otras entidades de derecho público, en las que dándose las circunstancias establecidas en la letra d) del apartado siguiente para poder ser considerados poder adjudicador y estando vinculados a una o varias Administraciones Públicas o dependientes de las mismas, no se financien mayoritariamente con ingresos de mercado. Se entiende que se financian mayoritariamente con ingresos de mercado cuando tengan la consideración de productor de mercado de conformidad con el Sistema Europeo de Cuentas.

1.3.3. Poderes adjudicadores

Se considerarán **poderes adjudicadores**, las siguientes entidades:

a) Las Administraciones Públicas.

b) Las fundaciones públicas.

c) Las Mutuas colaboradoras con la Seguridad Social.

d) Todas las demás entidades con personalidad jurídica propia distintas de las expresadas en las letras anteriores que hayan sido creadas específicamente para satisfacer necesidades de interés general que no tengan carácter industrial o mercantil, siempre que uno o varios sujetos que deban considerarse poder adjudicador de acuerdo con los criterios de este apartado 3, bien financien mayoritariamente su actividad; bien controlen su gestión; o bien nombren a más de la mitad de los miembros de su órgano de administración, dirección o vigilancia.

e) Las asociaciones constituidas por las entidades mencionadas en las letras anteriores.

1.3.4. Otras entidades

Los partidos políticos; así como las organizaciones sindicales, y las organizaciones empresariales y asociaciones profesionales, además de las fundaciones y asociaciones vinculadas a cualquiera de ellos, cuando cumplan los requisitos para ser poder adjudicador, y respecto de los contratos sujetos a regulación armonizada, deberán actuar conforme a los principios de publicidad, concurrencia, transparencia, igualdad y no discriminación sin perjuicio del respeto a la autonomía de la voluntad y de la confidencialidad cuando sea procedente. Deberán aprobar unas instrucciones internas en materia de contratación. que deberán ser informadas antes de su aprobación por el órgano al que corresponda su asesoramiento jurídico, y publicarse en sus respectivas páginas web.

Asimismo, quedarán sujetos a la LCSP las Corporaciones de derecho público (por ejemplo, Colegios Profesionales) cuando cumplan los requisitos para ser poder adjudicador.

1.4. Negocios y contratos excluidos

Quedan fuera del ámbito de la LCSP determinadas figuras jurídicas denominadas genéricamente negocios y contratos. Se regirán por sus normas especiales, aplicándose los principios de la LCSP para resolver las dudas y lagunas que pudieran presentarse, en concreto se excluyen los siguientes:

a) En el ámbito de la Defensa Nacional y Seguridad:

- Los del artículo 346 del Tratado de Funcionamiento de la Unión Europea.
- Los contratos comprendidos en la Ley 24/2011, de dicho ámbito; y los que no resulte de aplicación la citada Ley.
- Contratos de concesiones de obras y concesiones de servicios, en un programa de cooperación de al menos dos países UE en i+D de un nuevo producto.
- Las compras de las FFAA para operaciones fuera de la UE.
- Las concesiones a otro Estado de equipo militar.
- Los acuerdos internacionales para el estacionamiento de tropas.

b) Convenios y encomiendas de gestión de la LRJSP. Con los siguientes matices: Los convenios cuyo contenido no sea el de los contratos de la LCSP, o normas especiales, celebrados entre Administraciones Públicas, entidades con personalidad jurídico pública de ellas dependientes y las entidades con personalidad jurídico privada, siempre que, en este último caso, tengan la condición de poder adjudicador, y que reúnan estas condiciones:

1. Las entidades intervinientes no han de tener vocación de mercado, que se presumirá cuando realicen en el mercado

abierto un porcentaje igual o superior al 20% de las actividades objeto de colaboración.

2. Que el convenio establezca o desarrolle una cooperación entre las entidades participantes con el fin de garantizar que en los servicios públicos que prestan se logren los objetivos que tienen en común.

3. Que el desarrollo de la cooperación se guíe únicamente por consideraciones relacionadas con el interés público.

También están excluidos los convenios que celebren las entidades del sector público con personas físicas o jurídicas sujetas al derecho privado, siempre que su contenido no esté comprendido en el de los contratos regulados en la LCSP o en normas administrativas especiales.

c) En el ámbito de la Investigación y desarrollo, establecido en determinadas categorías y que cumplan dos condiciones: que los beneficios pertenezcan exclusivamente al poder adjudicador para su utilización en el ejercicio de su propia actividad. Que el servicio prestado sea remunerado íntegramente por el poder adjudicador

d) En el ámbito del dominio público y patrimonial: están excluidas de la Ley las autorizaciones y concesiones sobre bienes de dominio público y los contratos de explotación de bienes patrimoniales (que no sean concesiones de obra de la LCSP). Y los contratos de compraventa, donación, permuta, arrendamiento y demás negocios jurídicos análogos sobre bienes inmuebles, valores negociables y propiedades incorporales, a no ser que recaigan sobre programas de ordenador y deban ser calificados como contratos de suministro o servicios, que tendrán siempre el carácter de contratos privados y se regirán por la legislación patrimonial.

e) En el ámbito financiero: los contratos relativos a servicios financieros relacionados con la emisión, compra, venta o transferencia de valores u otros y los servicios prestados por el Banco de España y las operaciones realizadas con la Facilidad Europea de Estabilización Financiera y el Mecanismo Europeo de Estabilidad y los contratos de préstamo y operaciones de tesorería.

f) Otros: la relación de servicio de los funcionarios públicos y los contratos laborales. La prestación de servicios públicos cuya utilización requiera que el usuario pague una tarifa, tasa o precio público. servicios de arbitraje y conciliación. Los contratos por los que una entidad del sector público se obligue a entregar bienes o derechos o a prestar algún servicio. Los servicios relacionados con campañas políticas. La prestación de servicios sociales por entidades privadas, siempre que esta se realice sin necesidad de celebrar contratos públicos, a través, entre otros medios, de la simple financiación de estos servicios o la concesión de licencias o autorizaciones a todas las entidades que cumplan las condiciones previamente fijadas por el poder adjudicador, sin límites ni cuotas, y que dicho sistema garantice una publicidad suficiente y se ajuste a los principios de transparencia y no discriminación.

1.5. Delimitación de los tipos contractuales. Clases de contratos

Son los contratos de obras, concesión de obras, concesión de servicios, suministro y servicios que celebren las entidades pertenecientes al sector público.

Los restantes contratos del sector público se calificarán según las normas de derecho administrativo o de derecho privado que les sean de aplicación.

A continuación, vemos las definiciones de los contratos del sector público por su objeto:

1.5.1. Por su objeto

A) El contrato de obras

- **Concepto**

Son contratos de obras los que tienen por objeto uno de los siguientes:

a) La ejecución de una obra, aislada o conjuntamente con la redacción del proyecto, o la realización de los trabajos enumerados en el Anexo I de la LCSP.

b) La realización, por cualquier medio, de una obra que cumpla los requisitos fijados por la entidad del sector público contratante que ejerza una influencia decisiva en el tipo o el proyecto de la obra.

Por «obra» se entenderá el resultado de un conjunto de trabajos de construcción o de ingeniería civil, destinado a cumplir por sí mismo una función económica o técnica, que tenga por objeto un bien inmueble; o la realización de trabajos que modifiquen la forma o sustancia del terreno o de su vuelo, o de mejora del medio físico o natural.

Tienen la consideración de contratos menores aquellos de valor estimado inferior a 40.000 euros.

A los efectos de elaboración de los proyectos se clasificarán las obras, según su objeto y naturaleza, en los grupos siguientes:

a) Obras de primer establecimiento, reforma, restauración, rehabilitación o gran reparación.

b) Obras de reparación simple.

c) Obras de conservación y mantenimiento.

d) Obras de demolición.

- **Actuaciones preparatorias**

La adjudicación de un contrato de obras requerirá la previa elaboración, supervisión, aprobación y replanteo del correspondiente proyecto que definirá con precisión el objeto del contrato.

La contratación conjunta de la elaboración del proyecto y la ejecución de las obras correspondientes tendrá carácter excepcional.

— **Supervisión del proyecto**

Antes de la aprobación del proyecto, cuando el presupuesto base de licitación del contrato de obras sea igual o superior a 500.000 euros, IVA excluido, los órganos de contratación deberán solicitar un informe de las correspondientes oficinas o unidades de supervisión de los proyectos encargadas de verificar que se han tenido en cuenta las disposiciones generales de carácter legal o reglamentario, así como la normativa técnica que resulten de aplicación para cada tipo de proyecto.

— **Replanteo del proyecto**

Aprobado el proyecto y previamente a la aprobación del expediente de contratación de la obra, se procederá a efectuar el replanteo del mismo, el cual consistirá en comprobar la realidad geométrica de la misma y la disponibilidad de los terrenos precisos para su normal ejecución. Una vez realizado el replanteo se incorporará el proyecto al expediente de contratación.

— **Ejecución del contrato de obras**

La ejecución del contrato de obras comenzará con el acta de comprobación del replanteo (en plazo no superior al mes desde la celebración del contrato).

A la recepción de las obras a su terminación, concurrirá un facultativo designado por la Administración representante de esta, el facultativo encargado de la dirección de las obras y el contratista asistido, si lo estima oportuno, de su facultativo.

Dentro del plazo de tres meses contados a partir de la recepción, el órgano de contratación deberá aprobar la certificación final de las obras ejecutadas, que será abonada al contratista a cuenta de la liquidación del contrato.

El plazo de garantía se establecerá en el pliego de cláusulas administrativas particulares atendiendo a la naturaleza y complejidad de la obra y no podrá ser inferior a un año salvo casos especiales.

En los contratos de obras, el régimen será el siguiente:

— Dentro del plazo de quince días anteriores al cumplimiento del plazo de garantía, el director facultativo de la obra, de oficio o a instancia del contratista, redactará un informe sobre el estado de las obras.

— Si la obra se arruina o sufre deterioros graves incompatibles con su función con posterioridad a la expiración del plazo de garantía por vicios ocultos de la construcción, debido a incumplimiento del contrato por parte del contratista, responderá este de los daños y perjuicios que se produzcan o se manifiesten durante un plazo de quince años a contar desde la recepción.

- El contratista responderá durante dicho plazo de los daños materiales causados en la obra por vicios o defectos que afecten a la cimentación, los soportes, las vigas, los forjados, los muros de carga u otros elementos estructurales.
- Las acciones para exigir la responsabilidad por daños materiales dimanantes de los vicios o defectos, prescriben en el plazo de dos años a contar desde que se produzcan o se manifiesten dichos daños, sin perjuicio de las acciones que puedan subsistir para exigir responsabilidades.

B) Contrato de concesión de obras

• Concepto

Tiene por objeto la realización por el concesionario de algunas de las prestaciones antes definidas como "obras", incluidas las de restauración y reparación de construcciones existentes, así como la conservación y mantenimiento de los elementos construidos, y en el que la contraprestación a favor de aquel consiste, o bien únicamente en el derecho a explotar la obra en el sentido del apartado cuarto siguiente, o bien en dicho derecho acompañado del de percibir un precio.

El contrato podrá comprender; además la adecuación, reforma y modernización de la obra para adaptarla a las características técnicas y funcionales requeridas, las actuaciones de reposición y gran reparación; que el concesionario esté obligado a proyectar, ejecutar, conservar, reponer y reparar aquellas obras que sean accesorias o estén vinculadas con la principal. En el supuesto de que las obras vinculadas o accesorias puedan ser objeto de explotación o aprovechamiento económico, estos corresponderán al concesionario conjuntamente con la explotación de la obra principal, en la forma determinada por los pliegos.

• Actuaciones preparatorias

— Estudio de viabilidad

Con carácter previo a la decisión de construir y explotar en régimen de concesión unas obras, el órgano que corresponda de la Administración concedente acordará la realización de un estudio de viabilidad de las mismas.

La Administración concedente someterá el estudio de viabilidad a información pública por el plazo de un mes, prorrogable por idéntico plazo en razón de la complejidad del mismo y dará traslado del mismo para informe a los órganos de la Administración General del Estado, las Comunidades Autónomas y Entidades Locales afectados cuando la obra no figure en el correspondiente planeamiento urbanístico, que deberán emitirlo en el plazo de un mes.

— Anteproyecto de construcción y explotación de la obra

En función de la complejidad de las obras y del grado de definición de sus características, la Administración concedente, aprobado el estudio de viabilidad, podrá acordar la redacción del correspondiente anteproyecto (con memoria, planos, presupuesto y estudios). El anteproyecto se someterá a información pública por el plazo de un mes.

La Administración concedente aprobará el anteproyecto de las obras, considerando las alegaciones formuladas e incorporando las prescripciones de la declaración de impacto ambiental, e instará el reconocimiento concreto de la utilidad pública de esta a los efectos previstos en la legislación de expropiación forzosa.

— **Proyecto de la obra y replanteo**

En el supuesto de que las obras sean definidas en todas sus características por la Administración concedente, se procederá a la redacción, supervisión, aprobación y replanteo del correspondiente proyecto y al reconocimiento de la utilidad; cuando no existiera anteproyecto, la Administración concedente someterá el proyecto, antes de su aprobación definitiva, a la tramitación establecida para los anteproyectos.

Los efectos, cumplimiento y extinción de los contratos de concesión de obras se regularán por la LCSP. Corresponde al concesionario el control de la ejecución de las obras que contrate con terceros. Las obras se ejecutarán a riesgo y ventura del concesionario, quien, además, asumirá el riesgo operacional de la concesión.

A la terminación de las obras, y a efectos del seguimiento del correcto cumplimiento del contrato por el concesionario, se procederá al levantamiento de un acta de comprobación por parte de la Administración concedente.

El órgano de contratación, previa audiencia del concesionario, podrá acordar el secuestro o intervención de la concesión en los casos en que el concesionario no pueda hacer frente, temporalmente y con grave daño social, a la explotación de la obra por causas ajenas al mismo o incurriese en un incumplimiento grave de sus obligaciones que pusiera en peligro dicha explotación. El acuerdo del órgano de contratación será notificado al concesionario y si este, dentro del plazo que se le hubiera fijado, no corrigiera la deficiencia se ejecutará el secuestro o intervención.

El contrato de concesión de obras deberá mantener su equilibrio económico en los términos que fueron considerados para su adjudicación, teniendo en cuenta el interés general y el interés del concesionario, de conformidad con lo dispuesto en el apartado siguiente. Se deberá restablecer el equilibrio económico del contrato, en beneficio de la parte que corresponda:

a) Cuando la Administración realice una modificación.

b) Cuando actuaciones de la Administración Pública concedente, por su carácter obligatorio para el concesionario determinaran de forma directa la ruptura sustancial de la economía del contrato.

Las concesiones de obras con los bienes y derechos que lleven incorporados serán hipotecables conforme a lo dispuesto en la legislación hipotecaria, previa autorización del órgano de contratación. No se admitirá la hipoteca en garantía de deudas que no guarden relación con la concesión correspondiente.

C) Contrato de concesión de servicios

- **Concepto y régimen jurídico**

El contrato de concesión de servicios es aquel en cuya virtud uno o varios poderes adjudicadores encomiendan a título oneroso a una o varias personas, naturales o jurídicas, la gestión de un servicio cuya prestación sea de su titularidad o competencia, y cuya contrapartida venga constituida bien por el derecho a explotar los servicios objeto del contrato o bien por dicho derecho acompañado del de percibir un precio.

En ningún caso podrán prestarse mediante concesión de servicios los que impliquen ejercicio de la autoridad inherente a los poderes públicos. En dicho contrato, la subcontratación solo podrá recaer sobre prestaciones accesorias.

Antes de proceder a la contratación de una concesión de servicios, en los casos en que se trate de servicios públicos, deberá haberse establecido su régimen jurídico, que declare expresamente que la actividad de que se trata queda asumida por la Administración respectiva como propia de la misma, determine el alcance de las prestaciones en favor de los administrados, y regule los aspectos de carácter jurídico, económico y administrativo relativos a la prestación del servicio.

El concesionario está obligado a organizar y prestar el servicio con estricta sujeción a las características establecidas en el contrato y dentro de los plazos señalados en el mismo, y, en su caso, a la ejecución de las obras conforme al proyecto aprobado por el órgano de contratación. En el caso de que la concesión recaiga sobre un servicio público, la Administración conservará los poderes de policía necesarios para asegurar la buena marcha de los servicios de que se trate. Las concesiones de servicios únicamente podrán ser objeto de hipoteca en los casos en que conlleven la realización de obras o instalaciones fijas necesarias para la prestación del servicio, y exclusivamente en garantía de deudas que guarden relación con la concesión.

Finalizado el plazo de la concesión, el servicio revertirá a la Administración, debiendo el contratista entregar las obras e instalaciones a que esté obligado con arreglo al contrato y en el estado de conservación y funcionamiento adecuados.

- **Elemento común de los contratos de concesión de obras y de concesión de servicios: el traslado al contratista del riesgo operacional**

Por obligación de las directivas europeas, en la LCSP se dice que es elemento esencial común a ambos contratos que el derecho de explotación de las obras o servicios, deberá implicar la transferencia al concesionario de un riesgo operacional en la explotación de dichas obras abarcando el riesgo de demanda o el de suministro, o ambos.

Se entiende por riesgo de demanda el que se debe a la demanda real de las obras o servicios objeto del contrato y riesgo de suministro el relativo al suministro de las obras o servicios objeto del contrato, en particular el riesgo de que la prestación de los servicios no se ajuste a la demanda.

Se considerará que el concesionario asume un riesgo operacional cuando no esté garantizado que, en condiciones normales de funcionamiento, el mismo vaya a recuperar las inversiones realizadas ni a cubrir los costes en que hubiera incurrido como consecuencia de la explotación de las obras o servicios que sean objeto de la concesión. La parte de los riesgos transferidos al concesionario debe suponer una exposición real a las incertidumbres del mercado que implique que cualquier pérdida potencial estimada en que incurra el concesionario no es meramente nominal o desdeñable.

D) Contrato de suministro

Son contratos de suministro los que tienen por objeto la adquisición, el arrendamiento financiero, o el arrendamiento, con o sin opción de compra, de productos o bienes muebles.

No tendrán la consideración de contrato de suministro los contratos relativos a propiedades incorporales o valores negociables.

Específicamente son contratos de suministro:

a) Los que el empresario se obliga a entregar una pluralidad de bienes de forma sucesiva y por precio unitario sin que la cuantía total se defina con exactitud al tiempo de celebrar el contrato, por estar subordinadas las entregas a las necesidades del adquirente.

b) Los que tengan por objeto la adquisición y el arrendamiento de equipos y sistemas de telecomunicaciones o para el tratamiento de la información, sus dispositivos y programas, y la cesión del derecho de uso de estos últimos, en cualquiera de sus modalidades de puesta a disposición, a excepción de los contratos de adquisición de programas de ordenador desarrollados a medida, que se considerarán contratos de servicios.

c) Los de fabricación, por los que la cosa o cosas que hayan de ser entregadas por el empresario deban ser elaboradas con arreglo a características peculiares fijadas previamente por la entidad contratante, aun cuando esta se obligue a aportar, total o parcialmente, los materiales precisos.

d) Los que tengan por objeto la adquisición de energía primaria o energía transformada.

Tienen la consideración de contratos menores aquellos de valor estimado inferior a 15.000 euros.

Cuando razones técnicas o económicas debidamente justificadas en el expediente lo aconsejen, podrá establecerse en el pliego de cláusulas administrativas particulares que el pago del precio total de los bienes a suministrar consista parte en dinero y parte en la entrega de otros bienes de la misma clase, sin que, en ningún caso, el importe de estos pueda superar el 50% del precio total.

E) Contratos de servicios

Son contratos de servicios aquellos cuyo objeto son prestaciones de hacer consistentes en el desarrollo de una actividad o dirigidas a la obtención de un resultado distinto de una obra o suministro, incluyendo aquellos en que el adjudicatario se obligue a ejecutar el servicio de forma sucesiva y por precio unitario.

No podrán ser objeto de estos contratos los servicios que impliquen ejercicio de la autoridad inherente a los poderes públicos.

En ningún caso la entidad contratante podrá instrumentar la contratación de personal a través del contrato de servicios, incluidos los que se tramiten como contratos menores.

En los contratos que tengan por objeto la prestación de actividades docentes en centros del sector público desarrolladas en forma de cursos de formación o perfeccionamiento del personal al servicio de la Administración o cuando se trate de seminarios, coloquios, mesas redondas, conferencias, colaboraciones o cualquier otro tipo similar de actividad, siempre que dichas actividades sean realizadas por personas físicas, las disposiciones de la LCSP no serán de aplicación a la preparación y adjudicación del contrato. En esta clase de actividades podrá establecerse el pago parcial anticipado, previa constitución de garantía por parte del contratista, sin que pueda autorizarse su cesión.

Tienen la consideración de contratos menores aquellos de valor estimado inferior a 15.000 euros.

F) Contrato mixto

Contrato mixto es aquel que contenga prestaciones correspondientes a otro u otros de distinta clase.

Únicamente podrán celebrarse contratos mixtos, en el que se fusionen prestaciones correspondientes a diferentes contratos cuando esas prestaciones se encuentren directamente vinculadas entre sí y mantengan relaciones de complementariedad que exijan su consideración y tratamiento como una unidad funcional dirigida a la satisfacción de una determinada necesidad o a la consecución de un fin institucional propio de la entidad contratante.

El régimen jurídico de la preparación y adjudicación de los contratos mixtos se determinará conforme lo siguiente:

a) Cuando un contrato mixto comprenda prestaciones propias de dos o más contratos de obras, suministros o servicios se atenderá al carácter de la prestación principal.

b) Cuando el contrato mixto contenga prestaciones de los contratos de obras, suministros o servicios, por una parte, y contratos de concesiones de obra o concesiones de servicios, de otra, se actuará del siguiente modo:

 1.º Si las distintas prestaciones no son separables se atenderá al carácter de la prestación principal.

 2.º Si las distintas prestaciones son separables se aplicarán las normas relativas a los contratos de obras, suministros o servicios cuando el valor estimado de las prestaciones correspondientes a estos contratos supere las cuantías establecidas para los contratos sujetos a regulación armonizada; y si es inferior se aplicarán las normas relativas a los contratos de concesión de obras y concesión de servicios.

c) Cuando el contrato mixto contemple prestaciones de contratos regulados en esta Ley con prestaciones de otros contratos distintos de los regulados en la misma, si las distintas prestaciones no son separables se atenderá al carácter de la prestación principal y si son separables se aplicará lo dispuesto en los puntos anteriores.

Además, en los casos en que un elemento del contrato mixto sea una obra y esta supere los 50.000 euros, deberá elaborarse un proyecto y tramitarse de conformidad con las normas de la LCSP para sus actuaciones preparatorias.

En el supuesto de que el contrato mixto contenga elementos de una concesión de obras o de una concesión de servicios, deberá acompañarse del correspondiente estudio de viabilidad y, en su caso, del anteproyecto de construcción y explotación de las obras previstos en la LCSP.

Por último, el régimen jurídico de los efectos, cumplimiento y extinción de todos los contratos mixtos se determinará de acuerdo con lo dispuesto en sus pliegos.

1.5.2. Sujetos a regulación armonizada europea (SARA)

Son contratos sujetos a una regulación armonizada los contratos de obras, los de concesión de obras, los de concesión de servicios, los de suministro, y los de servicios, cuyo valor estimado, sea igual o superior a las cuantías que se indican a continuación, siempre que la entidad contratante tenga el carácter de poder adjudicador:

1. **Contratos de obras, de concesión de obras y de concesión de servicios cuyo valor estimado sea igual o superior a 5.382.000 euros.**

   En los contratos de obras que se adjudiquen por lotes separados, los órganos de contratación podrán exceptuarse de las normas SARA a los lotes cuyo valor estimado sea inferior a un millón de euros, siempre que el importe acumulado de los lotes exceptuados no sobrepase el 20% de su valor acumulado.

2. **Contratos de suministro cuyo valor estimado sea igual o superior a:**

a) 140.000 euros, cuando se trate de contratos adjudicados por la Administración General del Estado, sus Organismos Autónomos, o las Entidades Gestoras y Servicios Comunes de la Seguridad Social.

b) 215.000 euros, cuando se trate de contratos de suministro distintos, por razón del sujeto contratante.

En el supuesto de los contratos que se adjudiquen por lotes separados, podrán exceptuarse de las normas SARA a los lotes cuyo valor estimado sea inferior a 80.000 euros, siempre que el importe acumulado de los lotes exceptuados no sobrepase el 20% del valor acumulado.

3. **Contratos de servicios cuyo valor estimado sea igual o superior a:**

a) 140.000 euros, cuando los contratos hayan de ser adjudicados por la Administración General del Estado, sus Organismos Autónomos, o las Entidades Gestoras y Servicios Comunes de la Seguridad Social.

b) 215.000 euros, cuando los contratos hayan de adjudicarse por entidades del sector público distintas a la Administración General del Estado, sus Organismos Autónomos o las Entidades Gestoras y Servicios Comunes de la Seguridad Social.

c) 750.000 euros, cuando se trate de contratos que tengan por objeto los servicios sociales y otros servicios específicos enumerados en el anexo IV de la LCSP.

En el supuesto previsto de los contratos que se adjudiquen por lotes separados, podrán exceptuarse de las normas SARA a los lotes cuyo valor estimado sea inferior a 80.000 euros, siempre que el importe acumulado de los lotes exceptuados no sobrepase el 20% de su valor acumulado.

4. **Contratos subvencionados sujetos a una regulación armonizada.**

Son contratos de obras y los contratos de servicios que sean subvencionados, de forma directa y en más de un 50% de su importe, por entidades que tengan la consideración de poderes adjudicadores, siempre que pertenezcan a alguna de las categorías siguientes:

a) Contratos de obras que tengan por objeto actividades de ingeniería civil de la correspondiente sección del NACE, o la construcción de hospitales, centros deportivos, recreativos o de ocio, edificios escolares o universitarios y edificios de uso administrativo, siempre que su valor estimado sea igual o superior a 5.382.000 euros.

b) Contratos de servicios vinculados a un contrato de obras de los definidos en la letra a), cuyo valor estimado sea igual o superior a 215.000 euros.

Las normas previstas para los contratos subvencionados se aplicarán a aquellos celebrados por particulares o por entidades del sector público que no tengan la consideración de poderes adjudicadores, en conjunción, en este último caso, con las normas establecidas para tales poderes. Cuando el contrato subvencionado se adjudique por entidades del sector público que tengan la consideración de poder adjudicador, se aplicarán las normas de contratación previstas para estas entidades, de acuerdo con su naturaleza, salvo la relativa a la determinación de la competencia para resolver el recurso especial en materia de contratación y para adoptar medidas cautelares en el procedimiento de adjudicación.

1.5.3. Por su régimen jurídico. Contratos administrativos y contratos privados

Son **contratos administrativos** celebrados por una Administración Pública los siguientes:

a) Los contratos de obra, concesión de obra, concesión de servicios, suministro y servicios. No obstante, tendrán carácter privado algunos contratos de servicios como, por ejemplo, suscripción de revistas, publicaciones periódicas, bases de datos, etc.

b) Los contratos declarados así expresamente por una Ley, y aquellos otros de objeto distinto a los expresados en la letra anterior, pero que tengan naturaleza administrativa especial por estar vinculados al giro o tráfico específico de la Administración contratante o por satisfacer de forma directa o inmediata una finalidad pública de la específica competencia de aquella.

Los contratos administrativos se regirán, en cuanto a su preparación, adjudicación, efectos, modificación y extinción, por la LCSP y sus disposiciones de desarrollo; supletoriamente se aplicarán las restantes normas de derecho administrativo y, en su defecto, las normas de derecho privado.

No obstante, a los contratos administrativos especiales a que se refiere la letra b) anterior les serán de aplicación, en primer término, sus normas específicas.

— Son **contratos privados**:

a) Determinados contratos que celebren las Administraciones Públicas; en concreto:

1.º Los contratos de servicios que tengan por objeto servicios financieros los que tengan por objeto la creación e interpretación artística y literaria y los de espectáculos –determinadas referencias de la lista CPV europea–.

2.º Aquellos cuyo objeto sea la suscripción a revistas, publicaciones periódicas y bases de datos.

Los contratos privados que celebren las Administraciones Públicas se regirán, en cuanto a su preparación y adjudicación, en defecto de normas específicas, por las normas de LCSP para los contratos administrativos con carácter general, y por sus disposiciones de desarrollo, aplicándose supletoriamente las restantes normas de derecho administrativo o, en su caso, las normas de derecho privado, según corresponda por razón del sujeto o entidad contratante. En lo que respecta a su efectos, modificación y extinción, estos contratos se regirán por el derecho privado.

No obstante, a los contratos mencionados en los números 1.º y 2.º anteriores, además de aplicarse la LCSP; en cuanto a sus efectos y extinción les serán aplicables las normas de derecho privado, salvo lo establecido en la LCSP condiciones especiales de ejecución, modificación, cesión, subcontratación y resolución de los contratos, cuando el contrato esté sujeto a regulación armonizada.

b) Los celebrados por entidades del sector público que siendo poder adjudicador no reúnan la condición de Administraciones Públicas.

Estos se regirán por lo dispuesto en la LCSP, en cuanto a su preparación y adjudicación. En cuanto a sus efectos y extinción les serán aplicables las normas de derecho privado, y por la LCSP en determinadas aspectos en materia medioambiental, social o laboral, de condiciones especiales de ejecución, de modificación del contrato, de cesión y subcontratación, de racionalización técnica de la contratación; y la causa de resolución del contrato referida a la imposibilidad de ejecutar la prestación en los términos inicialmente pactados, cuando no sea posible modificar el contrato conforme a la LCSP.

c) Los celebrados por Entidades del Sector Público que no reúnan la condición de poder adjudicador.

Se rigen se regirán por lo dispuesto en la LCSP para su preparación y adjudicación: necesidad de instrucciones previas - a disposición de todos los interesados en participar y con publicación en el perfil de contratante- en las que regulen los procedimientos de contratación de forma que quede garantizada la efectividad de los principios de publicidad, concurrencia, transparencia, confidencialidad, igualdad y no discriminación, así como que los contratos se adjudiquen a quienes presenten la mejor oferta.

En lo que se refiere a sus efectos, modificación y extinción se regularán por las normas de derecho privado que les resulten de aplicación.

1.6. Jurisdicción competente

Serán competencia del orden jurisdiccional contencioso-administrativo las siguientes cuestiones:

a) Las relativas a la preparación, adjudicación, efectos, modificación y extinción de los contratos administrativos.

b) Las que se susciten en relación con la preparación y adjudicación de los contratos privados de las Administraciones Públicas.

Adicionalmente, respecto de los contratos administrativos de las Administraciones Públicas SARA de determinados servicios financieros, los que tengan por objeto la creación e interpretación artística y literaria y los de espectáculos y los de suscripción a revistas, publicaciones periódicas y bases de datos, las impugnaciones de las modificaciones basadas en el incumplimiento de la LCSP por entender que la modificación debió ser objeto de una nueva adjudicación.

c) De los contratos celebrados por los poderes adjudicadores que no tengan la consideración de Administración Pública: Las cuestiones referidas a la preparación, adjudicación y modificaciones contractuales, cuando la impugnación de estas últimas se base en el incumplimiento de lo establecido en la LCSP.

d) Las relativas a la preparación y adjudicación de los contratos de entidades del sector público que no tengan el carácter de poderes adjudicadores.

e) Los recursos interpuestos contra las resoluciones que se dicten por los órganos administrativos de resolución de los recursos previstos en la LCSP.

f) Las cuestiones que se susciten en relación con la preparación, adjudicación y modificación de los contratos subvencionados SARA a que se refiere la LCSP.

El orden jurisdiccional civil será el competente para resolver:

a) Las controversias que se susciten entre las partes en relación con los efectos y extinción de los contratos privados de las entidades que tengan la consideración de poderes adjudicadores, sean o no Administraciones Públicas, con excepción de las modificaciones contractuales.

b) De las cuestiones referidas a efectos y extinción de los contratos que celebren las entidades del sector público que no tengan el carácter de poderes adjudicadores.

c) El conocimiento de las cuestiones litigiosas relativas a la financiación privada del contrato de concesión de obra pública o de concesión de servicios, salvo en lo relativo a las actuaciones en ejercicio de las obligaciones y potestades administrativas que, con arreglo a lo dispuesto en esta LCSP, se atribuyen a la Administración concedente, y en las que será competente el orden jurisdiccional contencioso-administrativo.

2. Órganos de contratación

Un contrato es un negocio jurídico bilateral, o un acuerdo de voluntades. Los sujetos de la contratación administrativa son:

— La Administración.

— El contratista.

2.1. La Administración

2.1.1. Competencia para contratar a nivel estatal

La LCSP establece en su **artículo 61**, que la representación de las entidades del sector público en materia contractual corresponde a los órganos de contratación, unipersonales o colegiados que, en virtud de norma legal o reglamentaria o disposición estatutaria, tengan atribuida la facultad de celebrar contratos en su nombre. Dichos órganos son los siguientes:

— Los **Ministros y los Secretarios de Estado** son los órganos de contratación de la Administración General del Estado y, en consecuencia, están facultados para celebrar en su nombre los contratos en el ámbito de su competencia.

  En los Departamentos Ministeriales en los que existan varios órganos de contratación, la competencia para celebrar los contratos de suministro y de servicios que afecten al ámbito de más de uno de ellos corresponderá al Ministro, salvo en los casos en que la misma se atribuya a la Junta de Contratación.

— Los **Presidentes o Directores** de los organismos autónomos, entidades públicas empresariales y demás entidades públicas integrantes del sector público estatal y los Directores generales de las distintas Entidades Gestoras y Servicios Comunes de la Seguridad Social, son los órganos de contratación de unos y otros, a falta de disposición específica sobre el particular, recogida en sus normas de creación o funcionamiento de esas entidades.

— Corresponden al **Ministerio de Hacienda y Función Pública**, a través de la Junta de Contratación Centralizada, las funciones de órgano de contratación del sistema estatal de contratación centralizada.

— En los Departamentos Ministeriales y en los organismos autónomos, entidades públicas empresariales y demás entidades públicas integrantes del sector público estatal, así como en las Entidades Gestoras y Servicios Comunes de la Seguridad Social, podrán constituirse **Juntas de Contratación**, que actuarán como órganos de contratación, con los límites cuantitativos o referentes a las características de los contratos que determine el titular del departamento, en determinados contratos.

  En ningún caso podrán formar parte de las Juntas de Contratación ni emitir informes de valoración de las ofertas los cargos públicos representativos, los altos cargos, el personal de elección o designación política ni el personal eventual. Podrá formar parte de las Juntas de Contratación personal funcionario interino únicamente cuando no existan funcionarios de carrera suficientemente cualificados y así se acredite en el expediente. Tampoco podrá formar parte de las Juntas de Contratación el personal que haya participado en la redacción de la documentación técnica del contrato de que se trate.

2.1.2. Autorización para contratar

A) Autorización inicial del Consejo de Ministros

Los órganos de contratación de las entidades del sector público estatal que tengan la consideración de poder adjudicador necesitarán la autorización del Consejo de Ministros para celebrar contratos:

a) Cuando el valor estimado del contrato sea **igual o superior a doce millones de euros**.

b) Cuando el pago de los contratos se concierte mediante el **sistema de arrendamiento financiero o mediante el sistema de arrendamiento con opción de compra y el número de anualidades supere cuatro años**.

c) En los **acuerdos marco y sistemas dinámicos de adquisición** cuyo valor estimado sea **igual o superior a doce millones de euros**. Una vez autorizada la celebración de estos acuerdos marco y sistemas dinámicos de adquisición no será necesaria autorización del Consejo de Ministros para la celebración de los contratos basados y contratos específicos, en dichos acuerdos marco y sistemas dinámicos de adquisición, respectivamente.

Con carácter posterior a la obtención de la autorización del Consejo de Ministros, al órgano de contratación le corresponderá la aprobación del expediente y la aprobación del gasto.

El Consejo de Ministros podrá reclamar discrecionalmente el conocimiento y autorización de cualquier otro contrato.

B) Autorización del Consejo de Ministros para las modificaciones contractuales

En los casos en que el Consejo de Ministros autorice la celebración de un contrato deberá autorizar igualmente sus modificaciones, siempre que, no encontrándose las mismas previstas en el pliego, representen un porcentaje, aislada o conjuntamente, superior al 10% del precio inicial del contrato, IVA excluido; así como la resolución misma, en su caso.

C) Autorización de los Ministros, y Secretarios de Estado

Los Secretarios de Estado, o en su defecto, los titulares de los Departamentos Ministeriales a que se hallen adscritas las entidades que tengan la consideración de poder adjudicador, podrán fijar el importe del valor estimado a partir del cual será necesaria su autorización para la celebración de los contratos (hasta el momento en que los Secretarios de Estado, o en su defecto, los titulares de los departamentos ministeriales fijen la cuantía para la autorización será de aplicación la cantidad de 900.000 euros. Disposición Transitoria segunda).

D) Informes del Ministerio competente en materia de Hacienda

En el ámbito del Sector Público Estatal, antes de celebrar un contrato de concesión de obras o de concesión de servicios, cuyo valor estimado sea **igual o superior a doce millones de euros,** será preceptivo y vinculante un informe del Ministerio de Hacienda y Función Pública, que se pronuncie sobre las repercusiones presupuestarias y compromisos financieros que implique, así como sobre su incidencia en el cumplimiento del objetivo de estabilidad presupuestaria, según lo establecido en la Ley Orgánica 2/2012.

E) Desconcentración

Las competencias en materia de contratación podrán ser desconcentradas por Real Decreto acordado en Consejo de Ministros, en cualesquiera órganos, sean o no dependientes del órgano de contratación.

F) Abstención y recusación

Las autoridades y el personal al servicio de las Administraciones Públicas que intervengan en los procedimientos de contratación deberá abstenerse o podrán ser recusados en los casos y en la forma previstos en los artículos 23 y 24 LRJSP.

G) Perfil de contratante

Los órganos de contratación difundirán exclusivamente a través de Internet su perfil de contratante, como elemento que agrupa la información y documentos relativos a su actividad contractual al objeto de asegurar la transparencia y el acceso público a los mismos. La forma de acceso al perfil de contratante deberá hacerse constar en los pliegos y documentos equivalentes, así como en los anuncios de licitación en todos los casos. La difusión del perfil de contratante no obstará la utilización de otros medios de publicidad adicionales en los casos en que así se establezca.

El acceso a la información del perfil de contratante será libre, no requiriendo identificación previa. No obstante, podrá requerirse esta para el acceso a servicios personalizados asociados al contenido del perfil de contratante tales como suscripciones, envío de alertas, comunicaciones electrónicas y envío de ofertas, entre otras. Toda la información contenida en los perfiles de contratante se publicará en formatos abiertos y reutilizables, y permanecerá accesible al público durante un periodo de tiempo no inferior a 5 años, sin perjuicio de que se permita el acceso a expedientes anteriores ante solicitudes de información.

El perfil de contratante podrá incluir cualesquiera datos y documentos referentes a la actividad contractual de los órganos de contratación.

En el caso de la información relativa a los contratos, deberá publicarse al menos la siguiente información:

a) La memoria justificativa del contrato, el informe de insuficiencia de medios en el caso de contratos de servicios, la justificación del procedimiento utilizado para su adjudicación cuando se utilice un procedimiento distinto del abierto o del restringido, el pliego de cláusulas administrativas particulares y el de prescripciones técnicas que hayan de regir el contrato o documentos equivalentes, en su caso, y el documento de aprobación del expediente.

b) El objeto detallado del contrato, su duración, el presupuesto base de licitación y el importe de adjudicación, incluido el IVA.

c) Los anuncios de información previa, de convocatoria de las licitaciones, de adjudicación y de formalización de los contratos, los anuncios de modificación y su justificación, los anuncios de concursos de proyectos y de resultados de concursos de proyectos, con las excepciones establecidas en las normas de los negociados sin publicidad.

d) Los medios a través de los que, en su caso, se ha publicitado el contrato y los enlaces a esas publicaciones.

e) El número e identidad de los licitadores participantes en el procedimiento, así como las actas de la mesa de contratación o, en el caso de no actuar la mesa, las resoluciones del servicio u órgano de contratación correspondiente, el informe de valoración de los criterios de adjudicación cuantificables mediante un juicio de valor de cada una de las ofertas, en su caso, los informes sobre las ofertas incursas en presunción de anormalidad y, en todo caso, la resolución de adjudicación del contrato.

f) La decisión de no adjudicar o celebrar el contrato, el desistimiento del procedimiento de adjudicación, la declaración de desierto, así como la interposición de recursos y la eventual suspensión de los contratos con motivo de la interposición de recursos. Deberán ser objeto de publicación en el perfil de contratante, los procedimientos anulados.

g) La composición de las mesas de contratación que asistan a los órganos de contratación, así como la designación de los miembros del comité de expertos o de los organismos técnicos especializados.

h) La formalización de los encargos a medios propios cuyo importe fuera superior a 50.000 euros, IVA excluido.

La publicación de la información relativa a los contratos menores deberá realizarse al menos trimestralmente, con su objeto, duración, el importe de adjudicación, incluido el IVA, y la identidad del adjudicatario, ordenándose los contratos por la identidad del adjudicatario (excepto los menores de cinco mil euros, por sistema de pago de anticipo caja fija o similar).

2.1.3. Prerrogativas

El órgano de contratación ostenta la prerrogativa de interpretar los contratos administrativos, resolver las dudas que ofrezca su cumplimiento, modificarlos por razones de interés público, declarar la responsabilidad imputable al contratista a raíz de la ejecución del contrato, suspender la ejecución del mismo, acordar su resolución y determinar los efectos de esta.

También el órgano de contratación ostenta las facultades de inspección de las actividades desarrolladas por los contratistas durante la ejecución del contrato.

En los procedimientos que se instruyan para la adopción de acuerdos relativos a las prerrogativas deberá darse audiencia al contratista, siendo necesario también informe del Servicio Jurídico correspondiente, salvo:

— Cuando se produce la resolución del contrato por no depositar la garantía en plazo (constitución, reposición y reajuste).

— Resolución del contrato por demora en plazos.

No obstante lo anterior, será preceptivo el dictamen del Consejo de Estado u órgano consultivo equivalente de la Comunidad Autónoma respectiva en los casos y respecto de los contratos que se indican a continuación:

a) La interpretación, nulidad y resolución de los contratos, cuando se formule oposición por parte del contratista.

b) Las modificaciones de los contratos cuando no estuvieran previstas en el pliego de cláusulas administrativas particulares y su cuantía, aislada o conjuntamente, sea superior a un 20% del precio inicial del contrato, IVA excluido, y su precio sea igual o superior a 6.000.000 de euros.

c) Las reclamaciones dirigidas a la Administración con fundamento en la responsabilidad contractual en que esta pudiera haber incurrido, en los casos en que las indemnizaciones reclamadas sean de cuantía igual o superior a 50.000 euros. Esta cuantía se podrá rebajar por la normativa de la correspondiente Comunidad Autónoma.

Los acuerdos que adopte el órgano de contratación pondrán fin a la vía administrativa y serán inmediatamente ejecutivos.

2.2. Órganos de asistencia al órgano de contratación

2.2.1. Mesas de contratación

A) Constitución

Salvo en el caso en que la competencia para contratar corresponda a una Junta de Contratación, en los procedimientos abiertos, abierto simplificado, restringidos, de diálogo competitivo, de licitación con negociación y de asociación para la innovación, los órganos de contratación de las Administraciones Públicas estarán asistidos por una mesa de contratación.

En los procedimientos negociados en que no sea necesario publicar anuncios de licitación, la constitución de la mesa será potestativa para el órgano de contratación, salvo cuando se fundamente en la existencia de una imperiosa urgencia en el que será obligatoria la constitución de la mesa.

B) Funciones

La mesa de contratación, como órgano de asistencia técnica especializada, ejercerá las siguientes funciones, entre otras atribuidas por la LCSP y en su desarrollo reglamentario:

a) La calificación de la documentación acreditativa del cumplimiento de los requisitos previos de los licitadores, y, en su caso, acordar la exclusión de los candidatos o licitadores que no acrediten dicho cumplimiento, previo trámite de subsanación.

b) La valoración de las proposiciones de los licitadores.

c) En su caso, la propuesta sobre la calificación de una oferta como anormalmente baja, previa tramitación del procedimiento legal.

d) La propuesta al órgano de contratación de adjudicación del contrato a favor del licitador que haya presentado la mejor oferta, según proceda de conformidad con el pliego de cláusulas administrativas particulares que rija la licitación.

e) En el procedimiento restringido, en el diálogo competitivo, en el de licitación con negociación y en el de asociación para la innovación, la selección de los candidatos cuando así se delegue por el órgano de contratación, haciéndolo constar en el pliego de cláusulas administrativas particulares.

Las Leyes de las Comunidades Autónomas y la legislación de desarrollo podrán establecer que las mesas de contratación puedan ejercer también aquellas competencias relativas a la adjudicación que la LCSP atribuye a los órganos de contratación.

C) Composición

La Mesa estará constituida por un Presidente, los vocales que se determinen reglamentariamente, y un Secretario. La composición de la mesa se publicará en el perfil de contratante del órgano de contratación. Los miembros de la mesa serán nombrados por el órgano de contratación.

El Secretario deberá ser designado entre funcionarios o, en su defecto, otro tipo de personal dependiente del órgano de contratación, y entre los vocales deberán figurar necesariamente un funcionario de entre quienes tengan atribuido legal o reglamentariamente el asesoramiento jurídico del órgano de contratación y un interventor, o, a falta de éstos, una persona al servicio del órgano de contratación que tenga atribuidas las funciones correspondientes a su asesoramiento jurídico, y otra que tenga atribuidas las relativas a su control económico-presupuestario.

En ningún caso podrán formar parte de las Mesas de contratación ni emitir informes de valoración de las ofertas los cargos públicos representativos ni el personal eventual. Podrá formar parte de la Mesa personal funcionario interino únicamente cuando no existan funcionarios de carrera suficientemente cualificados y así se acredite en el expediente. Tampoco podrá formar parte de las Mesas de contratación el personal que haya participado en la redacción de la documentación técnica del contrato de que se trate.

Las Mesas de contratación podrán, solicitar el asesoramiento de técnicos o expertos independientes con conocimientos acreditados en las materias relacionadas con el objeto del contrato. Dicha asistencia será autorizada por el órgano de contratación y deberá ser reflejada expresamente en el expediente.

La mesa de contratación que intervenga en el procedimiento abierto simplificado regulado se considerará válidamente constituida si lo está por el Presidente, el Secretario, un funcionario de entre quienes tengan atribuido legal o reglamentariamente el asesoramiento jurídico del órgano de contratación y un funcionario que tenga atribuidas las funciones relativas a su control económico-presupuestario.

2.2.2. Mesa especial del diálogo competitivo o del procedimiento de asociación para la innovación

Para asistir al órgano de contratación en los procedimientos de diálogo competitivo o de asociación para la innovación que se sigan por las Administraciones Públicas, se constituirá una mesa con la composición señalada en el apartado anterior a la que se incorporarán personas especialmente cualificadas en la materia sobre la que verse el diálogo o la asociación para la innovación, designadas por el órgano de contratación. El número de estas personas será igual o superior a un tercio de los componentes de la Mesa y participarán en las deliberaciones con voz y voto.

2.3. Órganos consultivos, de cooperación, regulación y evaluación

2.3.1. Junta Consultiva de Contratación Pública del Estado

Es el órgano específico de regulación y consulta en materia de contratación pública del sector público estatal.

Es un órgano colegiado con composición abierta a la participación del sector privado, adscrito al Ministerio de Hacienda y Función Pública, al que serán de aplicación las disposiciones relativas a órganos colegiados de la LRJSP.

La JCCPE dispondrá de los recursos económicos y humanos suficientes y adecuados para el cumplimiento de sus funciones.

A) Composición

Su composición y régimen jurídico se establecerán reglamentariamente, teniendo en cuenta que el Presidente de la Oficina Independiente de Regulación y Supervisión de la Contratación y un representante de la Comisión Nacional de los Mercados y la Competencia formarán parte de la misma como vocales natos, con voz pero sin voto.

B) Funciones

Las que le atribuye la LCSP y su desarrollo reglamentario, y, en todo caso:

a) Promover la adopción de las normas o medidas de carácter general.

b) Aprobar recomendaciones generales o particulares a los órganos de contratación que serán publicadas, si son de interés.

c) Informar sobre las cuestiones que se sometan a su consideración y, con carácter preceptivo, sobre todas las disposiciones normativas de rango legal y reglamentario en materia de contratación pública estatal.

d) Coordinar el cumplimiento de las obligaciones de información que imponen las Directivas de Contratación.

C) Informe a la Comisión Europea

La JCCPE elaborará y remitirá a la Comisión Europea cada tres años un informe referido a todos los poderes adjudicadores respecto de la licitación pública y ejecución de los contratos SARA, que incluya:

a) La información contenida en el informe de supervisión que remita la Oficina Independiente de Regulación y Supervisión de la Contratación.

b) Información sobre el nivel de participación de las PYME en la contratación pública.

c) Un informe estadístico sobre los contratos públicos no sujetos a regulación armonizada por no superar los umbrales, haciendo una estimación del valor agregado total de dichos contratos.

d) Información sobre cuáles son los órganos encargados de cumplimiento de las obligaciones del derecho de la Unión Europea.

e) Información sobre las iniciativas para dar orientación o ayuda gratuita en la aplicación de la normativa de la Unión Europea.

f) Información requerida por otras normas comunitarias que deba incluirse en estos informes.

Los informes serán remitidos a la Comisión Europea en los quince días que siguen a su adopción.

La Junta Consultiva hará público el contenido de los informes nacionales en el plazo de un mes a contar desde su remisión a la Comisión Europea, publicándolos en los correspondientes portales de transparencia y en la Plataforma de Contratación del Sector Público.

A todos los efectos, se designa a la Junta Consultiva de Contratación Pública del Estado como punto de referencia para la cooperación con la Comisión Europea y se encargará de prestar asistencia recíproca y de cooperar con el resto de Estados miembros.

2.3.2. Comité de Cooperación en materia de contratación pública

Se crea dicho Comité, en el seno de la JCCPE para asumir, en ejercicio de sus competencias, compromisos específicos en áreas de acción común de las distintas Administraciones Públicas, conforme a los principios de LRJSP.

Este Comité es el encargado de coordinar el impulso de la contratación electrónica en el ámbito del sector público y de promover el cumplimiento de los mandatos y objetivos de las directivas comunitarias en la materia.

Su funcionamiento será atendido con los medios personales, técnicos y presupuestarios asignados a la JCCPE.

El CCMCP es un órgano colegiado que actúa en Pleno o en Secciones. Y, podrán crearse en su seno, para el adecuado desarrollo de sus funciones, los grupos de trabajo que se decida por el Pleno o por cada una de las Secciones. El Pleno del Comité de Cooperación elaborará un reglamento interno de funcionamiento.

Las Secciones se encargarán de la preparación de los asuntos para su toma en consideración por el Pleno, bien por iniciativa propia, en el ámbito que les corresponde, o bien por indicación del Presidente. El Comité de Cooperación tendrá al menos cinco Secciones. Cada una de las secciones estará integrada por representantes de la Administración General del Estado, de las Comunidades y Ciudades Autónomas y, cuando proceda, de las organizaciones representativas de las Entidades Locales.

2.3.3. Oficina Independiente de Regulación y Supervisión de la Contratación

Se crea esta Oficina como órgano colegiado de los previstos en la LRJSP, con la finalidad de velar por la correcta aplicación de la legislación y, en particular, promover la concurrencia y combatir las ilegalidades, en relación con la contratación pública.

La Oficina actuará en el desarrollo de su actividad y el cumplimiento de sus fines con plena independencia orgánica y funcional.

A efectos puramente organizativos y presupuestarios, la Oficina se adscribe al Ministerio de Hacienda y Función Pública, a través de la Subsecretaría del Departamento.

Las Comunidades Autónomas podrán crear sus propias Oficinas de Supervisión de la Contratación.

Estará integrada por un presidente y cuatro vocales funcionarios de carrera con consideración de alto cargo de la Ley 3/2015, y designados por el Consejo de Ministros, a propuesta de la persona titular del Minsiterio de Hacienda y Función Pública, por un periodo improrrogable de seis años, no podrán solicitar ni aceptar instrucciones de ninguna entidad pública o privada y tendrán la condición de independientes e inamovibles durante el periodo de su mandato y solo podrán ser removidos de su puesto por causas tasadas.

- **Funciones**

Corresponden a la OIRSC las siguientes funciones:

a) Coordinar la supervisión en materia de contratación de los poderes adjudicadores.

b) Velar por la correcta aplicación de la legislación de la contratación pública.

c) Velar por el estricto cumplimiento de la legislación de contratos del sector público y por el respeto a los principios de publicidad y concurrencia y las prerrogativas de la Administración.

d) Promover la concurrencia en la contratación pública y el seguimiento de las buenas prácticas.

e) Verificar que se apliquen con la máxima amplitud las obligaciones y buenas prácticas de transparencia, conflictos de interés, y detectar las irregularidades que se produzcan en materia de contratación.

También le corresponde elaborar un informe de supervisión que remitirá a la JCCPE que se integrará en el informe nacional a remitir a la Comisión Europea cada tres años.

2.3.4. La Oficina Nacional de Evaluación

Es un órgano colegiado integrado en la Oficina Independiente de Regulación y Supervisión de la Contratación, cuyo presidente lo es de la Oficina Nacional de Evaluación tiene como finalidad analizar la sostenibilidad financiera de los contratos de concesiones de obras y contratos de concesión de servicios.

Con carácter previo a la licitación de los contratos de concesión de obras y de concesión de servicios evacuará informe preceptivo, cuando se realicen aportaciones públicas o cuando la tarifa sea asumida total o parcialmente por el poder adjudicador concedente, (si el importe de las obras o los gastos de primer establecimiento superan un millón de euros), e informará los acuerdos de restablecimiento del equilibrio del contrato.

2.4. El contratista

El contratista es la parte encargada de realizar el objeto del contrato. Solo podrán contratar con el sector público las personas naturales o jurídicas españolas o extranjeras que cumplan los siguientes requisitos:

— Capacidad de obrar.

— No estar incursas en situaciones de prohibición de contratar.

— Acreditar solvencia económica y financiera y técnica o profesional.

— Y cuando así lo exija la Ley estar debidamente clasificadas.

Los empresarios deberán, asimismo, contar con la habilitación empresarial o profesional para realizar la actividad o prestación.

3. Preparación de los contratos

3.1. Consultas preliminares del mercado

Los órganos de contratación podrán realizar estudios de mercado y dirigir consultas a los operadores económicos que estuvieran activos en el mismo con la finalidad de preparar correctamente la licitación e informar a los citados operadores económicos acerca de sus planes y de los requisitos que exigirán para concurrir al procedimiento, pudendo valerse del asesoramiento de terceros (expertos o autoridades independientes, colegios profesionales, o, incluso, con carácter excepcional operadores económicos activos en el mercado).

Antes de iniciarse la consulta, el órgano de contratación publicará en el perfil de contratante ubicado en la Plataforma de contratación del Sector Público o servicio equivalente a nivel autonómico, el objeto de la misma, cuándo se iniciará esta y las denominaciones de los terceros que vayan a participar en la consulta, a efectos de que puedan tener acceso y posibilidad de realizar aportaciones todos los posibles interesados. Y en el perfil del contratante, las razones que motiven la elección de los asesores externos que resulten seleccionados.

Dicho asesoramiento será utilizado por el órgano de contratación para planificar el procedimiento de licitación y, también, durante la sustanciación del mismo, siempre y cuando ello no tenga el efecto de falsear la competencia o de vulnerar los principios de no discriminación y transparencia.

De las consultas realizadas no podrá resultar un objeto contractual tan concreto y delimitado que únicamente se ajuste a las características técnicas de uno de los consultados. El resultado de los estudios y consultas debe, en su caso, concretarse en la introducción de características genéricas, exigencias generales o fórmulas abstractas, sin que, en ningún caso, puedan las consultas realizadas comportar ventajas respecto de la adjudicación del contrato para las empresas participantes en aquellas.

Tras las consultas se hará un informe motivado, que formará parte del expediente de contratación, y con la misma que los pliegos, publicándose en el perfil del contratante del órgano de contratación.

Durante el proceso de consultas el órgano de contratación no podrá revelar a los participantes en el mismo las soluciones propuestas por los otros participantes, siendo las mismas solo conocidas íntegramente por aquel.

Con carácter general, el órgano de contratación al elaborar los pliegos deberá tener en cuenta los resultados de las consultas realizadas; de no ser así deberá dejar constancia de los motivos en el informe.

La participación en la consulta no impide la posterior intervención en el procedimiento de contratación que en su caso se tramite.

3.2. Expediente de contratación

La celebración de contratos por parte de las Administraciones Públicas requerirá la previa tramitación del correspondiente expediente, que se iniciará por el órgano de contratación motivando la necesidad del contrato y que deberá ser publicado en el perfil de contratante.

En aquellos contratos cuya ejecución requiera de la cesión de datos por parte de entidades del sector público al contratista, el órgano de contratación en todo caso deberá especificar en el expediente de contratación cuál será la finalidad del tratamiento de los datos que vayan a ser cedidos.

El expediente deberá referirse a la totalidad del objeto del contrato, sin perjuicio de lo previsto para los contratos adjudicados por lotes.

Al expediente se incorporarán el pliego de cláusulas administrativas particulares y el de prescripciones técnicas que hayan de regir el contrato (en el procedimiento de diálogo competitivo serán sustituidos por el documento descriptivo; en el caso de procedimientos para adjudicar los contratos basados en acuerdos marco serán sustituidos por el documento de licitación).

Asimismo, deberá incorporarse el certificado de existencia de crédito. En el expediente se justificará adecuadamente:

a) La elección del procedimiento de licitación.

b) La clasificación que se exija a los participantes.

c) Los criterios de solvencia técnica o profesional, y económica y financiera, y los criterios que se tendrán en consideración para adjudicar el contrato, así como las condiciones especiales de ejecución del mismo.

d) El valor estimado del contrato con una indicación de todos los conceptos que lo integran, incluyendo siempre los costes laborales si existiesen.

e) La necesidad de la Administración a la que se pretende dar satisfacción mediante la contratación de las prestaciones correspondientes; y su relación con el objeto del contrato, que deberá ser directa, clara y proporcional.

f) En los contratos de servicios, el informe de insuficiencia de medios.

g) La decisión de no dividir en lotes el objeto del contrato, en su caso.

Completado el expediente de contratación, se dictará resolución motivada por el órgano de contratación aprobando el mismo y disponiendo la apertura del procedimiento de adjudicación.

Dicha resolución implicará también la aprobación del gasto, salvo en el supuesto excepcional de que el presupuesto no hubiera podido ser establecido previamente, o que las normas de desconcentración o el acto de delegación hubiesen establecido lo contrario, en cuyo caso deberá recabarse la aprobación del órgano competente.

Esta resolución deberá ser objeto de publicación en el perfil de contratante.

3.3. Expediente de contratación en contratos menores

Se consideran contratos menores los contratos de **valor estimado inferior a 40.000 euros**, cuando se trate de **contratos de obras**, o a **15.000 euros**, cuando se trate de **contratos de suministro o de servicios**.

En los contratos menores la tramitación del expediente exigirá el informe del órgano de contratación justificando de manera motivada la necesidad del contrato y que no se está alterando su objeto con el fin de evitar la aplicación de los umbrales anteriores. Esto último no será de aplicación en aquellos contratos cuyo pago se verifique a través del sistema de anticipos de caja fija u otro similar para realizar pagos menores, siempre y cuando el valor estimado del contrato no exceda de 5.000 euros. Y se requerirá la aprobación del gasto y la incorporación al mismo de la factura correspondiente, que deberá reunir los requisitos que las normas de desarrollo de la LCSP establezcan.

En el contrato menor de obras, deberá añadirse, además, su presupuesto de las obras, y el proyecto cuando así se requiere, y solicitarse el informe de las oficinas o unidades de supervisión cuando el trabajo afecte a la estabilidad, seguridad o estanqueidad de la obra.

Los contratos menores se publicarán en la forma prevista en el epígrafe referido al **perfil del contratante**.

3.4. Tramitación urgente del expediente

Podrán ser objeto de tramitación urgente los expedientes correspondientes a los contratos cuya celebración responda a una necesidad inaplazable o cuya adjudicación sea preciso acelerar por razones de interés público. A tales efectos el expediente deberá contener la declaración de urgencia hecha por el órgano de contratación, debidamente motivada.

Los expedientes calificados de urgentes se tramitarán siguiendo el mismo procedimiento que los ordinarios, con las siguientes especialidades:

a) Los expedientes gozarán de preferencia para su despacho por los distintos órganos que intervengan en la tramitación, que dispondrán de un plazo de **cinco días (prorrogables hasta diez).**

b) Acordada la apertura del procedimiento de adjudicación, los plazos establecidos en esta Ley para la licitación, adjudicación y formalización del contrato se reducirán a la mitad, salvo los siguientes:

- El plazo de quince días hábiles establecido como periodo de espera antes de la formalización del contrato.
- El plazo de presentación de proposiciones en el procedimiento abierto en los contratos de obras, suministros y servicios sujetos a regulación armonizada.
- Los plazos de presentación de solicitudes y proposiciones en los procedimientos restringido y de licitación con negociación en los contratos de obras, suministros y servicios sujetos a regulación armonizada.
- Los plazos de presentación de solicitudes en los procedimientos de diálogo competitivo y de asociación para la innovación en contratos de obras, suministros y servicios sujetos a regulación armonizada, no serán susceptibles de reducirse.
- El plazo de seis días a más tardar antes de que finalice el plazo fijado para la presentación de ofertas, para que los servicios dependientes del órgano de contratación faciliten al candidato o licitador la información adicional solicitada, será de cuatro días a más tardar antes de que finalice el citado plazo en los contratos de obras, suministros y servicios sujetos a regulación armonizada siempre que se adjudiquen por procedimientos abierto y restringido.
- Los plazos establecidos respecto a la tramitación del procedimiento abierto simplificado.

c) El plazo de inicio de la ejecución del contrato no podrá exceder de un mes, contado desde la formalización.

3.5. Tramitación de emergencia

Cuando la Administración tenga que actuar de manera inmediata a causa de acontecimientos catastróficos, de situaciones que supongan grave peligro o de necesidades que afecten a la defensa nacional, el órgano de contratación, sin obligación de tramitar expediente de contratación, podrá ordenar la ejecución de lo necesario para remediar el acontecimiento producido o satisfacer la necesidad sobrevenida, o contratar libremente su objeto, en todo o en parte, sin sujetarse a los requisitos formales establecidos incluso el de la existencia de crédito suficiente. En caso de que no exista crédito adecuado y suficiente, una vez adoptado el acuerdo, se procederá a su dotación de conformidad con lo establecido en la Ley General Presupuestaria.

El plazo de inicio de la ejecución de las prestaciones no podrá ser superior a un mes. Ejecutadas las actuaciones objeto de este régimen excepcional, se observará lo dispuesto en la LCSP sobre cumplimiento de los contratos, recepción y liquidación de la prestación.

3.6. Pliegos de cláusulas administrativas y de prescripciones técnicas

3.6.1. Pliegos de cláusulas administrativas generales

El Consejo de Ministros, a iniciativa de los Ministerios interesados, a propuesta del Ministro competente en materia de Hacienda, y previo dictamen del Consejo de Estado, podrá aprobar pliegos de cláusulas administrativas generales; también podrán aprobarlo las Comunidades Autónomas y las entidades que integran la Administración Local de acuerdo con sus normas específicas, previo dictamen del Consejo de Estado u órgano consultivo equivalente de la Comunidad Autónoma respectiva, si lo hubiera.

3.6.2. Pliegos de cláusulas administrativas particulares

Los pliegos de cláusulas administrativas particulares deberán aprobarse previamente a la autorización del gasto o conjuntamente con ella, y siempre antes de la licitación del contrato, o de no existir esta, antes de su adjudicación, y solo podrán ser modificados con posterioridad por error material, de hecho o aritmético. En otro caso, la modificación del pliego conllevará la retroacción de actuaciones.

En los pliegos de cláusulas administrativas particulares se incluirán los criterios de solvencia y adjudicación del contrato; las consideraciones sociales, laborales y ambientales que como criterios de solvencia, de adjudicación o como condiciones especiales de ejecución se establezcan; los pactos y condiciones definidores de los derechos y obligaciones de las partes del contrato; la previsión de cesión del contrato salvo en los casos en que la misma no sea posible; la obligación del adjudicatario de cumplir las condiciones salariales de los trabajadores conforme al Convenio Colectivo sectorial de aplicación; y las demás menciones requeridas por esta Ley y sus normas de desarrollo.

Los pliegos podrán también especificar si va a exigirse la transferencia de derechos de propiedad intelectual o industrial.

Los pliegos deberán mencionar expresamente la obligación del futuro contratista de respetar la normativa vigente en materia de protección de datos.

Sin perjuicio de lo establecido en el artículo 28.2 del Reglamento (UE) 2016/679 del Parlamento Europeo y del Consejo, de 27 de abril de 2016, relativo a la protección de las personas físicas en lo que respecta al tratamiento de datos personales y la libre circulación de estos datos y por el que se deroga la Directiva 95/46/CE, en aquellos contratos cuya ejecución requiera el tratamiento por el contratista de datos personales por cuenta del responsable del tratamiento, adicionalmente en el pliego se hará constar:

a) La finalidad para la cual se cederán dichos datos.

b) La obligación del futuro contratista de someterse en todo caso a la normativa nacional y de la Unión Europea en materia de protección de datos, sin perjuicio de lo establecido en el último párrafo del apartado 1 del artículo 202.

c) La obligación de la empresa adjudicataria de presentar antes de la formalización del contrato una declaración en la que ponga de manifiesto dónde van a estar ubicados los servidores y desde dónde se van a prestar los servicios asociados a los mismos.

d) La obligación de comunicar cualquier cambio que se produzca, a lo largo de la vida del contrato, de la información facilitada en la declaración a que se refiere la letra c) anterior.

e) La obligación de los licitadores de indicar en su oferta, si tienen previsto subcontratar los servidores o los servicios asociados a los mismos, el nombre o el perfil empresarial, definido por referencia a las condiciones de solvencia profesional o técnica, de los subcontratistas a los que se vaya a encomendar su realización.

En los pliegos correspondientes a los contratos a que se refiere el párrafo anterior las obligaciones recogidas en las letras a) a e) anteriores en todo caso deberán ser calificadas como esenciales a los efectos de lo previsto en la letra f) del art. 211.1 LCSP.

Los contratos se ajustarán al contenido de los pliegos de cláusulas administrativas particulares, cuyas cláusulas se consideran parte integrante de los mismos.

La aprobación de los pliegos de cláusulas administrativas particulares corresponderá al órgano de contratación, que podrá, aprobar modelos de pliegos particulares para determinadas categorías de contratos de naturaleza análoga.

La Junta Consultiva de Contratación Pública del Estado deberá informar con carácter previo todos los pliegos de cláusulas administrativas particulares en que se proponga la inclusión de estipulaciones contrarias a los correspondientes pliegos generales.

En las Administraciones Públicas integrantes del sector público estatal, la aprobación de los pliegos y de los modelos requerirá el informe previo del Servicio Jurídico respectivo. Este informe no será necesario cuando el pliego de cláusulas administrativas particulares se ajuste a un modelo de pliego que haya sido previamente objeto de este informe.

3.6.3. Pliego de prescripciones técnicas generales

Previo informe de la Junta Consultiva de Contratación Pública del Estado, el Consejo de Ministros, a propuesta del Ministro correspondiente, podrá establecer los pliegos de prescripciones técnicas generales a que hayan de ajustarse las Administraciones Públicas integrantes del sector público estatal.

3.6.4. Pliego de prescripciones técnicas particulares

El órgano de contratación aprobará con anterioridad a la autorización del gasto o conjuntamente con ella, y siempre antes de la licitación del contrato, o de no existir esta, antes de su adjudicación, los pliegos y documentos que contengan las prescripciones técnicas particulares que hayan de regir la realización de la prestación y definan sus calidades, sus condiciones sociales y ambientales, de conformidad con los requisitos que para cada contrato establece la LCSP, y solo podrán ser modificados con posterioridad por error material, de hecho o aritmético. En otro caso, la modificación del pliego conllevará la retroacción de actuaciones.

Las prescripciones técnicas proporcionarán a los empresarios acceso en condiciones de igualdad al procedimiento de contratación y no tendrán por efecto la creación de obstáculos injustificados a la apertura de la contratación pública a la competencia.

Las prescripciones técnicas podrán referirse al proceso o método específico de producción o prestación de las obras, los suministros o los servicios requeridos, o a un proceso específico de otra fase de su ciclo de vida, se incluso cuando dichos factores no formen parte de la sustancia material de las obras, suministros o servicios, siempre que estén vinculados al objeto del contrato y guarden proporción con el valor y los objetivos de este.

Para toda contratación que esté destinada a ser utilizada por personas físicas, ya sea el público en general o el personal de la Administración Pública contratante, las prescripciones técnicas se redactarán, salvo en casos debidamente justificados, de manera que se tengan en cuenta la Convención de las Naciones Unidas sobre los derechos de las personas con discapacidad, así como los criterios de accesibilidad universal y de diseño universal o diseño para todas las personas, tal y como son definidos estos términos en el texto refundido de la Ley General de derechos de las personas con discapacidad y de su inclusión social.

Siempre que el objeto del contrato afecte o pueda afectar al medio ambiente, las prescripciones técnicas se definirán aplicando criterios de sostenibilidad y protección ambiental, de acuerdo con las definiciones y principios regulados el Real Decreto Legislativo 1/2016, de 16 de diciembre, por el que se aprueba el texto refundido de la Ley de prevención y control integrados de la contaminación.

Salvo que lo justifique el objeto del contrato, las prescripciones técnicas no harán referencia a una fabricación o una procedencia determinada, o a un procedimiento concreto (con carácter excepcional figurará con la mención «o equivalente»).

3.6.5. Informaciones a incluir en los pliegos

El órgano de contratación podrá señalar en el pliego el organismo u organismos de los que los candidatos o licitadores puedan obtener la información pertinente sobre las obligaciones relativas a la fiscalidad, a la protección del medio ambiente, y a las disposiciones vigentes en materia de protección del empleo, igualdad de género, condiciones de trabajo y prevención de riesgos laborales e inserción sociolaboral de las personas con discapacidad, y a la obligación de contratar a un número o porcentaje específico de personas con discapacidad que serán aplicables a los trabajos efectuados en la obra o a los servicios prestados durante la ejecución del contrato.

Cuando se facilite esa información, el órgano de contratación solicitará a los licitadores que manifiesten haber tenido en cuenta en la elaboración de sus ofertas las obligaciones derivadas de las disposiciones vigentes en materia de fiscalidad, protección del medio ambiente, protección del empleo, igualdad de género, condiciones de trabajo, prevención de riesgos laborales e inserción sociolaboral de las personas con discapacidad, y a la obligación de contratar a un número o porcentaje especifico de personas con discapacidad, y protección del medio ambiente.

Cuando una norma legal un convenio colectivo o un acuerdo de negociación colectiva de eficacia general, imponga al adjudicatario la obligación de subrogarse como empleador en determinadas relaciones laborales, los servicios dependientes del órgano de contratación deberán facilitar a los licitadores, en el propio pliego, la información sobre las condiciones de los contratos de los trabajadores a los que afecte la subrogación que resulte necesaria para permitir una exacta evaluación de los costes laborales que implicará tal medida.

4. Procedimientos y formas de adjudicación de los contratos administrativos

4.1. La adjudicación de los contratos de las Administraciones Públicas

4.1.1. Procedimientos y principios

Los contratos que celebren las Administraciones Públicas se adjudicarán, ordinariamente utilizando una pluralidad de criterios de adjudicación basados en el principio de mejor relación calidad-precio, y utilizando el **procedimiento abierto o el procedimiento restringido**, salvo los contratos de concesión de servicios especiales que se adjudicarán mediante este último procedimiento.

En los supuestos legales podrá seguirse el **procedimiento negociado sin publicidad**; en los casos previstos en la LCSP podrá recurrirse al **diálogo competitivo** o a la **licitación con negociación**, y en los indicados en dicha ley podrá emplearse el procedimiento de **asociación para la innovación.**

Los contratos menores (y la prestación de asistencia sanitara urgente inferior a 30.000 euros) podrán adjudicarse directamente a cualquier empresario con capacidad de obrar y que cuente con la habilitación profesional necesaria para realizar la prestación.

Los órganos de contratación darán a los licitadores y candidatos un tratamiento igualitario y no discriminatorio y ajustarán su actuación a los principios de transparencia y proporcionalidad.

La contratación no será concebida con la intención de eludir los requisitos de publicidad o los relativos al procedimiento de adjudicación que corresponda, ni de restringir artificialmente la competencia, bien favoreciendo o perjudicando indebidamente a determinados empresarios.

Los órganos de contratación velarán en todo el procedimiento de adjudicación por la salvaguarda de la libre competencia, y no podrán divulgar la información facilitada por los empresarios que estos hayan designado como confidencial en el momento de presentar su oferta.

4.1.2. Anuncio de información previa

Los órganos de contratación podrán publicar un anuncio de información previa en el Diario Oficial de la Unión Europea o en el perfil de contratante, con el fin de dar a conocer aquellos contratos de obras, suministros o servicios que, estando sujetos a regulación armonizada, tengan proyectado adjudicar en el plazo de 12 meses.

La publicación del anuncio previo, permitirá reducir los plazos para la presentación de proposiciones en los procedimientos abiertos y restringidos en la forma que más adelante se señala.

4.1.3. Anuncio de licitación

El anuncio de licitación para la adjudicación de contratos de las Administraciones Públicas, a excepción de los procedimientos negociados sin publicidad, se publicará en el perfil de contratante. En los contratos celebrados por la Administración General del Estado, se publicará además en el Boletín Oficial del Estado.

Cuando los contratos estén sujetos a regulación armonizada la licitación deberá publicarse, además, en el Diario Oficial de la Unión Europea.

4.1.4. Plazos de presentación de las solicitudes de participación y de las proposiciones

Los órganos de contratación fijarán los plazos de presentación de las ofertas y solicitudes de participación teniendo en cuenta el tiempo que razonablemente pueda ser necesario para preparar aquellas, atendida la complejidad del contrato, y respetando, en todo caso, los plazos mínimos.

Los órganos de contratación deberán ampliar el plazo inicial de presentación, cuando por cualquier razón los servicios dependientes del órgano de contratación no hubieran atendido el requerimiento de información relevante que el interesado hubiera formulado con la debida antelación.

Los órganos de contratación ofrecerán acceso a los pliegos y demás documentación complementaria por medios electrónicos a través del perfil de contratante, acceso que será libre, directo, completo y gratuito, y que deberá poder efectuarse desde la fecha de la publicación del anuncio de licitación o, en su caso, del envío de la invitación a los candidatos seleccionados.

Los órganos de contratación proporcionarán a todos los interesados en el procedimiento de licitación, a más tardar 6 días antes de que finalice el plazo fijado para la presentación de ofertas (4 en urgentes), aquella información adicional sobre los pliegos y demás documentación complementaria que estos soliciten, a condición de que la hubieren pedido al menos 12 días antes del transcurso del plazo de presentación de las proposiciones o de las solicitudes de participación, salvo que en los pliegos que rigen la licitación se estableciera otro plazo distinto.

En los casos en que lo solicitado sean aclaraciones a lo establecido en los pliegos o resto de documentación y así lo establezca el pliego de cláusulas administrativas particulares, las respuestas tendrán carácter vinculante y, en este caso, deberán hacerse públicas en el correspondiente perfil de contratante en términos que garanticen la igualdad y concurrencia en el procedimiento de licitación.

4.1.5. Proposiciones

Las proposiciones de los interesados serán secretas deberán ajustarse a los pliegos y documentación que rigen la licitación, y su presentación supone la aceptación incondicionada por el empresario del contenido de la totalidad de sus cláusulas o condiciones, sin salvedad o reserva alguna, así como la autorización a la mesa y al órgano de contratación para consultar los datos recogidos en el Registro Oficial de Licitadores y Empresas Clasificadas del Sector Público o en las listas oficiales de operadores económicos de un Estado miembro de la Unión Europea.

En relación con la presentación de la documentación acreditativa del cumplimiento de los requisitos previos, se observarán las reglas establecidas a continuación:

a) Las proposiciones en el procedimiento abierto deberán ir acompañadas de una declaración responsable que se ajustará al formulario de documento europeo único de contratación.

b) En el caso de solicitudes de participación en los procedimientos restringido, de licitación con negociación, en el diálogo competitivo y en el de asociación para la innovación, la declaración responsable pondrá de manifiesto adicionalmente que se cumple con los requisitos objetivos que se hayan establecido.

c) En los casos en que el empresario recurra a la solvencia y medios de otras empresas, cada una de ellas también deberá presentar una declaración responsable.

d) En todos los supuestos en que en el procedimiento se exija la constitución de garantía provisional, se aportará el documento acreditativo de haberla constituido.

e) En todos los supuestos en que varios empresarios concurran agrupados en una unión temporal, se aportará una declaración responsable por cada empresa participante.

f) Además de la declaración responsable a que se refiere la letra a) anterior, las empresas extranjeras, en los casos en que el contrato vaya a ejecutarse en España, deberán aportar una declaración de sometimiento a la jurisdicción de los Juzgados y Tribunales españoles de cualquier orden, para todas las incidencias que de modo directo o indirecto pudieran surgir del contrato, con renuncia, en su caso, al fuero jurisdiccional extranjero que pudiera corresponder al licitante.

g) Cuando el pliego prevea la división en lotes del objeto del contrato, se aportará una declaración responsable por cada lote o grupo de lotes al que se apliquen los mismos requisitos de solvencia.

4.1.6. Admisibilidad de variantes

Cuando en la adjudicación hayan de tenerse en cuenta criterios distintos del precio, el órgano de contratación podrá tomar en consideración las variantes que ofrezcan los licitadores, siempre que las variantes se prevean en los pliegos. Se considerará que se cumple este requisito cuando se expresen los requisitos mínimos, modalidades, y características de las mismas, así como su necesaria vinculación con el objeto del contrato.

La posibilidad de que los licitadores ofrezcan variantes se indicará en el anuncio de licitación del contrato precisando sobre qué elementos y en qué condiciones queda autorizada su presentación.

4.1.7. Subasta electrónica

A efectos de la adjudicación del contrato podrá celebrarse una subasta electrónica, articulada como un proceso electrónico repetitivo, que tiene lugar tras una primera evaluación completa de las ofertas, para la presentación de mejoras en los precios o de nuevos valores relativos a determinados elementos de las ofertas que las mejoren en su conjunto, basado en un dispositivo electrónico que permita su clasificación a través de métodos de evaluación automatizados, debiendo velarse por que el mismo permita un acceso no discriminatorio y disponible de forma general, así como el registro inalterable de todas las participaciones en el proceso de subasta.

La subasta electrónica podrá emplearse en los procedimientos abiertos, en los restringidos, y en las licitaciones con negociación, siempre que las especificaciones del contrato que deba adjudicarse puedan establecerse de manera precisa en los pliegos que rigen la licitación y que las prestaciones que constituyen su objeto no tengan carácter intelectual, como los servicios de ingeniería, consultoría y arquitectura.

La subasta electrónica se basará en uno de los siguientes criterios: a) únicamente en los precios, cuando el contrato se adjudique atendiendo exclusivamente al precio; b) o bien en los precios y en nuevos valores de los elementos objetivos de la oferta que sean cuantificables y susceptibles de ser expresados en cifras o en porcentajes, cuando el contrato se adjudique basándose en varios criterios de adjudicación.

Antes de proceder a la subasta electrónica, el órgano de contratación efectuará una primera evaluación completa de las ofertas de conformidad con los criterios de adjudicación y, a continuación, invitará simultáneamente, por medios electrónicos, a todos los licitadores que hayan presentado ofertas admisibles a que participen en la subasta electrónica.

Entre la fecha de envío de las invitaciones y el comienzo de la subasta electrónica habrán de transcurrir, al menos, dos días hábiles.

La subasta electrónica podrá desarrollarse en varias fases sucesivas. A lo largo de cada fase de la subasta, y de forma continua e instantánea, se comunicará a los licitadores, como mínimo, la información que les permita conocer su respectiva clasificación en cada momento. Adicionalmente, se podrán facilitar otros datos relativos a los precios o valores presentados por los restantes licitadores, siempre que ello esté contemplado en el pliego que rige la licitación, y anunciarse el número de los que están participando en la correspondiente fase de la subasta, sin que en ningún caso pueda divulgarse su identidad.

El cierre de la subasta se fijará por referencia: mediante el señalamiento de una fecha y hora concretas, atendiendo a la falta de presentación de nuevos precios o de nuevos valores; o por finalización del número de fases establecido en la invitación a participar en la subasta.

No se adjudicarán mediante subasta electrónica los contratos cuyo objeto tenga relación con la calidad alimentaria.

4.1.8. Requisitos y clases de criterios de adjudicación del contrato

La adjudicación de los contratos se realizará utilizando una pluralidad de criterios de adjudicación en base a la mejor relación calidad-precio.

Previa justificación en el expediente, los contratos se podrán adjudicar con arreglo a criterios basados en un planteamiento que atienda a la mejor relación coste-eficacia, sobre la base del precio o coste, como el cálculo del coste del ciclo de vida.

La mejor relación calidad-precio se evaluará con arreglo a criterios económicos y cualitativos que establezca el órgano de contratación para evaluar la mejor relación calidad-precio podrán incluir aspectos medioambientales o sociales, que podrán ser, entre otros, los siguientes:

1.º La calidad, incluido el valor técnico, las características estéticas y funcionales, la accesibilidad, el diseño universal o diseño para todas las personas usuarias, las características sociales, medioambientales e innovadoras, y la comercialización y sus condiciones.

2.º La organización, cualificación y experiencia del personal adscrito al contrato que vaya a ejecutar el mismo, siempre y cuando la calidad de dicho personal pueda afectar de manera significativa a su mejor ejecución.

3.º El servicio posventa y la asistencia técnica y condiciones de entrega tales como la fecha en que esta última debe producirse, el proceso de entrega, el plazo de entrega o ejecución y los compromisos relativos a recambios y seguridad del suministro.

Los criterios cualitativos deberán ir acompañados de un criterio relacionado con los costes el cual, a elección del órgano de contratación, podrá ser el precio o un planteamiento basado en la rentabilidad, como el coste del ciclo de vida.

Cuando solo se utilice un criterio de adjudicación, este deberá estar relacionado con los costes, pudiendo ser el precio o un criterio basado en la rentabilidad, como el coste del ciclo de vida.

Cuando se utilicen una pluralidad de criterios de adjudicación, en su determinación, siempre y cuando sea posible, se dará preponderancia a aquellos que hagan referencia a características del objeto del contrato que puedan valorarse mediante cifras o porcentajes obtenidos a través de la mera aplicación de las fórmulas establecidas en los pliegos.

La valoración de los criterios cuya cuantificación dependa de un juicio de valor corresponderá, en los casos en que proceda por tener atribuida una ponderación mayor que la correspondiente a los criterios evaluables de forma automática, a un comité formado por expertos con cualificación apropiada, que cuente con un mínimo de tres miembros, que podrán pertenecer a los servicios dependientes del órgano de contratación, pero en ningún caso podrán estar adscritos al órgano proponente del contrato, al que corresponderá realizar la evaluación de las ofertas; o encomendar esta a un organismo técnico especializado, debidamente identificado en los pliegos.

Los órganos de contratación podrán establecer en los pliegos de cláusulas administrativas particulares criterios de adjudicación específicos (vinculados al objeto) para el desempate entre dos o más ofertas.

4.1.9. Ofertas anormalmente bajas

En los casos en que el órgano de contratación presuma que una oferta resulta inviable por haber sido formulada en términos que la hacen anormalmente baja, solo podrá excluirla del procedimiento de licitación previa tramitación del correspondiente procedimiento.

La mesa de contratación, o en su defecto, el órgano de contratación deberá identificar las ofertas que se encuentran incursas en presunción de anormalidad, debiendo contemplarse en los pliegos, a estos efectos, los parámetros objetivos que deberán permitir identificar los casos en que una oferta se considere anormal.

La petición de información que la mesa de contratación o, en su defecto, el órgano de contratación dirija al licitador deberá formularse con claridad de manera que estos estén en condiciones de justificar plena y oportunamente la viabilidad de la oferta.

Concretamente, la mesa de contratación o en su defecto el órgano de contratación podrá pedir justificación a estos licitadores sobre aquellas condiciones de la oferta que sean susceptibles de determinar el bajo nivel del precio o costes de la misma.

En el procedimiento deberá solicitarse el asesoramiento técnico del servicio correspondiente.

En todo caso, los órganos de contratación rechazarán las ofertas si comprueban que son anormalmente bajas porque vulneran la normativa sobre subcontratación o no cumplen las obligaciones aplicables en materia medioambiental, social o laboral, nacional o internacional, incluyendo el incumplimiento de los convenios colectivos sectoriales vigentes.

Se entenderá en todo caso que la justificación no explica satisfactoriamente el bajo nivel de los precios o costes propuestos por el licitador cuando esta sea incompleta o se fundamente en hipótesis o prácticas inadecuadas desde el punto de vista técnico, jurídico o económico.

En los casos en que se compruebe que una oferta es anormalmente baja debido a que el licitador ha obtenido una ayuda de Estado, solo podrá rechazarse la proposición por esta única causa si aquel no puede acreditar que tal ayuda se ha concedido sin contravenir las disposiciones comunitarias en materia de ayudas públicas.

La mesa de contratación, o en su defecto, el órgano de contratación evaluará toda la información y documentación proporcionada por el licitador en plazo y, en el caso de que se trate de la mesa de contratación, elevará de forma motivada la correspondiente propuesta de aceptación o rechazo al órgano de contratación.

Si el órgano de contratación estimase que la oferta no puede ser cumplida como consecuencia de la inclusión de valores anormales, la excluirá de la clasificación y acordará la adjudicación a favor de la mejor oferta, de acuerdo con el orden en que hayan sido clasificadas.

4.1.10. Clasificación de las ofertas y adjudicación del contrato

La mesa de contratación o, en su defecto, el órgano de contratación clasificará, por orden decreciente, las proposiciones presentadas para posteriormente elevar la correspondiente propuesta al órgano de contratación, en el caso de que la clasificación se realice por la mesa de contratación.

Para realizar la citada clasificación, se atenderá a los criterios de adjudicación señalados en el pliego, pudiéndose solicitar para ello cuantos informes técnicos se estime pertinentes. **Cuando el único criterio a considerar sea el precio, se entenderá que la mejor oferta es la que incorpora el precio más bajo.**

Una vez aceptada la propuesta de la mesa por el órgano de contratación, los servicios correspondientes requerirán al licitador que haya presentado la mejor oferta, dentro del plazo de **diez días hábiles**, a contar desde el siguiente a aquel en que hubiera recibido el requerimiento, presente la **documentación justificativa** de las circunstancias pertinentes si no se hubiera aportado con anterioridad,; de disponer efectivamente de los medios que se hubiese comprometido a dedicar o adscribir a la ejecución del contrato; y de haber constituido la garantía definitiva que sea procedente.

De no cumplimentarse adecuadamente el requerimiento en el plazo señalado, se entenderá que el licitador ha retirado su oferta, procediéndose a exigirle el importe del 3% del presupuesto base de licitación, IVA excluido, en concepto de penalidad, que se hará efectivo en primer lugar contra la garantía provisional, si se hubiera constituido.

El órgano de contratación **adjudicará** el contrato dentro de los **cinco días hábiles siguientes a la recepción de la documentación.** En los procedimientos negociados, de diálogo competitivo y de asociación para la innovación, la adjudicación concretará y fijará los términos definitivos del contrato.

No podrá declararse desierta una licitación cuando exista alguna oferta o proposición que sea admisible de acuerdo con los criterios que figuren en el pliego.

4.1.11. Resolución y notificación de la adjudicación

La resolución de adjudicación deberá ser motivada y se notificará a los candidatos y licitadores, debiendo ser publicada en el perfil de contratante en el plazo de quince días, y deberán contener la información necesaria que permita a los interesados en el procedimiento de adjudicación interponer recurso suficientemente fundado contra la decisión de adjudicación.

En el caso en que el órgano de contratación desista del procedimiento de adjudicación o decida no adjudicar o celebrar un contrato para el que se haya efectuado la correspondiente convocatoria, lo notificará a los candidatos o licitadores, informando también a la Comisión Europea de esta decisión cuando el contrato haya sido anunciado en el DOUE.

Tal decisión podrá acordarse por el órgano de contratación antes de la formalización. En estos casos se compensará a los candidatos aptos para participar en la licitación o licitadores por los gastos en que hubiesen incurrido en la forma prevista en el anuncio o en el pliego o, en su defecto, de acuerdo con los criterios de valoración empleados para el cálculo de la responsabilidad patrimonial de la Administración, a través de los trámites del procedimiento administrativo común.

Solo podrá adoptarse la decisión de no adjudicar o celebrar el contrato por razones de interés público debidamente justificadas en el expediente. En este caso, no podrá promoverse una nueva licitación de su objeto en tanto subsistan las razones alegadas para fundamentar la decisión.

El desistimiento del procedimiento deberá estar fundado en una infracción no subsanable de las normas de preparación del contrato o de las reguladoras del procedimiento de adjudicación, debiendo justificarse en el expediente la concurrencia de la causa. El desistimiento no impedirá la iniciación inmediata de un procedimiento de licitación.

4.1.12. Formalización de los contratos

Los contratos que celebren las Administraciones Públicas deberán formalizarse en documento administrativo que se ajuste con exactitud a las condiciones de la licitación, constituyendo dicho documento título suficiente para acceder a cualquier registro público. No obstante, el contratista podrá solicitar que el contrato se eleve a escritura pública, corriendo de su cargo los correspondientes gastos. En ningún caso se podrán incluir en el documento en que se formalice el contrato cláusulas que impliquen alteración de los términos de la adjudicación.

En los contratos basados en un acuerdo marco o en los contratos específicos dentro de un sistema dinámico de adquisición, no resultará necesaria la formalización del contrato.

Si el contrato es susceptible de recurso especial en materia de contratación, la formalización no podrá efectuarse antes de que transcurran quince días hábiles desde que se remita la notificación de la adjudicación a los licitadores y candidatos. Las Comunidades Autónomas podrán incrementar este plazo, sin que exceda de un mes.

Los servicios dependientes del órgano de contratación requerirán al adjudicatario para que formalice el contrato en plazo no superior a cinco días a contar desde el siguiente a aquel en que hubiera recibido el requerimiento, una vez transcurrido el plazo previsto en el párrafo anterior sin que se hubiera interpuesto recurso que lleve aparejada la suspensión de la formalización del contrato. De igual forma procederá cuando el órgano competente para la resolución del recurso hubiera levantado la suspensión.

En los restantes casos, la formalización del contrato deberá efectuarse no más tarde de los quince días hábiles siguientes a aquel en que se realice la notificación de la adjudicación a los licitadores y candidatos.

Cuando por causas imputables al adjudicatario no se hubiese formalizado el contrato dentro del plazo indicado se le exigirá el importe del 3% del presupuesto base de licitación, IVA excluido, en concepto de penalidad, que se hará efectivo en primer lugar contra la garantía definitiva, si se hubiera constituido. En este caso, el contrato se adjudicará al siguiente licitador por el orden en que hubieran quedado clasificadas las ofertas.

La formalización de los contratos deberá publicarse, junto con el correspondiente contrato, en un plazo no superior a quince días tras el perfeccionamiento del contrato en el perfil de contratante del órgano de contratación. Cuando el contrato esté sujeto a regulación armonizada, el anuncio de formalización deberá publicarse, además, en el Diario Oficial de la Unión Europea.

En los contratos celebrados por la Administración General del Estado, o por las entidades vinculadas a la misma que gocen de la naturaleza de Administraciones Públicas el anuncio de formalización se publicará, además, en el plazo señalado en el apartado anterior, en el Boletín Oficial del Estado.

El órgano de contratación, cuando proceda, enviará el anuncio de formalización al Diario Oficial de la Unión Europea a más tardar 10 días después de la formalización del contrato.

Los órganos de contratación informarán a cada candidato y licitador en el plazo más breve posible de las decisiones tomadas en relación con la celebración de un acuerdo marco, con la adjudicación del contrato o con la admisión a un sistema dinámico de adquisición, incluidos los motivos por los que hayan decidido no celebrar un acuerdo marco, no adjudicar un contrato para el que se haya efectuado una convocatoria de licitación o volver a iniciar el procedimiento, o no aplicar un sistema dinámico de adquisición.

4.1.13. Elaboración y remisión de información

A) Comunidades Autónomas

En el marco del principio de lealtad institucional que rige las relaciones entre las Administraciones Públicas de la LRJSP, y con la finalidad de que la Junta Consultiva de Contratación Pública del Estado pueda cumplir con las obligaciones establecidas respecto a la Comisión Europea, las Comunidades Autónomas remitirán en formato electrónico al Comité de Cooperación, a través de sus órganos competentes y respecto de sus respectivos ámbitos territoriales (incluso de sus Entidades locales), informes con una periodicidad de –al menos– cada tres años.

La documentación remitida incluirá información referida a los órganos de contratación de las Administraciones locales, así como los de sus entidades vinculadas o dependientes, que durante el periodo temporal a informar hubieran tenido alojada la publicación de sus perfiles de contratante en el servicio de información que a tal efecto hubiera establecido la Comunidad Autónoma de su ámbito territorial.

B) Remisión de contratos al Tribunal de Cuentas

Dentro de los **tres meses siguientes a la formalización del contrato**, para el ejercicio de la función fiscalizadora, deberá remitirse al **Tribunal de Cuentas** u **órgano externo de fiscalización de la Comunidad Autónoma** una copia certificada del documento en el que se hubiere formalizado aquel, acompañada de un extracto del expediente del que se derive, siempre que el precio de adjudicación del contrato o en el caso de acuerdos marco, el valor estimado exceda de:

— **600.000 euros**, cuando se trate de obras, concesiones de obras, concesiones de servicios, concesiones de servicios y acuerdos marco.

— **450.000 euros**, tratándose de suministros.

— **150.000 euros**, cuando se trate de servicios y contratos administrativos especiales.

Además, se remitirá una relación del resto de contratos celebrados incluyendo los contratos menores, -excepto aquellos que siendo su importe inferior a 5.000 euros se satisfagan a través del sistema de anticipo de caja fija u otro sistema similar para realizar pagos menores, donde se consignará la identidad del adjudicatario, el objeto del contrato y su cuantía.

Igualmente se comunicarán al Tribunal de Cuentas u órgano externo de fiscalización de la Comunidad Autónoma las modificaciones, prórrogas o variaciones de plazos, las variaciones de precio y el importe final, la nulidad y la extinción normal o anormal de los contratos indicados.

4.2. Procedimiento abierto

4.2.1. Delimitación y plazos

En el procedimiento abierto todo empresario interesado podrá presentar una proposición, quedando excluida toda negociación de los términos del contrato con los licitadores.

En procedimientos abiertos de adjudicación de contratos sujetos a regulación armonizada, el plazo de presentación de proposiciones no será inferior a treinta y cinco días, para los contratos de obras, suministros y servicios, y a treinta días para las concesiones de obras y servicios, contados desde la fecha de envío del anuncio de licitación a la Oficina de Publicaciones de la Unión Europea.

En los contratos de obras, suministros y servicios, el plazo general previsto en el apartado anterior podrá reducirse en los siguientes casos:

a) Si el órgano de contratación hubiese enviado un anuncio de información previa, el plazo general de presentación de proposiciones podrá reducirse a quince días.

b) Cuando el plazo general de presentación de proposiciones sea impracticable por tratarse de una situación de urgencia, plazo no será inferior a quince días contados desde la fecha del envío del anuncio de licitación.

c) Si el órgano de contratación aceptara la presentación de ofertas por medios electrónicos, podrá reducirse el plazo general de presentación de proposiciones en cinco días.

En las concesiones de obras y de servicios solo se podrá reducir el plazo general cuando se dé la circunstancia establecida en la letra c).

En los contratos de las Administraciones Públicas que no estén sujetos a regulación armonizada, el plazo de presentación de proposiciones no será inferior a quince días, contados desde el día siguiente al de la publicación del anuncio de licitación del contrato en el perfil de contratante. En los contratos de obras y de concesión de obras y concesión de servicios, el plazo será, como mínimo, de veintiséis días.

4.2.2. Examen de las proposiciones y propuesta de adjudicación

La Mesa de contratación calificará la documentación, que deberá presentarse por los licitadores en sobre o archivo electrónico distinto al que contenga la proposición.

Posteriormente, el mismo órgano procederá a la apertura y examen de las proposiciones, formulando la correspondiente propuesta de adjudicación al órgano de contratación, una vez ponderados los criterios que deban aplicarse para efectuar la selección del adjudicatario.

Cuando, se utilicen una pluralidad de criterios de adjudicación, los licitadores deberán presentar la proposición en dos sobres o archivos electrónicos: uno con la documentación que deba ser valorada conforme a los criterios cuya ponderación depende de un juicio de valor, y el otro con la documentación que deba ser valorada conforme a criterios cuantificables mediante la mera aplicación de fórmulas.

En todo caso la **apertura de las proposiciones** deberá efectuarse en el plazo máximo de **veinte días** contado desde la fecha de finalización del plazo para presentar las mismas.

Si la proposición se contuviera en más de un sobre o archivo electrónico, de tal forma que estos deban abrirse en varios actos independientes, el plazo anterior se entenderá cumplido cuando se haya abierto, dentro del mismo, el primero de los sobres o archivos electrónicos que componen la proposición.

En todo caso, la apertura de la oferta económica se realizará en acto público, salvo cuando se prevea que en la licitación puedan emplearse medios electrónicos.

La propuesta de adjudicación no crea derecho alguno en favor del licitador propuesto frente a la Administración. No obstante, cuando el órgano de contratación no adjudique el contrato de acuerdo con la propuesta formulada deberá motivar su decisión.

4.2.3. Adjudicación

Cuando el **único criterio** para seleccionar al adjudicatario del contrato sea el del precio, la adjudicación deberá recaer en el plazo máximo de **quince días** a contar desde el siguiente al de apertura de las proposiciones.

Cuando para la adjudicación del contrato deban tenerse en cuenta una **pluralidad de criterios**, o utilizándose un único criterio sea este el del menor coste del ciclo de vida, el plazo máximo para efectuar la adjudicación será de **dos meses** a contar desde la apertura de las proposiciones, salvo que se hubiese establecido otro en el pliego de cláusulas administrativas particulares.

De no producirse la adjudicación dentro de los plazos señalados, los licitadores tendrán derecho a retirar su proposición, y a la devolución de la garantía provisional, de existir esta.

4.3. Procedimiento abierto simplificado

Los órganos de contratación podrán acordar la utilización de este procedimiento en los contratos de obras, suministro y servicios cuando se cumplan las dos **condiciones** siguientes:

a) Que su valor estimado sea igual o inferior a 2.000.000 de euros en el caso de contratos de obras, y en el caso de contratos de suministro y de servicios, que su valor estimado sea inferior a 140.000 euros, o a sus correspondientes actualizaciones.

b) Que entre los criterios de adjudicación previstos en el pliego no haya ninguno evaluable mediante juicio de valor o, de haberlos, su ponderación no supere el 25% del total, salvo en el caso de que el contrato tenga por objeto prestaciones de carácter intelectual, como los servicios de ingeniería y arquitectura, en que su ponderación no podrá superar el cuarenta y cinco por ciento del total.

   El anuncio de licitación del contrato únicamente precisará de publicación en el perfil de contratante del órgano de contratación. Toda la documentación necesaria para la presentación de la oferta tiene que estar disponible por medios electrónicos desde el día de la publicación del anuncio en dicho perfil de contratante.

   El plazo para la presentación de proposiciones no podrá ser inferior a quince días a contar desde el siguiente a la publicación en el perfil de contratante del anuncio de licitación. En los contratos de obras el plazo será como mínimo de veinte días.

La tramitación del procedimiento se ajustará a las siguientes **especialidades**:

a) Todos los licitadores que se presenten a licitaciones realizadas a través de este procedimiento simplificado deberán estar inscritos en el Registro Oficial de Licitadores y Empresas Clasificadas del Sector Público, o de la correspondiente Comunidad Autónoma, en la fecha final de presentación de ofertas siempre que no se vea limitada la concurrencia.

b) No procederá la constitución de garantía provisional por parte de los licitadores.

c) Las proposiciones deberán presentarse necesaria y únicamente en el registro indicado en el anuncio de licitación.

   La presentación de la oferta exigirá la declaración responsable del firmante respecto a ostentar la representación de la sociedad que presenta la oferta; a contar con la adecuada solvencia económica, financiera y técnica o, en su caso, la clasificación correspondiente; a contar con las autorizaciones necesarias para ejercer la actividad; a no estar incurso en prohibición de contratar alguna; y se pronunciará sobre la existencia del compromiso a recurrir a las capacidades de otras entidades.

d) La oferta se presentará en un único sobre o archivo electrónico en los supuestos en que en el procedimiento no se contemplen criterios de adjudicación cuya cuantificación dependa de un juicio de valor. En caso contrario, la oferta se presentará en dos sobres o archivos electrónicos.

   La apertura de los sobres o archivos electrónicos conteniendo la proposición se hará por el orden que proceda de conformidad con lo establecido en el art. 145 en función del método aplicable para valorar los criterios de adjudicación establecidos en los pliegos. La apertura se hará por la mesa de contratación a la que se refiere el art. 326.6 LCSP.

e) En los supuestos en que en el procedimiento se contemplen criterios de adjudicación cuya cuantificación dependa de un juicio de valor, la valoración de las proposiciones se hará por los servicios técnicos del órgano de contratación en un plazo no superior a siete días, debiendo ser suscritas por el técnico o técnicos que realicen la valoración.

f) En todo caso, la valoración a la que se refiere la letra anterior deberá estar efectuada con anterioridad al acto público de apertura del sobre o archivo electrónico que contenga la oferta evaluable a través de criterios cuantificables mediante la mera aplicación de fórmulas.

Tras la apertura del sobre o archivo electrónico y en la misma sesión, la mesa procederá a:

— Previa exclusión, en su caso, de las ofertas que no cumplan los requerimientos del pliego, evaluar y clasificar las ofertas.

— Realizar la propuesta de adjudicación a favor del candidato con mejor puntuación.

— Comprobar en el Registro Oficial de Licitadores y Empresas Clasificadas que la empresa está debidamente constituida, el firmante de la proposición tiene poder bastante para formular la oferta, ostenta la solvencia económica, financiera y técnica o, en su caso la clasificación correspondiente y no está incursa en ninguna prohibición para contratar.

— Requerir a la empresa que ha obtenido la mejor puntuación mediante comunicación electrónica para que constituya la garantía definitiva, y la documentación justificativa de que dispone efectivamente de los medios que se hubiese comprometido a dedicar o adscribir a la ejecución del contrato; y todo ello en el plazo de 7 días hábiles a contar desde el envío de la comunicación.

g) En los casos en que a la licitación se presenten empresarios extranjeros de un Estado miembro de la Unión Europea o signatario del Espacio Económico Europeo, la acreditación de su capacidad, solvencia y ausencia de prohibiciones se podrá realizar bien mediante consulta en la correspondiente lista oficial de operadores económicos autorizados de un Estado miembro, bien mediante la aportación de la documentación acreditativa de los citados extremos, que deberá presentar, en este último caso, en el plazo concedido para la presentación de la garantía definitiva.

h) En lo no previsto en este artículo se observarán las normas generales aplicables al procedimiento abierto.

Presentada la garantía definitiva y, en los casos en que resulte preceptiva, previa fiscalización del compromiso del gasto por la Intervención en un plazo no superior a 5 días, se procederá a adjudicar el contrato a favor del licitador propuesto como adjudicatario, procediéndose, una vez adjudicado el mismo, a su formalización.

En caso de que en el plazo otorgado al efecto el candidato propuesto como adjudicatario no presente la garantía definitiva, se efectuará propuesta de adjudicación a favor del siguiente candidato en puntuación, otorgándole el correspondiente plazo para constituir la citada garantía definitiva.

- **Procedimiento abierto supersimplificado o simplificadísimo**

En contratos de obras de valor estimado inferior a 80.000 euros, y en contratos de suministros y de servicios de valor estimado inferior a 60.000 euros, excepto los que tengan por objeto prestaciones de carácter intelectual a los que no será de aplicación este apartado, el procedimiento abierto simplificado podrá seguir la siguiente tramitación:

a) El plazo para la presentación de proposiciones no podrá ser inferior a diez días hábiles, a contar desde el siguiente a la publicación del anuncio de licitación en el perfil de contratante. Cuando se trate de compras corrientes de bienes disponibles en el mercado el plazo será de 5 días hábiles.

b) Se eximirá a los licitadores de la acreditación de la solvencia económica y financiera y técnica o profesional.

c) La oferta se entregará en un único sobre o archivo electrónico y se evaluará, en todo caso, con arreglo a criterios de adjudicación cuantificables mediante la mera aplicación de fórmulas establecidas en los pliegos.

d) La valoración de las ofertas se podrá efectuar automáticamente mediante dispositivos informáticos, o con la colaboración de una unidad técnica que auxilie al órgano de contratación.

   Se garantizará, mediante un dispositivo electrónico, que la apertura de las proposiciones no se realiza hasta que haya finalizado el plazo para su presentación, por lo que no se celebrará acto público de apertura de las mismas.

e) Las ofertas presentadas y la documentación relativa a la valoración de las mismas serán accesibles de forma abierta por medios informáticos sin restricción alguna desde el momento en que se notifique la adjudicación del contrato.

f) No se requerirá la constitución de garantía definitiva.

g) La formalización del contrato podrá efectuarse mediante la firma de aceptación por el contratista de la resolución de adjudicación.

4.4. Procedimiento restringido

4.4.1. Caracterización

En este procedimiento cualquier empresa interesada podrá presentar una solicitud de participación en respuesta a una convocatoria de licitación.

Solo podrán presentar proposiciones aquellos empresarios que, a su solicitud y en atención a su solvencia, sean seleccionados por el órgano de contratación.

Los pliegos de cláusulas administrativas particulares podrán contemplar primas o compensaciones por los gastos en que incurran los licitadores al presentar su oferta en contratos de servicios en los casos en los que su presentación implique la realización de determinados desarrollos.

En este procedimiento estará prohibida toda negociación de los términos del contrato con los solicitantes o candidatos.

Este procedimiento es especialmente adecuado cuando se trata de servicios intelectuales de especial complejidad, como es el caso de algunos servicios de consultoría, de arquitectura o de ingeniería.

4.4.2. Solicitudes de participación

En los procedimientos de adjudicación de contratos sujetos a regulación armonizada, el plazo de presentación de las solicitudes de participación deberá ser el suficiente para el adecuado examen de los pliegos y de las circunstancias y condiciones relevantes para la ejecución del contrato, todo ello en atención al alcance y complejidad del contrato. En cualquier caso, no podrá ser inferior a treinta días, contados a partir de la fecha del envío del anuncio de licitación a la Oficina de Publicaciones de la Unión Europea.

Cuando el plazo general de presentación de solicitudes sea impracticable por tratarse de una situación de urgencia, podrá fijarse otro plazo que no será inferior a quince días contados desde la fecha del envío del anuncio de licitación.

Si se trata de contratos no sujetos a regulación armonizada, el plazo para la presentación de solicitudes de participación será, como mínimo, de quince días, contados desde la publicación del anuncio de licitación.

4.4.3. Selección de candidatos

Con carácter previo al anuncio de licitación, el órgano de contratación deberá haber establecido los criterios objetivos de solvencia con arreglo a los cuales serán elegidos los candidatos que serán invitados a presentar proposiciones.

El órgano de contratación señalará el número mínimo de empresarios a los que invitará a participar en el procedimiento, que **no podrá ser inferior a cinco.** Cuando el número de candidatos que cumplan los criterios de selección sea inferior a ese número mínimo, el órgano de contratación podrá continuar el procedimiento con los que reúnan las condiciones exigidas, sin que pueda invitarse a empresarios que no hayan solicitado participar en el mismo, o a candidatos que no posean esas condiciones.

Los criterios o normas objetivos y no discriminatorios con arreglo a los cuales se seleccionará a los candidatos, así como el número mínimo y, en su caso, el número máximo de aquellos a los que se invitará a presentar proposiciones se indicarán en el anuncio de licitación.

4.4.4. Contenido de las invitaciones

Las invitaciones contendrán una referencia al anuncio de licitación publicado e indicarán la fecha límite para la recepción de ofertas; la dirección a la que deban enviarse y la lengua o lenguas en que deban estar redactadas; los documentos que, en su caso, se deban adjuntar complementariamente; los criterios de adjudicación del contrato que se tendrán en cuenta y su ponderación relativa o, en su caso, el orden decreciente de importancia atribuido a los mismos, si no figurasen en el anuncio de licitación; y el lugar, día y hora de la apertura de proposiciones. La invitación a los candidatos contendrá las indicaciones pertinentes para permitir el acceso por medios electrónicos a los pliegos y demás documentación complementaria.

4.4.5. Proposiciones

El plazo general de presentación de proposiciones en los procedimientos restringidos relativos a contratos sujetos a regulación armonizada será el suficiente para la adecuada elaboración de las proposiciones en función del alcance y complejidad del contrato. En cualquier caso no será inferior a treinta días, contados a partir de la fecha de envío de la invitación escrita.

El plazo general previsto en el párrafo anterior **podrá reducirse** en los siguientes casos:

a) Si se hubiese enviado el anuncio de información previa, el plazo general podrá reducirse a diez días. Esta reducción del plazo solo será admisible cuando el anuncio de información previa se hubiese enviado cumpliéndose los requisitos de la LCSP.

b) Cuando el plazo general de presentación de proposiciones sea impracticable por tratarse de una situación podrá fijarse otro plazo que no será inferior a diez días contados desde la fecha del envío de la invitación escrita.

c) Si el órgano de contratación aceptara la presentación de ofertas por medios electrónicos, podrá reducirse el plazo general de presentación de proposiciones en cinco días.

En los procedimientos restringidos relativos a contratos no sujetos a regulación armonizada, el plazo para la presentación de proposiciones no será inferior a diez días, contados desde la fecha de envío de la invitación.

4.5. Procedimientos con negociación

En estos la adjudicación recaerá en el licitador justificadamente elegido por el órgano de contratación, tras negociar las condiciones del contrato con uno o varios candidatos.

En el pliego de cláusulas administrativas particulares se determinarán los aspectos económicos y técnicos que, en su caso, hayan de ser objeto de negociación con las empresas; la descripción de las necesidades de los órganos de contratación y de las características exigidas para los suministros, las obras o los servicios que hayan de contratarse; el procedimiento que se seguirá para negociar, que en todo momento garantizará la máxima transparencia de la negociación, la publicidad de la misma y la no discriminación entre los licitadores que participen; los elementos de la prestación objeto del contrato que constituyen los requisitos mínimos que han de cumplir todas las ofertas y los criterios de adjudicación.

La información facilitada será lo suficientemente precisa como para que los operadores económicos puedan identificar la naturaleza y el ámbito de la contratación y decidir si solicitan participar en el procedimiento.

Los órganos de contratación podrán adjudicar contratos utilizando el procedimiento de licitación con negociación en los contratos de obras, suministros, servicios, concesión de obras y concesión de servicios cuando se dé alguna de las siguientes situaciones:

a) Cuando para dar satisfacción a las necesidades del órgano de contratación resulte imprescindible que la prestación, tal y como se encuentra disponible en el mercado, sea objeto de un trabajo previo de diseño o de adaptación por parte de los licitadores.

b) Cuando la prestación objeto del contrato incluya un proyecto o soluciones innovadoras.

c) Cuando el contrato no pueda adjudicarse sin negociaciones previas debido a circunstancias específicas vinculadas a la naturaleza, la complejidad o la configuración jurídica o financiera de la prestación que constituya su objeto, o por los riesgos inherentes a la misma.

d) Cuando el órgano de contratación no pueda establecer con la suficiente precisión las especificaciones técnicas por referencia a una norma, evaluación técnica europea, especificación técnica común o referencia técnica, en los términos establecidos en la LCSP.

e) Cuando en los procedimientos abiertos o restringidos seguidos previamente solo se hubieren presentado ofertas irregulares o inaceptables.

f) Cuando se trate de contratos de servicios sociales personalísimos que tengan por una de sus características determinantes el arraigo de la persona en el entorno de atención social, siempre que el objeto del contrato consista en dotar de continuidad en la atención a las personas que ya eran beneficiarias de dicho servicio.

Los órganos de contratación podrán adjudicar contratos utilizando el procedimiento negociado sin la previa publicación de un anuncio de licitación únicamente en los siguientes casos:

a) **En los contratos de obras, suministros, servicios, concesión de obras y concesión de servicios**, en los casos en que:

- No se haya presentado ninguna oferta o solicitud de participación; ninguna sea adecuada siempre que las condiciones iniciales del contrato no se modifiquen sustancialmente, y que se envíe un informe a la Comisión Europea cuando esta así lo solicite.
- Cuando las obras, los suministros o los servicios solo puedan ser encomendados a un empresario determinado, por ser creación o adquisición de una obra de arte o representación artística única no integrante del Patrimonio Histórico Español, que no exista competencia por razones técnicas; o que proceda la protección de derechos exclusivos.
- Cuando el contrato haya sido declarado secreto o reservado, por medidas de seguridad especiales, o por protección de los intereses esenciales de la seguridad del Estado.

b) **En los contratos de obras, suministros y servicios**, en los casos en que:

- Haya una imperiosa urgencia resultante de acontecimientos imprevisibles.
- Cuando se hubiera presentado en un procedimiento anterior solo ofertas inaceptables, siempre y cuando en la negociación se incluya a todos los licitadores que, en el procedimiento antecedente, hubiesen presentado ofertas conformes con los requisitos formales del procedimiento de contratación, y siempre que las condiciones iniciales del contrato no se modifiquen sustancialmente.

c) **En los contratos de suministro**, además, en los siguientes casos:

- Cuando los productos se fabriquen exclusivamente para fines de investigación, experimentación, estudio o desarrollo.
- Cuando se trate de entregas adicionales efectuadas por el proveedor inicial por reposición parcial de suministros o instalaciones de uso corrientes. Su duración no podrá, por regla general, ser superior a tres años.
- Cuando se trate de la adquisición en mercados organizados o bolsas de materias primas.
- Cuando se trate de un suministro concertado en condiciones especialmente ventajosas con un proveedor que cese definitivamente en sus actividades comerciales, o con los administradores de un concurso.

d) **En los contratos de servicios**, además, en el supuesto de que el contrato en cuestión sea la consecuencia de un concurso de proyectos.

e) **En los contratos de obras y de servicios**, además, cuando las obras o servicios que constituyan su objeto consistan en la repetición de otros similares adjudicados al mismo contratista mediante alguno de los procedimientos de licitación.

4.5.1. Tramitación

En el procedimiento con negociación con publicidad el órgano de contratación, en todo caso, deberá publicar un anuncio de licitación. En caso de que se decida limitar el número de empresas a las que se invitará a negociar, el número mínimo de candidatos invitados será de tres.

Cuando el número de candidatos que cumplan con los criterios de selección sea inferior a ese número mínimo, el órgano de contratación podrá continuar el procedimiento con los que reúnen las condiciones exigidas, sin que pueda invitarse a empresarios que no hayan solicitado participar en el mismo, o a candidatos que no posean esas condiciones.

Los órganos de contratación podrán articular el procedimiento en fases sucesivas, a fin de reducir progresivamente el número de ofertas a negociar mediante la aplicación de los criterios de adjudicación señalados en el anuncio de licitación o en el pliego de cláusulas administrativas particulares, indicándose en éstos si se va a hacer uso de esta facultad.

Durante la negociación, las mesas de contratación y los órganos de contratación velarán porque todos los licitadores reciban igual trato. En particular no facilitarán, de forma discriminatoria, información que pueda dar ventajas a determinados licitadores con respecto al resto.

Los órganos de contratación, en su caso, a través de los servicios técnicos de ellos dependientes, negociarán con los licitadores las ofertas iniciales y todas las ofertas excepto las ofertas definitivas.

No se negociarán los requisitos mínimos de la prestación objeto del contrato ni tampoco los criterios de adjudicación.

En el expediente deberá dejarse constancia de las invitaciones cursadas, de las ofertas recibidas, de las razones para su aceptación o rechazo y de las ventajas obtenidas en la negociación.

Cuando el órgano de contratación decida concluir las negociaciones, informará a todos los licitadores y establecerá un plazo común para la presentación de ofertas nuevas o revisadas. A continuación, la mesa de contratación verificará que las ofertas definitivas se ajustan a los requisitos mínimos, y que cumplen todos los requisitos establecidos en el pliego; valorará las mismas con arreglo a los criterios de adjudicación; elevará la correspondiente propuesta y el órgano de contratación procederá a adjudicar el contrato.

4.6. Diálogo competitivo

4.6.1. Caracterización

En este procedimiento la mesa especial de diálogo competitivo dirige un diálogo con los candidatos seleccionados, previa solicitud de los mismos, a fin de desarrollar una o varias soluciones susceptibles de satisfacer sus necesidades y que servirán de base para que los candidatos elegidos presenten una oferta.

Cualquier empresa interesada podrá presentar una solicitud de participación en respuesta a un anuncio de licitación, proporcionando la información y documentación para la selección cualitativa que haya solicitado el órgano de contratación.

4.6.2. Primas o compensaciones

Con el objetivo de fomentar la participación de las empresas que puedan ofrecer las soluciones más apropiadas e innovadoras, los órganos de contratación podrán establecer en el documento descriptivo primas o compensaciones para todos o algunos de los participantes en el diálogo.

4.6.3. Apertura del procedimiento y solicitudes de participación

Los órganos de contratación darán a conocer sus necesidades y requisitos en el anuncio de licitación y los definirán en dicho anuncio o en un documento descriptivo, que no podrá ser modificado posteriormente. Al mismo tiempo y en los mismos documentos, los órganos de contratación también darán a conocer y definirán los criterios de adjudicación elegidos y darán un plazo de ejecución aproximado.

En caso de que se decida limitar el número de empresas a las que se invitará a dialogar, el órgano de contratación en todo caso deberá asegurase de que el **número mínimo sea de 3.**

4.6.4. Diálogo con los candidatos

La mesa especial del diálogo competitivo desarrollará con los candidatos seleccionados un diálogo cuyo fin será determinar y definir los medios adecuados para satisfacer sus necesidades. En el transcurso de este diálogo, podrán debatirse todos los aspectos del contrato con los candidatos seleccionados.

Durante el diálogo, la mesa dará un trato igual a todos los licitadores y, en particular, no facilitará, de forma discriminatoria, información que pueda dar ventajas a determinados licitadores con respecto al resto.

La mesa no podrá revelar a los demás participantes las soluciones propuestas por un participante u otros datos confidenciales que este les comunique sin previo consentimiento de este.

El procedimiento podrá articularse en fases sucesivas, a fin de reducir progresivamente el número de soluciones a examinar durante la fase de diálogo mediante la aplicación de los criterios de adjudicación indicados en el anuncio de licitación o en el documento descriptivo, indicándose en estos si se va a hacer uso de esta posibilidad.

La mesa proseguirá el diálogo hasta que se encuentre en condiciones de determinar, después de compararlas, si es preciso, la solución o soluciones presentadas por cada uno de los participantes durante la fase de diálogo, que puedan responder a sus necesidades.

Una vez determinada la solución o soluciones que hayan de ser adoptadas para la última fase del proceso de licitación por el órgano de contratación, la mesa propondrá que se declare el fin del diálogo, así como las soluciones a adoptar, siendo invitados a la fase final los participantes que hayan presentado las mejores soluciones.

Tras declarar cerrado el diálogo por el órgano de contratación e informar de ello a todos los participantes, la mesa invitará a los participantes cuyas soluciones hayan sido ya adoptadas a que presenten su oferta definitiva, basada en su solución o soluciones viables especificadas durante la fase de diálogo, indicando la fecha límite, la dirección a la que deba enviarse y la lengua o lenguas en que puedan estar redactadas.

4.6.5. Presentación de ofertas y adjudicación

Las ofertas deben incluir todos los elementos requeridos y necesarios para la realización del proyecto.

La mesa podrá solicitar precisiones o aclaraciones sobre las ofertas presentadas, ajustes en las mismas o información complementaria relativa a ellas, siempre que ello no suponga una modificación de los elementos fundamentales de la oferta o de la licitación pública.

La mesa evaluará las ofertas presentadas por los licitadores en función de los criterios de adjudicación establecidos en el anuncio de licitación o en el documento descriptivo y seleccionará la oferta que presente la mejor relación calidad precio.

La mesa podrá llevar a cabo negociaciones con el licitador cuya oferta se considere que presenta la mejor relación calidad-precio con el fin de confirmar compromisos financieros u otras condiciones contenidas en la oferta, para lo cual se ultimarán las condiciones del contrato, siempre que con ello no se modifiquen elementos sustanciales de la oferta o de la licitación pública, en particular las necesidades y los requisitos establecidos en el anuncio de licitación o en el documento descriptivo, y no conlleve un riesgo de falseamiento de la competencia ni tenga un efecto discriminatorio.

Elevada la propuesta, el órgano de contratación procederá a la adjudicación del contrato.

4.7. El procedimiento de asociación para la innovación

Es un procedimiento que tiene como finalidad el desarrollo de productos, servicios u obras innovadores y la compra ulterior de los suministros, servicios u obras resultantes, siempre que correspondan a los niveles de rendimiento y a los costes máximos acordados entre los órganos de contratación y los participantes.

A tal efecto, en los pliegos de cláusulas administrativas particulares, el órgano de contratación determinará cuál es la necesidad de un producto, servicio u obra innovadores que no puede ser satisfecha mediante la adquisición de productos, servicios u obras ya disponibles en el mercado. Indicará qué elementos de la descripción constituyen los requisitos mínimos que han de cumplir todos los licitadores, y definirá las disposiciones aplicables a los derechos de propiedad intelectual e industrial. La información facilitada será lo suficientemente precisa como para que los empresarios puedan identificar la naturaleza y el ámbito de la solución requerida y decidir si solicitan participar en el procedimiento.

El órgano de contratación podrá decidir crear la asociación para la innovación con uno o varios socios que efectúen por separado actividades de investigación y desarrollo.

4.7.1. Selección de candidatos

En las asociaciones para la innovación, cualquier empresario podrá presentar una solicitud de participación en respuesta a una convocatoria de licitación, proporcionando la información sobre los criterios objetivos de solvencia que haya solicitado el órgano de contratación.

El plazo mínimo para la recepción de las solicitudes de participación será de treinta días a partir de la fecha de envío del anuncio de licitación, cuando el contrato esté sujeto a regulación armonizada. En otro caso, dicho plazo no podrá ser inferior a veinte días contados desde la publicación del anuncio de licitación en el perfil de contratante.

A los efectos de seleccionar a los candidatos, los órganos de contratación aplicarán, en particular, criterios objetivos de solvencia relativos a la capacidad de los candidatos en los ámbitos de la investigación y del desarrollo, así como en la elaboración y aplicación de soluciones innovadoras.

Solo los empresarios a los que invite el órgano de contratación tras evaluar la información solicitada podrán presentar proyectos de investigación e innovación destinados a responder a las necesidades señaladas por el órgano de contratación que no puedan satisfacerse con las soluciones existentes.

Los órganos de contratación podrán limitar el número de candidatos aptos que hayan de ser invitados a participar en el procedimiento, siendo **3 el número mínimo de empresarios a los que se invitará a negociar**.

4.7.2. Negociación y adjudicación

Concluida la selección de los candidatos, el órgano de contratación les invitará a presentar sus proyectos de investigación e innovación para responder a las necesidades a cubrir.

Los contratos se adjudicarán únicamente con arreglo al criterio de la mejor relación calidad-precio.

Salvo que se disponga de otro modo, los órganos de contratación negociarán con los candidatos seleccionados las ofertas iniciales y todas las ofertas ulteriores presentadas por estos, excepto la oferta definitiva, con el fin de mejorar su contenido.

No se negociarán los requisitos mínimos ni los criterios de adjudicación.

Las negociaciones durante los procedimientos de las asociaciones para la innovación podrán desarrollarse en fases sucesivas, a fin de reducir el número de ofertas que haya que negociar, aplicando los criterios de adjudicación especificados en los pliegos de cláusulas administrativas particulares y recogidos en el anuncio de licitación.

Sobre la base de esos objetivos, el órgano de contratación podrá decidir, al final de cada fase, resolver la asociación para la innovación o, reducir el número de socios mediante la resolución de los contratos individuales, siempre que el órgano de contratación haya indicado en los pliegos de cláusulas administrativas particulares que puede hacer uso de estas posibilidades y las condiciones en que puede hacerlo.

En ningún caso, la resolución de la asociación para la innovación o la reducción del número de candidatos participantes dará lugar a indemnización, sin perjuicio de la contraprestación que, en las condiciones establecidas en el pliego, corresponda por los trabajos realizados.

Finalizadas las fases de investigación y desarrollo, el órgano de contratación analizará si sus resultados alcanzan los niveles de rendimiento y costes acordados y resolverá lo procedente sobre la adquisición de las obras, servicios o suministros resultantes.

Las adquisiciones derivadas de asociaciones para la innovación se realizarán en los términos establecidos en el pliego de cláusulas administrativas particulares. Cuando la asociación se realice con varios empresarios la selección del empresario al que se deba efectuar dichas adquisiciones se realizará sobre la base de los criterios objetivos que se hayan establecido en el pliego.

4.8. Concursos de proyectos

Son los procedimientos encaminados a la obtención de planos o proyectos, principalmente en los campos de la arquitectura, el urbanismo, la ingeniería y el procesamiento de datos, a través de una selección que, tras la correspondiente licitación, se encomienda a un jurado.

Las normas relativas a la organización de un concurso de proyectos se establecerán en sus bases. En el caso de que se admitieran premios o pagos, las bases del concurso deberán indicar, según el caso, la cantidad fija que se abonará en concepto de premios o bien en concepto de compensación por los gastos en que hubieren incurrido los participantes.

La valoración de las propuestas se referirá a la calidad de las mismas, y sus valores técnicos, funcionales, arquitectónicos, culturales y medioambientales.

El órgano de contratación podrá limitar el número de participantes en el concurso de proyectos. **El número mínimo de candidatos será de tres.**

El concurso constará de **dos fases:** en la primera el órgano de contratación seleccionará a los participantes de entre los candidatos que hubieren presentado solicitud de participación, mediante la aplicación de los criterios; y en la segunda el órgano de contratación invitará simultáneamente y por escrito a los candidatos seleccionados para que presenten sus propuestas de proyectos ante el órgano de contratación en el plazo que proceda.

Los participantes en el concurso de proyectos cuyas ideas hubieran resultado seleccionadas y tendrán derecho a percibir la compensación económica por los gastos en que hubieran incurrido.

En los concursos de proyectos no habrá intervención de la mesa de contratación. Todas aquellas funciones administrativas o de otra índole no atribuidas específicamente al jurado serán realizadas por los servicios dependientes del órgano de contratación.

El jurado estará compuesto por personas físicas independientes de los participantes en el concurso de proyectos.

Una vez que el jurado hubiere adoptado una decisión, dará traslado de la misma al órgano de contratación para que este proceda a la adjudicación del concurso de proyectos al participante ganador.

4.9. Sistemas para la racionalización

Para racionalizar y ordenar la adjudicación de contratos las Administraciones Públicas podrán concluir acuerdos marco, articular sistemas dinámicos, o centralizar la contratación de obras, servicios y suministros en servicios especializados.

4.9.1. Acuerdos marco

Uno o varios órganos de contratación del sector público podrán celebrar acuerdos marco con una o varias empresas con el fin de fijar las condiciones a que habrán de ajustarse los contratos que pretendan adjudicar durante un período determinado, en particular por lo que respecta a los precios, y en su caso, a las cantidades previstas, siempre que el recurso a estos instrumentos no se efectúe de forma abusiva o de modo que la competencia se vea obstaculizada, restringida o falseada.

Su duración no podrá exceder de cuatro años, salvo en casos excepcionales, debidamente justificados. La duración del acuerdo marco deberá justificarse en el expediente y tendrá en cuenta, especialmente, las peculiaridades y características del sector de actividad a que se refiere su objeto.

Solo podrán celebrarse contratos basados en un acuerdo marco entre las empresas y los órganos de contratación que hayan sido originariamente partes en el mismo, salvo lo dispuesto para los acuerdos marco celebrados por centrales de contratación.

Cuando el acuerdo marco se hubiese concluido con una única empresa, los contratos basados en aquel se adjudicarán con arreglo a los términos en él establecidos. Cuando el acuerdo marco se hubiese concluido con varias empresas, la adjudicación de los contratos en él basados se realizará:

a) Cuando el acuerdo marco establezca todos los términos, bien sin nueva licitación, bien con nueva licitación (Conforme esté previsto en los pliegos).

b) Cuando el acuerdo marco no establezca todos los términos, invitando a una nueva licitación a las empresas parte del acuerdo marco.

4.9.2. Sistemas dinámicos de adquisición

Los órganos de contratación podrán articular sistemas dinámicos de adquisición de obras, servicios y suministros de uso corriente cuyas características, generalmente disponibles en el mercado, satisfagan sus necesidades, siempre que el recurso a estos instrumentos no se efectúe de forma que la competencia se vea obstaculizada, restringida o falseada.

El sistema dinámico de adquisición es un proceso totalmente electrónico, con una duración limitada y determinada en los pliegos, y debe estar abierto durante todo el período de vigencia a cualquier empresa interesada que cumpla los criterios de selección.

Durante todo el período de vigencia del sistema dinámico de adquisición, cualquier empresario interesado podrá solicitar participar en el sistema en las condiciones expuestas en el artículo anterior.

4.9.3. Centrales de contratación

Las entidades del sector público podrán centralizar la contratación de obras, servicios y suministros, atribuyéndola a servicios especializados, que actuarán como centrales de contratación actuarán adquiriendo suministros y servicios para otros entes del sector público, o adjudicando contratos o celebrando acuerdos marco y sistemas dinámicos de adquisición para la realización de obras, suministros o servicios destinados a los mismos.

Las Comunidades Autónomas y los entes locales pueden crear sus centrales de contratación, y en el ámbito estatal el Ministro de Hacienda y Función Pública podrá declarar de contratación centralizada los suministros, obras y servicios que se contraten de forma general y con características esencialmente homogéneas determinando las condiciones en las que se producirá el proceso de centralización. El órgano de contratación del sistema estatal de contratación centralizada es la Junta de Contratación Centralizada, adscrita a la Dirección General de Racionalización y Centralización de la Contratación del Ministerio competente en materia de Hacienda.

5. Cumplimiento, recepción del objeto del contrato y pago

El contrato se entenderá cumplido por el contratista cuando este haya realizado, de acuerdo con los términos del mismo y a satisfacción de la Administración, la totalidad de la prestación.

Se exige por parte de la Administración un acto formal y positivo de recepción o conformidad dentro del mes siguiente a la entrega o realización del objeto del contrato, o en el plazo que se determine en el pliego de cláusulas administrativas particulares por razón de sus características.

En los contratos se fijará un plazo de garantía a contar de la fecha de recepción o conformidad, transcurrido el cual, sin objeciones por parte de la Administración, salvo los supuestos en que se establezca otro plazo en la LCSP o en otras normas, quedará extinguida la responsabilidad del contratista.

Excepto en los contratos de obras, dentro del plazo de treinta días a contar desde la fecha del acta de recepción o conformidad, deberá acordarse en su caso y cuando la naturaleza del contrato lo exija, y ser notificada al contratista la liquidación correspondiente del contrato, y abonársele, en su caso, el saldo resultante. No obstante, si la Administración Pública recibe la factura con posterioridad a la fecha en que tiene lugar dicha recepción, el plazo de treinta días se contará desde su correcta presentación por el contratista en el registro correspondiente en los términos establecidos en la normativa vigente en materia de factura electrónica. Si se produjera demora en el pago del saldo de liquidación, el contratista tendrá derecho a percibir los intereses de demora y la indemnización por los costes de cobro en los términos previstos en la Ley 3/2004, de 29 de diciembre, de medidas de lucha contra la morosidad en las operaciones comerciales.

6. La revisión de precios y otras alteraciones contractuales

6.1. Revisión de precios

Salvo en los contratos no sujetos a regulación armonizada por razón de su objeto e independientemente de su cuantía, no cabrá la revisión periódica no predeterminada o no periódica de los precios de los contratos.

Previa justificación en el expediente y de conformidad con la normativa, de desindexación de la economía española, la revisión periódica y predeterminada de precios solo se podrá llevar a cabo en los contratos de obra, en los contratos de suministros de fabricación de armamento y equipamiento de las Administraciones Públicas, en los contratos de suministro de energía y en aquellos otros contratos en los que el período de recuperación de la inversión sea igual o superior a cinco años.

No se considerarán revisables en ningún caso los costes asociados a las amortizaciones, los costes financieros, los gastos generales o de estructura ni el beneficio industrial.

En los supuestos en que proceda, el órgano de contratación podrá establecer el derecho a revisión periódica y predeterminada de precios y fijará la fórmula de revisión que deba aplicarse, atendiendo a la naturaleza de cada contrato y la estructura y evolución de los costes de las prestaciones del mismo.

El pliego de cláusulas administrativas particulares deberá detallar la fórmula de revisión aplicable.

Salvo en los contratos de suministro de energía, cuando proceda, la revisión periódica y predeterminada de precios en los contratos del sector público tendrá lugar, cuando el contrato se hubiese ejecutado, al menos, en el 20% de su importe y hubiesen transcurrido dos años desde su formalización. **En consecuencia, el primer 20% ejecutado y los dos primeros años transcurridos desde la formalización quedarán excluidos de la revisión.**

No obstante, la condición relativa al porcentaje de ejecución del contrato no será exigible a efectos de proceder a la revisión periódica y predeterminada en los contratos de concesión de servicios.

El Consejo de Ministros podrá aprobar, previo informe de la Junta Consultiva de Contratación Pública del Estado y de la Comisión Delegada del Gobierno para Asuntos Económicos, fórmulas tipo de revisión periódica y predeterminada para los contratos.

Las fórmulas tipo que se establezcan con sujeción a los principios y metodologías reflejarán la ponderación en el precio del contrato de los componentes básicos de costes relativos al proceso de generación de las prestaciones objeto del mismo.

6.2. Revisión en casos de demora en la ejecución

Cuando la cláusula de revisión se aplique sobre períodos de tiempo en los que el contratista hubiese incurrido en mora y sin perjuicio de las penalidades que fueren procedentes, los índices de precios que habrán de ser tenidos en cuenta serán aquellos que hubiesen correspondido a las fechas establecidas en el contrato para la realización de la prestación en plazo, salvo que los correspondientes al período real de ejecución produzcan un coeficiente inferior, en cuyo caso se aplicarán estos últimos.

6.3. Pago del importe de la revisión

El importe de las revisiones que procedan se hará efectivo, de oficio, mediante el abono o descuento correspondiente en las certificaciones o pagos parciales a cuyo efecto se tramitará a comienzo del ejercicio económico el oportuno expediente de gasto para su cobertura.

6.4. Potestad de modificación del contrato

Sin perjuicio de los supuestos previstos en la LCSP respecto a la sucesión en la persona del contratista, cesión del contrato, revisión de precios y ampliación del plazo de ejecución, los contratos administrativos solo podrán ser modificados por razones de interés público en los casos y en la forma y procedimiento previstos en la propia LCSP.

Los contratos administrativos celebrados por los órganos de contratación solo podrán modificarse cuando así se haya previsto en el pliego de cláusulas administrativas particulares y excepcionalmente, cuando sea necesario realizar una modificación que no esté prevista en dicho pliego.

Las modificaciones previstas en el pliego de cláusulas administrativas particulares, se pueden realizar, durante su vigencia hasta un máximo del veinte por ciento del precio inicial, siempre que la cláusula de modificación este formulada de forma clara, precisa e inequívoca, y precise con el detalle suficiente:

— Su alcance.

— Los límites y su naturaleza.

— Las condiciones en que podrá hacerse uso de la misma por referencia a circunstancias cuya concurrencia pueda verificarse de forma objetiva.

— El procedimiento que haya de seguirse.

La modificación no podrá suponer el establecimiento de nuevos precios unitarios no previstos en el contrato.

Las modificaciones no previstas en el pliego de cláusulas administrativas particulares solo podrán realizarse con los siguientes requisitos:

a) Que encuentre su justificación en alguno de los supuestos de la LCSP.

b) Que se limite a introducir las variaciones estrictamente indispensables para responder a la causa objetiva que la haga necesaria.

Las modificaciones excepcionales serán obligatorias para los contratistas cuando impliquen, aislada o conjuntamente, una alteración en su cuantía que no exceda del 20% del precio inicial del contrato, IVA excluido.

En las modificaciones de contratos sujetos a regulación armonizada, se deberá publicar en el Diario Oficial de la Unión Europea el correspondiente anuncio de modificación. Para todos los contratos se deberá publicar en todo caso un anuncio de modificación en el perfil de contratante del órgano de contratación en el plazo de 5 días desde la aprobación de la misma, que deberá ir acompañado de las alegaciones del contratista y de todos los informes que, en su caso, se hubieran recabado con carácter previo a su aprobación.

7. Ejecución de los contratos. Incumplimiento de los contratos del sector público

La ejecución del contrato se realizará a riesgo y ventura del contratista, sin perjuicio de lo establecido específicamente para el contrato de obras.

7.1. Incumplimiento parcial o cumplimiento defectuoso

Los pliegos o el documento descriptivo podrán prever penalidades para el caso de cumplimiento defectuoso de la prestación objeto del mismo o para el supuesto de incumplimiento de los compromisos o de las condiciones especiales de ejecución del contrato.

Estas penalidades deberán ser proporcionales a la gravedad del incumplimiento y las cuantías de cada una de ellas no podrán ser superiores al 10% del precio del contrato, IVA excluido, ni el total de las mismas superar el 50% del precio del contrato.

Cuando el contratista, por causas imputables al mismo, hubiere incumplido parcialmente la ejecución de las prestaciones definidas en el contrato, la Administración podrá optar, atendidas las circunstancias del caso, por su resolución o por la imposición de las penalidades que, para tales supuestos, se determinen en el pliego de cláusulas o en el documento descriptivo.

7.2. Demora en la ejecución

El contratista está obligado a cumplir el contrato dentro del plazo total fijado para la realización del mismo, así como de los plazos parciales señalados para su ejecución sucesiva.

La constitución en mora del contratista no precisará intimación previa por parte de la Administración.

Cuando el contratista, por causas imputables al mismo, hubiere incurrido en demora respecto al cumplimiento del plazo total, la Administración podrá optar, atendidas las circunstancias del caso, por la resolución del contrato o por la imposición de las penalidades diarias en la proporción de 0,60 euros por cada 1.000 euros del precio del contrato, IVA excluido.

El órgano de contratación podrá acordar la inclusión en el pliego de cláusulas administrativas particulares de unas penalidades distintas atendiendo a las especiales características del contrato, se considere necesario para su correcta ejecución y así se justifique en el expediente.

Cada vez que las penalidades por demora alcancen un múltiplo del 5% del precio del contrato, IVA excluido, el órgano de contratación estará facultado para proceder a la resolución del mismo o acordar la continuidad de su ejecución con imposición de nuevas penalidades.

Si la Administración optase por la resolución esta deberá acordarse por el órgano de contratación sin otro trámite preceptivo que la audiencia del contratista y, cuando se formule oposición por parte de este, el dictamen del Consejo de Estado u órgano consultivo equivalente.

Si el retraso fuese producido por motivos no imputables al contratista y este ofreciera cumplir sus compromisos si se le amplía el plazo inicial de ejecución, el órgano de contratación se lo concederá dándosele un plazo que será, por lo menos, igual al tiempo perdido, a no ser que el contratista pidiese otro menor. El responsable del contrato emitirá un informe donde se determine si el retraso fue producido por motivos imputables al contratista.

7.3. Daños y perjuicios e imposición de penalidades

En los supuestos de incumplimiento parcial o cumplimiento defectuoso o de demora en la ejecución en que no esté prevista penalidad o en que estándolo la misma no cubriera los daños causados a la Administración, esta exigirá al contratista la indemnización por daños y perjuicios.

Además, es obligación del contratista indemnizar todos los daños y perjuicios que se causen a terceros como consecuencia de las operaciones que requiera la ejecución del contrato. Cuando tales daños y perjuicios hayan sido ocasionados como consecuencia inmediata y directa de una orden de la Administración, será esta responsable dentro de los límites señalados en las leyes.

También será la Administración responsable de los daños que se causen a terceros como consecuencia de los vicios del proyecto en el contrato de obras, sin perjuicio de la posibilidad de repetir contra el redactor del proyecto, o en el contrato de suministro de fabricación.

Los terceros podrán requerir previamente, dentro del año siguiente a la producción del hecho, al órgano de contratación para que este, oído el contratista, informe sobre a cuál de las partes contratantes corresponde la responsabilidad de los daños. El ejercicio de esta facultad interrumpe el plazo de prescripción de la acción.

7.4. Procedimiento para imponer penalidades

Las penalidades se impondrán por acuerdo del órgano de contratación, adoptado a propuesta del responsable del contrato si se hubiese designado, que será inmediatamente ejecutivo, y se harán efectivas mediante deducción de las cantidades que, en concepto de pago total o parcial, deban abonarse al contratista o sobre la garantía que, en su caso, se hubiese constituido, cuando no puedan deducirse de los mencionados pagos.

7.5. Pago del precio

El contratista tendrá derecho al abono del precio convenido por la prestación realizada en los términos establecidos en la LCSP y en el contrato.

El pago del precio podrá hacerse de manera total o parcial, mediante abonos a cuenta o, en el caso de contratos de tracto sucesivo, mediante pago en cada uno de los vencimientos que se hubiesen estipulado.

La Administración tendrá la obligación de abonar el precio dentro de los treinta días siguientes a la fecha de aprobación de las certificaciones de obra o de los documentos que acrediten la conformidad, y si se demorase, deberá abonar al contratista, los intereses de demora y la indemnización por los costes de cobro en los términos previstos en la Ley 3/2004, de 29 de diciembre, de lucha contra la morosidad en las operaciones comerciales.

Para que haya lugar al inicio del cómputo de plazo para el devengo de intereses, el contratista deberá haber cumplido la obligación de presentar la factura ante el registro administrativo, en tiempo y forma, en el plazo de treinta días desde la fecha de entrega efectiva de las mercancías o la prestación del servicio.

La Administración deberá aprobar las certificaciones de obra o los documentos que acrediten la conformidad con lo dispuesto en el contrato de los bienes entregados o servicios prestados dentro de los treinta días siguientes a la entrega efectiva de los bienes o prestación del servicio.

Si la demora en el pago fuese superior a cuatro meses, el contratista podrá proceder, a la suspensión del cumplimiento del contrato, debiendo comunicar a la Administración, con un mes de antelación, tal circunstancia.

Si la demora de la Administración fuese superior a seis meses, el contratista tendrá derecho a resolver el contrato y al resarcimiento de los perjuicios sufridos.

Transcurrido los plazos de pago los contratistas podrán reclamar por escrito a la Administración contratante el cumplimiento de la obligación de pago y, en su caso, de los intereses de demora. Si, transcurrido el plazo de un mes, la Administración no hubiera contestado, se entenderá reconocido el vencimiento del plazo de pago y los interesados podrán formular recurso contencioso-administrativo contra la inactividad de la Administración, pudiendo solicitar como medida cautelar el pago inmediato de la deuda.

7.6. Obligaciones en materia medioambiental, social o laboral

Los órganos de contratación tomarán las medidas pertinentes para garantizar que en la ejecución de los contratos los contratistas cumplen las obligaciones aplicables en materia medioambiental, social o laboral establecidas en el Derecho de la Unión Europea, el Derecho nacional, los convenios colectivos o por las disposiciones de Derecho internacional medioambiental, social y laboral que vinculen al Estado.

El incumplimiento de las obligaciones referidas en el primer párrafo y, en especial, los incumplimientos o los retrasos reiterados en el pago de los salarios o la aplicación de condiciones salariales inferiores a las derivadas de los convenios colectivos que sea grave y dolosa, dará lugar a la imposición de las penalidades.

7.7. Condiciones especiales de ejecución del contrato de carácter social, ético, medioambiental o de otro orden

Los órganos de contratación podrán establecer condiciones especiales en relación con la ejecución del contrato, siempre que estén vinculadas al objeto del contrato, no sean directa o indirectamente discriminatorias, sean compatibles con el Derecho comunitario y se indiquen en el anuncio de licitación y en los pliegos.

En todo caso, será obligatorio el establecimiento en el pliego de cláusulas administrativas particulares de al menos una de las condiciones especiales de ejecución de entre las siguientes:

a) En especial las referidas a consideraciones económicas, relacionadas con la innovación, de tipo medioambiental o de tipo social.

b) En particular, entre otras, consideraciones de tipo medioambiental que persigan: la reducción de las emisiones de gases de efecto invernadero; el mantenimiento o mejora de los valores medioambientales; una gestión más sostenible del agua; el fomento del uso de las energías renovables; la promoción del reciclado de productos y el uso de envases reutilizables; o el impulso de la entrega de productos a granel y la producción ecológica.

Los pliegos podrán establecer penalidades, para el caso de incumplimiento de estas condiciones especiales de ejecución, o atribuirles el carácter de obligaciones contractuales esenciales. Cuando el incumplimiento de estas condiciones no se tipifique como causa de resolución del contrato, el mismo podrá ser considerado en los pliegos, como infracción grave a los efectos de ser una prohibición de contratar.

8. Aspectos generales de los contratos

8.1. Objeto, presupuesto base de licitación, valor estimado, precio del contrato

8.1.1. Objeto del contrato

El objeto de los contratos del sector público deberá ser determinado. El mismo se podrá definir en atención a las necesidades o funcionalidades concretas que se pretenden satisfacer, sin cerrar el objeto del contrato a una solución única. En especial, se definirán de este modo en aquellos contratos en los que se estime que pueden incorporarse innovaciones tecnológicas, sociales o ambientales que mejoren la eficiencia y sostenibilidad de los bienes, obras o servicios que se contraten.

No podrá fraccionarse un contrato con la finalidad de disminuir la cuantía del mismo y eludir así los requisitos de publicidad o los relativos al procedimiento de adjudicación que correspondan.

8.1.2. Presupuesto base de licitación

Es límite máximo de gasto que en virtud del contrato puede comprometer el órgano de contratación, incluido el IVA, salvo disposición en contrario.

En el momento de elaborarlo, los órganos de contratación cuidarán de que el presupuesto base de licitación sea adecuado a los precios del mercado. A tal efecto se desglosará indicando en el pliego de cláusulas administrativas particulares o documento regulador de la licitación los costes directos e indirectos y otros eventuales gastos calculados para su determinación. En los contratos en que el coste de los salarios de las personas empleadas para su ejecución forme parte del precio total del contrato, el presupuesto base de licitación indicará de forma desglosada y con desagregación de género y categoría profesional los costes salariales estimados a partir del convenio laboral de referencia.

Con carácter previo a la tramitación de un acuerdo marco o de un sistema dinámico de adquisición no será necesario que se apruebe un presupuesto base de licitación.

8.1.3. Valor estimado

Será determinado:

a) En el caso de los contratos de obras, suministros y servicios, el órgano de contratación tomará el importe total, sin incluir el IVA, pagadero según sus estimaciones.

b) En el caso de los contratos de concesión de obras y de concesión de servicios, el órgano de contratación tomará el importe neto de la cifra de negocios, sin incluir el IVA, que, según sus estimaciones, generará la empresa concesionaria durante la ejecución del mismo como contraprestación por las obras y los servicios objeto del contrato, así como de los suministros relacionados con estas obras y servicios.

En su cálculo deberán tenerse en cuenta, como mínimo, además de los costes derivados de la aplicación de las normativas laborales vigentes, otros costes que se deriven de la ejecución material de los servicios, los gastos generales de estructura y el beneficio industrial. Y además:

— Cualquier forma de opción eventual y las eventuales prórrogas del contrato.

— Cuando se haya previsto abonar primas o efectuar pagos a los candidatos o licitadores, la cuantía de los mismos.

— En el caso de que esté previsto que el contrato pueda ser modificado, la totalidad de las modificaciones al alza previstas.

En los contratos de servicios y de concesión de servicios en los que sea relevante la mano de obra, en la aplicación de la normativa laboral vigente se tendrán especialmente en cuenta los costes laborales derivados de los convenios colectivos sectoriales de aplicación.

Adicionalmente, en el cálculo del valor estimado de los contratos de concesión de obras y de concesión de servicios se tendrán en cuenta:

— La renta procedente del pago de tasas y multas por los usuarios distintas de las recaudadas en nombre del poder adjudicador.

— Los pagos o ventajas financieras, cualquiera que sea su forma, concedidos al concesionario por el poder adjudicador o por cualquier otra autoridad pública.

— El valor de los subsidios o ventajas financieras, cualquiera que sea su forma, procedentes de terceros a cambio de la ejecución de la concesión.

— El precio de la venta de cualquier activo que forme parte de la concesión.

— El valor de todos los suministros y servicios que el poder adjudicador ponga a disposición del concesionario.

En los **contratos de obras** el cálculo del valor estimado debe tener en cuenta el importe de las mismas así como el valor total estimado de los suministros necesarios para su ejecución que hayan sido puestos a disposición del contratista por el órgano de contratación.

En los **contratos de suministro** que tengan por objeto el **arrendamiento financiero**, el arrendamiento o la venta a plazos de productos, el valor que se tomará como base para calcular el valor estimado del contrato será: en duración determinada su valor total incluido el importe estimado del valor residual, con un mínimo de doce meses; y en caso de que no se fije por referencia a un período de tiempo determinado, el valor mensual multiplicado por 48.

En los **contratos de suministro o de servicios** que tengan un carácter de **periodicidad**, o de contratos que se deban **renovar en un período de tiempo determinado**, se tomará como base para el cálculo del valor estimado del contrato alguna de las siguientes: El valor real total de los contratos sucesivos similares adjudicados durante el ejercicio precedente o durante los doce meses previos ó el valor estimado total de los contratos sucesivos adjudicados durante los doce meses siguientes a la primera entrega.

En los **contratos de servicios**, a los efectos del cálculo de su valor estimado, se tomarán como base, en su caso, las siguientes cantidades:

a) En los servicios de seguros, la prima pagadera y otras formas de remuneración.

b) En servicios bancarios y otros servicios financieros, los honorarios, las comisiones, los intereses y otras formas de remuneración.

c) En los contratos relativos a un proyecto, los honorarios, las comisiones pagaderas y otras formas de remuneración, así como las primas o contraprestaciones que, en su caso, se fijen para los participantes en el concurso.

d) En los contratos de servicios en que no se especifique un precio total, si tienen una duración determinada igual o inferior a cuarenta y ocho meses, el valor total estimado correspondiente a toda su duración. Si es superior o no se encuentra fijada por referencia a un período de tiempo cierto, el valor mensual multiplicado por 48.

8.2. Precio

Los contratos del sector público tendrán siempre un **precio cierto**, que se abonará al contratista en función de la prestación realmente ejecutada y de acuerdo con lo pactado. En el precio se entenderá incluido el importe a abonar en concepto de IVA, que en todo caso se indicará como partida independiente.

Con carácter general el precio deberá expresarse en euros, sin perjuicio de que su pago pueda hacerse mediante la entrega de otras contraprestaciones, o en otra moneda.

Los órganos de contratación cuidarán de que el precio sea adecuado para el efectivo cumplimiento del contrato mediante la correcta estimación de su importe, atendiendo al precio general de mercado, en el momento de fijar el presupuesto base de licitación y la aplicación, en su caso, de las normas sobre ofertas con valores anormales o desproporcionados.

En aquellos servicios en los que el coste económico principal sean los costes laborales, deberán considerarse los términos económicos de los convenios colectivos.

El precio del contrato podrá formularse tanto en términos de precios unitarios como a tanto alzado.

Los contratos, cuando su naturaleza y objeto lo permitan, podrán incluir cláusulas de variación de precios en función del cumplimiento o incumplimiento de determinados objetivos de plazos o de rendimiento.

Excepcionalmente pueden celebrarse contratos con precios provisionales cuando la ejecución del contrato debe comenzar antes de que la determinación del precio sea posible o que no existe información sobre los costes de prestaciones análogas y sobre los elementos técnicos o contables.

Se prohíbe el pago aplazado del precio en los contratos de las Administraciones Públicas, excepto en los supuestos de arrendamiento financiero o de arrendamiento con opción de compra.

8.3. Duración de los contratos

Deberá establecerse teniendo en cuenta la naturaleza de las prestaciones, las características de su financiación y la necesidad de someter periódicamente a concurrencia la realización de las mismas. Puede preverse prórroga que se acordará por el órgano de contratación y será obligatoria para el empresario, siempre que su preaviso se produzca al menos con dos meses de antelación a la finalización del plazo de duración del contrato, salvo que en el pliego que rija el contrato se establezca uno mayor. Quedan exceptuados de la obligación de preaviso los contratos cuya duración fuera inferior a dos meses. En ningún caso podrá producirse la prórroga por el consentimiento tácito de las partes.

Los contratos de **suministros y de servicios** de prestación sucesiva tendrán un plazo máximo de duración de **cinco años**, incluyendo las posibles prórrogas.

Excepcionalmente, en los contratos de suministros y de servicios se podrá establecer un plazo de duración superior, cuando lo exija el período de recuperación de las inversiones directamente relacionadas con el contrato y estas no sean susceptibles de utilizarse en el resto de la actividad productiva del contratista o su utilización fuera antieconómica, siempre que la amortización de dichas inversiones sea un coste relevante en la prestación del suministro o servicio, circunstancias que deberán ser justificadas en el expediente de contratación con indicación de las inversiones a las que se refiera y de su período de recuperación. El concepto de coste relevante en la prestación del suministro o servicio será objeto de desarrollo reglamentario.

En los contratos de servicios relativos a los servicios a las personas un plazo de duración mayor cuando ello fuera necesario para la continuidad de sus tratamientos.

El contrato de servicios de mantenimiento que se concierte conjuntamente con el de la compra del bien a mantener, podrá tener como plazo de duración el de la vida útil del producto adquirido.

La duración de los **contratos de arrendamiento de bienes muebles** no podrá exceder, incluyendo las posibles prórrogas de **cinco años.**

Los contratos de concesión de obras y de concesión de servicios tendrán un plazo de duración limitado, el cual se hará constar en el pliego de cláusulas administrativas particulares.

Si la concesión de obras o de servicios sobrepasara el plazo de cinco años, la duración máxima de la misma no podrá exceder del tiempo que se calcule razonable para que el concesionario recupere las inversiones realizadas, junto con un rendimiento sobre el capital invertido.

En cualquier caso, la duración de **los contratos de concesión de obras o de concesión de servicios** no podrá exceder, incluyendo las posibles prórrogas, de:

a) **Cuarenta años** para los contratos de concesión de obras, y de concesión de servicios que comprendan la ejecución de obras y la explotación de servicio.

b) **Veinticinco años** en los contratos de concesión de servicios que comprendan la explotación de un servicio no relacionado con la prestación de servicios sanitarios.

c) **Diez años** en los contratos de concesión de servicios que comprendan la explotación de un servicio cuyo objeto consista en la prestación de servicios sanitarios siempre que no estén comprendidos en la letra a).

Los plazos fijados en los pliegos de condiciones solo podrán ser ampliados en un 15 por ciento de su duración inicial para restablecer el equilibrio económico del contrato en las concesiones.

Los contratos menores no podrán tener una duración superior a un año ni ser objeto de prórroga.

8.4. Cómputo de plazos

Los plazos establecidos por días en la LCSP se entenderán referidos a **días naturales, salvo que en la misma se indique expresamente que solo deben computarse los días hábiles.** No obstante, si el último día del plazo fuera inhábil, este se entenderá prorrogado al primer día hábil siguiente. (Disposición Adicional duodécima).

8.5. Cesión de los contratos y subcontratación

8.5.1. Cesión

La modificación subjetiva de los contratos solamente será posible por cesión contractual, cuando obedezca a una opción inequívoca de los pliegos que establecerán necesariamente que los derechos y obligaciones dimanantes del contrato podrán ser cedidos por el contratista a un tercero siempre que las cualidades técnicas o personales del cedente no hayan sido razón determinante de la adjudicación del contrato, y de la cesión no resulte una restricción efectiva de la competencia en el mercado.

Para que los contratistas puedan ceder sus derechos y obligaciones a terceros, los pliegos deberán contemplar, como mínimo, la exigencia de los siguientes requisitos:

a) Que el órgano de contratación **autorice, de forma previa y expresa,** la cesión. El plazo para la notificación de la resolución sobre la solicitud de autorización será de dos meses, trascurrido el cual deberá entenderse otorgada por silencio administrativo.

b) Que el **cedente tenga ejecutado al menos un 20% del importe del contrato** o, cuando se trate de un contrato de concesión de obras o concesión de servicios, que haya efectuado su explotación durante al menos **una quinta parte** del plazo de duración del contrato. No será de aplicación este requisito si la cesión se produce encontrándose el contratista en concurso

c) Que el **cesionario tenga capacidad para contratar con la Administración y la solvencia que resulte exigible** en función de la fase de ejecución del contrato, debiendo estar debidamente clasificado si tal requisito ha sido exigido al cedente, y no estar incurso en una causa de prohibición de contratar.

d) Que la cesión **se formalice,** entre el adjudicatario y el cesionario, **en escritura pública.**

El cesionario quedará subrogado en todos los derechos y obligaciones que corresponderían al cedente.

8.5.2. Subcontratación

El contratista podrá concertar con terceros la realización parcial de la prestación con sujeción a lo que dispongan los pliegos.

La celebración de los subcontratos estará sometida al cumplimiento de los siguientes requisitos:

a) Si así se prevé en los pliegos, los licitadores deberán indicar en la oferta la parte del contrato que tengan previsto subcontratar, señalando su importe, y el nombre o el perfil empresarial, definido por referencia a las condiciones de solvencia profesional o técnica, de los subcontratistas a los que se vaya a encomendar su realización.

b) En todo caso, el contratista deberá comunicar por escrito, tras la adjudicación del contrato y, a más tardar, cuando inicie la ejecución de este, al órgano de contratación la intención de celebrar los subcontratos.

c) Si los pliegos hubiesen impuesto a los licitadores la obligación de comunicar, no podrán celebrarse hasta que transcurran veinte días desde que se hubiese cursado la notificación y aportado las justificaciones, salvo que con anterioridad hubiesen sido autorizados expresamente.

d) En los contratos de carácter secreto o reservado, o en aquellos cuya ejecución deba ir acompañada de medidas de seguridad especiales de acuerdo con disposiciones legales o reglamentarias o cuando lo exija la protección de los intereses esenciales de la seguridad del Estado, la subcontratación requerirá siempre autorización expresa del órgano de contratación.

e) En los contratos de obras, los contratos de servicios o los servicios o trabajos de colocación o instalación en el contexto de un contrato de suministro, los órganos de contratación podrán establecer, justificadamente, en los pliegos que determinadas tareas críticas no puedan ser objeto de subcontratación, debiendo ser estas ejecutadas directamente por el contratista principal.

La infracción de las condiciones establecidas para proceder a la subcontratación tendrá, en función de la repercusión en la ejecución del contrato, alguna de las siguientes consecuencias, cuando así se hubiera previsto en los pliegos:

a) La imposición al contratista de una penalidad de hasta un 50% del importe del subcontrato.

b) La resolución del contrato, siempre y cuando se cumplan los requisitos establecidos.

Los subcontratistas quedarán obligados solo ante el contratista principal que asumirá, por tanto, la total responsabilidad de la ejecución del contrato frente a la Administración, con arreglo estricto a los pliegos de cláusulas administrativas particulares o documento descriptivo.

Anexo

Esquema-resumen. Los contratos del Sector Público.

1. Ámbitos subjetivo y objetivo y tipos de contratos de la Ley 9/2017

Principios generales	- Libertad de acceso a las licitaciones. - Publicidad, transparencia de los procedimientos y no discriminación e igualdad de trato entre los licitadores. - Estabilidad presupuestaria, control del gasto e integridad. - Eficiente utilización de los fondos con definición previa de necesidades. - Libre competencia. - Selección de la oferta económicamente más ventajosa. - De manera transversal y preceptiva criterios sociales y medioambientales, para mejor relación calidad-precio - Facilitar acceso a las PYMES y las empresas de economía social. - Medidas contra el fraude, el favoritismo, la corrupción, y conflictos de interés.
Ámbito subjetivo	Es Sector público (SP): A. Administraciones Públicas (AP) (además, son poderes adjudicadores): • La AGE, las CC.AA, Diputaciones Forales y las Juntas Generales vascas, y los Entes Locales, así como la Seguridad Social. • Organismos Autónomos Universidades Públicas, Autoridades Administrativas Independientes. • Los consorcios y otras entidades de derecho público vinculados o dependientes de una/s Administraciones Públicas y no se financien mayoritariamente con ingresos de mercado. B. Poderes adjudicadores (PA) (que no son Administraciones públicas): • Fundaciones públicas y Mutuas colaboradoras SS. • Las demás entidades de derecho público que hayan sido creadas específicamente para satisfacer necesidades de interés general que no tengan carácter industrial o mercantil que dependan de una A. o B. • Asociaciones constituidas por entidades mencionadas en A. o B. C. Otros miembros del Sector público (que no son AP ni PA) • Sociedades mercantiles públicas. Además, los partidos políticos, sindicatos y organizaciones empresariales y sus fundaciones y asociaciones, cuando cumplan requisitos para poder ser adjudicador, deben actuar conforme a los principios de publicidad, concurrencia, transparencia, igualdad y no discriminación; y aprobar instrucciones internas en materia de contratación, informadas por sus servicios jurídicos y publicarlas en su web (para contratos SARA).

<table>
<tr><td rowspan="7">ÁMBITO OBJETIVO</td><td colspan="2">3.1. Negocios y contratos excluidos</td></tr>
<tr><td colspan="2">– En defensa y Seguridad Nacional.
– Convenios y encomiendas de gestión, con excepciones.
– Determinados acuerdos y contratos en el ámbito internacional.
– Determinados de I+D+i.
– Relaciones de dominio público y patrimonial (concesiones, explotaciones y contratos sobre bienes inmuebles).
– Servicios Financieros.
– Otros:
• Personal público.
• Servicios públicos con tarifa.
• Entregas de bienes o servicios por el sector público.
• Prestaciones sociales por entidades privadas, con requisitos.
• Servicios de campañas políticas.</td></tr>
<tr><td colspan="2">3.2. Contratos sí incluidos</td></tr>
<tr><td colspan="2">• Por su objeto y cuantía/clasificación SARA (Sujeto a regulación armonizada)</td></tr>
<tr><td>Obras</td><td>SARA ≥ 5.382.000 €. Posibilidad excluir lotes < 1.000.000 € (< 20%).
Trabajos de construcción o de ingeniería civil, destinado a cumplir por sí mismo una función económica o técnica, que tenga por objeto un bien inmueble.
Requieren previo proyecto y su replanteo. Su ejecución empieza con acta de comprobación del replanteo en no más de un mes desde el contrato.
Cuando se terminan se levanta el acta de recepción y dentro de tres meses se aprueba su certificación final.
Plazo de garantía no menos de 1 año. 15 días antes de su fin informe sobre el estado de las obras.
El contratista responde por 15 años de defectos vicios graves. Las acciones prescriben a los dos años.</td></tr>
<tr><td>Concesión de obras</td><td>SARA ≥ 5.382.000 €.
Realización de obras, con la contraprestación del derecho a explotarlas (y además puede haber un precio adicional). El concesionario asume siempre el riesgo operacional.
Previamente estudio de viabilidad, sometido a información pública (1 mes), anteproyecto (opcional) con información pública de 1 mes, y proyecto.
Posibilidad de secuestro de la concesión por incumplimiento grave, y restablecimiento del equilibrio por modificaciones o actuaciones de ruptura que haga la Administración Pública.</td></tr>
</table>

Ámbito objetivo *(continuación)*	**Concesión de servicios**	SARA ≥ 5.382.000 €. Encargar a un empresario la gestión de un servicio titularidad o competencia pública, con contraprestación del derecho a explotarlo (y además puede haber un precio adicional). El concesionario asume siempre el riesgo operacional. Nunca puede ser de servicios que impliquen ejercicio de la autoridad inherente a los poderes públicos.
	Suministros	SARA ≥ 140.000 € (AGE y SS) ≥ 215.000 € (suministros distintos por razón del sujeto u objeto). Son: los que tienen por objeto la adquisición, el arrendamiento financiero, o el arrendamiento, con o sin opción de compra, de productos o bienes muebles. No son: los relativos a propiedades incorporales o valores negociables. En todo caso: - Aquellos en los que el empresario se obligue a entregar una pluralidad de bienes de forma sucesiva y por precio unitario sin que la cuantía total se defina con exactitud al tiempo de celebrar el contrato, por estar subordinadas las entregas a las necesidades del adquirente. - Los que tengan por objeto la adquisición y el arrendamiento de equipos y sistemas de telecomunicaciones o para el tratamiento de la información, sus dispositivos y programas, y la cesión del derecho de uso de estos últimos, en cualquiera de sus modalidades de puesta a disposición. - Los de fabricación, por los que la cosa o cosas que hayan de ser entregadas por el empresario deban ser elaboradas con arreglo a características peculiares fijadas previamente por la entidad contratante, aun cuando esta se obligue a aportar, total o parcialmente, los materiales precisos. - Los que tengan por objeto la adquisición de energía primaria o energía transformada.
	Servicios	SARA ≥ 140.000 € (AGE y SS) ≥ 215.000 (otros sujetos) ≥ 750.000 € Servicios sociales. Posibilidad excluir lotes < 80.000 € (< 20%). Prestaciones de hacer consistentes en el desarrollo de una actividad o dirigidas a la obtención de un resultado distinto de una obra o suministro. No pueden implicar ejercicio de autoridad pública ni ser instrumentos de contratación de personal.
	Contrato mixto	El que contiene prestaciones correspondientes a otro u otros de distinta clase. Se atiende al carácter de la prestación principal excepto cuando una parte sea de concesión de obras o servicios, y sea separable.
	Contratos subvencionados SARA	Son contratos de obras (≥ 5.382.000 euros) de valor estimado y los contratos de servicios (vinculados a obras y ≥ 215.000 euros) que sean subvencionados, de forma directa y en más de un 50% de su importe, por poderes adjudicadores.

<table>
<tr><td rowspan="3">Ámbito objetivo
(continuación)</td><td colspan="2">• Por su régimen jurídico</td></tr>
<tr><td>Contratos administrativos</td><td>Los celebrados por una Administración Pública, de obra, concesión de obra, concesión de servicios, suministro y servicios (que excepcionalmente no sean privados), los declarados así por una Ley, y los especiales.
Se rigen en su preparación, adjudicación, efectos, modificación y extinción, por la LCSP y sus disposiciones de desarrollo; supletoriamente se aplicarán las restantes normas de derecho administrativo y, en su defecto, las normas de derecho privado.</td></tr>
<tr><td>Contratos privados</td><td>A. Los celebrados por poderes adjudicadores que no sean Administración Pública, y otros miembros del Sector Público que no sean poder adjudicador (ni Administración Pública).
B. Los siguientes celebrados por la Administración Pública: servicios financieros, creación artística, espectáculos, y suscripción a revistas, publicaciones y bases de datos.
Se regirán, en cuanto a su preparación y adjudicación, en defecto de normas específicas, por las normas de LCSP para los contratos administrativos, y por sus disposiciones de desarrollo, y supletoriamente las restantes normas de derecho administrativo o, en su caso, las normas de derecho privado. Sus efectos, modificación y extinción, estos contratos se regirán por el derecho privado salvo lo establecido en la LCSP para las condiciones especiales de ejecución, modificación, cesión, subcontratación y resolución de los contratos, cuando el contrato sea SARA.</td></tr>
<tr><td colspan="2">Jurisdicción competente</td><td>A. Contencioso-administrativo: preparación, adjudicación, efectos, modificación y extinción de los contratos administrativos; preparación y adjudicación, y determinadas modificaciones de los contratos privados de las AP; preparación y adjudicación de contratos de entidades del SP que no tengan el carácter de PA; preparación, adjudicación y modificación de contratos subvencionados SARA, entre otros.
B. Civil: efectos y extinción de los contratos privados de los PA con excepción de las modificaciones contractuales. Efectos y extinción de los contratos de los que no son poderes adjudicadores; y cuestiones litigiosas relativas a la financiación privada del contrato de concesión de obra pública o de concesión de servicios.</td></tr>
</table>

2. Órganos de contratación y asistencia

Órganos de contratación	
Unipersonales	Los Ministros y los Secretarios de Estado de la Administración General del Estado. En otras entidades, los Presidentes o Directores de los organismos autónomos, entidades públicas empresariales y demás entidades públicas y los Directores generales de las distintas Entidades Gestoras y Servicios Comunes de la Seguridad Social.
Juntas de Contratación	Pueden constituirse Juntas de Contratación, que actuarán como órganos de contratación, con los límites determine el titular del departamento. No pueden formar parte de las Juntas de Contratación ni emitir informes de valoración de las ofertas los cargos públicos representativos, los altos cargos, el personal de elección o designación política ni el personal eventual. Los funcionarios interinos solo pueden serlo cuando no exista funcionarios de carrera.
Autorización del Consejo de Minsitros	– Cuando el valor estimado del contrato o acuerdo marco, sea ≥12.000.000 €. En concesión de obras o servicios, además, informe preceptivo y vinculante del Ministerio competente en materia de Hacienda. – Arrendamiento financiero o con opción de compra y superior a 4 años. – Modificaciones no previstas en pliegos, superiores al 10%, y su resolución. Con carácter posterior a la obtención de la autorización del Consejo de Ministros, al órgano de contratación le corresponderá la aprobación del expediente y la aprobación del gasto. El Consejo de Ministros podrá reclamar discrecionalmente el conocimiento y autorización de cualquier otro contrato.

Órganos de asistencia. Mesa de contratación	
Obligatoria en los procedimientos abiertos, abierto simplificado, restringidos, de diálogo competitivo, de licitación con negociación y de asociación para la innovación.	
Funciones de la Mesa	a) La calificación de la documentación; b) La valoración de las proposiciones; c) La propuesta de una oferta como anormalmente baja; d) La propuesta al órgano de contratación de adjudicación del contrato a la mejor oferta; e) En el procedimiento restringido, en el diálogo competitivo, en el de licitación con negociación y en el de asociación para la innovación, la selección de los candidatos cuando así se delegue por el órgano de contratación.
Composición de la Mesa	Presidente, Secretario y vocales. No pueden formar parte los cargos públicos representativos ni el personal eventual. Los interinos solo si no hay funcionarios de carrera.

3. Órganos consultivos en materia de contratación pública

	JUNTA CONSULTIVA DE CONTRATACIÓN PÚBLICA DEL ESTADO	COMITÉ DE COOPERACIÓN EN MATERIA DE CONTRATACIÓN PÚBLICA	OFICINA INDEPENDIENTE DE REGULACIÓN Y SUPERVISIÓN DE LA CONTRATACIÓN	OFICINA NACIONAL DE EVALUACIÓN
NATURALEZA	Órgano específico de regulación y consulta en materia de contratación pública del sector público estatal.	Creada en el seno de la Junta Consultiva de Contratación Pública del Estado, en ejercicio de sus competencias, compromisos específicos en áreas de acción común de las distintas Administraciones Públicas.	Órgano colegiado con la finalidad de velar por la correcta aplicación de la legislación y, en particular, promover la concurrencia y combatir las ilegalidades, en relación con la contratación pública.	Órgano colegiado integrado en la Oficina Independiente de Regulación y Supervisión de la Contratación, que tiene como finalidad analizar la sostenibilidad financiera de los contratos de concesiones de obras y contratos de concesión de servicios.
COMPOSICIÓN	Órgano colegiado con composición abierta a la participación del sector privado, adscrito al Ministerio de Hacienda. Su composición se establecerá reglamentariamente, teniendo en cuenta que el Presidente de la Oficina Independiente de Regulación y Supervisión de la Contratación y un representante de la Comisión Nacional de los Mercados y la Competencia formarán parte de la misma como vocales natos, con voz pero sin voto.	Actúa en Pleno o en Secciones. El Pleno está presidido por el Director General del Patrimonio del Estado del Ministerio competente en materia de Hacienda, y lo integran tanto representantes de la Administración General del Estado, como de las Comunidades y Ciudades Autónomas, así como de las organizaciones representativas de las Entidades locales. El Comité tendrá las Secciones que se determinen reglamentariamente, contando en todo caso con cinco. Podrán crearse en su seno grupos de trabajo por el Pleno o por cada una de las Secciones.	Integrada por un presidente y cuatro vocales, que no podrán solicitar ni aceptar instrucciones de ninguna entidad pública o privada y serán funcionarios de carrera pertenecientes al Subgrupo A1. Como órgano de apoyo y asesoramiento a la Presidencia se podrá crear, mediante Real Decreto, un Consejo Asesor formado por académicos, profesionales y técnicos independientes de reconocido prestigio en el ámbito de la contratación de las Administraciones Públicas.	Presidida por el Presidente de la Oficina Independiente de Regulación y Supervisión de la Contratación. Vocales: un representante de la Oficina Independiente, uno de la Intervención General de la Administración del Estado, de la Dirección General del Patrimonio del Estado, y de la Dirección General de Fondos Comunitarios del Ministerio de Hacienda. También un vocal nombrado a propuesta de las organizaciones empresariales y otro de entre académicos, profesionales y técnicos, de reconocido conocimiento y competencia en materia de contratación pública.
FUNCIONES	- Promover la adopción de normas o medidas de carácter general para la mejora del sistema de contratación. - Aprobar recomendaciones generales o particulares a los órganos de contratación. - Informar sobre las cuestiones que se sometan a su consideración. - Coordinar el cumplimiento de las obligaciones de información que imponen las Directivas de Contratación. - Elaborar y remitir a la Comisión Europea cada 3 años un informe referido a todos los poderes adjudicadores respecto de la licitación pública y ejecución de los contratos que estén sujetos a regulación armonizada.	La cooperación tendrá por objeto: - Coordinar los criterios de interpretación seguidos por las Administraciones Públicas en relación con las normas de la contratación pública. - Elaborar la propuesta de Estrategia Nacional de Contratación Pública. - Proponer los criterios de selección de actuaciones de supervisión de la contratación. - Supervisar el funcionamiento de la Plataforma de Contratación del Sector Público y del Registro Oficial de Licitadores y Empresas Clasificadas del Sector Público. - Analizar las cuestiones relativas a la contratación pública que resulten de interés común.	- Coordinar la supervisión en materia de contratación de los poderes adjudicadores. - Velar por la correcta aplicación de la legislación de la contratación pública a los efectos de detectar incumplimientos específicos o problemas sistémicos. - Velar por el estricto cumplimiento de la legislación de contratos del sector público, especialmente, por el respeto a los principios de publicidad y concurrencia y de las prerrogativas de la Administración en la contratación. - Promover la concurrencia en la contratación pública. - Verificar que se apliquen con la máxima amplitud las obligaciones y buenas prácticas de transparencia.	Evacúa informe preceptivo previamente a la licitación de los contratos de concesión de obras y de concesión de servicios a celebrar por los entes, organismos y entidades dependientes de la Administración General del Estado y de las Corporaciones Locales. Informará los acuerdos de restablecimiento del equilibrio del contrato, respecto de las concesiones de obras y concesiones de servicios informadas en los casos anteriores.

4. El contratista. Capacidad y solvencia. Prohibiciones, clasificación y registro de empresa

Requisitos	Solo pueden contratar las personas naturales o jurídicas, españolas o extranjeras, que tengan plena capacidad de obrar, no estén incursas en alguna prohibición de contratar, y acrediten su solvencia económica y financiera y técnica o profesional o, se encuentren debidamente clasificadas, y con la habiltación.
Condiciones especiales de compatibilidad	El órgano de contratación tomará las medidas que la participación en la licitación de las empresas que hubieran participado previamente no falsee la competencia.
Prohibiciones de contratar	– Haber sido condenadas mediante sentencia firme por determinados delitos. – Haber sido sancionadas con carácter firme por infracción grave en materia profesional, de extranjería, medioambiental, laboral o social. – Concurso o insolvencia. – No hallarse al corriente de las obligaciones tributarias o de Seguridad Social impuestas o no cumplir el requisito de trabajadores con discapacidad; o plan de igualdad. – Haber incurrido en falsedad en sus comunicaciones. – Estar afectado por una prohibición de contratar impuesta en virtud de sanción administrativa firme, con arreglo a la Ley de Subvenciones, o a la Ley General Tributaria. – Estar incursa la persona física o los administradores de la persona jurídica en incompatibilidades. – Haber contratado a personas respecto incursas en el incumplimiento de la Ley de altos cargos. – Haber retirado indebidamente su proposición o candidatura en un procedimiento de adjudicación, o haber imposibilitado la adjudicación del contrato – Haber dejado de formalizar el contrato adjudicado a su favor. – Haber incumplido las cláusulas que son esenciales en el contrato. – Haber dado lugar, por causa de la que hubiesen sido declarados culpables, a la resolución firme de cualquier contrato público. **La duración de la prohibición de contratar será la prevista en la sentencia Si no se ha previsto, máximo 5 años. En el resto de los supuestos, máximo de tres años.**

Solvencia	Los requisitos mínimos se indicarán en el anuncio de licitación y se especificarán en el pliego del contrato, deben estar vinculados a su objeto y ser proporcionales al mismo. La solvencia económica y financiera y técnica o profesional para un contrato se acreditará mediante la aportación de los documentos que se determinen por el órgano de contratación. La solvencia tecnica: – En obras: a. Obras ejecutadas en el curso de los cinco últimos años. b. Declaración indicando el personal técnico u organismos técnicos. c. Títulos académicos y profesionales. d. medidas de gestión medioambiental. e. Declaración sobre la plantilla media anual de la empresa y del número de directivos durante los tres últimos años. f. Declaración indicando la maquinaria, material y equipo técnico del que se dispondrá para la ejecución de las obras. – En suministros: a. Relación de principales suministros en el curso de como máximo, los tres últimos años. b. Indicación del personal técnico o unidades técnicas, especialmente los encargados del control de calidad. c. Descripción de las instalaciones técnicas, de las medidas empleadas para garantizar la calidad y de los medios de estudio e investigación de la empresa. d. Control efectuado por la entidad del sector público contratante. e. Muestras, descripciones y fotografías de los productos a suministrar. f. Certificados expedidos por los institutos o servicios oficiales encargados del control de calidad. g. Indicación de los sistemas de gestión de la cadena de suministro, y que garanticen el cumplimiento de las Convenciones de la OIT. – En servicios: a. Una relación de los principales servicios en el curso de, como máximo los tres últimos años. b. Indicación del personal técnico o de las unidades técnicas especialmente aquellos encargados del control de calidad. c. Descripción de las instalaciones técnicas, de las medidas empleadas por el empresario para garantizar la calidad y de los medios de estudio e investigación de la empresa. d. Cuando se trate de servicios o trabajos complejos un control efectuado por el órgano de contratación. e. Títulos académicos y profesionales del empresario y de los directivos. f. Medidas de gestión medioambiental que el empresario podrá aplicar al ejecutar el contrato. g. Declaración sobre la plantilla media anual de la empresa y del número de directivos durante los tres últimos años. h. Declaración indicando la maquinaria, material y equipo técnico del que se dispondrá para la ejecución de los trabajos o prestaciones. i. Indicación de la parte a subcontratar.

Clasificación y Registro Oficial de Licitadores	La clasificación de los empresarios como contratistas de los poderes adjudicadores es exigible para los contratos de obras cuyo valor estimado sea igual o superior a 500.000euros. Para los contratos de obras cuyo valor estimado sea inferior a 500.000 euros, la clasificación del empresario es opcional. Para los contratos de servicios no será exigible la clasificación del empresario (es opcional). No es exigible la clasificación a los empresarios no españoles de Estados miembros de la Unión Europea o del EEE. Los acuerdos relativos a la clasificación de los empresarios se adoptan por las Comisiones Clasificadoras de la Junta Consultiva de Contratación Pública del Estado, se inscriben en Registro Oficial de Licitadores y Empresas Clasificadas del Sector Público y podrán ser objeto de recurso de alzada ante el Ministro de Hacienda.

5. Disposiciones generales de la contratación

Libertad de pactos	En los contratos del sector público podrán incluirse cualesquiera pactos, cláusulas y condiciones, siempre que no sean contrarios al interés público, al ordenamiento jurídico y a los principios de buena administración.
Contenido mínimo del contrato	– La identificación de las partes. – La acreditación de la capacidad de los firmantes para suscribir el contrato. – Definición del objeto y tipo del contrato, teniendo en cuenta en la definición del objeto las consideraciones sociales, ambientales y de innovación. – Referencia a la legislación aplicable al contrato, con expresa mención al sometimiento a la normativa nacional y de la Unión Europea en materia de protección de datos. – La enumeración de los documentos que integran el contrato. – El precio cierto, o el modo de determinarlo. – La duración del contrato o las fechas estimadas para el comienzo de su ejecución y para su finalización, así como la de la prórroga o prórrogas, si estuviesen previstas. – Las condiciones de recepción, entrega o admisión de las prestaciones. – Las condiciones de pago. – Los supuestos en que procede la modificación, en su caso. – Los supuestos en que procede la resolución. – El crédito presupuestario o el programa o rúbrica contable con cargo al que se abonará el precio. – La extensión objetiva y temporal del deber de confidencialidad que, se imponga al contratista. – La obligación de la empresa contratista de cumplir durante todo el periodo de ejecución de contrato las normas y condiciones fijadas en el convenio colectivo de aplicación.
Perfección de los contratos	Se perfeccionan con su formalización (excepto menores, los basados en un acuerdo marco y los contratos específicos en un sistema dinámico de adquisición (con su adjudicación).

OBJETO Y LOTES	El objeto de los contratos del sector público deberá ser determinado. No podrá fraccionarse un contrato con la finalidad de disminuir la cuantía del mismo y eludir así los requisitos de publicidad o los relativos al procedimiento de adjudicación que correspondan. Deberá preverse la división en lotes (excepto motivos válidos justificados).
PRESUPUESTO BASE DE LICITACIÓN (PBL), VALOR ESTIMADO, PRECIO DEL CONTRATO. REVISIÓN DE PRECIOS	**PBL**: es límite máximo de gasto que en virtud del contrato puede comprometer el órgano de contratación, incluido el IVA, salvo disposición en contrario. Debe ser adecuado a los precios de mercado. Valor estimado. Se determina: a. En los contratos de obras, suministros y servicios, el órgano de contratación tomará el importe total, sin incluir el IVA, pagadero según sus estimaciones. b. En el caso de los contratos de concesión de obras y de concesión de servicios, el órgano de contratación tomará el importe neto de la cifra de negocios, sin incluir el IVA, que generará la empresa concesión. **Precio:** cierto, en euros e incluirá el IVA en partida a parte, adecuado atendiendo al precio general de mercado. **Revisión de precios:** con justificación en el expediente solo se podrá llevar a cabo en los contratos de obra, en los contratos de suministros de fabricación de armamento y equipamiento de las Administraciones Públicas, en los contratos de suministro de energía y en aquellos otros contratos en los que el período de recuperación de la inversión sea igual o superior a cinco años. El pliego de cláusulas administrativas particulares deberá detallar la fórmula de revisión aplicable. Cuando se hubiese ejecutado, **al menos,** en el **20%** de su importe y hubiesen transcurrido **dos años desde su formalización.**
DURACIÓN DE LOS CONTRATOS	Debe establecerse teniendo en cuenta la naturaleza de las prestaciones, las características de su financiación y la necesidad de someter periódicamente a concurrencia la realización de las mismas. Prórroga opcional para el órgano de contratación y será obligatoria para el empresario (preaviso de dos meses). Nunca tácita. Duraciones: Arrendamiento de bienes muebles máximo 5 años (con prórrogas). Concesión de obras o de servicio máximo: **a. 40 años** para los contratos de concesión de obras, y de concesión de servicios que comprendan la ejecución de obras y la explotación de servicio. **b. 25 años** en los contratos de concesión de servicios que comprendan la explotación de un servicio no relacionado con la prestación de servicios sanitarios. **c. 10 años** en los contratos de concesión de servicios que comprendan la explotación de un servicio cuyo objeto consista en la prestación de servicios sanitarios siempre que no estén comprendidos en la letra a). Los contratos menores no podrán tener una duración superior a un año ni ser objeto de prórroga.

CESIÓN Y SUBCONTRATACIÓN	– **Cesión**: cuando se prevea en los pliegos. Requiere: a. Autorización previa y expresa (2 meses y silencio positivo). b. Ejecutado al menos un **20%** del importe del contrato o, **explotado 1/5 en concesión de obras o concesión de servicios.** c. Que el cesionario tenga capacidad para contratar con la Administración, solvente, clasificado y no incurso en causa de prohibición de contratar. d. Escritura pública de cesión. El cesionario quedará subrogado en todos los derechos y obligaciones que corresponderían al cedente. – **Subcontratación.** Requisitos: a. Si se prevé en los pliegos, deberán indicar en la oferta la parte del contrato que tengan previsto subcontratar, y el subcontratista. b. Comunicarla por escrito, tras la adjudicación del contrato o en el inicio de la ejecución. c. Si hay obligación de comunicar, no podrá llevarse a cabo hasta 20 días después de la comunicación. d. Contratos secretos o reservados: medidas de seguridad especiales. La infracción de las condiciones: a) La imposición al contratista de una penalidad de hasta un 50% del importe del subcontrato. b) La resolución del contrato.
GARANTÍAS	1. **Provisional**: No procede, salvo cuando de forma excepcional el órgano de contratación, por motivos de interés público, lo considere necesario y lo justifique motivadamente en el expediente. Si se exige, responderá del mantenimiento de las ofertas hasta la perfección del contrato; y en los pliegos de cláusulas administrativas particulares se fijará su importe no superior al 3% del PBL, excluido el IVA, y el régimen de su devolución. 2. **Garantía definitiva:** Es obligatoria y asciende al de un 5% del precio final ofertado por el licitador, excluido el IVA. Por causas justificadas se puede eximir de su presentación. **Responde de:** De la obligación de formalizar el contrato en plazo. De las penalidades impuestas al contratista. De la correcta ejecución de las prestaciones, de los gastos por la demora, y de los daños y perjuicios De la incautación que puede decretarse en los casos de resolución del contrato. Además, en los contratos de obras, de servicios y de suministros, la garantía definitiva responderá de la inexistencia de vicios o defectos de los bienes construidos o suministrados o de los servicios prestados durante el plazo de garantía haya previsto en el contrato. 3. **Garantía complementaria:** en casos especiales, en el pliego de hasta un 5% del precio final ofertado por el licitador que presentó la mejor oferta, excluido el IVA.

6. Preparación y adjudicación de los contratos

CONSULTAS PRELIMINARES AL MERCADO	Estudios de mercado y dirigir consultas a los operadores económicos para preparar correctamente la licitación e informar a los citados operadores económicos acerca de sus planes y de los requisitos Antes de iniciarse la consulta, se publicará en el perfil de contratante cuándo se iniciará para que puedan tener acceso y posibilidad de realizar aportaciones todos los posibles interesados. Tras las consultas se hará un informe motivado, que formará parte del expediente de contratación, y se publica en el perfil del contratante, se tiene en cuenta al elaborar los pliegos deberá tener en cuenta.
EXPEDIENTE DE CONTRATACIÓN	Se inicia por el órgano de contratación motivando la necesidad del contrato y que deberá ser publicado en el perfil de contratante. Al expediente se incorporan el pliego de cláusulas administrativas particulares y el de prescripciones técnicas y el certificado de existencia de crédito. Completado el expediente de contratación, se dicta resolución motivada aprobando el mismo y disponiendo la apertura del procedimiento de adjudicación. Implicará también la aprobación del gasto. La resolución deberá publicarse en el perfil del contratante.
CONTRATOS MENORES	Los de valor estimado inferior a **40.000 euros,** cuando se trate de contratos de obras, o a **15.000 euros,** cuando se trate de contratos de suministro o de servicios. Se exige solo: a) informe del órgano de contratación justificando de manera motivada la necesidad del contrato y que no se está alterando su objeto con el fin de evitar la aplicación de los umbrales; b) aprobación del gasto; c) la incorporación al mismo de la factura correspondiente. En el de obras, deberá añadirse: a) su presupuesto de las obras; b) el proyecto cuando así sea requerido por las disposiciones vigentes; c) el informe de las oficinas o unidades de supervisión cuando afecte a la estabilidad, seguridad o estanqueidad de la obra. Esto no será de aplicación en aquellos contratos cuyo pago se verifique a través del sistema de anticipos de caja fija u otro similar para realizar pagos menores, siempre y cuando el valor estimado del contrato no exceda de 5.000 euros.
TRAMITACIÓN URGENTE	Podrán ser objeto de la misma los contratos cuya celebración responda a una necesidad inaplazable o cuya adjudicación sea preciso acelerar por razones de interés público. Declaración motivada.
TRAMITACIÓN DE EMERGENCIA	Acontecimientos catastróficos, de situaciones que supongan grave peligro o de necesidades que afecten a la defensa nacional. Orden de ejecución o contratación libre sin necesidad de expediente, Inicio plazo máximo en 1 mes.

Los Pliegos	- **Pliegos de claúsulas administrativas generales.** - **Pliegos de cláusulas administrativas particulares,** incluyen: • Criterios de solvencia y de adjudicación del contrato. • Consideraciones sociales, laborales y ambientales; la previsión de cesión del contrato salvo; obligación del adjudicatario de cumplir las condiciones salariales; pactos y condiciones definidoras de derechos y obligaciones de las partes. - **Pliegos de prescripciones técnicas generales.** - **Pliegos de prescripciones técnicas particulares:** Definen calidades, condiciones sociales y ambientales... Proporcionarán a los empresarios acceso en condiciones de igualdad al procedimiento de contratación y no tendrán por efecto la creación de obstáculos injustificados a la apertura de la contratación pública a la competencia. Pueden referirse al proceso o método específico de producción o prestación de las obras, los suministros o los servicios requeridos, o a un proceso específico de otra fase de su ciclo de vida. Solo pueden ser modificados con posterioridad por error material, de hecho, o aritmético.
Informaciones adicionales en los pliegos	Puede señalarse en el pliego el organismo u organismos de los que los candidatos o licitadores puedan obtener la información pertinente sobre las obligaciones relativas a la fiscalidad, a la protección del medio ambiente, y a las disposiciones vigentes en materia de protección del empleo, igualdad de género, condiciones de trabajo y prevención de riesgos laborales e inserción sociolaboral de las personas con discapacidad, y a la obligación de contratar a un número o porcentaje específico de personas con discapacidad que serán aplicables a los trabajos efectuados en la obra o a los servicios prestados durante la ejecución del contrato.
	Cuando se facilite esa información, el órgano de contratación solicitará a los licitadores que manifiesten haber tenido en cuenta en la elaboración de sus ofertas.
Adjudicación	**Principios**
	Los contratos se adjudicarán, ordinariamente utilizando una pluralidad de criterios de adjudicación basados en el principio de mejor relación calidad-precio, y utilizando el procedimiento abierto o el procedimiento restringido, salvo los contratos de concesión de servicios especiales, que se adjudicarán mediante el restringido.
	Procedimiento Abierto
	Todo empresario interesado podrá presentar una proposición, quedando excluida toda negociación de los términos del contrato con los licitadores. La Mesa de contratación califica la documentación. Posteriormente, el mismo órgano procederá a la apertura y examen de las proposiciones, y formulará la correspondiente propuesta de adjudicación al órgano de contratación, una vez ponderados los criterios que deban aplicarse para efectuar la selección del adjudicatario (si el órgano de contratación se aparta de ella, deberá motivarlo).

ADJUDICACIÓN *(continuación)*	**PROCEDIMIENTO ABIERTO SIMPLIFICADO**	Puede acordarse en los contratos de obras, suministro y servicios cuando se cumplan las dos condiciones: – Que su valor estimado sea ≤2.000.000 de euros en el caso de contratos de obras, y en el caso de contratos de suministro y de servicios, que su valor estimado sea ≤ 140.000 euros. – Que entre los criterios de adjudicación previstos en el pliego no haya ninguno evaluable mediante juicio de valor o, de haberlos, su ponderación no supere el 25% del total (45% en prestaciones intelectuales). La tramitación del procedimiento será: a. Todos los licitadores deben estar inscritos en el ROLEC. b. No procede la constitución de garantía provisional. c. Las proposiciones deberán presentarse únicamente en el registro indicado en el anuncio de licitación. d. La oferta se presentará en un único sobre en los supuestos en que en el procedimiento no se contemplen criterios de adjudicación cuya cuantificación dependa de un juicio de valor. En caso contrario, la oferta se presentará en dos sobres o archivos electrónicos. e. En los supuestos en que en el procedimiento se contemplen criterios de adjudicación cuya cuantificación dependa de un juicio de valor, la valoración de las proposiciones se hará por los servicios técnicos del órgano de contratación en un plazo no superior a siete días, debiendo ser suscritas por el técnico o técnicos que realicen la valoración. f. En todo caso, la valoración deberá estar efectuada con anterioridad al acto público de apertura del sobre o archivo electrónico que contenga la oferta evaluable a través de criterios cuantificables mediante la mera aplicación de fórmulas. Tras dicho acto público, en la misma sesión, la mesa procederá a: Previa exclusión, en su caso, de las ofertas que no cumplan los requerimientos del pliego, evaluar y clasificar las ofertas, realizar la propuesta de adjudicación a favor del candidato con mejor puntuación. Requerir a la empresa que ha obtenido la mejor puntuación la garantía definitiva, y la documentación justificativa de que dispone efectivamente de los medios que se hubiese comprometido, y todo ello en el plazo de 7 días hábiles. En contratos de obras de valor estimado inferior a 80.000 euros, y en contratos de suministros y de servicios de valor estimado inferior a35.000 euros, excepto los que tengan por objeto prestaciones de carácter intelectual: – El plazo para la presentación de proposiciones no podrá ser inferior a diez días hábiles (5 días hábiles en compras corrientes en el mercado). – Se exime de la acreditación de la solvencia económica y financiera y técnica o profesional. – La oferta se entregará en un único sobre o archivo electrónico y se evaluará, en todo caso, con arreglo a criterios de adjudicación cuantificables mediante la mera aplicación de fórmulas establecidas en los pliegos. – La valoración de las ofertas se podrá efectuar automáticamente mediante dispositivos informáticos. – Las ofertas presentadas y la documentación relativa a la valoración de las mismas serán accesibles de forma abierta por medios informáticos. – No se requerirá la garantía definitiva. – La formalización del contrato podrá efectuarse mediante la firma de aceptación por el contratista de la resolución de adjudicación.

ADJUDICACIÓN
(continuación)

PROCEDIMIENTO RESTRINGIDO

Cualquier empresa interesada podrá presentar una solicitud de participación en respuesta a una convocatoria de licitación.

Solo podrán presentar proposiciones aquellos empresarios que, a su solicitud y en atención a su solvencia, sean seleccionados por el órgano de contratación.

Está prohibida toda negociación de los términos del contrato con los solicitantes o candidatos.

Con carácter previo al anuncio de licitación, el órgano de contratación deberá haber establecido los criterios objetivos de solvencia con arreglo a los cuales serán elegidos los candidatos que serán invitados a presentar proposiciones.

El órgano de contratación señalará el número mínimo de empresarios a los que invitará a participar en el procedimiento, que no podrá ser inferior a cinco.

PROCEDIMIENTOS CON NEGOCIACIÓN

La adjudicación recaerá en el licitador justificadamente elegido por el órgano de contratación, tras negociar las condiciones del contrato con uno o varios candidatos.

En el pliego de cláusulas administrativas particulares se determinarán los aspectos económicos y técnicos que, hayan de ser objeto de negociación con las empresas; la descripción de las necesidades de los órganos de contratación y de las características exigidas para los suministros, las obras o los servicios que hayan de contratarse; el procedimiento que se seguirá para negociar, los elementos de la prestación objeto del contrato que constituyen los requisitos mínimos de las ofertas; y los criterios de adjudicación.

Los supuestos de aplicación del procedimiento de licitación con negociación son los siguientes.

a. Cuando para dar satisfacción a las necesidades del órgano de contratación resulte imprescindible que la prestación, sea objeto de un trabajo previo de diseño o de adaptación por parte de los licitadores.
b. Cuando la prestación objeto del contrato incluya un proyecto o soluciones innovadoras.
c. Cuando el contrato no pueda adjudicarse sin negociaciones previas.
d. Cuando el órgano de contratación no pueda establecer con la suficiente precisión las especificaciones técnicas.
e. Cuando en los procedimientos abiertos o restringidos seguidos previamente solo se hubieren presentado ofertas irregulares o inaceptables.
f. Cuando se trate de contratos de servicios sociales personalísimos.

Además, puede hacerse un contrato con negociación sin publicidad (de la convocatoria) en estos casos:

1. No se haya presentado ninguna oferta o solicitud de participación; ninguna sea adecuada siempre que las condiciones iniciales del contrato no se modifiquen sustancialmente, y que se envíe un informe a la Comisión Europea.
2. Cuando las obras, los suministros o los servicios solo puedan ser encomendados a un empresario determinado, por ser creación o adquisición de una obra de arte o representación artística única.
3. Cuando el contrato haya sido declarado secreto o reservado, por medidas de seguridad especiales, o por protección de los intereses esenciales de la seguridad del Estado.
4. Cuando una imperiosa urgencia resultante de acontecimientos imprevisibles. Cuando se hubiera presentado en un procedimiento anterior solo ofertas inaceptables.
5. En los contratos de suministro, además:
   - 1.º Cuando los productos se fabriquen exclusivamente para fines de investigación, experimentación, estudio o desarrollo.
   - 2.º Cuando se trate de entregas adicionales efectuadas por el proveedor inicial.
   - 3.º Cuando se trate de la adquisición en mercados organizados o bolsas de materias primas.
   - 4.º Cuando se trate de un suministro concertado en condiciones especialmente ventajosas con un proveedor que cese definitivamente en sus actividades comerciales, o con los administradores de un concurso.
6. En los contratos de servicios, además, concurso de proyectos.
7. En los contratos de obras y de servicios, además, en la repetición de otros similares adjudicados al mismo contratista.

<table>
<tr><td rowspan="4">ADJUDICACIÓN
(continuación)</td><td>Diálogo competitivo</td></tr>
<tr><td>La Mesa especial de diálogo competitivo dirige un diálogo con los candidatos seleccionados, previa solicitud de los mismos, a fin de desarrollar una o varias soluciones susceptibles de satisfacer sus necesidades y que servirán de base para que los candidatos elegidos presenten una oferta.
Cualquier empresa interesada podrá presentar una solicitud de participación en respuesta a un anuncio de licitación. Se puede limitar a 3 el número de empresas a las que se invitará a dialogar. El procedimiento podrá articularse en fases sucesivas, a fin de reducir progresivamente el número de soluciones a examinar durante la fase de diálogo mediante la aplicación de los criterios de adjudicación indicados en el anuncio de licitación o en el documento descriptivo, indicándose en estos si se va a hacer uso de esta posibilidad.
Tras declarar cerrado el diálogo por el órgano de contratación e informar de ello a todos los participantes, la mesa invitará a los participantes cuyas soluciones hayan sido ya adoptadas a que presenten su oferta definitiva, basada en su solución o soluciones viables especificadas durante la fase de diálogo, indicando la fecha límite, la dirección a la que deba enviarse y la lengua o lenguas en que puedan estar redactadas.
La mesa evaluará las ofertas presentadas por los licitadores en función de los criterios de adjudicación establecidos en el anuncio de licitación o en el documento descriptivo y seleccionará la oferta que presente la mejor relación calidad-precio.</td></tr>
<tr><td>Asociación para la innovación</td></tr>
<tr><td>Tiene como finalidad el desarrollo de productos, servicios u obras innovadores y la compra ulterior de los suministros, servicios u obras resultantes,con los niveles de rendimiento y a los costes máximos acordados entre los órganos de contratación y los participantes.
En los pliegos de cláusulas administrativas particulares, el órgano de contratación determinará cuál es la necesidad de un producto, servicio u obra innovadores que no puede ser satisfecha mediante la adquisición de productos, servicios u obras ya disponibles en el mercado. Indicará qué elementos de la descripción constituyen los requisitos mínimos que han de cumplir todos los licitadores, y definirá las disposiciones aplicables a los derechos de propiedad intelectual e industrial
El órgano de contratación podrá decidir crear la asociación para la innovación con uno o varios socios que efectúen por separado actividades de investigación y desarrollo.
Cualquier empresario podrá presentar una solicitud de participación en respuesta a una convocatoria de licitación, proporcionando la información sobre los criterios objetivos de solvencia que haya solicitado el órgano de contratación.
Solo los empresarios a los que invite el órgano de contratación tras evaluar la información solicitada podrán presentar proyectos de investigación e innovación destinados a responder a las necesidades señaladas, se podrán limitar a 3 el número de candidatos aptos que hayan de ser invitados a participar en el procedimiento.
Concluida la selección de los candidatos, el órgano de contratación les invitará a presentar sus proyectos de investigación e innovación para responder a las necesidades a cubrir.
Los contratos se adjudicarán únicamente con arreglo al criterio de la mejor relación calidad-precio.
Las adquisiciones derivadas de asociaciones para la innovación se realizarán en los términos establecidos en el pliego de cláusulas administrativas particulares. Cuando la asociación se realice con varios empresarios la selección del empresario al que se deba efectuar dichas adquisiciones se realizará sobre la base de los criterios objetivos que se hayan establecido en el pliego.</td></tr>
</table>

<table>
<tr><td rowspan="4">ADJUDICACIÓN
(continuación)</td><td>Sistemas para la racionalización</td></tr>
<tr><td>– Acuerdos marco: uno o varios órganos de contratación del sector público podrán celebrar acuerdos marco con una o varias empresas con el fin de fijar las condiciones a que habrán de ajustarse los contratos que pretendan adjudicar durante un período determinado, en particular por lo que respecta a los precios, y en su caso, a las cantidades previstas. Su duración no podrá exceder de cuatro años, salvo en casos excepcionales, debidamente justificados.
Solo podrán celebrarse contratos basados en un acuerdo marco entre las empresas y los órganos de contratación que hayan sido originariamente partes en el mismo, salvo lo dispuesto para los acuerdos marco celebrados por centrales de contratación
– Sistemas dinámicos de adquisición: para obras, servicios y suministros de uso corriente cuyas características, generalmente disponibles en el mercado, satisfagan sus necesidades. Es un proceso totalmente electrónico, con una duración limitada y determinada en los pliegos, y debe estar abierto durante todo el período de vigencia a cualquier empresa interesada que cumpla los criterios de selección. Durante toda su vigencia cualquier empresario interesado podrá solicitar participar en el sistema.
– Centrales de contratación: las entidades del sector público podrán centralizar la contratación de obras, servicios y suministros, atribuyéndola a servicios especializados, que actuarán como centrales de contratación actuarán adquiriendo suministros y servicios para otros entes del sector público, o adjudicando contratos o celebrando acuerdos marco y sistemas dinámicos de adquisición para la realización de obras, suministros o servicios destinados a los mismos. En el ámbito estatal, el Ministro de Hacienda podrá declarar de contratación centralizada los suministros, obras y servicios que se contraten de forma general y con características esencialmente homogéneas determinando las condiciones en las que se producirá el proceso de centralización. El órgano de contratación del sistema estatal es la Junta de Contratación Centralizada, adscrita a la Dirección General de Racionalización y Centralización de la Contratación de dicho Ministerio.</td></tr>
<tr><td>La subasta electrónica</td></tr>
<tr><td>Para la adjudicación del contrato, se encuentra articulada como un proceso electrónico repetitivo, que tiene lugar tras una primera evaluación completa de las ofertas, para la presentación de mejoras en los precios o de nuevos valores relativos a determinados elementos de las ofertas que las mejoren en su conjunto, basado en un dispositivo electrónico que permita su clasificación a través de métodos de evaluación automatizados, debiendo velarse por que el mismo permita un acceso no discriminatorio y disponible de forma general, así como el registro inalterable de todas las participaciones en el proceso de subasta.
Se basará en uno de los siguientes criterios: a) únicamente en los precios, cuando el contrato se adjudique atendiendo exclusivamente al precio; b) o bien en los precios y en nuevos valores de los elementos objetivos de la oferta que sean cuantificables y susceptibles de ser expresados en cifras o en porcentajes, cuando el contrato se adjudique basándose en varios criterios de adjudicación.
Antes de proceder a la subasta electrónica, el órgano de contratación efectuará una primera evaluación completa de las ofertas de conformidad con los criterios de adjudicación y, a continuación, invitará simultáneamente, por medios electrónicos, a todos los licitadores que hayan presentado ofertas admisibles a que participen en la subasta electrónica. Entre la fecha de envío de las invitaciones y el comienzo de la subasta electrónica habrán de transcurrir, al menos, dos días hábiles.
El cierre de la subasta se fijará por referencia: mediante el señalamiento de una fecha y hora concretas, atendiendo a la falta de presentación de nuevos precios o de nuevos valores; o por finalización del número de fases establecido en la invitación a participar en la subasta.</td></tr>
</table>

Las proposiciones	Las proposiciones de los interesados serán secretas deberán ajustarse a los pliegos y documentación que rigen la licitación, y su presentación supone la aceptación incondicionada por el empresario del contenido de la totalidad de sus cláusulas o condiciones, sin salvedad o reserva alguna. Para la presentación de la documentación acreditativa del cumplimiento de los requisitos previos se observarán las siguientes reglas: a. Las proposiciones en el procedimiento abierto deberán ir acompañadas de una declaración responsable que se ajustará al formulario de documento europeo único de contratación. b. En el caso de solicitudes de participación en los procedimientos restringido, de licitación con negociación, en el diálogo competitivo y en el de asociación para la innovación, la declaración responsable pondrá de manifiesto adicionalmente que se cumple con los requisitos objetivos que se hayan establecido. c. En los casos en que el empresario recurra a la solvencia y medios de otras empresas, cada una de ellas también deberá presentar una declaración responsable. d. En todos los supuestos en que en que se exija la constitución de garantía provisional, se aportará el documento acreditativo de su constitución. e. En todos los supuestos en que varios empresarios concurran agrupados en una unión temporal, se aportará una declaración responsable por cada empresa participante. f. Además de la declaración responsable, los extranjeros deberán aportar una declaración de sometimiento a la jurisdicción de los juzgados y tribunales españoles. g. Cuando el pliego prevea la división en lotes del objeto del contrato, se aportará una declaración responsable por cada lote o grupo de lotes al que se apliquen los mismos requisitos de solvencia.
	Las variantes
	Cuando en la adjudicación hayan de tenerse en cuenta criterios distintos del precio, el órgano de contratación podrá tomar en consideración las variantes que ofrezcan los licitadores, siempre que las variantes se prevean en los pliegos. Esa posibilidad se indicará en el anuncio de licitación del contrato precisando sobre qué elementos y en qué condiciones queda autorizada su presentación.
Criterios de adjudicación	La adjudicación de los contratos se realizará utilizando una pluralidad de criterios de adjudicación en base a la mejor relación calidad-precio. La mejor relación calidad-precio se evaluará con arreglo a criterios económicos y cualitativos que establezca el órgano de contratación. Podrán incluir aspectos medioambientales o sociales, que podrán ser: La calidad; la organización, cualificación y experiencia del personal; el servicio posventa y la asistencia técnica y condiciones de entega. Los criterios cualitativos deberán ir acompañados de un criterio relacionado con los costes el cual, a elección del órgano de contratación, podrá ser el precio o un planteamiento basado en la rentabilidad. Cuando solo se utilice un criterio de adjudicación, este deberá estar relacionado con los costes, pudiendo ser el precio o un criterio basado en la rentabilidad, como el coste del ciclo de vida. Cuando se utilicen una pluralidad de criterios de adjudicación, en su determinación, siempre y cuando sea posible, se dará preponderancia a aquellos que hagan referencia a características del objeto del contrato que puedan valorarse mediante cifras o porcentajes obtenidos a través de la mera aplicación de las fórmulas establecidas en los pliegos. La valoración de los criterios cuya cuantificación dependa de un juicio de valor corresponderá, en los casos en que proceda por tener atribuida una ponderación mayor que la correspondiente a los criterios evaluables de forma automática, a un comité formado por expertos con cualificación apropiada, que cuente con un mínimo de tres miembros. En los casos en que el órgano de contratación presuma que una oferta resulta inviable por haber sido formulada en términos que la hacen anormalmente baja, solo podrá excluirla del procedimiento de licitación previa tramitación del procedimiento.

Clasificación de las ofertas, adjudicación y resolución del contrato, y formalización	La mesa de contratación o, en su defecto, el órgano de contratación clasificará, por orden decreciente ateniendo a los criterios de adjudicación, las proposiciones presentadas para posteriormente elevar la correspondiente propuesta al órgano de contratación, en el caso de que la clasificación se realice por la mesa de contratación; se atenderá a los criterios de adjudicación señalados en el pliego. Si hay indicios fundados de conductas colusorias los trasladará a la Comisión Nacional de los Mercados y la Competencia. Una vez aceptada la propuesta de la mesa por el órgano de contratación, los servicios correspondientes requerirán al licitador que haya presentado la mejor oferta, dentro del plazo de diez días hábiles, a contar desde el siguiente a aquel en que hubiera recibido el requerimiento, para que presente la documentación justificativa de las circunstancias pertinentes si no se hubiera aportado con anterioridad; de disponer efectivamente de los medios que se hubiese comprometido a dedicar o adscribir a la ejecución del contrato; y de haber constituido la garantía definitiva que sea procedente. El órgano de contratación adjudicará el contrato dentro de los cinco días hábiles siguientes a la recepción de la documentación. En los procedimientos negociados, de diálogo competitivo y de asociación para la innovación, la adjudicación concretará y fijará los términos definitivos del contrato. La resolución de adjudicación deberá ser motivada y se notificará a los candidatos y licitadores, debiendo ser publicada en el perfil de contratante en el plazo de 15 días. Los contratos deberán formalizarse en documento administrativo no antes de que transcurran quince días hábiles desde que se remita la notificación de la adjudicación (si cabe recurso especial). La formalización de los contratos deberá publicarse, junto con el correspondiente contrato, en un plazo no superior a quince días tras el perfeccionamiento del contrato en el perfil de contratante del órgano de contratación. Cuando esté sujeto a regulación armonizada se publicará también en el DOUE.

7. Publicidad de las licitaciones

CONTRATOS SARA[1]		
Procedimiento	**Tipo de contrato**	**Plazo mínimo (desde fecha envío del anuncio)**
Abierto	Obras, suministros y servicios.	Presentación ofertas: ≥ 35 días. Con anuncio previo: reducción de 15 días. Plazo general de presentación impracticable por situación de urgencia: ≥ 15 días. Si el órgano de contratación acepta presentación por medios electrónicos: 5 días menos.
	Concesiones de obras y concesiones de servicios.	Presentación ofertas: ≥ 30 días. Si el órgano de contratación acepta presentación por medios electrónicos: 5 días menos.
Restringido	Obras, suministros, servicios, concesiones de obras y concesiones de servicios.	Solicitud participación: ≥ 30 días. Plazo general de presentación impracticable por situación de urgencia: ≥ 15 días (obras, suministros y servicios).
		Presentación ofertas: ≥ 30 días. Con anuncio previo: 10 días. Plazo general de presentación impracticable por situación de urgencia: ≥ 10 días. Si el órgano de contratación acepta presentación por medios electrónicos: 5 días menos. En concesiones de obras y concesiones de servicios solo se podrá practicar esta última reducción.
Negociación con publicidad	Obras, suministros, servicios, concesiones de obras y concesiones de servicios.	Solicitud participación: ≥ 30 días. Plazo general de presentación impracticable por situación de urgencia: ≥ 15 días (obras, suministros y servicios).
		Presentación ofertas: ≥ 30 días. Con anuncio previo: 10 días. Plazo general de presentación impracticable por situación de urgencia: ≥ 10 días. Si el órgano de contratación acepta presentación por medios electrónicos: 5 días menos. En concesiones de obras y concesiones de servicios solo se podrá practicar esta última reducción.
Diálogo competitivo	Obras, suministros, servicios, concesiones de obras y concesiones de servicios.	Presentación ofertas: ≥ 30 días.
Asociación para la innovación	Obras, suministros y servicios.	Solicitud participación: ≥ 30 días.

[1] SARA: Sujetos a regulación armonizada.

<table>
<tr><th colspan="4">CONTRATOS NO SARA[2]</th></tr>
<tr><th>Procedimiento</th><th colspan="2">Plazo mínimo
(desde el anuncio)</th><th>Tramitación urgente</th></tr>
<tr><td>Abierto</td><td colspan="2">15 días.
26 días (obras, concesión obras y concesión de servicios).</td><td>Se reducen los plazos a la mitad.</td></tr>
<tr><td rowspan="2">Abierto simplificado</td><td>≤ 2.000.000 € (obras).
≤ 140.000 € (servicios).
Sin criterios evaluables mediante juicio de valor o < 25% del total.</td><td>≥ 15 días.
≥ 20 días (obras).</td><td rowspan="2">No se reducen los plazos.</td></tr>
<tr><td>< 80.000 € (obras).
< 60.000 € (suministro y servicios, salvo intelectuales).</td><td>≥ 10 días.
≥ 5 días (compras corrientes).</td></tr>
<tr><td>Restringido</td><td colspan="2">Solicitudes participación: 15 días.
Presentación proposiciones: 10 días (desde fecha envío invitación).</td><td>Se reducen los plazos a la mitad.</td></tr>
<tr><td>Negociación con publicidad</td><td colspan="2">Solicitudes participación: 15 días.
Presentación proposiciones: 10 días (desde fecha envío invitación).</td><td>Se reducen los plazos a la mitad.</td></tr>
<tr><td>Negociación sin publicidad</td><td colspan="2">Solicitudes participación: 15 días.
Presentación proposiciones: 10 días (desde fecha envío invitación).</td><td>Se reducen los plazos a la mitad.</td></tr>
<tr><td>Diálogo competitivo</td><td colspan="2">Solicitudes participación: 15 días.
Presentación proposiciones: 10 días (desde fecha envío invitación).</td><td>Se reducen los plazos a la mitad.</td></tr>
<tr><td>Asociación para la innovación</td><td colspan="2">Solicitud participación: ≥ 20 días.</td><td>Se reduce el plazo a la mitad.</td></tr>
</table>

[2] No sujetos a regulación armonizada.

8. Ejecución e incumplimiento de los contratos

RIESGO Y VENTURA	La ejecución del contrato se realizará a riesgo y ventura del contratista.
INFORMACIONES SOCIO-MEDIOAMBIENTALES Y CONDICIONES ESPECIALES DE EJECUCIÓN	El incumplimiento de las obligaciones aplicables en materia medioambiental, social o laboral y, en especial, los incumplimientos o los retrasos reiterados en el pago de los salarios o la aplicación de condiciones salariales inferiores a las derivadas de los convenios colectivos que sea grave y dolosa, dará lugar a la imposición de las penalidades reguladas en el art. 192 LCSP. Además, los órganos de contratación podrán establecer condiciones especiales en relación con la ejecución del contrato, siempre que estén vinculadas al objeto del contrato, no sean directa o indirectamente discriminatorias, sean compatibles con el derecho comunitario y se indiquen en el anuncio de licitación y en los pliegos. Es obligatorio el establecimiento en el pliego de cláusulas administrativas particulares de al menos una de las condiciones especiales de ejecución de entre las siguientes: - En especial las referidas a consideraciones económicas, relacionadas con la innovación, de tipo medioambiental o de tipo social. - En particular, entre otras, consideraciones de tipo medioambiental que persigan: • La reducción de las emisiones de gases de efecto invernadero. • El mantenimiento o mejora de los valores medioambientales. • Una gestión más sostenible del agua. • El fomento del uso de las energías renovables. • La promoción del reciclado de productos y el uso de envases reutilizables. • El impulso de la entrega de productos a granel y la producción ecológica. Los pliegos podrán establecer penalidades para el caso de incumplimiento de estas condiciones especiales de ejecución, o atribuirles el carácter de obligaciones contractuales esenciales. Cuando el incumplimiento de estas condiciones no se tipifique como causa de resolución del contrato, el mismo podrá ser considerado en los pliegos, como infracción grave a los efectos de ser una prohibición de contratar.
INCUMPLIMIENTO	Los pliegos o el documento descriptivo podrán prever penalidades para el caso de cumplimiento defectuoso de la prestación objeto del mismo o para el supuesto de incumplimiento de los compromisos o de las condiciones especiales de ejecución del contrato. No podrán ser superiores al 10% del precio del contrato, IVA excluido, ni el total de las mismas superar el 50% del precio del contrato. Cuando el contratista, por causas imputables al mismo, hubiere incumplido parcialmente la ejecución de las prestaciones definidas en el contrato, la Administración podrá optar, atendidas las circunstancias del caso, por su resolución o por la imposición de las penalidades que, para tales supuestos, se determinen en el pliego de cláusulas o en el documento descriptivo. Cuando el contratista, por causas imputables al mismo, hubiere incurrido en demora respecto al cumplimiento del plazo total, la Administración podrá optar, atendidas las circunstancias del caso, por la resolución del contrato o por la imposición de las penalidades diarias en la proporción de 0,60 euros por cada 1.000 euros del precio del contrato, IVA excluido. Cada vez que las penalidades por demora alcancen un múltiplo del 5% del precio del contrato, IVA excluido, el órgano de contratación estará facultado para proceder a la resolución del mismo o acordar la continuidad de su ejecución con imposición de nuevas penalidades.

INCUMPLIMIENTO *(continuación)*	Además, es obligación del contratista indemnizar todos los daños y perjuicios que se causen a terceros como consecuencia de las operaciones que requiera la ejecución del contrato. Cuando tales daños y perjuicios hayan sido ocasionados como consecuencia inmediata y directa de una orden de la Administración, será esta responsable dentro de los límites señalados en las leyes. Los terceros podrán requerir previamente, dentro del año siguiente a la producción del hecho, al órgano de contratación para que este, oído el contratista, informe sobre a cuál de las partes contratantes corresponde la responsabilidad de los daños. El ejercicio de esta facultad interrumpe el plazo de prescripción de la acción.
RECEPCIÓN PAGO DEL PRECIO	El contratista tendrá derecho al abono del precio convenido por la prestación realizada. El pago del precio podrá hacerse de manera total o parcial, mediante abonos a cuenta o, en el caso de contratos de tracto sucesivo, mediante pago en cada uno de los vencimientos que se hubiesen estipulado. La Administración tendrá la obligación de abonar el precio dentro de los treinta días siguientes a la fecha de aprobación de las certificaciones de obra o de los documentos que acrediten la conformidad, y si se demorase, deberá abonar al contratista los intereses de demora y la indemnización por los costes de cobro en los términos previstos en la Ley 3/2004, de 29 de diciembre. La Administración deberá aprobar las certificaciones de obra o los documentos que acrediten la conformidad con lo dispuesto en el contrato de los bienes entregados o servicios prestados dentro de los treinta días siguientes a la entrega efectiva de los bienes o prestación del servicio. Si la demora en el pago fuese superior a cuatro meses, el contratista podrá proceder, a la suspensión del cumplimiento del contrato, debiendo comunicar a la Administración, con un mes de antelación, tal circunstancia. Si la demora de la Administración fuese superior a seis meses, el contratista tendrá derecho a resolver el contrato y al resarcimiento de los perjuicios sufridos. Transcurridos los plazos de pago, los contratistas podrán reclamar por escrito a la Administración contratante el cumplimiento de la obligación de pago y, en su caso, de los intereses de demora. Si, transcurrido el plazo de un mes, la Administración no hubiera contestado, se entenderá reconocido el vencimiento del plazo de pago y los interesados podrán formular recurso contencioso-administrativo contra la inactividad de la Administración, pudiendo solicitar como medida cautelar el pago inmediato de la deuda.
RESOLUCIÓN DEL CONTRATO	Causas: - La muerte o incapacidad sobrevenida del contratista individual o la extinción de la personalidad jurídica de la sociedad contratista. - La declaración de concurso o la declaración de insolvencia. - El mutuo acuerdo entre la Administración y el contratista. - La demora en el cumplimiento de los plazos por parte del contratista. - La demora en el pago por parte de la Administración por plazo superior a 6 meses. - El incumplimiento de la obligación principal del contrato. - La imposibilidad de ejecutar la prestación en los términos inicialmente pactados. - Las que se señalen específicamente para cada categoría de contrato. - El impago, durante la ejecución del contrato, de los salarios por parte del contratista a los trabajadores, o el incumplimiento de las condiciones establecidas en los Convenios colectivos en vigor para estos trabajadores.

Invalidez del contrato	**Los contratos son inválidos:** - Cuando concurra en ellos alguna de las causas que los invalidan de conformidad con las disposiciones del derecho civil. - Cuando lo sea alguno de sus actos preparatorios o del procedimiento de adjudicación, por concurrir en los mismos alguna de las causas de derecho administrativo posteriormente expuestas. - En aquellos casos en que la invalidez derive de la ilegalidad de su clausulado. **Causas de nulidad de derecho administrativo:** Son causas de nulidad de pleno derecho las indicadas en el art. 47 de la Ley 39/2015, y, además: - La falta de capacidad de obrar o de solvencia económica, financiera, técnica o profesional; o la falta de habilitación empresarial o profesional o el estar este incurso en alguna de las prohibiciones para contratar. - La carencia o insuficiencia de crédito, salvo los supuestos de emergencia. - La falta de publicación del anuncio de licitación en el medio de publicidad en que sea preceptivo. - La inobservancia por parte del órgano de contratación del plazo para la formalización del contrato. - Haber llevado a efecto la formalización del contrato, sin respetar la suspensión automática del acto recurrido en los casos de recurso especial. - El incumplimiento de las normas establecidas para la adjudicación de los contratos basados en un acuerdo marco celebrado. - El incumplimiento grave de normas de Derecho de la Unión Europea. - La falta de mención en los pliegos de lo previsto en los párrafos tercero, cuarto y quinto del art. 122.2 Son causas de anulabilidad de derecho administrativo las demás infracciones del ordenamiento jurídico y, en especial, las de las reglas contenidas en la LCSP, de conformidad con lo establecido en el art. 48 de la Ley 39/2015, y en particular: - El incumplimiento de las circunstancias y requisitos exigidos para la modificación de los contratos. - Todas aquellas disposiciones, resoluciones, cláusulas o actos emanados de cualquier poder adjudicador que otorguen, de forma directa o indirecta, ventajas a las empresas que hayan contratado previamente con cualquier Administración. - Los encargos que acuerden los poderes adjudicadores para la ejecución directa de prestaciones a través de medios propios, sin observar los requisitos establecidos en la LCSP.

9. El recurso especial en materia de contratación

Supuestos	- Contratos de obras cuyo valor estimado sea superior a 3.000.000 euros, y de suministro y servicios, que tenga un valor estimado superior a 100.000 euros. - Acuerdos marco y sistemas dinámicos de adquisición que tengan por objeto la celebración de alguno de los contratos tipificados en el párrafo anterior , así como los contratos basados en cualquiera de ellos. - Concesiones de obras o de servicios cuyo valor estimado supere los 3.000.000 de euros. - Contratos administrativos especiales, contratos subvencionados y los encargos cuando, por sus características, no sea posible fijar su precio de licitación o, en otro caso, cuando su valor estimado sea superior a lo establecido para los contratos de servicios.

Actos recurribles	- Los anuncios de licitación, los pliegos y los documentos contractuales que establezcan las condiciones que deban regir la contratación. - Los actos de trámite adoptados en el procedimiento de adjudicación, siempre que estos decidan directa o indirectamente sobre la adjudicación, determinen la imposibilidad de continuar el procedimiento o produzcan indefensión o perjuicio irreparable a derechos o intereses legítimos (incluidos los acuerdos de la mesa de exclusión). - Los acuerdos de adjudicación. - Las modificaciones basadas en el incumplimiento de lo establecido en la ley, por entender que la modificación debió ser objeto de una nueva adjudicación. - La formalización de encargos a medios propios. - Los acuerdos de rescate de concesiones. No se dará este recurso en relación con los procedimientos de adjudicación que se sigan por el trámite de emergencia. Contra las actuaciones susceptibles de ser impugnadas mediante el recurso especial, no procederá la interposición de recurs os administrativos ordinarios. La interposición del recurso especial en materia de contratación tendrá carácter potestativo y será gratuito para los recurrentes.
Órgano competente para resolver	**Tribunal Administrativo Central de Recursos Contractuales**, órgano especializado que actuará con plena independencia funcional en el ejercicio de sus competencias, adscrito al Ministerio competente en materia de Hacienda, y compuesto por un Presidente y un mínimo de cinco vocales.
Legitimación	Cualquier persona física o jurídica cuyos derechos o intereses legítimos, individuales o colectivos, se hayan visto perjudicados o puedan resultar afectados, de manera directa o indirecta, por las decisiones objeto del recurso. También legitimadas las organizaciones sindicales (en caso de incumplimiento de las obligaciones sociales o laborales respecto de los trabajadores), y la organización empresarial sectorial representativa de los intereses afectados.
Procedimiento	Antes de interponer el recurso especial, los legitimados podrán solicitar medidas cautelares, que se resuelven en cinco días hábiles siguientes. El procedimiento de recurso se iniciará mediante escrito que deberá presentarse en el plazo de quince días hábiles desde la notificación/publicación del acto recurrido. **Fases y plazos:** • 3 días hábiles para subsanación. • 2 días hábiles para remisión informe a tribunal. • 5 días hábiles para alegaciónes de otros interesados y 10 días hábiles para prueba. • Resolución en 5 días hábiles. Silencio administrativo (negativo): 2 meses.
Resolución del recurso	Estima/desestima o declara su inadmisión, motivada y congruentemente y se pronuncia sobre la anulación de las decisiones no conformes a derecho adoptadas durante el procedimiento de adjudicación, y si procede, sobre la retroacción de actuaciones. Puede imponer daños y perjuicios y acordar la imposición de multa de entre 1.000 y 30.000 euros. No cabe revisión de oficio.

Tema 5

Procedimientos y formas de la actividad administrativa. La actividad de limitación, arbitral, de servicio público y de fomento. Formas de gestión de los servicios públicos.

Referencias Legislativas

- *Constitución española de 1978.*
- *Ley 60/2003, de 23 de diciembre, de Arbitraje.*
- *Ley 39/2015, de 1 de octubre, del Procedimiento Administrativo Común de las Administraciones Públicas.*
- *Ley 40/2015, de 1 de octubre, de Régimen Jurídico del Sector Público.*

Guion-resumen

1. **Procedimientos y formas de la actividad administrativa**
   - 1.1. Clasificación
   - 1.2. Características de la acción administrativa
   - 1.3. Principios de la acción administrativa
2. **Actividad de limitación, arbitral, de servicio público y de fomento**
   - 2.1. Actividad de limitación
   - 2.2. Actividad arbitral
   - 2.3. Actividad de servicio público
   - 2.4. Actividad de fomento
3. **Formas de gestión de los servicios públicos**
   - 3.1. Formas directas
   - 3.2. Formas indirectas
   - 3.3. Referencia al consorcio

1. Procedimientos y formas de la actividad administrativa

1.1. Clasificación

1.1.1. Criterios

Como dice GARRIDO FALLA, la actividad administrativa es analizada desde distintos puntos de vista, por lo que interesa ahora exponer los criterios desde los que puede ser objeto de nuestro análisis y exposición:

— Un **primer criterio**, el más sencillo y, por ello, el menos científico, consiste en la agrupación de las competencias estatales, desde la de defensa hasta la de policía, pasando por la hacienda o la justicia, atendiendo a la materia de que se trate. Es el criterio material que suele seguirse cuando, dentro del Derecho Administrativo, se estudia el Derecho Administrativo especial en el que se expone la actividad administrativa de educación, aguas, montes, sanidad, urbanismo, seguridad, medio ambiente, etc.

— Un **segundo criterio** es el que contempla la actividad administrativa desde **tres planos** diferentes. Así tenemos, en primer lugar, la actividad administrativa **jurídica** que se manifiesta a través de lo que llamamos actos administrativos formales; por ejemplo, el nombramiento de un funcionario. En segundo lugar, tenemos la actividad administrativa **material** que tiene lugar cuando la Administración realiza operaciones materiales o físicas; por ejemplo, la demolición de un edificio que carece de licencia. Y, finalmente, tenemos la actividad administrativa **técnica**, si la Administración en cumplimiento de sus fines aplica criterios de tipo técnico; por ejemplo, si explota un servicio público determinado con arreglo a pautas técnicas, científicas, como lo podría hacer un particular o una empresa privada.

— Un **tercer criterio** es el que describe la actividad administrativa a partir de la manera en que la Administración incide e interviene en la vida social. Es el que estableció en su momento PRESUTTI y que, entre nosotros, tuvo su principal defensor en JORDANA DE POZAS, para el que la satisfacción de las necesidades generales se lleva a través de multitud de medios que, no obstante, se pueden agrupar en formas de acción administrativa: **legislación, policía, fomento y servicio público.** Ahora bien, si el cumplimiento de las normas establecidas por vía legislativa requiere algún tipo de actividad administrativa, aquella es reconducible a una de las otras tres, por lo que, en definitiva, estas agotan las posibles formas de acción administrativa.

1.1.2. Actualización

— De una parte, la triple enumeración, **policía, fomento y servicio público**, ha sido objeto en algún momento posterior de posibles reconsideraciones, ya que, por ejemplo, ante la ingente intervención del Estado en el campo de la economía, algunos autores han entendido que, a la triple clasificación expuesta, debería añadirse un nueva forma de actividad administrativa, como es lo que, en la terminología de VILLAR PALASÍ, se ha denominado "gestión económica" mediante la cual la Administración no presta servicios, sino que lo que hace es "dar bienes al mercado".

— De otra, la doctrina más reciente apoyándose en la triple clasificación de JORDANA DE POZAS ha introducido en la misma algunas innovaciones a partir de la necesidad de resaltar, en cada una de las tres formas de acción administrativa, la incidencia que esta tiene sobre los ciudadanos y particulares. De ahí que, en la actualidad, más que de policía, fomento y servicio público, se hable de actividad de limitación o coacción, actividad de estímulo o persuasión y actividad de prestación.

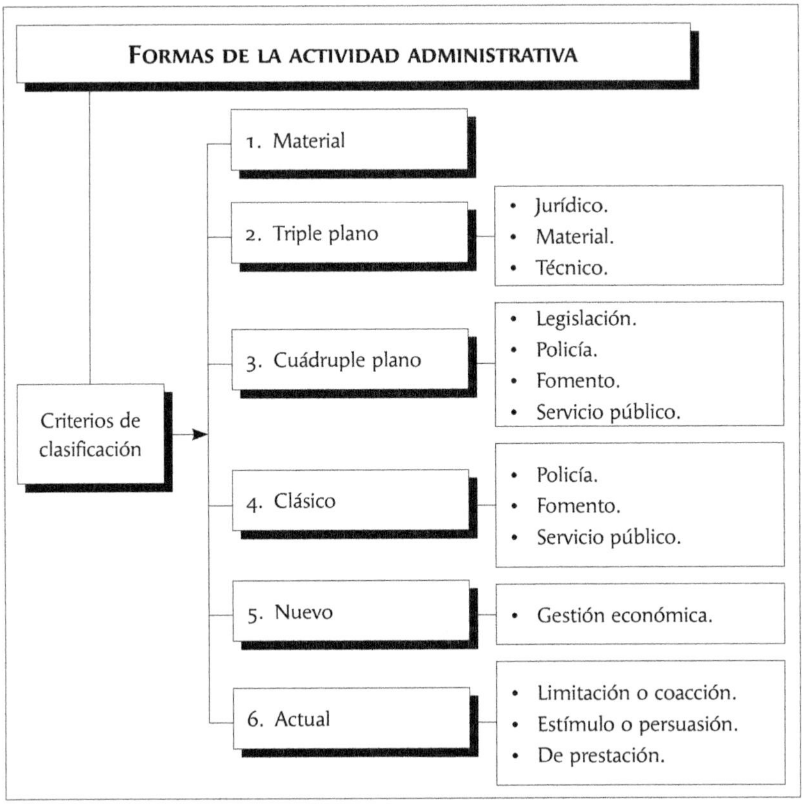

1.2. Características de la acción administrativa

Para la doctrina, esta acción presenta tres características principales:

1.2.1. Simultaneidad

Los autores consideran un error estimar que cada una de las formas de acción administrativa expuestas corresponde a un período histórico, ya que, precisamente, lo que sucede es que, en cada etapa de la historia de la Administración, todas las formas de acción administrativa han estado presentes, si bien, en cada estadio de la evolución del Estado y de la Administración, alguna de ellas ha sido aplicada con más intensidad que las demás, atendiendo a la ideología imperante en cada momento.

1.2.2. Gradualidad

Las formas de acción administrativa, en realidad, se hacen presentes en todos los ámbitos de la Administración, si bien lo que sucede es que tal presencia varía según se trate de unos objetivos u otros, utilizándose más unas medidas administrativas que otras y estableciéndose entre todas ellas una cierta gradualidad o preferencia. Por ejemplo, la política urbanística esencialmente se apoya en las licencias, pero una Corporación Local también puede recurrir a medidas de fomento (subvenciones) o a implantar servicios públicos (gerencia de urbanismo) para impulsar dicha política en su municipio.

1.2.3. Intercambiabilidad

Con el enunciado de esta tercera característica, lo que se quiere resaltar es que un mismo fin se puede conseguir por la Administración a través de diferentes formas de acción administrativa que se pueden combinar o sustituir entre sí, porque dichas formas se encuentran en íntima relación y pueden ser empleadas incluso alternativamente. Así, por ejemplo, la Administración para mejorar la asistencia sanitaria puede alternativamente fomentar los hospitales privados concediendo subvenciones, o crear ella misma sus propios servicios hospitalarios.

1.3. Principios de la acción administrativa

1.3.1. Legalidad

Este principio postula el sometimiento pleno de las Administraciones Públicas a la Ley y al Derecho, tal como se establece expresamente en los artículos 9.3 y 103.1 CE y 3.1 LRJSP en términos muy similares.

En cuanto al alcance de este principio, existen dos teorías:

— La que identifica la situación de la Administración con la del particular, de tal manera que aquella puede hacer todo lo que no esté prohibido por la ley **(teoría de la vinculación negativa)**.

— La que entiende que la Administración solo puede realizar aquellos actos para los que esté expresamente autorizada por la ley (**teoría de la vinculación positiva**), y que, para la generalidad de la doctrina, es la admitida en nuestro Derecho.

1.3.2. Igualdad

Reconocido en el artículo 14 CE, se impone tanto a la Administración como al resto de los poderes públicos, y de un modo especial es aplicable en las actividades de fomento y de servicio público.

1.3.3. Proporcionalidad

Supone que debe existir siempre una adecuación entre los medios que se utilizan por la Administración y los fines que se persiguen. Tiene su aplicación más específica en el ejercicio de la potestad sancionadora (art. 29 LRJSP) y en el empleo de los medios de ejecución forzosa, tal como expresamente preceptúa el artículo 100 de la Ley 39/2015, de 1 de octubre, del Procedimiento Administrativo Común de las Administraciones Públicas (LPA).

1.3.4. Buena fe

Este principio, recogido expresamente en el artículo 7 del Código Civil ("Los derechos deberán ejercitase conforme a las exigencias de la buena fe"), rige también las relaciones entre la Administración y los ciudadanos, como señala el artículo 3.1 LPA, al recoger, entre otros principios de actuación y de relaciones de las Administraciones Públicas, los de buena fe, confianza legítima y lealtad institucional.

1.3.5. Interés público

Como fundamento último de la acción administrativa se sitúa el interés público, que es, en definitiva, el interés común que, aunque no siempre beneficie a todos los ciudadanos, sí debe hacerlo al menos a una fracción importante de los mismos. A esta formulación responde la expresión "intereses generales" que debe perseguir la Administración (arts. 103.1 CE y 3.1 LRJSP).

2. Actividad de limitación, arbitral, de servicio público y de fomento

2.1. Actividad de limitación

2.1.1. Concepto

Esta actividad, tradicionalmente denominada de policía, la podemos definir como "el conjunto de medidas coercitivas utilizables por la Administración para que el particular ajuste su actividad a un fin de utilidad pública" (GARRIDO FALLA). Como se acaba de indicar, la denominación "actividad de policía" ha desaparecido, desde el momento en que el término "policía" se identifica en la actualidad con el mantenimiento del orden público y de la seguridad ciudadana, encomendado a determinados funcionarios que conocemos como "policías" estatales, autonómicos o locales. Y de ahí que, en la actualidad, sea preferible hablar con mayor precisión técnica de "actividad de limitación".

2.1.2. Principios

La actividad de limitación se sustenta sobre los siguientes principios:

A) Legalidad

La Administración necesita siempre un respaldo legal para actuar; y, en consecuencia, si trata de restringir o limitar los derechos de los ciudadanos, con mayor razón debe estar apoyada en una norma jurídica que legitime su actuación.

B) Acto administrativo previo

La Administración, además, si desea llevar a cabo una actuación material determinada (por ejemplo, la demolición de una obra sin licencia), precisa un acto administrativo que la justifique o ampare.

C) Otros principios

Además la Administración, en su actividad limitadora, debe atenerse a otros principios básicos y elementales, como el de congruencia, proporcionalidad, igualdad, "favor libertatis", etc.

2.1.3. Diferenciación

La actividad de limitación, como indica PARADA VÁZQUEZ, se diferencia de otro tipo de actividades como son:

- De un lado, las limitaciones que se establecen por **ley** (por ejemplo, la nacionalización de las minas o de las aguas), o la imposición de determinados deberes también por ley (por ejemplo, los de carácter tributario que, en ocasiones, tienen que cumplir los contribuyentes, o los de simple información a efectos estadísticos). Y ello es así porque la actividad de limitación requiere siempre el ejercicio concreto de una determinada potestad administrativa.
- De otro, las actividades de **coacción o sanción**, ya que en éstas se presume en el ciudadano una situación ilegal o irregular que es preciso reprimir para restablecer el orden infringido. Ello no sucede, sin embargo, en la actividad de limitación que opera sobre derechos o intereses privados legítimos.

2.1.4. Técnicas de limitación

La Administración, cuando actúa en este campo, apela a diferentes técnicas que, de alguna manera, podemos clasificar en las siguientes:

A) Reglamentación

Así, la Administración está autorizada a dictar reglamentos que imponen limitaciones, frenos, cortapisas, etc., a los particulares, contando siempre con la debida cobertura legal; por ejemplo, la Ley General de Sanidad de 1986 permite la elaboración de este tipo de reglamentos para regular el uso y tráfico de bienes cuando supongan un riesgo o daño para la salud.

B) Actos administrativos concretos

A partir de las leyes y los reglamentos, la Administración, en esta área de la limitación, lleva a cabo una serie de actos que podemos reordenar de la siguiente forma:

- **Autorizaciones y licencias**

El principal problema que se plantea es la distinción entre ambas figuras. Un amplio sector doctrinal sostiene que son idénticas y que, entre ambas, no existen diferencias (tesis de SANTAMARÍA PASTOR y PAREJO ALFONSO), apoyándose en algunas Sentencias del Tribunal Supremo. Para estos autores, la autorización o licencia es un acto reglado de la Administración en virtud del cual no se transfiere al particular ningún derecho o facultad (puesto que se entiende que preexiste en el mismo), sino que tan solo se permite su ejercicio, previa valoración de las circunstancias en que se va a llevar a cabo (por ejemplo, la licencia de obras para levantar una casa que, necesariamente, debe concederse si se adecua al plan de urbanismo).

Sin embargo, otros autores consideran que es preciso diferenciar y separar la autorización y la licencia, a efectos de su análisis y valoración. En este sentido, la licencia sería el acto de la Administración para permitir la realización de una determinada actividad a la que tendrían acceso, en principio, todos los ciudadanos que reunieran las debidas condiciones, y cuyo otorgamiento, además, es reglado (por ejemplo, la licencia de caza que debe otorgarse a todo el que la pida y reúna las condiciones legalmente establecidas). Y, por el contrario, la autorización sería el acto de la Administración para realizar una determinada actividad a la que, en principio, solo pueden acceder algunos ciudadanos, y cuyo otorgamiento, además, es discrecional (por ejemplo, la autorización para rodar una película en el Museo del Prado).

- **Órdenes**

Son actos administrativos mediante los cuales la Administración, sobre la base de la denominada supremacía general, impone a los ciudadanos un deber de conducta positivo **mandato**, como, por ejemplo, la orden de vacunación obligatoria dada a determinadas personas; o negativo **prohibición**, como, por ejemplo, la orden de no circular por unas calles mientras se celebra una prueba deportiva. Este tipo de actos van acompañados, en su caso, de amenazas de coacción, como, por ejemplo, la orden de sacrificar animales eventualmente afectados por una epidemia en un área geográfica.

También pueden ser **directivas**, si prescriben el tipo de conducta a realizar para salvaguardar el interés público (por ejemplo, la restricción de aprovechamiento de agua en situaciones de sequía); **preventivas**, que son la mayoría y pretenden evitar posibles lesiones al interés general (por ejemplo, la demolición de un edificio en ruinas); y **reparadoras**, tendentes a restablecer una situación legalmente alterada (por ejemplo, la devolución de una subvención incorrectamente utilizada).

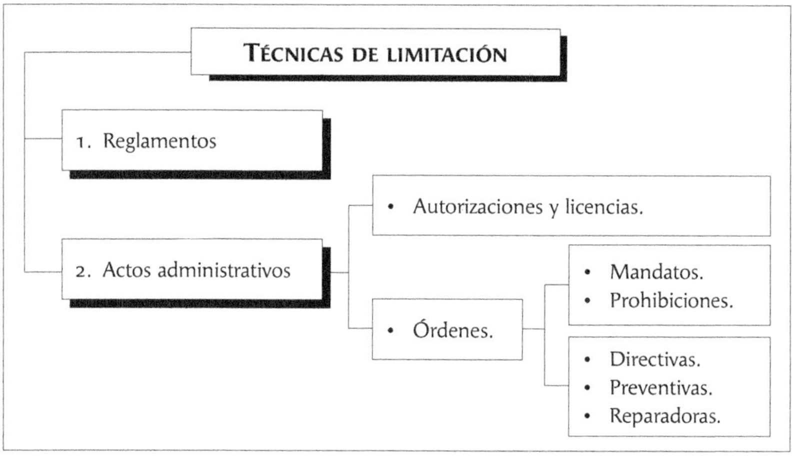

2.2. Actividad arbitral

2.2.1. Concepto

Es la actividad que realiza la Administración cuando decide controversias o conflictos entre los ciudadanos. En la actualidad, es un modo de actuación administrativa que va incrementándose debido a que los afectados, cuando desean dirimir sus discrepancias, prefieren encomendarse a un órgano neutral de la Administración antes que acudir a los Tribunales que, aparte de tener procedimientos más largos, resultan costosos para los litigantes.

Mediante esta actividad, la Administración decide, en todo caso, sobre derechos e intereses ajenos y no propios y ni siquiera desde el punto de vista formal le afecta la controversia en que interviene. Estas precisiones son interesantes, porque permiten diferenciar esta actividad de la que la Administración lleva a cabo mediante la resolución de recursos, en la que no es neutral al tener que decidir sobre actos y resoluciones por ella dictados.

Parece conveniente diferenciar también la actividad arbitral propiamente dicha de otras figuras, como son la conciliación y la mediación. Así, mediante el arbitraje el "árbitro" nombrado por las partes propone a estas una solución que deben aceptar, porque, con carácter previo, se han comprometido a ello. En la mediación, por el contrario, el "mediador" lo que hace es proponer una solución a las partes, y que estas pueden aceptar o rechazar libremente. Y, en cuanto a la conciliación, el "conciliador" no resuelve ni trata de resolver el conflicto entre las partes (lo que hace el árbitro), ni tampoco propone un acuerdo (lo que hace el mediador), ya que su misión se limita únicamente a relacionar a las partes y animarlas para que se pongan de acuerdo.

Ha sido PARADA VÁZQUEZ el autor que ha estudiado con más amplitud esta forma de actividad administrativa, reconociendo que "en las obras generales, sin embargo, la actividad arbitral no ha merecido todavía un lugar específico dentro de las formas de actividad administrativa porque se ve en ella una manifestación patológica, una simple intromisión de la Administración en las competencias de los Jueces civiles".

2.2.2. Clases

Hay diversas clases de arbitraje. Con arreglo a las normas jurídicas a observar, tenemos una actividad arbitral de Derecho público o de Derecho privado. Según el contenido, cabe un arbitraje de derecho y un arbitraje de equidad, según existan o no normas jurídicas aplicables al caso planteado. Y de acuerdo con los sujetos, la actividad arbitral se da entre sujetos individuales o entre grupos.

2.2.3. Manifestaciones

Podemos citar, entre otras, las siguientes:

1. Los colegios profesionales tienen importantes funciones arbitrales, como establece su Ley 2/1974, de 13 de febrero, al atribuirles su intervención, en vía de conciliación o arbitraje, en las cuestiones que, por motivos profesionales, se susciten entre los colegiados, y la resolución por laudo de las discrepancias surgidas entre los mismos en el cumplimiento de sus obligaciones.

2. La Ley 16/1987, de 30 de julio, de Ordenación de los Transportes Terrestres, determina que los conflictos en relación con los contratos en esta materia pueden ser resueltos por las llamadas Juntas Arbitrales del Transporte cuya intervención, en determinadas materias, es de carácter obligatorio, salvo pacto en contrario.

3. La Ley 29/1994, de 24 de noviembre, de Arrendamientos Urbanos, contempla expresamente un procedimiento arbitral para resolver determinados conflictos arrendaticios.

4. La Ley de Propiedad Intelectual, cuyo texto refundido fue aprobado por Real Decreto Legislativo 1/1996, de 12 de abril, crea una Comisión Mediadora y Arbitral de dicha propiedad en el Ministerio competente en materia de cultura, de ámbito nacional, para ejercer las correspondientes funciones arbitrales y mediadoras que la ley le atribuye.

5. La Ley 34/2002, de 11 de julio, de Servicios de la Sociedad de la Información y de Comercio Electrónico, admite que el prestador y el destinatario pueden someter sus conflictos a los arbitrajes

previstos en la legislación de arbitraje y defensa de los consumidores y usuarios, mediante su adhesión al Sistema Arbitral de Consumo.

6. El Real Decreto Legislativo 1/2007, de 16 de noviembre, por el que se aprueba el texto refundido de la Ley General para la Defensa de los Consumidores y Usuarios y otras leyes complementarias, que contienen referencias al arbitraje para solución de conflictos.

7. El Estatuto Básico del Empleado Público, cuyo texto refundido se aprueba por Real Decreto Legislativo 5/2015, de 30 de octubre, al referirse a la solución "extrajudicial" de conflictos colectivos, establece el arbitraje como procedimiento para que las partes puedan acordar voluntariamente encomendar a un tercero la resolución del conflicto planteado, comprometiéndose de antemano a aceptar el contenido de la misma.

8. Las distintas Administraciones Públicas tienen articulados y organizados unidades y servicios de arbitraje para que, ante ellos, los particulares puedan dirimir sus diferencias y controversias en las más diversas materias (electrodomésticos, reparación de automóviles, vivienda, agencias de viajes, etc.).

9. Y, como recuerda SÁNCHEZ MORÓN, en el ámbito de las llamadas autoridades independientes de regulación (como la Comisión Nacional de los Mercados y la Competencia, etc.), aquellas están autorizadas para actuar como órganos arbitrales en los conflictos que surjan entre empresas, operadores y particulares.

2.2.4. Regulación

La **Ley 60/2003, de 23 de diciembre, de Arbitraje** (en adelante, LA), es de aplicación supletoria a los arbitrajes previstos en otras leyes. A nuestros efectos, es de interés señalar que el art. 14 establece que las partes podrán encomendar la administración del arbitraje y la designación de árbitros a corporaciones de Derecho público que puedan desempeñar funciones arbitrales según sus normas reguladoras y a las asociaciones y entidades sin ánimo de lucro en cuyos estatutos se prevean funciones arbitrales.

Es en el área del consumo en el que la normativa ha sido más abundante hasta la fecha, desde la Ley 44/2006, de 29 de diciembre, de Mejora de la Protección de los Consumidores y Usuarios, hasta el Real Decreto 231/2008, de 15 de febrero, por el que se regula el Sistema Arbitral de Consumo, y pasando por el Texto Refundido de la Ley General para la Defensa de los Consumidores y Usuarios de 2007, antes mencionado.

2.2.5. Prohibiciones

Puesto que nos movemos en el ámbito del Derecho público, es preciso recordar que la Administración se encuentra sujeta a una serie de limitaciones que coartan su libertad de acción, a diferencia de lo que sucede en el sector privado. Como botón de muestra, nos encontramos con el art. 31

de la Ley 33/2003, de 3 de noviembre, según el cual no se podrá someter a arbitraje las contiendas que se susciten sobre los bienes y derechos del Patrimonio del Estado, a no ser que se haga mediante Real Decreto acordado en Consejo de Ministros, a propuesta del de Hacienda, previo dictamen del Consejo de Estado en Pleno.

2.3. Actividad de servicio público

2.3.1. Concepto

El servicio público es una figura tradicional en cualquier exposición de los fines y formas de la acción administrativa. Mediante el mismo no se trata de reglamentar la conducta de los particulares, ni de estimular a los ciudadanos para que realicen tareas favorecedoras del bien común, sino que, por el contrario, mediante el servicio público (acción de prestación) es la misma Administración la que, a través de diversas fórmulas, efectúa por sí misma o a través de terceros la actividad que consiste en realizar prestaciones o servicios (cultura, defensa del medio ambiente, sanidad, deportes, etc.) en beneficio de los ciudadanos.

En un momento como el actual, en el que se habla del "empuje privatizador", de la "crisis del Estado del Bienestar", de la "huida del Derecho administrativo", parece necesario replantearse el presente y futuro del servicio público, durante mucho tiempo considerado por los autores como pieza clave del nacimiento, evolución y consolidación del Derecho administrativo. No en balde, por ejemplo, el francés LEON DUGUIT propuso sustituir las bases del Derecho público reemplazando la idea de soberanía por la de servicio, ya que, según este autor, toda actuación administrativa deviene como una actuación de servicio público.

Tradicionalmente el servicio público se ha caracterizado por ser una organización de medios personales y reales que la Administración utiliza, bien directamente o por medio de terceros, para satisfacer necesidades públicas, sometiendo dicha organización a un régimen de Derecho público y en ocasiones de puro monopolio. Sin embargo, este concepto, ante la llamada crisis del servicio público o incluso ante su posible desaparición, debe ser revisado en nuestros días por razones diversas (ya no se acepta que el servicio público esté sometido solamente al Derecho público, se cuestiona el sentido monopolístico del mismo, no solo se generan servicios o prestaciones sino también cosas o bienes, etc.), de tal manera que, en la nueva concepción del servicio público entren en juego otras características y connotaciones (aspecto empresarial y técnico del mismo, continuidad y regularidad de las prestaciones que otorga, igualdad y no discriminación en el acceso al mismo, etc.).

De esta manera, ante los nuevos cambios podemos perfilar una definición más actualizada del servicio público como *"el conjunto de actividades regidas, total o parcialmente, por el Derecho administrativo, que tienen por objeto no limitar sino ampliar la esfera vital de los ciudadanos, mediante la organización de servicios a los que tienen derecho a acceder, según las leyes, con los requisitos y condiciones que establezcan en cada caso"* (SÁNCHEZ MORÓN).

2.3.2. Caracteres

La situación de "crisis" en que se encuentra hoy el servicio público dificulta señalar cuáles son sus cualidades o características. Sin embargo, en un esfuerzo de síntesis, podemos señalar las siguientes:

— El servicio público debe prestarse en la actualidad tanto en el marco del Derecho público como en el del privado. Así lo exigen las circunstancias y lo demuestran los hechos.

— Sin necesidad de apelar a la solución extrema de la reserva de determinados servicios, las Administraciones pueden decidir intervenir en una actividad pública gestionándola adecuadamente (por ejemplo, la enseñanza y la sanidad públicas). Aquí entran en juego el principio de subsidiariedad en virtud del cual la actuación correspondiente debe ser encomendada a la Administración más cercana; y también hay que tener en cuenta que determinados servicios privados, llegado el caso, pueden ser asumidos por el Estado en virtud de circunstancias especiales como son el fomento de la competencia, la evitación de situaciones de monopolio u oligopolio de hecho, etc.

— En circunstancias excepcionales, como previene la Constitución, el Estado puede reservarse para sí un determinado sector o actividad cuando existan justificaciones suficientes. Efectuada la reserva, la Administración de que se trate puede gestionar el servicio en régimen de monopolio (justificado) o puede conceder su gestión a los particulares.

— Adquieren hoy gran importancia, en la configuración del servicio público, sus aspectos técnicos ya que, como se ha indicado, todo servicio público es una organización en la que se deben conjuntar el capital, la dirección y el personal. La competitividad del sector privado obliga a la Administración a no quedarse atrasada en estos ámbitos de la aplicación de nuevas tecnologías, de la implantación de técnicas gerenciales, de la utilización de los descubrimientos e inventos más recientes en la materia, etc.

— Las condiciones tradicionales de regularidad, continuidad, igualdad y no discriminación en que deben moverse y actuar los servicios públicos contemporáneos son de una exigencia creciente en el marco de las Administraciones actuales en las que, como sabemos, los derechos de los ciudadanos, las reivindicaciones de los usuarios, la consideración del administrado como cliente, empujan al Estado y la Administración a ser cada día más sensibles a las demandas de la sociedad y a las que debemos añadir las nuevas condiciones como son, principalmente, la calidad y la accesibilidad.

2.3.3. Incidencia del Derecho de la Unión Europea

En toda la problemática y crisis que hoy rodea al concepto de servicio público, no puede faltar una referencia, siquiera sea breve, al Derecho de la Unión Europea. Como ha escrito PIERRE ESPULGAS, se han puesto en evidencia dificultades de articulación entre el servicio público concebido al estilo tradicional francés y las nuevas corrientes jurídicas que circulan en el seno de la Unión. Así, el Consejo de Estado francés, en un informe de 1994, llegó a decir que "Europa ignora la noción de servicio público y la existencia del mismo". Por eso, en los textos de los Tratados comunitarios la expresión "servicio público" brilla por su ausencia en todos ellos.

Hoy, en los ámbitos europeos, se está imponiendo la nueva teoría de los servicios de interés general, cuyas bases se encuentran en varios documentos elaborados por la Comisión, y en los que se afirma que dichos servicios constituyen un elemento esencial del modelo europeo de sociedad. En este contexto, debemos entender por servicios de interés general aquellos servicios y actividades que las autoridades públicas consideran de interés general por su relevancia y que, sometidos o no a la disciplina de mercado, están sujetos a obligaciones específicas de servicio público.

2.4. Actividad de fomento

2.4.1. Concepto

De gran tradición en nuestro país (baste recordar los tiempos de JAVIER DE BURGOS que creó los Subdelegados de Fomento, para contribuir al enriquecimiento y progreso de la nación, sin olvidar la "recreación" más reciente en 1995 del Ministerio de Fomento cuya creación data de 1832), la expresión fomento alude, en términos globales, a la acción administrativa de impulso, persuasión, apoyo o estímulo de las iniciativas de los particulares, orientadas a la satisfacción de una necesidad general.

En un sentido amplio, el concepto de fomento es cualquier actividad pública que se oriente a mejorar en algún aspecto, especialmente en el económico, las condiciones de vida de un país, cualquiera que sean las vías que se utilicen para ello. Frente a esta concepción demasiado amplia, otros autores, como JORDANA DE POZAS y GARRIDO FALLA, apuestan por un concepto más restringido. El primero de ellos concentra la idea de fomento en los particulares, mientras que GARRIDO FALLA entiende que la idea debe extenderse también a los entes públicos, ya que la actividad fomentada no tiene por qué ser exclusivamente de los particulares, sino que puede abarcar a los entes públicos (pensemos, por ejemplo, una Comunidad Autónoma que fomenta la reducción de municipios mediante la fusión o agrupación de los mismos a través de subvenciones y otro tipo de ayudas).

En consecuencia, con el profesor GARRIDO FALLA diremos que el fomento *"es la actividad que se dirige a satisfacer indirectamente ciertas necesidades consideradas de carácter público, protegiendo o promoviendo, sin emplear la coacción, las actividades de los particulares o de otros entes públicos que directamente las satisfacen".*

2.4.2. Clasificación

Sin duda, prescindiendo de otras consideraciones sobre el fomento, lo más interesante es exponer ordenada y sistemáticamente los medios de fomento de que hoy disponen las Administraciones Públicas y que son los siguientes:

A) Primer criterio

Con arreglo a la **forma de actuación** sobre la voluntad de los sujetos receptores de las medidas de fomento, estas pueden ser **positivas** si otorgan ventajas a favor del titular que las recibe (por ejemplo, la subvención), o **negativas** si imponen cargas u obstáculos para dificultar las conductas contrarias a las que la Administración quiere potenciar y mejorar (por ejemplo, un impuesto sobre la soltería para fomentar el aumento de la población de un país o sobre las bebidas alcohólicas para combatir el alcoholismo).

B) Segundo criterio

De acuerdo con el **tipo de ventajas** que se pretendan otorgar, los autores hablan de:

- **Ventajas económicas**

Que, a su vez, pueden ser **reales** si la Administración hace entrega efectiva de dinero a los particulares (subvenciones, premios, anticipos, primas, subsidios), o **financieras** si la Administración lo que hace es eximir a los particulares de determinadas obligaciones o desembolsos fiscales (bonificaciones, exenciones, desgravaciones fiscales). De todos los mecanismos citados, sin duda, el más importante es la subvención a la que nos referiremos en el último epígrafe del tema, ya que, en la actualidad, la actuación del Estado se despliega muchas veces a través del cauce subvencional que se convierte de esta manera en una de las palancas más relevantes del Estado del Bienestar en orden a incrementar la participación de los particulares en la gestión del bien común.

- **Ventajas honoríficas**

Calificadas por MORELL OCAÑA como estímulos de carácter premial, que se basan en el sentimiento del honor y la natural tendencia humana hacia la diferenciación y distinción. Tuvieron mayor aceptación social en otros tiempos, pero hoy han perdido parte de su influencia y prestigio, dada la nueva conciencia social del hombre contemporáneo. Podemos citar, como ejemplos, las condecoraciones, los títulos nobiliarios, las distinciones honoríficas, etc.

- **Ventajas jurídicas**

Que consisten en la utilización por la Administración de sus poderes exorbitantes en beneficio de los titulares de la actividad fomentada (privilegios). Van desde la concesión del beneficio de la expropiación forzosa al concesionario de un servicio público, hasta la dispensa frente a leyes y reglamentos de carácter prohibitivo (por ejemplo, según GARRIDO FALLA, para favorecer una zona de ensanche de una población, se permite a los propietarios de los terrenos levantar más alturas, más pisos, que los que en principio autoriza la ordenanza; es decir, se les dispensa de su cumplimiento para impulsar el desarrollo de la citada zona de ensanche).

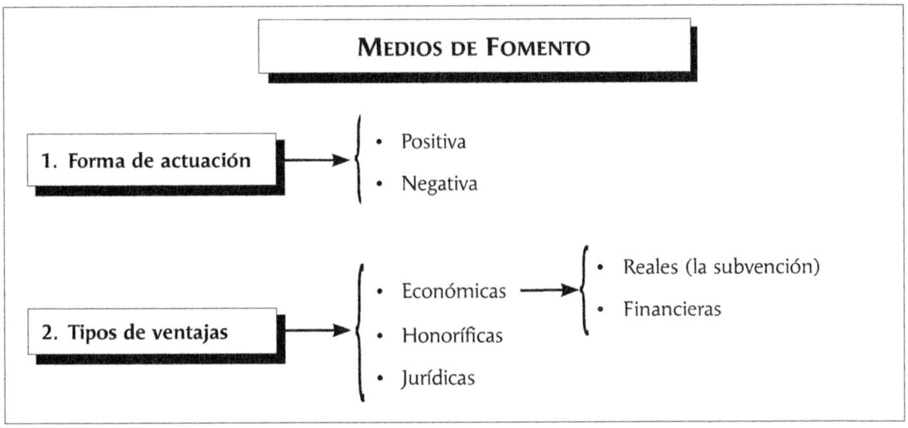

3. Formas de gestión de los servicios públicos

Uno de los aspectos más interesantes, en relación con el servicio público, es el de la exposición de sus diversas formas de gestión que vamos a explicar a continuación.

3.1. Formas directas

Lo primero que hay que indicar es que la expresión formas directas, en realidad, no es muy afortunada, ya que, como veremos a continuación, algunas de las formas de gestión calificadas como "directas" no son tales, ya que en ellas no es la Administración la que actúa como tal sino que lo hace a través de entes interpuestos o intermedios, por lo que, en buena lógica, no deberíamos hablar de gestión directa propiamente dicha.

3.1.1. Clasificación doctrinal

Ha sido GARRIDO FALLA el autor que, con más interés, ha estudiado esta cuestión, señalando que, en su opinión, estamos ante las siguientes formas directas algunas de las cuales son de más reciente creación:

A) Gestión indiferenciada o centralizada

Tiene lugar cuando la Administración gestiona el servicio a través de sus órganos ordinarios propios, de tal manera que **no** crea una persona jurídica sino simplemente **órganos** a los que atribuye, de manera estable, determinadas competencias, dotándoles al mismo tiempo de una cierta "autonomía" técnica, patrimonial y financiera en el ámbito del servicio de que se trate.

Esta forma sirve para prestar servicios asistenciales, no económicos, ya que, en principio, no parece muy válido que la burocracia, es decir, los funcionarios, lleven a cabo este tipo de tareas económicas que requieren, ante todo, flexibilidad y agilidad. No obstante, puede haber casos en los que el volumen de inversión es pequeño o en los que no se busca beneficio, en cuyo caso sí se podría acudir a esta forma de gestión. Un ejemplo lo encontramos en algunos servicios de publicaciones de los Ministerios.

B) Establecimiento o empresa sin personalidad

Lo peculiar de esta forma de gestión es que, no obstante realizarse una actividad o servicio por la Administración, se aprecia ya una cierta **diferenciación** orgánica que supone la aparición de unos órganos de gestión distintos de los encuadrados en la organización común o normal. Según se trate de un servicio asistencial o económico, la exigencia de dicha diferenciación da lugar, de un lado, a un establecimiento propio (servicio asistencial), y, de otro, a una empresa propia (servicio económico), debiéndose matizar que ni uno ni otra tienen personalidad jurídica propia. Un ejemplo lo encontramos en los Institutos de Enseñanza Secundaria que unen, a su diferenciación del Ministerio competente en materia de educación del que dependen (ahora, más bien, de la correspondiente Consejería de la Comunidad Autónoma de que se trate), una cierta administración económica autónoma e independiente; y en cuanto a la empresa propia, como apunta GARRIDO FALLA, no es una figura muy frecuente entre nosotros dado que, cuando se quiere gestionar una actividad económica, se prefiere recurrir a otras formas de gestión que se mencionan a continuación.

C) Servicio público personificado

Esta forma de gestión responde a la llamada descentralización por servicios y consiste en la **creación** de organismos a los que se les dota de personalidad jurídica y patrimonio propio, y a los que se les atribuye la gestión de ciertas funciones en régimen descentralizado. Admite las siguientes **variantes**:

- **Organismo autónomo**

Como señalaba la LOFAGE, a los organismos autónomos se les encomienda, en régimen de descentralización funcional y en ejecución de programas específicos de la actividad de un Ministerio, la realización de actividades de fomento, prestacionales o "de gestión de servicios públicos".

La LRJSP, en su art. 98, define los organismos autónomos como *"entidades de Derecho público, con personalidad jurídica propia, tesorería y patrimonio propios y autonomía en su gestión, que desarrollan actividades propias de la Administración Pública, tanto actividades de fomento, prestacionales, de gestión de servicios públicos o de producción de bienes de interés público, susceptibles de contraprestación, en calidad de organizaciones instrumentales diferenciadas y dependientes de esta"*.

Aquí la Administración no crea un simple "órgano" sino una verdadera "entidad" con personalidad jurídica para prestar un servicio público asistencial, cultural, docente, etc., como sucede, por ejemplo, con el Instituto

Nacional de Administración Pública (INAP), el Servicio Público de Empleo Estatal (SEPE), el Museo Nacional Centro de Arte Reina Sofía, etc.; o para prestar servicios económicos propiamente dichos, como, por ejemplo, Trabajo y Prestaciones Penitenciarias, las Confederaciones Hidrográficas, el Fondo Español de Garantía Agraria (FEGA), etc.

Y, finalmente, algún autor como PARADA VÁZQUEZ sostiene que los organismos autónomos, aparte de las funciones que la Ley les atribuye y que hemos citado ya, en ocasiones pueden llevar a efecto tareas de vigilancia y policía, como sucede con el Comisionado para el Mercado de Tabacos, organismo autónomo al que su ley de creación le atribuye funciones de vigilancia en el mercado de tabaco, o con la Jefatura Central de Tráfico, organismo autónomo con competencias en materia de tráfico.

- **Entidades públicas empresariales**

Así denominada en la LRJSP, se les encomienda la realización de actividades prestacionales, de gestión de servicios o la producción de bienes de interés público susceptibles de contraprestación. Como ejemplo, citaremos RENFE, ADIF, el Consorcio de Compensación de Seguros, la Sociedad de Salvamento y Seguridad Marítima, etc.

- **Agencias Estatales**

Las Agencias estatales habían sido suprimidas, pero la Ley 11/2020, de 30 de diciembre, las recupera. Se encuentran reguladas en los arts. 108 bis a sexies de la LRJSP, que las define como *"entidades de Derecho público, dotadas de personalidad jurídica pública, patrimonio propio y autonomía en su gestión, facultadas para ejercer potestades administrativas, que son creadas por el Gobierno para el cumplimiento de los programas correspondientes a las políticas públicas que desarrolle la Administración General del Estado en el ámbito de sus competencias. Están dotadas de los mecanismos de autonomía funcional, responsabilidad por la gestión y control de resultados establecidos en la LRJSP".*

Con independencia de cuál sea su denominación, cuando un organismo público tenga naturaleza de Agencia Estatales deberá figurar en su denominación la indicación de "Agencia Estatal".

Las Agencias Estatales se rigen por la LRJSP y, en su marco, por el estatuto propio de cada una de ellas; y el resto de las normas de Derecho administrativo general y especial que le sea de aplicación. Su actuación deberá ajustarse al plan de acción anual, con arreglo al pertinente contrato plurianual de gestión para su periodo de vigencia.

D) Autoridades independientes

El art. 109 LRJSP, define las **autoridades administrativas independientes de ámbito estatal** como entidades de Derecho público que, vinculadas a la Administración General del Estado y con personalidad jurídica propia, tienen atribuidas funciones de regulación o supervisión de carácter externo sobre sectores económicos o actividades determinadas, por requerir su desempeño de independencia funcional o una especial autonomía respecto de la Administración General del Estado, lo que deberá determinarse en una norma con rango de Ley. A estos rasgos responden, por ejemplo, el Consejo de Seguridad Nuclear (CSN), la Agencia Española de Protección de Datos (AEPD), la Comisión Nacional de los Mercados y la Competencia, etc.

E) Sociedades privadas

Estamos ante lo que tanto la LRJSP como la Ley General Presupuestaria denominan sociedades mercantiles estatales, así llamadas no tanto por su sumisión íntegra al Derecho privado como porque su forma organizativa es jurídico-privada. Se parecen a las entidades públicas empresariales en que ambas se someten al Derecho privado, si bien la **sumisión** de las sociedades mercantiles estatales al mismo es íntegra (salvo en determinadas materias), pero se distinguen en que la entidad pública empresarial tiene personalidad jurídica pública y la sociedad mercantil estatal la tiene privada. Como ejemplos, aludiremos a la Agencia EFE SA, Correos y Telégrafos, Radio Nacional de España SA, Empresa Nacional de Mercados Centrales de Abastos (MERCASA), etc.

Según el art. 111 LRJSP, se entiende por sociedad mercantil estatal aquella sociedad mercantil sobre la que se ejerce control estatal:

— Bien porque la participación directa, en su capital social de la Administración General del Estado o alguna de las entidades que integran el sector público institucional estatal, incluidas las sociedades mercantiles estatales, sea superior al 50%. Para la determinación de este porcentaje, se sumarán las participaciones correspondientes a la Administración General del Estado y a todas las entidades integradas en el sector público institucional estatal, en el caso de que en el capital social participen varias de ellas.

— Bien porque la sociedad mercantil se encuentre en el supuesto previsto en el art. 5 del Real Decreto Legislativo 4/2015, de 23 de octubre, por el que se aprueba el texto refundido de la Ley del Mercado de Valores[1] respecto de la Administración General del Estado o de sus organismos públicos vinculados o dependientes.

F) Fundaciones

Expuesta la clasificación de GARRIDO FALLA, nos referimos brevemente a la Ley 50/2002, de 26 de diciembre, de Fundaciones, que atribuye a las personas jurídicas públicas "capacidad para constituir fundaciones, salvo que sus normas reguladoras establezcan lo contrario".

De hecho estas fundaciones han proliferado en los últimos años y, de alguna manera, han tomado el relevo a las sociedades mercantiles privadas. Así, han adoptado esta forma

[1] El art. 5 del texto refundido de la Ley del Mercado de Valores, referido a los "grupos de sociedades", remite, a su vez, al art. 42 del Código de Comercio, según el cual "existe un grupo cuando una sociedad ostente o pueda ostentar, directa o indirectamente, el control de otra u otras".

los establecimientos gestores de prestaciones estatales de investigación sobre el SIDA y el genoma humano, la actividad de extensión cultural de las universidades públicas, el fomento de las relaciones culturales exteriores, algunos establecimientos hospitalarios, etc.

La fundación pública presenta tres **rasgos**: es una institución sin ánimo de lucro al servicio de fines de interés general; puede, no obstante, dedicarse a actividades mercantiles o industriales obteniendo ingresos e incluso beneficios económicos; y puede asociar su iniciativa a la de la Administración con un tratamiento fiscal privilegiado.

Especial interés tienen las fundaciones constituidas al amparo de la Ley 15/1997, de 25 de abril, sobre habilitación de nuevas formas de gestión del Sistema Nacional de Salud.

Según el art. 128 LRJSP, son fundaciones del sector público estatal aquellas que reúnan alguno de los requisitos siguientes:

- Que se constituyan de forma inicial, con una aportación mayoritaria, directa o indirecta, de la Administración General del Estado o cualquiera de los sujetos integrantes del sector público institucional estatal, o bien reciban dicha aportación con posterioridad a su constitución.
- Que el patrimonio de la fundación esté integrado en más de un 50% por bienes o derechos aportados o cedidos por la Administración General del Estado o cualquiera de los sujetos integrantes del sector público institucional estatal con carácter permanente.
- Que la mayoría de derechos de voto en su patronato corresponda a representantes de la Administración General del Estado o del sector público institucional estatal.

Las actividades propias de las fundaciones del sector público estatal son las realizadas, sin ánimo de lucro, para el cumplimiento de fines de interés general, con independencia de que el servicio se preste de forma gratuita o mediante contraprestación.

Únicamente podrán realizar actividades relacionadas con el ámbito competencial de las entidades del sector público fundadoras, debiendo coadyuvar a la consecución de los fines de las mismas, sin que ello suponga la asunción de sus competencias propias, salvo previsión legal expresa. Las fundaciones no podrán ejercer potestades públicas.

3.1.2. Clasificación legal

En cuanto a la legislación estatal, básicamente la legislación de contratos del sector público, así como la LRJSP, admiten la clasificación expuesta de GARRIDO FALLA. No obstante, en ambas normas se incluyen dos tipos de entidades más: los consorcios, a los que nos referiremos más adelante en el epígrafe 3.3, así como los fondos carentes de personalidad jurídica del sector público estatal, cuya creación según el art. 137 LRJSP se efectuará por Ley, determinando la misma expresamente su adscripción a la Administración General del Estado. Con independencia de su creación por Ley, estos fondos se extinguirán por norma de rango reglamentario.

En cuanto a la legislación local, la Ley 7/1985, de 2 de abril, reguladora de las Bases del Régimen Local (en adelante, LRBRL), debidamente completada con el Reglamento de Servicios de Corporaciones Locales (en adelante, RSCL), configura las siguientes formas de gestión directa:

— Por la propia Entidad Local: sin órgano especial de administración; y con órgano especial de administración.

— Por organismo autónomo local.

— Por entidad pública empresarial local.

— Por sociedad mercantil local, cuyo capital social sea de titularidad pública.

3.2. Formas indirectas

3.2.1. Clasificación doctrinal

Dentro de las formas de gestión indirectas, la doctrina suele diferenciar a su vez entre **formas indirectas y formas mixtas.**

A) Formas indirectas

- **Concesión**

Es, sin duda, la figura **principal** de la gestión indirecta, y sobre cuya naturaleza jurídica no se ponen de acuerdo los autores. En ella la Administración concedente conserva los poderes de policía necesarios para asegurar la buena marcha de los servicios de que se trate, mientras que, por su parte, el concesionario, que gestionará el servicio a su propio riesgo y ventura, goza también de una tabla de derechos y deberes. Junto al concedente y al concesionario, aparece la figura del usuario del servicio que es, en definitiva, el sujeto beneficiario del servicio prestado.

En cuanto a su extinción destacan, entre otros, los supuestos de secuestro, el rescate y la reversión.

- **Concierto**

Según MORELL OCAÑA, tiene gran importancia, aunque durante mucho tiempo ha pasado inadvertido hasta su adopción normal en la legislación local. Se celebra con persona jurídica o natural que venga realizando prestaciones **análogas** a las que constituyen el servicio de que se trate. Tiene carácter temporal y se aplica a servicios de naturaleza asistencial, y sin que, en **ningún caso**, nazca del concierto una nueva persona jurídica.

Un ejemplo lo encontramos en la prestación por MUFACE de la asistencia sanitaria que tiene concertada con sociedades médicas privadas (ASISA, ADESLAS, etc.). También la Ley General de Sanidad, Ley 14/1986, de 25 de abril, contempla la posibilidad de que las Administraciones Públicas establezcan conciertos para la prestación de servicios sanitarios con medios ajenos a ellas.

B) Formas mixtas

- **Gestión interesada**

En este supuesto la Administración y el empresario participan en los resultados de la explotación del servicio en la proporción que se fije en el contrato. No surge una nueva persona jurídica y se trata de una figura procedente del Derecho francés, siendo un ejemplo la gestión llevada a cabo en alguna ocasión de la plaza de toros de Las Ventas.

MORELL OCAÑA señala como **rasgos** esenciales de esta figura los siguientes:

a) La posición de la Administración es la propia del dominus o señor del servicio, que asume o participa en la inversión o gastos de primer establecimiento, haciendo suyos o participando en los beneficios, y ejerce un control administrativo y financiero. Así, pues, la empresa es de la Administración que la crea y la sostiene, la que invierte el capital preciso para las instalaciones y demás elementos del servicio público, siendo también de su cuenta los gastos e ingresos de la explotación.

b) El **gestor** actúa en nombre de la Administración y, aunque tenga una organización propia, no es realmente el empresario sino que imputa sus actos a la Administración. Por ello, la selección del gestor debe hacerse con especial cuidado, resaltando al respecto la doctrina el carácter de intuitu personae del otorgamiento de esta forma de gestión.

c) El gestor percibe una remuneración por la gestión del servicio, pero no de los particulares en forma de precio, sino de la propia Administración. La determinación de esa remuneración se puede realizar de formas diversas, si bien es frecuente incluir una porción fija y otra variable cuyo montante depende de la eficacia del gestor. Es decir, se intenta estimular a este, una vez que le ha sido garantizada la indemnidad frente al riesgo económico del servicio.

La **nota definidora** de este contrato es, en todo caso, la denominada "*cláusula de interesamiento*" que incita al gestor a la mejor prestación del servicio para así obtener un mayor beneficio económico pero que, al mismo tiempo, redunda a favor también de la Administración, y no solo porque una parte de los resultados positivos le serán atribuidos o participarán en ellos, sino porque el buen funcionamiento del servicio público es lo que pretende la Administración.

- **Sociedad de economía mixta**

Es la forma societaria en la que la Administración participa por sí misma o por medio de una entidad pública, en concurrencia con personas naturales o jurídicas. Es un ejemplo la gestión del Club de Campo de Madrid por el Ayuntamiento y por particulares.

3.2.2. Clasificación legal

En el ámbito de las concesiones, con la nueva la Ley 9/2017, de 8 de noviembre de Contratos del Sector Público, desaparece la figura del contrato de gestión de servicio público y, con ello, la regulación de los diferentes modos de gestión indirecta de los servicios públicos, surgiendo en su lugar la nueva figura de la concesión de servicios.

No obstante, con la nueva norma, se produce una trasferencia del riesgo de la operación de la Administración al concesionario tanto en el contrato de concesión de obras como en el de concesión de servicios.

Dentro de la regulación de la LCSP podemos distinguir los siguientes supuestos:

A) Concesión

- **Contrato de concesión de obras**

El art. 14.1 LCSP define el contrato de concesión de obras como aquel contrato que tiene por objeto la realización por el concesionario de algunas de las prestaciones del contrato de obras, incluidas las de restauración y reparación de construcciones existentes, así como la conservación y mantenimiento de los elementos construidos, y en el que la contraprestación a favor de aquel consiste, o bien únicamente en el derecho a explotar la obra, o bien en dicho derecho acompañado del derecho de percibir un precio.

- **Contrato de concesión de servicios**

El art. 15 LCSP señala que el contrato de concesión de servicios es aquel en cuya virtud uno o varios poderes adjudicadores encomiendan a título oneroso a una o varias personas, naturales o jurídicas, la gestión de un servicio cuya prestación sea de su titularidad o competencia, y cuya contrapartida venga constituida bien por el derecho a explotar los servicios objeto del contrato o bien por dicho derecho acompañado del de percibir un precio.

B) Contratos de servicios que conlleven prestaciones directas a favor de la ciudadanía

Para identificar este tipo de contratos que con arreglo a la legislación anterior eran contratos de gestión de servicios públicos y en la nueva LCSP pasan a ser contratos de servicios, se ha acudido a una de las características de los mismos: que la relación se establece directamente entre el empresario y el usuario del servicio, por ello se denominan contratos de servicios que conlleven prestaciones directas a favor de los ciudadanos.

Las especialidades de este tipo de contratos se encuentran reguladas en el art. 312 LCSP, entre las que interesa destacar que en este tipo de contratos, a diferencia de los de concesión que hemos visto anteriormente, no se produce una transferencia del riesgo operacional de la Administración al contratista.

3.3. Referencia al consorcio

3.3.1. Introducción

Como dice VAQUER CABALLEIRA, *"el consorcio es una organización administrativa peculiar, ya que, a diferencia de las restantes, no se define tanto por su estatuto jurídico-formal que, como veremos, es muy versátil, cuanto por ser una organización al servicio de la colaboración interadministrativa y constituir, en consecuencia, una fórmula organizativa de asociación entre varias Administraciones Públicas".*

3.3.2. Regulación

El consorcio administrativo aparece por primera vez en nuestro ordenamiento jurídico en el RSCL, concretamente en sus arts. 37 a 40, que introducen una regulación que, en general, ha permanecido vigente hasta nuestros días.

El régimen legal básico del consorcio se contenía en el artículo 6.5 LRJ-PAC y en los arts. 57 y 87 (actualmente derogado por la LRJSP) de la LRBRL.

El art. 57 LRBRL señala que:

"1. La cooperación económica, técnica y administrativa entre la Administración local y las Administraciones del Estado y de las Comunidades Autónomas, tanto en servicios locales como en asuntos de interés común, se desarrollará con carácter voluntario, bajo las formas y en los términos previstos en las leyes, pudiendo tener lugar, en todo caso, mediante los consorcios o los convenios administrativos que suscriban.

De cada acuerdo de cooperación formalizado por alguna de estas Administraciones se dará comunicación a aquellas otras que, resultando interesadas, no hayan intervenido en el mismo, a los efectos de mantener una recíproca y constante información.

2. La suscripción de convenios y constitución de consorcios deberá mejorar la eficiencia de la gestión pública, eliminar duplicidades administrativas y cumplir con la legislación de estabilidad presupuestaria y sostenibilidad financiera.

3. La constitución de un consorcio solo podrá tener lugar cuando la cooperación no pueda formalizarse a través de un convenio y siempre que, en términos de eficiencia económica, aquella permita una asignación más eficiente de los recursos económicos. En todo caso, habrá de verificarse que la constitución del consorcio no pondrá en riesgo la sostenibilidad financiera del conjunto de la Hacienda de la Entidad Local de que se trate, así como del propio consorcio, que no podrá demandar más recursos de los inicialmente previstos".

El art. 118 LRJSP define los consorcios como entidades de Derecho público, con personalidad jurídica propia y diferenciada, creadas por varias Administraciones Públicas o entidades integrantes del sector público institucional, entre sí o con participación de entidades privadas, para el desarrollo de actividades de interés común a todas ellas dentro del ámbito de sus competencias.

Los consorcios podrán realizar actividades de fomento, prestacionales o de gestión común de servicios públicos y cuantas otras estén previstas en las leyes. También podrán utilizarse para la gestión de los servicios públicos, en el marco de los convenios de cooperación transfronteriza en que participen las Administraciones españolas, y de acuerdo con las previsiones de los convenios internacionales ratificados por España en la materia.

En cuanto a su **régimen jurídico**, el art. 119 LRJSP dispone que los consorcios se regirán por lo establecido en la LRJSP, en la normativa autonómica de desarrollo y sus estatutos. En lo no previsto en la LRJSP, en la normativa autonómica aplicable, ni en sus Estatutos sobre el régimen del derecho de separación, disolución, liquidación y extinción, se estará a lo previsto en el Código Civil sobre la sociedad civil, salvo el régimen de liquidación, que se someterá a lo dispuesto en el artículo 97, y en su defecto, el Real Decreto Legislativo 1/2010, de 2 de julio.

Las normas establecidas en la LRBRL, y en la Ley 27/2013, de 21 de diciembre, de racionalización y sostenibilidad de la Administración Local sobre los Consorcios locales tendrán carácter supletorio respecto a lo dispuesto en la LRJSP.

Los estatutos de cada consorcio determinarán la Administración Pública a la que estará adscrito el consorcio, teniendo en cuenta que, de acuerdo con los siguientes criterios, ordenados por prioridad en su aplicación y referidos a la situación en el primer día del ejercicio presupuestario, el consorcio quedará adscrito, en cada ejercicio presupuestario y por todo este periodo, a la Administración Pública que:

- Disponga de la mayoría de votos en los órganos de gobierno.
- Tenga facultades para nombrar o destituir a la mayoría de los miembros de los órganos ejecutivos.
- Tenga facultades para nombrar o destituir a la mayoría de los miembros del personal directivo.
- Disponga de un mayor control sobre la actividad del consorcio debido a una normativa especial.
- Tenga facultades para nombrar o destituir a la mayoría de los miembros del órgano de gobierno.
- Financie en más de un 50%, en su defecto, en mayor medida la actividad desarrollada por el consorcio, teniendo en cuenta tanto la aportación del fondo patrimonial como la financiación concedida cada año.
- Ostente el mayor porcentaje de participación en el fondo patrimonial.
- Tenga mayor número de habitantes o extensión territorial dependiendo de si los fines definidos en el estatuto están orientados a la prestación de servicios a las personas, o al desarrollo de actuaciones sobre el territorio.

En el supuesto de que participen en el consorcio entidades privadas, el consorcio no tendrá ánimo de lucro y estará adscrito a la Administración Pública que resulte de acuerdo con los criterios anteriores.

Cualquier cambio de adscripción a una Administración Pública, cualquiera que fuere su causa, conllevará la modificación de los estatutos del consorcio en un plazo no superior a seis meses, contados desde el inicio del ejercicio presupuestario siguiente a aquel en se produjo el cambio de adscripción.

Según el art. 123 LRJSP, los consorcios se crearán mediante convenio suscrito por las Administraciones, organismos públicos o entidades participantes. En los consorcios en los que participe la Administración General del Estado o sus organismos públicos y entidades vinculados o dependientes se requerirá:

— Que su creación se autorice por ley.

— El convenio de creación precisará de autorización previa del Consejo de Ministros. La competencia para la suscripción del convenio no podrá ser objeto de delegación, y corresponderá al titular del departamento ministerial participante, y en el ámbito de los organismos autónomos, al titular del máximo órgano de dirección del organismo, previo informe del Ministerio del que dependa o al que esté vinculado.

— Del convenio formarán parte los estatutos, un plan de actuación y una proyección presupuestaria trienal, además del informe preceptivo favorable del Ministerio de Hacienda. El convenio suscrito junto con los estatutos, así como sus modificaciones, serán objeto de publicación en el Boletín Oficial del Estado.

3.3.3. Carácter

Como ha señalado la doctrina, con la regulación hecha por la LRJ-PAC, transcribiendo lo que dice la legislación local, lo que se produjo fue una **deslocalización** de la figura del consorcio que si antes era exclusivamente local, pierde dicha exclusividad y puede ser también estatal o autonómico. Y ello por tres razones:

— Porque su referencia legal aparecía en la LRJ-PAC y desde el 2 de octubre de 2016 en la LRJSP.

— Porque puede constituirse sin presencia de Ayuntamientos y Diputaciones.

— Porque se ha dado un paso más en la línea, ya perceptible en la LRBRL, de considerar que el consorcio no es una entidad local, puesto que, a diferencia del derogado texto articulado parcial de la Ley de Bases del Estatuto de Régimen Local, aprobado por Real Decreto 3046/1977, de 6 de octubre, ni la LRBRL ni el texto refundido de Régimen Local (en adelante, TRRL), aprobado por Real Decreto Legislativo 781/1986, de 18 de abril, lo consideran como tal, lo que, en todo caso, no implica sin más su exclusión de dicha categoría, sino que su inclusión o no en la misma dependerá, como ha señalado el Tribunal Supremo, de los fines para los que se constituya y de las personas que concurran a su constitución.

FORMAS DE GESTIÓN DE LOS SERVICIOS PÚBLICOS

FORMAS DIRECTAS

- Clasificación doctrinal.
  - Gestión indiferenciada o centralizada.
  - Establecimiento propio o empresa sin personalidad.
  - Servicio público personificado
    - Organismo Autónomo.
    - Entidad Pública Empresarial.
    - Agencia Estatal.
  - Administración Independiente.
  - Sociedad privada.
  - Fundaciones.

FORMAS INDIRECTAS

- Clasificación doctrinal.
  - Formas indirectas.
    - Concesión.
    - Concierto.
  - Formas mixtas.
    - Gestión interesada.
    - Sociedad de economía mixta.
- Clasificación legal (LCSP).
  - Concesión (transferencia del riesgo operacional al concesionario).
    - Concesión de obras.
    - Concesión de servicios.
  - Contrato de servicios que conlleven prestaciones directas a favor de los ciudadanos.
    - No transferencia del riesgo operacional al contratista.

OTRAS FIGURAS

- Consorcio.

Tema 6

La responsabilidad patrimonial de las Administraciones Públicas. Concepto y clases. Requisitos generales. Efectos.

Referencias Legislativas

- *Ley 39/2015, de 1 de octubre, del Procedimiento Administrativo Común de las Administraciones Públicas.*
- *Ley 40/2015, de 1 de octubre, de Régimen Jurídico del Sector Público.*

Guion-resumen

1. **Responsabilidad patrimonial de las Administraciones Públicas**

2. **Evolución histórica y situación actual**
   2.1. Evolución histórica
   2.2. Situación actual

3. **Características y requisitos de la responsabilidad patrimonial**
   3.1. Plazo
   3.2. Requisitos
   3.3. Reparación del daño
   3.4. Responsabilidad concurrente

4. **Procedimiento y efectos**
   4.1. Regulación
   4.2. Previsiones legales
   4.3. Plazo
   4.4. Procedimiento general
   4.5. Procedimiento simplificado
   4.6. Responsabilidad patrimonial de las autoridades y personal al servicio de las Administraciones Públicas

1. Responsabilidad patrimonial de las Administraciones Públicas

En las relaciones de la Administración con los particulares o con otras Administraciones, puede producirse una lesión de derechos. En estos supuestos, salvo que los perjudicados tengan el deber jurídico de soportar la lesión causada, por establecerlo así una norma aplicable al caso o algún pacto previamente acordado, surge la llamada responsabilidad patrimonial de las Administraciones Públicas.

La importancia de la institución es muy significativa, tanto desde el punto de vista teórico como práctico. En cuanto al primero, es evidente que el sistema de garantías de los ciudadanos en un Estado de Derecho quedaría incompleto si la Administración no tuviera el deber de indemnizar a los particulares cuando les causare daños y perjuicios; y esta es la razón por la cual la responsabilidad ha sido calificada como la última razón de ser del Estado de Derecho. Y en cuanto al segundo, basta con valorar las proporciones crecientes del intervencionismo administrativo para percatarse de la casi permanente situación de riesgo en que se encuentran los particulares.

La responsabilidad objeto del presente tema no es la derivada de un contrato –responsabilidad contractual– (por ejemplo, cuando tras la compraventa de un producto se observan vicios ocultos que suponen un demérito), sino la que se produce al margen de todo vínculo o relación negocial –responsabilidad extracontractual– (por ejemplo, los daños que ocasionan unas obras en un edificio colindante, o la caída de un objeto de un balcón que lesiona a un viandante).

2. Evolución histórica y situación actual

2.1. Evolución histórica

2.1.1. General

De una manera general podríamos decir que, en esta materia, se ha pasado de la impunidad de los poderes públicos (de ahí la conocida máxima *the king do not wrong*) a la situación actual en que dichos poderes están sujetos a claras exigencias de responsabilidad; y que, por lo que se refiere a España, ha sido calificada por algunos autores de situación excesivamente favorable para los ciudadanos y desfavorable para los poderes públicos (SÁNCHEZ MORÓN, SANTAMARÍA PASTOR y PARADA VÁZQUEZ).

Durante el Antiguo Régimen, a lo largo de la Edad Media y Moderna, diversos factores impidieron el nacimiento de la responsabilidad del Estado, como la teoría del *ius eminens* del príncipe sobre la propiedad y derechos bajo su jurisdicción, así como la teoría del origen divino del poder.

No obstante, la Iglesia, los teólogos, las universidades intentaron abrir una brecha ante los poderes absolutos del príncipe. En este sentido un **paso importante** fue que, aun siendo el príncipe absoluto en el ámbito "político", la responsabilidad "económica" del mismo se concreta en la llamada

Doctrina del Fisco, que se convierte así en centro de imputación de responsabilidad de la Administración como poder público, liberando al príncipe de toda responsabilidad económica, financiera, etc.

Con la Revolución Francesa se inicia un **nuevo ciclo.** A partir de entonces se pone en marcha una evolución a favor de la responsabilidad de la Administración en general (no solo de su versión financiera, el Fisco), que llega hasta nuestros días.

2.1.2. España

Por lo que se refiere a España, tanto la legislación como la jurisprudencia del siglo XIX, al amparo del conocido art. 1.902 CC, proclama la imposibilidad de declarar responsable a la Administración. En concreto, establece que *"el que por acción u omisión causa daño a otro interviniendo culpa o negligencia, está obligado a reparar el daño causado".*

Con posterioridad, la Ley de Régimen Local de 1950 va a ser la primera norma en nuestro Derecho que admite de manera general la responsabilidad administrativa, si bien referida tan solo al ámbito local, distinguiendo entre responsabilidad civil directa de las Corporaciones Locales en materia de contratos y con ocasión del funcionamiento de los servicios públicos o del ejercicio de atribuciones de la Entidad Local, sin culpa o negligencia grave imputable al personal, y responsabilidad subsidiaria si los daños causados son imputables al personal por haber mediado culpa o negligencia grave en este.

Sin embargo, va a ser la vigente Ley de Expropiación Forzosa la que, por primera vez, regule la responsabilidad de "cualquier" Administración en su conocido art. 121.1, trayectoria seguida después por la Ley de Régimen Jurídico de la Administración del Estado de 20 de julio de 1957.

2.2. Situación actual

2.2.1. Normativa

A) Constitución

Varios artículos del texto constitucional se refieren al objeto de nuestro tema. El más importante, sin duda, es el art 106.2 según el cual *"los particulares, en los términos establecidos por ley, tendrán derecho a ser indemnizados por toda lesión que sufran en cualquiera de sus bienes o derechos, salvo en los casos de fuerza mayor, siempre que la lesión sea consecuencia del funcionamiento de los servicios públicos".*

Otros artículos interesantes son el 9.3 que establece como uno de sus principios el de la responsabilidad de los poderes públicos, sin más precisiones; el 121 relativo a la Administración de Justicia y que analizaremos en el último epígrafe del tema; y el 149.1.18ª que atribuye a la competencia exclusiva del Estado, entre otras materias, *"el sistema de responsabilidad de las Administraciones Públicas",* precepto que sirve de anclaje a la LPA y a la LRJSP, a las que nos referimos a continuación.

B) Legislación ordinaria

Hasta el 2 de octubre de 2016, fecha de entrada en vigor de la **Ley 39/2015, de 1 de octubre, del Procedimiento Administrativo Común de las Administraciones Públicas** (LPA), esta materia se encontraba regulada en el Título X de la Ley 30/1992, de 26 de noviembre, de Régimen Jurídico de las Administraciones Públicas y del Procedimiento Administrativo Común (LRJ-PAC).

La LPA deroga la LRJ-PAC y en su Título IV, "De disposiciones sobre el procedimiento administrativo común", introduce entre sus principales novedades que el anterior procedimiento especial sobre responsabilidad patrimonial que la LRJ-PAC regulaba en un título separado, se integra ahora como **una especialidad del procedimiento administrativo común**. Este planteamiento responde a uno de los objetivos que persigue la LPA, la simplificación de los procedimientos administrativos y su integración como especialidades en el procedimiento administrativo común, contribuyendo así a aumentar la seguridad jurídica. De acuerdo con la sistemática seguida, los principios generales de la responsabilidad patrimonial de las Administraciones Públicas, en cuanto que atañen a aspectos más orgánicos que procedimentales, se regulan en la **LRJSP**.

2.2.2. Principios en la doctrina

A partir de la legislación actual, la doctrina ha deducido los siguientes principios que la informan:

- La responsabilidad patrimonial tiene una **regulación común** a todas las Administraciones Públicas.
- Dicha responsabilidad es **directa**, y no subsidiaria, por los daños causados por la actuación de funcionarios y autoridades.
- La responsabilidad es además **objetiva** y, por tanto, no se basa en la idea de culpa del funcionario o autoridad causante del daño.
- La citada responsabilidad se genera siempre que el daño sea causado por el funcionamiento (normal o anormal) de los servicios públicos, entendidos en su sentido más amplio, es decir, como **actividad de cualquier naturaleza** de la Administración.
- **Solo se excluyen** de los supuestos de responsabilidad de la Administración aquellos en los que el daño se produce como consecuencia de **fuerza mayor**.
- **La responsabilidad de la Administración no excluye la del funcionario o autoridad causante del daño**; pero el particular debe exigir la responsabilidad a la Administración, correspondiendo a esta ejercer después la acción de regreso contra los funcionarios o autoridades para resarcirse de los gastos ocasionados.

— Se contempla la posibilidad de exigir la denominada **responsabilidad del Estado-legislador**, es decir, la responsabilidad de este por actos legislativos y la responsabilidad del **Estado-juez**, consecuencia del funcionamiento anormal de la Administración de Justicia.

— Aunque la legislación se refiere a particulares, como sujetos que pueden reclamar a una Administración, tanto el Consejo de Estado como la jurisprudencia, después de ciertos titubeos iniciales, se manifiestan inequívocamente a favor de conferir **legitimación a las diversas Administraciones** sobre peticiones de resarcimiento de daños imputables a otra Administración.

— Finalmente, la **jurisdicción** competente es la **contencioso-administrativa**, con independencia de que la Administración actúe en relaciones de Derecho Público o de Derecho Privado, conforme a lo dispuesto en la Ley 29/1998, de 13 de julio, Reguladora de la Jurisdicción Contenciosa-administrativa (en adelante, LJCA).

Además, es preciso tener presente que los principios relativos al ejercicio de la potestad sancionadora y los que rigen la responsabilidad patrimonial de las Administraciones Públicas se encuentran regulados en el Título Preliminar de la LRJSP, entre cuyas novedades más destacables merecen especial mención los cambios introducidos en la regulación de la denominada "responsabilidad patrimonial del Estado-legislador" por las lesiones que sufran los particulares en sus bienes y derechos derivadas de leyes declaradas inconstitucionales o contrarias al Derecho de la Unión Europea, concretándose las condiciones que deben darse para que se pueda proceder, en su caso, a la indemnización que corresponda.

Principios informadores de la responsabilidad patrimonial
1. Regulación común. 2. Responsabilidad directa. 3. Responsabilidad objetiva. 4. Derivada del funcionamiento de los servicios públicos: - Normal. - Anormal. 5. Fuerza mayor, única causa de exclusión. 6. Responsabilidad de la Administración no excluye la de la autoridad o funcionario: acción de regreso. 7. Responsabilidad del Estado-legislador. 8. Responsabilidad del Estado-juez. 9. Comprende tanto particulares como Administraciones. 10. Jurisdicción competente: contencioso-administrativa.

3. Características y requisitos de la responsabilidad patrimonial

3.1. Plazo

Para asegurar la efectividad del cumplimiento de la responsabilidad patrimonial de las Administraciones Públicas, la LPA configura lo que se denomina acción de responsabilidad.

1. En primer lugar, el plazo para ejercitar esta acción y dirigirla contra la Administración responsable, es de **un año**. Correlativamente a lo establecido en el art. 1.968 CC, se calificó este plazo de prescripción, con la importante "consecuencia" de permitirse su interrupción, tanto judicial como extrajudicialmente. Con posterioridad, de manera "absurda" (GARCÍA DE ENTERRÍA y TOMÁS RAMÓN FERNÁNDEZ), la Ley de Régimen Jurídico de la Administración del Estado de 1957 cambió el planteamiento acabado de exponer y calificó el plazo de la acción como plazo de caducidad. Sin embargo, la LRJ-PAC volvió al criterio inicial de la LEF, al establecer que *"en todo caso, el derecho a reclamar prescribe al año"*. El **art. 67.1 LPA** mantiene también este criterio disponiendo que *"el derecho a reclamar prescribirá al año"*.

2. En segundo lugar, la LPA, de un lado, ordena que el *dies a quo* (día desde el que ha de empezar a contar) del cómputo del plazo de prescripción es el de la fecha en que se produjo *"el hecho o el acto que motive la indemnización o se manifieste su efecto lesivo"*; es decir, en cuanto a esta segunda opción, si no coincide el hecho dañoso con la manifestación de sus efectos lesivos, será el momento de producirse estos el que determine el día inicial del plazo. Y, de otro, *"en caso de daños de carácter físico o psíquico a las personas, el plazo empezará a computarse desde la curación o la determinación del alcance de las secuelas"*, en este último caso si la curación ya no es posible.

3. En tercer lugar, si se trata de un supuesto de daños inferidos por **anulación en vía administrativa o contencioso-administrativa de actos o disposiciones de carácter general**, el derecho a reclamar prescribe *"al año de haberse notificado la resolución administrativa o la sentencia definitiva"*.

4. En cuarto lugar, el plazo de prescripción del año, computado en la forma expuesta, es también aplicable a la responsabilidad del Estado por el **funcionamiento de la Administración de Justicia**.

5. Finalmente, en los casos de responsabilidad patrimonial por **aplicación de una norma con rango de ley declarada inconstitucional o de una norma declarada contraria al Derecho de la Unión Europea** (art. 32.4 y 5 LRJSP), el derecho a reclamar prescribirá al año de la publicación en el Boletín Oficial del Estado o en el Diario Oficial de la Unión Europea, según el caso, de la sentencia que declare la inconstitucionalidad de la norma o su carácter contrario al Derecho de la Unión Europea.

3.2. Requisitos

Para que prospere una acción de responsabilidad patrimonial, han de darse o cumplirse una serie de requisitos que podemos enumerar de la forma siguiente:

3.2.1. Producción de un daño efectivo, económicamente evaluable e individualizado con relación a una persona o grupo de personas

La obligación de indemnizar solo existe cuando se haya producido una lesión patrimonial, concepto más estricto que el de simple daño, porque el daño consiste en una mera disminución patrimonial, mientras que la lesión resarcible es un daño cualificado por la concurrencia de las siguientes características:

A) Antijuridicidad

Este requisito quiere decir que el sujeto sufre un daño que no tiene el deber jurídico de soportar, tal como establece la LRJSP, ya que solo serán indemnizables las lesiones producidas al particular provenientes de daños que este no tenga el deber jurídico de soportar de acuerdo con la Ley (art. 34.1 LRJSP). El problema, obviamente, radica en saber cuándo existe dicho deber, lo que sucede claramente si el daño tiene su origen en una obligación impuesta por la ley (por ejemplo, el pago de un impuesto), en un acto administrativo dictado de acuerdo con la ley (por ejemplo, la demolición de una construcción ilegal), o en un contrato (por ejemplo, la multa convencional impuesta al contratista por demora en el cumplimiento de una obligación contractual).

En todo caso, respecto a la antijuridicidad hay que diferenciar entre los supuestos de funcionamiento anormal (por ejemplo, los daños físicos que sufre una persona que, por falta de señalización, introduce el pie en una alcantarilla al descubierto y sufre una lesión) y normal de los servicios públicos (por ejemplo, en materia urbanística el acto que declara extinguida una licencia o la modifica o reforma, como consecuencia de un cambio en el planeamiento urbanístico, ya que, aunque dicho acto es válido e incluso obligado, causa perjuicios al titular de la licencia al verse privado del derecho a construir; o los daños derivados de la ejecución de unas obras públicas en los intereses económicos de algunos colindantes). En el primer caso, al existir un principio de culpa en la Administración ello supone la antijuridicidad del daño (por ejemplo, un accidente de tráfico debido a una mala señalización), no actuando la culpa para determinar la responsabilidad de la Administración, dado el carácter objetivo de la misma. Sin embargo, en el segundo caso, es decir, si el funcionamiento del servicio es normal, hay que acudir para fundamentar el derecho a indemnización a otros criterios, como, por ejemplo, el de solidaridad, el del riesgo inherente a todo servicio público, etc.

La LRJSP señala que no serán indemnizables los daños que se deriven de hechos o circunstancias que no se hubieran podido prever o evitar según el estado de los conocimientos de la ciencia o de la técnica existentes en el momento de la producción de aquellos, todo ello sin perjuicio de las prestaciones asistenciales o económicas que las leyes puedan establecer para estos casos (art. 34.1 LRJSP).

B) Lesión efectiva

Presenta una doble vertiente:

— De una parte, debe producirse una **afección dañosa** a los bienes y derechos de la persona lesionada; expresión que comprende, además de los daños patrimoniales, los de carácter personal sin repercusión patrimonial (por ejemplo, los causados a la dignidad de la persona).

— De otra, el daño ha de ser **efectivo** (art. 32.2 LRJSP) en el sentido de actual y real, lo que excluye la indemnización por daños futuros e inciertos y la indemnización de las simples expectativas; por ejemplo, no es indemnizable la pérdida de beneficios esperados de un espectáculo que no se autoriza, pero sí los gastos efectuados por los promotores para su organización, ni tampoco la pérdida de expectativas de carrera de un funcionario de no haber sido sancionado ilegalmente. Por ello, la Sentencia del Tribunal Supremo de 20 de marzo de 2000 establece que las expectativas desprovistas de certidumbre no son indemnizables.

C) Lesión evaluable económicamente

Cabe, por tanto, que el daño sea material, pero también moral (por ejemplo, los derivados de muerte, lesión o enfermedad, los causados al honor de las personas o al crédito o prestigio de las empresas, los que tienen su origen en el acoso moral o sexual, y otros daños psicológicos), comprendiendo no solo los daños emergentes sino también el lucro cesante, siguiendo en este punto lo establecido tanto en el Código Civil como en la Ley de Expropiación Forzosa sobre expropiación y ocupación temporal. Si la lesión se produce sobre bienes o derechos patrimoniales, la evaluación vendrá dada por el valor en mercado de dichos bienes o derechos; y en el caso de los daños morales y personales, su evaluación económica *(el pretium doloris)* es convencional.

D) Lesión individualizada

Por tanto, no son indemnizables los daños que se causen a una colectividad de ciudadanos (por ejemplo, la prohibición de acceso a autopistas de fincas colindantes), pero sí lo son los que se causen a determinadas personas por sufrir un "sacrificio excesivo o especial" respecto a otras (por ejemplo, los daños derivados de la imposibilidad de acceder a un local comercial durante unas obras), lo que supone, como señala la doctrina, que la diferenciación entre colectivos amplios y colectivos reducidos es una simple cuestión de grado.

3.2.2. Imputación del daño

A) Procedencia

La lesión causada al particular debe obedecer a una actuación de la Administración, pero esta actúa siempre por medio de sus empleados y agentes, de modo que, para que pueda imputarse el daño a la Administración, es necesario que exista una actividad de un sujeto integrado en ella, que haya sido el causante de la lesión. En esta línea se ha adoptado una perspectiva subjetiva orgánica, destacando que, a efectos de responsabilidad, es suficiente que el daño se produzca en el seno de una organización administrativa.

En este sentido, aunque la LRJSP habla del funcionamiento de los servicios públicos, no está empleando el concepto de servicio público en su sentido estricto, sino como equivalente a cualquier forma de acción administrativa. Y, de esta forma, cabe afirmar que la responsabilidad de las Administraciones Públicas puede proceder de fuentes diversas:

— Por la aprobación de normas reglamentarias, si bien ello es complicado, ya que lo habitual es que la norma reglamentaria se aplique a un colectivo de personas muy amplio.

— Por actos administrativos declarados ilegales, al resolver un recurso administrativo o contencioso-administrativo. A este supuesto se refiere el art. 32.1 LRJSP, al decir que la anulación en las dos vías citadas de actos y disposiciones *"no presupone, por sí misma, derecho a la indemnización"*, lo que significa que de la simple anulación no se deriva responsabilidad alguna, la cual, sin embargo, será exigible si se cumplen los requisitos para que la acción de responsabilidad prospere.

— Por actos puramente materiales (por ejemplo, por los daños causados al derribar la Administración una finca declarada ruinosa).

— Por inactividad de la Administración, en el sentido de la omisión de deberes de actuar que el ordenamiento jurídico le impone (por ejemplo, los daños causados por deficiente estado de las carreteras o por la mala señalización).

— Por enriquecimiento sin causa a favor de la Administración. No es, en realidad, un supuesto de responsabilidad extracontractual, sino más bien un supuesto que surge debido a conductas principalmente imputables a los interesados, produciéndose, en todo caso, un lucro ilegítimo a favor de la Administración. Por ejemplo, cuando un particular ingresa en las cajas públicas cantidades superiores a las realmente debidas por efectuar correctamente la liquidación de un impuesto, o el particular que, compareciendo para recuperar bienes que fueron objeto de embargo o consignación a modo de garantía, olvida retirar algunos de ellos.

B) Precisiones

Dentro de este aspecto de la imputación, hay que hacer, en todo caso, una doble precisión:

— Una de orden **positivo**, según la cual la acción de responsabilidad se genera por la actuación de todo tipo de personas al servicio de la Administración (funcionarios, titulares de cargos de confianza, personal laboral, etc.).

— Otra de orden **negativo**, ya que no son imputables a la Administración los daños causados por lo que se denominan genéricamente "colaboradores externos" de la misma (contratistas, salvo el supuesto del art. 196 de la Ley 9/2017, de 8 de noviembre, de Contratos del Sector Público, concesionarios, salvo lo dispuesto en el art. 121.2 LEF, profesionales que ejercen funciones públicas como los notarios, etc.).

3.2.3. Relación de causalidad

El tercer requisito de la responsabilidad patrimonial es el de que la lesión debe ser consecuencia del funcionamiento, normal o anormal, de los servicios públicos, tal como establece la LRJSP en su art. 32.1; es decir, que tiene que existir una relación de causa-efecto entre el hecho que se imputa a la Administración y el daño causado.

Pero esta relación de causalidad se excluye y, por tanto, también la responsabilidad, cuando se dan determinadas causas de exoneración, como son la fuerza mayor, el hecho de un tercero o la culpa de la víctima, si bien la LRJSP solo menciona la primera de las tres causas citadas. Por lo que se refiere a la fuerza mayor, es aplicable en la medida en que el daño resulta de un acontecimiento, previsto o imprevisto, pero en todo caso irresistible y ajeno al ámbito dominado por la Administración en cuanto exterior a su organización o esfera de actividad; y en cuanto al hecho de un tercero, es decir, de una persona distinta del autor del daño o de la víctima, tiene virtud exoneratoria, como igualmente la tiene la falta o culpa de la víctima.

A) Fuerza mayor

Como ha señalado la doctrina y la jurisprudencia, la fuerza mayor es un hecho exterior, irresistible y ordinariamente imprevisible, ante el que no puede sobreponerse quien lo soporta y entronca con la idea de lo extraordinario, catastrófico o desacostumbrado.

Se recoge en el art. 1.105 CC y, como se ha indicado, el concepto se reserva a los acontecimientos ajenos a las previsiones típicas de cada actividad o, como señala la Sentencia del Tribunal Supremo de 3 de noviembre de 1988, *"al suceso que está fuera del círculo de actuación obligado, que no hubiera podido preverse o que previsto fuera inevitable, pero no aquellos eventos internos intrínsecos, ínsitos en el funcionamiento de los servicios públicos, sin que unas fuertes lluvias en la Provincia de Asturias puedan considerarse tan imprevisibles que deban, sin más, encuadrarse en el supuesto exonerantes de fuerza mayor..."*. Por ejemplo, si en caso de un temporal se producen unas lluvias torrenciales, que hacen insuficiente la red de alcantarillado de un pueblo, y a consecuencia de ello se provocan inundaciones y riadas que generan daños a los vecinos, no cabe responsabilidad por parte del Ayuntamiento.

B) Caso fortuito

Por el contrario, el caso fortuito es un hecho que, de haberse adoptado los medios correspondientes, se hubiera podido evitar. Hace referencia a eventos intrínsecos al funcionamiento de los servicios públicos producidos por la propia naturaleza de estos, por la misma consistencia de sus elementos, por su mismo desgaste con causa desconocida. En el ejemplo del párrafo anterior, si se produce una rotura de la red de alcantarillado en condiciones normales, y a consecuencia de ello se causan daños en los sótanos de un vecino, la Administración habrá de responder por tratarse de un caso fortuito. Y otro ejemplo es si, en una carretera, se produce el desprendimiento de una piedra procedente de sus paredes laterales y causa daños a un vehículo o a sus ocupantes, la Administración correspondiente deberá asumir la responsabilidad de que se trate, ya que estamos ante un hecho que, de haberse adoptado las elementales medidas de vigilancia y seguridad, se hubiera podido evitar.

C) Conclusión

La jurisprudencia reciente distingue ambas figuras **según la nota de exterioridad o interioridad** del hecho dañoso. Así, la fuerza mayor es una causa no solo irresistible, sino sobre todo extraña y ajena al funcionamiento del servicio; o, como dicen diversas sentencias, un acontecimiento exterior e inesperado, imprevisible e irresistible e inevitable, que excede de los riesgos propios de la empresa y que está fuera del círculo de actuación obligado de la misma, y que no hubiera podido preverse o que previsto fuera inevitable. Y, así, por su parte, el caso fortuito aunque de hecho imprevisible, sin embargo, es interno al funcionamiento del servicio, conectado a sus propios elementos intrínsecos, ínsitos en el funcionamiento de los servicios públicos de la entidad responsable.

Resumiendo, podemos decir que, mientras el caso fortuito es un hecho imprevisible pero evitable, la causa mayor es también un hecho imprevisible y, aun siendo previsible, es inevitable e irresistible. A su vez, también se ha señalado que, mientras en el caso fortuito se trata de un evento de alguna manera vinculado al objeto dañoso, en la fuerza mayor estamos ante una causa desvinculada del objeto dañoso.

3.3. Reparación del daño

Como consecuencia de la declaración de responsabilidad, acreditada la concurrencia de todos los elementos determinantes de la misma, debe procederse a la reparación del daño causado, en la forma que exponemos a continuación.

La normativa anterior a la LRJ-PAC no preveía otra forma de reparación que la indemnización en metálico, ni precisaba los criterios en virtud de los cuales se debía fijar dicha indemnización. Con la entrada en vigor de la LRJ-PAC y posteriormente de la LPA y la LRJSP, debemos diferenciar entre los siguientes extremos:

3.3.1. Formas

Hay una reparación *in natura* o mediante pagos periódicos, ya que se permite que la indemnización se pueda sustituir por una compensación en **especie** o ser abonada mediante pagos periódicos, cuando resulte más adecuado para lograr la reparación debida y convenga al interés público, siempre que exista acuerdo con el interesado (art. 34.4 LRJSP).

3.3.2. Extensión

La reparación, como ha señalado la jurisprudencia, deberá ser ante todo integral, señalando la LRJSP que *"la indemnización se calculará con arreglo a los criterios de valoración establecidos en la legislación fiscal, de expropiación forzosa y demás normas aplicables, ponderándose, en su caso, las valoraciones predominantes en el mercado. En los casos de muerte o lesiones corporales se podrá tomar como referencia la valoración incluida en los baremos de la normativa vigente en materia de Seguros obligatorios y de la Seguridad Social"* (art. 34.2 LRJSP).

En los casos de responsabilidad patrimonial por aplicación de una norma con rango de ley declarada inconstitucional y en aquellos derivados de la aplicación de una norma declarada contraria al Derecho de la Unión Europea, serán indemnizables los daños producidos en el plazo de los cinco años anteriores a la fecha de la publicación de la sentencia que declare la inconstitucionalidad de la norma con rango de ley o el carácter de norma contraria al Derecho de la Unión Europea, salvo que la sentencia disponga otra cosa (art. 34.1 LRJSP).

3.3.3. Momento de la valoración del daño

Su cuantía se calculará con referencia al día en que la lesión efectivamente se produjo, sin perjuicio de lo establecido sobre los intereses de demora en la Ley General Presupuestaria, o, en su caso, a las normas presupuestarias de las Comunidades Autónomas, y de su actualización a la fecha en que se ponga fin al procedimiento de responsabilidad con arreglo al Índice de Garantía de la Competitividad, fijado por el Instituto Nacional de Estadística.

3.4. Responsabilidad concurrente

La LRJSP configura en esta materia un sistema de responsabilidad solidaria de todas las Administraciones Públicas implicadas.

3.4.1. Supuesto primero

La LRJSP establece que *"cuando de la gestión dimanante de fórmulas conjuntas de actuación entre varias Administraciones Públicas* (por ejemplo, un convenio de colaboración o la derivada de un plan de urbanismo con participación de una Comunidad Autónoma y de un Ayuntamiento) *se derive responsabilidad en los términos previstos en la presente Ley, las Administraciones responderán frente al particular, en todo caso, de forma solidaria"*, siendo el instrumento regulador de la citada actuación conjunta el que determinará la distribución de la responsabilidad ente las Administraciones actuantes (art. 33.1 LRJSP).

En estos supuestos, la Administración competente para incoar, instruir y resolver los procedimientos en los que exista una responsabilidad concurrente de varias Administraciones Públicas, será la fijada en los Estatutos o reglas de la organización colegiada. En su defecto, la competencia vendrá atribuida a la Administración Pública con mayor participación en la financiación del servicio.

Cuando se trate de procedimientos en materia de responsabilidad patrimonial, la Administración Pública competente deberá consultar a las restantes Administraciones implicadas para que, en el plazo de quince días, estas puedan exponer cuanto consideren procedente.

3.4.2. Supuesto segundo

La LRJSP añade que *"en otros supuestos de concurrencia de varias Administraciones Públicas en la producción del daño, la responsabilidad se fijará para cada Administración atendiendo a los criterios de competencia, interés público tutelado e intensidad de la intervención"*, siendo solidaria la responsabilidad cuando no sea posible dicha determinación (art. 33.1 LRJSP). Un ejemplo sería un accidente provocado por un vehículo oficial en que concurre el mal estado de la carretera propia de una Administración distinta a la titular del vehículo.

3.4.3. Supuesto tercero

Obviamente, la LRJSP no toca la regulación de la concurrencia, en el marco de la UE, con otro Estado miembro o con la propia Administración Europea. De modo general, se puede afirmar que el Tribunal de Justicia de Luxemburgo viene sosteniendo el criterio de la subsidiariedad de la reparación comunitaria frente a la nacional.

Acción de responsabilidad		
1. **Plazo**	Prescripción al año.	
2. **Requisitos**	• Daño	- Antijurídico. - Efectivo. - Evaluable económicamente. - Individualizado.
	• Relación de causalidad	- Fuerza mayor. - Caso fortuito.
3. **Reparación del daño**	• Especie. • Dinero.	
4. **Responsabilidad concurrente**	• Fórmulas conjuntas de actuación. • Otros supuestos de concurrencia.	

4. Procedimiento y efectos

4.1. Regulación

El procedimiento sobre responsabilidad patrimonial de las Administraciones Públicas se encuentra regulado en la LPA, la cual integra el mismo, como ya se ha expuesto, como una especialidad del procedimiento administrativo común. Por tanto, al examinar los trámites del procedimiento haremos referencia a las especialidades previstas en la Ley para cada trámite, aplicándose en todo lo demás las normas establecidas con carácter general para el procedimiento administrativo común.

4.2. Previsiones legales

— Estos procedimientos se pueden iniciar tanto de oficio como por reclamación de los particulares.

— En el ámbito de la Administración General del Estado, los procedimientos de responsabilidad patrimonial se resolverán por el Ministro respectivo o por el Consejo de Ministros en los casos de responsabilidad del Estado-legislador (art. 32.3 LRJSP) o cuando una ley así lo disponga.

  En el ámbito autonómico y local, los procedimientos de responsabilidad patrimonial se resolverán por los órganos correspondientes de las Comunidades Autónomas o de las Entidades que integran la Administración Local.

  En el caso de las entidades de Derecho Público, las normas que determinen su régimen jurídico podrán establecer los órganos a quien corresponde la resolución de los procedimientos de responsabilidad patrimonial. En su defecto, se aplicarán las normas anteriores.

— Se contempla la posibilidad de un procedimiento simplificado, procediendo este cuando, iniciado el procedimiento, el órgano instructor entienda que son inequívocas la relación de causalidad entre la lesión y el funcionamiento del servicio, la valoración del daño y el cálculo de la cuantía de la indemnización.

— La resolución de estos procedimientos pone fin a la vía administrativa, por lo que, contra la misma, solo cabrá recurso potestativo de reposición y recurso contencioso-administrativo.

  El silencio administrativo en esta materia es siempre desestimatorio.

4.3. Plazo

El art. 67.1 LPA establece que:

"Los interesados solo podrán solicitar el inicio de un procedimiento de responsabilidad patrimonial, cuando no haya prescrito su derecho a reclamar. El derecho a reclamar prescribirá al año de producido el hecho o el acto que motive la indemnización o se manifieste su efecto lesivo. En caso de daños de carácter físico o psíquico a las personas, el plazo empezará a computarse desde la curación o la determinación del alcance de las secuelas.

En los casos en que proceda reconocer derecho a indemnización por anulación en vía administrativa o contencioso-administrativa de un acto o disposición de carácter general, el derecho a reclamar prescribirá al año de haberse notificado la resolución administrativa o la sentencia definitiva.

En los casos de responsabilidad patrimonial a que se refiere el artículo 32, apartados 4 y 5, de la Ley de Régimen Jurídico del Sector Público, el derecho a reclamar prescribirá al año de la publicación en el «Boletín Oficial del Estado» o en el «Diario Oficial de la Unión Europea», según el caso, de la sentencia que declare la inconstitucionalidad de la norma o su carácter contrario al Derecho de la Unión Europea".

Procedimiento de responsabilidad patrimonial

Previsiones legales

1. Iniciación de oficio o por reclamación de los particulares.
2. Resolución en la Administración General del Estado por el Ministro respectivo, o por el Consejo de Ministros en caso de responsabilidad del Estado-legislador o si lo dispone una Ley.
3. Dos clases de procedimientos. →
   - General.
   - Simplificado.
4. La resolución final agota la vía administrativa.
5. Silencio administrativo negativo.

4.4. Procedimiento general

4.4.1. Iniciación

Como se ha indicado, el procedimiento se puede iniciar de oficio o por reclamación de los interesados.

Cuando las Administraciones Públicas decidan iniciar **de oficio** un procedimiento de responsabilidad patrimonial será necesario que no haya prescrito el derecho a la reclamación del interesado.

El acuerdo de iniciación del procedimiento se notificará a los particulares presuntamente lesionados, concediéndoles un plazo de **diez días** para que aporten cuantas alegaciones, documentos o información estimen conveniente a su derecho y propongan cuantas pruebas sean pertinentes para el reconocimiento del mismo. El procedimiento iniciado se instruirá aunque los particulares presuntamente lesionados no se personen en el plazo establecido (art. 65 LPA).

Por lo que respecta a la **iniciación a solicitud de los interesados**, estos solo podrán solicitar el inicio de un procedimiento de responsabilidad patrimonial, cuando no haya prescrito su derecho a reclamar.

Además de lo previsto con carácter general para todas las solicitudes en el art. 66 LPA, en la solicitud que realicen los interesados se deberán especificar las lesiones producidas, la presunta relación de causalidad entre estas y el funcionamiento del servicio público, la evaluación económica de la responsabilidad patrimonial, si fuera posible, y el momento en que la lesión efectivamente se produjo, e irá acompañada de cuantas alegaciones, documentos e informaciones se estimen oportunos y de la proposición de prueba, concretando los medios de que pretenda valerse el reclamante.

4.4.2. Instrucción

Como especialidad en la fase de instrucción, el art. 81 LPA establece que será **preceptivo** solicitar informe al servicio cuyo funcionamiento haya ocasionado la presunta lesión indemnizable, no pudiendo exceder de diez días el plazo de su emisión.

Cuando las indemnizaciones reclamadas sean de cuantía igual o superior a 50.000 euros o a la que se establezca en la correspondiente legislación autonómica, así como en aquellos casos que disponga la Ley Orgánica 3/1980, de 22 de abril, del Consejo de Estado, será preceptivo solicitar dictamen del Consejo de Estado o, en su caso, del órgano consultivo de la Comunidad Autónoma. A este respecto, el art. 22.13 de la citada norma establece que la Comisión Permanente del Consejo de Estado deberá ser consultada en los supuestos de reclamaciones que, en concepto de indemnización por daños y perjuicios, se formulen a la Administración General del Estado en los supuestos establecidos por las leyes.

A los efectos del citado dictamen, el órgano instructor, en el plazo de diez días a contar desde la finalización del trámite de audiencia, remitirá al órgano competente para solicitar el dictamen una propuesta de resolución, que se ajustará a lo previsto en el art. 91 LPA, o, en su caso, la propuesta de acuerdo por el que se podría terminar convencionalmente el procedimiento.

El dictamen se emitirá en el plazo de **dos meses** y deberá pronunciarse sobre la existencia o no de relación de causalidad entre el funcionamiento del servicio público y la lesión producida y, en su caso, sobre la valoración del daño causado y la cuantía y modo de la indemnización de acuerdo con los criterios establecidos en la LPA.

En el caso de reclamaciones en materia de responsabilidad patrimonial del Estado por el funcionamiento anormal de la Administración de Justicia, será preceptivo el **informe del Consejo General del Poder Judicial** que será evacuado en el plazo máximo de dos meses. El plazo para dictar resolución quedará suspendido por el tiempo que medie entre la solicitud, del informe y su recepción, no pudiendo exceder dicho plazo de los citados dos meses.

Por otro lado, es preciso tener en cuenta que en los procedimientos para determinar la responsabilidad de las Administraciones Públicas por los daños y perjuicios causados a terceros durante la ejecución de contratos cuando sean consecuencia de una orden inmediata y directa de la Administración o de los vicios del proyecto elaborado por ella misma (art. 32.9 LRJSP), será necesario en todo caso dar **audiencia al contratista**, notificándole cuantas actuaciones se realicen en el procedimiento, al efecto de que se persone en el mismo, exponga lo que a su derecho convenga y proponga cuantos medios de prueba estime necesarios (art. 82.5 LPA).

4.4.3. Finalización

Una vez recibido, en su caso, el dictamen del Consejo de Estado o del órgano consultivo de la Comunidad Autónoma o, cuando este no sea preceptivo, una vez finalizado el trámite de audiencia, el órgano competente resolverá o someterá la propuesta de acuerdo para su formalización por el interesado y por el órgano administrativo competente para suscribirlo.

En caso de acuerdo entre las partes, este deberá fijar la cuantía y modo de indemnización de acuerdo con los criterios que para calcularla y abonarla establece el art. 34 LRJSP y que se han expuesto en el epígrafe 3.3 del presente tema. Cuando no se estimase procedente formalizar la propuesta de terminación convencional, el órgano competente resolverá como se expone a continuación.

Además de lo previsto en el art. 88 LPA acerca del contenido de la resolución que ponga fin al procedimiento, en los casos de procedimientos de responsabilidad patrimonial, será necesario que la resolución se pronuncie sobre la **existencia o no de la relación de causalidad** entre el funcionamiento del servicio público y la lesión producida y, en su caso, sobre la valoración del daño causado, la cuantía y el modo de la indemnización, cuando proceda, de acuerdo con los criterios que para calcularla y abonarla se establecen en el art. 34 LRJSP (epígrafe 3.3 del presente tema).

Transcurridos seis meses desde que se inició el procedimiento sin que haya recaído y se notifique resolución expresa o, en su caso, se haya formalizado el acuerdo, podrá entenderse que la resolución es **contraria a la indemnización del particular** (art. 91 LPA).

4.5. Procedimiento simplificado

Si una vez iniciado el procedimiento administrativo, el órgano competente para su tramitación considera **inequívoca la relación de causalidad** entre el funcionamiento del servicio público y la lesión, así como **la valoración del daño y el cálculo de la cuantía de la indemnización**, podrá acordar de oficio la suspensión del procedimiento general y la iniciación de un procedimiento simplificado conforme a las reglas generales establecidas en el art. 96 LPA.

4.6. Responsabilidad patrimonial de las autoridades y personal al servicio de las Administraciones Públicas

4.6.1. Por daños y perjuicios causados a los particulares

Para hacer efectiva la responsabilidad patrimonial de las Administraciones Públicas, los particulares exigirán directamente a la Administración Pública correspondiente las indemnizaciones por los daños y perjuicios causados por las autoridades y personal a su servicio.

La Administración correspondiente, cuando hubiere indemnizado a los lesionados, exigirá de oficio en vía administrativa de sus autoridades y demás personal a su servicio la responsabilidad en que hubieran incurrido por **dolo, culpa o negligencia graves**, previa instrucción del correspondiente procedimiento. Es la llamada **acción de regreso**.

Para la exigencia de dicha responsabilidad y, en su caso, para su cuantificación, se ponderarán, entre otros, los siguientes criterios: el resultado dañoso producido, el grado de culpabilidad, la responsabilidad profesional del personal al servicio de las Administraciones públicas y su relación con la producción del resultado dañoso.

Asimismo, la Administración instruirá igual procedimiento a las autoridades y demás personal a su servicio por los daños y perjuicios causados en sus bienes o derechos cuando hubiera concurrido dolo, culpa o negligencia graves.

El procedimiento para la exigencia de la responsabilidad de las autoridades y personal al servicio de las Administraciones Públicas, se sustanciará conforme a lo dispuesto en la LPA y se iniciará por acuerdo del órgano competente que se notificará a los interesados y que constará, al menos, de los siguientes **trámites**:

- Alegaciones durante un plazo de quince días.
- Práctica de las pruebas admitidas y cualesquiera otras que el órgano competente estime oportunas durante un plazo de quince días.
- Audiencia durante un plazo de diez días.
- Formulación de la propuesta de resolución en un plazo de cinco días a contar desde la finalización del trámite de audiencia.
- Resolución por el órgano competente en el plazo de cinco días.

La resolución declaratoria de responsabilidad pondrá fin a la vía administrativa.

Todo lo anterior, se entenderá sin perjuicio de pasar, si procede, el tanto de culpa a los Tribunales competentes.

4.6.2. Responsabilidad de Derecho privado

Cuando las Administraciones Públicas actúen, directamente o a través de una entidad de Derecho Privado, en relaciones de esta naturaleza, su responsabilidad se exigirá de conformidad con lo dispuesto para la responsabilidad patrimonial de las Administraciones Públicas, incluso cuando concurra con sujetos de Derecho Privado o la responsabilidad se exija directamente a la entidad de Derecho Privado a través de la cual actúe la Administración o a la entidad que cubra su responsabilidad (art. 35 LRJSP).

4.6.3. Responsabilidad penal

Según el art. 37 LRJSP, la responsabilidad penal del personal al servicio de las Administraciones Públicas, así como la civil derivada del delito se **exigirá** de acuerdo con lo previsto en la legislación correspondiente. Su exigencia **no** suspenderá los procedimientos de responsabilidad patrimonial que se instruyan, salvo que la determinación de los hechos en el orden jurisdiccional penal sea necesaria para la fijación de la responsabilidad patrimonial.

Tema 7

Políticas de igualdad de género. La Ley Orgánica 3/2007, de 22 de marzo, para la Igualdad efectiva de mujeres y hombres. Políticas contra la violencia de género. La Ley Orgánica 1/2004, de 28 de diciembre, de Medidas de Protección Integral contra la Violencia de Género. Discapacidad y dependencia.

Referencias Legislativas

- *Ley Orgánica 1/2004, de 28 de diciembre, de Medidas de Protección Integral contra la Violencia de Género.*
- *Ley Orgánica 3/2007, de 22 de marzo, para la igualdad efectiva de mujeres y hombres.*
- *Ley 39/2006, de 14 de diciembre, de Promoción de la Autonomía Personal y Atención a las personas en situación de dependencia.*
- *Real Decreto Legislativo 1/2013, de 29 de noviembre, por el que se aprueba el texto refundido de la Ley General de derechos de las personas con discapacidad y de su inclusión social.*

Guion-resumen

1. **Políticas de igualdad de género**
2. **Normativa vigente sobre políticas de igualdad de género**
   2.1. Referencias constitucionales a la igualdad de género
   2.2. Ley Orgánica 3/2007, de 22 de marzo, para la igualdad efectiva de mujeres y hombres
   2.3. Real Decreto 901/2020, de 13 de octubre, por el que se regulan los planes de igualdad y su registro
3. **Instituciones que promueven la igualdad en España**
   3.1. Ministerio de Igualdad
   3.2. El Instituto de la Mujer y para la Igualdad de Oportunidades
   3.3. El Observatorio de la Igualdad de Oportunidades entre Hombres y Mujeres
4. **Ley Orgánica 1/2004, de 28 de diciembre, de Medidas de Protección Integral contra la Violencia de Género**
   4.1. Título Preliminar
   4.2. Título Primero: "Medidas de sensibilización, prevención y detección"
   4.3. Título Segundo: "Derechos de las mujeres víctimas de la violencia de género"
   4.4. Título Tercero: Tutela Institucional
   4.5. Título Cuarto: Tutela Penal (arts. 33 a 42)
   4.6. Título Quinto: Tutela Judicial (arts. 43 a 72)
5. **Dependencia y discapacidad**
   5.1. Introducción
   5.2. Análisis de la Ley 39/2006, de 14 de diciembre
   5.3. Análisis de Real Decreto Legislativo 1/2013, de 29 de noviembre

Anexo

1. Políticas de igualdad de género

A lo largo del desarrollo y evolución de las políticas de igualdad de oportunidades se han empleado diferentes estrategias de intervención. Aunque cada una de ellas ha supuesto una superación y mejora sobre la anterior, todas forman parte de una estrategia global de intervención, o dicho de otra forma, son fórmulas complementarias para el desarrollo de las políticas de igualdad.

Las estrategias de actuación han sido las siguientes:

1ª. **Eliminación de las discriminaciones legislativas.**

La mayor parte de los sistemas legales, incluido el de España, que inicia su adaptación tras la aprobación de la Constitución de 1978, han eliminado todas las formas de discriminación directa contra las mujeres.

2ª. **Aplicación de acciones positivas o medidas específicas.**

Las acciones positivas son medidas específicas para garantizar y equilibrar la participación de las mujeres en todos los ámbitos sociales y compensar las diferentes situaciones de partida respecto a los hombres.

Estas medidas tienen una clara intencionalidad compensatoria y correctora, y su voluntad no es permanecer en las políticas públicas por tiempo indefinido, sino que tienen un carácter temporal; su aplicación cesará en el momento en el que la situación de discriminación sobre la que actúa desaparezca.

3ª. **Incorporación del Mainstreaming de género.**

Según el Consejo de Europa, el mainstreaming *"es la organización, la mejora, el desarrollo y la evaluación de los procesos políticos, de modo que la perspectiva de igualdad de género, se incorpore en todas las políticas, a todos los niveles y en todas las etapas, por los actores normalmente involucrados en la adopción de medidas políticas"*.

Al contrario que las acciones positivas, el mainstreaming de género no tiene un carácter temporal, sino que su objetivo es instalarse de forma permanente en la práctica de la intervención pública.

Aunque el establecimiento y generalización del mainstreaming de género pudiera suponer la eliminación de la intervención a través de acciones positivas, hasta el momento parece que la opinión de la mayor parte de las instituciones, agentes y personas expertas, es que se hace necesario mantener dos líneas de intervención, lo que se conoce como estrategia dual, en la que las políticas específicas (es decir, las acciones positivas) y el mainstreaming conforman una forma de intervención complementaria.

Antes de proceder al estudio de la normativa vigente destacamos las siguientes efemérides:

— 8 de marzo, Día Internacional de la Mujer.

— 25 de noviembre, Día Internacional de la Eliminación de la Violencia contra la Mujer.

— 1999 fue el "Año Europeo de Lucha Contra la Violencia de Género".

— 2007 fue el "Año Europeo de la Igualdad de Oportunidades para Todos".

2. Normativa vigente sobre políticas de igualdad de género

2.1. Referencias constitucionales a la igualdad de género

La Constitución española de 27 de diciembre de 1978, **consagra la igualdad** en varios preceptos de su articulado, tanto en el Título Preliminar como en el Título I bajo la rúbrica de "De los derechos y deberes fundamentales".

El **art. 1.1** CE ya alude a la igualdad al proclamar que: *"España se constituye en un estado social y democrático de derecho que consagra como valores superiores de su ordenamiento jurídico, la libertad, la justicia, la igualdad y el pluralismo político".*

El **art. 9.2** destaca que la igualdad no debe ser una mera declaración formal, sino que impone a los poderes públicos el objetivo real de *"promover las condiciones para que la libertad y la igualdad del individuo y de los grupos en que se integra sean reales y efectivas; remover los obstáculos que impidan o dificulten su plenitud y facilitar la participación de todos los ciudadanos en la vida política, económica, cultural y social".* Este precepto consagra pues el objetivo de una "igualdad material".

El **art. 14 de la CE de 1978,** que encabeza el Capítulo II del Título I dispone: *"Los españoles son iguales ante la ley, sin que pueda prevalecer discriminación alguna por razón de nacimiento, raza, sexo, religión, opinión o cualquier otra condición o circunstancia personal o social".* Se proclama la denominada "igualdad formal".

En el **art. 23.2,** ubicado en la Sección 1ª "De los derechos fundamentales y de las libertades públicas" del Capítulo II "Derechos y libertades", establece que los ciudadanos, *"tienen derecho a acceder en condiciones de igualdad a las funciones y cargos públicos, con los requisitos que señalen las leyes".*

En la Sección 2ª "De los derechos y deberes de los ciudadanos", del citado Capítulo II, el **art. 31.1,** recoge el principio de igualdad en materia fiscal, al establecer que *"todos contribuirán al sostenimiento de los gastos públicos de acuerdo con su capacidad económica mediante un sistema tributario justo inspirado en los principios de igualdad y progresividad...".* Por su parte, a continuación, el **art. 32.1** reconoce "el derecho del hombre y la mujer a contraer matrimonio en plena igualdad jurídica".

El **art. 35.1** preceptúa que: *"Todos los españoles tienen el deber de trabajar y el derecho al trabajo, a la libre elección de profesión u oficio, a la promoción a través del trabajo y a una remuneración suficiente para satisfacer sus necesidades y las de su familia, sin que en ningún caso pueda hacerse discriminación por razón de sexo".*

Para concluir esta visión general de la Carta Magna, en orden a la efectividad de los derechos proclamados, según el **art. 53.1**, *"Los derechos y libertades reconocidos en el Capítulo Segundo del presente Título* (arts. 14 a 38) *vincularán a todos los poderes públicos. Solo por ley, que en todo caso deberá respetar su contenido esencial, podrá regularse el ejercicio de tales derechos y libertades, que se tutelarán de acuerdo con lo previsto en el artículo 161.1.a) (es decir el recurso de inconstitucionalidad)".*

Además el párrafo 2º de dicho precepto proclama que, *"cualquier ciudadano podrá recabar la tutela de las libertades y derechos reconocidos en el artículo 14 y la Sección 1ª del Capítulo Segundo (arts. 15 a 29) ante los Tribunales ordinarios por un procedimiento basado en los principios de preferencia y sumariedad y, en su caso, a través del recurso de amparo ante el Tribunal Constitucional".*

2.2. Ley Orgánica 3/2007, de 22 de marzo, para la igualdad efectiva de mujeres y hombres

2.2.1. Introducción

El art. 14 de la Constitución española proclama el derecho a la igualdad y a la no discriminación por razón de sexo (igualdad formal). Por su parte, el artículo 9.2 consagra la obligación de los poderes públicos de promover las condiciones para que la igualdad del individuo y de los grupos en que se integra sean reales y efectivas (igualdad material).

La igualdad entre mujeres y hombres es un **principio jurídico universal** reconocido en diversos textos internacionales sobre derechos humanos, entre los que destaca la Convención sobre la eliminación de todas las formas de discriminación contra la mujer, aprobada por la Asamblea General de Naciones Unidas en diciembre de 1979 y ratificada por España en 1983. En este mismo ámbito procede evocar los avances introducidos por conferencias mundiales monográficas, como la de Nairobi de 1985 y Beijing de 1995.

La igualdad es, asimismo, un **principio fundamental en la Unión Europea.** Desde la entrada en vigor del Tratado de Ámsterdam, la igualdad entre mujeres y hombres y la eliminación de las desigualdades entre unas y otros son un objetivo que debe integrarse en todas las políticas y acciones de la Unión y de sus miembros.

El pleno reconocimiento de la igualdad formal ante la ley, aun habiendo comportado, sin duda, un paso decisivo, ha resultado ser insuficiente. La violencia de género, la discriminación salarial, la discriminación en las pensiones de viudedad, el mayor desempleo femenino, la todavía escasa presencia de las mujeres en puestos de responsabilidad política, social, cultural y económica, o los problemas de conciliación entre la vida personal, laboral y familiar muestran cómo la igualdad plena, efectiva, entre mujeres y hombres, es todavía hoy una tarea pendiente que precisa de nuevos instrumentos jurídicos.

Resulta necesaria, en efecto, una acción normativa dirigida a combatir todas las manifestaciones aún subsistentes de discriminación, directa o indirecta, por razón de sexo y a promover la igualdad real entre mujeres y hombres, con remoción de los obstáculos y estereotipos sociales que impiden alcanzarla.

Merecen especial consideración los supuestos de **doble discriminación** y las singulares dificultades en que se encuentran las mujeres que presentan especial vulnerabilidad, como son las que pertenecen a minorías, las mujeres migrantes y las mujeres con discapacidad.

Por todo lo expuesto se manifestó la necesidad de elaborar una ley para hacer frente a esta situación, surge así la **Ley Orgánica 3/2007, de 22 de marzo, para la igualdad efectiva de mujeres y hombres**, esta ley supone la trasposición e incorporación al Derecho nacional de dos directivas en materia de igualdad de trato, la 2002/73/CE, de reforma de la Directiva 76/207/CEE, relativa a la aplicación del principio de igualdad de trato entre hombres y mujeres en lo que se refiere al acceso al empleo, a la formación y a la promoción profesionales, y a las condiciones de trabajo; y la Directiva 2004/113/CE, sobre aplicación del principio de igualdad de trato entre hombres y mujeres en el acceso a bienes y servicios y su suministro.

La **mayor novedad** de esta ley radica en la **prevención** de las conductas discriminatorias y en la **previsión** de políticas activas para hacer efectivo el principio de igualdad. Tal opción implica necesariamente una proyección del principio de igualdad sobre los diversos ámbitos del ordenamiento de la realidad social, cultural y artística en que pueda generarse o perpetuarse la desigualdad. De ahí la consideración de la **dimensión transversal** de la igualdad, seña de identidad del moderno derecho antidiscriminatorio.

La ley se refiere a la generalidad de las políticas públicas en España, tanto estatales como autonómicas y locales. Y lo hace al amparo de la atribución constitucional al Estado de la competencia para la regulación de las condiciones básicas que garanticen la igualdad de todos los españoles y las españolas en el ejercicio de los derechos constitucionales, aunque contiene una regulación más detallada en aquellos ámbitos de competencia, básica o legislativa plena, del Estado.

La complejidad que deriva del principio de igualdad se expresa también en la **estructura** de la ley. Esta se ocupa en su articulado de la proyección general del principio en los diferentes ámbitos normativos, y concreta en sus disposiciones adicionales la correspondiente modificación de las muy diversas leyes que resultan afectadas. De este modo, la ley nace con la vocación de erigirse en la **ley-código de la igualdad** entre mujeres y hombres.

2.2.2. Estructura de la ley

Esta ley comprende 78 artículos, 31 disposiciones adicionales, 12 disposiciones transitorias, 1 disposición derogatoria y 8 disposiciones finales.

Sus 78 artículos se distribuyen entre un Título Preliminar y 8 Títulos numerados:

- **Título Preliminar:** Objeto y ámbito de la ley (arts. 1 y 2).
- **Título I:** El principio de igualdad y la tutela contra la discriminación (arts. 3 a 13).

— **Título II:** Políticas públicas para la igualdad:
    - Capítulo I: Principios Generales (arts. 14 a 22).
    - Capítulo II: Acción administrativa para la igualdad (arts. 23 a 35).
— **Título III:** Igualdad y medios de comunicación (arts. 36 a 41).
— **Título IV:** El derecho al trabajo en igualdad de oportunidades.
    - Capítulo I: Igualdad de trato y de oportunidades en el ámbito laboral (arts. 42 y 43).
    - Capítulo II: Igualdad y conciliación (art. 44).
    - Capítulo III: Los planes de igualdad de las empresas y otras medidas de promoción de la igualdad (arts. 45 a 49).
    - Capítulo IV: Distintivo empresarial en materia de igualdad (art. 50).
— **Título V:** El principio de igualdad en el empleo público.
    - Capítulo I: Criterios de actuación de las Administraciones Públicas (art. 51).
    - Capítulo II: El principio de presencia equilibrada en la Administración General del Estado y en los organismos públicos vinculados o dependientes de ella (arts. 52 a 54).
    - Capítulo III: Medidas de igualdad en el empleo para la Administración General del Estado y para los organismos vinculados o dependientes de ella (arts. 55 a 64).
    - Capítulo IV: Fuerzas Armadas (arts. 65 y 66).
    - Capítulo V: Fuerzas y Cuerpos de Seguridad del Estado (arts. 67 y 68).
— **Título VI:** Igualdad de trato en el acceso a bienes y servicios y su suministro (arts. 69 a 72).
— **Título VII:** La igualdad en la responsabilidad social de las empresas (arts. 73 a 75).
— **Título VIII:** Disposiciones organizativas (arts. 76 a 78).

En el presente tema nos centraremos especialmente en el articulado del texto legal, mientras que para el estudio detallado de las disposiciones adicionales, transitorias y finales nos remitimos a las disciplinas específicas que se ven afectadas por esta norma.

2.2.3. Naturaleza y entrada en vigor

La **Disposición Final segunda,** bajo la rúbrica "Naturaleza de la Ley", nos aclara el carácter de la misma: *"Las normas contenidas en las disposiciones adicionales primera* (concepto de presencia o composición equilibrada), *segunda* (modificaciones de la LOREG) *y tercera* (modificaciones de la LOPJ) *de esta Ley tienen* ***carácter orgánico.*** *El resto de los preceptos contenidos en esta Ley no tienen tal carácter".*

La **entrada en vigor** se concreta en su **Disposición Final octava:** *"La presente Ley entrará en vigor el día siguiente al de su publicación en el BOE, con excepción de lo previsto en el artículo 71.2* (que prohíbe en los contratos de seguros diferencias en las primas y prestaciones por razón de los costes relacionados con el embarazo y el parto), *que lo hará el 31 de diciembre de 2008".* La publicación se efectuó en el BOE de 23 de marzo del 2007 y en la actualidad se encuentra íntegramente vigente.

2.2.4. Ámbito y objeto de la ley

Se regula en Título Preliminar de la Ley Orgánica, que contiene las previsiones que exponemos a continuación.

A) Objeto de la Ley (art. 1)

Las mujeres y los hombres **son iguales en dignidad humana, e iguales en derechos y deberes.** Esta Ley tiene por **objeto** hacer efectivo el derecho de igualdad de trato y de oportunidades entre mujeres y hombres, en particular mediante la eliminación de la discriminación de la mujer, sea cual fuere su circunstancia o condición, en cualesquiera de los ámbitos de la vida y, singularmente, en las esferas política, civil, laboral, económica, social y cultural para, en el desarrollo de los artículos 9.2 y 14 de la Constitución, alcanzar una sociedad más democrática, más justa y más solidaria.

A estos efectos, la ley establece principios de actuación de los Poderes Públicos, regula derechos y deberes de las personas físicas y jurídicas, tanto públicas como privadas, y prevé medidas destinadas a eliminar y corregir en los sectores público y privado, toda forma de discriminación por razón de sexo.

B) Ámbito de aplicación (art. 2)

Todas las personas gozarán de los **derechos** derivados del principio de igualdad de trato y de la prohibición de discriminación por razón de sexo.

Las **obligaciones** establecidas en esta Ley serán de aplicación a toda persona, física o jurídica, que se encuentre o actúe en territorio español, cualquiera que fuese su nacionalidad, domicilio o residencia.

2.2.5. El principio de igualdad y la tutela contra la discriminación

A) El principio de igualdad de trato entre mujeres y hombres (art. 3)

El principio de igualdad de trato entre mujeres y hombres supone la **ausencia de toda discriminación, directa o indirecta,** por razón de sexo, y, especialmente, las derivadas de la maternidad, la asunción de obligaciones familiares y el estado civil.

B) Integración del principio de igualdad en la interpretación y aplicación de las normas (art. 4)

La igualdad de trato y de oportunidades entre mujeres y hombres es un **principio informador** del ordenamiento jurídico y, como tal, se integrará y observará en la interpretación y aplicación de las normas jurídicas.

C) Igualdad de trato y de oportunidades en el acceso al empleo, en la formación y en la promoción profesionales, y en las condiciones de trabajo (art. 5)

El principio de igualdad de trato y de oportunidades entre mujeres y hombres, aplicable en el ámbito del empleo privado y en el del empleo público, **se garantizará**, en los términos previstos en la normativa aplicable, en el acceso al empleo, incluso al trabajo por cuenta propia, en la formación profesional, en la promoción profesional, en las condiciones de trabajo, incluidas las retributivas y las de despido, y en la afiliación y participación en las organizaciones sindicales y empresariales, o en cualquier organización cuyos miembros ejerzan una profesión concreta, incluidas las prestaciones concedidas por las mismas.

No constituirá **discriminación** en el **acceso al empleo**, incluida la formación necesaria, una diferencia de trato basada en una característica relacionada con el sexo cuando, debido a la naturaleza de las actividades profesionales concretas o al contexto en el que se lleven a cabo, dicha característica constituya un requisito profesional esencial y determinante, siempre y cuando el objetivo sea legítimo y el requisito proporcionado.

D) Discriminación directa e indirecta (art. 6)

Se considera **discriminación directa** por razón de sexo la situación en que se encuentra una persona que sea, haya sido o pudiera ser tratada, en atención a su sexo, de manera menos favorable que otra en situación comparable.

Se considera **discriminación indirecta** por razón de sexo la situación en que una disposición, criterio o práctica aparentemente neutros pone a personas de un sexo en desventaja particular con respecto a personas del otro, salvo que dicha disposición, criterio o práctica puedan justificarse objetivamente en atención a una finalidad legítima y que los medios para alcanzar dicha finalidad sean necesarios y adecuados.

En cualquier caso, se considera discriminatoria toda orden de discriminar, directa o indirectamente, por razón de sexo.

E) Acoso sexual y acoso por razón de sexo (art. 7)

Sin perjuicio de lo establecido en el Código Penal, a los efectos de esta Ley constituye **acoso sexual** cualquier comportamiento, verbal o físico, de naturaleza sexual que tenga el propósito o produzca el efecto de atentar contra la dignidad de una persona, en particular cuando se crea un entorno intimidatorio, degradante u ofensivo.

Constituye **acoso por razón de sexo** cualquier comportamiento realizado en función del sexo de una persona, con el propósito o el efecto de atentar contra su dignidad y de crear un entorno intimidatorio, degradante u ofensivo.

Se considerarán en todo caso discriminatorios el acoso sexual y el acoso por razón de sexo.

El condicionamiento de un derecho o de una expectativa de derecho a la aceptación de una situación constitutiva de acoso sexual o de acoso por razón de sexo se considerará también acto de discriminación por razón de sexo.

F) Discriminación por embarazo o maternidad (art. 8)

Constituye **discriminación directa** por razón de sexo todo trato desfavorable a las mujeres relacionado con el **embarazo o la maternidad.**

G) Indemnidad frente a represalias (art. 9)

También se considerará discriminación por razón de sexo cualquier trato adverso o efecto negativo que se produzca en una persona como consecuencia de la presentación por su parte de queja, reclamación, denuncia, demanda o recurso, de cualquier tipo, destinados a impedir su discriminación y a exigir el cumplimiento efectivo del principio de igualdad de trato entre mujeres y hombres.

H) Consecuencias jurídicas de las conductas discriminatorias (art. 10)

Los **actos y las cláusulas de los negocios jurídicos** que constituyan o causen discriminación por razón de sexo se considerarán **nulos y sin efecto**, y darán lugar a responsabilidad a través de un sistema de reparaciones o indemnizaciones que sean reales, efectivas y proporcionadas al perjuicio sufrido, así como, en su caso, a través de un sistema eficaz y disuasorio de sanciones que prevenga la realización de conductas discriminatorias.

I) Acciones positivas (art. 11)

Con el fin de hacer efectivo el derecho constitucional de la igualdad, los **Poderes Públicos adoptarán** medidas específicas en favor de las mujeres para corregir situaciones patentes de desigualdad de hecho respecto de los hombres. Tales medidas, que serán aplicables en tanto subsistan dichas situaciones, habrán de ser razonables y proporcionadas en relación con el objetivo perseguido en cada caso.

También las **personas** físicas y jurídicas **privadas podrán** adoptar este tipo de medidas en los términos establecidos en la presente ley.

J) Tutela judicial efectiva (art. 12)

Cualquier persona podrá recabar de los tribunales la tutela del derecho a la igualdad entre mujeres y hombres, de acuerdo con lo establecido en el artículo 53.2 de la Constitución (procedimiento preferente y sumario ante la jurisdicción ordinaria y en su caso, amparo constitucional), incluso tras la terminación de la relación en la que supuestamente se ha producido la discriminación.

La capacidad y legitimación para intervenir en los procesos civiles, sociales y contencioso-administrativos que versen sobre la defensa de este derecho corresponden a las **personas físicas y jurídicas con interés legítimo**, determinadas en las leyes reguladoras de estos procesos.

La **persona acosada** será la **única** legitimada en los litigios sobre acoso sexual y acoso por razón de sexo.

K) Prueba (art. 13)

De acuerdo con las leyes procesales, en aquellos procedimientos en los que las alegaciones de la parte actora se fundamenten en actuaciones discriminatorias, por razón de sexo, corresponderá a la **persona demandada probar** la ausencia de discriminación en las medidas adoptadas y su proporcionalidad (inversión de la carga de la prueba).

A los efectos de lo dispuesto en el párrafo anterior, el órgano judicial, a instancia de parte, podrá recabar, si lo estimase útil y pertinente, informe o dictamen de los organismos públicos competentes.

Esta inversión de la carga de la prueba **no** será de aplicación a los **procesos penales.**

2.2.6. Políticas públicas de igualdad

A) Principios generales

- **Criterios generales de actuación de los poderes públicos (art. 14)**

A los fines de esta ley, serán **criterios generales** de actuación de los Poderes Públicos:

1. El compromiso con la **efectividad** del derecho constitucional de igualdad entre mujeres y hombres.

2. La **integración** del principio de igualdad de trato y de oportunidades en el conjunto de las políticas económica, laboral, social, cultural y artística, con el fin de evitar la segregación laboral y eliminar las diferencias retributivas, así como potenciar el crecimiento del empresariado femenino en todos los ámbitos que abarque el conjunto de políticas y el valor del trabajo de las mujeres, incluido el doméstico.

3. La **colaboración y cooperación entre las distintas Administraciones públicas** en la aplicación del principio de igualdad de trato y de oportunidades.

4. La **participación equilibrada** de mujeres y hombres en las **candidaturas** electorales y en la toma de decisiones.

5. La adopción de las medidas necesarias para la **erradicación** de la violencia de género, la violencia familiar y todas las formas de acoso sexual y acoso por razón de sexo.

6. La consideración de las singulares dificultades en que se encuentran las mujeres de **colectivos de especial vulnerabilidad** como son las que pertenecen a minorías, las mujeres migrantes, las niñas, las mujeres con discapacidad, las mujeres mayores, las mujeres viudas y las mujeres víctimas de violencia de género, para las cuales los poderes públicos podrán adoptar, igualmente, medidas de acción positiva.

7. La **protección de la maternidad**, con especial atención a la asunción por la sociedad de los efectos derivados del embarazo, parto y lactancia.

8. El establecimiento de medidas que aseguren la **conciliación** del trabajo y de la vida personal y familiar de las mujeres y los hombres, así como el fomento de la **corresponsabilidad** en las labores domésticas y en la atención a la familia.

9. El fomento de instrumentos de **colaboración** entre las distintas Administraciones Públicas y los agentes sociales, las asociaciones de mujeres y otras entidades privadas.

10. El fomento de la efectividad del principio de igualdad entre mujeres y hombres en las **relaciones entre particulares.**

11. La implantación de un **lenguaje no sexista** en el ámbito administrativo y su fomento en la totalidad de las relaciones sociales, culturales y artísticas.

12. Todos los puntos considerados en este artículo se promoverán e integrarán de igual manera en la política española de **cooperación internacional para el desarrollo.**

Con respecto a las candidaturas electorales la Disposición Adicional segunda añadió un nuevo art. 44 bis a la **Ley Orgánica de Régimen Electoral**, que incluye las siguientes disposiciones:

"1. Las candidaturas que se presenten para las elecciones de diputados al Congreso, municipales y de miembros de los consejos insulares y de los cabildos insulares canarios en los términos previstos en esta Ley, diputados al Parlamento Europeo y miembros de las Asambleas Legislativas de las Comunidades Autónomas deberán tener una composición equilibrada de mujeres y hombres, de forma que en el conjunto de la lista los candidatos de cada uno de los sexos supongan como mínimo el cuarenta por ciento. Cuando el número de puestos a cubrir sea inferior a cinco, la proporción de mujeres y hombres será lo más cercana posible al equilibrio numérico.

En las elecciones de miembros de las Asambleas Legislativas de las Comunidades Autónomas, las leyes reguladoras de sus respectivos regímenes electorales podrán establecer medidas que favorezcan una mayor presencia de mujeres en las candidaturas que se presenten a las Elecciones de las citadas Asambleas Legislativas.

2. *También se mantendrá la proporción mínima del cuarenta por ciento en cada tramo de cinco puestos. Cuando el último tramo de la lista no alcance los cinco puestos, la referida proporción de mujeres y hombres en ese tramo será lo más cercana posible al equilibrio numérico, aunque deberá mantenerse en cualquier caso la proporción exigible respecto del conjunto de la lista.*

3. *A las listas de suplentes se aplicarán las reglas contenidas en los anteriores apartados.*

4. *Cuando las candidaturas para el Senado se agrupen en listas, de acuerdo con lo dispuesto en el artículo 171 de esta Ley, tales listas deberán tener igualmente una composición equilibrada de mujeres y hombres, de forma que la proporción de unos y otros sea lo más cercana posible al equilibrio numérico".*

Lo dispuesto en dicho artículo 44 bis no será exigible a las candidaturas que se presenten en los municipios o islas con un número de residentes igual o inferior a 3.000 y 5.000 habitantes respectivamente.

- **Transversalidad del principio de igualdad de trato entre mujeres y hombres (art. 15)**

El principio de igualdad de trato y oportunidades entre mujeres y hombres informará, con carácter transversal, la actuación de todos los Poderes Públicos. Las Administraciones Públicas lo integrarán, de forma activa, en la adopción y ejecución de sus disposiciones normativas, en la definición y presupuestación de políticas públicas en todos los ámbitos y en el desarrollo del conjunto de todas sus actividades.

- **Nombramientos realizados por los poderes públicos (art. 16)**

Los Poderes Públicos **procurarán** atender al principio de presencia equilibrada de mujeres y hombres en los nombramientos y designaciones de los **cargos de responsabilidad** que les correspondan.

Según la Disposición Adicional primera: "*A los efectos de esta Ley, se entenderá por* composición equilibrada *la presencia de mujeres y hombres de forma que, en el conjunto a que se refiera, las personas de cada sexo no superen el 60% ni sean menos del 40%*".

- **Plan Estratégico de Igualdad de Oportunidades (art. 17)**

El Gobierno, en las materias que sean de la competencia del Estado, **aprobará periódicamente un Plan Estratégico de Igualdad de Oportunidades,** que incluirá medidas para alcanzar el objetivo de igualdad entre mujeres y hombres y eliminar la discriminación por razón de sexo.

La previsión de este plan estratégico da continuidad y reconocimiento legal a una práctica ya establecida, pues desde el año 1988 el Gobierno español viene adoptando diversos Planes para la Igualdad de Oportunidades de las Mujeres.

El **Plan Estratégico de Igualdad de Oportunidades para el periodo 2014-2016** (sin que hasta la fecha se haya publicado otro posterior) se articula desde el diálogo con instituciones y organizaciones a través del Consejo de Participación de la Mujer. Incluye un programa de evaluación y seguimiento que permite saber en qué medida contribuye a conseguir la igualdad real. Incluye tres **objetivos**:

— Fomento del empleo femenino.

— Apoyo a la conciliación y corresponsabilidad de la vida personal, familiar y laboral.

— Erradicación de la violencia de género.

En febrero de 2019 se presentó el Plan Estratégico de Igualdad de Oportunidades 2019-2022 ante el Consejo de Participación de la Mujer.

- **Informe periódico (art. 18)**

En los términos que reglamentariamente se determinen, el **Gobierno** elaborará un **informe periódico** sobre el conjunto de sus actuaciones en relación con la efectividad del principio de igualdad entre mujeres y hombres. De este informe se dará cuenta a las Cortes Generales.

En desarrollo de este precepto se aprobó el Real Decreto 1729/2007, de 21 de diciembre, por el que se regula la elaboración del informe periódico relativo a la efectividad del principio de Igualdad entre mujeres y hombres. Del mismo destacamos los siguientes aspectos:

— La elaboración de la propuesta del informe periódico será competencia del órgano competente del Ministerio de Igualdad que la elevará al Consejo de Ministros para su aprobación y remisión a las Cortes. Para ello se recibirá información de los departamentos ministeriales (que será remitida durante los meses de enero a julio de cada año) y presentará (antes de su remisión al Consejo de Ministros) la propuesta del informe a la Comisión Interministerial de Igualdad.

— El informe periódico se elaborará y aprobará con periodicidad bienal.

- **Informes de impacto de género (art. 19)**

Los proyectos de **disposiciones** de carácter **general** y los **planes** de especial relevancia económica, social, cultural y artística que se sometan a la aprobación del **Consejo de Ministros** deberán incorporar un informe sobre su impacto por razón de género.

De acuerdo con esta previsión los proyectos de ley y los reglamentos del Consejo de Ministros deberán incorporar dicho informe. Esta exigencia ya se había introducido en nuestro ordenamiento jurídico en virtud de la Ley 30/2003, de 13 de octubre, sobre medidas para incorporar la valoración del impacto de género en las disposiciones normativas del Gobierno.

- **Adecuación de las estadísticas y estudios (art. 20)**

Al objeto de hacer efectivas las disposiciones contenidas en esta ley y que se garantice la integración de modo efectivo de la perspectiva de género en su actividad ordinaria, los **poderes públicos**, en la elaboración de sus estudios y estadísticas, **deberán:**

a) Incluir sistemáticamente la variable de sexo en las estadísticas, encuestas y recogida de datos que lleven a cabo.

b) Establecer e incluir en las operaciones estadísticas nuevos indicadores que posibiliten un mejor conocimiento de las diferencias en los valores, roles, situaciones, condiciones, aspiraciones y necesidades de mujeres y hombres.

c) Diseñar e introducir los indicadores y mecanismos necesarios que permitan el conocimiento de la incidencia de otras variables cuya concurrencia resulta generadora de situaciones de discriminación múltiple en los diferentes ámbitos de intervención.

d) Realizar muestras suficientemente amplias.

e) Explotar los datos de que disponen de modo que se puedan conocer las diferentes situaciones, condiciones, aspiraciones y necesidades de mujeres y hombres en los diferentes ámbitos de intervención.

f) Revisar y, en su caso, adecuar las definiciones estadísticas existentes con objeto de contribuir al reconocimiento y valoración del trabajo de las mujeres y evitar la estereotipación negativa de determinados colectivos de mujeres.

Solo excepcionalmente, y mediante informe motivado y aprobado por el órgano competente, podrá justificarse el incumplimiento de alguna de las obligaciones anteriormente especificadas.

- **Colaboración entre las Administraciones Públicas (art. 21)**

La Administración General del Estado y las Administraciones de las Comunidades Autónomas **cooperarán** para integrar el derecho de igualdad entre mujeres y hombres en el ejercicio de sus respectivas competencias y, en especial, en sus actuaciones de planificación. En el seno de la **Conferencia Sectorial de la Mujer** podrán adoptarse planes y programas conjuntos de actuación con esta finalidad.

Las Entidades Locales integrarán el derecho de igualdad en el ejercicio de sus competencias y colaborarán, a tal efecto, con el resto de las Administraciones Públicas.

- **Acciones de planificación equitativa de los tiempos (art. 22)**

Con el fin de avanzar hacia un reparto equitativo de los tiempos entre mujeres y hombres, las corporaciones locales podrán establecer Planes Municipales de organización del tiempo de la ciudad. Sin perjuicio de las competencias de las Comunidades Autónomas, el Estado podrá prestar asistencia técnica para la elaboración de estos planes.

B) Acción administrativa para la igualdad

- **La educación para la igualdad de mujeres y hombres (art. 23)**

El sistema educativo incluirá entre sus **fines** la educación en el respeto de los derechos y libertades fundamentales y en la igualdad de derechos y oportunidades entre mujeres y hombres.

Asimismo, el sistema educativo incluirá, dentro de sus **principios de calidad**, la **eliminación** de los **obstáculos** que dificultan la igualdad efectiva entre mujeres y hombres y el **fomento** de la igualdad plena entre unas y otros.

- **Integración del principio de igualdad en la política de educación (art. 24)**

Las Administraciones educativas **garantizarán** un igual derecho a la educación de mujeres y hombres a través de la integración activa, en los objetivos y en las actuaciones educativas, del principio de igualdad de trato, **evitando** que, por comportamientos sexistas o por los estereotipos sociales asociados, se produzcan desigualdades entre mujeres y hombres.

Las Administraciones educativas, en el ámbito de sus respectivas competencias, **desarrollarán**, con tal finalidad, las siguientes actuaciones:

a) La atención especial en los currículos y en todas las etapas educativas al principio de igualdad entre mujeres y hombres.

b) La eliminación y el rechazo de los comportamientos y contenidos sexistas y estereotipos que supongan discriminación entre mujeres y hombres, con especial consideración a ello en los libros de texto y materiales educativos.

c) La integración del estudio y aplicación del principio de igualdad en los cursos y programas para la formación inicial y permanente del profesorado.

d) La promoción de la presencia equilibrada de mujeres y hombres en los órganos de control y de gobierno de los centros docentes.

e) La cooperación con el resto de las Administraciones educativas para el desarrollo de proyectos y programas dirigidos a fomentar el conocimiento y la difusión, entre las personas de la comunidad educativa, de los principios de coeducación y de igualdad efectiva entre mujeres y hombres.

f) El establecimiento de medidas educativas destinadas al reconocimiento y enseñanza del papel de las mujeres en la Historia.

- **La igualdad en el ámbito de la educación superior (art. 25)**

En el ámbito de la **educación superior**, las Administraciones Públicas en el ejercicio de sus respectivas competencias **fomentarán** la enseñanza y la investigación sobre el significado y alcance de la igualdad entre mujeres y hombres.

En particular, y con tal finalidad, las Administraciones Públicas **promoverán:**

a) La inclusión, en los planes de estudio en que proceda, de enseñanzas en materia de igualdad entre mujeres y hombres.

b) La creación de postgrados específicos.

c) La realización de estudios e investigaciones especializadas en la materia.

- **La igualdad en el ámbito de la creación y producción artística e intelectual (art. 26)**

Las autoridades públicas, en el ámbito de sus competencias, **velarán** por hacer efectivo el principio de igualdad de trato y de oportunidades entre mujeres y hombres en todo lo concerniente a la creación y producción artística e intelectual y a la difusión de la misma.

Los distintos organismos, agencias, entes y demás estructuras de las administraciones públicas que de modo directo o indirecto configuren el sistema de gestión cultural, **desarrollarán** las siguientes actuaciones:

a) Adoptar iniciativas destinadas a favorecer la promoción específica de las mujeres en la cultura y a combatir su discriminación estructural y/o difusa.

b) Políticas activas de ayuda a la creación y producción artística e intelectual de autoría femenina, traducidas en incentivos de naturaleza económica.

c) Promover la presencia equilibrada de mujeres y hombres en la oferta artística y cultural pública.

d) Que se respete y se garantice la representación equilibrada en los distintos órganos consultivos, científicos y de decisión existentes en el organigrama artístico y cultural.

e) Adoptar medidas de acción positiva a la creación y producción artística e intelectual de las mujeres.

f) En general, todas las acciones positivas necesarias para corregir las situaciones de desigualdad en la producción y creación intelectual artística y cultural de las mujeres.

- **Integración del principio de igualdad en la política de salud (art. 27)**

Las políticas, estrategias y programas de salud **integrarán**, en su formulación, desarrollo y evaluación, las **distintas necesidades** de mujeres y hombres y las medidas necesarias para abordarlas adecuadamente.

Las Administraciones Públicas **garantizarán** un igual derecho a la salud de las mujeres y hombres, a través de la integración activa, en los objetivos y en las actuaciones de la política de salud, del principio de igualdad de trato, evitando que por sus diferencias biológicas o por los estereotipos sociales asociados, se produzcan discriminaciones entre unas y otros.

Las Administraciones Públicas, a través de sus Servicios de Salud y de los órganos competentes en cada caso, **desarrollarán**, de acuerdo con el principio de igualdad de oportunidades, las siguientes actuaciones:

a) La adopción sistemática, dentro de las acciones de educación sanitaria, de iniciativas destinadas a favorecer la promoción específica de la salud de las mujeres, así como a prevenir su discriminación.

b) El fomento de la investigación científica que atienda las diferencias entre mujeres y hombres en relación con la protección de su salud.

c) La consideración, dentro de la protección, promoción y mejora de la salud laboral, del acoso sexual y el acoso por razón de sexo.

d) La integración del principio de igualdad en la formación del personal al servicio de las organizaciones sanitarias, garantizando en especial su capacidad para detectar y atender las situaciones de violencia de género.

e) La presencia equilibrada de mujeres y hombres en los puestos directivos y de responsabilidad profesional del conjunto del Sistema Nacional de Salud.

f) La obtención y el tratamiento desagregados por sexo, siempre que sea posible, de los datos contenidos en registros, encuestas, estadísticas u otros sistemas de información médica y sanitaria.

- **Sociedad de la información (art. 28)**

Todos los programas públicos de desarrollo de la Sociedad de la Información **incorporarán** la efectiva consideración del principio de igualdad de oportunidades entre mujeres y hombres en su diseño y ejecución.

El **Gobierno promoverá** la plena incorporación de las mujeres en la Sociedad de la Información mediante el desarrollo de programas específicos, en especial, en materia de acceso y formación en tecnologías de la información y de las comunicaciones, contemplando las de colectivos de riesgo de exclusión y del ámbito rural.

El **Gobierno promoverá** los contenidos creados por mujeres en el ámbito de la Sociedad de la Información.

En los proyectos del ámbito de las tecnologías de la información y la comunicación sufragados total o parcialmente con **dinero público**, se **garantizará** que su lenguaje y contenidos sean no sexistas.

- **Deportes (art. 29)**

Todos los programas públicos de desarrollo del deporte **incorporarán** la efectiva consideración del principio de igualdad real y efectiva entre mujeres y hombres en su diseño y ejecución.

El **Gobierno promoverá** el deporte femenino y favorecerá la efectiva apertura de las disciplinas deportivas a las mujeres, mediante el desarrollo de programas específicos en todas las etapas de la vida y en todos los niveles, incluidos los de responsabilidad y decisión.

- **Desarrollo rural (art. 30)**

A fin de hacer efectiva la igualdad entre mujeres y hombres en el sector agrario, el Ministerio de Agricultura, Pesca y Alimentación y el Ministerio competente en materia de Igualdad, **desarrollarán** la figura jurídica de la **titularidad compartida**, para que se reconozcan plenamente los derechos de las mujeres en el sector agrario, la correspondiente protección de la Seguridad Social, así como el reconocimiento de su trabajo.

En las actuaciones encaminadas al desarrollo del medio rural, se incluirán acciones dirigidas a mejorar el nivel educativo y de formación de las mujeres, y especialmente las que favorezcan su incorporación al mercado de trabajo y a los órganos de dirección de empresas y asociaciones.

Las **Administraciones Públicas promoverán** el desarrollo de una red de servicios sociales para atender a menores, mayores y dependientes como medida de conciliación de la vida laboral, familiar y personal de hombres y mujeres en el mundo rural.

- **Políticas urbanas, de ordenación territorial y vivienda (art. 31)**

Las **políticas y planes** de las Administraciones Públicas en materia de acceso a la vivienda **incluirán** medidas destinadas a hacer efectivo el principio de igualdad entre mujeres y hombres.

El **Gobierno**, en el ámbito de sus competencias, **fomentará** el acceso a la vivienda de las mujeres en situación de necesidad o en riesgo de exclusión, y de las que hayan sido víctimas de la violencia de género, en especial cuando, en ambos casos, tengan hijos menores exclusivamente a su cargo.

Las **Administraciones Públicas** tendrán en cuenta en el diseño de la ciudad, en las políticas urbanas, en la definición y ejecución del planeamiento urbanístico, la perspectiva de género, utilizando para ello, especialmente, mecanismos e instrumentos que fomenten y favorezcan la participación ciudadana y la transparencia.

- **Política española de cooperación para el desarrollo (art. 32)**

Todas las políticas, planes, documentos de planificación estratégica, tanto sectorial como geográfica, y herramientas de programación operativa de la **cooperación española para el desarrollo, incluirán** el principio de igualdad entre mujeres y hombres como un elemento sustancial en su agenda de prioridades, y recibirán un tratamiento de prioridad transversal y específica en sus contenidos, contemplando medidas concretas para el seguimiento y la evaluación de logros para la igualdad efectiva en la cooperación española al desarrollo.

Además, se elaborará una **Estrategia Sectorial de Igualdad entre mujeres y hombres para la cooperación española,** que se actualizará periódicamente a partir de los logros y lecciones aprendidas en los procesos anteriores.

- **Contratos de las Administraciones Públicas (art. 33)**

Las **Administraciones Públicas**, en el ámbito de sus respectivas competencias, a través de sus órganos de contratación y, en relación con la ejecución de los contratos que celebren, **podrán** establecer condiciones especiales con el fin de promover la igualdad entre mujeres y hombres en el mercado de trabajo, de acuerdo con lo establecido en la legislación de contratos del sector público.

- **Contratos de la Administración General del Estado (art. 34)**

Anualmente, el **Consejo de Ministros**, a la vista de la evolución e impacto de las políticas de igualdad en el mercado laboral, **determinará** los contratos de la Administración General del Estado y de sus organismos públicos que **obligatoriamente** deberán incluir entre sus condiciones de ejecución medidas tendentes a promover la igualdad efectiva entre mujeres y hombres en el mercado de trabajo, conforme a lo previsto en la legislación de contratos del sector público.

En el Acuerdo a que se refiere el párrafo anterior podrán establecerse, en su caso, las características de las condiciones que deban incluirse en los pliegos atendiendo a la naturaleza de los contratos y al sector de actividad donde se generen las prestaciones.

Los órganos de contratación **podrán** establecer en los pliegos de cláusulas administrativas particulares la preferencia en la adjudicación de los contratos de las proposiciones presentadas por aquellas empresas que, en el momento de acreditar su solvencia técnica o profesional, cumplan con las directrices de los párrafos anteriores, siempre que estas proposiciones igualen en sus términos a las más ventajosas desde el punto de vista de los criterios objetivos que sirvan de base a la adjudicación.

- **Subvenciones públicas (art. 35)**

Las Administraciones Públicas, en los planes estratégicos de subvenciones que adopten en el ejercicio de sus competencias, **determinarán** los ámbitos en que, por razón de la existencia de una situación de desigualdad de oportunidades entre mujeres y hombres, las bases reguladoras de las correspondientes subvenciones puedan incluir la valoración de actuaciones de efectiva consecución de la igualdad por parte de las entidades solicitantes.

A estos efectos podrán valorarse, entre otras, las medidas de conciliación de la vida personal, laboral y familiar, de responsabilidad social de la empresa, o la obtención del distintivo empresarial en materia de igualdad regulado en el Capítulo IV del Título IV de la Ley Orgánica de Igualdad.

2.2.7. Igualdad y medios de comunicación

A) La igualdad en los medios de comunicación social de titularidad pública (art. 36)

Los medios de comunicación social de **titularidad pública velarán** por la transmisión de una imagen igualitaria, plural y no estereotipada de mujeres y hombres en la sociedad, y promoverán el conocimiento y la difusión del principio de igualdad entre mujeres y hombres.

B) Corporación RTVE (art. 37)

La Corporación RTVE, en el ejercicio de su función de servicio público, **perseguirá** en su programación los siguientes objetivos:

a) Reflejar adecuadamente la presencia de las mujeres en los diversos ámbitos de la vida social.

b) Utilizar el lenguaje en forma no sexista.

c) Adoptar, mediante la autorregulación, códigos de conducta tendentes a transmitir el contenido del principio de igualdad.

d) Colaborar con las campañas institucionales dirigidas a fomentar la igualdad entre mujeres y hombres y a erradicar la violencia de género.

La Corporación RTVE **promoverá** la incorporación de las mujeres a puestos de responsabilidad directiva y profesional. Asimismo, **fomentará** la relación con asociaciones y grupos de mujeres para identificar sus necesidades e intereses en el ámbito de la comunicación.

C) Agencia EFE (art. 38)

En el ejercicio de sus actividades, la Agencia EFE **velará** por el respeto del principio de igualdad entre mujeres y hombres y, en especial, por la utilización no sexista del lenguaje, y **perseguirá** en su actuación **los mismos objetivos** que establece el artículo anterior para **RTVE**.

D) La igualdad en los medios de comunicación social de titularidad privada (art. 39)

Todos los medios de comunicación **respetarán** la igualdad entre mujeres y hombres, evitando cualquier forma de discriminación.

Las **Administraciones Públicas promoverán** la adopción por parte de los medios de comunicación de acuerdos de autorregulación que contribuyan al cumplimiento de la legislación en materia de igualdad entre mujeres y hombres, incluyendo las actividades de venta y publicidad que en aquellos se desarrollen.

E) Autoridad audiovisual (art. 40)

Las **autoridades** a las que corresponda velar por que los medios audiovisuales cumplan sus obligaciones **adoptarán las medidas** que procedan, de acuerdo con su regulación, para asegurar un tratamiento de las mujeres conforme con los principios y valores constitucionales.

F) Igualdad y publicidad (art. 41)

La publicidad que comporte una conducta discriminatoria de acuerdo con la Ley Orgánica de Igualdad se considerará **publicidad ilícita**, de conformidad con lo previsto en la legislación general de publicidad y de publicidad y comunicación institucional.

2.2.8. El derecho al trabajo en igualdad de oportunidades

A) Igualdad de trato y de oportunidades en el ámbito laboral

a) Programas de mejora de la empleabilidad de las mujeres (art. 42)

Las **políticas de empleo** tendrán como uno de sus **objetivos prioritarios** aumentar la participación de las mujeres en el mercado de trabajo y avanzar en la igualdad efectiva entre mujeres y hombres. Para ello, se mejorará la empleabilidad y la permanencia en el empleo de las mujeres, potenciando su nivel formativo y su adaptabilidad a los requerimientos del mercado de trabajo.

Los **Programas de inserción laboral** activa **comprenderán** todos los niveles educativos y edad de las mujeres, incluyendo los de Formación Profesional, Escuelas Taller y Casas de Oficios, dirigidos a personas en desempleo, se podrán destinar prioritariamente a colectivos específicos de mujeres o contemplar una determinada proporción de mujeres.

b) Promoción de la igualdad en la negociación colectiva (art. 43)

De acuerdo con lo establecido legalmente, mediante la negociación colectiva **se podrán** establecer medidas de **acción positiva** para favorecer el acceso de las mujeres al empleo y la aplicación efectiva del principio de igualdad de trato y no discriminación en las condiciones de trabajo entre mujeres y hombres.

B) Igualdad y conciliación: los derechos de conciliación de la vida personal, familiar y laboral (art. 44)

Los derechos de conciliación de la vida personal, familiar y laboral **se reconocerán** a los trabajadores y las trabajadoras en forma que fomenten la

asunción equilibrada de las responsabilidades familiares, evitando toda discriminación basada en su ejercicio.

El **permiso y la prestación por maternidad** se concederán en los términos previstos en la normativa laboral y de Seguridad Social.

Para contribuir a un reparto más equilibrado de las responsabilidades familiares, se reconoce a los padres el derecho a un **permiso y una prestación por paternidad**, en los términos previstos en la normativa laboral y de Seguridad Social.

C) Los planes de igualdad de las empresas y otras medidas de promoción de la igualdad

a) Elaboración y aplicación de los planes de igualdad (art. 45)

Las empresas están **obligadas a respetar** la igualdad de trato y de oportunidades en el ámbito laboral y, con esta finalidad, **deberán adoptar** medidas dirigidas a evitar cualquier tipo de discriminación laboral entre mujeres y hombres, medidas que deberán negociar, y en su caso acordar, con los representantes legales de los trabajadores en la forma que se determine en la legislación laboral.

En el caso de las empresas de **cincuenta o más trabajadores**, las medidas de igualdad a que se refiere el párrafo anterior deberán dirigirse a la elaboración y aplicación de un **plan de igualdad**, con el alcance y contenido establecidos en el Capítulo III del Título IV de la Ley Orgánica 3/2007, que deberá ser objeto de negociación en la forma que se determine en la legislación laboral.

Sin perjuicio de lo dispuesto en los párrafos anteriores, las empresas **deberán** elaborar y aplicar un plan de igualdad cuando así se establezca en el **convenio colectivo** que sea aplicable, en los términos previstos en el mismo.

Las empresas **también elaborarán** y aplicarán un plan de igualdad, previa negociación o consulta, en su caso, con la representación legal de los trabajadores y trabajadoras, cuando la autoridad laboral hubiera acordado en un **procedimiento sancionador** la sustitución de las sanciones accesorias por la elaboración y aplicación de dicho plan, en los términos que se fijen en el indicado acuerdo.

La elaboración e implantación de planes de igualdad **será voluntaria** para las **demás** empresas, previa consulta a la representación legal de los trabajadores y trabajadoras.

b) Concepto y contenido de los planes de igualdad de las empresas (art. 46)

Los planes de igualdad de las empresas son un **conjunto ordenado de medidas**, adoptadas después de realizar un diagnóstico de situación, tendentes a alcanzar en la empresa la igualdad de trato y de oportunidades entre mujeres y hombres y a eliminar la discriminación por razón de sexo.

Los planes de igualdad **fijarán** los concretos **objetivos** de igualdad a alcanzar, las **estrategias** y prácticas a adoptar para su consecución, así como el establecimiento de sistemas eficaces de **seguimiento** y evaluación de los objetivos fijados.

Los planes de igualdad contendrán un conjunto ordenado de medidas evaluables dirigidas a remover los obstáculos que impiden o dificultan la igualdad efectiva de mujeres y hombres. Con carácter previo se elaborará un diagnóstico negociado, en su caso, con la representación legal de las personas trabajadoras, que contendrá al menos las siguientes materias:

a) Proceso de selección y contratación.

b) Clasificación profesional.

c) Formación.

d) Promoción profesional.

e) Condiciones de trabajo, incluida la auditoría salarial entre mujeres y hombres.

f) Ejercicio corresponsable de los derechos de la vida personal, familiar y laboral.

g) Infrarrepresentación femenina.

h) Retribuciones.

i) Prevención del acoso sexual y por razón de sexo.

La elaboración del diagnóstico se realizará en el seno de la Comisión Negociadora del Plan de Igualdad, para lo cual, la dirección de la empresa facilitará todos los datos e información necesaria para elaborar el mismo en relación con las materias enumeradas en este apartado, así como los datos del Registro regulados en el artículo 28, apartado 2 del Estatuto de los Trabajadores.

Los planes de igualdad incluirán la totalidad de una empresa, sin perjuicio del establecimiento de acciones especiales adecuadas respecto a determinados centros de trabajo.

Se crea un Registro de Planes de Igualdad de las Empresas, como parte de los Registros de convenios y acuerdos colectivos de trabajo dependientes de la Dirección General de Trabajo del Ministerio de Trabajo y Economía Social y de las Autoridades Laborales de las Comunidades Autónomas.

Las empresas están obligadas a inscribir sus planes de igualdad en el citado registro.

Reglamentariamente se desarrollará el diagnóstico, los contenidos, las materias, las auditorías salariales, los sistemas de seguimiento y evaluación de los planes de igualdad; así como el Registro de Planes de Igualdad, en lo relativo a su constitución, características y condiciones para la inscripción y acceso.

c) **Transparencia en la implantación del plan de igualdad (art. 47)**

Se garantiza el acceso de la representación legal de los trabajadores y trabajadoras o, en su defecto, de los propios trabajadores y trabajadoras, a la información sobre el contenido de los Planes de igualdad y la consecución de sus objetivos.

d) **Medidas específicas para prevenir el acoso sexual y el acoso por razón de sexo en el trabajo (art. 48)**

Las empresas **deberán promover** condiciones de trabajo que **eviten** el acoso sexual y el acoso por razón de sexo y **arbitrar** procedimientos específicos para su prevención y para dar cauce a las denuncias o reclamaciones que puedan formular quienes hayan sido objeto del mismo.

Con esta finalidad se podrán establecer medidas que deberán negociarse con los representantes de los trabajadores, tales como la elaboración y difusión de códigos de buenas prácticas, la realización de campañas informativas o acciones de formación.

Los representantes de los trabajadores deberán contribuir a prevenir el acoso sexual y el acoso por razón de sexo en el trabajo mediante la sensibilización de los trabajadores y trabajadoras frente al mismo y la información a la dirección de la empresa de las conductas o comportamientos de que tuvieran conocimiento y que pudieran propiciarlo.

e) **Apoyo para la implantación voluntaria de planes de igualdad (art. 49)**

Para impulsar la **adopción voluntaria** de planes de igualdad, el **Gobierno** establecerá medidas de fomento, especialmente dirigidas a las pequeñas y las medianas empresas, que incluirán el apoyo técnico necesario.

D) Distintivo empresarial en materia de igualdad (art. 50)

El **Ministerio de Igualdad** creará un distintivo para reconocer a aquellas empresas que destaquen por la aplicación de políticas de igualdad de trato y de oportunidades con sus trabajadores y trabajadoras, que podrá ser utilizado en el tráfico comercial de la empresa y con fines publicitarios.

Con el fin de obtener este distintivo, cualquier empresa, sea de **capital público o privado**, podrá presentar al Ministerio de Igualdad, un **balance** sobre los parámetros de igualdad implantados respecto de las relaciones de trabajo y la publicidad de los productos y servicios prestados.

Reglamentariamente, se determinarán la denominación de este distintivo, el procedimiento y las condiciones para su concesión, las facultades derivadas de su obtención y las condiciones de difusión institucional de las empresas que lo obtengan y de las políticas de igualdad aplicadas por ellas. En cumplimiento de esta previsión, el Real Decreto 1615/2009, de 26 de octubre, regula la concesión y utilización del distintivo "Igualdad en la Empresa".

Entre los aspectos más relevantes a tener en cuenta para la concesión de este distintivo empresarial dicho Real Decreto destaca:

— La participación equilibrada entre mujeres y hombres en los ámbitos de toma de decisión y el acceso a puestos de mayor responsabilidad.

— La presencia equilibrada de mujeres y hombres en los grupos y categorías profesionales.

— La adopción de planes de igualdad.

— La publicidad no sexista de los productos y servicios de la empresa.

— El establecimiento de criterios y sistemas de remuneración y clasificación profesional que permita valorar equitativamente los trabajos desempeñados por mujeres y hombres.

— Las actuaciones tendentes a facilitar la conciliación de la vida personal, familiar y profesional de todas las personas.

Podrá optar a dicho distintivo cualquier empresa, de capital público o privado, que ejerza su actividad en territorio español y cumpla los requisitos previstos en el Real Decreto (entre otros, estar inscrita en la Seguridad Social, estar al corriente en el pago de tributos y cotizaciones; no haber sido sancionada con carácter firme en los dos o tres años anteriores a la fecha de finalización del plazo de presentación de candidaturas, por infracciones graves o muy graves respectivamente, en materia de igualdad de oportunidades y no discriminación en general, y en materia de igualdad de oportunidades y no discriminación en el acceso a los bienes y servicios; haber implantado un plan de igualdad y contar con un compromiso explícito en materia de igualdad).

Anualmente el Ministerio de Igualdad convocará el procedimiento para conceder este distintivo, que será concedido por dicho Ministerio mediante resolución motivada.

La empresa distinguida con el distintivo deberá remitir al **Instituto de las Mujeres** un informe anual donde se reflejen las actuaciones implantadas y los efectos de las misma.

La concesión del distintivo tendrá una vigencia inicial de tres años y antes de expirar dicha vigencia la empresa podrá solicitar la prórroga de la concesión del mismo.

La Ministra de Igualdad, de oficio o a instancia de parte, podrá revocar la concesión del distintivo empresarial (previa audiencia de la empresa distinguida) si:

— Se incumple la obligación de emitir el informe anual.

— En caso de alteración de las condiciones que dieron lugar a su concesión o incumplimiento grave o reiterado de las obligaciones derivadas de la concesión del distintivo.

— Cuando se pierda alguno de los requisitos establecidos para su concesión.

La empresa distinguida podrá también pedir la suspensión del distintivo o renunciar a él.

2.2.9. El principio de igualdad en el empleo público

A) Criterios de actuación de las Administraciones Públicas (art. 51)

Las **Administraciones Públicas**, en el ámbito de sus respectivas competencias y en aplicación del principio de igualdad entre mujeres y hombres, **deberán:**

a) Remover los obstáculos que impliquen la pervivencia de cualquier tipo de discriminación con el fin de ofrecer condiciones de igualdad efectiva entre mujeres y hombres en el acceso al empleo público y en el desarrollo de la carrera profesional.

b) Facilitar la conciliación de la vida personal, familiar y laboral, sin menoscabo de la promoción profesional.

c) Fomentar la formación en igualdad, tanto en el acceso al empleo público como a lo largo de la carrera profesional.

d) Promover la presencia equilibrada de mujeres y hombres en los órganos de selección y valoración.

e) Establecer medidas efectivas de protección frente al acoso sexual y al acoso por razón de sexo.

f) Establecer medidas efectivas para eliminar cualquier discriminación retributiva, directa o indirecta, por razón de sexo.

g) Evaluar periódicamente la efectividad del principio de igualdad en sus respectivos ámbitos de actuación.

B) El principio de presencia equilibrada en la Administración General del Estado y en los organismos públicos vinculados o dependientes de ella

a) **Titulares de órganos directivos (art. 52)**

El **Gobierno atenderá** al principio de presencia equilibrada de mujeres y hombres en el nombramiento de las personas **titulares de los órganos directivos** de la Administración General del Estado y de los organismos públicos vinculados o dependientes de ella, considerados en su conjunto, cuya designación le corresponda.

b) **Órganos de selección y Comisiones de valoración (art. 53)**

Todos los **tribunales y órganos de selección** del personal de la Administración General del Estado y de los organismos públicos vinculados o dependientes de ella **responderán** al principio de **presencia equilibrada** de mujeres y hombres, salvo por razones fundadas y objetivas, debidamente motivadas.

Asimismo, la representación de la Administración General del Estado y de los organismos públicos vinculados o dependientes de ella en las **comisiones de valoración de méritos** para la provisión de puestos de trabajo **se ajustará** al principio de composición equilibrada de ambos sexos.

c) **Designación de representantes de la Administración General del Estado (art. 54)**

La Administración General del Estado y los organismos públicos vinculados o dependientes de ella **designarán** a sus representantes en órganos colegiados, comités de personas expertas o comités consultivos, nacionales o internacionales, de acuerdo con el **principio de presencia equilibrada** de mujeres y hombres, salvo por razones fundadas y objetivas, debidamente motivadas.

Asimismo, la Administración General del Estado y los organismos públicos vinculados o dependientes de ella **observarán** el principio de presencia equilibrada en los **nombramientos** que le corresponda efectuar en los **consejos de administración** de las empresas en cuyo capital participe.

C) Medidas de igualdad en el empleo para la Administración General del Estado y para los organismos públicos vinculados o dependientes de ella

a) **Informe de impacto de género en las pruebas de acceso al empleo público (art. 55)**

La aprobación de **convocatorias** de pruebas selectivas para el acceso al empleo público **deberá** acompañarse de un **informe de impacto de género, salvo** en casos de urgencia y siempre sin perjuicio de la prohibición de discriminación por razón de sexo.

b) **Permisos y beneficios de protección a la maternidad y la conciliación de la vida personal, familiar y laboral (art. 56)**

Sin perjuicio de las mejoras que pudieran derivarse de acuerdos suscritos entre la Administración General del Estado o los organismos públicos vinculados o dependientes de ella con los representantes del personal al servicio de la Administración Pública, la normativa aplicable a los mismos **establecerá** un régimen de excedencias, reducciones de jornada, permisos u otros beneficios con el fin de proteger la maternidad y facilitar la conciliación de la vida personal, familiar y laboral. Con la misma finalidad se reconocerá un permiso de paternidad, en los términos que disponga dicha normativa.

c) **Conciliación y provisión de puestos de trabajo (art. 57)**

En las bases de los concursos para la provisión de puestos de trabajo **se computará**, a los efectos de valoración del trabajo desarrollado y de los correspondientes méritos, el tiempo que las personas candidatas hayan permanecido en las situaciones a que se refiere el artículo anterior.

d) **Licencia por riesgo durante el embarazo y lactancia (art. 58)**

Cuando las condiciones del puesto de trabajo de una **funcionaria** incluida en el ámbito de aplicación del mutualismo administrativo pudieran influir negativamente en la salud de la mujer, del hijo e hija, podrá concederse licencia por **riesgo durante el embarazo,** en los mismos términos y condiciones previstas en la normativa aplicable. En estos casos, se garantizará la **plenitud de los derechos económicos** de la funcionaria durante toda la duración de la licencia, de acuerdo con lo establecido en la legislación específica.

Lo dispuesto en el párrafo anterior será también de aplicación durante el período de lactancia natural.

e) **Vacaciones (art. 59)**

Sin perjuicio de las mejoras que pudieran derivarse de acuerdos suscritos entre la Administración General del Estado o los organismos públicos vinculados o dependientes de ella con la representación de los empleados y empleadas al servicio de la Administración Pública, cuando el **periodo de vacaciones coincida** con una incapacidad temporal derivada del embarazo, parto o lactancia natural, o con el permiso de maternidad, o con su ampliación por lactancia, **la empleada pública tendrá derecho** a disfrutar las vacaciones en fecha distinta, aunque haya terminado el año natural al que correspondan.

Gozarán de este **mismo derecho** quienes estén disfrutando de permiso de paternidad.

f) **Acciones positivas en las actividades de formación (art. 60)**

Con el objeto de actualizar los conocimientos de los empleados y empleadas públicas, se otorgará **preferencia,** durante **un año,** en la adjudicación de plazas para participar en los **cursos de formación** a quienes se hayan incorporado al servicio activo procedentes del permiso de maternidad o paternidad, o hayan reingresado desde la situación de excedencia por razones de guarda legal y atención a personas mayores dependientes o personas con discapacidad.

Con el fin de facilitar la promoción profesional de las empleadas públicas y su acceso a puestos directivos en la Administración General del Estado y en los organismos públicos vinculados o dependientes de ella, en las convocatorias de los correspondientes **cursos de formación se reservará al menos un 40% de las plazas** para su adjudicación a **aquéllas** que reúnan los requisitos establecidos.

g) **Formación para la igualdad (art. 61)**

Todas las pruebas de acceso al empleo público de la Administración General del Estado y de los organismos públicos vinculados o dependientes de ella **contemplarán el estudio y la aplicación del principio de igualdad entre mujeres y hombres** en los diversos ámbitos de la función pública.

La Administración General del Estado y los organismos públicos vinculados o dependientes de ella **impartirán cursos de formación sobre la igualdad** de trato y oportunidades entre mujeres y hombres y sobre **prevención de la violencia de género**, que se dirigirán a todo su personal.

h) **Protocolo de actuación frente al acoso sexual y al acoso por razón de sexo (art. 62)**

Para la prevención del acoso sexual y del acoso por razón de sexo, las Administraciones Públicas negociarán con la representación legal de las trabajadoras y trabajadores, un **protocolo** de actuación que **comprenderá**, al menos, los siguientes principios:

a) El compromiso de la Administración General del Estado y de los organismos públicos vinculados o dependientes de ella de prevenir y no tolerar el acoso sexual y el acoso por razón de sexo.

b) La instrucción a todo el personal de su deber de respetar la dignidad de las personas y su derecho a la intimidad, así como la igualdad de trato entre mujeres y hombres.

c) El tratamiento reservado de las denuncias de hechos que pudieran ser constitutivos de acoso sexual o de acoso por razón de sexo, sin perjuicio de lo establecido en la normativa de régimen disciplinario.

d) La identificación de las personas responsables de atender a quienes formulen una queja o denuncia.

i) **Evaluación sobre la igualdad en el empleo público (art. 63)**

Todos los Departamentos Ministeriales y Organismos Públicos **remitirán**, al menos anualmente, a los Ministerios de Igualdad y de Hacienda y Función Pública, información relativa a la aplicación efectiva en cada uno de ellos del principio de igualdad entre mujeres y hombres, con especificación, mediante **la desagregación por sexo de los datos**, de la distribución de su plantilla, grupo de titulación, nivel de complemento de destino y retribuciones promediadas de su personal.

j) **Plan de Igualdad en la Administración General del Estado y en los organismos públicos vinculados o dependientes de ella (art. 64)**

El **Gobierno aprobará, al inicio de cada legislatura, un Plan para la Igualdad entre mujeres y hombres en la Administración General del Estado** y en los organismos públicos vinculados o dependientes de ella. El Plan establecerá los objetivos a alcanzar en materia de promoción de la igualdad de trato y oportunidades en el empleo público, así como las estrategias o medidas a adoptar para su consecución. El Plan será objeto de negociación, y en su caso acuerdo, con la representación legal de los empleados públicos en la forma que se determine en la legislación sobre negociación colectiva en la Administración Pública y su cumplimiento **será evaluado anualmente por el Consejo de Ministros.**

El Consejo de Ministros aprobó el 9 de diciembre de 2020 el III Plan para la Igualdad de Género en la Administración General del Estado y en los Organismos Públicos vinculados o dependientes de ella, publicado mediante la Resolución de 29 de diciembre de 2020, de la Secretaría General de Función Pública.

El **III Plan** responde a los siguientes objetivos específicos y transversales:

1. Medir para mejorar.
2. Cambio cultural.
3. Transversalidad de género (integración de la perspectiva de género en el trabajo del personal de la AGE).
4. Detección temprana y abordaje integral de situaciones especialmente vulnerables.

Hay que resaltar que, a diferencia de los planes anteriores, el Plan incluye solo medidas de carácter transversal, de aplicación al conjunto de la Administración General del Estado, para avanzar en la homogenización a fin de disponer de criterios y acciones comunes para toda la Administración General de Estado. Esto no implica que los diferentes Departamentos Ministeriales y Organismos dependientes puedan desarrollar medidas específicas con base en estas medidas transversales.

El **III Plan** se articula en seis ejes de actuación donde se desarrollan medidas de carácter transversal (68 medidas). Los ejes del Plan son:

- **Eje 1. Medidas instrumentales para una transformación organizativa.** Presenta medidas innovadoras y de calado para promover un cambio estructural favorable a la igualdad entre mujeres y hombres.
- **Eje 2. Sensibilización, formación y capacitación.** Supone el diseño de un Plan Integral de formación en igualdad y el desarrollo de herramientas metodológicas para su total expansión y continuar con la sensibilización en el personal de la AGE.
- **Eje 3. Condiciones de trabajo y desarrollo profesional.** Tiene como fin captar y retener talento femenino, promoviendo el desarrollo de la carrera profesional de las mujeres, creando las condiciones que faciliten el logro de la eliminación de la brecha retributiva de género presente en la AGE.
- **Eje 4. Corresponsabilidad y conciliación de la vida personal, familiar y laboral.** Pretende avanzar en la materia ya iniciada en planes anteriores, apostando por la corresponsabilidad.
- **Eje 5. Violencia contra las mujeres.** Consta de medidas de gran potencia para erradicar esta lacra social, mediante la formación y sensibilización, así como la elaboración de directrices y medidas para apoyar y proteger a la víctima.

- **Eje 6. Interseccionalidad y situaciones de especial protección.** Pretende incorporar, por primera vez, una propuesta de actuación frente a diferentes formas de desigualdad o discriminación contra las mujeres que pudiese darse en el seno de la AGE.

Con **el III Plan de Igualdad de Género**, la AGE establece un doble objetivo: abordar las necesidades reales del personal a su servicio con un alcance global e integral a fin de consolidar la igualdad de trato y de oportunidades entre mujeres y hombres en la organización.

D) Fuerzas Armadas

a) Respeto del principio de igualdad (art. 65)

Las normas sobre personal de las Fuerzas Armadas **procurarán** la efectividad del principio de igualdad entre mujeres y hombres, en especial en lo que se refiere al régimen de acceso, formación, ascensos, destinos y situaciones administrativas.

b) Aplicación de las normas referidas al personal de las Administraciones Públicas (art. 66)

Las normas referidas al personal al servicio de las Administraciones Públicas en materia de **igualdad,** prevención de la **violencia de género y conciliación** de la vida personal, familiar y profesional serán de aplicación en las Fuerzas Armadas, con las adaptaciones que resulten necesarias y en los términos establecidos en su normativa específica.

E) Fuerzas y Cuerpos de Seguridad del Estado

a) Respeto del principio de igualdad (art. 67)

Las normas reguladoras de las Fuerzas y Cuerpos de Seguridad del Estado **promoverán** la igualdad efectiva entre mujeres y hombres, impidiendo cualquier situación de discriminación profesional, especialmente, en el sistema de acceso, formación, ascensos, destinos y situaciones administrativas.

b) Aplicación de las normas referidas al personal de las Administraciones Públicas (art. 68)

Las normas referidas al personal al servicio de las Administraciones Públicas en materia de **igualdad, prevención de la violencia de género y conciliación** de la vida personal, familiar y profesional serán de aplicación en las Fuerzas y Cuerpos de Seguridad del Estado, adaptándose, en su caso, a las peculiaridades de las funciones que tienen encomendadas, en los términos establecidos por su normativa específica.

2.2.10. Igualdad de trato en el acceso a bienes y servicios y su suministro

El Título VI de la Ley está dedicado a la igualdad de trato en el acceso a bienes y servicios, con especial referencia a los seguros.

A) Igualdad de trato en el acceso a bienes y servicios (art. 69)

Todas las personas físicas o jurídicas que, en el **sector público o en el privado**, suministren bienes o servicios disponibles para el público, ofrecidos fuera del ámbito de la vida privada y familiar, **estarán obligadas,** en sus actividades y en las transacciones consiguientes, al cumplimiento del principio de igualdad de trato entre mujeres y hombres, evitando discriminaciones, directas o indirectas, por razón de sexo.

Lo previsto en el párrafo anterior no afecta a la libertad de contratación, incluida la libertad de la persona de elegir a la otra parte contratante, siempre y cuando dicha elección no venga determinada por su sexo.

No obstante lo dispuesto en los apartados anteriores, **serán admisibles las diferencias** de trato en el acceso a bienes y servicios cuando estén justificadas por un propósito legítimo y los medios para lograrlo sean adecuados y necesarios.

B) Protección en situación de embarazo (art. 70)

En el acceso a bienes y servicios, **ningún contratante podrá indagar** sobre la situación de **embarazo** de una mujer demandante de los mismos, **salvo** por razones de protección de su salud.

C) Factores actuariales (art. 71)

Se prohíbe la celebración de contratos de seguros o de servicios financieros afines en los que, al considerar el sexo como factor de cálculo de primas y prestaciones, se generen diferencias en las primas y prestaciones de las personas aseguradas.

Los **costes relacionados con el embarazo y el parto no justificarán** diferencias en las primas y prestaciones de las personas consideradas individualmente, sin que puedan autorizarse diferencias al respecto.

D) Consecuencias del incumplimiento de las prohibiciones (art. 72)

Sin perjuicio de otras acciones y derechos contemplados en la legislación civil y mercantil, la persona que, en el ámbito de aplicación del artículo 69 (sobre igualdad en el acceso a bienes y servicios), sufra una conducta discriminatoria, tendrá derecho a **indemnización** por los daños y perjuicios sufridos.

En el ámbito de los contratos de seguros o de servicios financieros afines, el incumplimiento de la prohibición contenida en el artículo 71 (antes expuesto), otorgará al contratante perjudicado el **derecho a reclamar la asimilación** de sus primas y prestaciones a las del sexo más beneficiado, manteniéndose en los restantes extremos la validez y eficacia del contrato.

2.2.11. La igualdad en la responsabilidad social de las empresas

A) Acciones de responsabilidad social de las empresas en materia de igualdad (art. 73)

Las empresas **podrán** asumir la realización voluntaria de acciones de responsabilidad social, consistentes en **medidas económicas, comerciales, laborales, asistenciales** o de otra naturaleza, destinadas a promover condiciones de igualdad entre las mujeres y los hombres en el seno de la empresa o en su entorno social.

La realización de estas acciones podrá ser concertada con la representación de los trabajadores y las trabajadoras, las organizaciones de consumidores y consumidoras y usuarios y usuarias, las asociaciones cuyo fin primordial sea la defensa de la igualdad de trato entre mujeres y hombres y los Organismos de Igualdad.

Se informará a los representantes de los trabajadores de las acciones que no se concierten con los mismos.

A las decisiones empresariales y acuerdos colectivos relativos a medidas laborales, les será de aplicación la normativa laboral.

B) Publicidad de las acciones de responsabilidad social en materia de igualdad (art. 74)

Las empresas **podrán hacer uso publicitario** de sus acciones de responsabilidad en materia de igualdad, de acuerdo con las condiciones establecidas en la legislación general de publicidad.

El **Instituto de las Mujeres**, u órganos equivalentes de las Comunidades Autónomas, estarán legitimados para ejercer la acción de cesación cuando consideren que pudiera haberse incurrido en supuestos de publicidad engañosa.

C) Participación de las mujeres en los Consejos de administración de las sociedades mercantiles (art. 75)

Las sociedades obligadas a presentar cuenta de pérdidas y ganancias no abreviada **procurarán** incluir en su Consejo de administración un número de mujeres que permita alcanzar una presencia equilibrada de mujeres y hombres en un plazo de **ocho años** a partir de la entrada en vigor de la Ley Orgánica de Igualdad.

Lo previsto en el párrafo anterior se tendrá en cuenta para los nombramientos que se realicen a medida que venza el mandato de los consejeros designados antes de la entrada en vigor de dicha ley.

2.2.12. Disposiciones organizativas

A) Comisión Interministerial de Igualdad entre mujeres y hombres (art. 76)

La Comisión Interministerial de Igualdad entre mujeres y hombres es el **órgano colegiado** responsable de la **coordinación** de las políticas y medidas adoptadas por los departamentos ministeriales con la finalidad de garantizar el derecho a la igualdad entre mujeres y hombres y promover su efectividad.

Su composición y funcionamiento se determinarán reglamentariamente.

La Comisión Interministerial de Igualdad entre mujeres y hombres, regulada por el Real Decreto 1370/2007, de 19 de octubre, como órgano colegiado interministerial, está adscrita en la actualidad, al Ministerio de Igualdad.

Su finalidad será supervisar la integración, de forma activa, del principio de igualdad de trato y oportunidades en la actuación de la Administración General del Estado, así como la coordinación de los distintos departamentos ministeriales en relación con las políticas y medidas por ellos adoptadas, en materia de igualdad de mujeres y hombres y para la erradicación de la violencia contra la mujer.

La Comisión se reunirá, al menos dos veces al año y, en todo caso, cuando lo estime necesario su Presidente.

B) Unidades de Igualdad (art. 77)

En todos los Ministerios se **encomendará a uno de sus órganos directivos** el desarrollo de las funciones relacionadas con el principio de igualdad entre mujeres y hombres en el ámbito de las materias de su competencia y, en particular, las siguientes:

a) Recabar la información estadística elaborada por los órganos del Ministerio y asesorar a los mismos en relación con su elaboración.

b) Elaborar estudios con la finalidad de promover la igualdad entre mujeres y hombres en las áreas de actividad del Departamento.

c) Asesorar a los órganos competentes del Departamento en la elaboración del informe sobre impacto por razón de género.

d) Fomentar el conocimiento por el personal del Departamento del alcance y significado del principio de igualdad mediante la formulación de propuestas de acciones formativas.

e) Velar por el cumplimiento de la ley orgánica de igualdad y por la aplicación efectiva del principio de igualdad.

C) Consejo de Participación de la Mujer (art. 78)

Se crea el Consejo de Participación de la Mujer, como **órgano colegiado de consulta y asesoramiento,** con el fin esencial de servir de cauce para la participación de las mujeres en la consecución efectiva del principio de igualdad de trato y de oportunidades entre mujeres y hombres, y la lucha contra la discriminación por razón de sexo.

Reglamentariamente, se establecerán su régimen de funcionamiento, competencias y composición, **garantizándose,** en todo caso, la participación del conjunto de las Administraciones Públicas y de las asociaciones y organizaciones de mujeres de ámbito estatal.

2.3. Real Decreto 901/2020, de 13 de octubre, por el que se regulan los planes de igualdad y su registro

2.3.1. Objeto

El Real Decreto 901/2020, de 13 de octubre, por el que se regulan los planes de igualdad y su registro y se modifica el Real Decreto 713/2010, de 28 de mayo, tiene por objeto el desarrollo reglamentario de los planes de igualdad, así como su diagnóstico, incluidas las obligaciones de registro, depósito y acceso, conforme a lo previsto en la Ley Orgánica 3/2007, de 22 de marzo, y en las previsiones contenidas en los arts. 17.5 y 85.2 del texto refundido de la Ley del Estatuto de los Trabajadores, aprobado por el Real Decreto legislativo 2/2015, de 23 de octubre, todo ello sin perjuicio de las disposiciones que establezcan al respecto los convenios colectivos, dentro del ámbito de sus competencias.

2.3.2. Ámbito de aplicación

En el caso de empresas de 50 o más personas trabajadoras, las medidas de igualdad, de acuerdo con lo establecido en el art. 45.2 de la Ley Orgánica 3/2007, de 22 de marzo, tendrán que dirigirse a la elaboración y aplicación de un plan de igualdad, con el alcance y contenido previsto en este real decreto.

A las empresas incluidas en el art. 45.3 y 4, les será de aplicación lo establecido en este real decreto, salvo en lo que expresamente se prevea en el convenio colectivo que establezca su adopción o en el acuerdo sancionador, respectivamente.

La elaboración e implantación de planes de igualdad será voluntaria para las demás empresas, previa consulta o negociación con la representación legal de las personas trabajadoras, siéndoles de aplicación lo regulado en este real decreto cuando así resulte de su contenido.

2.3.3. Procedimiento de negociación de los planes de igualdad

Sin perjuicio de las mejoras que puedan establecer los convenios colectivos, las empresas tendrán que iniciar el procedimiento de negociación de sus planes de igualdad y de los diagnósticos previos mediante la constitución de la comisión negociadora, dentro del plazo máximo de los tres meses siguientes al momento en qué hubieran conseguido las personas de plantilla que lo hacen obligatorio.

Las empresas tendrán que tener negociado, aprobado y presentada la solicitud de registro de su plan de igualdad en el plazo máximo de un año a contar desde el día siguiente a la fecha en que finalice el plazo previsto para iniciar el procedimiento de negociación en conformidad con lo establecido en los apartados anteriores.

Los planes de igualdad, incluidos los diagnósticos previos, tendrán que ser objeto de negociación con la representación legal de las personas trabajadoras de acuerdo con el art. 5 del Real Decreto 901/2020. A tales efectos se constituirá una **comisión negociadora** en la cual tendrán que participar de manera paritaria la representación de la empresa y la de las personas trabajadoras.

Como regla general, participarán en la comisión negociadora, por parte de las personas trabajadoras, el comité de empresa, las delegadas y los delegados de personal, en su caso, o las secciones sindicales si las hubiere que, en su conjunto, sumen la mayoría de los miembros del comité. Deberá promoverse la composición equilibrada entre mujeres y hombres de cada una de ambas partes de la comisión negociadora, así como que sus integrantes tengan formación o experiencia en materia de igualdad en el ámbito laboral.

Durante el proceso de negociación, se levantará acta de cada una de las reuniones de la negociación, que tendrán que ser aprobadas y firmadas con manifestaciones de parte, si fuera necesario.

Las partes deberán negociar de buena fe, con vistas a la consecución de un acuerdo. Dicho acuerdo requerirá la conformidad de la empresa y de la mayoría de la representación de las personas trabajadoras que componen la comisión.

El resultado de las negociaciones deberá plasmarse por escrito y firmarse por las partes negociadoras para su posterior remisión a la autoridad laboral competente, a efectos de registro y depósito y publicidad en los términos previstos reglamentariamente.

La comisión negociadora tendrá **competencias** en:

a) Negociación y elaboración del diagnóstico, así como sobre la negociación de las medidas que integrarán el plan de igualdad.

b) Elaboración del informe de los resultados del diagnóstico.

c) Identificación de las medidas prioritarias, a la luz del diagnóstico, su ámbito de aplicación, los medios materiales y humanos necesarios para su implantación, así como las personas o órganos responsables, incluyendo un cronograma de actuaciones.

d) Impulso de la implantación del plan de igualdad en la empresa.

e) Definición de los indicadores de medición y los instrumentos de recogida de información necesarios para realizar el seguimiento y evaluación del grado de cumplimiento de las medidas del plan de igualdad implantadas.

f) Cuantas otras funciones pudieran atribuirle la normativa y el convenio colectivo de aplicación, o se acuerden por la propia comisión, incluida la remisión del plan de igualdad que fuera aprobado ante la autoridad laboral competente a efectos de su registro, depósito y publicación.

Corresponderá a la comisión negociadora el impulso de las primeras acciones de información y sensibilización a la plantilla.

2.3.4. Contenido de los planes de igualdad

Los planes de igualdad se estructurarán de la siguiente forma y tendrán, al menos, el siguiente contenido:

a) Determinación de las partes que los conciertan.

b) Ámbito personal, territorial y temporal.

c) Informe del diagnóstico de situación de la empresa, o en el supuesto a que se refiere el art. 2.6 un informe de diagnóstico de cada una de las empresas del grupo.

d) Resultados de la auditoría retributiva, así como su vigencia y periodicidad en los términos establecidos en el Real Decreto 902/2020, de 13 de octubre, de igualdad retributiva entre mujeres y hombres.

e) Definición de objetivos cualitativos y cuantitativos del plan de igualdad.

f) Descripción de medidas concretas, plazo de ejecución y priorización de estas, así como diseño de indicadores que permitan determinar la evolución de cada medida.

g) Identificación de los medios y recursos, tanto materiales como humanos, necesarios para la implantación, seguimiento y evaluación de cada una de las medidas y objetivos.

h) Calendario de actuaciones para la implantación, seguimiento y evaluación de las medidas del plan de igualdad.

i) Sistema de seguimiento, evaluación y revisión periódica.

j) Composición y funcionamiento de la comisión o órgano paritario encargado del seguimiento, evaluación y revisión periódica de los planes de igualdad.

k) Procedimiento de modificación, incluido el procedimiento para solucionar las posibles discrepancias que pudieran surgir en la aplicación, seguimiento, evaluación o revisión, en cuanto que la normativa legal o convencional no obligue a su adecuación.

Los planes de igualdad pueden incorporar medidas relativas a materias no enumeradas en el artículo 46.2 de la Ley Orgánica 3/2007, de 22 de marzo, como violencia de género, lenguaje y comunicación no sexista u otras, identificando todos los objetivos y las medidas evaluables por cada objetivo fijado para eliminar posibles desigualdades y cualquier discriminación, directa o indirecta, por razón de sexo en el ámbito de la empresa.

En todo caso, las medidas de igualdad contenidas en el plan de igualdad tendrán que responder a la situación real de la empresa individualmente considerada reflejada en el diagnóstico y tendrán que contribuir a conseguir la igualdad real entre mujeres y hombres en la empresa.

El periodo de vigencia o duración de los planes de igualdad, que será determinado, si procede, por las partes negociadoras, no podrá ser superior a cuatro años.

Sin perjuicio de los plazos de revisión que puedan contemplarse de manera específica, y que tendrán que ser coherentes con el contenido de las medidas y objetivos establecidos, los planes de igualdad tendrán que revisarse, en todo caso, cuando concurran las siguientes circunstancias:

a) Cuando tenga que hacerse a consecuencia de los resultados del seguimiento y evaluación previstos en los apartados 4 y 6 del art. 9 del Real Decreto 901/2020.

b) Cuando se ponga de manifiesto su falta de adecuación a los requisitos legales y reglamentarios o su insuficiencia como resultado de la actuación de la Inspección de Trabajo y Seguridad Social.

c) En los supuestos de fusión, absorción, transmisión o modificación del estatus jurídico de la empresa.

d) Ante cualquier incidencia que modifique de manera sustancial la plantilla de la empresa, sus métodos de trabajo, organización o sistemas retributivos, incluidas las inaplicaciones de convenio y las modificaciones sustanciales de condiciones de trabajo o las situaciones analizadas en el diagnóstico de situación que haya servido de base para su elaboración.

e) Cuando una resolución judicial condene a la empresa por discriminación directa o indirecta por razón de sexo o cuando determine la falta de adecuación del plan de igualdad a los requisitos legales o reglamentarios.

Por otro lado, el **Real Decreto 902/2020, de 13 de octubre, de igualdad retributiva entre hombres y mujeres**, complementa la regulación contenida en el Real Decreto 901/2020, de 13 de octubre.

Este Real Decreto establece medidas específicas para hacer efectivo el derecho en la igualdad de trato y a la no discriminación entre mujeres y hombres en materia retributiva.

Así, establece que a fin de garantizar la aplicación efectiva del principio de igualdad de trato y no discriminación en materia retributiva entre mujeres y hombres, las empresas y los convenios colectivos tendrán que integrar y aplicar el principio de transparencia retributiva entendido como aquel que, aplicado a los diferentes aspectos que determinan la retribución de las personas trabajadoras y sobre sus diferentes elementos, permite obtener información suficiente y significativa sobre el valor que se le atribuye a esta retribución.

Establece asimismo que el principio de igual retribución por trabajo de igual valor vincula a todas las empresas, independientemente del número de personas. Un trabajo tendrá igual valor que otro cuando la naturaleza de las funciones o tareas efectivamente encomendadas, las condiciones educativas, profesionales o de formación exigidas para su ejercicio, los factores estrictamente relacionados con su desempeño y las condiciones laborales en las cuales estas actividades se llevan a cabo en realidad sean equivalentes

El Real Decreto establece también una serie de instrumentos de transparencia retributiva y regula la tutela administrativa y judicial.

3. Instituciones que promueven la igualdad en España

3.1. Ministerio de Igualdad

Las competencias en materia de igualdad corresponden actualmente al Ministerio de Igualdad. El **Real Decreto 455/2020, de 10 de marzo,** desarrolla la estructura básica y las competencias de este departamento ministerial.

La Secretaría de Estado de Igualdad y contra la Violencia de Género asume las funciones en esta materia, correspondiéndole entre otras, la propuesta, elaboración y desarrollo de las normas, actuaciones y medidas dirigidas a asegurar la igualdad de trato y de oportunidades, especialmente entre mujeres y hombres, y el fomento de la participación social, política y económica de las mujeres, y la prevención y erradicación de cualquier forma de violencia contra la mujer.

De la Secretaría de Estado dependen los siguientes órganos directivos para la materia de igualdad, con rango de dirección general:

— La Delegación del Gobierno contra la Violencia de Género.

— La Dirección General para la Igualdad de trato y Diversidad Étnico Racial..

— La Dirección General de Diversidad Sexual y Derechos LGTBI.

3.2. El Instituto de las Mujeres

El Instituto de la Mujer fue creado por la **Ley 16/1983, de 24 de octubre**, con el carácter de un organismo autónomo que inicialmente estuvo adscrito al Ministerio de Trabajo y Asuntos Sociales, y en la actualidad, está adscrito al Ministerio de Igualdad a través de la Secretaría de Estado de Igualdad y contra la Violencia de Género. Con la Ley 11/2020, de 30 de diciembre, de Presupuestos Generales del Estado para el año 2021 cambia su denominación, pasando a denominarse Instituto de las Mujeres.

La finalidad de este organismo es:

- Promover y fomentar las condiciones que posibiliten la igualdad social de ambos sexos.
- La participación de la mujer en la vida política, cultural, económica y social.
- Prevenir y eliminar toda clase de discriminación de las personas por razón de nacimiento, sexo, origen racial o étnico, religión o ideología, orientación o identidad sexual, edad, discapacidad o cualquier otra condición o circunstancia personal o social.

3.3. El Observatorio de la Igualdad de Oportunidades entre Hombres y Mujeres

El **Real Decreto 1686/2000, de 6 de octubre**, crea el Observatorio de la Igualdad de Oportunidades entre Hombres y Mujeres, que tiene por objeto la construcción de un sistema de información con capacidad para conocer la situación de las mujeres, respecto a la de los hombres, y el efecto de las políticas institucionales puestas en marcha, para promover la participación de las mujeres, en todos los ámbitos, en un plano de igualdad.

4. Ley Orgánica 1/2004, de 28 de diciembre, de Medidas de Protección Integral contra la Violencia de Género

La violencia de género no es un problema que afecte al ámbito privado. Al contrario, se manifiesta como el símbolo más brutal de la desigualdad existente en nuestra sociedad. Se trata de una violencia que se dirige sobre las mujeres por el hecho mismo de serlo, por ser consideradas, por sus agresores, carentes de los derechos mínimos de libertad, respeto y capacidad de decisión.

Nuestra Constitución incorpora en su artículo 15 el derecho de todos a la vida y a la integridad física y moral, sin que en ningún caso puedan ser sometidos a torturas ni a penas o tratos inhumanos o degradantes. Además, continúa nuestra Carta Magna, estos derechos vinculan a todos los poderes públicos y solo por ley puede regularse su ejercicio.

En la realidad española, las agresiones sobre las mujeres tienen una especial incidencia, existiendo hoy una mayor conciencia que en épocas anteriores sobre esta, gracias, en buena medida, al esfuerzo realizado por las organizaciones de mujeres en su lucha contra todas las formas de violencia de género. Ya no es un «delito invisible», sino que produce un rechazo colectivo y una evidente alarma social.

Los poderes públicos no pueden ser ajenos a la violencia de género, que constituye uno de los ataques más flagrantes a derechos fundamentales como la libertad, la igualdad, la vida, la seguridad y la no discriminación proclamados en nuestra Constitución. Esos mismos poderes públicos tienen, conforme a lo dispuesto en el artículo 9.2 de la Constitución, la obligación de adoptar medidas de acción positiva para hacer reales y efectivos dichos derechos, removiendo los obstáculos que impiden o dificultan su plenitud.

En los últimos años se han producido en el derecho español avances legislativos en materia de lucha contra la violencia de género, tales como la Ley Orgánica 11/2003, de 29 de septiembre, de Medidas Concretas en Materia de Seguridad Ciudadana, Violencia Doméstica e Integración Social de los Extranjeros; la Ley Orgánica 15/2003, de 25 de noviembre, por la que se modifica la Ley Orgánica 10/1995, de 23 de noviembre, del Código Penal, o la Ley 27/2003, de 31 de julio, Reguladora de la Orden de Protección de las Víctimas de la Violencia Doméstica; además de las leyes aprobadas por diversas Comunidades Autónomas, dentro de su ámbito competencial. Todas ellas han incidido en distintos ámbitos civiles, penales, sociales o educativos a través de sus respectivas normativas.

En un nuevo intento de lucha contra esta situación fue aprobada (por unanimidad) la **Ley Orgánica 1/2004, de 28 de diciembre, de Medidas de Protección Integral contra la Violencia de Género.**

El ámbito de la ley abarca tanto los aspectos preventivos, educativos, sociales, asistenciales y de atención posterior a las víctimas, como la normativa civil que incide en el ámbito familiar o de convivencia donde principalmente se producen las agresiones, así como el principio de subsidiariedad en las Administraciones Públicas. Igualmente se aborda con decisión la respuesta punitiva que deben recibir todas las manifestaciones de violencia que esta Ley regula.

La violencia de género se enfoca por la ley de un modo integral y multidisciplinar, empezando por el proceso de socialización y educación.

La Ley Orgánica 1/2004 comprende: 72 artículos, distribuidos entre un Título Preliminar y 5 Títulos numerados; incluye además: 20 Disposiciones Adicionales; 2 Disposiciones Transitorias; 1 Disposición Derogatoria y 7 Disposiciones Finales.

— **Exposición de motivos.**

— **Título Preliminar.**

— **Título I.** Medidas de sensibilización, prevención y detección.

- Capítulo I. En el ámbito educativo.
- Capítulo II. En el ámbito de la publicidad y de los medios de comunicación
- Capítulo III. En el ámbito sanitario.

— **Título II.** Derechos de las mujeres víctimas de violencia de género.

- Capítulo I. Derecho a la información, a la asistencia social integral y a la asistencia jurídica gratuita.
- Capítulo II. Derechos laborares y prestaciones a la Seguridad Social.
- Capítulo III. Derechos de las funcionarias públicas.
- Capítulo IV. Derechos económicos.

— **Título III.** Tutela Institucional.

— **Título IV.** Tutela Penal.

— **Título V.** Tutela Judicial:

- Capítulo I. De los Juzgados de Violencia sobre la Mujer.
- Capítulo II. Normas procesales civiles.
- Capítulo III. Normas procesales penales.
- Capítulo IV. Medidas judiciales de protección y de seguridad de las víctimas.
- Capítulo V. Del Fiscal contra la Violencia sobre la Mujer.

Esta ley orgánica se publicó en el BOE el 29 de diciembre del 2004 y entró en vigor a los treinta días de dicha publicación, salvo los Títulos IV y V, que entraron en vigor a los seis meses.

4.1. Título Preliminar

En este título se recogen las disposiciones generales de la ley que se refieren a su **objeto y principios rectores.**

La presente ley tiene por **objeto** actuar contra la violencia que, como manifestación de la discriminación, la situación de desigualdad y las relaciones de poder de los hombres sobre las mujeres, se ejerce sobre estas por parte de quienes sean o hayan sido sus cónyuges o de quienes estén o hayan estado ligados a ellas por relaciones similares de afectividad, aun sin convivencia.

Por esta ley se establecen medidas de protección integral cuya finalidad es prevenir, sancionar y erradicar esta violencia y prestar asistencia a las mujeres, a sus hijos menores y a los menores sujetos a su tutela, o guarda y custodia, víctimas de esta violencia.

La violencia de género a que se refiere la presente Ley comprende todo acto de violencia física y psicológica, incluidas las agresiones a la libertad sexual, las amenazas, las coacciones o la privación arbitraria de libertad.

La violencia de género a que se refiere esta Ley también comprende la violencia que con el objetivo de causar perjuicio o daño a las mujeres se ejerza sobre sus familiares o allegados menores de edad por parte de las personas indicadas en el apartado primero (art. 1).

Entre los **principios rectores** de la ley destacan (art. 2):

1. Fortalecer las medidas de sensibilización ciudadana de prevención, dotando para ello a los poderes públicos de instrumentos eficaces.
2. Consagrar derechos de las mujeres víctimas de la violencia de género, exigibles ante las Administraciones Públicas.

3. Reforzar los servicios sociales de información, atención, apoyo y recuperación integral, así como establecer un sistema para la eficaz coordinación de los servicios ya existentes a nivel municipal y autonómico.

4. Garantizar los derechos en el ámbito laboral y funcionarial, así como los derechos económicos de las mujeres víctimas de la violencia de género.

5. Establecer un sistema integral de tutela institucional en el que la Administración General del Estado, a través de la Delegación Especial del Gobierno contra la Violencia sobre la Mujer, en colaboración con el Observatorio Estatal de la Violencia sobre la Mujer (esta Delegación Especial fue suprimida y sustituida por la Delegación del Gobierno contra la Violencia de Género), impulse la creación de políticas públicas dirigidas a ofrecer la tutela a las víctimas de violencia de género.

6. Fortalecer el marco penal y procesal para asegurar una protección integral.

7. Coordinar los recursos de los distintos poderes públicos para asegurar la prevención de la violencia de género y, en su caso, la sanción adecuada a los responsables de la misma.

8. Promover la colaboración y participación de las entidades, asociaciones y organizaciones que dentro de la sociedad civil actúan contra la violencia de género.

9. Fomentar la especialización de los colectivos profesionales que intervienen en la información, atención y protección de las víctimas.

10. Garantizar la transversalidad de las medidas, para que se tengan en cuenta las necesidades específicas de todas las mujeres víctimas de la violencia de género.

4.2. Título Primero: "Medidas de sensibilización, prevención y detección"

En este título se determinan las medidas de sensibilización, prevención y detección e intervención en diferentes ámbitos: **educación, publicidad y sanidad.**

Con carácter general se pondrá en marcha, por el Gobierno, un Plan Nacional de Sensibilización y Prevención de la Violencia de Género que como mínimo introduzca en el escenario social las nuevas escalas de valores basadas en el respeto de los derechos y libertades fundamentales y de la igualdad entre los hombres y mujeres, así como en el ejercicio de la tolerancia y de la libertad dentro de los principios democráticos de convivencia.

Dicho Plan será controlado por un Comisión de amplia participación, en la que se asegurará la presencia de los afectados, las instituciones, los profesionales y de personas de reconocido prestigio social relacionado con el tratamiento de estos.

Además, los poderes públicos impulsarán campañas de información y sensibilización específicas con el fin de prevenir la violencia de género (art. 3).

El Consejo de Ministros de 15 de diciembre del 2006 aprobó el Plan Nacional de Sensibilización y Prevención de la Violencia de Género, así como un Catálogo de Medidas Urgentes en esta materia. Entre las medidas de dicho Plan destaca la puesta en marcha de un nuevo servicio telefónico (016) de información y asesoramiento adecuados a la situación de las víctimas de violencia de género en todo el territorio nacional, con independencia de su residencia.

4.2.1. Capítulo I: Ámbito educativo (arts. 4 a 9)

El sistema educativo español incluirá entre sus **fines** la formación en el respeto de los derechos y libertades fundamentales y de la igualdad entre hombres y mujeres, así como en el ejercicio de la tolerancia y de la libertad dentro de los principios democráticos de convivencia. Igualmente, el sistema educativo español incluirá, dentro de sus **principios de calidad**, la eliminación de los obstáculos que dificultan la plena igualdad entre hombres y mujeres y la formación para la prevención de conflictos y para la resolución pacífica de los mismos.

Medidas concretas:

1. La **Educación Infantil** contribuirá a desarrollar en la infancia el aprendizaje en la resolución pacífica de conflictos.

2. La **Educación Primaria** contribuirá a desarrollar en el alumnado su capacidad para adquirir habilidades en la resolución pacífica de conflictos y para comprender y respetar la igualdad entre sexos.

3. La **Educación Secundaria Obligatoria** contribuirá a desarrollar en el alumnado la capacidad para relacionarse con los demás de forma pacífica y para conocer, valorar y respetar la igualdad de oportunidades de hombres y mujeres.

4. El **Bachillerato** y la **Formación Profesional** contribuirán a desarrollar en el alumnado la capacidad para consolidar su madurez personal, social y moral, que les permita actuar de forma responsable y autónoma y para analizar y valorar críticamente las desigualdades de sexo y fomentar la igualdad real y efectiva entre hombres y mujeres.

5. La **Enseñanza** para las **personas adultas** incluirá entre sus objetivos desarrollar actividades en la resolución pacífica de conflictos y fomentar el respeto a la dignidad de las personas y a la igualdad entre hombres y mujeres.

6. Las **Universidades** incluirán y fomentarán en todos los ámbitos académicos la formación, docencia e investigación en igualdad de género y no discriminación de forma transversal.

Además, las Administraciones educativas **deberán** prever la escolarización inmediata de los hijos afectados por un cambio de residencia derivado de actos de violencia de género y **velarán** para que en todos los materiales educativos se eliminen los estereotipos sexistas o discriminatorios y para que fomenten el igual valor de hombres y mujeres.

En relación con la formación del **profesorado**, las Administraciones educativas **adoptarán** las medidas necesarias para que en los planes de formación inicial y permanente del profesorado se incluya una formación específica en materia de igualdad, con el fin de asegurar que adquieren los conocimientos y las técnicas necesarias que les habiliten para, entre otros objetivos, la detección precoz de la violencia en el ámbito familiar, especialmente sobre la mujer y los hijos o hijas, así como para la educación en la prevención de conflictos y en la resolución pacífica de los mismos.

Se adoptarán medidas para asegurar que los Consejos Escolares impulsen la adopción de medidas educativas que fomenten la igualdad real y efectiva entre mujeres y hombres. Con el mismo fin, en el Consejo Escolar del Estado se asegurará la representación del Instituto de la Mujer y para la Igualdad de Oportunidades de las organizaciones que defiendan los intereses de las mujeres.

Por último, prevé la ley, que los servicios de inspección velarán por el cumplimiento y aplicación de los principios y valores del sistema educativo destinados a fomentar la igualdad entre mujeres y hombres.

4.2.2. Capítulo II: Ámbito de la publicidad y de los medios de comunicación (arts. 10 a 14)

La publicidad habrá de **respetar** la dignidad de las mujeres y su derecho a una imagen no estereotipada, ni discriminatoria, tanto si se exhibe en los medios de comunicación públicos como en los privados. En consecuencia y de acuerdo con lo establecido en la Ley 34/1988, de 11 de noviembre, General de la Publicidad, se considerará **ilícita** la publicidad que utilice la imagen de la mujer con carácter vejatorio o discriminatorio.

Se legitima para ejercitar ante los Tribunales la **acción de cesación** de la publicidad ilícita que utilice de forma vejatoria a las mujeres: a las instituciones (entre las cuales destacan: la Delegación del Gobierno contra la Violencia de Género, el Instituto de la Mujer y para la Igualdad de Oportunidades u órgano equivalente de cada Comunidad Autónoma y el Ministerio Fiscal) y a las asociaciones que trabajen a favor de la igualdad entre hombres y mujeres.

Las Administraciones Públicas **velarán** por el cumplimiento estricto de la legislación en lo relativo a la protección y salvaguarda de los derechos fundamentales, con especial atención a la erradicación de conductas favorecedoras de situaciones de desigualdad de las mujeres en todos los medios de comunicación social, de acuerdo con la legislación vigente.

La Administración pública promoverá acuerdos de **autorregulación** que, contando con mecanismos de control preventivo y de resolución extrajudicial de controversias eficaces, contribuyan al cumplimiento de la legislación publicitaria.

Los medios de comunicación **fomentarán** la protección y salvaguarda de la igualdad entre hombre y mujer, evitando toda discriminación entre ellos.

La difusión de **informaciones** relativas a la **violencia** sobre la mujer garantizará, con la correspondiente objetividad informativa, la defensa de los derechos humanos, la libertad y dignidad de las mujeres víctimas de violencia y de sus hijos. En particular, se tendrá especial cuidado en el tratamiento gráfico de las informaciones.

4.2.3. Capítulo III: Ámbito sanitario (arts. 15 y 16)

Las Administraciones sanitarias, en el seno del Consejo Interterritorial del Sistema Nacional de Salud, **promoverán e impulsarán** actuaciones de los profesionales sanitarios para la detección precoz de la violencia de género y propondrán las medidas que estimen necesarias a fin de optimizar la contribución del sector sanitario en la lucha contra este tipo de violencia.

En particular, se desarrollarán programas de **sensibilización y formación continuada** del personal sanitario con el fin de mejorar e impulsar el diagnóstico precoz, la asistencia y la rehabilitación de la mujer en las situaciones de violencia de género a que se refiere esta ley.

Las Administraciones educativas competentes **asegurarán** que en los ámbitos curriculares de las licenciaturas y diplomaturas, y en los programas de especialización de las profesiones sociosanitarias, se incorporen contenidos dirigidos a la capacitación para la prevención, la detección precoz, intervención y apoyo a las víctimas de esta forma de violencia.

En los Planes Nacionales de Salud se **contemplará** un apartado de prevención e intervención integral en violencia de género.

Asimismo, se creará, en el seno del Consejo Interterritorial del Sistema Nacional de Salud, una **Comisión contra la violencia de género** encargada de apoyar técnicamente, de coordinar y de evaluar las medidas sanitarias establecidas en la Ley. En dicha Comisión estarán representadas todas las Comunidades Autónomas con competencias en la materia y emitirá un informe anual que será remitido al Observatorio Estatal de la Violencia sobre la Mujer y al Pleno del Consejo Interterritorial.

La sesión plenaria del Consejo Interterritorial del SNS celebrada el día 22 de septiembre del 2004, acordó la creación de una Comisión contra la Violencia de Género, presidida por el Secretario General de Sanidad y de la que forman parte representantes de las Comunidades Autónomas, del Ministerio competente en Igualdad y del Instituto de la Mujer y para la Igualdad de Oportunidades. Esta Comisión se constituyó el 17 de noviembre del 2004 y al aprobarse la Ley Orgánica 1/2004, asumió la gestión de los compromisos sanitarios que en ella se recogen.

4.3. Título Segundo: "Derechos de las mujeres víctimas de la violencia de género"

4.3.1. Capítulo I: Derecho a la información, a la asistencia social integral y a la asistencia jurídica gratuita

A) Garantía de los derechos de las víctimas (art. 17)

Todas las mujeres víctimas de violencia de género, con independencia de su origen, religión o cualquier otra condición o circunstancia personal o social, tienen garantizados los derechos reconocidos en esta ley.

La información, la asistencia social integral y la asistencia jurídica a las víctimas de la violencia de género, contribuyen a hacer reales y efectivos sus derechos constitucionales a la integridad física y moral, a la libertad y seguridad y a la igualdad y no discriminación por razón de sexo.

B) Derecho a la información (art. 18)

Las mujeres víctimas de violencia de género tienen derecho a recibir plena información y asesoramiento adecuado a su situación personal, a través de los servicios, organismos u oficinas que puedan disponer las Administraciones Públicas.

Dicha información **comprenderá** las medidas contempladas en esta ley relativas a su protección y seguridad, y los derechos y ayudas previstos en la misma, así como la referente al lugar de prestación de los servicios de atención, emergencia, apoyo y recuperación integral.

Se garantizará, a través de los medios necesarios, que las mujeres con **discapacidad** víctimas de violencia de género tengan acceso integral a la información sobre sus derechos y sobre los recursos existentes (se utilizarán formatos accesibles como por ejemplo el lenguaje de signos).

C) Derecho a la asistencia social integral (art. 19)

Las mujeres víctimas de violencia de género tienen **derecho** a servicios sociales de atención, de emergencia, de apoyo y acogida y de recuperación integral. La organización de estos servicios por parte de las Comunidades Autónomas y las Corporaciones Locales, responderá a los principios de atención permanente, actuación urgente, especialización de prestaciones y multidisciplinariedad profesional.

La **atención multidisciplinar** implicará especialmente:

1. Información a las víctimas.
2. Atención psicológica.
3. Apoyo social.
4. Seguimiento de las reclamaciones de los derechos de la mujer.

5. Apoyo educativo a la unidad familiar.

6. Formación preventiva en los valores de igualdad dirigida a su desarrollo personal y a la adquisición de habilidades en la resolución no violenta de conflictos.

7. Apoyo a la formación e inserción laboral.

Los servicios adoptarán fórmulas organizativas que, por la especialización de su personal, por sus características de convergencia e integración de acciones, garanticen la efectividad de los indicados principios.

Estos servicios actuarán coordinadamente y en colaboración con los Cuerpos de Seguridad, los Jueces de Violencia sobre la Mujer, los servicios sanitarios y las instituciones encargadas de prestar asistencia jurídica a las víctimas, del ámbito geográfico correspondiente. Estos servicios podrán solicitar al Juez las medidas urgentes que consideren necesarias.

También tendrán derecho a la asistencia social integral a través de estos servicios sociales los menores que se encuentren bajo la patria potestad o guarda y custodia de la persona agredida (a tal fin los servicios sociales deberán contar con personal especialmente formado para atender a los menores).

D) Asistencia jurídica (art. 20)

Las víctimas de violencia de género tienen derecho a recibir asesoramiento jurídico gratuito en el momento inmediatamente previo a la interposición de la denuncia, y a la defensa y representación gratuitas por abogado y procurador en todos los procesos y procedimientos administrativos que tengan causa directa o indirecta en la violencia padecida. En estos supuestos, una misma dirección letrada deberá asumir la defensa de la víctima, siempre que con ello se garantice debidamente su derecho de defensa. Este derecho asistirá también a los causahabientes en caso de fallecimiento de la víctima, siempre que no fueran partícipes en los hechos. En todo caso, se garantizará la defensa jurídica, gratuita y especializada de forma inmediata a todas las víctimas de violencia de género que lo soliciten.

En todo caso, cuando se trate de garantizar la defensa y asistencia jurídica a las víctimas de violencia de género, se procederá de conformidad con lo dispuesto en la Ley 1/1996, de 10 enero, de Asistencia Jurídica Gratuita.

Los Colegios de Abogados, cuando exijan para el ejercicio del turno de oficio cursos de especialización, asegurarán una formación específica que coadyuve al ejercicio profesional de una defensa eficaz en materia de violencia de género.

Igualmente, los Colegios de Abogados adoptarán las medidas necesarias para la designación urgente de letrado o letrada de oficio en los procedimientos que se sigan por violencia de género y para asegurar su inmediata presencia y asistencia a las víctimas.

Los Colegios de Procuradores adoptarán las medidas necesarias para la designación urgente de procurador o procuradora en los procedimientos que se sigan por violencia de género cuando la víctima desee personarse como acusación particular.

El abogado o abogada designado para la víctima tendrá también habilitación legal para la representación procesal de aquella hasta la designación del procurador o procuradora, en tanto la víctima no se haya personado como acusación conforme a lo dispuesto en el apartado siguiente. Hasta entonces cumplirá el abogado o abogada el deber de señalamiento de domicilio a efectos de notificaciones y traslados de documentos.

Las víctimas de violencia de género podrán personarse como acusación particular en cualquier momento del procedimiento si bien ello no permitirá retrotraer ni reiterar las actuaciones ya practicadas antes de su personación, ni podrá suponer una merma del derecho de defensa del acusado.

4.3.2. Capítulo II: Derechos laborales y prestaciones de la Seguridad Social

A) Derechos laborales y prestaciones de la Seguridad Social (art. 21)

La trabajadora víctima de violencia de género tendrá derecho, en los términos previstos en el texto refundido de la Ley del Estatuto de los Trabajadores, a la **reducción** o a la reordenación de su tiempo de trabajo, a la **movilidad geográfica**, al **cambio de centro** de trabajo, a la **suspensión** de la relación laboral con reserva de puesto de trabajo y a la **extinción** del contrato de trabajo.

En los términos previstos en el texto refundido de la Ley General de la Seguridad Social, la suspensión y la extinción del contrato de trabajo previstas en el apartado anterior darán lugar a situación legal de **desempleo**. El tiempo de suspensión se considerará como período de cotización efectiva a efectos de las prestaciones de Seguridad Social y de desempleo.

Las empresas que formalicen contratos de interinidad para sustituir a trabajadoras víctimas de violencia de género que hayan suspendido su contrato de trabajo o ejercitado su derecho a la movilidad geográfica o al cambio de centro de trabajo, tendrán derecho a una **bonificación** del 100% de las cuotas empresariales a la Seguridad Social por contingencias comunes, durante **todo** el período de suspensión de la trabajadora sustituida o durante **seis meses** en los supuestos de movilidad geográfica o cambio de centro de trabajo. Cuando se produzca la reincorporación, esta se realizará en las mismas condiciones existentes en el momento de la suspensión del contrato de trabajo.

Las **ausencias o faltas de puntualidad** al trabajo motivadas por la situación física o psicológica derivada de la violencia de género se considerarán **justificadas**, cuando así lo determinen los servicios sociales de atención o servicios de salud, según proceda, sin perjuicio de que dichas ausencias sean comunicadas por la trabajadora a la empresa a la mayor brevedad.

A las trabajadoras por **cuenta propia** víctimas de violencia de género que cesen en su actividad para hacer efectiva su protección o su derecho a la asistencia social integral, se les suspenderá la obligación de cotización durante un período de **seis meses,** que les serán considerados como de cotización efectiva a efectos de las prestaciones de Seguridad Social. Asimismo, su situación será considerada como asimilada al alta.

B) Programa específico de empleo (art. 22)

En el marco del Plan de Empleo del Reino de España, se **incluirá** un programa de acción específico para las víctimas de violencia de género inscritas como demandantes de empleo.

Este programa incluirá medidas para favorecer el inicio de una nueva actividad por cuenta propia.

C) Acreditación de las situaciones de violencia de género ejercida sobre las trabajadoras (art. 23)

Las situaciones de violencia de género que dan lugar al reconocimiento de los derechos regulados en este capítulo **se acreditarán** mediante una **sentencia condenatoria** por un delito de violencia de género, una **orden de protección** o cualquier **otra resolución judicial que acuerde una medida cautelar a favor de la víctima**, o bien por el **informe del Ministerio Fiscal** que indique la existencia de indicios de que la demandante es víctima de violencia de género. También podrán acreditarse las situaciones de violencia de género mediante **informe de los servicios sociales, de los servicios especializados**, o **de los servicios de acogida** destinados a víctimas de violencia de género de la Administración Pública competente; o por **cualquier otro título**, siempre que ello esté previsto en las disposiciones normativas de carácter sectorial que regulen el acceso a cada uno de los derechos y recursos.

El **Gobierno** y las **Comunidades Autónomas**, en el marco de la Conferencia Sectorial de Igualdad, **diseñarán**, de común acuerdo, los **procedimientos básicos** que permitan poner en marcha los sistemas de acreditación de las situaciones de violencia de género.

En virtud de la orden de protección regulada en la Ley 27/2003, de 31 de julio, las víctimas de violencia de género quedan amparadas por un estatuto integral de protección a través de un rápido y sencillo procedimiento judicial, sustanciado ante el Juzgado de Violencia sobre la Mujer (o el Juzgado de Instrucción de guardia). En un plazo máximo de 72 horas, desde la denuncia, el juez dictará de forma cautelar una resolución judicial (la orden de protección) que incorporará tanto las medidas restrictivas de la libertad de movimientos del agresor, como las dirigidas a proporcionar seguridad, estabilidad y protección jurídica a la persona agredida y a su familia.

También se creó, para mejorar la efectividad de estas órdenes, por Real Decreto 355/2004, de 5 de marzo, un Registro Central para la protección de las víctimas de la violencia doméstica, que constituye un sistema de información relativo a las penas y medidas de seguridad impuestas en sentencias por delito o falta y las medidas cautelares y órdenes de protección acordadas en procedimientos penales en tramitación, cuando las víctimas pertenecen al denominado "ámbito doméstico" que incluye a las personas incluidas en el art. 173.2 del Código Penal (este precepto se transcribe en el epígrafe 4.5 de este tema dentro de la Tutela Penal). Este Registro se regula actualmente en el Real Decreto 95/2009, de 6 de febrero, por el que se regula el sistema de registros administrativos de apoyo a la Administración de Justicia, y que deroga el Real Decreto de creación del registro.

4.3.3. Capítulo III: Derechos de las funcionarias públicas

Sin perjuicio del estudio detallado de tales derechos reconocidos en la legislación específica de función pública y cuyo análisis corresponde a los temas de este programa relativos a dicha disciplina, podemos destacar aquí, que en la Ley Orgánica 1/2004 se contienen las siguientes previsiones:

La funcionaria víctima de violencia de género tendrá derecho a la **reducción** o a la **reordenación** de su tiempo de trabajo, a la **movilidad** geográfica de centro de trabajo y a la **excedencia** en los términos que se determinen en su legislación específica **(art. 24).**

Las **ausencias** totales o parciales al trabajo motivadas por la situación física o psicológica derivada de la violencia de género sufrida por una mujer funcionaria se considerarán **justificadas** en los términos que se determine en su legislación específica **(art. 25).**

La acreditación de las circunstancias que dan lugar al reconocimiento de los derechos de movilidad geográfica de centro de trabajo, excedencia, y reducción o reordenación del tiempo de trabajo, se realizará en los términos establecidos en el artículo 23, ya explicado **(art. 26).**

4.3.4. Capítulo IV: Derechos económicos

A) Ayudas sociales (art. 27)

Cuando las víctimas de violencia de género careciesen de rentas superiores, en cómputo mensual, al 75% del salario mínimo interprofesional, excluida la parte proporcional de dos pagas extraordinarias, recibirán una ayuda de pago único, siempre que se presuma que debido a su edad, falta de preparación general o especializada y circunstancias sociales, la víctima tendrá especiales dificultades para obtener un empleo y por dicha circunstancia no participará en los programas de empleo establecidos para su inserción profesional.

El importe de esta ayuda será equivalente al de **seis meses** de subsidio por desempleo. Cuando la víctima de la violencia ejercida contra la mujer tuviera reconocida oficialmente una discapacidad en grado igual o superior al 33%, el importe será equivalente a **12 meses** de subsidio por desempleo.

En el caso de que la víctima tenga **responsabilidades familiares**, su importe podrá alcanzar el de un período equivalente al de 18 meses de subsidio, o de **24 meses** si la víctima o alguno de los familiares que conviven con ella tiene reconocida oficialmente una discapacidad en grado igual o superior al 33%, en los términos que establezcan las disposiciones de desarrollo de la presente ley.

Estas ayudas, financiadas con cargo a los Presupuestos Generales del Estado, serán concedidas por las Administraciones competentes en materia de servicios sociales, y serán compatibles con cualquiera de las previstas en la Ley 35/1995, de 11 de diciembre, de Ayudas y Asistencia a las Víctimas de Delitos Violentos y contra la Libertad Sexual, así como con cualquier otra ayuda económica de carácter autonómico o local concedida por la situación de violencia de género.

B) Acceso a la vivienda y residencias públicas para mayores (art. 28)

Las mujeres víctimas de violencia de género serán consideradas colectivos prioritarios en el acceso a viviendas protegidas y residencias públicas para mayores, en los términos que determine la legislación aplicable.

4.4. Título Tercero: Tutela Institucional

4.4.1. Delegación del Gobierno contra la Violencia de Género (art. 29)

La Ley Orgánica 1/2004 previó la creación de la Delegación Especial del Gobierno contra la Violencia sobre la Mujer, como un órgano adscrito al denominado en aquella fecha como Ministerio de Trabajo y Asuntos Sociales. Su misión era formular las políticas públicas en relación con la violencia de género a desarrollar por el Gobierno, y coordinar e impulsar cuantas acciones se realizasen en dicha materia, trabajando en colaboración y coordinación con las Administraciones con competencia en la materia.

Su creación se hizo efectiva a través de la Orden PRE/525/2005, de 7 de marzo, por la que se publicaba el Acuerdo del Consejo de Ministros de adopción de medidas para favorecer la igualdad entre mujeres y hombres.

Dicha Delegación Especial fue suprimida por el Real Decreto 438/2008, de 14 de abril, por el que se aprobó la nueva estructura orgánica básica de los departamentos ministeriales. En su lugar y asumiendo sus competencias, dicho Real Decreto creó la Delegación del Gobierno para la Violencia de Género, que ha pasado a denominarse más tarde Delegación del Gobierno contra la Violencia de Género. En la actualidad esta Delegación está adscrita al Ministerio de Igualdad, a través de la Secretaría de Estado de Igualdad y contra la Violencia de Género.

4.4.2. Observatorio Estatal de Violencia sobre la Mujer (art. 30)

El Observatorio Estatal de Violencia sobre la Mujer es un órgano colegiado adscrito al Ministerio de Igualdad a través de la Delegación del Gobierno contra la Violencia de Género, al que corresponderá el **asesoramiento, evaluación, colaboración** institucional, **elaboración** de informes y estudios, y propuestas de actuación en materia de violencia de género. Estos informes, estudios y propuestas considerarán de forma especial la situación de las mujeres con mayor riesgo de sufrir violencia de género o con mayores dificultades para acceder a los servicios. En cualquier caso, los datos contenidos en dichos informes, estudios y propuestas se consignarán desagregados por sexo.

El Observatorio Estatal de Violencia sobre la Mujer remitirá al Gobierno y a las Comunidades Autónomas, con **periodicidad anual**, un **informe** sobre la evolución de la violencia ejercida sobre la mujer, con determinación de los tipos penales que se hayan aplicado, y de la efectividad de las medidas acordadas para la protección de las víctimas. El informe destacará asimismo las necesidades de reforma legal con objeto de garantizar que la aplicación de las medidas de protección adoptadas puedan asegurar el máximo nivel de tutela para las mujeres.

Reglamentariamente se determinarán sus funciones, su régimen de funcionamiento y su composición, en la que se garantizará, en todo caso, la participación de las Comunidades Autónomas, las entidades locales, los agentes sociales, las asociaciones de consumidores y usuarios, y las organizaciones de mujeres con implantación en todo el territorio del Estado así como de las organizaciones empresariales y sindicales más representativas.

En desarrollo de esta previsión el Real Decreto 253/2006, de 3 de marzo, establece las funciones, el régimen de funcionamiento y la composición del Observatorio Estatal de Violencia sobre la Mujer.

4.4.3. Fuerzas y Cuerpos de Seguridad (art. 31)

El **Gobierno** establecerá, en las Fuerzas y Cuerpos de Seguridad del Estado, unidades especializadas en la prevención de la violencia de género y en el control de la ejecución de las medidas judiciales adoptadas (ejemplos: UPAP, EMUME...).

El Gobierno, con el fin de hacer más efectiva la protección de las víctimas, promoverá las actuaciones necesarias para que las Policías Locales, en el marco de su colaboración con las Fuerzas y Cuerpos de Seguridad del Estado, cooperen en asegurar el cumplimiento de las medidas acordadas por los órganos judiciales para tal protección.

Lo previsto en este artículo se aplicará a las Comunidades Autónomas que cuenten con cuerpos de policía que desarrollen las funciones de protección de las personas y bienes y el mantenimiento del orden y la seguridad ciudadana dentro del territorio autónomo.

4.4.4. Planes de colaboración (art. 32)

Los **poderes públicos** elaborarán **planes de colaboración** que garanticen la ordenación de sus actuaciones en la prevención, asistencia y persecución de los actos de violencia de género, que deberán implicar a las Administraciones sanitarias, la Administración de Justicia, las Fuerzas y Cuerpos de Seguridad y los servicios sociales y organismos de igualdad.

En desarrollo de dichos planes, se articularán **protocolos** de actuación que determinen los procedimientos que aseguren una actuación global e integral de las distintas administraciones y servicios implicados, y que garanticen la actividad probatoria en los procesos que se sigan.

Tales protocolos **impulsarán** las actividades de prevención, detección precoz e intervención continuada con la mujer sometida a violencia de género o en riesgo de padecerla.

En estas actuaciones previstas se considerará de forma especial la situación de las mujeres que, por sus circunstancias personales y sociales puedan tener mayor riesgo de sufrir la violencia de género o mayores dificultades para acceder a los servicios previstos en la Ley, tales como las pertenecientes a minorías, las inmigrantes, las que se encuentran en situación de exclusión social o las mujeres con discapacidad.

4.5. Título Cuarto: Tutela Penal (arts. 33 a 42)

Este Título contiene múltiples reformas del Código Penal (Ley Orgánica 10/1995, de 23 de noviembre), que sintetizamos en los siguientes aspectos:

4.5.1. Delitos de malos tratos

El art. 153 CP dispone que: *"1. El que por cualquier medio o procedimiento causare a otro menoscabo psíquico o una lesión de menor gravedad de las previstas en el art. 147.2, o golpeare o maltratare de obra a otro sin causarle lesión, cuando la ofendida sea o haya sido esposa, o mujer que esté o haya estado ligada a él por una análoga relación de afectividad aun sin convivencia, o persona especialmente vulnerable que conviva con el autor, será castigado con la pena de prisión de seis meses a un año o de trabajos en beneficios de la comunidad de treinta y uno a ochenta días y, en todo caso, privación del derecho a la tenencia y porte de armas de un año y un día a tres años, así como, cuando el juez o tribunal lo estime adecuado al interés del menor o persona con discapacidad necesitada de especial protección, inhabilitación para el ejercicio de la patria potestad, tutela, curatela, guarda o acogimiento hasta cinco años.*

2. Si la víctima del delito previsto en el apartado anterior fuere alguna de las personas a que se refiere el artículo 173.2, exceptuadas las personas contempladas en el apartado anterior de este artículo, el autor será castigado con la pena de prisión de tres meses a un año o de trabajos en beneficio de la comunidad de treinta y uno a ochenta días y, en todo caso, privación del derecho a la tenencia y porte de armas de un año y un día a tres años, así como, cuando el Juez o Tribunal lo estime adecuado al interés del menor o incapaz, inhabilitación para el ejercicio de patria potestad, tutela, curatela, guarda o acogimiento de seis meses a tres años.

3. Las penas previstas en los apartados 1 y 2 se impondrán en su mitad superior cuando el delito se perpetre en presencia de menores, o utilizando armas, o tenga lugar en el domicilio común o en el domicilio de la víctima, o se realicen quebrantando una pena de las contempladas en el artículo 48 de este Código (prohibición de aproximarse a la víctima, de comunicarse con ella...) o una medida cautelar o de seguridad de la misma naturaleza. [...]".

Las personas a que se refiere el art. 173.2 CP son: *"El que habitualmente ejerza violencia física o psíquica sobre quien sea o haya sido su cónyuge o sobre persona que esté o haya estado ligada a él por una análoga relación de afectividad aun sin convivencia, o sobre los descendientes, ascendientes o hermanos por naturaleza, adopción o afinidad, propios o del cónyuge o conviviente, o sobre los menores o personas con discapacidad necesitadas de especial protección que con él convivan o que se hallen sujetos a la potestad, tutela, curatela, acogimiento o guarda de hecho del cónyuge o conviviente, o sobre persona amparada en cualquier otra relación por la que se encuentre integrada en el núcleo de su convivencia familiar, así como sobre las personas que por su especial vulnerabilidad se encuentran sometidas a custodia o guarda en centros públicos o privados [...]".*

4.5.2. Delito de lesiones

Se modifica el art. 148 del CP, y ahora prevé que el delito de lesiones podrá ser castigado con pena de prisión de dos a cinco años, entre otros supuestos, cuando la víctima fuere o hubiere sido esposa, o mujer que estuviere o hubiere estado ligada al autor por una análoga relación de afectividad, aun sin convivencia. Se convierte por lo tanto en un delito de lesiones agravado.

4.5.3. Delito de amenazas leves

En el art. 171 del CP, en su párrafo 4 se dispone: "*El que de modo leve amenace a quien sea o haya sido su esposa, o mujer que esté o haya estado ligada a él por una análoga relación de afectividad aun sin convivencia, será castigado con la pena de prisión de seis meses a un año o de trabajos en beneficio de la comunidad de treinta y uno a ochenta días y, en todo caso, privación del derecho a la tenencia y porte de armas de un año y un día a tres años, así como, cuando el Juez o Tribunal lo estime adecuado al interés del menor o incapaz, inhabilitación especial para el ejercicio de la patria potestad, tutela, curatela, guarda o acogimiento hasta cinco años.*

Igual pena se impondrá al que de modo leve amenace a una persona especialmente vulnerable que conviva con el autor".

También se aplica la pena en la mitad superior si el delito se comete en presencia de menores, o utilizando armas, o tenga lugar en el domicilio común o en el domicilio de la víctima, o se realicen quebrantando una pena de las contempladas en el artículo 48 de este Código (prohibición de aproximarse a la víctima, de comunicarse con ella...) o una medida cautelar o de seguridad de la misma naturaleza.

4.5.4. Delito de coacciones leves

En el art. 172.2 del CP se dispone: *"El que de modo leve coaccione a quien sea o haya sido su esposa, o mujer que esté o haya estado ligada a él por una análoga relación de afectividad, aun sin convivencia, será castigado con la pena de prisión de seis meses a un año o de trabajos en beneficio de la comunidad de treinta y uno a ochenta días y, en todo caso, privación del derecho a la tenencia y porte de armas de un año y un día a tres años, así como, cuando el Juez o Tribunal lo estime adecuado al interés del menor o persona con discapacidad necesitada de especial protección, inhabilitación especial para el ejercicio de la patria potestad, tutela, curatela, guarda o acogimiento hasta cinco años".*

Igual pena se impondrá al que de modo leve coaccione a una persona especialmente vulnerable que conviva con el autor.

Se impondrá la pena en su mitad superior cuando el delito se perpetre en presencia de menores, o tenga lugar en el domicilio común o en el domicilio de la víctima, o se realice quebrantando una pena de las contempladas en el art. 48 de este Código o una medida cautelar o de seguridad de la misma naturaleza.

No obstante lo previsto en los párrafos anteriores, el Juez o Tribunal, razonándolo en sentencia, en atención a las circunstancias personales del autor y a las concurrentes en la realización del hecho, podrá imponer la pena inferior en grado.

4.6. Título Quinto: Tutela Judicial (arts. 43 a 72)

En este Título se contemplan muy variadas medidas de carácter procesal de las cuales solo destacamos como de mayor interés para los efectos del presente tema las siguientes:

4.6.1. Juzgados de Violencia sobre la Mujer

A) Ámbito territorial

En cada **partido judicial** habrá uno o más Juzgados de Violencia sobre la Mujer, con sede en la capital de aquel y jurisdicción en todo su ámbito territorial. Tomarán su designación del municipio de su sede.

Sin perjuicio de lo previsto en la legislación vigente sobre demarcación y planta judicial, el Gobierno, a propuesta del Consejo General del Poder Judicial y en su caso, con informe de la Comunidad Autónoma con competencias en materia de Justicia, podrá establecer mediante real decreto que los Juzgados de Violencia sobre la Mujer que se determinen extiendan su jurisdicción a dos o más partidos dentro de la misma provincia.

El Consejo General del Poder Judicial podrá acordar, cuando sea conveniente por razón de la carga de trabajo existente, que de los procesos relacionados con la violencia de género conozcan los Juzgados de Primera Instancia o Instrucción o de Instrucción.

Destaca en la ley una especial regulación de la competencia territorial de estos juzgados al prever que "en los delitos cuya instrucción o conocimiento corresponda al Juez de Violencia sobre la Mujer, la competencia territorial vendrá determinada por el lugar del domicilio de la víctima, sin perjuicio de la adopción de la orden de protección, o de medidas urgentes que pudiera adoptar el Juez del lugar de comisión de los hechos".

B) Competencia penal

Destacamos algunas de las atribuciones de estos Juzgados:

— La instrucción de los procesos para exigir responsabilidad penal por los delitos recogidos en los títulos del Código Penal relativos a homicidio, aborto, lesiones, lesiones al feto, delitos contra la libertad, delitos contra la integridad moral, contra la libertad e indemnidad sexuales, contra la intimidad y el derecho a la propia imagen, contra el honor o cualquier otro delito cometido con violencia o intimidación, siempre que se hubiesen cometido contra quien sea o haya sido su esposa, o mujer que esté o haya estado ligada al autor por análoga relación de afectividad, aun sin convivencia, así como de los cometidos sobre los descendientes, propios o de la esposa o conviviente, o sobre los menores o personas con la capacidad modificada judicialmente que con él convivan o que se hallen sujetos a la potestad, tutela, curatela, acogimiento o guarda de hecho de la esposa o conviviente, cuando también se haya producido un acto de violencia de género.

— La instrucción de los procesos para exigir responsabilidad penal por cualquier delito contra los derechos y deberes familiares, cuando la víctima sea alguna de las personas señaladas en el párrafo anterior.

— La adopción de las correspondientes órdenes de protección a las víctimas, sin perjuicio de las competencias atribuidas al Juez de Guardia.

— El conocimiento y fallo de los delitos leves que les atribuya la ley cuando la víctima sea alguna de las personas señaladas en el primer párrafo.

— Dictar sentencia de conformidad con la acusación en los casos establecidos por la ley.

— La emisión y la ejecución de los instrumentos de reconocimiento mutuo de resoluciones penales en la Unión Europea que les atribuya la ley.

— La instrucción de los procesos para exigir responsabilidad penal por el delito de quebrantamiento previsto y penado en el art. 468 CP cuando la persona ofendida por el delito cuya condena, medida cautelar o medida de seguridad se haya quebrantado sea o haya sido su esposa, o mujer que esté o haya estado ligada al autor por una análoga relación de afectividad aun sin convivencia, así como los descendientes, propios o de la esposa o conviviente, o sobre los menores o personas con la capacidad modificada judicialmente que con él convivan o que se hallen sujetos a la potestad, tutela, curatela, acogimiento o guarda de hecho de la esposa o conviviente.

C) Competencias en el orden civil

Cuando alguna de las partes del proceso haya sido víctima o autor de un delito relacionado con la violencia de género, y se hayan iniciado actuaciones penales por tal delito ante el Juzgado de Violencia sobre la mujer, también conocerá dicho Juzgado de forma exclusiva de algunos procesos del orden civil, entre los cuales destacamos los siguientes:

— Filiación, maternidad y paternidad.

— Nulidad del matrimonio, separación y divorcio.

— Los que versen sobre guarda o custodia de hijos e hijas menores o sobre alimentos para los mismos.

4.6.2. Fiscal contra la Violencia sobre la Mujer

El Fiscal General del Estado nombra, oído el Consejo Fiscal, como **delegado**, un Fiscal contra la Violencia sobre la Mujer (que se integra como un órgano más dentro de la Fiscalía General del Estado), con categoría de Fiscal de Sala, que ejerce las siguientes funciones:

a) Intervenir en los procesos penales de especial trascendencia referentes a los delitos de violencia de género y en los procesos civiles relacionados.

b) Supervisar y coordinar las actuaciones de las Secciones contra la Violencia sobre la Mujer.

c) Coordinar criterios de actuación de las diversas Fiscalías en materias de violencia de género y proponer al Fiscal General del Estado la emisión de las correspondientes instrucciones.

d) Elaborar semestralmente y presentar al Fiscal General del Estado un informe sobre los procedimientos seguidos y las actuaciones practicadas por el Ministerio Fiscal en materia de violencia de género.

Además, existen **Secciones** contra la Violencia sobre la Mujer en las Fiscalías Provinciales (antiguas Fiscalías de las Audiencias Provinciales) y, cuando el volumen de trabajo o la mejor organización y prestación del servicio lo aconsejen también podrán crearse en las Fiscalías de las Comunidades Autónomas (antiguas Fiscalías de los Tribunales Superiores de Justicia). Estas secciones contarán con Fiscales especializados en la materia.

4.6.3. Otras medidas

En relación con la formación de los profesionales del ámbito jurisdiccional la ley prevé que: "El Gobierno, el Consejo General del Poder Judicial y las Comunidades Autónomas, en el ámbito de sus respectivas competencias, asegurarán una formación específica relativa a la igualdad y no discriminación por razón de sexo y sobre violencia de género en los cursos de formación de Jueces y Magistrados, Fiscales, Letrados de la Administración de Justicia, Fuerzas y Cuerpos de Seguridad y Médicos Forenses. En todo caso, en los cursos de formación anteriores se introducirá el enfoque de la discapacidad de las víctimas" (art. 47).

Por último y sin perjuicio de las medidas previstas en la legislación específica (penal, procesal penal...) en la Ley Orgánica 1/2004, se establecen entre otras las siguientes:

1. En las actuaciones y procedimientos relacionados con la violencia de género se protegerá la **intimidad** de las víctimas; en especial, sus datos personales, los de sus descendientes y los de cualquier otra persona que esté bajo su guarda o custodia. Los Jueces competentes podrán acordar, de oficio o a instancia de parte, que las vistas se desarrollen a puerta cerrada y que las actuaciones sean reservadas.

2. El Juez podrá ordenar la **salida obligatoria** del inculpado por violencia de género del domicilio en el que hubiera estado

conviviendo o tenga su residencia la unidad familiar, así como la prohibición de volver al mismo.

3. El Juez podrá **prohibir** al inculpado que se **aproxime** a la persona protegida, lo que le impide acercarse a la misma en cualquier lugar donde se encuentre, así como acercarse a su domicilio, a su lugar de trabajo o a cualquier otro que sea frecuentado por ella. Podrá acordarse la utilización de instrumentos con la tecnología adecuada para verificar de inmediato su incumplimiento. El Juez fijará una distancia mínima entre el inculpado y la persona protegida que no se podrá rebasar, bajo apercibimiento de incurrir en responsabilidad penal.

4. El Juez podrá **prohibir** al inculpado toda clase de **comunicación** con la persona o personas que se indique, bajo apercibimiento de incurrir en responsabilidad penal.

5. El Juez podrá **suspender** para el inculpado por violencia de género el ejercicio de la **patria potestad, guarda y custodia, acogimiento, tutela, curatela o guarda de hecho**, respecto de los menores que dependan de él.

6. El Juez podrá **ordenar la suspensión** del **régimen de visitas, estancia, relación o comunicación del inculpado por violencia de género respecto de los menores** que dependan de él.

Todas estas medidas restrictivas de derechos deberán adoptarse mediante auto **motivado** en el que se aprecie su proporcionalidad y necesidad, y, en todo caso, con intervención del Ministerio Fiscal y respeto de los principios de contradicción, audiencia y defensa. Además podrán mantenerse tras la sentencia definitiva y durante la tramitación de los eventuales recursos que correspondiesen.

5. Dependencia y discapacidad

5.1. Introducción

El Consejo de Europa, **define** la **dependencia** como *"la necesidad de ayuda o asistencia importante para las actividades de la vida cotidiana"* o de manera más precisa, como *"un estado en el que se encuentran las personas que por razones ligadas a la falta o pérdida de autonomía física, psíquica o intelectual, tienen necesidad de asistencia y/o ayudas importantes a fin de realizar los actos corrientes de la vida diaria y, de modo particular, los referentes al cuidado personal"*.

En España la **Ley 39/2006, de 14 de diciembre, de Promoción de la Autonomía Personal y Atención a las Personas en Situación de Dependencia**, crea un nuevo derecho subjetivo de la ciudadanía en el Estado español: el derecho de las personas que no pueden valerse por sí mismas, en particular, personas mayores y personas con discapacidad, a recibir la atención necesaria por parte de los poderes públicos.

Dicha ley también crea el Sistema de Autonomía y Atención a la Dependencia (SAAD) que, sustentado en el respeto al marco competencial establecido, sirve de cauce para la colaboración y participación de todas las

Administraciones Públicas intervinientes y para la optimización de los recursos públicos y privados disponibles.

Además las personas interesadas disponen de dos canales específicos de atención a través del Portal de la Dependencia habilitado al efecto en la página web del Ministerio competente:

— El teléfono gratuito de información general: 901 109 899.

— La página web http://www.dependencia.imserso.es

En lo que respecta a las **personas con discapacidad** constituyen un sector de población heterogéneo, pero todas tienen en común que, en mayor o menor medida, precisan de garantías suplementarias para vivir con plenitud de derechos o para participar en igualdad de condiciones que el resto de ciudadanos en la vida económica, social y cultural del país.

La Constitución española, en su art. 14, reconoce la igualdad ante la ley, sin que pueda prevalecer discriminación alguna. A su vez, el art. 9.2 de la Ley Fundamental establece que corresponde a los poderes públicos promover las condiciones para que la libertad y la igualdad de las personas sean reales y efectivas, removiendo los obstáculos que impidan o dificulten su plenitud y facilitando su participación en la vida política, cultural y social, así como el art. 10 de la Constitución, de los derechos y deberes fundamentales, que establece la dignidad de la persona como fundamento del orden político y de la paz social. En congruencia con estos preceptos la Carta Magna, en su artículo 49, refiriéndose a las personas con discapacidad, ordena a los poderes públicos que presten la atención especializada que requieran y el amparo especial para el disfrute de sus derechos.

Estos derechos y libertades enunciados constituyen hoy uno de los ejes esenciales en la actuación sobre la discapacidad. Los poderes públicos deben asegurar que las personas con discapacidad puedan disfrutar del conjunto de todos los derechos humanos: civiles, sociales, económicos y culturales.

En la estrategia intervención en relación a las personas con discapacidad convergen dos perspectivas: la "lucha contra la discriminación" y la "accesibilidad universal":

a) La lucha contra la discriminación se inscribe en la larga marcha de algunas minorías por lograr la igualdad de trato y por el derecho a la igualdad de oportunidades. Existen en el ámbito internacional notables esfuerzos en este sentido (la ONU, la Unión Europea, el Consejo de Europa...).

b) El concepto de accesibilidad tiene su origen en el modelo de "vida independiente", que defiende una participación más activa de estas personas en la comunidad sobre unas bases nuevas: como ciudadanos titulares de derechos; sujetos activos que ejercen el derecho a tomar decisiones sobre su propia existencia y no meros pacientes o beneficiarios de decisiones ajenas; como personas que tienen especiales dificultades para satisfacer unas necesidades que son normales, más que personas especiales con necesidades diferentes al resto de sus conciudadanos y como ciudadanos que para

> atender esas necesidades demandan apoyos personales, pero también modificaciones en los entornos que erradiquen aquellos obstáculos que les impiden su plena participación. Se reivindica la "accesibilidad universal" como condición que deben cumplir los entornos, productos y servicios para que sean comprensibles, utilizables y practicables por todas las personas.

Para lograr estos objetivos se aprobó la Ley 51/2003, de 2 de diciembre, de igualdad de oportunidades, no discriminación y accesibilidad universal de las personas con discapacidad, norma derogada en la actualidad por el Real Decreto Legislativo 1/2013, de 29 de noviembre, que desarrollamos más adelante.

Asimismo, es de destacar la importancia de la Ley 8/2021, de 2 de junio, por la que se reforma la legislación civil y procesal para el apoyo a las personas con discapacidad en el ejercicio de su capacidad jurídica, que supone la puesta al día de nuestro Derecho interno en el respeto al derecho de igualdad de todas las personas en el ejercicio de su capacidad jurídica.

5.2. Análisis de la Ley 39/2006, de 14 de diciembre

5.2.1. Exposición de motivos

La atención a las personas en situación de dependencia y la promoción de su autonomía personal constituye uno de los principales retos de la política social de los países desarrollados. El reto no es otro que atender las necesidades de aquellas personas que, por encontrarse en situación de especial vulnerabilidad, requieren apoyos para desarrollar las actividades esenciales de la vida diaria, alcanzar una mayor autonomía personal y poder ejercer plenamente sus derechos de ciudadanía.

En el 2002, bajo la presidencia española, la Unión Europea decidió tres criterios que debían regir las políticas de dependencia de los Estados miembros: universalidad, alta calidad y sostenibilidad en el tiempo de los sistemas que se implanten.

En España, los cambios demográficos y sociales están produciendo un incremento progresivo de la población en situación de dependencia. Por una parte, es necesario considerar el importante crecimiento de la población de más de 65 años, que se ha duplicado en los últimos 30 años; a ello hay que añadir el fenómeno demográfico denominado *envejecimiento del envejecimiento*, es decir, el aumento del colectivo de población con edad superior a 80 años, que se ha duplicado en solo veinte años.

A esta realidad, derivada del envejecimiento, debe añadirse la dependencia por razones de enfermedad y otras causas de discapacidad o limitación, que se ha incrementado en los últimos años por los cambios producidos en las tasas de supervivencia de determinadas enfermedades crónicas y alteraciones congénitas y, también, por las consecuencias derivadas de los índices de siniestralidad vial y laboral.

Un 9% de la población española, según la Encuesta sobre Discapacidades, Deficiencias y Estado de Salud de 1999, presenta alguna discapacidad o limitación que le ha causado, o puede llegar a causar, una dependencia para las actividades de la vida diaria o necesidades de apoyo para su autonomía personal en igualdad de oportunidades. Para este colectivo se aprobó en su momento la Ley 51/2003, de 2 de diciembre, de Igualdad de Oportunidades, no discriminación y accesibilidad universal de personas con discapacidad.

La atención a este colectivo de población se convierte, pues, en un reto ineludible para los poderes públicos, que requiere una respuesta firme, sostenida y adaptada al actual modelo de nuestra sociedad. No hay que olvidar que, hasta ahora, han sido las familias, y en especial las mujeres, las que tradicionalmente han asumido el cuidado de las personas dependientes, constituyendo lo que ha dado en llamarse el *apoyo informal*. Los cambios en el modelo de familia y la incorporación progresiva de casi tres millones de mujeres, en la última década, al mercado de trabajo introducen nuevos factores en esta situación que hacen imprescindible una revisión del sistema tradicional de atención para asegurar una adecuada capacidad de prestación de cuidados a aquellas personas que los necesitan.

La Constitución en sus arts. 49 y 50, se refiere a la atención a personas con discapacidad y personas mayores y a un sistema de servicios sociales promovido por los poderes públicos para el bienestar de los ciudadanos. En desarrollo de las previsiones constitucionales, las necesidades de las personas mayores, y en general de los afectados por situaciones de dependencia, han sido atendidas hasta ahora, por las Administraciones Públicas, fundamentalmente, desde los ámbitos autonómico y local, y en el marco del Plan Concertado de Prestaciones Básicas de Servicios Sociales, en el que participa también la Administración General del Estado y dentro del ámbito estatal, los Planes de Acción para las Personas con Discapacidad y para Personas Mayores. Por otra parte, el sistema de Seguridad Social ha venido asumiendo algunos elementos de atención, tanto en la asistencia a personas mayores como en situaciones vinculadas a la discapacidad.

La Ley 39/2006 regula las condiciones básicas de promoción de la autonomía personal y de atención a las personas en situación de dependencia mediante la creación de un Sistema para la Autonomía y Atención a la Dependencia (SAAD), con la colaboración y participación de todas las Administraciones Públicas. Se configura un derecho subjetivo que se fundamenta en los principios de universalidad, equidad y accesibilidad, desarrollando un modelo de atención integral al ciudadano, al que se reconoce como beneficiario su participación en el Sistema y que administrativamente se organiza en tres niveles.

La Ley establece un nivel mínimo de protección, definido y garantizado financieramente por la Administración General del Estado. Asimismo, como un segundo nivel de protección, la Ley contempla un régimen de cooperación y financiación entre la Administración General del Estado y las Comunidades Autónomas mediante convenios para el desarrollo y aplicación de las demás prestaciones y servicios que se contemplan en la Ley. Finalmente, las Comunidades Autónomas podrán desarrollar, si así lo estiman oportuno, un tercer nivel adicional de protección a los ciudadanos.

En este sentido, la competencia exclusiva del Estado para la regulación de las condiciones básicas que garanticen la igualdad de todos los españoles en el ejercicio de los derechos y en el cumplimiento de los deberes constitucionales (artículo 149.1 de la Constitución), justifica la regulación, por parte de esta Ley, de las condiciones básicas de promoción de la autonomía personal y de atención a las personas en situación de dependencia mediante la creación de un Sistema para la Autonomía y Atención a la Dependencia con la colaboración y participación de todas las Administraciones Públicas, y con pleno respeto de las competencias que las mismas hayan asumido en materia de asistencia social en desarrollo del artículo 148.1.20 de la Constitución.

La Ley se **estructura** en un Título Preliminar; un Título I con cinco Capítulos; un Título II con cinco Capítulos; un Título III; dieciséis Disposiciones Adicionales; dos Disposiciones Transitorias y nueve Disposiciones Finales.

En su **Título Preliminar** recoge las disposiciones que se refieren al objeto de la Ley y los principios que la inspiran, los derechos y obligaciones de las personas en situación de dependencia, y los titulares de esos derechos.

El **Título I** configura el Sistema de Autonomía y Atención a la Dependencia (SAAD), la colaboración y participación de todas las Administraciones Públicas en el ejercicio de sus competencias, a través de los diversos niveles de protección en que administrativamente se organizan las prestaciones y servicios. La necesaria cooperación entre Administraciones se concreta en la creación de un Consejo Territorial del Sistema, en el que podrán participar las Corporaciones Locales y la aprobación de un marco de cooperación interadministrativa a desarrollar mediante Convenios con cada una de las Comunidades Autónomas. Asimismo, se regulan las prestaciones del Sistema y el catálogo de servicios, los grados de dependencia, los criterios básicos para su valoración, así como el procedimiento de reconocimiento del derecho a las prestaciones.

El **Título II** regula las medidas para asegurar la calidad y la eficacia del Sistema, con elaboración de planes de calidad y sistemas de evaluación, y con especial atención a la formación y cualificación de profesionales y cuidadores. En este mismo título se regula el sistema de información de la dependencia, el Comité Consultivo del sistema en el que participarán los agentes sociales y se dota del carácter de órganos consultivos a los ya creados, Consejo Estatal de Personas Mayores y del Consejo Nacional de la Discapacidad y Consejo Estatal de Organizaciones no Gubernamentales de Acción Social.

Por último, se regulan en el **Título III** las normas sobre infracciones y sanciones vinculadas a las condiciones básicas de garantía de los derechos de los ciudadanos en situación de dependencia.

Las **Disposiciones Adicionales** introducen los cambios necesarios en la normativa estatal que se derivan de la regulación de esta Ley. Y destacamos también la disposición transitoria primera que regula la participación financiera del Estado en la puesta en marcha del Sistema en un periodo transitorio hasta el año 2015, de acuerdo con las previsiones del calendario de aplicación de la Ley que se contiene en la disposición adicional primera (este calendario se expondrá posteriormente).

Mención especial merece su Disposición Adicional octava: *"las referencias que en los textos normativos se efectúen a minusválidos y a personas con minusvalía, se entenderán realizadas a personas con discapacidad".*

5.2.2. Definiciones

A efectos de la Ley 39/2006, se entiende por:

1. **Autonomía**: la capacidad de controlar, afrontar y tomar, por propia iniciativa, decisiones personales acerca de cómo vivir de acuerdo con las normas y preferencias propias así como de desarrollar las actividades básicas de la vida diaria.

2. **Dependencia**: el estado de carácter permanente en que se encuentran las personas que, por razones derivadas de la edad, la enfermedad o la discapacidad, y ligadas a la falta o a la pérdida de autonomía física, mental, intelectual o sensorial, precisan de la atención de otra u otras personas o ayudas importantes para realizar actividades básicas de la vida diaria o, en el caso de las personas con discapacidad intelectual o enfermedad mental, de otros apoyos para su autonomía personal.

3. **Actividades Básicas de la Vida Diaria (ABVD)**: las tareas más elementales de la persona, que le permiten desenvolverse con un mínimo de autonomía e independencia, tales como: el cuidado personal, las actividades domésticas básicas, la movilidad esencial, reconocer personas y objetos, orientarse, entender y ejecutar órdenes o tareas sencillas.

4. **Necesidades de apoyo para la autonomía personal**: las que requieren las personas que tienen discapacidad intelectual o mental para hacer efectivo un grado satisfactorio de autonomía personal en el seno de la comunidad.

5. **Cuidados no profesionales**: la atención prestada a personas en situación de dependencia en su domicilio, por personas de la familia o de su entorno, no vinculadas a un servicio de atención profesionalizada.

6. **Cuidados profesionales**: los prestados por una institución pública o entidad, con y sin ánimo de lucro, o profesional autónomo entre cuyas finalidades se encuentre la prestación de servicios a personas en situación de dependencia, ya sean en su hogar o en un centro.

7. **Asistencia personal**: servicio prestado por un asistente personal que realiza o colabora en tareas de la vida cotidiana de una persona en situación de dependencia, de cara a fomentar su vida independiente, promoviendo y potenciando su autonomía personal.

8. **Tercer sector**: organizaciones de carácter privado surgidas de la iniciativa ciudadana o social, bajo diferentes modalidades que responden a criterios de solidaridad, con fines de interés general y ausencia de ánimo de lucro, que impulsan el reconocimiento y el ejercicio de los derechos sociales.

5.2.3. Principios

Esta Ley se inspira en los siguientes principios:

a) El carácter público de las prestaciones del Sistema para la Autonomía y Atención a la Dependencia.

b) La universalidad en el acceso de todas las personas en situación de dependencia, en condiciones de igualdad efectiva y no discriminación, en los términos establecidos en esta Ley.

c) La atención a las personas en situación de dependencia de forma integral e integrada.

d) La transversalidad de las políticas de atención a las personas en situación de dependencia.

e) La valoración de las necesidades de las personas, atendiendo a criterios de equidad para garantizar la igualdad real.

f) La personalización de la atención, teniendo en cuenta de manera especial la situación de quienes requieren de mayor acción positiva como consecuencia de tener mayor grado de discriminación o menor igualdad de oportunidades.

g) El establecimiento de las medidas adecuadas de prevención, rehabilitación, estímulo social y mental.

h) La promoción de las condiciones precisas para que las personas en situación de dependencia puedan llevar una vida con el mayor grado de autonomía posible.

i) La permanencia de las personas en situación de dependencia, siempre que sea posible, en el entorno en el que desarrollan su vida.

j) La calidad, sostenibilidad y accesibilidad de los servicios de atención a las personas en situación de dependencia.

k) La participación de las personas en situación de dependencia y, en su caso, de sus familias y entidades que les representen en los términos previstos en esta Ley.

l) La colaboración de los servicios sociales y sanitarios en la prestación de los servicios a los usuarios del Sistema para la Autonomía y Atención a la Dependencia que se establecen en la presente Ley y en las correspondientes normas de las Comunidades Autónomas y las aplicables a las Entidades Locales.

m) La participación de la iniciativa privada en los servicios y prestaciones de promoción de la autonomía personal y atención a la situación de dependencia.

n) La participación del tercer sector en los servicios y prestaciones de promoción de la autonomía personal y atención a la situación de dependencia.

ñ) La cooperación interadministrativa.

o) La integración de las prestaciones establecidas en esta Ley en las redes de servicios sociales de las Comunidades Autónomas, en el ámbito de las competencias que tienen asumidas, y el reconocimiento y garantía de su oferta mediante centros y servicios públicos o privados concertados.

p) La inclusión de la perspectiva de género, teniendo en cuenta las distintas necesidades de mujeres y hombres.

q) Las personas en situación de gran dependencia serán atendidas de manera preferente.

5.2.4. Derechos y obligaciones de las personas en situación de dependencia

Las personas en situación de dependencia tendrán derecho, con independencia del lugar del territorio del Estado español donde residan, a acceder, en condiciones de igualdad, a las prestaciones y servicios previstos en la Ley 39/2006, en los términos establecidos en la misma.

Las personas en situación de dependencia y, en su caso, sus familiares o quienes les representen, así como los centros de asistencia, estarán obligados a suministrar toda la información y datos que les sean requeridos por las Administraciones competentes, para la valoración de su grado de dependencia; a comunicar todo tipo de ayudas personalizadas que reciban, a aplicar las prestaciones económicas a las finalidades para las que fueron otorgadas; y a cualquier otra obligación prevista en la legislación vigente.

5.2.5. Titulares de derechos

Son titulares de los derechos establecidos en la Ley 39/2006 los españoles que cumplan los siguientes requisitos:

a) Encontrarse en situación de dependencia en alguno de los grados establecidos.

b) Para los menos de 3 años acreditados en situación de dependencia, el SAAD atenderá las necesidades de ayuda a domicilio, prestaciones económicas vinculadas y para cuidados en el entorno familiar.

c) Residir en territorio español y haberlo hecho durante cinco años, de los cuales dos deberán ser inmediatamente anteriores a la fecha de presentación de la solicitud. Para los menores de cinco años el periodo de residencia se exigirá a quien ejerza su guarda y custodia.

Las personas que, reuniendo los requisitos anteriores, carezcan de la nacionalidad española se regirán por lo establecido en la Ley Orgánica 4/2000, de 11 de enero, sobre Derechos y Libertades de los Extranjeros en España y su Integración Social, en los tratados internacionales y en los convenios que se establezcan con el país de origen. Para los menores que carezcan de la nacionalidad española se estará a lo dispuesto en las leyes del menor vigentes, tanto en el ámbito estatal como en el autonómico, así como en los tratados internacionales.

El Gobierno podrá establecer medidas de protección a favor de los españoles no residentes en España y, previo acuerdo del Consejo Territorial de Servicios Sociales y del Sistema para la Autonomía y Atención a la Dependencia, establecerá las condiciones de acceso al Sistema de Atención a la Dependencia de los emigrantes españoles retornados.

5.2.6. El sistema para la autonomía y atención a la dependencia

El Sistema para la Autonomía y Atención a la Dependencia (SAAD) garantiza las condiciones básicas y el contenido común a que se refiere la presente Ley; sirve de cauce para la colaboración y participación de las Administraciones Públicas, en el ejercicio de sus respectivas competencias, en materia de promoción de la autonomía personal y la atención y protección a las personas en situación de dependencia; optimiza los recursos públicos y privados disponibles, y contribuye a la mejora de las condiciones de vida de los ciudadanos.

El Sistema se configura como una red de utilización pública que integra, de forma coordinada, centros y servicios, públicos y privados.

A) Niveles de protección del Sistema

La Ley establece un nivel mínimo de protección, definido y garantizado financieramente por la Administración General del Estado, y otro nivel que pueden desarrollar las Comunidades Autónomas si lo estiman oportuno. Desde 2012 se encuentra suspendido de aplicación y vigencia el nivel intermedio, que contemplaba un sistema de cooperación entre el Estado y las CCAA mediante convenios.

1. **Primer nivel o nivel mínimo:**

   El Gobierno, oído el Consejo Territorial de Servicios Sociales y del Sistema para la Autonomía y Atención a la Dependencia, determinará el nivel mínimo de protección garantizado para cada uno de los beneficiarios del Sistema, según el grado de su dependencia, como condición básica de garantía del derecho a la promoción de la autonomía personal y atención a la situación de dependencia. La asignación del nivel mínimo a las Comunidades Autónomas se realizará considerando el número de beneficiarios, el grado de dependencia y la prestación reconocida.

   La financiación pública de este nivel de protección correrá a cuenta de la Administración General del Estado que fijará anualmente los recursos económicos en la Ley de Presupuestos Generales del Estado.

   El Real Decreto 1050/2013, de 27 de diciembre, regula el nivel mínimo de protección del Sistema para la Autonomía y Atención a la Dependencia garantizado por la Administración General del Estado, así como los criterios de su asignación y la forma y procedimiento de su abono a las CCAA.

2. **Segundo nivel:**

   En el seno del Consejo Territorial de Servicios Sociales y del Sistema para la Autonomía y Atención a la Dependencia, la Administración General del Estado y las Comunidades Autónomas acordarán el marco de cooperación interadministrativa que se desarrollará mediante los correspondientes Convenios entre la Administración General del Estado y cada una de las Comunidades Autónomas.

A través de los Convenios a los que se refiere el apartado anterior, la Administración General del Estado y las Comunidades Autónomas acordarán los objetivos, medios y recursos para la aplicación de los servicios y prestaciones recogidos en la Ley, incrementando el nivel mínimo de protección.

En aplicación de lo previsto en el apartado anterior, el Consejo Territorial de Servicios Sociales y del Sistema para la Autonomía y Atención a la Dependencia establecerá los criterios para determinar la intensidad de protección de cada uno de los servicios previstos en el Catálogo, y la compatibilidad e incompatibilidad entre los mismos, para su aprobación por el Gobierno mediante real decreto.

Los Convenios establecerán la financiación que corresponda a cada Administración para este nivel de prestación, así como las aportaciones del Estado derivadas de la garantía del nivel mínimo.

3. **Tercer nivel adicional:**

   Las Comunidades Autónomas, podrán definir, con cargo a sus Presupuestos, niveles de protección adicionales al fijado por la Administración General del Estado y al acordado, en su caso, en los correspondientes convenios, para los cuales podrán adoptar las normas de acceso y disfrute que consideren más adecuadas.

B) Consejo Territorial de Servicios Sociales y del Sistema para la Autonomía y Atención a la Dependencia

Se crea el Consejo Territorial de Servicios Sociales y del Sistema para la Autonomía y Atención a la Dependencia como instrumento de cooperación para la articulación de los servicios sociales y la promoción de la autonomía y atención a las personas en situación de dependencia.

Este Consejo estará adscrito al Ministerio de Derechos Sociales y Agenda 2030, a través de la Secretaría de Estado de Servicios Sociales, y estará constituido por la persona titular de dicho Ministerio, que ostentará su presidencia, y por los Consejeros competentes en materia de servicios sociales y de dependencia de cada una de las comunidades autónomas, recayendo la Vicepresidencia en uno de ellos. Adicionalmente, cuando la materia de los asuntos a tratar así lo requiera, podrán incorporarse al Consejo otros representantes de la Administración General del Estado o de las comunidades autónomas, como asesores especialistas, con voz pero sin voto. En la composición del Consejo Territorial tendrán mayoría los representantes de las comunidades autónomas.

Sin perjuicio de las competencias de cada una de las Administraciones Públicas integrantes, corresponde al Consejo, además de las funciones que expresamente le atribuye esta Ley, ejercer las siguientes:

a) Acordar el Marco de cooperación interadministrativa para el desarrollo de la Ley.

b) Establecer los criterios para determinar la intensidad de protección de los servicios previstos.

c) Acordar las condiciones y cuantía de las prestaciones económicas previstas.

d) Adoptar los criterios de participación del beneficiario en el coste de los servicios.

e) Acordar el baremo que determinará los criterios objetivos de valoración del grado de autonomía personal que posteriormente aprobará el Gobierno por Real Decreto, con los criterios básicos del procedimiento de valoración y de las características de los órganos de valoración.

f) Acordar, en su caso, planes, proyectos y programas conjuntos.

g) Adoptar criterios comunes de actuación y de evaluación del Sistema.

h) Facilitar la puesta a disposición de documentos, datos y estadísticas comunes.

i) Establecer los mecanismos de coordinación para el caso de las personas desplazadas en situación de dependencia.

j) Informar la normativa estatal de desarrollo en materia de dependencia y en especial las normas previstas para el nivel mínimo de protección.

k) Servir de cauce de cooperación, comunicación e información entre las Administraciones Públicas.

Asimismo, corresponde al Consejo Territorial conseguir la máxima coherencia en la determinación y aplicación de las diversas políticas sociales ejercidas por la Administración General del Estado y las Comunidades Autónomas mediante el intercambio de puntos de vista y el examen en común de los problemas que puedan plantearse y de las acciones proyectadas para afrontarlos y resolverlos.

C) Prestaciones del sistema

Las prestaciones de atención a la dependencia podrán tener la naturaleza de servicios y de prestaciones económicas e irán destinadas, por una parte, a la promoción de la autonomía personal y, por otra a atender las necesidades de las personas con dificultades para la realización de las actividades básicas de la vida diaria.

- **Los Servicios**

La Ley contempla el siguiente **Catálogo de servicios:**

a) **Servicios de prevención de las situaciones de dependencia y servicios de promoción de la autonomía personal**: tienen por finalidad prevenir la aparición o el agravamiento de enfermedades o discapacidades y de sus secuelas, mediante el desarrollo coordinado, entre los servicios sociales y de salud, de actuaciones de promoción de condiciones de vida saludables, programas específicos de carácter preventivo y de rehabilitación dirigidos a las personas mayores y personas con discapacidad y a quienes se ven afectados por procesos de hospitalización complejos.

b) **Servicios de Teleasistencia**: este servicio facilita asistencia a los beneficiarios mediante el uso de tecnologías de la comunicación y de la información, con apoyo de los medios personales necesarios, en respuesta inmediata ante situaciones de emergencia, o de inseguridad, soledad y aislamiento. Puede ser un servicio independiente o complementario al de ayuda a domicilio. Se prestará a personas que no reciban servicios de atención residencial cuando así lo establezca su Programa Individual de Atención.

c) **Servicios de Ayuda a domicilio**: son las actuaciones llevadas a cabo en el domicilio de las personas dependientes con el fin de atender sus necesidades de la vida diaria, prestadas por entidades o empresas, acreditadas para esta función. Se incluyen:

- Servicios relacionados con la atención personal en la realización de las actividades de la vida diaria.
- Servicios relacionados con la atención de las necesidades domésticas o del hogar: limpieza, lavado, cocina u otros. Estos servicios solo podrán prestarse conjuntamente con los señalados en el apartado anterior.

Excepcionalmente y de forma justificada, estos servicios podrán prestarse separadamente, cuando así se disponga en el Programa Individual de Atención. La Administración competente deberá motivar esta excepción en la resolución de concesión de la prestación.

d) **Servicios de Centro de Día y de Noche**:

- Centro de día para mayores.
- Centro de día para menores de 65 años.
- Centro de día de atención especializada.
- Centro de noche.

e) **Servicio de Atención Residencial**: ofrece servicios continuados de carácter personal y sanitario. Se prestará en los centros residenciales habilitados al efecto (propios de la Administración y concertados) según el tipo de dependencia, el grado de intensidad de la misma y los cuidados que necesite la persona. Este servicio puede ser permanente o temporal. Se incluyen en este apartado:

- Residencia de personas mayores en situación de dependencia.
- Centro de atención a personas en situación de dependencia por distintos tipos de discapacidad.

Los servicios tendrán carácter prioritario y se prestarán a través de la oferta pública de la Red de Servicios Sociales por las respectivas Comunidades

Autónomas mediante centros y servicios públicos o privados concertados debidamente acreditados.

De no ser posible la atención mediante alguno de los servicios, en los Convenios se incorporará la prestación económica vinculada. Esta prestación irá destinada a la cobertura de los gastos del servicio previsto en el Programa Individual de Atención, debiendo ser prestado por una entidad o centro acreditado para la atención a la dependencia.

El beneficiario podrá, excepcionalmente, recibir una prestación económica para ser atendido por cuidadores no profesionales, siempre que se den condiciones adecuadas de convivencia y de habitabilidad de la vivienda y así lo establezca su Programa Individual de Atención.

La prioridad en el acceso a los servicios vendrá determinada por el grado de dependencia y, a igual grado, por la capacidad económica del solicitante.

Hasta que la red de servicios esté totalmente implantada, las personas en situación de dependencia que no puedan acceder a los servicios por aplicación del régimen de prioridad señalado, tendrán derecho a la prestación económica prevista en el art. 17 de la Ley 39/2006.

La capacidad económica se determinará, en la forma que reglamentariamente se establezca, a propuesta del Consejo Territorial de Servicios Sociales y del Sistema para la Autonomía y Atención a la Dependencia, en atención a la renta y el patrimonio del solicitante. En la consideración del patrimonio se tendrán en cuenta la edad del beneficiario y el tipo de servicio que se presta.

Las prestaciones económicas establecidas en virtud de esta Ley son inembargables, salvo para el supuesto previsto en el art. 608 de la Ley de Enjuiciamiento Civil.

- **Las prestaciones económicas**

Las prestaciones económicas cuyas cuantías se acordarán por el Consejo Territorial del Sistema para la Autonomía y Atención a la Dependencia, para su aprobación posterior por el Gobierno mediante Real Decreto, se clasifican en:

a) Prestación económica vinculada al servicio. Tendrá carácter periódico y se reconocerá únicamente cuando no sea posible el acceso a un servicio público o concertado de atención y cuidado. Su cuantía se establecerá en función del grado de dependencia, así como la capacidad económica del beneficiario de acuerdo con el convenio celebrado entre la Administración del Estado y la correspondiente Comunidad Autónoma.

b) Prestación económica para cuidados en el entorno familiar y apoyo a cuidadores no profesionales. Excepcionalmente cuando el beneficiario esté siendo atendido por su entorno familiar y se cumplan las previsiones de la ley, se reconocerá esta prestación. Para determinar su cuantía se tendrán en cuenta el grado de dependencia y la capacidad económica de la persona dependiente.

c) Prestación económica de carácter personal. Está prestación tiene como finalidad la promoción de la autonomía de las personas en situación de dependencia, en cualquiera de sus grados. Su objetivo es contribuir a la contratación de una asistencia personal, durante un número de horas, que facilite al beneficiario el acceso a la educación y al trabajo, así como una vida más autónoma en el ejercicio de las actividades básicas de la vida diaria.

Como ya hemos señalado, el Real Decreto 1051/2013, de 27 de diciembre, regula las prestaciones del Sistema para la Autonomía y Atención a la Dependencia, establecidas por la Ley 39/2006, de 14 de diciembre. Tiene por objeto la regulación de los servicios y las prestaciones económicas por grado de dependencia, y los criterios para determinar las intensidades de protección de los servicios del catálogo establecidos.

También se desarrollan los traslados de personas beneficiarias entre comunidades autónomas y las Ciudades de Ceuta y de Melilla, el régimen de incompatibilidades de prestaciones, el reintegro de prestaciones y la protección de los españoles emigrantes retornados.

5.2.7. La dependencia y su valoración

A) Grados de dependencia

La situación de dependencia se clasificará en los siguientes grados:

a) **Grado I. Dependencia moderada**: cuando la persona necesita ayuda para realizar varias actividades básicas de la vida diaria, al menos una vez al día o tiene necesidades de apoyo intermitente o limitado para su autonomía personal.

b) **Grado II. Dependencia severa**: cuando la persona necesita ayuda para realizar varias actividades básicas de la vida diaria dos o tres veces al día, pero no quiere el apoyo permanente de un cuidador o tiene necesidades de apoyo extenso para su autonomía personal.

c) **Grado III. Gran dependencia**: cuando la persona necesita ayuda para realizar varias actividades básicas de la vida diaria varias veces al día y, por su pérdida total de autonomía física, mental, intelectual o sensorial, necesita el apoyo indispensable y continuo de otra persona o tiene necesidades de apoyo generalizado para su autonomía personal.

B) Valoración de la situación de dependencia

Las Comunidades Autónomas determinarán los órganos de valoración de la situación de dependencia, que emitirán un dictamen sobre el grado y nivel de dependencia, con especificación de los cuidados que la persona pueda requerir. El Consejo Territorial de Servicios Sociales y del Sistema para la Autonomía y Atención a la Dependencia, deberá acordar unos criterios comunes de composición y actuación de los órganos de valoración de las Comunidades Autónomas que, en todo caso, tendrán carácter público.

Los grados de dependencia, a efectos de su valoración, se determinarán mediante la aplicación del baremo que se acuerde en el Consejo Territorial de Servicios Sociales y del Sistema para la Autonomía y Atención a la Dependencia para su posterior aprobación por el Gobierno mediante Real Decreto. Dicho baremo tendrá entre sus referentes la Clasificación Internacional del Funcionamiento, la Discapacidad y la Salud (CIF), adoptada por la Organización Mundial de la Salud. No será posible determinar el grado de dependencia mediante otros procedimientos distintos a los establecidos por este baremo.

El baremo establecerá los criterios objetivos de valoración del grado de autonomía de la persona, de su capacidad para realizar las distintas actividades de la vida diaria, los intervalos de puntuación para cada uno de los grados de dependencia, y el protocolo con los procedimientos y técnicas a seguir para la valoración de las aptitudes observadas, en su caso.

El baremo valorará la capacidad de la persona para llevar a cabo por sí misma las actividades básicas de la vida diaria, así como la necesidad de apoyo y supervisión para su realización por personas con discapacidad intelectual o con enfermedad mental.

5.2.8. Reconocimiento del derecho

A) Procedimiento y revisión

El procedimiento se iniciará a instancia de la persona que pueda estar afectada por algún grado de dependencia o de quien ostente su representación, y su tramitación se ajustará a las previsiones establecidas en la LPA, con las especificidades que resulten de la Ley 39/2006.

El reconocimiento de la situación de dependencia se efectuará mediante resolución expedida por la Administración autonómica correspondiente a la residencia del solicitante y tendrá validez en todo el territorio del Estado y determinará los servicios o prestaciones que corresponden al solicitante según el grado de dependencia.

El grado de dependencia será revisable, a instancia del interesado, de sus representantes o de oficio por las Administraciones Públicas competentes, por alguna de las siguientes causas:

a) Mejoría o empeoramiento de la situación de dependencia.

b) Error de diagnóstico o en la aplicación del correspondiente baremo.

Las prestaciones podrán ser modificadas o extinguidas en función de la situación personal del beneficiario, cuando se produzca una variación de cualquiera de los requisitos establecidos para su reconocimiento, o por incumplimiento de las obligaciones reguladas en la presente Ley.

La percepción de una de las prestaciones económicas previstas en esta Ley deducirá de su cuantía cualquier otra prestación de análoga naturaleza y finalidad establecida en los regímenes públicos de protección social.

B) Programa Individual de Atención

En el marco del procedimiento de reconocimiento de la situación de dependencia y las prestaciones correspondientes, los servicios sociales correspondientes del sistema público establecerán un programa individual de atención en el que se determinarán las modalidades de intervención más adecuadas a sus necesidades de entre los servicios y prestaciones económicas previstos en la resolución para su grado con la participación, previa consulta y, en su caso, elección entre las alternativas propuestas del beneficiario y, en su caso, de su familia o entidades tutelares que le representen.

No obstante lo establecido en el párrafo anterior, la determinación de la prestación económica por cuidados en el entorno familiar corresponderá a la Administración competente, a propuesta de los servicios sociales.

El programa individual de atención será revisado:

a) A instancia del interesado y de sus representantes legales.

b) De oficio, en la forma que determine y con la periodicidad que prevea la normativa de las Comunidades Autónomas.

c) Con motivo del cambio de residencia a otra Comunidad Autónoma.

5.2.9. Financiación del sistema y aportación de los beneficiarios

La financiación vendrá determinada por el número de personas en situación de dependencia y de los servicios y prestaciones previstos en esta Ley, por lo que la misma será estable, suficiente, sostenida en el tiempo y garantizada mediante la corresponsabilidad de las Administraciones Públicas. En todo caso, la Administración General del Estado garantizará la financiación a las Comunidades Autónomas para el desarrollo del nivel mínimo de protección para las personas en situación de dependencia recogidas en esta Ley.

La financiación del Sistema será la suficiente para garantizar el cumplimiento de las obligaciones que correspondan a las Administraciones Públicas competentes y se determinará anualmente en los correspondientes Presupuestos.

Los beneficiarios de las prestaciones de dependencia participarán en la financiación de las mismas, según el tipo y coste del servicio y su capacidad económica personal. Para fijar la participación del beneficiario, se tendrá en cuenta la distinción entre servicios asistenciales y de manutención y hoteleros. Ningún ciudadano quedará fuera de la cobertura del Sistema por no disponer de recursos económicos.

La Resolución de 2 de diciembre de 2008, de la entonces Secretaría de Estado de Política Social, Familias y Atención a la Dependencia y a la Discapacidad, da publicidad al Acuerdo del Consejo Territorial del Sistema para la Autonomía y Atención a la Dependencia, sobre determinación de la capacidad económica del beneficiario y sobre los criterios de participación de este en las prestaciones del Sistema para la Autonomía y Atención a la Dependencia.

5.2.10. Otras medidas adoptadas por la Ley 39/2006

La Ley establece también una serie de medidas destinadas a:

a) Fomentar la calidad de la atención a la dependencia con el fin de asegurar la eficacia de las prestaciones y servicios.

b) La formación y cualificación de profesionales y cuidadores.

c) Garantizar la disponibilidad de la información y la comunicación recíproca entre las Administraciones Públicas por medio de la utilización preferente de infraestructuras comunes de comunicaciones y servicios telemáticos.

d) La actuación contra el fraude velando por la correcta aplicación de los fondos públicos destinados al Sistema para la Autonomía y Atención a la Dependencia.

e) Tipificar las infracciones y establecer las correspondientes sanciones en caso de actuaciones fraudulentas con el Sistema.

5.2.11. Órganos consultivos del sistema

La Ley crea el **Comité Consultivo del Sistema para la Autonomía y Atención a la Dependencia** como órgano asesor, adscrito al Ministerio competente en materia de derechos sociales, mediante el cual se hace efectiva, de manera permanente, la participación social en el Sistema y se ejerce la participación institucional de las organizaciones sindicales y empresariales en el mismo.

Sus funciones serán las de informar, asesorar y formular propuestas sobre materias que resulten de especial interés para el funcionamiento de dicho Sistema.

Su composición tendrá carácter tripartito, en tanto que integrado por las Administraciones Públicas, las organizaciones empresariales y las organizaciones sindicales, y paritario entre Administraciones Públicas por una parte y organizaciones sindicales y empresariales por otra, en los términos establecidos en el siguiente apartado. Los acuerdos del Comité se adoptarán por mayoría de los votos emitidos en cada una de las partes, requiriendo así la mayoría de los votos de las Administraciones Públicas y la mayoría de los votos de las organizaciones sindicales y empresariales.

Estará presidido por el representante de la Administración General del Estado que designe el titular del Ministerio competente en materia de derechos sociales. Su funcionamiento se regulará por su reglamento interno. Estará integrado por los siguientes miembros, nombrados en los términos que se establezcan reglamentariamente:

a) Seis representantes de la Administración General del Estado.

b) Seis representantes de las Administraciones de las Comunidades Autónomas.

c) Seis representantes de las Entidades locales.

d) Nueve representantes de las organizaciones empresariales más representativas.

e) Nueve representantes de las organizaciones sindicales más representativas.

Además del Comité Consultivo del Sistema para la Autonomía y Atención a la Dependencia actuarán como órganos consultivos:

— El Consejo Estatal de Personas Mayores.

— El Consejo Nacional de la Discapacidad.

— El Consejo Estatal de Organizaciones no Gubernamentales de Acción Social.

Las funciones de dichos órganos serán las de informar, asesorar y formular propuestas sobre materias que resulten de especial interés para el funcionamiento del Sistema.

5.2.12. Aplicación progresiva de la Ley

La Ley entró en vigor en todo el Estado el 1 de enero del 2007, estableciéndose un plazo máximo de tres meses para la constitución del Consejo Territorial del SAAD (lo que aconteció el 22 de enero del 2007).

La efectividad del derecho a las prestaciones de dependencia incluidas en la Ley se ejercita progresivamente, de modo gradual y se realiza de acuerdo con el siguiente calendario a partir del 1 de enero de 2007:

— El primer año (2007) personas valoradas en el Grado III de Gran Dependencia, niveles 2 y 1.

— En el segundo y tercer año (2008-2009) personas valoradas en el Grado II de Dependencia Severa, nivel 2.

— En el tercero y cuarto año (2009-2010) personas valoradas en el Grado II de Dependencia Severa, nivel 1.

— El quinto año (2011), a quienes sean valorados en el Grado I de Dependencia Moderada, Nivel 2, y se les haya reconocido la concreta prestación.

— Desde el 1 de julio de 2015 al resto de quienes fueron valorados en el Grado I de Dependencia Moderada, nivel 2.

— Desde el 1 de julio de 2015 a quienes hayan sido valorados en el Grado I, nivel 1, o sean valorados en el Grado I de Dependencia Moderada.

El derecho de acceso a las prestaciones derivadas del reconocimiento de la situación de dependencia se generará desde la fecha de la resolución de reconocimiento de las prestaciones o, en su caso, desde el transcurso del plazo de seis meses desde la presentación de la solicitud sin haberse dictado y notificado resolución expresa de reconocimiento de la prestación, salvo cuando se trate de las prestaciones económicas previstas en el artículo 18 que quedarán sujetas a un plazo suspensivo máximo de dos años a contar, según proceda, desde las fechas indicadas anteriormente, plazo que se interrumpirá en el momento en que el interesado empiece a percibir dicha prestación.

Transcurridos los primeros tres años de aplicación progresiva de la Ley, el Consejo Territorial del Sistema para la Autonomía y Atención a la Dependencia realice una evaluación de los resultados de la misma, proponiendo las modificaciones en la implantación del Sistema que, en su caso, estime procedentes.

5.3. Análisis del Real Decreto Legislativo 1/2013, de 29 de noviembre

5.3.1. Antecedentes y exposición de motivos

El impulso de las medidas que promuevan la igualdad de oportunidades suprimiendo los inconvenientes que se oponen a la presencia integral de las personas con discapacidad concierne a todos los ciudadanos, organizaciones y entidades, pero, en primer lugar, al legislador, que ha de recoger las necesidades detectadas y proponer las soluciones y las líneas generales de acción más adecuadas. Como ya se ha demostrado con anterioridad, es necesario que el marco normativo y las acciones públicas en materia de discapacidad intervengan en la organización social y en sus expresiones materiales o relacionales que con sus estructuras y actuaciones segregadoras postergan o apartan a las personas con discapacidad de la vida social ordinaria, todo ello con el objetivo último de que estas puedan ser partícipes, como sujetos activos titulares de derechos, de una vida en iguales condiciones que el resto de los ciudadanos.

En este sentido, la **Ley 13/1982, de 7 de abril, de integración social de las personas con discapacidad**, fue la primera ley aprobada en España dirigida a regular la atención y los apoyos a las personas con discapacidad y sus familias, en el marco de los arts. 9, 10, 14 y 49 de la Constitución, y supuso un avance relevante para la época.

Esta norma participaba ya de la idea de que el amparo especial y las medidas de equiparación para garantizar los derechos de las personas con discapacidad debía basarse en apoyos complementarios, ayudas técnicas y servicios especializados que les permitieran llevar una vida normal en su entorno. Estableció un sistema de prestaciones económicas y servicios, medidas de integración laboral, de accesibilidad y subsidios económicos, y una serie de principios que posteriormente se incorporaron a las leyes de sanidad, educación y empleo.

Posteriormente, la **Ley 51/2003, de 2 de diciembre, de igualdad de oportunidades, no discriminación y accesibilidad universal de las personas con discapacidad**, supuso un renovado impulso a las políticas de equiparación de las personas con discapacidad, centrándose especialmente en dos estrategias de intervención: la lucha contra la discriminación y la accesibilidad universal. A su vez, preveía el establecimiento de un régimen de infracciones y sanciones que se hizo realidad con la aprobación de la **Ley 49/2007, de 26 de diciembre, por**

la que se establece el régimen de infracciones y sanciones en materia de igualdad de oportunidades, no discriminación y accesibilidad universal de las personas con discapacidad.

Asimismo, y aunque no es objeto de la tarea de refundición de esta norma, es necesario destacar en la configuración del marco legislativo de los derechos de las personas con discapacidad, la Ley 27/2007, de 23 de octubre, por la que se reconocen las lenguas de signos españolas y se regulan los medios de apoyo a la comunicación oral de las personas sordas, con discapacidad auditiva y sordociegas, que reconoce el derecho de libre opción de estas personas al aprendizaje, conocimiento y uso de las lenguas de signos españolas, y a los distintos medios de apoyo a la comunicación oral, lo que constituye un factor esencial para su inclusión social.

Es imprescindible hacer referencia a la Convención Internacional sobre los derechos de las personas con discapacidad, aprobada el 13 de diciembre de 2006 por la Asamblea General de las Naciones Unidas (ONU), ratificada por España el 3 de diciembre de 2007 y que entró en vigor el 3 de mayo de 2008. La Convención supone la consagración del enfoque de derechos de las personas con discapacidad, de modo que considera a las personas con discapacidad como sujetos titulares de derechos y los poderes públicos están obligados a garantizar que el ejercicio de esos derechos sea pleno y efectivo.

La labor de refundición, regularizando, aclarando y armonizando las tres leyes citadas, que es mandato de la disposición final segunda de la Ley 26/2011, de 1 de agosto, de adaptación normativa a la Convención Internacional sobre los derechos de las personas con discapacidad, resulta necesaria dadas las modificaciones que han experimentado en estos años, así como el sustancial cambio del marco normativo de los derechos de las personas con discapacidad. Esta tarea ha tenido como referente principal la mencionada Convención Internacional. Por ello, además de revisar los principios que informan la ley conforme a lo previsto en la Convención, en su estructura se dedica un título específico a determinados derechos de las personas con discapacidad. También se reconoce expresamente que el ejercicio de los derechos de las personas con discapacidad se realizará de acuerdo con el principio de libertad en la toma de decisiones.

5.3.2. Estructura de la norma

Este texto refundido se estructura en un Título preliminar, tres Títulos, 12 Disposiciones Adicionales, 1 Disposición Transitoria y 3 Disposiciones Finales. Cuenta con 105 artículos.

En el **Título Preliminar** se recogen las disposiciones generales: objeto, definiciones básicas en la materia, principios inspiradores de la norma, ámbito de aplicación y el concepto de autonomía de las personas con discapacidad.

En el **Título I** se desarrollan los derechos y obligaciones, todos ellos en el marco del derecho a la igualdad de las personas con discapacidad.

En el **Título II** se regula la Igualdad de oportunidades y no discriminación, en el marco del derecho a la igualdad de oportunidades y detallando una serie de medidas de fomento y defensa de aquella.

Por último, el **Título III** contiene las infracciones y sanciones en materia de igualdad de oportunidades, no discriminación y accesibilidad universal de las personas con discapacidad. Desarrolla el régimen común de las mismas, las normas específicas de aplicación, el procedimiento sancionador y los órganos sancionadores.

5.3.3. Entrada en vigor

Este Real Decreto Legislativo y el texto refundido que aprueba entraron en vigor al día siguiente de su publicación en el BOE (BOE nº 289, de 3 de diciembre de 2013).

5.3.4. Disposiciones generales

A) Objeto

Esta ley tiene por **objeto**:

a) Garantizar el derecho a la igualdad de oportunidades y de trato, así como el ejercicio real y efectivo de derechos por parte de las personas con discapacidad en igualdad de condiciones respecto del resto de ciudadanos y ciudadanas, a través de la promoción de la autonomía personal, de la accesibilidad universal, del acceso al empleo, de la inclusión en la comunidad y la vida independiente y de la erradicación de toda forma de discriminación, conforme a los arts. 9.2, 10, 14 y 49 CE y a la Convención Internacional sobre los Derechos de las Personas con Discapacidad y los tratados y acuerdos internacionales ratificados por España.

b) Establecer el régimen de infracciones y sanciones que garantizan las condiciones básicas en materia de igualdad de oportunidades, no discriminación y accesibilidad universal de las personas con discapacidad.

B) Definiciones

a) **Discapacidad:** es una situación que resulta de la interacción entre las personas con deficiencias previsiblemente permanentes y cualquier tipo de barreras que limiten o impidan su participación plena y efectiva en la sociedad, en igualdad de condiciones con las demás.

b) **Igualdad de oportunidades:** es la ausencia de toda discriminación, directa o indirecta, por motivo de o por razón de discapacidad, incluida cualquier distinción, exclusión o restricción que tenga el propósito o el efecto de obstaculizar o dejar sin efecto el reconocimiento, goce o ejercicio en igualdad de condiciones por las personas con discapacidad, de todos los derechos humanos y libertades fundamentales en los ámbitos político, económico, social, laboral, cultural, civil o de otro tipo. Asimismo, se entiende por igualdad de oportunidades la adopción de medidas de acción positiva.

c) **Discriminación directa:** es la situación en que se encuentra una persona con discapacidad cuando es tratada de manera menos favorable que otra en situación análoga por motivo de o por razón de su discapacidad.

d) **Discriminación indirecta:** existe cuando una disposición legal o reglamentaria, una cláusula convencional o contractual, un pacto individual, una decisión unilateral o un criterio o práctica, o bien un entorno, producto o servicio, aparentemente neutros, puedan ocasionar una desventaja particular a una persona respecto de otras por motivo de o por razón de discapacidad, siempre que objetivamente no respondan a una finalidad legítima y que los medios para la consecución de esta finalidad no sean adecuados y necesarios.

e) **Discriminación por asociación:** existe cuando una persona o grupo en que se integra es objeto de un trato discriminatorio debido a su relación con otra por motivo o por razón de discapacidad.

f) **Acoso:** es toda conducta no deseada relacionada con la discapacidad de una persona, que tenga como objetivo o consecuencia atentar contra su dignidad o crear un entorno intimidatorio, hostil, degradante, humillante u ofensivo.

g) **Medidas de acción positiva:** son aquellas de carácter específico consistentes en evitar o compensar las desventajas derivadas de la discapacidad y destinadas a acelerar o lograr la igualdad de hecho de las personas con discapacidad y su participación plena en los ámbitos de la vida política, económica, social, educativa, laboral y cultural, atendiendo a los diferentes tipos y grados de discapacidad.

h) **Vida independiente:** es la situación en la que la persona con discapacidad ejerce el poder de decisión sobre su propia existencia y participa activamente en la vida de su comunidad, conforme al derecho al libre desarrollo de la personalidad.

i) **Normalización:** es el principio en virtud del cual las personas con discapacidad deben poder llevar una vida en igualdad de condiciones, accediendo a los mismos lugares, ámbitos, bienes y servicios que están a disposición de cualquier otra persona.

j) **Inclusión social:** es el principio en virtud del cual la sociedad promueve valores compartidos orientados al bien común y a la cohesión social, permitiendo que todas las personas con discapacidad tengan las oportunidades y recursos necesarios para participar plenamente en la vida política, económica, social, educativa, laboral y cultural, y para disfrutar de unas condiciones de vida en igualdad con los demás.

k) **Accesibilidad universal:** es la condición que deben cumplir los entornos, procesos, bienes, productos y servicios, así como los objetos, instrumentos, herramientas y dispositivos, para ser comprensibles, utilizables y practicables por todas las personas en condiciones de seguridad y comodidad y de la forma más autónoma y natural posible. En la accesibilidad universal está incluida la accesibilidad cognitiva para permitir la fácil comprensión, la comunicación e interacción a todas las personas.

La accesibilidad cognitiva se despliega y hace efectiva a través de la lectura fácil, sistemas alternativos y aumentativos de comunicación, pictogramas y otros medios humanos y tecnológicos disponibles para tal fin. Presupone la estrategia de «diseño universal o diseño para todas las personas», y se entiende sin perjuicio de los ajustes razonables que deban adoptarse.

l) **Diseño universal o diseño para todas las personas:** es la actividad por la que se conciben o proyectan desde el origen, y siempre que ello sea posible, entornos, procesos, bienes, productos, servicios, objetos, instrumentos, programas, dispositivos o herramientas, de tal forma que puedan ser utilizados por todas las personas, en la mayor extensión posible, sin necesidad de adaptación ni diseño especializado. El «diseño universal o diseño para todas las personas» no excluirá los productos de apoyo para grupos particulares de personas con discapacidad, cuando lo necesiten.

m) **Ajustes razonables:** son las modificaciones y adaptaciones necesarias y adecuadas del ambiente físico, social y actitudinal a las necesidades específicas de las personas con discapacidad que no impongan una carga desproporcionada o indebida, cuando se requieran en un caso particular de manera eficaz y práctica, para facilitar la accesibilidad y la participación y para garantizar a las personas con discapacidad el goce o ejercicio, en igualdad de condiciones con las demás, de todos los derechos.

n) **Diálogo civil:** es el principio en virtud del cual las organizaciones representativas de personas con discapacidad y de sus familias participan, en los términos que establecen las leyes y demás disposiciones normativas, en la elaboración, ejecución, seguimiento y evaluación de las políticas oficiales que se desarrollan en la esfera de las personas con discapacidad, las cuales garantizarán, en todo caso, el derecho de los niños y las niñas con discapacidad a expresar su opinión libremente sobre todas las cuestiones que les afecten y a recibir asistencia apropiada con arreglo a su discapacidad y edad para poder ejercer ese derecho.

o) **Transversalidad de las políticas en materia de discapacidad:** es el principio en virtud del cual las actuaciones que desarrollan las Administraciones Públicas no se limitan únicamente a planes, programas y acciones específicos, pensados exclusivamente para estas personas, sino que comprenden las políticas y líneas de acción de carácter general en cualquiera de los ámbitos de actuación pública, en donde se tendrán en cuenta las necesidades y demandas de las personas con discapacidad.

C) Principios

Los **principios** de esta ley serán:

a) El respeto de la dignidad inherente, la autonomía individual, incluida la libertad de tomar las propias decisiones, y la independencia de las personas.

b) La vida independiente.

c) La no discriminación.

d) El respeto por la diferencia y la aceptación de las personas con discapacidad como parte de la diversidad y la condición humanas.

e) La igualdad de oportunidades.

f) La igualdad entre mujeres y hombres.

g) La normalización.

h) La accesibilidad universal.

i) Diseño universal o diseño para todas las personas.

j) La participación e inclusión plenas y efectivas en la sociedad.

k) El diálogo civil.

l) El respeto al desarrollo de la personalidad de las personas con discapacidad, y, en especial, de las niñas y los niños con discapacidad y de su derecho a preservar su identidad.

m) La transversalidad de las políticas en materia de discapacidad.

D) Ámbito de aplicación

Las medidas específicas para garantizar la igualdad de oportunidades, la no discriminación y la accesibilidad universal se aplicarán, además de a los derechos regulados en el Título I, en los ámbitos siguientes:

a) Telecomunicaciones y sociedad de la información.

b) Espacios públicos urbanizados, infraestructuras y edificación.

c) Transportes.

d) Bienes y servicios a disposición del público.

e) Relaciones con las administraciones públicas, incluido el acceso a las prestaciones públicas y a las resoluciones administrativas de aquellas..

f) Administración de justicia.

g) Participación en la vida pública y en los procesos electorales.

h) Patrimonio cultural, de conformidad con lo previsto en la legislación de patrimonio histórico, siempre con el propósito de conciliar los valores de protección patrimonial y de acceso, goce y disfrute por parte de las personas con discapacidad.

i) Empleo.

E) Órganos

— **Consejo Nacional de la Discapacidad:**

El Consejo Nacional de la Discapacidad es el órgano colegiado interministerial, de carácter consultivo, en el que se institucionaliza la colaboración del movimiento asociativo de las personas con discapacidad y sus familias y la Administración General del Estado, para la definición y coordinación de las políticas públicas que garanticen los derechos de las personas con discapacidad. Su composición y funciones se establecerán reglamentariamente.

En particular, corresponderá al Consejo Nacional de la Discapacidad la promoción de la igualdad de oportunidades y no discriminación de las personas con discapacidad.

— **Oficina de Atención a la Discapacidad:**

La Oficina de Atención a la Discapacidad es el órgano del Consejo Nacional de la Discapacidad, de carácter permanente y especializado, encargado de promover la igualdad de oportunidades, no discriminación y accesibilidad universal de las personas con discapacidad.

Con la Oficina de Atención a la Discapacidad colaborarán las organizaciones, entidades y asociaciones de utilidad pública más representativas de las personas con discapacidad y sus familias.

5.3.5. Igualdad de oportunidades y no discriminación

Se entenderá que se vulnera el derecho a la igualdad de oportunidades de las personas con discapacidad, definidas en el art. 4.1, cuando, por motivo de o por razón de discapacidad, se produzcan discriminaciones directas o indirectas, discriminación por asociación, acosos, incumplimientos de las exigencias de accesibilidad y de realizar ajustes razonables, así como el incumplimiento de las medidas de acción positiva legalmente establecidas.

Con el fin de garantizar el derecho a la igualdad de oportunidades a las personas con discapacidad, los poderes públicos establecerán medidas contra la discriminación y medidas de acción positiva.

A) Medidas contra la discriminación

Tienen como finalidad prevenir o corregir que una persona sea tratada de una manera directa o indirecta menos favorable que otra que no lo sea, en una situación análoga o comparable, por motivo de o por razón de discapacidad.

B) Medidas de acción positiva

Los poderes públicos adoptarán medidas de acción positiva en beneficio de aquellas personas con discapacidad susceptibles de ser objeto de un mayor grado de discriminación, incluida la discriminación múltiple, o de un menor grado de igualdad de oportunidades, como son las mujeres, los niños y niñas, quienes precisan de mayor apoyo para el ejercicio de su autonomía o para la toma libre de decisiones y las que padecen una más acusada exclusión social, así como las personas con discapacidad que viven habitualmente en el medio rural.

En el marco de la política oficial de protección a la familia, los poderes públicos adoptarán medidas de acción positiva respecto de las familias cuando alguno de sus miembros sea una persona con discapacidad.

5.3.6. Fomento y defensa

Las Administraciones Públicas, en el ámbito de sus competencias, promoverán y facilitarán el desarrollo de medidas de fomento y de instrumentos y mecanismos de protección jurídica para llevar a cabo una política de igualdad de oportunidades, mediante la adopción de las medidas necesarias para que se supriman las disposiciones normativas y las prácticas contrarias a la igualdad de oportunidades y el establecimiento de medidas para evitar cualquier forma de discriminación por motivo o por razón de discapacidad.

A) Medidas de fomento

— **Medidas para fomentar la calidad:** las Administraciones Públicas adecuarán sus planes de calidad para asegurar la igualdad de oportunidades a los ciudadanos con discapacidad. Para ello, incluirán en ellos normas mínimas de no discriminación y de accesibilidad, y desarrollarán indicadores de calidad y guías de buenas prácticas.

— **Medidas de innovación y desarrollo de normas técnicas:** las Administraciones Públicas fomentarán la innovación e investigación aplicada al desarrollo de entornos, productos, servicios y prestaciones que garanticen los principios de inclusión, accesibilidad universal, diseño para todas las personas y vida independiente en favor de las personas con discapacidad. Para ello, promoverán la investigación en las áreas relacionadas con la discapacidad en los planes de investigación, desarrollo e innovación (I+D+i).

Asimismo, facilitarán y apoyarán el desarrollo de normativa técnica, así como la revisión de la existente, de forma que asegure la no discriminación en procesos, diseños y desarrollos de tecnologías, productos, servicios y bienes, en colaboración con las entidades y organizaciones de normalización y certificación y todos los agentes implicados.

— **Iniciativa privada:** la Administración del Estado, las comunidades autónomas y las entidades locales ampararán la iniciativa privada sin ánimo de lucro, colaborando en el desarrollo de estas actividades mediante asesoramiento técnico, coordinación, planificación y apoyo económico. Especial atención recibirán las entidades sin ánimo de lucro, promovidas por las propias personas con discapacidad, sus familiares o sus representantes legales.

— **Observatorio Estatal de la Discapacidad:** se trata de un instrumento técnico de la Administración General del Estado que, a través de la Dirección General de Derechos de las Personas con Discapacidad del Ministerio competente en materia de derechos sociales, se encarga de la recopilación, sistematización, actualización, generación de información y difusión relacionada con el ámbito de la discapacidad.

B) Medidas de defensa

— **Arbitraje:** previa audiencia de los sectores interesados y de las organizaciones representativas de las personas con discapacidad y sus familias, el Gobierno establecerá un sistema arbitral que, sin formalidades especiales, atienda y resuelva con carácter vinculante y ejecutivo para ambas partes, las quejas o reclamaciones de las personas con discapacidad en materia de igualdad de oportunidades y no discriminación, siempre que no existan indicios racionales de delito, todo ello sin perjuicio de la protección administrativa y judicial que en cada caso proceda. El sometimiento de las partes al sistema arbitral será voluntario y deberá constar expresamente por escrito.

— **Tutela judicial y protección contra las represalias:** la tutela judicial del derecho a la igualdad de oportunidades de las personas con discapacidad comprenderá la adopción de todas las medidas que sean necesarias para poner fin a la violación del derecho y prevenir violaciones ulteriores, así como para restablecer al perjudicado en el ejercicio pleno de su derecho.

Se adoptarán las medidas que sean necesarias para proteger a las personas físicas o jurídicas contra cualquier trato adverso o consecuencia negativa que pueda producirse como reacción ante una reclamación o ante un procedimiento destinado a exigir el cumplimiento del principio de igualdad de oportunidades.

— **Legitimación:** sin perjuicio de la legitimación individual de las personas afectadas, las personas jurídicas legalmente habilitadas para la defensa de los derechos e intereses legítimos colectivos podrán actuar en un proceso en nombre e interés de las personas que así lo autoricen, con la finalidad de hacer efectivo el derecho de igualdad de oportunidades, defendiendo sus derechos individuales y recayendo en dichas personas los efectos de aquella actuación.

— **Criterios especiales sobre la prueba de hechos relevantes:** en aquellos procesos jurisdiccionales en que de las alegaciones de la parte actora se deduzca la existencia de indicios fundados de discriminación por motivo de o por razón de discapacidad, corresponderá a la parte demandada la aportación de una justificación objetiva y razonable, suficientemente probada, de la conducta y de las medidas adoptadas y de su proporcionalidad.

5.3.7. Infracciones y sanciones

El régimen de infracciones y sanciones será común en todo el territorio del Estado y será objeto de tipificación por el legislador autonómico, sin perjuicio de aquellas otras infracciones y sanciones que pueda establecer en el ejercicio de sus competencias.

Las comunidades autónomas establecerán un régimen de infracciones que garantice la plena protección de las personas con discapacidad, ajustándose a lo dispuesto en esta ley.

Esta ley se aplicará a los responsables de la infracción, **personas físicas o jurídicas**, que incurran en las acciones u omisiones determinadas como infracción en esta ley y en la legislación autonómica correspondiente.

La responsabilidad será **solidaria** cuando sean varios los responsables y no sea posible determinar el grado de participación de cada uno de ellos en la comisión de la infracción.

Serán responsables subsidiarios o solidarios las personas físicas y jurídicas privadas por el incumplimiento de las obligaciones que conlleven el deber de prevenir la infracción administrativa cometida por otros.

A) Infracciones

Se considerarán infracciones administrativas las acciones y omisiones que ocasionen vulneraciones del derecho a la igualdad de oportunidades, no discriminación y accesibilidad universal en los ámbitos a los que se refiere el art. 5, cuando se produzcan discriminaciones directas o indirectas, acosos, incumplimiento de las exigencias de accesibilidad y de realizar ajustes razonables, así como el incumplimiento de las medidas de acción positiva legalmente establecidas, especialmente cuando se deriven beneficios económicos para la persona infractora.

Las infracciones se clasificarán en:

- **Leves:** sin perjuicio de lo que se establezca en la legislación autonómica, tendrán la consideración de infracciones leves, las conductas que incurran en cualquier incumplimiento que afecte a obligaciones meramente formales de lo establecido en esta ley y en sus normas de desarrollo.
- **Graves:** en todo caso, y sin perjuicio de lo que se establezca en la legislación autonómica, tendrán esta consideración:
  - a) Los actos discriminatorios u omisiones que supongan directa o indirectamente un trato menos favorable a la persona con discapacidad en relación con otra persona que se encuentre en situación análoga o comparable.
  - b) El incumplimiento de las exigencias de accesibilidad, así como la negativa a adoptar las medidas de ajuste razonable, a que se refiere el artículo 66 así como en sus normas de desarrollo.
  - c) El incumplimiento de un requerimiento administrativo específico que formulen los órganos competentes para el ejercicio de las competencias necesarias para dar cumplimiento a las previsiones de esta ley.

d) Cualquier forma de presión ejercida sobre la persona con discapacidad o sobre otras personas físicas o jurídicas, que hayan entablado o pretendan entablar cualquier clase de acción legal.

— **Muy graves:** en todo caso, y sin perjuicio de lo que se establezca en la legislación autonómica, tendrán esta consideración:

a) Toda conducta de acoso relacionada con la discapacidad en los términos del art. 66 y en sus normas de desarrollo.

b) El incumplimiento reiterado de los requerimientos administrativos específicos que formulen los órganos competentes para el ejercicio de las competencias necesarias para dar cumplimiento a las previsiones de esta ley, y en sus normas de desarrollo.

c) Cualquier forma de presión ejercida sobre las autoridades en el ejercicio de las potestades administrativas que se ejerzan para la ejecución de las medidas previstas en esta ley, y en sus normas de desarrollo.

Prescripción de infracciones		
Leves	Graves	Muy graves
1 año	3 años	4 años

B) Sanciones

Las infracciones serán sancionadas con multas que irán desde un mínimo de 301 euros hasta un máximo de 1.000.000 de euros:

— **Infracciones leves:** la sanción no excederá en ningún caso de 30.000 euros.

— **Infracciones graves:** la sanción no excederá en ningún caso de 90.000 euros.

Las sanciones se aplicarán en grado mínimo, medio y máximo con arreglo a los siguientes **criterios**:

a) Intencionalidad de la persona infractora.

b) Negligencia de la persona infractora.

c) Fraude o connivencia.

d) Incumplimiento de las advertencias previas.

e) Cifra de negocios o ingresos de la empresa o entidad.

f) Número de personas afectadas.

g) Permanencia o transitoriedad de las repercusiones de la infracción.

h) Reincidencia, por comisión en el término de un año de más de una infracción de la misma naturaleza cuando así haya sido declarado por resolución firme.

i) La alteración social producida por la realización de conductas discriminatorias y de acoso, la inobservancia o el incumplimiento de las exigencias de accesibilidad y de las exigencias de eliminación de obstáculos y de realizar ajustes razonables.

j) El beneficio económico que se hubiera generado para la persona autora de la infracción.

PRESCRIPCIÓN DE SANCIONES		
POR FALTAS LEVES	POR FALTAS GRAVES	POR FALTAS MUY GRAVES
1 año	4 años	5 años

C) Normas específicas de aplicación por la Administración General del Estado

La competencia para el ejercicio de la potestad sancionadora corresponderá a la Administración General del Estado cuando las conductas infractoras se proyecten en un ámbito territorial superior al de una comunidad autónoma.

En el ámbito de competencias de la Administración General del Estado, se tipifican las siguientes infracciones (art. 95):

— **Infracciones leves:**

a) El incumplimiento de los deberes y obligaciones dispuestos en la sección primera del capítulo V del Título I, y en el Título II así como en sus normas de desarrollo, siempre que no tenga el carácter de infracción grave o muy grave.

b) El incumplimiento de las disposiciones que impongan la obligación de adoptar normas internas en las empresas, centros de trabajo u oficinas públicas, orientadas a promover y estimular la eliminación de desventajas o situaciones generales de discriminación a las personas con discapacidad, siempre que no constituyan infracciones graves o muy graves.

c) Obstaculizar la acción de los servicios de inspección.

— **Infracciones graves:**

a) Los actos discriminatorios u omisiones que supongan directa o indirectamente un trato menos favorable a la persona con discapacidad en relación con otra persona que se encuentre en situación análoga o comparable.

b) La imposición abusiva de cualquier forma de renuncia total o parcial a los derechos de las personas por motivo de o por razón de su discapacidad, basada en una posición de ventaja.

c) El incumplimiento de los requerimientos específicos que formulen las autoridades.

d) La obstrucción o negativa a facilitar la información solicitada por las autoridades competentes o sus agentes, que sea legalmente exigible, en orden al cumplimiento de las funciones de información, vigilancia, investigación, inspección, tramitación y ejecución en los términos previstos en este Título.

e) El incumplimiento por parte de las personas obligadas de las normas sobre accesibilidad de los entornos, instrumentos, equipos y tecnologías, medios de transporte, medios de comunicación y de los productos y servicios a disposición del público, así como los apoyos y medios asistenciales específicos para cada persona, que obstaculice o limite su acceso o utilización regulares por las personas con discapacidad.

f) La negativa por parte de las personas obligadas a adoptar un ajuste razonable, en los términos establecidos en el art. 66.

g) El incumplimiento por parte de las personas obligadas de las previsiones efectuadas en la disposición adicional tercera, en lo referente a la elaboración de los planes especiales de actuación para la implantación de las exigencias de accesibilidad y la no discriminación en el ámbito de que se trate.

h) La coacción, amenaza, represalia ejercida sobre la persona con discapacidad o sobre otras personas físicas o jurídicas, que hayan entablado o pretendan entablar cualquier clase de acción legal, reclamación, denuncia o participen en procedimientos ya iniciados para exigir el cumplimiento del principio de igualdad de oportunidades, así como la tentativa de ejercitar tales actos.

i) Tendrá también la consideración de infracción grave la comisión, en el plazo de tres meses y por tres veces, de la misma infracción leve.

— **Infracciones muy graves:**

a) Las vejaciones que padezcan las personas en sus derechos fundamentales por motivo de o por razón de su discapacidad.

b) Las acciones que deliberadamente generen un grave perjuicio económico o profesional para las personas con discapacidad.

c) Conculcar deliberadamente la dignidad de las personas con discapacidad imponiendo condiciones o cargas humillantes para el acceso a los bienes, productos y servicios a disposición del público.

d) Generar deliberadamente situaciones de riesgo o grave daño para la integridad física o psíquica o la salud de las personas con discapacidad.

e) Las conductas calificadas como graves cuando sus autores hayan actuado movidos, además, por odio o desprecio racial o étnico, de género, orientación sexual, edad, discapacidad severa o no posibilidad de representarse a sí mismo.

f) El incumplimiento por parte de las personas obligadas de las normas legales sobre accesibilidad en la planificación, diseño y urbanización de los entornos, productos y servicios a disposición del público que impida el libre acceso y utilización regulares por las personas con discapacidad.

g) El incumplimiento por parte de las personas obligadas de las normas legales sobre accesibilidad que impida o dificulte gravemente el ejercicio de derechos fundamentales y el disfrute de libertades públicas por parte de las personas con discapacidad.

h) Tendrá también la consideración de infracción muy grave, la comisión de tres infracciones graves en el plazo de un año; así como las que reciban expresamente dicha calificación en las disposiciones normativas especiales aplicables en cada caso.

Las infracciones se sancionarán del siguiente modo (art. 96):

a) Las infracciones leves, en su grado mínimo, con multas de 301 a 6.000 euros; en su grado medio, de 6.001 a 18.000 euros; y en su grado máximo, de 18.001 a 30.000 euros.

b) Las infracciones graves con multas, en su grado mínimo, de 30.001 a 60.000 euros; en su grado medio, de 60.001 a 78.000 euros; y en su grado máximo, de 78.001 a 90.000 euros.

c) Las infracciones muy graves con multas, en su grado mínimo, de 90.001 a 300.000 euros; en su grado medio, de 300.001 a 600.000 euros; y en su grado máximo, de 600.001 a 1.000.000 de euros.

- **Procedimiento sancionador**

Las infracciones y sanciones en el ámbito de las competencias de la Administración General del Estado, se regirán por lo dispuesto en el capítulo III, del título preliminar de la Ley 40/2015, de 1 de octubre, de Régimen Jurídico del Sector Público; en el título IV de la Ley 39/2015, de 1 de octubre, del Procedimiento Administrativo Común de las Administraciones Públicas, y en su normativa de desarrollo.

El procedimiento se iniciará siempre de oficio, bien por propia iniciativa o como consecuencia de orden superior, petición razonada de otros órganos o denuncia.

- **Autoridades competentes**

  — **Para iniciar el procedimiento:** el órgano directivo del Ministerio competente en materia de derechos sociales, con rango de Dirección General, que tenga atribuidas las competencias en materia de discapacidad.

  — **Para el ejercicio de los actos de instrucción:** al órgano directivo con rango de Subdirección General a que correspondan las funciones de impulso de políticas sectoriales sobre discapacidad, que elevará propuesta de resolución al órgano competente para imponer la sanción.

  — **Para imponer las sanciones del art. 96:**

    a) Por infracciones leves: el órgano con rango de Dirección General competente para iniciar el procedimiento.

    b) Por infracciones graves: la Secretaría de Estado de Derechos Sociales.

    c) Por infracciones muy graves: la persona titular del Ministerio competente en materia de derechos sociales. Se requerirá el acuerdo previo del Consejo de Ministros cuando las sanciones sean de cuantía superior a 300.000 euros.

Anexo

Esquema-resumen. Políticas de Igualdad de Género.

<table>
<tr><th colspan="2">LEY ORGÁNICA 3/2007, DE 22 DE MARZO, DE IGUALDAD EFECTIVA DE MUJERES Y HOMBRES</th></tr>
<tr><td>Exposición de motivos</td><td>
<ul>
<li>Art. 14 CE (igualdad formal) proclama que los españoles somos iguales ante la ley, prohibiendo toda discriminación y art. 9.2 CE (igualdad material) corresponde a los poderes públicos promover las condiciones para que la igualdad del individuo y de los grupos en que se integra sea real y efectiva.</li>
<li>La igualdad de mujer y hombre es un principio jurídico universal. En la ONU: Convención para la eliminación de todas las formas de discriminación contra la mujer de 1979 y las Conferencias Mundiales sobre la Mujer (Nairobi 1985; Beijing 1995).</li>
<li>Principio fundamental de la Unión Europea: Tratado de Ámsterdam de 2 de octubre de 1997; Directivas: 2002/73/CE que reformó la 76/207/CE sobre igualdad de trato en el acceso al empleo, la formación, la promoción y las condiciones de trabajo; y la 2004/113/CE sobre igualdad entre mujeres y hombres en el acceso a bienes y servicios y su suministro.</li>
<li>La mayor novedad de la ley la prevención de las conductas discriminatorias: la dimensión transversal (mainstreaming).</li>
</ul>
</td></tr>
</table>

<table>
<tr><th colspan="2">TÍTULO PRELIMINAR: OBJETO Y ÁMBITO DE LA LEY</th></tr>
<tr><td>Objeto y ámbito</td><td>
<ul>
<li>Objeto: hacer efectivo el derecho de igualdad de trato y de oportunidades entre mujeres y hombres, eliminando la discriminación de la mujer, en cualquier ámbito de la vida y, singularmente, en las esferas política, civil, laboral, económica, social y cultural, y así alcanzar una sociedad más democrática, más justa y solidaria.</li>
<li>Ámbito de aplicación: todas las personas gozan de los derechos derivados del principio de igualdad; las obligaciones se aplican a toda persona física o jurídica, que se encuentre o actúe en territorio español, cualquiera que fuese su nacionalidad, domicilio o residencia.</li>
</ul>
</td></tr>
</table>

<table>
<tr><th colspan="2">TÍTULO I: PRINCIPIO DE IGUALDAD Y TUTELA CONTRA LA DISCRIMINACIÓN</th></tr>
<tr><td>Conceptos</td><td>
<ul>
<li>Principio de igualdad de trato entre mujeres y hombres:

– Es la ausencia de toda discriminación directa o indirecta, por razón de sexo, en especial, las derivadas de la maternidad, la asunción de obligaciones familiares y el estado civil. Esta igualdad es un principio informador del ordenamiento jurídico.

– Se aplica en el ámbito del empleo privado y del público, garantizándose en el acceso al empleo, la formación profesional, la promoción profesional, las condiciones de trabajo, afiliación y participación en organizaciones sindicales y empresariales (se incluye el trabajo por cuenta propia).

– No se considera discriminación en el acceso al empleo, una diferencia de trato basada en una característica relacionada con el sexo, cuando ésta constituya un requisito esencial y determinante y que el objetivo sea legítimo y el requisito proporcionado.</li>
</ul>
</td></tr>
</table>

Conceptos *(continuación)*	• Se **diferencian** los siguientes términos y conceptos: – **Discriminación directa**: la situación en que se encuentra una persona que sea, haya sido o pudiera ser tratada, en atención a su sexo, de manera menos favorable que otra en situación comparable. – **Discriminación indirecta**: la situación en que una disposición, criterio o práctica aparentemente neutros pone a personas de un sexo en desventaja particular con respecto a personas del otro, salvo que dicha disposición, criterio o práctica puedan justificarse objetivamente en atención a una finalidad legítima y que los medios para alcanzar dicha finalidad sean necesarios y adecuados. – **Acoso sexual** cualquier comportamiento, verbal o físico, de naturaleza sexual que tenga el propósito o produzca el efecto de atentar contra la dignidad de una persona, en particular cuando se crea un entorno intimidatorio, degradante u ofensivo. – **Acoso por razón de sexo** cualquier comportamiento realizado en función del sexo de una persona, con el propósito o el efecto de atentar contra su dignidad y de crear un entorno intimidatorio, degradante u ofensivo.

TÍTULO II: Políticas públicas para la igualdad	
Principios generales	• **CRITERIOS DE ACTUACIÓN** de los poderes públicos: – Integrar el principio de igualdad en el **conjunto de las políticas** económica, laboral, social, cultural y artística, para evitar la segregación laboral y eliminar las diferencias retributivas; potenciar el empresariado femenino y valorar el trabajo de la mujer (incluido el doméstico). – **Colaboración** entre las distintas administraciones públicas, y entre estas y los agente sociales, asociaciones de mujeres y otras entidades privadas. – **Participación equilibrada** de hombres y mujeres en las **candidaturas electorales** y en la toma de decisiones. Los poderes públicos procurarán atender al principio de presencia equilibrada en los nombramientos y designación de los **cargos de responsabilidad.** – Adoptar medidas para erradicar la violencia de género, la familiar y todas las formas de acoso. – Considerar las singulares dificultades de colectivos de mujeres de **especial vulnerabilidad** (mujeres de minorías, migrantes, viudas, niñas, con discapacidad, mayores, víctimas de violencia de género), para ellas se podrán adoptar medidas de acción positiva. – **Protección de la maternidad:** la sociedad debe asumir los efectos derivados del embarazo, parto y lactancia. – **Fomentar** la efectividad de la igualdad en las relaciones entre particulares. – Implantar un **lenguaje no sexista** en el ámbito administrativo y fomentarlo en todas las relaciones sociales, artísticas y culturales. – Integrar estos criterios en la **cooperación internacional para el desarrollo.** • El principio de igualdad entre mujeres y hombres, informa con carácter **TRANSVERSAL**, la actuación de todos los poderes públicos. Lo integrarán en: 1º La adopción de disposiciones normativas. 2º Definición y presupuesto de las políticas públicas. 3º En el desarrollo de todas sus actividades.

Principios generales *(continuación)*	• **PLAN ESTRATÉGICO DE IGUALDAD DE OPORTUNIDADES**: – El **Gobierno** aprobará periódicamente este plan. – El Gobierno elaborará periódicamente un **informe** sobre la efectividad de esta plan y dará cuenta del mismo a las Cortes (dicho informe será bienal). • **INFORMES DE IMPACTO DE GÉNERO**: los proyectos de disposiciones de carácter general y los planes de especial relevancia (económica, social, cultural y artística) que se sometan a la aprobación del **Consejo de Ministros** incorporarán un informe de impacto de género. Por ejemplo: proyectos de ley y reglamentos. • **Estadísticas y estudios**, en ellos se deberá: incluir la variable de sexo; incluir nuevos indicadores para conocer los diferentes roles, situaciones.. y los casos de discriminación múltiple; hacer muestras amplias; explotar los datos de que se disponga; revisar definiciones para reconocer y valorar el trabajo de la mujer. • **Colaboración entre Administraciones Públicas**: – La Administración del Estado y las Administraciones de las CCAA cooperarán para integrar la igualdad entre mujeres y hombres en sus respectivas competencias, en especial, en la planificación. Se podrán adoptar planes conjuntos en la **Conferencia Sectorial de la Mujer**. – Los Entes locales también cooperarán en este ámbito con las demás Administraciones Públicas; y en concreto para avanzar en el reparto equitativo del tiempo entre mujeres y hombres, las corporaciones locales podrán establecer **Planes Municipales** de organización del tiempo de la ciudad.

TÍTULO III: IGUALDAD Y MEDIOS DE COMUNICACIÓN	
Medidas de fomento de la igualdad	• Los medios de comunicación social de **titularidad pública velarán** por trasmitir una imagen igualitaria, plural y no estereotipada de mujeres y hombres en la sociedad, y promoverán el conocimiento y difusión del principio de igualdad. • **Todos** los medios de comunicación **respetarán** la igualdad entre mujeres y hombres; y las Administraciones Públicas promoverán que adopten acuerdos de autorregulación, incluyendo las actividades de venta y publicidad que en ellos se desarrollen. • La publicidad que comporte una conducta discriminatoria se considerará publicidad ilícita. • En el ejercicio de sus actividades la Agencia EFE y RTVE tendrán, entre otros objetivos: reflejar adecuadamente la presencia de la mujer en la vida social; utilizar el lenguaje en forma no sexista; adoptar códigos de conducta para trasmitir el principio de igualdad, colaborar en esta materia en campañas institucionales. Además promoverán la incorporación de la mujer a puestos de responsabilidad y fomentarán las relaciones con asociaciones y grupos de mujeres para conocer sus necesidades en el ámbito de la comunicación.

TÍTULO IV: DERECHO AL TRABAJO EN IGUALDAD DE OPORTUNIDADES	
Igualdad en el ámbito laboral	• Las **políticas de empleo** tienen como **objetivos prioritarios**: 1º aumentar la participación de la mujer en el mercado de trabajo; y 2º avanzar en la igualdad efectiva entre mujeres y hombres. • Los programas de inserción laboral activa comprenderán todos los niveles educativos y edad de las mujeres (incluyendo Formación Profesional, Escuelas Taller..) y se podrán destinar prioritariamente a colectivos específicos de mujeres o contemplar una determinada proporción de mujeres. • Mediante la **negociación colectiva** se podrán establecer medidas de **acción positiva** (acceso al empleo y condiciones de trabajo).

Igualdad y conciliación	• Los derechos de conciliación de la vida personal, familiar y laboral, se reconocerán a los trabajadores y las trabajadoras en forma que fomenten la **asunción equilibrada** de las responsabilidades familiares, evitando discriminaciones basadas en su ejercicio. • Los permisos y prestaciones por maternidad y por paternidad se rigen por la legislación laboral y de la Seguridad Social.
Planes de igualdad y otras medidas de promoción de la igualdad	• Las **empresas** están **obligadas** a respetar la igualdad de trato y de oportunidades en el ámbito laboral y para ello, deberán adoptar medidas dirigidas a evitar cualquier tipo de discriminación que deberán negociar y, en su caso, acordar con los representantes legales de los trabajadores. • Las medidas a que se refiere el párrafo anterior consistirán en elaborar y aplicar un **plan de igualdad**. – Dichos planes **son obligatorios**: 1º En las empresas con 50 o más trabajadores; 2º En las empresas en que se establezca por convenio colectivo; 3º En las empresas respecto de las cuales la autoridad laboral en un procedimiento sancionador haya acordado sustituir las sanciones accesorias por la elaboración y aplicación de dicho plan. – En las demás empresas estos planes son **voluntarios**. El Gobierno establecerá medidas de fomento a favor de las pequeñas y medianas empresas para impulsar la adopción de dichos planes. – El plan es un conjunto ordenado de medidas tendentes a alcanzar en la empresa (siempre incluirán la totalidad de la empresa, sin perjuicio de acciones especiales), la igualdad de trato y de oportunidades entre mujeres y hombres y eliminar las discriminaciones. Pueden contemplar materias tales como: acceso al empleo, promoción y formación, retribuciones... • Las empresas deberán promover condiciones de trabajo que eviten el acoso sexual y el acoso por razón de sexo y arbitrar procedimientos específicos para su prevención y para dar cauce a las denuncias y reclamaciones.

TÍTULO V: Principio de igualdad en el empleo público	
Criterios de actuación	• Las **Administraciones públicas** en aplicación del principio de igualdad entre mujeres y hombres **deberán**: a) Remover los obstáculos que impliquen cualquier tipo de discriminación en el acceso al empleo público y el desarrollo de la carrera profesional. b) Facilitar la conciliación de la vida personal, familiar y laboral, sin menoscabo de la promoción profesional. c) Fomentar la formación en igualdad de mujeres y hombres. d) Promover la presencia equilibrada de mujeres y hombres en los órganos de selección y valoración. e) Establecer medidas efectivas de protección frente el acoso sexual y por razón de sexo f) Establecer medidas efectivas para eliminar cualquier discriminación retributiva, directa o indirecta, por razón de sexo. g) Evaluar periódicamente la efectividad del principio de igualdad en sus respectivos ámbitos de actuación.

Presencia equilibrada de mujeres y hombres en la Administración del Estado y sus organismos	• En relación con la Administración General del Estado y sus organismos: – El **Gobierno atenderá** al principio de presencia equilibrada en el nombramiento de los titulares de los **órganos directivos**, considerados en su conjunto. – Todos los **tribunales y órganos de selección** del personal de dicha Administración **responderán** al principio de presencia equilibrada, salvo por razones fundadas y objetivas, debidamente motivadas. Lo mismo para la designación de sus representantes en órganos colegiados, comités de expertos o consultivos. – Las **comisiones de valoración de méritos** para proveer puestos de trabajo también se ajustarán a este principio. – Observarán el principio de presencia equilibrada en los nombramientos que les correspondan respecto a los consejos de administración de las empresas en cuyo capital participen.

TÍTULO VI: IGUALDAD DE TRATO EN EL ACCESO A BIENES Y SERVICIOS Y SU SUMINISTRO

- Todas las personas físicas y jurídicas que, en el **sector público o privado** (se exceptúa el ámbito de vida privada y familiar) suministren bienes y servicios disponibles para el público, están **obligadas** a cumplir el principio de igualdad, evitando discriminaciones directas e indirectas. Ello no obstante:
  - No se verá afectada la libertad de contratación.
  - Serán admisibles diferencias de trato en el acceso a bienes y servicios cuando estén justificadas con un propósito legítimo y los medios para lograrlo sean los adecuados y necesarios.
- En el acceso a bienes y servicios **ningún** contratante puede **indagar** sobre la situación de embarazo de una mujer demandante de los mismos, salvo para la protección de su salud.
- En los contratos de **seguros** y afines:
  - Como **regla general**, se prohíbe generar diferencias en las primas y prestaciones por razón del sexo del contratante. Si se incumple esta prohibición el contratante perjudicado tendrá derecho a ser indemnizada y a reclamar la asimilación de sus primas y prestaciones, manteniéndose la validez del resto del contrato.
  - Los costes de embarazo y parto no justifican diferencias en las primas y prestaciones.

TÍTULO VII: IGUALDAD EN LA RESPONSABILIDAD SOCIAL DE LAS EMPRESAS

- Las empresas podrán asumir la **realización voluntaria** de acciones de responsabilidad social, consistentes en medidas económicas, comerciales, laborales, asistenciales, o de otra naturaleza, destinadas a promover condiciones de igualdad entre hombres y mujeres en el seno de la empresa o en su entorno social.
- Las empresas podrán hacer uso publicitario de sus acciones en materia de igualdad (el Instituto de la Mujer y para la Igualdad de Oportunidades está legitimado para ejercer la acción de cesación si considera que la publicidad es engañosa).
- Las sociedades obligadas a presentar cuentas de pérdidas y ganancias no abreviadas procurarán incluir en el consejo de administración un número de mujeres que permita alcanzar la presencia equilibrada en el plazo de 8 años desde la entrada en vigor de la Ley Orgánica 3/2007.

TÍTULO VIII: DISPOSICIONES ORGANIZATIVAS
• **COMISIÓN INTERMINISTERIAL DE IGUALDAD ENTRE MUJERES Y HOMBRES** La Comisión Interministerial de Igualdad entre mujeres y hombres es el órgano colegiado responsable de la coordinación de las políticas y medidas adoptadas por los departamentos ministeriales con la finalidad de garantizar el derecho a la igualdad entre mujeres y hombres y promover su efectividad. • **UNIDADES DE IGUALDAD** En todos los Ministerios se encomendará a uno de sus **órganos directivos** el desarrollo de las funciones relacionadas con el principio de igualdad entre mujeres y hombres en el ámbito de las materias de su competencia (elaborar estudios, asesorar en los informes de impacto...). • **CONSEJO DE PARTICIPACIÓN DE LA MUJER** Es un órgano colegiado de **consulta y asesoramiento**, con el fin esencial de servir de cauce para la participación de las mujeres en la consecución efectiva del principio de igualdad de trato y de oportunidades entre mujeres y hombres, y la lucha contra la discriminación por razón de sexo. En dicho Consejo participarán el conjunto de las Administraciones públicas y las asociaciones y organizaciones de mujeres de ámbito estatal.

LEY ORGÁNICA 1/2004, DE 28 DE DICIEMBRE, DE MEDIDAS DE PROTECCIÓN INTEGRAL CONTRA LA VIOLENCIA DE GÉNERO	
Exposición de motivos	• La violencia de género no es un problema que afecte al ámbito privado. Al contrario, se manifiesta como el símbolo más brutal de la desigualdad existente en nuestra sociedad. Ya no es un «delito invisible», sino que produce un rechazo colectivo y una evidente alarma social. • Art. 15 CE: derecho de todos a la vida y a la integridad física y moral, sin que en ningún caso puedan ser sometidos a torturas ni a penas o tratos inhumanos o degradantes. Estos derechos vinculan a todos los poderes públicos y sólo por ley puede regularse su ejercicio. • Avances legislativos en materia de lucha contra la violencia de género: la Ley Orgánica 11/2003, de 29 de septiembre, de Medidas Concretas en Materia de Seguridad Ciudadana, Violencia Doméstica e Integración Social de los Extranjeros; la Ley Orgánica 15/2003, de 25 de noviembre, por la que se modifica la Ley Orgánica 10/1995, de 23 de noviembre, del Código Penal, o la Ley 27/2003, de 31 de julio, Reguladora de la Orden de Protección de las Víctimas de la Violencia Doméstica; además de las leyes aprobadas por diversas Comunidades Autónomas, dentro de su ámbito competencial. Todas ellas han incidido en distintos ámbitos civiles, penales, sociales o educativos a través de sus respectivas normativas. • En un nuevo intento de lucha contra esta situación fue aprobada (por unanimidad) este texto legal.

TÍTULO PRELIMINAR	
Objeto y finalidad	• **Objeto**: actuar contra la violencia que, como manifestación de la discriminación, la situación de desigualdad y las relaciones de poder de los hombres sobre las mujeres, se ejerce sobre éstas por parte de **quienes sean o hayan sido** sus cónyuges o de quienes estén o hayan estado ligados a ellas por relaciones similares de afectividad, aun sin convivencia. • **Definición**: la violencia de género a que se refiere la presente Ley comprende **todo acto de violencia física y psicológica**, incluidas las agresiones a la libertad sexual, las amenazas, las coacciones o la privación arbitraria de libertad. También comprende la violencia que con el objetivo de causar perjuicio o daño a las mujeres se ejerza sobre sus familiares o allegados menores de edad por parte de quienes sean o hayan sido sus cónyuges o de quienes estén o hayan estado ligados a ellas por relaciones similares de afectividad, aun sin convivencia. • **Finalidad**: esta ley establece medidas de protección integral cuya finalidad es **prevenir, sancionar y erradicar** esta violencia y **prestar asistencia** a las mujeres, a sus hijos menores y a los menores sujetos a su tutela, o guarda y custodia, víctimas de esta violencia.

TÍTULO I: MEDIDAS DE SENSIBILIZACIÓN, PREVENCIÓN Y PROTECCIÓN	
Educación, publicidad y sanidad	• En este título se determinan las medidas de sensibilización, prevención y detección e intervención en diferentes ámbitos: **educación, publicidad y sanidad**. • El Gobierno pondrá en marcha un **Plan Nacional de Sensibilización y Prevención de la Violencia de Género.** • Además los poderes públicos impulsarán campañas de información y sensibilización específicas con el fin de prevenir la violencia de género.

TÍTULO II: DERECHOS DE LAS MUJERES VÍCTIMAS DE LA VIOLENCIA DE GÉNERO

Capítulo I: Información, asistencia social y jurídica gratuita

- **Derecho a la información:**
  - Las mujeres víctimas de violencia de género tienen derecho a recibir plena información y asesoramiento adecuado a su situación personal
  - Dicha información **comprenderá** las medidas contempladas en esta ley relativas a su protección y seguridad, y los derechos y ayudas previstos en la misma, así como la referente al lugar de prestación de los servicios de atención, emergencia, apoyo y recuperación integral.
- **Asistencia social integral:**
  - Las mujeres víctimas de violencia de género tienen **derecho** a servicios sociales de atención, de emergencia, de apoyo y acogida y de recuperación integral.
  - La organización de estos servicios por parte de las Comunidades Autónomas y las Corporaciones Locales, responderá a los **principios** de atención permanente, actuación urgente, especialización de prestaciones y multidisciplinariedad profesional.
  - Estos servicios actuarán coordinadamente y en **colaboración** con los Cuerpos de Seguridad, los Jueces de Violencia sobre la Mujer, los servicios sanitarios y las instituciones encargadas de prestar asistencia jurídica a las víctimas, del ámbito geográfico correspondiente.
  - También tendrán derecho a la asistencia social integral a través de estos servicios sociales los **menores** que se encuentren bajo la patria potestad o guarda y custodia de la persona agredida.

(.../...)

- **Asistencia jurídica:**
  - Las víctimas de violencia de género tienen **derecho a recibir asesoramiento jurídico gratuito** en el momento inmediatamente previo a la interposición de la denuncia, y a la **defensa y representación gratuitas por abogado y procurador** en todos los procesos y procedimientos administrativos que tengan causa directa o indirecta en la violencia padecida.

    Una misma dirección letrada deberá asumir la defensa de la víctima, derecho que asiste también a los causahabientes si la víctima fallece y siempre que no fueran partícipes en los hechos.
  - Los Colegios de Abogados, cuando exijan para el ejercicio del turno de oficio cursos de especialización, asegurarán una **formación específica** en la materia; además los Colegios adoptarán las medidas necesarias para la designación urgente de letrado de oficio para asistir a la víctima (igual sucede en el caso de los Colegios de Procuradores en el caso de la designación de procurador, cuando la víctima desee personarse como acusación particular).

Capítulo II: Derechos laborales y prestaciones de la Seguridad Social

- **Derechos laborales y prestaciones de la Seguridad Social:**
  - La trabajadora víctima de violencia de género tendrá derecho, en los términos previstos en el Estatuto de los Trabajadores, a la **reducción** o a la reordenación de su tiempo de trabajo, a la **movilidad geográfica**, al **cambio de centro** de trabajo, a la **suspensión** de la relación laboral con reserva de puesto de trabajo y a la extinción del contrato de trabajo.
  - La suspensión y extinción del contrato de trabajo dará lugar a la **situación legal de desempleo.**
  - Las empresas que formalicen contratos de trabajo para sustituir a la trabajadora víctima de violencia de género tendrán derecho a una **bonificación** del 100% de las cuotas a la Seguridad Social por contingencias comunes (durante toda la suspensión o, en los supuestos de movilidad geográfica o cambio de centro de trabajo, durante 6 meses).
  - Las **ausencias o faltas de puntualidad** al trabajo motivadas por la situación física o psicológica derivada de la violencia de género se considerarán **justificadas.**
  - A las trabajadoras por **cuenta propia** víctimas de violencia de género que cesen en su actividad, se les suspenderá la obligación de cotización durante un período de **seis meses**, que les serán considerados como de cotización efectiva a efectos de las prestaciones de Seguridad Social.
- **Acreditación de la situación de violencia de género:**
  - Las situaciones de violencia que dan lugar al reconocimiento de los derechos regulados en este capítulo se acreditarán con:
    - Sentencia condenatoria.
    - Orden de protección a favor de la víctima.
    - Otra resolución judicial que acuerde una medida cautelar a favor de la víctima.
    - Informe del Ministerio Fiscal que indique la existencia de indicios de que la demandante es víctima de violencia de género hasta tanto se dicte la orden de protección.
    - Informe de los servicios sociales, especializados o de acogida.
    - Cualquier otro título previsto en la normativa.

Capítulo III: Derechos de las funcionarias públicas

- La funcionaria víctima de violencia de género tendrá derecho a la **reducción** o a la **reordenación** de su tiempo de trabajo, a la **movilidad** geográfica de centro de trabajo y a la **excedencia** en los términos que se determinen en su legislación específica.
- Las **ausencias** totales o parciales al trabajo motivadas por la situación física o psicológica derivada de la violencia de género sufrida por una mujer funcionaria se considerarán **justificadas** en los términos que se determine en su legislación específica.
- La situación de violencia se **acredita** con la sentencia condenatoria por delito de violencia de género, con la orden de protección, cualquier resolución que acuerde una medida cautelar a favor de la víctima, informe del Ministerio Fiscal o informes de los servicios sociales, especializados o de acogida. Asimismo por cualquier título previsto en disposiciones normativas de carácter sectorial.

Capítulo IV: Derechos económicos
• Cuando las víctimas de violencia de género **careciesen de rentas superiores**, en cómputo mensual, al 75% del salario mínimo interprofesional, excluida la parte proporcional de dos pagas extraordinarias, recibirán una **ayuda de pago único**, siempre que se presuma que debido a su edad, falta de preparación general o especializada y circunstancias sociales, la víctima tendrá especiales dificultades para obtener un empleo. Dicha ayuda será el importe de: – 6 meses del subsidio de desempleo, en los casos ordinarios. – 12 meses del subsidio, si tiene una discapacidad igual o superior al 33%. – 18 meses del subsidio, si tiene responsabilidades familiares. – 24 meses del subsidio, si alguno de los familiares que conviven con ella tiene una discapacidad igual o superior al 33%. • Las mujeres víctimas de violencia de género serán consideradas **colectivos prioritarios** en el acceso a viviendas protegidas y residencias públicas para mayores, en los términos que determine la legislación aplicable.

TÍTULO III: TUTELA INSTITUCIONAL	
Delegación del Gobierno contra la Violencia de Género	• Creada por Real Decreto 438/2008, de 14 de abril, en sustitución de la Delegación Especial del Gobierno contra la Violencia sobre la Mujer: • Tiene el rango de **Dirección General**, integrada dentro de la Secretaría de Estado de Igualdad y contra la Violencia de Género del Ministerio de Igualdad. • **Formulará** las políticas públicas en relación con la violencia de género a desarrollar por el Gobierno, y **coordinará e impulsará** cuantas acciones se realicen en dicha materia, trabajando en colaboración y coordinación con las Administraciones con competencia en la materia. • Su titular estará **legitimado** ante los órganos jurisdiccionales para intervenir en defensa de los derechos y de los intereses tutelados en esta Ley.
Observatorio Estatal de Violencia sobre la Mujer	• El **Observatorio Estatal de Violencia sobre la Mujer**, es un órgano colegiado interministerial adscrito al Ministerio competente en Igualdad, a través de la Delegación del Gobierno contra la Violencia de Género, al que corresponderá el **asesoramiento, evaluación, colaboración** institucional, **elaboración** de informes y estudios, y propuestas de actuación en materia de violencia de género. • El Observatorio Estatal de Violencia sobre la Mujer remitirá al Gobierno y a las Comunidades Autónomas, con **periodicidad anual**, un **informe** sobre la evolución de la violencia ejercida sobre la mujer, con determinación de los tipos penales que se hayan aplicado, y de la efectividad de las medidas acordadas para la protección de las víctimas.
Otras medidas	• El **Gobierno** establecerá, en las Fuerzas y Cuerpos de Seguridad del Estado, unidades especializadas en la prevención de la violencia de género y en el control de la ejecución de las medidas judiciales adoptadas (ejemplos: UPAP, EMUME...). • Los **poderes públicos** elaborarán **planes de colaboración** que garanticen la ordenación de sus actuaciones en la prevención, asistencia y persecución de los actos de violencia de género, que deberán implicar a las Administraciones sanitarias, la Administración de Justicia, las Fuerzas y Cuerpos de Seguridad y los servicios sociales y organismos de igualdad. En desarrollo de dichos planes se elaborarán protocolos de actuación que aseguren una actuación global e integral de todas las administraciones y servicios implicados.

TÍTULO IV: Tutela penal

Delitos

- **Delito de malos tratos (art. 153 CP):**
  - El que por cualquier medio o procedimiento causare a otro **menoscabo psíquico** o una lesión de menor gravedad de las previstas en el art. 147.2, o **golpeare o maltratare** de obra a otro **sin causarle lesión**, cuando la ofendida sea o haya sido esposa, o mujer que esté o haya estado ligada a él por una análoga relación de afectividad aun sin convivencia, o persona especialmente vulnerable que conviva con el autor, será castigado con la pena de prisión de seis meses a un año o de trabajos en beneficios de la comunidad de treinta y uno a ochenta días y, en todo caso, privación del derecho a la tenencia y porte de armas de un año y un día a tres años, así como, cuando el juez o tribunal lo estime adecuado al interés del menor o persona con discapacidad necesitada de especial protección, inhabilitación para el ejercicio de la patria potestad, tutela, curatela, guarda o acogimiento hasta cinco años.
- **Delito de lesiones (art. 148 CP):**
  - El delito de lesiones podrá ser castigado con pena de prisión de dos a cinco años, entre otros supuestos, cuando la **víctima fuere o hubiere sido esposa, o mujer** que estuviere o hubiere estado ligada al autor por una análoga relación de afectividad, aun sin convivencia.
- **Delito de amenazas leves (art. 171):**
  - Art. 171.4 CP: "El que de **modo leve** amenace a quien sea o haya sido su esposa, o mujer que esté o haya estado ligada a él por una análoga relación de afectividad aun sin convivencia, será castigado con la pena de prisión de seis meses a un año o de trabajos en beneficio de la comunidad de treinta y uno a ochenta días y, en todo caso, privación del derecho a la tenencia y porte de armas de un año y un día a tres años, así como, cuando el Juez o Tribunal lo estime adecuado al interés del menor o incapaz, inhabilitación especial para el ejercicio de la patria potestad, tutela, curatela, guarda o acogimiento hasta cinco años."
  - Igual pena al que de modo leve amenace a una persona especialmente vulnerable que conviva con el autor.
  - Se agrava la pena en los mismos casos que en el delito de malos tratos.
- **Delito de coacciones leves (art. 172.2):**
  - Art. 172.2 del CP: El que de modo leve coaccione a quien sea o haya sido su esposa, o mujer que esté o haya estado ligada a él por una análoga relación de afectividad, aun sin convivencia, será castigado con la pena de prisión de seis meses a un año o de trabajos en beneficio de la comunidad de treinta y uno a ochenta días y, en todo caso, privación del derecho a la tenencia y porte de armas de un año y un día a tres años, así como, cuando el Juez o Tribunal lo estime adecuado al interés del menor o persona con discapacidad necesitada de especial protección, inhabilitación especial para el ejercicio de la patria potestad, tutela, curatela, guarda o acogimiento hasta cinco años.
  - Igual pena se impondrá al que de modo leve coaccione a una persona especialmente vulnerable que conviva con el autor.
  - Se impondrá la pena en su mitad superior cuando el delito se perpetre en presencia de menores, o tenga lugar en el domicilio común o en el domicilio de la víctima, o se realice quebrantando una pena de las contempladas en el art. 48 de este Código o una medida cautelar o de seguridad de la misma naturaleza.
  - No obstante lo previsto en los párrafos anteriores, el Juez o Tribunal, razonándolo en sentencia, en atención a las circunstancias personales del autor y a las concurrentes en la realización del hecho, podrá imponer la pena inferior en grado.

TÍTULO V: TUTELA JUDICIAL	
Juzgados de Violencia sobre la Mujer	• En cada partido judicial habrá uno o más Juzgados de Violencia sobre la Mujer, con sede en la capital de aquél y jurisdicción en todo su ámbito territorial. A propuesta del CGPJ y en su caso, con informe de la CA con competencias en materia de Justicia, podrá establecer mediante real decreto que los Juzgados de Violencia sobre la Mujer que se determinen extiendan su jurisdicción a dos o más partidos dentro de la misma provincia. • El CGPJ **podrá acordar**, cuando sea conveniente por razón de la carga de trabajo existente, que de los procesos relacionados con la violencia de género conozcan los Juzgados de Primera Instancia o de Instrucción. • Destaca en la ley una especial regulación de la **competencia territorial** de estos juzgados al prever que "en los delitos o faltas cuya instrucción o conocimiento corresponda al Juez de Violencia sobre la Mujer, la competencia territorial vendrá determinada por el lugar del domicilio de la víctima, sin perjuicio de la adopción de la orden de protección, o de medidas urgentes que pudiera adoptar el Juez del lugar de comisión de los hechos" • Estos Juzgados de Violencia sobre la Mujer tienen entre otras las siguientes atribuciones: – Instruir los procesos para exigir responsabilidad penal por determinados delitos (homicidio, aborto, lesiones, contra la libertad, contra la libertad sexual) si la víctima es quien sea o haya sido su esposa, o mujer que esté o haya estado ligada al autor por análoga relación de afectividad, aun sin convivencia, así como de los cometidos sobre los descendientes, propios o de la esposa o conviviente, o sobre los menores o incapaces que con él convivan o que se hallen sujetos a la potestad, tutela, curatela, acogimiento o guarda de hecho de la esposa o conviviente, cuando también se haya producido un acto de violencia de género. – También adoptan las órdenes de protección de las víctimas. – Además tienen algunas competencias de orden civil en relación con los procesos de violencia de género (filiación, nulidad matrimonial, guarda y custodia de los hijos...).
Fiscal contra la Violencia sobre la Mujer	• El Fiscal General del Estado nombra, oído el Consejo Fiscal, como **delegado**, un Fiscal contra la Violencia sobre la Mujer (que se integra como un órgano más dentro de la Fiscalía General del Estado). • Además existen **Secciones** Contra la Violencia sobre la Mujer en las Fiscalías Provinciales y, cuando el volumen de trabajo o la mejor organización y prestación del servicio lo aconsejen también podrán crearse en las Fiscalías de las CCAA. Estas secciones contarán con Fiscales especializados en la materia.